Strukturwandel und Trends
in der betrieblichen Weiterbildung

Kompetenzentwicklung '96

Strukturwandel und Trends
in der betrieblichen Weiterbildung

mit Beiträgen von

Bärbel Bergmann, John Erpenbeck und Volker Heyse,
Gernold P. Frank, Erich Staudt und Andreas Joachim Meier

Waxmann Münster / New York
München / Berlin

Die Deutsche Bibliothek - CIP-Einheitsaufnahme

Kompetenzentwicklung '96 : Strukturwandel und Trends in der betrieblichen Weiterbildung / hrsg. von der Arbeitsgemeinschaft Qualifikations-Entwicklungs-Management Berlin. - Münster ; New York ; München ; Berlin: Waxmann, 1996
   (Kompetenzentwicklung; Bd. 1);
   ISBN 3-89325-473-0;

*Gefördert aus Mitteln des Bundesministeriums
für Bildung, Wissenschaft, Forschung und Technologie*

Kompetenzentwicklung
herausgegeben von der Arbeitsgemeinschaft
Qualifikations-Entwicklungs-Management,
Geschäftsstelle der Arbeitsgemeinschaft
Betriebliche Weiterbildungsforschung
Storkower Straße 158, D-10402 Berlin

ISSN 1432-3257
ISBN 3-89325-473-0

© Waxmann Verlag GmbH, 1996
Postfach 8603, D-48046 Münster, F. R. G.
Waxmann Publishing Co.,
P. O. Box 1318, New York, NY 10028, U. S. A.

WWW-Katalog: http://www.waxmann.com
Email: info@waxmann.com

Satz: Druckreif DTP, Münster
Umschlag: Ursula Stern
Druck: Druckwerkstatt Hafen GmbH
Gedruckt auf alterungsbeständigem Papier, DIN 6738

Alle Rechte vorbehalten
Printed in Germany

Inhalt

Vorwort 11

BEITRÄGE

John Erpenbeck, Volker Heyse
Berufliche Weiterbildung und
berufliche Kompetenzentwicklung

1.	Gesellschafts- und wirtschaftspolitische Prämissen	15
2.	Übergreifende gesellschafts- und wirtschaftspolitische Trends von unmittelbarem Einfluß auf die Veränderung von beruflicher Weiterbildung zur beruflichen Kompetenzentwicklung	18
3.	Konsequenzen für die zukünftige Weiterbildung	25
4.	Die zentralen Fragestellungen beim Übergang von der beruflichen Weiterbildung zur beruflichen Kompetenzentwicklung	29
4.1	Die Veränderung des Weiterbildungsbedarfs	31
4.2	Die Veränderung der Weiterbildungsmethoden	81
4.3	Die Veränderung der Bestimmung von Weiterbildungsqualität	93
4.4	Die Veränderung der Weiterbildungsorte und der Weiterbildungsteilnehmer	96
5.	Erschwernisse bedarfsorientierter beruflicher Weiterbildung und Kompetenzentwicklung	104
5.1	Defizite seitens der Weiterbildungsinstitute	105
5.2	Unternehmensinterne Probleme	107
6.	Forschungsfragen	108

Literatur 113

Abbildungen 125

Bärbel Bergmann
Lernen im Prozeß der Arbeit

1. Einführung 153

2. Entwicklungstrends der Erwerbsarbeit 160
2.1 Lernen als integrativer Bestandteil der Erwerbsarbeit 160
2.2 Veränderungen in den Organisationsstrukturen 160
2.3 Veränderungen im Technisierungsgrad 164
2.4 Qualitätsmanagement und Umweltgerechtigkeit 165
2.5 Veränderte Alterstruktur der erwerbstätigen Bevölkerung 167
2.6 Veränderte Qualifikationsstruktur der erwerbstätigen Bevölkerung 168
2.7 Schlußfolgerungen aus Entwicklungstrends der Erwerbsarbeit 169

3. Potentiale für ein Lernen im Prozeß der Arbeit 170
3.1 Arbeit und Persönlichkeitsentwicklung 170
3.2 Lernende Unternehmen als Ziel 172
3.3 Lernförderliche Strukturen 173

4. Befähigung zum Transfer als Ziel 178
4.1 Begriff und Arten des Transfers 178
4.2 Nachweis von Transfereffekten 181
4.3 Erklärung und Unterstützung von Transferleistungen 187

5. Formen des Lernens in der Arbeit 190
5.1 Selbständiges und unterstütztes Lernen in der Arbeit 190
5.2 Vorbereitung und Unterstützung von Lerninterventionen
    am Lernort Arbeitsplatz 192
5.3 Lernmethoden 196
5.3.1 Lernen im Arbeitsvollzug 196
5.3.2 Lernen durch Aufgabengestaltung 200
5.3.3 Lernen durch Simulation 202
5.3.4 Kognitive Trainingsmethoden 208
5.3.5 Dialogisches Lernen im Arbeitsprozeß und Lernen
      in Problemlösegruppen 214
5.3.6 Veränderungen in den Methoden der Unterstützung des Lernens im
      Prozeß der Arbeit 219

6. Implementierung von Lernunterstützungen in den Arbeitsprozeß 224

7. Evaluation des Lernens im Prozeß der Arbeit 233
7.1 Übersicht über Teilprobleme 233
7.2 Lernbedarfsermittlung 235
7.3 Methodische Forderungen an Evaluationen 241

8. Perspektiven 243

Literatur 250

Erich Staudt, Andreas Joachim Meier
Reorganisation betrieblicher Weiterbildung

Einleitung 263

1. Der Bedeutungswandel der betrieblichen Weiterbildung in
   unternehmerischer und individueller Perspektive 263

2. Die Organisation betrieblicher Weiterbildung 268

3. Trends in der Unternehmensorganisation – die Rolle der
   betrieblichen Weiterbildung 275
   3.1 Das lernende Unternehmen 275
   3.2 Das schlanke Unternehmen 280
   3.2.1 Gruppenarbeit und betriebliche Weiterbildung 284
   3.2.2 Total Quality Management und betriebliche Weiterbildung 285
   3.2.3 Kontinuierlicher Verbesserungsprozeß und
         betriebliche Weiterbildung 287
   3.3 Zusammenfassung der Trends in der Unternehmensorganisation 290

4. Weiterbildung als Dienstleistung 291
   4.1 Wandel im Personalwesen 293
   4.1.1 Unternehmerische Orientierung des Personalwesens in der Mitte
         der 90er Jahre 293
   4.1.2 Ziele eines modernen Personalmanagements 295
   4.1.3 Organisatorische Konsequenzen für die Weiterbildung 296
   4.2 Weiterbildung als interne Dienstleistung im Wertschöpfungs-Center ... 298
   4.2.1 Aspekte und Varianten 298
   4.2.2 Probleme und Grenzen des Wertschöpfungs-Center-Konzepts 304
   4.3 Weiterbildung als externe Dienstleistung –
       Outsourcing von Weiterbildung 306
   4.3.1 Motive für ein Outsourcing der Weiterbildung 307
   4.3.2 Outsourcing-Varianten 308
   4.3.3 Wirkungen eines Outsourcing von Weiterbildung 311
   4.3.4 Besonderheiten in den fünf neuen Bundesländern 323
   4.4 Fazit zur Dienstleistungsorientierung der Weiterbildung 324

5. Weiterbildungskooperationen von Klein- und Mittelunternehmen 325
   5.1 Weiterbildung in KMU 326
   5.2 Weiterbildungsverbunde von KMU 327
   5.3 Kooperationen von Weiterbildnern und KMU 329
   5.4 Mischformen der Kooperation 330

6. Ausblick 333

Literatur 334

Gernold P. Frank
Funktionen und Aufgaben des Weiterbildungspersonals

1. Problemstellung 337

2. Vorbemerkungen 339
2.1 Berufliche Weiterbildung vs. betriebliche Weiterbildung 339
2.2 Statistische Grundlagen 341
2.3 Kohortenspezifische Aspekte 343
2.4 Segmentation am Arbeitsmarkt 344

3. Inhalt und Organisation der betrieblichen Weiterbildung 346
3.1 Umsetzung der betrieblichen Weiterbildung 346
3.2 Aufgaben der betrieblichen Weiterbildung 348
3.3 Das Personal in der betrieblichen Weiterbildung 350

4. Trends im Funktions- und Aufgabenwandel 353
4.1 Informations- und Datengewinnung 353
4.2 Einzelergebnisse 356
4.3 Versuch einer Reduktion der Komplexität 361
4.3.1 Szenariomethode 361
4.3.2 Umfelder und Einflußbereiche der betrieblichen Weiterbildung 364
4.4 Ausgewählte Einflußfaktoren 366

5. Entwicklungsrichtungen: Trends der betrieblichen Weiterbildung 371
5.1 Ausgewählte Einzeltrends 371
5.2 Externe Weiterbildungsträger 381

6. Resumee und Schlußbemerkungen 386
6.1 Datenanalyse 386
6.2 Segmentation durch betriebliche Weiterbildung 387
6.3 Funktionswandel in der Weiterbildung 388
6.3.1 Ausgewählte Änderungen in Funktion und Aufgaben 388
6.3.2 Wirkungszusammenhänge 390
6.4 Externe Weiterbildungsträger 393

Literatur 394

MATERIALIEN

Kuratorium der Arbeitsgemeinschaft
Qualifikations-Entwicklungs-Management (QUEM)
Von der beruflichen Weiterbildung zur Kompetenzentwicklung
Lehren aus dem Transformationsprozeß

Vorwort 401

I   Die große Herausforderung 403

II   Analysen, Entwicklungen, Perspektiven 407
         Zusammenfassende Thesen 407

1.   Der neue Stellenwert betrieblicher Personal- und
       Organisationsentwicklung 412
1.1   Veränderte Anforderungen an Unternehmen und Einrichtungen 412
1.2   Die lernende Organisation als Antwort
       auf die Herausforderungen der Zukunft 414
1.3   Personalentwicklung als Defizitbereich in den Unternehmen 415
1.4   Spezifika kleiner und mittlerer Unternehmen 416
1.5   Kompetenzentwicklung für eine neue Selbständigkeit 417
1.6   Kompetenzentwicklung der Führungskräfte 420
1.7   Qualifizierung im Kontext der Personal- und Organisationsentwicklung 421

2.   Funktionsveränderungen im Markt beruflicher Weiterbildung 423
2.1   Der Markt als bewährtes Ordnungsprinzip – notwendige Rahmen-
       bedingungen als Gestaltungsaufgabe 423
2.2   Weiterbildung und regionale Entwicklung 424
2.3   Analyse, Transparenz, Beratung 425
2.4   Qualitätssicherung 427

3.   Veränderte Lehr- und Lernformen 430
3.1   Neue Sichtweisen der Weiterbildung 430
3.2   Kombination von Lernen und Arbeiten 432
3.3   Lernen im sozialen Umfeld 434
3.4   Veränderte didaktisch-methodische Formen
       des Lehrens und Lernens 434

4.   Die neue Aufgabe: Potentialsicherung Arbeitsloser 436
4.1   Die Notwendigkeit neuer Lösungsansätze 436
4.2   Kompetenzentwicklung in Verbindung von
       Lernen und Arbeiten 438
4.3   Neue Strukturen für Kompetenzentwicklung 442

5.   Transformation international 444
5.1   Unterschiedlichkeit der Entwicklungen 445

5.2	Gemeinsame Ziele und Visionen	446
5.3	Gestaltung internationaler Zusammenarbeit	447
III	Vom Umbruch zur neuen Normalität	449
IV	Management der Veränderung	455

Anhang 460

Vorwort

In der beruflich-betrieblichen Weiterbildung der Bundesrepublik zeichnen sich erhebliche Strukturveränderungen ab. Diese Veränderungen sind bedeutsam für die Wettbewerbsfähigkeit der deutschen Wirtschaft und die Weiterbildungspolitik. Das BMBF hat deshalb 1995 damit begonnen, diese Entwicklungen mit Hilfe wissenschaftlicher Gutachten nachzuzeichnen. Mit der Herausgabe eines ersten Berichtes zur Kompetenzentwicklung werden diese Gutachten veröffentlicht. Damit soll ein Beitrag zur Intensivierung der wissenschaftlichen Diskussion geleistet werden. Schwerpunkt dieses ersten Bandes sind Veränderungen in den Inhalten, der Organisation sowie dem Funktionswandel in der betrieblichen Weiterbildung.

Die Ergebnisse der Gutachten belegen, daß die Innovationsfähigkeit der Betriebe als Voraussetzung für die Sicherung des Wirtschaftsstandortes Deutschland entscheidend von der Kompetenzentwicklung und dem Qualifikationspotential der Beschäftigten, von dynamischen Lernstrukturen, integrativen Lerninhalten, effektiven Lernstrukturen in den Unternehmen und kombinierten Lernorten abhängt.

Zugleich wurde ein Memorandum des Kuratoriums der Arbeitsgemeinschaft „Qualifikations-Entwicklungs-Management" mit dem Titel „Von der beruflichen Weiterbildung zur Kompetenzentwicklung" in diese Veröffentlichung aufgenommen. Dieses Memorandum zeigt die Quintessenz aus den Weiterbildungserfahrungen im Transformationsprozeß der letzten fünf Jahre. Es werden u.a. die Zusammenführung der Menschen und Organisationen der neuen Bundesländer mit den Qualifikations- und Funktionsstrukturen des gesellschaftlichen Systems der Bundesrepublik und in diesem Zusammenhang gewonnene Transformationserfahrungen aufgezeigt, die einen außerordentlich komplexen Lernprozeß darstellen. Weiterhin werden die immensen Anstrengungen für die berufliche Weiterbildung als wesentliche Voraussetzungen für die vorhandenen Humanressourcen sichtbar gemacht, um notwendige wirtschaftliche Innovationen und Investitionen zu gewährleisten. Die dabei gewonnenen Lehren aus dem Transformationsprozeß vom Plan zum Markt sind für die Weiterentwicklung von Qualifikationen, Qualifizierungsprozessen und, umfassender betrachtet, auch für die berufliche Kompetenzentwicklung in den alten Bundesländern bedeutsam.

Das Bundesministerium für Bildung, Wissenschaft, Forschung und Technologie wird auch in den nächsten Jahren jährlich einen Bericht zur Kompetenzentwicklung veröffentlichen. Der Arbeitsgemeinschaft betriebliche Weiterbildungsforschung e.V. ist für ihre Bereitschaft zu danken, die redaktionellen Arbeiten zu übernehmen.

Axel Hoffmann
Leiter der Abteilung
Allgemeine und Berufliche Bildung
im Bundesministerium für Bildung,
Wissenschaft, Forschung und Technologie

BEITRÄGE

John Erpenbeck, Volker Heyse

Berufliche Weiterbildung und berufliche Kompetenzentwicklung

Die hier vorgelegte Studie kann und soll keinen vollständigen Überblick über die Vielzahl vorfindbarer Weiterbildungskonzepte und daraus ableitbarer Kompetenzentwicklungskonzepte geben. Auch wird sie theoretische Spekulationen auf der Ebene von Mega- und Metatrends vermeiden, allerdings letztere befragend beachten. Sie geht vielmehr von gesicherten Entwicklungsbetrachtungen, nachgewiesenen wertschöpfenden Weiterbildungsansätzen und -methoden und deutlichen Veränderungen in den Unternehmensorientierungen aus.

Berufliche Kompetenzentwicklung erweist sich mehr und mehr als Kern neuer Lerninhalte und Aufgaben der betrieblichen Weiterbildung.

Die Studie wendet sich deshalb der Frage nach *erkennbaren Tendenzen auf dem Wege von der beruflichen Weiterbildung zur Kompetenzentwicklung* auf verschiedenen Betrachtungs- und Interpretationsebenen zu:
- Ausgehend von heute erkennbaren Herausforderungen der Zukunft, wie sie sich in Zukunftstrends der deutschen Industrie und damit verbundenen Tendenzen sozialökonomischen Wandels von Seiten der *Unternehmen* manifestieren, lassen sich perspektivische Anforderungen an die *Arbeitnehmer* und entsprechende Anforderungen an deren Weiterbildung ableiten.
- Das schließt die Forderung ein, die Weiterbildung konsequent in die *Organisations- und Personalentwicklung* zu integrieren.
- Genauer analysiert geht es um den bereits entstandenen und zukünftig entstehenden Bedarf an Weiterbildung, deren Inhalte, sowie deren Formen und Methoden (Verfahrensweisen, Orte, qualitative Evaluation, Teilnehmer).

1. Gesellschafts- und wirtschaftspolitische Prämissen

Der gegenwärtige wirtschaftliche Wandel ist von objektiven, vielfach beschriebenen und untersuchten Tendenzen gekennzeichnet. Er wird verursacht von einer Globalisierung der Märkte, weltweitem Wettbewerbsdruck, höheren Qualitätsansprüchen an Produkte und Dienstleistungen sowie raschen technologischen und gesellschaftspolitischen Veränderungen. Er manifestiert sich in der Notwendigkeit, *Unternehmen als selbstorganisierende Systeme* zu begreifen oder sie zu solchen umzugestalten – zu lernenden, kundenorientierten Unternehmen mit flachen Hierarchien und offener

Organisation. Besonders im Bereich der modernen Informations-, Bio- und Ökotechnologien, aber auch in Teilen des Dienstleistungsbereichs folgen daraus für den einzelnen Beschäftigten Forderungen nach lebenslangem Lernen, Erhöhung der externen und internen Flexibilität, nach Eigeninitiative und nach Polyvalenz der Arbeitskraft. Somit ist auch der *Lernende als selbstorganisiertes System* anzusehen; folgerichtig nehmen selbstgesteuerte, *selbstorganisierte Lernprozesse* einen immer größeren Raum in der Weiterbildung ein. Diese erfordern aber ein hohes Maß an Sozial- und personaler *Kompetenz*.

Solche Impulse, die sich insbesondere aus der ökonomisch-technischen Entwicklung, den veränderten Lebensansprüchen verschiedener gesellschaftlicher Gruppen, der zunehmenden Multikulturalität und den krisenhaften Umweltbedingungen ergeben, führen zu spezifischen Zukunftstrends in der deutschen Wirtschaft, die u.a. zu folgenden neuen Anforderungen an Weiterbildungs- bzw. Kompetenzentwicklungs-Konzeptionen führen:

- Deutliche Verstärkung von Problemlösefähigkeiten, Kreativität, Selbstorganisation, Veränderungs-Mitwirkung, Organisationsvermögen.
- Systematische Erschließung und Erweiterung der Wissens- und Kompetenzpotentiale der Mitarbeiter für das Wachstum des Unternehmens.
- Förderung des Unternehmertums im Unternehmen gerade in wirtschaftlichen Krisenzeiten.
- Förderung sensiblen und hocheffektiven Interaktions- und Kommunikationsverhaltens mit nationalen und internationalen Kunden, Lieferanten, Wettbewerbern und Politikern, sowohl auf der Management- als auch Spezialistenebene.
- Verbindung von neuen Führungsaufgaben und Weiterbildungskonzeptionen miteinander und im Prozeß der Arbeit / Problembearbeitung und Entwicklung.
- Einbeziehung immer breiterer Kreise (auch nicht betriebsinterner sowie nicht beruflich Tätiger) in die Weiterbildung.

Im Spannungsfeld von rasanten volkswirtschaftlichen Veränderungen, neuen Herausforderungen an die Lern- und Umgestaltungsfähigkeit von Unternehmen und an die beruflichen Kompetenzen der Arbeitnehmer und Führungskräfte entstehen also zwangsläufig neue bzw. veränderte Lerninhalte und Aufgaben der betrieblichen Weiterbildung.
Dabei kommt der *beruflichen Kompetenzentwicklung* zumindest in dreifacher Hinsicht eine Schlüsselfunktion zu.

Erstens in *arbeitsmarktpolitischer Hinsicht*: Die Bekämpfung der Arbeitslosigkeit ist zu einem Hauptanliegen innerhalb der EU – und anderer hochentwickelter Industrieländer – geworden. Protektionismus, staatliche Subventionen, Arbeitszeitverkürzung, Lohnkürzungen und Einschnitte in die Systeme sozialer Sicherung haben sich insgesamt als untaugliche Instrumente der Gegenwehr erwiesen. Es gilt vielmehr, konsequent und unter Berücksichtigung der nationalen Besonderheiten alles Handeln auf den Bereich der Beschäftigung zu richten, wie dies von der Kommission der EG vorgeschlagen wurde:

> **Prioritäten der Aktion Beschäftigung:**
>
> - Schwerpunkt Bildung und Ausbildung: Dazulernen ein Leben lang
> - Erhöhung der externen und internen Flexibilität
> - Stärkere Berücksichtigung von Dezentralisierung und Eigeninitiative
> - Senkung der relativen Kosten minderqualifizierter Arbeit
> - Weichenstellung für eine neue Beschäftigungspolitik
> - Antworten auf neue Bedürfnisse

„Es werden schwierige Entscheidungen zu treffen sein zwischen einer weiteren Öffnung der Universitäten und der Qualität des Lehrangebots, zwischen der Hochschule und der Berufsschule, zwischen Studiengängen der herkömmlichen Art und Studiengängen, bei denen Studium und praktisches Lernen am Arbeitsplatz alternieren. In jedem Land müßte man sich jedoch auf eine allgemein zugängliche berufliche Fortbildung zubewegen." Nimmt man zum lebenslangen Lernen den lebenslangen Zugang zur beruflichen Weiterbildung (externe Flexibilität), die kontinuierliche optimale Anpassung der Arbeitskraft an neue Unternehmenserfordernisse (interne Flexibilität) und die Förderung der Eigeninitiative hinzu, können die geforderten Prioritäten nur im Rahmen einer über die bisherige berufliche Weiterbildung hinausgehenden beruflichen Kompetenzbildung realisiert werden (Bulletin 1993, 18 ff).

Zweitens in Hinsicht auf den *Wirtschaftsstandort Deutschland* im kommenden Jahrhundert: Die wichtigste Voraussetzung künftiger Produkt- und Prozeßinnovationen, um die Zukunft des Wirtschaftsstandorts Deutschland zu sichern, ist die rasche Diffusion technischer und organisatorischer Neuerungen in die und in den einzelnen Unternehmen. Basis dafür sind Qualifikationen und Qualifikationspotentiale der Führungskräfte und Mitarbeiter. Sie müssen befähigt sein, sich und ihre Mitarbeiter zu motivieren, eigenständig interaktiv zu lernen und aufgrund angeeigneter Erfahrungen und Kompetenzen selbstregulativ Probleme der Organisations- und Personalentwicklung lösen zu helfen (Staudt/Frieling 1994, 12 ff). Bloßes Sachwissen und lineare Funktionsfähigkeit im Sinne einer Rädchenmentalität werden dabei zweitrangig, Wertwissen, Kompetenz- und Handlungsfähigkeit erhalten als die eigentlichen Voraussetzungen des Organisierens in selbstorganisierenden Systemen einen übergeordneten Stellenwert.

Drittens in Hinsicht auf die wirtschaftspolitisch wichtige Entwicklung von Humankapital im Rahmen einer integrierten *Personal- und Organisationsentwicklung*: Diese schafft für den unumgänglich notwendigen Strukturwandel der deutschen Wirtschaft und die damit verbundenen innovative Prozesse die entscheidende Voraussetzungen und aktuellen Bedingungen. Deshalb sind die Weiterbildungsaktivitäten konsequenter als bisher der Gesamtheit von Maßnahmen der Personal- und Organisationsentwicklung einzugliedern. Das ist jedoch nur sinnvoll, wenn sich Weiterbildung nicht auf die Vermittlung von notwendigem Sach- und Fachwissen beschränkt, sondern die Gesamtheit der für die Unternehmensentwicklung notwendigen beruflichen Kompetenzen und Handlungsfähigkeiten mit der breiten Palette bereits entwickelter und künftig zu entwickelnder Verfahren und Methoden entwickeln hilft. Entsprechende Lehr-, Bildungs- und Trainingsprozesse setzen die notwendige Kreativität, Innovation und Wagemutigkeit frei, die der Übergang von der Weisungs- zur Selbstkultur (Warnecke 1993, 193 ff) erfordert.

2. Übergreifende gesellschafts- und wirtschaftspolitische Trends von unmittelbarem Einfluß auf die Veränderung von beruflicher Weiterbildung zur beruflichen Kompetenzentwicklung

Bereits zu Beginn der 80er Jahre ermittelten Naisbitt und Aberdeen (1983) Megatrends gesellschafts- und wirtschaftspolitischer Entwicklung, die sich größtenteils bis heute beschleunigt fortsetzen; darunter:

- den Übergang von der Nationalökonomie zur Weltwirtschaft und
- den Übergang von der Industriegesellschaft zur Informationsgesellschaft;
- damit den Übergang von zentralisierter (institutionalisierter) zu dezentralisierter (selbstorganisativer) politischer und ökonomischer Organisation; davon ausgehend
- den Übergang von Hierarchien und einem Entweder-Oder-Denken zu Verbundenheit, Verflechtung und gegenseitiger Abhängigkeit und zu multiplen Optionen
- Schließlich den Übergang von der Massengesellschaft zum „Triumph des Individuums"; die Position des Einzelnen wird stärker als im Industrie-Zeitalter (dieselben, 1990).

Es handelt sich um einen Übergang von hierarchisch-„mechanischen" Organisations- und Prozeßformen zu Formen materieller (wirtschaftlicher) und geistiger (informationeller) Selbstorganisation in globaler (weltwirtschaftlicher) und nationaler (nationalökonomischer) Hinsicht, auf der Ebene der *Unternehmen* und auf der Ebene der *Individuen*.

Werden Unternehmen, Gruppen und Individuen als je komplexe, selbstorganisierende Systeme aufgefaßt (Probst 1987), resultiert daraus prinzipiell, daß ihre Zukunft indeterminiert, offen und damit nicht aufgrund vorhandener Informationen, hinreichenden Wissens vorherberechenbar oder vorhersagbar ist. Unternehmen, Gruppen, Individuen müssen jedoch trotz der daraus resultierenden fundamentalen Unsicherheit ständig Entscheidungen für zukünftiges Handeln und Arbeiten treffen. Entscheidungen unter solcher fundamentalen Unsicherheit – also die Mehrzahl aller politischen und wirtschaftlichen Entscheidungen – und die ihnen entsprechenden Handlungen bedürfen damit zwangsläufig einer Basis, die nicht allein auf Kenntnissen – auf Sachwissen, Fakten, Informationen – beruht. Sie wird durch Werte und darauf aufbauende Kompetenzen gebildet.

Übergreifende gesellschafts- und wirtschaftspolitische Trends

Mit der Zunahme der wirtschaftlichen- und Unternehmenskomplexität und dem selbstorganisativen Charakter ihrer Organisation verändert sich deshalb der Charakter von Lernen, Aus- und Weiterbildung: das Unternehmen wird zur lernenden Organisation (vgl. Meyer-Dohm/Schneider 1991). Die außenorganisierte klassische berufliche Weiterbildung wird zunehmend durch Formen selbstorganisierten Lernens, insbesondere des Lernens im Prozeß der Arbeit, flankiert und ersetzt, und statisches Strukturdenken wird von dynamischem Prozeßdenken abgelöst.

Diese strukturellen und inhaltlichen Veränderungen haben massive Auswirkungen auf die Anforderungen an Arbeitnehmer. Der Übergang „Von Qualifikation zu Kompetenz" ist eine Entwicklung, die in ganz Westeuropa, wenn auch noch unter beträchtlichen Verständigungsschwierigkeiten, vor sich geht (Grootings 1994, 5). Lerninhalte umfassen zunehmend nicht nur Sachwissen und Informationen, sondern Werte und darauf aufbauende Kompetenzen. Das Schwergewicht innerhalb der Berufsbildung verlagert sich von der initialen beruflichen Ausbildung auf die – lebenslange – berufliche Weiterbildung in Richtung Kompetenzentwicklung. Es findet also ein Übergang von klassischer beruflicher Weiterbildung zu beruflicher Kompetenzentwicklung statt. Dieser Übergang ist unumgänglich: Werte und Kompetenzen sind für das Entscheiden und Handeln selbstorganisierender menschlich-gesellschaftlicher Systeme unerläßlich – selbstorganisierende menschlich-gesellschaftliche Systeme bedürfen der Werte und Kompetenzen als unerläßlicher Teil ihrer Selbstorganisation. Je deutlicher Arbeitende, Abeitsgruppen, Unternehmen als selbstorganisierende Systeme aufgefaßt werden können, eine desto größere Rolle spielen folglich Werte, Wertgefüge und Kompetenzen für ihre Arbeit.

Ziel jeglicher beruflicher Kompetenzentwicklung ist letztlich die Entwicklung beruflicher Handlungskompetenz. In Anlehnung an Sonntag/Schaper (1992) soll hier umrissen werden, was im folgenden darunter verstanden wird: Mit dem Begriff der *beruflichen Handlungskompetenz* wird in erster Annäherung und in Abgrenzung zu bisherigen Weiterbildungszielen die Integration kognitiver, emotional-motivationaler, volitiver und sozialer Aspekte menschlichen Handelns in Arbeitssituationen durch Weiterbildung angezielt und bewußt vermittelt. Zur Beschreibung des Komplexes gewünschter Eigenschaften, Fähigkeiten und Fertigkeiten hat sich unter pragmatischem Gesichtspunkt die Einteilung in vier Kompetenzbereiche eingebürgert:
- Fachkompetenz
- Methodenkompetenz
- Sozialkompetenz
- Personale Kompetenz, integriert zu
- beruflicher Handlungskompetenz

Fachkompetenz und Methodenkompetenz beinhalten spezifische berufliche Kenntnisse und Fertigkeiten (deklaratives Wissen und sensumotorische Fähigkeiten) sowie situationsübergreifend einsetzbare kognitive Fähigkeiten zur Problemstrukturierung und -lösung und zur Entscheidungsfindung.

Sozialkompetenz zeigt sich in kommunikativen und kooperativen Verhaltensweisen. Notwendige Voraussetzungen dazu sind Fähigkeiten und Fertigkeiten (social skills) zur Optimierung von Interaktions- und Gruppenprozessen zur erfolgreichen Realisierung von Plänen und Zielen.

Personale Kompetenz umfaßt solche persönlichkeitsbezogenen Dispositionen wie Einstellungen, Werthaltungen und Motive, die das Arbeitshandeln von einer übergeordneten Ebene aus beeinflussen. Neben dem Ziel der Veränderung personaler Kompetenzen in jeweils gewünschter Richtung unterstützt Weiterbildung hier vor allem die Fähigkeiten zur Selbstwahrnehmung, zur Entfaltung eines realistischen Selbstkonzepts und zum Selbstlernen.

In Abschnitt 4 wird das Verständnis von beruflicher Kompetenzentwicklung weiter ausgebaut. Die hier gegebene Unterteilung findet sich jedoch in nahezu allen Überlegungen zu Kompetenz und Kompetenzentwicklung wieder.
Der rasante Strukturwandel auf Unternehmensebene kann nicht allein durch Kostensenkung, Personalabbau, technische Anpassung bzw. Modernisierung und Organisationsentwicklung realisiert werden, er schließt die Entwicklung beruflicher Handlungskompetenz zentral ein. Er erfordert die enge Verknüpfung von Organisations- und Personalentwicklung und die *Integration der Kompetenzentwicklung* auf Arbeitnehmerebene *in die Organisations- und Personalentwicklung*. „Die Leistungsfähigkeit und Erfolge einer Volkswirtschaft beruhen heute auf Kreativität, Innovation und Flexibilität, also vor allem auf menschlichen Potentialen und intelligenter Kombination der Produktionsfaktoren; Merkmale die jetzt, in der 3. industriellen Revolution entscheidend zum Tragen kommen" (Warnecke 1993, 37).

Unternehmensqualität ergibt sich heute als Zusammenspiel von Produktqualität, Service-/Dienstleistungsqualität und Preis-Leistungsverhältnis auf der einen und Qualität und Know-how der Mitarbeiter auf der anderen Seite. Sollen in der Personalentwicklung und betrieblichen Weiterbildung die Herausforderungen angenommen werden, die sich aus dem Strukturwandel der Unternehmen und der hohen Veränderungsgeschwindigkeit von beruflichen und personalen Kompetenzen ergeben, muß die Lernfähigkeit der Mitarbeiter, der Fach- und Führungskräfte im Sinne beruflicher Kompetenzentwicklung entscheidend erhöht werden. Fachliche Qualifikationen und personale Kompetenzen sind Elemente beruflicher Kompetenz, mit der es den Handelnden möglich ist, berufliche und persönliche Herausforderungen wahrzunehmen, sie geistig-emotional zu erfassen und zu meistern. Personalentwicklung und berufliche Weiterbildung verfolgen mehr und mehr das Ziel, „Kompetenzbündel" als Fundament für die dringend benötigte Fach- und Führungskompetenz in der Wirtschaft zu entwickeln. Nur auf diesem Wege lassen sich die eingangs genannten arbeitsmarktpolitischen Forderungen erfüllen, läßt sich die Attraktivität des Wirtschaftsstandorts Deutschland erhalten und ausbauen und eine integrierte Personal- und Organisationsentwicklung realisieren.

Ausgehend von heute sichtbar werdenden Zukunftstrends in der deutschen Industrie und daraus erwachsenden Herausforderungen der Zukunft lassen sich damit Anforderungen an die zukünftige Personalentwicklung und Weiterbildung ableiten (➡). Hier seien einige solcher „*Megatrends der Weiterbildung*" umrissen:

1. Der *Wandel wird zum Normalfall*. Neue Technologien, kürzere Innovations- und Produktlebenszyklen verringern die Halbwertzeit des Wissens dramatischer als noch vor zehn Jahren vorhersehbar. Der *selbstorganisative Charakter moderner Wirtschaftsprozesse* manifestiert sich zudem im Übergang von der Erwerbsgesell-

Übergreifende gesellschafts- und wirtschaftspolitische Trends

schaft zur Dienstleistungsgesellschaft und im Übergang von einfacheren Dienstleistungen zu „Meta"-Dienstleistungen (Dienstleistungen für Dienstleistungen), sowie im Übergang von der Anbieter- zur Kundenorientierung und zu entsprechender an Kundenwünschen orientierter Flexibilität sowie im Übergang von der Großserienproduktion zur Produktion kleiner Losgrößen und zu entsprechender Produktionsflexibilität.

> → Die Organisationen werden damit marktorientierter gestaltet, die Planungsprozesse offener und mit schnellerer Rückkopplung realisiert („rollierende Planung"). Das setzt mehr Überblickswissen über Aufgaben, Strukturen, Schnittstellen im Unternehmen voraus sowie höhere Disponibilität und Mobilität der Mitarbeiter. „Lebenslanges Lernen" wird damit und mit der Auflösung/Veränderung traditioneller Berufsbilder notwendig. Die Wissens- und Kompetenzpotentiale der Mitarbeiter fördern oder benennen immer offensichtlicher werdend die (Stellen-) Veränderungen im Unternehmen.

2. Moderne Technologien und flexible Arbeitsorganisation ermöglichen so eine wettbewerbsstarke *flexible Spezialisierung*. Massenproduktion und schnelles Realisieren individueller Kundenbedürfnisse und -Aufträge werden möglich und alltäglich.

> → Um den (scheinbaren) Widerspruch zwischen Kundenorientierung (maßgeschneiderte Lösungen, langfristige Bindung), Entwicklungsvielfalt und hoher Wertschöpfung und Ertragsorientierung zu lösen, sind bedeutend mehr fachlich versierte Spezialisten, Management-Know-how in Breite und Prozeßkompetenz (professionelle Gestaltung der Integration dieses Wissens und Könnens im Unternehmen: kommunikativ, kooperativ, organisatorisch) notwendig.

3. Mehr *neue Technologien* im Einsatz (Hard- und Software der Mikroelektronik, rechnergestützte Maschinen, multimediale Informations- und Kommunikationssysteme) bedingen und ermöglichen neue Unternehmenschancen:

- Erst der *intelligente* Einsatz *unintelligenter* Technologien durch hochgebildete Mitarbeiter führt zu Wettbewerbsvorteilen und damit zu neuen unternehmerischen Entwicklungsmöglichkeiten.
- Mit zunehmender Entlastung der Arbeitnehmer von Routinetätigkeiten durch präzise und zuverlässig arbeitende rechnergestützte Maschinen verändert sich der Charakter der Arbeit. Mehr als bisher werden solche Tätigkeiten gefordert wie: Überwachen, Prüfen, Organisieren, Warten, Verbinden, Entwickeln/Erweitern. Organisationstalent, Problemerkennen und -lösen, Kreativität, Initiative werden in ihrer Bedeutsamkeit zunehmen.

> → Ein allgemeiner Trend (i.S. einer Technologieentwicklungs-Folge) zur Weiterbildung erhöht das Niveau der Mitarbeiter (insbesondere durch Erweiterung der Anzahl und Ebenen der in die Weiterbildung einbezogenen Mitarbeiter) kontinuierlich. Die Bedeutung von aus- und weitergebildeten Mitarbeitern nimmt ständig zu. Dabei werden vielfältige Kompetenzen vermittelt und gefestigt und weniger in sich abgrenzbare Wissensbausteine.

4. Die Vielfalt und Unberechenbarkeit potentieller *Marktentwicklungen* wächst – und somit die zu beherrschende *Komplexität und Dynamik*.

> → Entscheidungsqualität, Risikomanagement, frühzeitige Informationen über Neuentwicklungen und schnelles organisatorisches Reagieren werden zu wichtigen Erfolgsvoraussetzungen. Traditionelle Branchengrenzen lösen sich auf, Produktpaletten werden unkonventionell erweitert, strategische Allianzen nehmen zu; ein und derselbe Marktpartner begegnet einem Unternehmen oft in verschiedenen Rollen: als Mitarbeiter, Zulieferer, Kooperationspartner, Kunde. Bei dieser Entwicklung nimmt der Bedarf an Kooperations- und Kommunikationsfähigkeit, an dynamisch einsetzbaren Wissenspotentialen und Know-how für schnelle Entscheidungen immens zu, unabhängig davon, ob Transfer und Austausch stattfinden oder nicht, ob es sich um Eigenentwicklungen oder Kooperativentwicklungen handelt. Das dabei notwendige Wissen und die entsprechenden Kompetenzen beziehen sich nicht allein auf das Management sondern zunehmend auf die Mehrheit der Mitarbeiter.

5. Die Durchsetzung *fließender und virtueller Organisationen* nimmt zu; die Strukturen und Grenzen hierarchisch flacher werdender Organisationen mit starker Markt-(Veränderungs-)Orientierung werden stärker fluktuieren: abteilungs- bzw. unternehmensübergreifende Zusammenarbeit, Allianzen, unternehmensübergreifende organisatorische und informationstechnologische Verknüpfungen entstehen.

> → Einerseits muß sich die Weiterbildung neu orientieren und in ihrem Selbstverständnis neu positionieren: als zentrale Unternehmensfunktion und / oder als flexibler, interner Dienstleister mit eigener „Maßschneiderei" dezentraler Konzepte. Andererseits müssen Weiterbildner zunehmend mit Weiterbildnern anderer Unternehmen zusammenarbeiten – ohne die eigene Selbständigkeit und Kompetenz aufzugeben.

6. Mit veränderten Unternehmenszielen und -Strategien sowie mit veränderten Betriebsstrukturen und Arbeitsweisen ändert sich auch das Verhalten der Führungskräfte. Es zeigt sich ein Übergang – insbesondere jüngerer Führungskräfte – vom Anleiter, Kontrolleur, Repräsentant zum Informationsvermittler, Motivator, Weiterbildungsmanager bzw. Coach (vgl. Sauter 1994) mit deutlichen Dienstleistungsfunktionen gegenüber den Mitarbeitern.

Übergreifende gesellschafts- und wirtschaftspolitische Trends

> → Mit dem Abbau autoritärer Führung (Strukturen) handeln die Mitarbeiter ihre Weiterbildung als selbständiges Produkt und differenzieren mehr und mehr unternehmerisch zwischen Wesentlichem und Unwesentlichem.

7. Mit zunehmender Flexibilität erhalten die *Mitarbeiter* auch neue *Gestaltungsräume*:
   - Die menschliche Arbeitszeit ist nicht mehr eng an die Laufzeit der Maschinen gebunden.
   - Der Übergang zu maßgeschneiderten (Kunden-) Lösungen ohne nennenswerten Aufpreis erzwingt neue Flexibilität und Experimentierfreude.
   - Die Verantwortung für komplexe Aufgaben und Handlungsbereiche wächst und erfordert umfassende Kompetenzen.

> → Mitarbeiter werden anspruchsvoller bzgl. der Weiterbildungsangebote, zugleich ernsthafter in der Nachfrage und flexibler in der zeitlichen Inanspruchnahme. Weiterbildungsanbieter müssen sich umstellen: Abend- und Wochenendangebote nehmen zu.

8. *Arbeitsplätze* werden künftig weniger durch den Einsatz neuer Hoch- und Spitzentechnologien gefährdet, sondern vielmehr durch das Unterbleiben oder Verzögern. D.h.: zu wenig und zu langsamer technischer Fortschritt gefährdet die Produktqualität, internationale Konkurrenzfähigkeit und Arbeitsplätze.

> → Arbeitnehmer müssen im eigenen Interesse jede Chance der Weiterbildung zur Sicherung ihres Arbeitsplatzes und zur Weiterentwicklung ihrer Arbeitsmöglichkeiten nutzen (also Entwicklungswidersprüche zwischen Management und Arbeitnehmern austragen). Die Konsequenz daraus führt zu mehr Selbstorganisation der Arbeitnehmer und offensiver Nutzung ihrer Rechte).

9. Krisen- und Sanierungsmanagement als kurzfristig wirksames Management kritischer Situationen und langfristige Potentialentwicklung (PE) sind miteinander zu verbinden. Es wird davon ausgegangen, daß in Zukunft häufiger und intensiver Umweltturbulenzen auftreten und sich noch durchschlagender auf gesellschaftliche Bereiche auswirken. Die Beachtung der Umweltvariablen sowie ein entsprechendes Risikomanagement sind nach Regnet (1994) deshalb unverzichtbar.

> → Für die Weiterbildung entsteht hier die Frage, wie Wissen (und noch viel mehr Kompetenzen) weniger hervorragender Krisen- und Sanierungsmanager „kollektiv" weitergegeben und mit strategischer OE/PE verbunden werden können. Im Rahmen der Weiterbildung muß effizient und praktisch auf das hierbei komplizierte Wechselspiel der Anforderungen eingegangen werden: Physische, psychische, soziale Belastbarkeit (Gesundheit) und Streßtoleranz, Visionäres Denken, Sozial- und personale Kompetenz.

10. Die zunehmende *Internationalisierung* des Marktgeschehens verlangt nach international erfahrenen Fach- und Führungskräften, die ausgeprägte Fach-, Sozial- und kognitive Kompetenzen aufweisen, gepaart mit hoher Sensibilität für fremde Kulturen und ausgeprägter (Um-) Lernbereitschaft (Lichtenberger 1992).

> → Untersuchungen der letzten Jahre zur internationalen, interkulturellen Personalentwicklung weisen bei deutschen Unternehmen auf fortwährende Mängel (Heyse 1995) hin:
>
> „Interkulturelles Training" oder andere konzentrierte Weiterbildungsmaßnahmen zur Vorbereitung auf einen Auslandseinsatz werden nicht selten auf Sprachkurse reduziert.
>
> Fachliche und sprachliche Qualifikationen werden überschätzt, die zentralen Faktoren interkultureller Erfolge, beruhend auf umfassender sozialkommunikativer Kompetenz gegenüber ausländischen Partnern eher unterschätzt.
>
> Viele mittlere und kleine Unternehmen bereiten ihre Spezialisten auf den Auslandseinsatz überhaupt nicht vor. Andere reduzieren die Vorbereitungen auf Gespräche mit Landeskennern. Trainiert wird kaum.
>
> Immerhin scheitern rund zwei Drittel im Ausland an der Andersartigkeit der Mentalität sowie an der Unkenntnis der Normen und Sitten im Gastland.
>
> Die Schuld des Scheiterns wird in der Regel verklärt beschrieben. Sie wird einseitig der Mobilitätsbereitschaft der Führungskräfte und Spezialisten sowie den Kosten der Internationalisierung zugeschrieben.
>
> Zukünftig werden frühzeitige, landesspezifische Qualifizierungen, insbesondere „interkulturelle Trainings", unabdingbar.
>
> Neben der gründlichen Vorbereitung auf einen Auslandseinsatz sollte während des Aufenthaltes eine ständige Betreuung seitens des Heimatunternehmens garantiert werden; hierbei hat sich das Paten- oder Coachingsystem insbesondere sozialkompetenter Kollegen und Vorgesetzter bewährt. In vielen Fällen jedoch fehlt es an frühzeitiger Wiedereingliederungsplanung, späterer Neupositionierung, einschließlich zielgerichteter Weiterbildung.

Abbildung 1* faßt diese Ableitungen zusammen und stellt sie den Weiterbildungsbedingungen gegenüber.

---

* Diese und die folgenden Abbildungen sind am Ende dieses Beitrages, S. 125 ff. aufgeführt.

3. Konsequenzen für die zukünftige Weiterbildung

Aus diesen Trends lassen sich drei entwicklungsbestimmende Konsequenzen für die zukünftige Weiterbildung ableiten:

Erstens: Die Bedeutung des Wissens als Wettbewerbsvorteil und bisher zeit- und stellenweise unterschätzter Produktivitätsfaktor nimmt zu (Hofmann/Regnet 1994). Künftig stehen bei der Gestaltung flexibler, agiler Organisationen das Gestalten von Prozessen, die Auswahl von Personen, Maßnahmen des „Teambuilding", „Networking" und „Relationsmanagement" viel stärker im Vordergrund als Organisationsstrukturen und formale Regeln. Der Umgang mit offenen Situationen, zunehmender Komplexität und Dynamik, Maßschneiderei, Einbeziehung des Kunden als „Prosumenten" (Produzent plus Konsument) verlangt die *Verbindung von Wissens- und Beziehungsentwicklung*, die Erweiterung individuellen Wissens und individueller Kompetenzen: fachlich, methodisch, organisatorisch, sozial. Es geht also um eine Höherwertung von Wissen und kompetenz- und handlungsvermitteltem Gestalten.

Zweitens: Der Weiterbildungsmarkt wird unübersichtlicher (ebenda). Weiterhin relativ stabile interne Märkte stehen zunehmend chaotischen internen Märkten gegenüber. Davon abhängig werden sich die Inhalte, Orte und Organisation der Weiterbildung sowie die Methoden der Wissensentstehung, -vernetzung und -vermittlung unterscheiden.

All-around-Weiterbildner werden es zunehmend schwer haben, denn die Halbwertzeit zur Entwicklung neuer Weiterbildungsangebote (Seminare, Training, Informationsveranstaltungen, Bücher) fällt schneller als bisher – insbesondere dort, wo Komplexität und Dynamik (bzw. die Vielfalt möglicher Entwicklungen) der Weiterbildungsgegenstände besonders deutlich zunehmen (vgl. Abbildung 2).

Informativ ist weiterhin ein Blick auf die „Landkarte" zum Management von Vorhersehbarkeit und Ordnung versus Chaos und Komplexität (Abbildung 3) Während diese „Landkarte" Hinweise über unterschiedlich erforderliche und sinnvolle Entscheidungsprogramme (E), Kommunikationswege (K) und Weiterbildungskonzepte (W) in Abhängigkeit von den Komplexitätsanforderungen enthält, gibt die Abbildung 4 einen Überblick über die Vielfalt zu berücksichtigender Vermittlungs- und Vermittlerkonzepte I-IV – wiederum in Abhängigkeit von Komplexität und Dynamik.

Betrachtet man die eingangs beschriebenen Trends unter dem Aspekt sich neu oder verstärkt herausbildender *Kompetenzentwicklungs- Anforderungen*, so begegnet man immer wieder solchen Anforderungen wie:
- Gewährleistung abteilungsübergreifender Kommunikation, Kooperation, Akzeptanz auf der Grundlage gemeinsamer (unternehmerischer) Verantwortung, was die Kompetenz zu einer *neuen Qualität von Teamwork* und gegenseitigen Dienstleistungsbeziehungen voraussetzt
- Methodische und sozialpsychologische Vorbereitung auf das gemeinsame Lösen zukünftiger (heute noch nicht bekannter) Probleme, was die Kompetenzen *Problemlösebereitschaft und Problemoffenheit* verlangt

- Bearbeitung erweiterter Aufgabengebiete durch einzelne Mitarbeiter, was die Kompetenz zur *Verantwortungsdelegierung auf untere Ebenen* erfordert
- Kompetenz zur *Integration und Vernetzung* vielfältigen Wissens
- Kompetenz zur *multinationalen (-kulturellen) Kooperation* im In- und Ausland
- Kompetenz zur *Kompetenzentwicklung* auf individueller, kollektiver und organisatorischer Ebene mit dem Ziel der *Kompetenzführerschaft*, sowohl auf fachlicher wie auch auf Beziehungsebene, und deshalb
- Förderung der Kompetenz zu *Selbstorganisation* (Selbstlernen, Selbstentwicklung) als Bestandteil der Unternehmensphilosophie.

Letzteres führt zu einer weiteren Konsequenz:

Drittens: Die strategische Verzahnung der Weiterbildung mit der Unternehmensplanung und ihre Integration in die davon untrennbare Personal- und Organisationsentwicklung ist unumgänglich (vgl. Dybowski/Pütz/Rauner 1995).

Dies führt zu dem, was seit Ende der 80er Jahre und gegenwärtig zunehmend mit dem Terminus *lernende Organisation* beschrieben wird. Eben diese Zunahme kann nur in Verbindung mit den oben genannten Veränderungen und Trends sowie durch die Entwicklungslogik des Personalwesens in deutschen Unternehmen erklärt werden. Letzte skizziert Wunderer (1993) prägnant in 5 Entwicklungsphasen (Abbildung 5): In den 80er Jahren und zunehmend in den 90ern tritt die Personalentwicklung deutlich in den Vordergrund und verändert durchgreifender als in den früheren Jahren Strukturen, Verantwortung und Führungsselbstverständnis. Personal- und Organisationsentwicklung werden als untrennbare Einheit und Entwicklungsvoraussetzung ernsthafter Weiterbildung angesehen.

Gerade in den 80er Jahren war ein starkes quantitatives Wachstum der Weiterbildung – als ein wichtiger Bestandteil der Personalentwicklung – zu verzeichnen. Einerseits der Einsatz neuer Techniken, andererseits die zunehmende Systematisierung und Professionalisierung der betrieblichen Bildungsarbeit führten zu einer enormen Ausweitung und Unumkehrbarkeit des internen und externen Seminargeschäftes zu jener Zeit (vgl. Weiss 1994).

In den 90er Jahren verbindet sich mit dem zunehmenden internationalen Wettbewerbsdruck, mit der Wechselhaftigkeit und Instabilität der Märkte, mit der Notwendigkeit zur deutlichen Kostenreduzierung bei gleichzeitiger Erhöhung der Produktivität und Qualität die Forderung an die Weiterbildung, in erster Linie und effizient zur Sicherung der Unternehmensentwicklung beizutragen und damit die eigene Effizienz nachzuweisen. Fragen der Kompetenzentwicklung – und damit insbesondere der Problemlösungs- und Veränderungsfähigkeit des Einzelnen – rücken seit den 80ern und verstärkt in den 90er Jahren in den Mittelpunkt einer sich neu organisierenden Weiterbildung in veränderter Lernumwelt.

Mit der zunehmenden Verbindung von strategischer Weiterbildung und Unter- bzw. Umsetzung der Unternehmensziele und -strategien wurden wichtige Voraussetzungen für *lernende Unternehmen* geschaffen. Hierbei werden (vgl. Meyer-Dohm 1991; Sattelberger 1991; Baitsch 1993; Probst/Büchel 1994; Pedler/Burgoyne/Boydell 1994) folgende *Entwicklungen* deutlich:

1. Entwicklung kundenspezifischer Problemlösungen durch die betriebliche Weiterbildung:
Verknüpfung von internen und externen Angeboten bei gleichzeitiger Reduzierung der Inhaltsvielfalt und Konzentration auf den eigentlichen Bedarf. Dazu werden Bildungsbedarfserhebungen, Problem- und Potentialanalysen und letztlich die Integration der Weiterbildung in den Planungs- und Arbeitsprozeß notwendig. Es rücken abteilungs-, arbeitsgruppenspezifische sowie abteilungsübergreifende Problemlösungen in den Vordergrund. Weiterbildung wird zunehmend in Projekte integriert. Bildungsprogramme werden ergebnisoffen und unter Mitwirkung verschiedenster Struktureinheiten entwickelt.

2. Dezentralisierung:
Die operativen Weiterbildungsarbeiten werden weitgehend in die dezentralen Einheiten delegiert. Führungskräfte und Mitarbeiter gestalten Weiterbildungsprozesse eigenverantwortlich. Modelle der Matrixorganisation, das Referentenmodell, die Installation von Fortbildungsbeauftragten und die zunehmende Nutzung interner Beratungsleistungen kennzeichnen genauso diesen Übergang, wie das Outsourcing von Bildungsaufgaben und die verstärkte Zusammenarbeit mit externen Bildungsbetrieben bis hin zu Bildungsplanungsaufgaben.

3. Transfersicherung:
Effizienzsteigerungsorientierte betriebliche Weiterbildung muß sowohl in der Vorbereitungs- als auch in der Durchführungs- und Abschlußphase der Weiterbildung transferunterstützende Maßnahmen erarbeiten und kontrollieren. Weiterbildungsmaßnahmen werden im Unternehmen vor- und nachbearbeitet und zunehmend mit der Lösung realer Probleme verbunden. Damit rückt die Verbindung von Arbeiten und Lernen sowohl in Seminaren als auch in den konkreten Arbeitssituationen auf den verschiedenen Ebenen, einschließlich der Führungsebenen, in den Vordergrund. Zwangsläufig erhöhen sich somit die Anforderungen an Rückkopplung/ Controlling der Bildungs- und Personalarbeit.

4. Beteiligung der Mitarbeiter:
Zunehmend werden die „Betroffenen" (Mitarbeiter, Führungskräfte) in die Veränderungsprozesse aktiv einbezogen, so auch in die eigene Weiterbildungsplanung. Damit soll die Problemerkennungs- und -lösungsfähigkeit erhöht und die Selbstorganisations- und Selbstregulierungsfähigkeit verstärkt werden.
Über die Verbesserung der individuellen Fähigkeiten hinaus sollen Lernprozesse in organisatorischen Einheiten gestaltet werden, insbesondere bei Lernzielen im kommunikativen und sozialen Bereich, die der Erhöhung von Sozial- und Handlungskompetenz dienen (vgl. Weiss 1994). Das erfordert

5. Modulkonzepte und maßgeschneiderte Angebote:
Die Orientierung an speziellen Zielgruppen, variablen Programmen und neu bzw. extra entwickelten Seminaren nimmt zu.
Gleichzeitig erhöhen sich die Anforderungen an die Mitarbeiter von Weiterbildungsabteilungen in Richtung Prozeßberater/-Moderator bzw. „change agents", in Richtung Prozeß- und Bedarfsanalyse ebenso wie zum Coaching, zur Entwicklungs- und Lernberatung hin (Heitger 1994).

6. Methodenvielfalt und wachsender Technologieeinsatz:
   Deutlich verstärkt wird auf die Selbststeuerung von Lernprozessen und Selbstlernprozessen, auf interaktive Lernmethoden, Arbeiten an und in aktuellen Praxisspielen, Workshops, Planspielen, Case-Studies usw. gesetzt.
   Benchmarking über die eigene Branche hinaus wird betrieben; es wird nach neuen Entwicklungen, Beispielen und Strukturen im Bereich der Weiterbildungsinhalte und -methoden und deren Verallgemeinerung gesucht.
   In den kommenden Jahren ist mit einem stark wachsenden Markt für Computer Based Training (CBT), dem Einsatz von Multimediasystemen und Software aller Art zu rechnen und damit auch mit neuen Lerngewohnheiten, -orten, -zeiten (Stillstandzeiten, Freizeit, Urlaub) und -teilnehmern.

7. Verbindung unterschiedlicher Wissensdimensionen in integrierten Lern- und Entwicklungsprozessen:
   Hier ist vor allem (nach Heitger 1994) die Verbindung dreier Grunddimensionen hervorzuheben, nämlich von *Fachwissen* (i.S. von funktionalen Kenntnissen und kognitivem Spezialwissen), *Schlüsselkompetenzen* (hier insbesondere *Methodenkompetenz* bezüglich „General Management", Know-how, z.B. BWL-Grundkenntnisse, Basiswissen bzgl. Führung, Personal, Organisation, Projektmanagement, Marketing sowie Sprachkenntnisse; an dieser Stelle wird auf eine Zuordnung des Begriffs zu den generellen Vorstellungen von Kompetenzen verzichtet, vgl. aber Abschnitt 4.), *Sozial- und Handlungskompetenz* (Kommunikation, Teamwork, Konfliktmanagement)

8. Qualitätssicherung:
   Auf der Grundlage der ISO-Normen 9000 ff wird in Zukunft nicht nur nach der Produktqualität sondern auch nach der Qualität der ständigen Weiterbildung der Mitarbeiter und Teams gefragt werden, insbesondere danach, welchen Beitrag die Weiterbildung für den Arbeitserfolg, die Produkterneuerung und Kundenzufriedenheit leistet. Somit wird Weiterbildung zu einem Zertifizierungskriterium und zur Voraussetzung, um im Wettbewerb zu bestehen.

9. Weiterbildungsmanagement:
   Mit dem Übergang zu cost centers versuchen zunehmend größere Unternehmen Kostenplanung und Kostenrechnung für Weiterbildung transparenter zu machen und eine größere (interne) Kundenorientierung des Weiterbildungsbereichs durchzusetzen. Damit kommen neue Anforderungen auf diese Bereiche zu: höhere Kostenverantwortung, flexibles Weiterbildungsmanagement, offensives Weiterbildungs- marketing (Merk 1993).
   Das betriebliche Bildungswesen geht im Einklang mit der Entwicklung „lernender Unternehmen" häufig deutlich in Richtung Service- und Consultingeinrichtung (Prozeßberatung, Beratung bezüglich sozialer und kommunikativer Prozesse), cost- und profitcenter.

Die aufgeführten Entwicklungen sind aus den Veränderungen der zurückliegenden 30 Jahre in Unternehmen der alten Bundesrepublik (und weltweit) sowie insbesondere der 80er Jahre zu erklären und *verändern die betriebliche Bildungsarbeit grundsätz-*

lich. In der Bildungspraxis in den Unternehmen gibt es eine Vielzahl innovativer Weiterbildungskonzepte und -methoden. Über die einzelnen Unternehmen hinausführende Denkmodelle und Gestaltungsprinzipien für die notwendige konzeptionelle Neupositionierung der Weiterbildung stehen jedoch noch aus. Dabei stehen Fragen der Kompetenzentwicklung und der Selbstentwicklung und -organisation (selbstgesteuertes Lernen und Verändern) mit Sicherheit im Vordergrund.

4. Die zentralen Fragestellungen beim Übergang von der beruflichen Weiterbildung zur beruflichen Kompetenzentwicklung

Mit Blick auf diese Zukunftstrends der deutschen Industrie und die daraus ableitbaren Anforderungen an die zukünftige Personalentwicklung und Weiterbildung gilt es nun herauszuarbeiten, inwieweit die heutige Weiterbildung dem bereits entspricht bzw. sich in dieser Richtung entwickelt.

Dazu sei, ausgehend von einem erweiterten *Lernbegriff* (Staudt/Frieling 1994, 12), das sich erweiternde *Feld der Lernprozesse* betrachtet (Abbildung 6). Die Normalität des neuen Lernens entspricht den auf den drei Achsen angedeuteten Entwicklungen:

1. Zunächst ist von den veränderten **LERNINHALTEN** auszugehen.
   Dementsprechend schließt der neue Weiterbildungsbedarf, neben reinen Erkenntnissen, Informationen und Fertigkeiten mehr und mehr Werte und wertdeterminierte Informationen, sowie Kompetenzen ein, welche die Werte voraussetzen und Erfahrungen, Fähigkeiten und Handlungsweisen mit umfassen.

   Das alles bezieht sich nicht nur auf fachliche Kompetenzen, sondern ebenso auf methodische, soziale und zunehmend auch auf personale Kompetenzen, unter denen Kreativität, Durchsetzungsfähigkeit, Veränderungsbereitschaft, vor allem aber Werthaltungen, Selbstmotivationsfähigkeiten und Selbstlernkompetenzen entscheidend sind.

   Mittels Bedarfsermittlung, Potentialvermittlung, Evaluation der Weiterbildung ist zu fragen, wie das Niveau der Weiterbildungsplanung in den Unternehmen konkret ausgeprägt ist. Zugleich ist der Versuch zu unternehmen, einzelne branchen- und tätigkeitsspezifische Bedarfsveränderungen nachzuweisen.

   Daß die Weiterbildung in der Praxis einen zunehmenden Ausbau erfährt, ist offensichtlich. Es zeigt sich u.a. in den gestiegenen Aufwendungen für betriebliche Weiterbildung. So wurden beispielsweise im Jahre 1992 rd. 36,5 Mrd. DM dafür ausgegeben (laut Weiterbildungserhebung des IW; die Europäische Weiterbildungserhebung 1993 ermittelte nach anderem Modus 24,7 Mrd. DM; vgl. Grünewald/Moraal 1995, S. 12). Im Jahre 1980 betrugen die Ausgaben für betriebliche Weiterbildung noch rd. 8,0 Mrd. DM (laut Weiterbildungserhebung des IW).
   Zu fragen ist jedoch auf dieser Betrachtungsebene, wie systematisch, und gezielt diese Mittel auf welchen Weiterbildungsgebieten mit welchen Zielen und ggf. Effekten eingesetzt werden und ob sich daraus z. B. deutliche Verschiebungen von der beruflichen Weiterbildung zur Kompetenzentwicklung ergeben.

2. Der **LERNPROZESS** bewegt sich vom fremdorganisierten Lernprozeß der klassischen Weiterbildung mehr und mehr in Richtung selbstorganisiertes Lernen, in Richtung des Lernens im Prozeß der Arbeit, bis hin zu Selbstlernprozessen.
Das verlangt eine radikale Veränderung des Verständnisses von Weiterbildungsmethoden. Es wird nach dem innovativen und künftig noch mehr zu bestimmenden Weiterbildungsinstrumentarium, nach dem Übergang von frontal-unidirektionalen zu trainigsartig-bidirektionalen Verfahren, nach den neuen Medien in der Weiterbildung, der interdisziplinären Verbindung durch einheitliche „Methoden"-Sprachen, nach therapeutischen Ansätzen, nach der Verbindung von Wissenschaft – Kunst – Praxis u.v.a. gefragt.

Dabei geht es um die bleibenden und die neuen Ansätze der Weiterbildung. Als besonders wichtige und kritische Aspekte für die Unternehmensentwicklung (und damit für die Sicherung des Wirtschaftsstandortes Deutschland) erweisen sich:
die Motivation, die Kommunikation, und das Chancenmanagement in Organisationseinheiten (Teams, Gruppen usw.);
der Bezugssystem- und Wertewandel und deren Auswirkung und Umsetzung im Unternehmen und ihr Einfluß auf Weiterbildungskonzeptionen und -inhalte;
Methoden des Coaching, des Mentoring, der Moderation und des Einsatzes interner Multiplikatoren als Formen zunehmender Selbstorganisation des Lernens. Auch Gesundheit und Lebensqualität als übergreifende Entwicklungs- und Bewertungsgrößen sind dabei einzubeziehen;
die Vernetzung bisher separater Wissens- und Handlungsfelder zu umfassenden Kompetenzfeldern.

Zugleich ist die Veränderung der Weiterbildungsorte, also der Bildungsinstitutionen und sozialen Institutionennetze zu diskutieren. Der Frage nach Vielfalt, Verbindbarkeit, Bedarfs- und Inhaltsabhängigkeit und Verschiebung traditioneller und neuer Lernorte muß hierbei nachgegangen werden. Insbesondere die Effekte des Outsourcing stehen in diesem Zusammenhang zur Diskussion.
Schließlich ist herauszuarbeiten, mit welchen neuen Methoden und Verfahren die Weiterbildungsqualität ermittelt werden soll – zum einen in bezug auf bisherige, traditionelle Weiterbildungsformen, zum anderen, um die neuen Weiterbildungsmethoden untereinander zu vergleichen.

3. Als **LERNER** sind gleichberechtigt die lernenden Individuen als Weiterbildungsteilnehmer, Funktionaleinheiten/Teams und die lernenden Unternehmen als Ganzes zu betrachten. Es geht folglich nicht nur um das Lernen im Unternehmen an sich, sondern auch um das Lernen des Unternehmens selbst und das Lernen im lernenden Unternehmen.

Bei der Analyse der Weiterbildungsteilnehmer kommt Teilnehmern aus der Führungsebene, der mittleren Ebene und der Ebene der Un- und Angelernten eine unterschiedliche Rolle zu. Diese ist realistisch darzustellen und prognostisch einzuschätzen.
Jede Analyse von Weiterbildung und Kompetenzentwicklung, ob im beruflichen oder außerberuflichen Zusammenhang, ob auf Vergangenheit oder Zukunft bezogen, insbesondere aber hinsichtlich des Übergangs von klassischer beruflicher Weiterbildung zu

Zentrale Fragestellungen

beruflicher Kompetenzentwicklung hat sich damit den sechs **W** – Fragen zu stellen:
Was soll dabei vermittelt werden (Weiterbildungsbedarf)?
Welche Lernprozesse kommen dabei zum Tragen?
Wodurch wird es vermittelt (Weiterbildungsmethoden)?
Wo wird es vermittelt (Weiterbildungsorte)?
Wie wird es vermittelt (Weiterbildungsqualität)?
Wer nimmt an der Weiterbildung teil (Weiterbildungsteilnehmer)?

Um dies zu beantworten, ist es zudem erforderlich, zu jeder der Fragen fördernde und hemmende Bedingungen zu benennen, sowie repräsentative Quellen zu erschließen, aufgrund derer entsprechende Antworten gewonnen werden können.

Die entsprechende Suchmatrix ist in Abbildung 1 eingegliedert. Diese fünf Betrachtungsebenen schließen sowohl Aussagen zu notwendigen unternehmensseitigen Änderungen zur Kompetenzentwicklung und arbeitnehmerseitigen Änderungen als auch Aussagen zur zunehmenden Integration der Weiterbildung / Kompetenzentwicklung in OE / PE ein.

In diesem umfassenden Sinne liegt ersten Literaturrecherchen zufolge gegenwärtig in Deutschland keine vollständige Analyse vor.

4.1 Die Veränderung des Weiterbildungsbedarfs

„Die Ausbildung und die Fachkenntnisse der arbeitenden Bevölkerung sind auf lange Sicht die einzige Quelle dauerhaften Konkurrenzvorteils (Europas) im 21. Jahrhundert geworden. Alles andere kann gekauft, geliehen oder kopiert werden", resümiert Thurow (1992) das gegenwärtige Kopf-an-Kopf-Rennen der großen Weltwirtschaftsmächte. Er artikuliert damit zugleich den existenznotwendigen Weiterbildungsbedarf an berufliche Kompetenzentwicklung in Deutschland und Europa.

Weiterbildung, Qualifikationen, Schlüsselqualifikationen und Kompetenzen

Nun sind Weiterbildung, Qualifikation, Kompetenzentwicklung und Entwicklung der Handlungsfähigkeit im Beruf Termini, die in der einschlägigen Literatur zur Berufsbildung teilweise synonym, teilweise kontrovers benutzt werden. Wenn hier und im folgenden der Blick auf den Weg von der – „traditionellen" – beruflichen Weiterbildung zur – modernen, den neuen technischen, ökonomischen und bildungspolitischen Anforderungen entsprechenden – Kompetenzentwicklung gerichtet werden soll, so bedarf es, wenn schon keiner Definitionen, so doch einiger terminologischer Abgrenzungen.
Unter Weiterbildung sollen jene Lehr- und Lernprozesse verstanden werden, „die das Ziel haben, auf der Grundlage eines erlernten oder ausgeübten Berufes berufsspezifische und berufswichtige Kenntnisse, Fertigkeiten, Einsichten und/oder Verhaltensweisen zu festigen, zu vertiefen oder zu erweitern." Wichtig ist hierbei, daß „im Kontext des Programms vom 'lebenslangen Lernen' der Begriff Weiterbildung zuneh-

mend einen zentralen Stellenwert (erhält)." Das gilt nicht nur für Deutschland, sondern in der gesamten EU (Lipsmeier/Münk 1994, S. 19 f). Damit ist klar, daß selbstverständlich die intendierte Kompetenzentwicklung in den Bereich der Weiterbildung fällt. Insofern besteht keinerlei kontroverses Verhältnis. Andererseits wird immer wieder hervorgehoben: „Traditionelle Lernmethoden wie Frontalunterricht, Auswendiglernen und 'Pauken' bedeuten Unwirtschaftlichkeit des Lernprozesses" (Bullinger/Gidion 1994, 7).
Traditionelle Weiterbildung war (und ist) aber wesentlich auf die Vermittlung von Fachkompetenz, auf die unidirektionale Weitergabe eines systematischen, fachteiligen Curriculums gerichtet, welches das möglichst komplette Wissen enthält, das zur Ausübung eines Berufs o.ä. erforderlich ist.

Moderne Weiterbildung hingegen bezieht, in systematischer Kundenorientierung, zahlreiche wertend-orientierende Motive der Erwerbspersonen selbst, der Unternehmen und auch der öffentlichen Hand mit ein und folgt einer Reihe miteinander verkoppelter weiterer Trends, wie dem Einsatz geöffneter Lernpfade (durch Gleichwertigkeit und Verbindung allgemeiner und beruflicher Bildung und durch Öffnung breiter beruflicher Laufbahnperspektiven mittels Weiterbildung), erweiterter Transferwege (durch Einsatz moderner Informations- und Kommunikationsmöglichkeiten), kombinierter Lernorte (Bildungseinrichtungen, Betrieb, Privatsphäre), effektiver Lernmethoden und integrierter Lerninhalte.
Letztere umfassen neben der Fachkompetenz auch Methodenkompetenz und Sozialkompetenz und integrieren dies zur Handlungskompetenz (vgl. Abbildung 7, Bullinger/Gidion 1994, 14). „Die Forderung nach einer Verbindung von Fach-, Sozial- und Methodenkompetenz zur Handlungskompetenz wird heute so häufig gestellt, daß man sich beinahe scheut, dieses erneut in den Raum zu stellen. Dennoch zeigt sich in der Bildungspraxis weiterhin überwiegend eine fachteilige Bearbeitung im Lehrgang, im Seminar oder in anderen Lernformen. Das Lernen orientiert sich dann am fachteiligen Curriculum und nicht an der Arbeitspraxis, die eine Mischung aus den unterschiedlichen Kompetenzbereichen darstellt" (ebenda). Hier wird überdies stets die personale Kompetenz mitberücksichtigt.

Die bloße Vermittlung von Fachkompetenz, die alleinige Weitergabe von Fachwissen und entsprechenden Handlungs-"Algorithmen" wird schon deshalb in vielen Fällen obsolet, weil das berufliche Fachwissen exponentiell wächst und aktuelles Wissen immer schneller entwertet wird. Nicht allein aufgrund der Zunahme chaotisch-selbstorganisativer Prozesse in bezug auf Unternehmen und Märkte (auf die später eingegangen wird, um den modernen Weiterbildungsbedarf näher zu charakterisieren), sondern auch aufgrund dieses Ungenügens von Fachwissen als Entscheidungs- und Handlungsgrundlage im modernen Arbeitsprozeß werden Kompetenzbündel mehr und mehr zur Grundlage der Arbeitsfähigkeit.

Folglich wird die integrative Vermittlung bzw. Aneignung von Kompetenzen im arbeitsaufgabenorientierten organisierten Lernen zum zentralen Gegenstand der Weiterbildung (ebenda, 15). Dies soll hier als *Kompetenzentwicklung* gefaßt werden soll.

Ähnlich differenziert sich auch das Verständnis von Qualifizierung. Wurde darunter früher die Anpassung an bereits ausformulierte, endgültige Zielvorstellungen verstanden und der Arbeitende oft tayloristisch zum „Rädchen" im quasimechanisch aufgefaßten System Unternehmen degradiert, so unterscheidet ein modernes Qualifikationsverständnis zwischen Qualifikation und Qualifizierung: „Unter Qualifikation wird das Handlungsvermögen von Personen verstanden, das sowohl berufsbezogene Kompetenzen als auch berufsübergreifende und allgemeine Kompetenzen umfaßt. Mit Qualifizierung wird hingegen der Prozeß des Erwerbs und der Weiterentwicklung von Qualifikationen verstanden." Beide sind komplementär: „Die auf ein umfassendes Handlungsvermögen bezogene Qualifikation ist nicht ohne die auf das Individuum und die Mündigkeit abzielende Bildung zu erlangen; umgekehrt ist Bildung nicht zweckfrei und gesellschaftsdistanzierend einzulösen, sondern nur in realen Handlungs- und Qualifikationsvollzügen." Und: „Das Erreichen von Handlungsfähigkeit im Beruf erfordert das Herausbilden von Sachkompetenz, Sozialkompetenz und humaner Selbstkompetenz" (Dehnborstel/Hecker u.a. 1992, 12, 20)

Die vieldiskutierten Schlüsselqualifikationen werden zum organisierenden Prinzip der so aufgefaßten und als strategische Orientierung begriffenen Größen Qualifikation und Qualifizierung, die ihrerseits als Motor der aktiven, außen- und innengeleiteten Kompetenzentwicklung gesehen werden (ebenda, 24). Auch hier steht also die Kompetenzentwicklung im Mittelpunkt. Allerdings haben Qualifikations- und Kompetenzbegriffe einen unterschiedlichen Bezugspunkt: Der Begriff Qualifikation orientiert sich viel stärker am gesellschaftlichen Bedarf als an individuellen Persönlichkeitsentwicklungen. Kompetenz bezieht sich mehr auf den einzelnen Menschen und geht von einer ganzheitlichen Betrachtung aus (PTQ 1995, 209).

Schlüsselqualifikationen *oder* Kompetenzen?

Es geht also keinesfalls um einen bloß terminologischen Wechsel von Schlüsselqualifikationen zu Kompetenzen. Der von Mertens eingeführte Begriff der Schlüsselqualifikationen vor dem Hintergrund der bildungsökonomischen Wende der 70er Jahre und der damit verbundenen Arbeitsmarktprobleme versuchte vielmehr in derselben Entwicklungsrichtung vorzustoßen, die heute mehrheitlich mit Kompetenzbegriffen belegt wird: Es ging darum, sich von einer „rein additiven" Verbreitung des abfragbaren Fakten- und Methodenwissens abzusetzen, deren Absolventen oft weder über ein systematisches Grundwissen, noch über hinreichende Spezialkenntnisse verfügten. Zugleich wurde der Einsicht Rechnung getragen, daß die Zerfallszeiten von Bildungsinhalten positiv mit der Praxisnähe und negativ mit ihrem Abstraktionsniveau korrelieren. Dem sollte die Vermittlung von Schlüsselqualifikationen entgegenwirken. Allerdings wird heute mit einer unübersichtlichen und unüberschaubaren Fülle von Schlüsselqualifikationsbegriffen hantiert; es bedurfte einer eigenen umfangreichen Untersuchung (Kloft/Didi/Fay/Vogt 1995), um diese zumindest zu katalogisieren und mit einschlägigen psychologischen Begriffen zu parallelisieren. Die Umsetzung dieses einleuchtenden Gedankens erwies sich schon deshalb als unerwartet schwierig, die Kritiken daran sind bis heute nicht verstummt.

Das liegt nur zum Teil an der Zerfahrenheit und am Konservatismus des traditionellen Weiterbildungsbetriebs. Schaut man – von den bisherigen Überlegungen zu den grundlegenden Kompetenzen ausgehend – genauer an, was Mertens unter Schlüssel-

qualifikationen versteht, werden bereits einige Probleme deutlich. Er definiert: „Schlüsselqualifikationen sind demnach solche Kenntnisse, Fähigkeiten und Fertigkeiten, welche nicht unmittelbaren und begrenzten Bezug zu bestimmten, disparaten, praktischen Tätigkeiten erbringen, sondern vielmehr
a) die Eignung für eine große Zahl von Positionen und Funktionen als Alternative Optionen zum gleichen Zeitpunkt, und
b) die Eignung für die Bewältigung einer Sequenz von (meist unvorhersehbaren) Änderungen und Anforderungen im Laufe des Lebens" enthalten (Mertens 1974).

Diese Bestimmung aus einer Negation (einem nicht unmittelbare Praxisbezug) gestattet es, dem Begriff völlig unterschiedliche Aspekte zu subsummieren. Dies sind neben den Basisqualifikationen (z.B. analytisches, kooperatives, konstruktives, kreatives Denken), die noch am ehesten als Elemente von Sozial- und Handlungskompetenz aufzufassend sind, auch sogenannte Horizontalqualifikationen (z.B. Fähigkeiten der Informationsaneignung und -verarbeitung), Breitenelemente (z.B. Grundkenntnisse der Verbalisation und des mathematisch-logischen Zugangs) und Vintage Faktoren (z.B. generationsübergreifende Lehrstoffe und Begriffssysteme) (vgl. die Zusammenfassung von Gronwald 1993, 120). Die qualitative Unterschiedlichkeit der Aspekte macht eine einheitliche Behandlung der Schlüsselqualifikationen und damit einen vereinheitlichenden Theorienbezug unmöglich, während dieser für die Kompetenzentwicklung problemloser realisierbar ist. Darauf wird später eingegangen.
Man kann beispielsweise sehr eng umgrenzte handwerkliche Fähigkeiten, etwa „praktische Sicherheit und Sensibilität im Umgang mit Werkzeugen", oder „Zuverlässigkeit bis zur Routine bei der selbständigen Ausführung einfacher Aufgaben" als Schlüsselqualifikationen fassen (ebenda, 122), dann haben diese bestenfalls mit eng gefaßter Fach- und Methodenkompetenz etwas zu tun. Man kann aber auch Eigenschaften wie Lernbereitschaft, Verantwortungsbewußtsein, positives Denken, Kommunikationsfähigkeit, Kooperationsbereitschaft, Kundenorientierung, wirtschaftliches Handeln, qualitätsbewußtes Verhalten, umweltbewußtes Handeln, Organisationsfähigkeit, Problemlösungsfähigkeit und Innovationsbereitschaft als Schlüsselqualifikationen fassen, wie dies z.B. bei Dräger geschieht (Laudi/Hoge 1993, 102), und damit tatsächlich in der Aus- und Weiterbildung auf grundlegende Kompetenzen abzielen. Als geeignete Methode, solche Kompetenzen zu evaluieren, hat sich dann das Fördergespräch erwiesen, worin anhand fachlicher Tätigkeiten und Ergebnisse auf die zugrundeliegenden Schlüsselqualifikationen als grundlegende Kompetenzen geschlossen wird.

Für die grundlegenden Kompetenzen gilt deshalb die gleiche Aussage wie für die Basis-Schlüsselqualifikationen: „Das Konzept der Schlüsselqualifikationen findet keinen Platz im üblichen Methodenkanon der Ausbildung. Schlüsselqualifikationen können nicht im eigentlichen Sinne vermittelt werden, vielmehr geht es darum, Situationen zu schaffen, in denen ihre Förderung möglich ist... An die Stelle der Belehrung tritt die Beratung, und statt Inhalte zu unterweisen, werden Lernprozesse moderiert... Auf diesem Wege verlagert sich das Verhältnis zwischen Lehrendem und Lernendem dergestalt, daß die Dominanz des Ausbilders schrittweise zugunsten einer zunehmenden Eigenverantwortlichkeit des Auszubildenden abnimmt" (Hensge 1993, 98). Dieser Übergang „von der Fremdbestimmung zur Selbststeuerung" (ebenda) wird auch in bezug auf die Kompetenzentwicklung immer wieder artikuliert. Nach

Nyhan (1991, 120) können als Schlüsselqualifikationen gefaßte grundlegende Kompetenzen wie Initiativfähigkeit, Engagement im abstrakten Denken, Teamfähigkeit usw. nur im Prozeß des „Self-Learning" angeeignet werden.

Eine andere, vielfach geäußerte Kritik betrifft das ungeklärte Verhältnis von Schlüsselqualifikationen, Motivationen, Werten und Kompetenzen. Sicher greifen Kritiken zu kurz, die Schlüsselqualifikationen als inhaltsleere „Ersatzqualifikationen" (Wittwer 1989) oder als ideologische Konstrukte (Geissler 1989) ablehnen. Aber völlig zurecht läßt sich aus lerntheoretischer Sicht bezweifeln, ob es neben dem als Sach- und Methodenwissen ausweisbaren Bestand von konkreten Kognitionen, die als spezialisierte, fachbezogene Fähigkeiten angeeignet werden, noch etwas gibt, das zwar einerseits ebenfalls den Charakter von lehr- und lernbaren Kognitionen besitzt, andererseits aber als Metakognition zu betrachten ist, die als gesonderte Befähigung zur Problembewältigung vermittelt werden muß. „Alle Ergebnisse neuerer Forschung aus der Psychologie (Lernpsychologie und pädagogische Psychologie) widersprechen der Existenz von sogenannten abstrakten Metaqualifikationen" Für den Ausbilder, die Ausbilderin, die die Diskussionen um die Schlüsselqualifikationen verfolgt haben, bleibt der Eindruck, daß Schlüsselqualifikationen ein quasi zu isolierendes Teilgebiet menschlicher Fähigkeiten sind, die man mit speziellen Lernkonzepten schulen kann" (Frackmann/Schwichtenberg/Schlottau 1993, 261 f). Tatsächlich geht es nicht vordergründig um Kognitionen und damit nicht um eine gesonderte Art von „Schulung". Der Fach- und Methodenkompetenz liegt dasselbe kognitive Material zugrunde, das mit den spezialisierten, fachbezogenen Fähigkeiten angeeignet wird. Hinzu kommen aber Wert- und Willenskomponenten, die in Form von Emotionen und Motivationen interiorisiert werden und damit das Material für Handlungen disponibel halten. Auch der Sozial-, der personalen- und der Handlungskompetenz liegen lernbare Wissenskomponenten zugrunde. Man kann Elemente der Rhetorik, des Verhandelns, des Handelns kognitiv erwerben. Aber um diese in Kompetenzen einzubeziehen, müssen wiederum sozial-kommunikative und personale Werthaltungen zu Emotionen und Motivationen interiorisiert werden, damit die Kognitionen in Handlungen zur Wirkung kommen können. Der Interiorisationsprozeß läßt sich in besonderen, meist trainingsartigen Bildungsprozessen gestalten, hat aber mit einer „Schulung" im traditionellen Sinne wenig zu tun. Letztlich geht es immer um ein selbstorganisiertes Lernen von Kompetenzen, bei dem der Weiterbildner nur Moderatorenfunktionen ausüben kann (Sauter 1994). Nur wenn Schlüsselqualifikationen in direkten Zusammenhang mit den Vorstellungen organisationeller und individueller Selbstorganisation gebracht werden, und das heißt letztlich, wenn sie von den in ihnen enthaltenen Kompetenzen her rekonstruiert werden, haben sie eine Chance, die ursprünglichen bildungstheoretischen Hoffnungen, die mit ihnen verbunden waren, zu erfüllen. Ob man ihrer dann allerdings noch bedarf oder zweckmäßigerweise gleich zur Betrachtung grundlegender beruflicher Kompetenzen und notwendiger beruflicher Kompetenzentwicklung übergeht, ist noch nicht entschieden.

Kompetenzbegriffe sind auch deshalb stärker ganzheitlichen Vorstellungen verpflichtet als Qualifikationsbegriffe, weil sie kognitive und wertende, emotional-motivational verankerte Aspekte des Handelns zusammenbinden: „Berufliche Handlungskompetenz geht von einer ganzheitlichen Sichtweise menschlicher Tätigkeit (Arbeits-/Lerntätigkeit) in einem sozialen Kontext aus. Hier sind Positionen der mehr kognitiv ausgerichteten psychologischen Handlungsregulationstheorie, wie sie für die berufliche Qualifizierung abgeleitet wurden „ebenso zu nennen, wie Ansätze, die die motivationalen, sozialen und emotionalen Aspekte menschlichen Handelns in Arbeitssituationen thematisieren"" (Sonntag/Schaper 1992, 187). Eine der wichtigsten Kritiken an den Schlüsselqualifikationen besteht darin, daß sie zwar aus den Traditionen der industriellen Berufsausbildung im Fordismus mit ihren engen, aber strikt operationalisierbaren Qualifikationsanforderungen auszubrechen versuchen, aber zu einem wirklich neuen, handlungstheoretisch untermauerten Verständnis der veränderten industriellen- und Dienstleistungswirklichkeit nicht gelangen. Nur ein ernsthafter Rekurs auf handlungstheoretisch fundierte psychologische Grundansätze verspricht ein neues Verständnis. Nur er kann den Übergang von zweckorientierter Berufsausbildung zu berufsbezogener Persönlichkeitsbildung angemessen fassen (Lehmkuhl 1992). Wiederum läßt sich fragen, ob der damit notwendig gewordene Wandel nicht leichter durch einen direkten Rückgriff auf Kompetenzbegriffe zu erreichen ist.

Neben vielen Gemeinsamkeiten lassen sich als Unterschiede zwischen den Begriffsbildungen Schlüsselqualifikation und Kompetenz demnach festhalten:

- Alle Kompetenzen sind mit Schlüsselqualifikationen, nicht alle Schlüsselqualifikationen mit Kompetenzen zu korrelieren; der Kompetenzbegriff ist weniger umfassend, aber (handlungs-) theoretisch einheitlicher als der Begriff der Schlüsselqualifikationen.
- Der Kompetenzbegriff ist ein Dispositionsbegriff: er betrachtet im Handeln aktualisierbare sozial-kommunikative, aktionale und persönliche Handlungsdispositionen. Der Qualifikationsbegriff ist ein Positionsbegriff: er postuliert Metakognitionen als objektiv beschreibbare Bildungspositionen, die im Verhalten zum Tragen kommen. Ersterer ist damit eher subjektzentriert, letzterer eher sachverhaltszentriert.
- Der Schlüsselqualifikationsbegriff betont danach eher die kognitiven Aspekte, der Kompetenzbegriff bindet kognitive und motivational-voluntative Aspekte des einheitlichen, kognitiv-motivational-voluntativ gesteuerten Handlungsprozesses zusammen.
- Konkrete Qualifikationen umfassen beschreibbares Wissen und eingrenzbare Fähigkeiten, sie können direkt gemessen und zertifiziert werden, während Kompetenzen nur indirekt (nach Realisierung der Disposition) evaluiert (Fördergespräch) und kaum zertifiziert werden können. Von den Schlüsselqualifikationen können einige wie „normale" Qualifikationen gemessen und zertifiziert werden, während andere (z.B. die Basisqualifikationen) wie Kompetenzen behandelt werden müssen. Schlüsselqualifikationen zerfallen also in zwei Gruppen, in echte Qualifikationen und in dispositionelle Qualifikationen, die eigentlich grundlegende Kompetenzen darstellen.
- Analog spalten sich die Methoden der Vermittlung von Schlüsselqualifikationen in traditionelle Lehr-Lernprozesse im institutionalisierten Bildungswesen und in solche, die auf selbstorganisierte Lern- und Selbststeuerungsprozesse gegründet sind. Letzteres ist ein durchgehendes Charakteristikum aller Methoden der Kompetenzentwicklung.

Zentrale Fragestellungen

Kompetenz und Kompetenzentwicklung

Solche Vorüberlegungen und terminologischen Abklärungen sind Grundlagen, um den Weiterbildungsbedarf in bezug auf den Bedarf an Kompetenzentwicklung näher zu analysieren. Der Bedarf wird je nach Branche, Innovationsnotwendigkeit, Komplexität und Entscheidungsunsicherheit in einzelnen Unternehmen sehr unterschiedlich sein. Je eher sich der Weiterbildungsbedarf auf die Vermittelung von Sachwissen, auf technische Bildung, auf funktionelle und instrumentelle Dimensionen reduzieren läßt, desto eher läßt sich, zumindest in erster Annäherung, die umfassende Kompetenzentwicklung als Aufgabe der Weiterbildung vernachlässigen. Je mehr das normengeleitete Bewerten von Zwecken und Zielen und die Angemessenheit technischer Mittel, Folgeabschätzungen, gesellschaftliche Interessen und Wertvorstellungen, kulturelle Sinnkomponenten bis hin zu subjektiven Bewußtseinslagen für Unternehmensaufgaben entscheidend sind, eine desto größere Rolle wird Kompetenzentwicklung als Aufgabe der Weiterbildung spielen.

Dieser für die Bedarfsermittlung entscheidende Zusammenhang läßt sich einerseits aus dem Verständnis des Begriffs Kompetenz selbst, andererseits aus dem Verständnis des Verhältnisses von objektivierbaren, instrumentell-zweckrationalen und von subjektiven, durch Werte und Normen geprägten kommunikativen Handlungskomponenten herleiten.

Ohne die verschiedenen psychodiagnostischen, persönlichkeits- sozial- und verhaltenspsychologischen, epidemiologischen, soziologischen oder bildungstheoretischen Kompetenzbegriffe im einzelnen zu untersuchen und gegenüberzustellen, lassen sich doch grundlegende Gemeinsamkeiten formulieren. Kompetenz umfaßt immer auch das notwendige Wissen: Fachwissen, Methodenwissen, das Wissen um soziale Verhältnisse, Strukturen und Beziehungen innerhalb und außerhalb der Unternehmen. Sie umfaßt aber wesentlich mehr als dieses, schließt es in verfügungs- und handlungsrelevante Beziehungen ein. Komponenten der Kompetenz sind folglich:

- die Verfügbarkeit von Wissen (Quellenzugriff, schnelle Erschließbarkeit, Reagieren auf wissenschaftliche Resultate und weitere neue Erkenntnisse);
- die selektive Bewertung von Wissen (nach Brauchbarkeit, Handlungsrelevanz, Zeitstabilität);
- die Einordnung des Wissens in umfassendere Wertbezüge (personelle Werte, unternehmenskulturelle Werte, übergreifende soziale Wertvorstellungen);
- die Interpolationsfähigkeit, um über Wissenslücken und Nichtwissen hinweg zu Handlungsentscheidungen zu gelangen (unternehmerische Phantasie, nichtexplizierbare Erfahrung, Fähigkeit zur Risikoabschätzung);
- die Handlungsorientierung, der gemäß alles Wissen, Werten und Interpolieren letztlich auf unternehmerisches Handeln oder Handeln im Unternehmen orientiert ist (Handlungskompetenz als Integral aller anderen Kompetenzen, siehe Abb. 7);
- die Handlungsfähigkeit als Zielpunkt aller Kompetenzentwicklung, die eine erfolgreiche Auseinandersetzung des Individuums mit seiner Umwelt, ihren Anforderungen, Aufgaben und Problemen ermöglicht (Entscheidung unter Unsicherheit, Handeln und Organisieren in selbstorganisierenden Systemen);

- die Integration all dessen zur kompetenten Persönlichkeit (ausgestattet mit kognitiven, emotional-motivationalen und volitiven Fertigkeiten und Strategien zur Bewältigung der Umweltanforderungen);
- die soziale Bestätigung personaler Kompetenz im Rahmen von Kommunikationsprozessen als sozialfunktional sinnvolle, aktualisierbare Handlungsdispositionen (in Form von in Expertisen, evaluierbaren, aber kaum zertifizierbaren Handlungsvoraussetzungen und prognostizierbaren Handlungserfolgen).

„Im Unterschied zum Behaviorismus, in dem das Individuum unter der Kontrolle von Umweltstimuli stehend gedacht wurde (was tayloristischen Arbeitsauffassungen auf das beste entsprach! J.E./V.H), dreht sich jetzt die Sichtweise um: Im Zentrum steht das Individuum, das autonom und fähig ist, seine Beziehungen zur Umwelt und zu sich selbst zu regulieren" Die Fähigkeit zur Selbstregulation besagt, daß das Individuum sich selbst Ziele setzen, Pläne machen, Strategien entwickeln, handelnde Eingriffe in die Umwelt ausführen, sich selbst diagnostizieren, beobachten, instruieren, bewerten und belohnen kann," stellt Friede (1995, 348 ff) fest. Noch prononcierter formuliert Bunk (1994, 10): „War der Schritt vom Berufskönnen zur Berufsqualifikation noch ein quantitativer, ist der Schritt von der Berufsqualifikation zur Berufskompetenz ein qualitativer. Denn: Unter Einbeziehung organisatorischer und dispositiver Aspekte findet in der Befähigung des herkömmlichen Arbeitnehmers ein Paradigmenwechsel statt. Gingen die Aktionsimpulse bisher von oben nach unten, so können sie jetzt von unten nach oben gehen. Die Rolle des kompetenten Arbeitnehmers hat sich gegenüber früher völlig gewandelt: von der Fremdorganisation zur Selbstorganisation." Folglich gilt:

Der Kompetenzbegriff bringt im Unterschied zu anderen Konstrukten wie Können, Fertigkeit, Fähigkeit, Qualifikation usw. die Selbstorganisationsfähigkeit des konkreten Individuums zur Sprache.

Das macht eine Gegenüberstellung von Berufskönnen, Berufsqualifikation und Berufskompetenz (nach Bunk, 1994, 10) recht anschaulich:

	Berufskönnen	Berufsqualifikation	Berufskompetenz
Berufselemente	Kenntnisse Fertigkeiten Fähigkeiten	Kenntnisse Fertigkeiten Fähigkeiten	Kenntnisse Fertigkeiten Fähigkeiten
Aktionsweite	einzelberuflich definiert und fundiert	berufsbereite Flexibilität	Berufsumfeld und Arbeitsorganisation
Arbeitscharakter	gebundene ausführende Arbeit	ungebunden ausführende Arbeit	freie dispositive Arbeit
Organisationsgrad	fremdorganisiert	selbständig	selbstorganisiert

Kompetenzen liegen „unterhalb" universeller Persönlichkeitseigenschaften und „oberhalb" direkt beobachtbarer, situationsgebundener Verhaltensweisen. Sie sind multimodal, insofern sie kognitive, emotional-motivationale, volitive und aktionale Komponenten einschließen, und erhalten ihren Sinn durch Rückbindung in ein Wertesystem. Kompetenzen sind sich entwickelnde und entwickelbare Dispositionen, die Entwicklung kann im Sinne von Leistungsstufen der Kompetenzentwicklung abgeschätzt und evaluiert werden. „Das Kompetenzmodell überwindet die 'kognitive Erbsünde', die darin besteht, daß sie sich mit dem Wissen um Sachverhalte und Regeln zufrieden gibt und das Anwenden der Sachverhalte und Regeln vernachlässigt" (ebenda, 348 ff).

Schon ein solcher Überblick zeigt, daß es ganz unsinnig ist, Wissenserwerb und Kompetenzerwerb gegeneinander zu stellen. Kompetenzentwicklung setzt eine angemessene – und sich exponentiell verbreiternde – Wissensentwicklung voraus. Sie erschöpft sich aber nicht darin. Sie ordnet vielmehr das notwendige Wissen und die entsprechenden Erfahrungen in einen wertend-normativen Bezug ein, der individuelle, unternehmerische und allgemein gesellschaftliche Werte und Normen umfaßt und seinerseits letztlich auf die Sicherung der Handlungsfähigkeit auch über Wissenslücken, Wertunsicherheiten und Risiken hinweg gerichtet ist. Letzteres wird jedoch, aufgrund der zunehmenden Komplexität von Unternehmen, Märkten und gesellschaftlichen Entwicklungen und der daraus resultierenden chaotisch-selbstorganisativen Dynamik, mehr und mehr zum Normalfall.

In Abschnitt 2. wurde bereits eine Umrißdefinition für berufliche Kompetenz gegeben, die zwischen Fach- und Methodenkompetenz, Sozialkompetenz, personaler Kompetenz und (diese integrierend) der Handlungskompetenz unterscheidet. Während sich Fachkompetenz aufgrund ihrer vorwiegend technisch-instrumentellen Orientierung und ihrer scheinbaren Wertentbundenheit (tatsächlich: ihrer ambivalenten Einbindbarkeit in unterschiedlichste Wert- und Normvorstellungen) oft erfolgreich auf die Verfügbarkeit von Wissen reduzieren läßt, während als Methodenkompetenz oft die Verfügbarkeit von Handlungsalgorithmen in einem sehr engen, auf instrumentelle Skills reduzierbaren Sinne ausreicht, trifft dies für Sozialkompetenz, personale Kompetenz und damit für die Handlungskompetenz in keinem Falle zu.

Gerds (1992) liefert dafür eine eingängige Begründung, die zugleich als erstes Suchschema für den Bedarf an Kompetenzentwicklung zu spezialisieren ist. Im Rahmen von Untersuchungen zum Verhältnis von Arbeit, Technik und Bildung weist er nach, daß die technikdeterministische Auffassung des „one-best-way", welche eine eindeutige Determination der Arbeitsverhältnisse durch den Stand der Technik annimmt und auf eine tayloristisch geteilte Arbeitsgestaltung gerichtet ist, immer weniger zutrifft. Anstatt alle außertechnischen Momente in „irrationale Randzonen" zu verbannen, weisen moderne Arbeits-, Organisations- und Managementkonzepte auf die einzigartigen Potenzen menschlicher Fähigkeiten hin. Technik läßt sich danach nicht auf ihre vermeintliche „interne Sachlogik", ihre Funktions- und Wirkungsweise reduzieren, die kulturelle und soziale – also wertdeterminierte – Bedeutung von Technik nicht ausblenden. Ausgehend von Weber und Habermas unterscheidet Gerds zwei sich polar gegenüberstehende Handlungstypen: „das zweckrationale oder das technisch-instrumentelle (auf Aneignung und Beherrschung gerichtete) und das auf

Verständigung gerichtete kommunikative Handeln. Zwischen beiden Handlungstypen kommt es in realen beruflichen Situationen, in denen Technik entwickelt und eingesetzt wird, zu spezifischen Mischungsverhältnissen... Weiterhin gelten für berufliches Handeln immer auch zwei sich polar gegenüberstehende Zuwendungsbereiche oder *Medien* der Handlungen: die äußere (materielle) Natur oder Objektwelt mit all ihren Erscheinungsformen (Materialien, Ressourcen) und die innere (psychische) Natur oder kulturell vermittelte Symbolwelt mit ihren subjektiven Erfahrungen und Bedeutungen" (Gerds 1992, 38 f). Abbildung 8 veranschaulicht diese Zusammenhänge.

Der Bezug zum Bedarf an Kompetenzentwicklung ist offensichtlich:
Branchen, in deren Mittelpunkt die Objektwelt und das Wissen von ihr stehen, und deren Dynamik primär durch deren Veränderungen – den wissenschaftlich – technischen Fortschritt – geprägt ist, werden ihr Schwergewicht bei der Aus- und Weiterbildung vor allem auf die Vermittlung von Fachkompetenz legen. Voraussetzung ist die Möglichkeit, technische und kommunikative Rationalität scharf zu trennen und letztere weitgehend zu vernachlässigen; das „normengeleitete Bewerten von Zielen und Zwecken und der Angemessenheit technischer Mittel sowie die Abschätzung ihrer Folgen bleiben dann außerhalb des 'eigentlichen' Technikentwicklungs- und Herstellungsprozesses" (Gerds, 42). Das wird vor allem in Branchen möglich sein, die von kleinen technischen Verbesserungen leben und nicht mit Basisinnovationen verbunden sind (wie das im Gegensatz dazu z.B. in Multimediatechnik, Umwelttechnik, Gentechnik der Fall ist), deren Gegenstände folglich zeitlich weitgehend stabil bleiben. Ihre Produkte befriedigen keine zentralen Bedürfnisse (wie dies z.B. in Teilen von Nahrungsmittelproduktion, Transport- und Verkehrstechnik, der Kommunikationstechnik der Fall ist), und sie sind nicht vordergründig in menschliche Kommunikationsprozesse eingebunden.

Spielen Probleme der – technisch-organisatorischen – Realisierung wissenschaftlich-technischen Fortschritts in einer wissensmäßig bereits beherrschten Objektwelt auf dem Wege instrumentellen (zweckrationalen) Handelns eine Rolle, tritt die Vermittlung von Methodenkompetenz in einem engeren Sinne hinzu. Technische Verfahren werden ohne Rekurs auf dahinterliegende gesellschaftliche Interessen und Wertvorstellungen, entlang einmal eingeschlagener Entwicklungspfade mit prototypischer Prägekraft weitergegeben. Technik wird auf ihr Funktionieren gemäß vergegenständlichter Sachlogik zurückgeführt und ihre Produkte und Resultate als wertneutral betrachtet. Auch dies macht vor allem in den zuvor umrissenen Branchen Sinn, während solche, in denen die Vor- und Verwertung mit relevanten sozialen Bedeutungen belegt werden, die Vermittlung von Kompetenzen erfordern, die mit kommunikativ-symbolischem Handeln verbunden sind.

Immer, wenn kommunikatives Handeln innerhalb von Unternehmen, sei es in Arbeits- oder Führungsprozessen, in Teams oder anderen Gruppen oder in den Beziehungen von Unternehmen nach *außen* hin, zur Umwelt, im Rahmen von Selbstdarstellungsnotwendigkeiten oder Kundenbeziehungen entscheidende Bedeutung erlangt, wird die Vermittlung von personaler Kompetenz und Sozialkompetenz zur unumgänglichen Notwendigkeit betrieblicher Weiterbildung (vgl. Friede 1995). Berücksichtigt man, daß Kundenorientierung ein Kennwort für den generellen Perspektivenwechsel betrieblichen Denkens darstellt, wie er in der heutigen Wirtschaft aufgrund zunehmender Komplexität und Selbstorganisation erforderlich ist, (Bullinger/Gidion 1994, 8), so erscheint es als zwangsläufig, daß Sozialkompetenz und personale Kompetenz als Bildungsbedarf eine immer wichtigere Rolle spielen, zunehmend nachgefragt und auch angeboten werden.

Das bezieht sich nicht nur auf die individuelle Subjektivität, sondern auf die Subjektivität von Gruppen (Gruppenidentität), von Unternehmen als ganzen (Unternehmenskultur) und einer Vielzahl anderer sozialer Bezüge (ökonomische Interessenlagen, politische Kräfteverhältnisse, kulturelle Wertvorstellungen), die im Sinne von Symbolwelten immer wichtiger werden und einen Bedarf an Vermittlung von Handlungskompetenz in einem weiten Sinne fundieren, welche die Gesamtheit von Handlungsmedien (Objektwelten und Symbolwelten) und Handlungstypen (instrumentelles und kommunikatives Handeln) einschließt.

Traditionelle und moderne Handlungsmedien und Handlungstypen lassen sich damit in einer Übersicht (Abbildung 9) zusammenfassen. Die Darstellung verdeutlicht: „Die Quandranten I und II bilden ... die traditionellen Schwerpunkte beruflicher Curricula (einschließlich didaktischer Konzepte). Die Quadranten III und IV beinhalten die Erweiterungen einer gestaltungsorientierten Perspektive" (Gerds, 39). Die Entwicklung des Weiterbildungsbedarfs geht dementsprechend von der Vermittlung von Fach- und Methodenkompetenz – auf sie gegründet und sie einbeziehend – zur Vermittlung von Sozial- und personaler Kompetenz und, diese integrierend, zur Handlungskompetenz.

Vor diesem selbstorganisations-, kommunikations- und handlungstheoretischen Hintergrund läßt sich nun, an die Umrißdefinition in Abschnitt 1. anknüpfend, genauer bestimmen, wie die vier grundlegenden, in der Handlungskompetenz zusammenwirkenden Kompetenzen detaillierter zu kennzeichnen sind. Zugleich lassen sich viele der geradezu inflationär gebrauchten Kompetenzbegriffe – wie z.B. System-, Problemlöse-, Selbstkontroll-, Führungs-, interkulturelle-, strategische Kompetenz – diesen Grundkompetenzen einordnen. Dabei ist festzuhalten, daß der Übergang zur freien, dispositiven Arbeit und ihrem selbstorganisativen Organisationsgrad sowie die immer stärkere Einbeziehung kommunikativen, symbolvermittelten Handelns den eigentlichen Definitionskern beruflicher Kompetenz bilden. Was hingegen im Einzelnen unter den darin integrierten Kompetenzen verstanden wird, differiert zum Teil beträchtlich, abhängig von theoretischen Prämissen und praktischen Erfordernissen. Differenzen der Definitionsdetails, wie sie im übrigen bei allen Kategorien der beruflichen Weiterbildung zwangsläufig auftreten, sprechen jedoch nicht gegen, sondern für den Übergang von der traditionellen beruflichen Weiterbildung zur beruflichen Kompetenzentwicklung: Sie sind Indikatoren des zunehmenden theoretischen und praktischen Interesses an diesem Übergang.

Nach Bunk (1994, 11) läßt sich ein Überblick über die wesentlichen *Kompetenzinhalte* in folgender Form geben:

Fachkompetenz	Methodenkompetenz	Sozialkompetenz	(personale) Mitwirkungskompetenz
-Kontinuität- Kenntnisse Fertigkeiten Fähigkeiten	-Flexibilität- Verfahrensweisen	-Sozialität- Verfahrensweisen	-Partizipation- Gestaltungsweisen
berufsübergreifend berufsbezogen berufsvertiefend berufsausweitend betriebsbezogen erfahrungsbezogen	variable Arbeits- verfahren situative Lösungs- verfahren selbständiges Denken und Arbeiten, Planen, Durchführen und Kontrollieren Umstellungsfähigkeit	einzelmenschlich: Leistungsbereitschaft Wendigkeit Anpassungsfähigkeit Einsatzbereitschaft zwischenmenschlich Kooperationsbereit- schaft, Fairneß, Aufrichtigkeit, Hilfs- Bereitschaft, Team- geist	Koordinations- Organisations- Kombinations- Überzeugungs- Entscheidungs- Verantwortungs- Führungsfähigkeit
Handlungskompetenz			

Schon in dieser Übersicht wird deutlich, daß zwischen Sozialkompetenz und personaler Kompetenz fließende Grenzen bestehen: Kompetenzen zu sozialer Partizipation müssen immer personal verankert sein, personale Kompetenzen realisieren sich stets in sozialer Mitwirkung. Zumindest die individuellen Anteile von Sozialkompetenz ließen sich auch der personalen Kompetenz zuordnen, die von Bunk eingeführte Mitwirkungskompetenz hat zweifellos personalen Charakter, ist aber immer zugleich spezifische Sozialkompetenz. Andere Autoren legen deshalb die Grenzlinien ein wenig anders.

Größere Einheitlichkeit herrscht dagegen bei den traditionell als Qualifikationen gefaßten Fach- und Methodenkompetenzen.
Unter Fachkompetenz wird die Breite und Tiefe der Kenntnisse und Erfahrungen in einem Fachgebiet und an seinen Schnittstellen nach außen sowie die Beherrschung der Fertigkeiten in der Anwendung des Wissens und der Verknüpfung seiner Elemente verstanden. (Die Kompetenzbestimmungen und Kompetenzdimensionen hier und im folgenden stützen sich, soweit nicht anders ausgewiesen, auf Fechtner 1994).

Zugehörige Kompetenzdimensionen (Qualifikationen) sind z.B.:
- die Breite und Aktualität des Wissens (innerhalb der Disziplin, an Schnittstellen zu anderen Disziplinen sowie fachübergreifendes Wissen und überfachliches Grundlagenwissen);
- das Niveau des Wissens (die konkret handlungsorientierte oder abstrakte Wissensstufe, die Grundlagenorientierung);
- die Anwendungserfahrung (die Organisation der Inhalte, Mittel und Abläufe fachbezogener Prozesse, der Erfahrungsumfang und die Art der Anwendung in unterschiedlich komplexen, Eigenaktivitäten erfordernden Anwendungssituationen);

- die Vermittlungs- und Darstellungsfähigkeit (die Strukturierung des Fachwissens, seine Auswahl, Reduzierung und Präsentation);
- die kognitive Fähigkeit (zuweilen auch als kognitive Kompetenz abgesetzt; sie faßt die Fähigkeit zur sachlich und sozial handlungsleitenden Ver- und Bearbeitung von Informationen in unterschiedlichen Situationen und Sachgebieten, darunter die Fähigkeit, Zusammenhänge zu erkennen und zu beurteilen, die Fähigkeit zu Abstraktion und kognitiver Flexibilität und zu sachlich innovativem Denken).

Es ist offensichtlich, daß insbesondere von den kognitiven Fähigkeiten aus mannigfaltige Verbindungen zur Methoden-, Sozial- und personalen Kompetenz bestehen. Das ist, ausgehend von dem Gedanken, daß alle Kompetenzen in der Handlungskompetenz integriert sind, vollkommen verständlich. Andererseits lassen sich aus der Betrachtung der weniger komplexen Fach- und Methodenkompetenz die komplexeren, die Sozial- und teilweise auch personale Kompetenz gedanklich eliminieren, während jene immer auf die „niedrigere" Fach- und Methodenkompetenz zurückgreifen müssen.

Unter Methodenkompetenz kann man die Kenntnis und Beherrschung von Techniken, Methoden und Vorgehensweisen zur Strukturierung von individuellen Tätigkeiten wie von Gruppenaktivitäten in den verschiedensten Fachgebieten verstehen, welche die Durchführung der Tätigkeiten und die Erreichung gemeinsamer Arbeitsziele ermöglichen oder erleichtern. Insbesondere ist die Fähigkeit angesprochen, Problemlösungen zu durchdenken und handhabbare Lösungswege zu planen bzw. Zwischenstufen des Weges vorwegzunehmen und vorzugeben.

Zugehörige Kompetenzdimensionen sind z.B. solche
- im fachlichen Bereich (Informationssammlung, -speicherung, -aufbereitung; Informationsstrukturierung und -darstellung);
- im Managementbereich (Organisation und Steuerung von Aufgaben und Aktivitäten, Zielanalysen und -planungen, Analyse und Bewertung von Alternativen, Prioritätensetzung und Entscheidung, Kontrolle und Überwachung, Koordination und Planung);
- im intellektuellen Bereich (Problemanalyse und Problemlösung, Lernen und Verhaltensänderung, Kreativitätstechniken);
- im sozialen Bereich (Präsentation, Rhetorik und Darstellung, Strukturierung von Gruppenaktivitäten, z.B. Moderation, Visualisierung, Konsensfindung, Entscheidung, weiterhin interaktionelle Kommunikation und Verhandlungstechniken);
- im personalen Bereich (Selbstkonzentration und -organisation, Zeitplanung, Selbstwahrnehmung und Selbstreflexion).

Wiederum ist der Bezug auf die komplexeren Kompetenzen, die Sozial- und die personale Kompetenz gerade in bezug auf den intellektuellen, sozialen und personalen Bereich des Methodischen offensichtlich. Die hier gekennzeichneten Kompetenzdimensionen sind Voraussetzungen jener komplexeren Kompetenzen, jene sind aber auf die methodische Dimension nicht reduzierbar.

Unter Sozialkompetenz ist die Fähigkeit zu fassen, in wechselnden Zweier- oder Gruppensituationen bei unterschiedlichen Aufgaben und Problemen die eigenen bzw.

übergeordnete Ziele erfolgreich zu verfolgen und dabei allen Beteiligten ihre Einbringung und Zufriedenheit zu ermöglichen. Ähnlich verstehen Faix/Laier (1991, 62) unter Sozialkompetenz das Ausmaß, „in dem der Mensch fähig ist, im privaten, beruflichen und gesamtgesellschaftlichen Kontext selbständig, umsichtig und nutzbringend zu handeln."

Sie benennen als qualitative Kompetenzdimensionen:
- den Umgang mit sich selbst (Aufrichtigkeit, Kritikfähigkeit, Konfliktfähigkeit, Frustrationstoleranz, Ambiguitätstoleranz, Sensibilität für eigene Bedürfnisse, Fähigkeit zum Bedürfnisaufschub, Selbststeuerung, Rollendistanz);
- Verantwortungsbewußtsein (die eigene Verantwortung gegenüber den gesellschaftlichen Gemeinschaften und der Natur erkennen, Moral und Ethik der gesellschaftlichen Gemeinschaften respektieren, eigene Moral und Werte entwickeln);
- den Umgang mit anderen (Kooperationsfähigkeit, Kommunikationsfähigkeit, Integrationsfähigkeit, Kompromißfähigkeit, Toleranz, Achtung vor anderen, Verständnisbereitschaft, Vorurteilsfreiheit, Vertrauensbereitschaft, Bindungsfähigkeit, Partnerschaft, Solidarität, Offenheit, Transparenz, Fairneß, Einfühlungsvermögen). Weitere, damit z.T. korrespondierende Dimensionen sind z.B.:
- die Empathie und Sensitivität (das Hineindenken und Mitfühlen mit anderen, der Perspektivenwechsel);
- die Kognitionssteuerung und Verhaltensflexibilität (die Steuerung von Aktivität und Dominanz, die Steuerung und Überprüfung der Wahrnehmung, die Auswahl effizienter Verhaltensweisen und die breite des Verhaltensrepetoires);
- die Kontaktgestaltung (der Kontaktaufbau und dessen Stabilisierung, die Unterstützung und Förderung anderer, die Mitteilung von Gefühlen und Gedanken);
- die Fähigkeit, andere zu überzeugen und zur Verhaltensänderung zu bewegen (z.B. durch Präsentation, Rhetorik, Ausdruck, Charisma und Wirkung);
- die Teilnahme an Gruppenprozessen (im Sinne einer Integration, Akzeptanz und Rollenfindung, eines kritischen Umgangs mit eigenen Interessen und Wünschen, ein sachliches, unterstützendes Mitwirken, eine statusfreie Zusammenarbeit und eine entsprechende Rollenflexibilität);
- die Steuerung von Gruppenprozessen (durch Aufgabendelegierung unter Berücksichtigung von Organisation und Qualifikation anderer Personen und ihrer Rollendefinitionen, durch realistische Zielsetzung, durch Konsensfindung bei der Ausrichtung auf ein gemeinsames Ziel, durch Effizienzerhöhung mittels Ausschöpfung der Fähigkeiten aller Beteiligten, durch Kontrolle der Handlungsergebnisse und der personalen Entwicklungen).

Jede der aufgeführten Kompetenzdimensionen ist zugleich quantitativ dimensioniert und erfaßt z.B. :
- Grade der Bewältigung (einfach – schwierig);
- Grade der Integration (ganzheitlich – einzelheitlich);
- Grade der Harmonie (Nähe, Kontakt – Ferne, Distanz) und
- Grade der Flexibilität (konstant – veränderlich)
  (Hellwig/Richter/Tepper, zit. nach PTQ 1993, 216 f).

Auch hier ist die Verknüpfung der Grundkompetenzen offensichtlich, etwa darin, daß es gerade bezüglich des Umgangs mit sich selbst, des Verantwortungsbewußtseins, der

Empathie und der Überzeugungsfähigkeit viele Überschneidungen zur personalen Kompetenz gibt. Tatsächlich wird auch hier offenbar, wie eng Sozial- und personale Kompetenz zusammenhängen. Der Unterschied liegt im Blickwinkel: Erstere blickt vom sozialen Gebilde, von der Arbeitsgruppe, der Führungsfunktion, dem Unternehmen her auf den Einzelnen (ist *er/sie* kompetent, *unsere* Aufgaben zu bewältigen?), letztere blickt vom Einzelnen her auf das soziale Gebilde (bin *ich* kompetent, *deren* Aufgaben zu bewältigen?).

Insgesamt handelt es sich bei bei der Berücksichtigung der Sozialkompetenz letztlich um die Einbeziehung kultureller Werte und Normen, Regeln, Rollenverteilungen und Machtverhältnisse in die Erfolgsfaktoren des Unternehmens und damit in die Gegenstände betrieblicher Weiterbildung. Das gilt für alle Mitarbeiter, unabhängig von der Qualifikation und Hierarchieebene:
- „den Facharbeiter, der eigenverantwortlich handelt, statt nur Anweisungen ausführt
- den Ingenieur, der im Team entwickelt, statt eigenbrötlerisch kritisiert
- den Vertriebsmitarbeiter, der den Kunden überzeugt statt überredet
- die Führungskraft, die mit Argumenten statt mit Arroganz überzeugt
- den Konzernchef, der mit Visionen die Mitarbeiter mitreißt statt vor sich hertreibt"
(Faix/Laier 1991, 70).

Nahezu alle Autoren fassen (berufsbezogene) Sozialkompetenz als die Fähigkeit, mit Führungskräften und Kollegen in sozialen Situationen erfolgreich zu interagieren. Sozial verantwortliches Handeln ist als Realisierung von Sozialkompetenz zu verstehen (z.B. Argyris 1965; Preister 1977; Heckhausen 1980; Wunderer/Grunwald 1980; Heitger 1994; Gottschall 1994). Voraussetzungen von Sozialkompetenz sind relevante soziale Erfahrungen, die keineswegs nur im Arbeitsbereich gewonnen wurden und werden: eigene und beobachtete soziale Interaktionen in der Familie, der Schule, in Organisationen; eigene und beobachtete (im Sinne von Nachahmung, Identifikation, Vorbildfunktion) Formen von Engagement und ihre Konsequenzen sowie situative- und Umfeldbedingungen (Wunderer/Grunwald 1990).

Zwei weitere in nahezu allen Arbeiten auftauchende Gedankengänge sind für den Übergang von der traditionellen beruflichen Weiterbildung zur beruflichen Kompetenzentwicklung wichtig. Da ist zum einen die durchgehende Feststellung, daß Sozialkompetenz die Voraussetzung für Selbstbestimmung, Selbstkontrolle, Selbstverwirklichung, Mitbestimmung und verantwortliches Engagement ist. Insofern steht die Entwicklung der Sozialkompetenz im Zentrum der gesamten, auf individuelle und soziale Selbstorganisation ausgerichteten beruflichen Kompetenzentwicklung.

Zum anderen wird von vielen, besonders eindringlich von Preister (1977, 134 f), Sozialkompetenz als lebenslanges Entwicklungsprodukt – und damit als auch zukünftig entwickelbar – dargestellt. Er zeichnet eine Lernzielhierarchie (Selbstvertrauen/Lebensbejahung —> Sensibilität, Aktivität —> soziale Sensibilität: Verstehen, Kommunikationsfähigkeit: Verständigung —> Fähigkeit zur Zusammenarbeit —> Fähigkeit zur Konfliktlösung —> Fähigkeit zu hilfsbereitem und solidarischem Handeln, Fähigkeit zu autonomem Handeln —> Sozialkompetenz: Fähigkeit zur Verwirklichung übergeordneter Sozialziele, z.B. gerechtes, menschenwürdiges Gemeinschaftsleben). Diese wird von Teil- und Nebenzielen flankiert (Selbsteinschätzung, Selbstkontrolle; Wahrnehmungsfähigkeit, sprachliche und nonverbale Ausdrucksfähigkeit; kognitive Komplexität, Konflikttoleranz, Kontaktfähigkeit, Liebesfähigkeit, Verantwortungsbewußtsein; Lernfähigkeit;, Kritikfähigkeit, Flexibilität, Kreativität, Organisationsfähigkeit, Durchsetzungsfähigkeit). Auch deshalb ist die Entwicklung der Sozialkompetenz eine zentrale Voraussetzung für die gesamte berufliche Kompetenzentwicklung.

Unter personaler Kompetenz ist die Gesamtheit der verhaltensrelevanten Persönlichkeitsmerkmale und Verhaltensdispositionen zu verstehen, die in unterschiedlichen sozialen Situationen den erfolgreichen Einsatz von Kenntnissen und Fähigkeiten erlauben oder motivieren und initiieren und der jeweils spezifischen Verhaltensausrichtung einer Person zugrundelegen.

Zugehörige Kompetenzdimensionen sind z.B.:
- das Selbstkonzept, gegründet auf Selbstvertrauen und Selbstwertgefühl (Annahmen und Einstellungen zur eigenen Person, emotionale Unabhängigkeit, Zuversicht in die eigene Kompetenz, Erfolgschance und -erwartung: also Leistungsattribution, Leistungszufriedenheit, Kontrollbewußtsein und Kompetenzwahrnehmung), auf Werte, Interessen, Sinnvorstellungen (die ethische und politische Einstellungen, Authentizität, Zuvilcourage, Pflichtgefühl und Interessenbreite umfassen), auch auf ein gesundes Dominanzstreben (durch Entschlossenheit, Initiativfähigkeit und Zielorientierung gekennzeichnet);
- die kritische Selbstwahrnehmung in Auseinandersetzung mit der eigenen Person und den Wechselwirkungen mit dem sozialen Umfeld (beruhend auf objektivierter Selbstwahrnehmung, Kenntnis der eigenen Stärken und Schwächen, Fähigkeit zu konstruktiver Selbstkritik und Selbstentwicklung, Kenntnis der Wirkung des eigenen Verhaltens auf andere, konstruktiver Umgang mit den eigenen Unsicherheiten, Ängsten, Wünschen und Emotionen, ausgeprägtes Pflicht- und Wertbewußtsein);
- Selbstdisziplin (gestützt auf Umsicht, Überlegtheit, Gründlichkeit, Ruhe, geistige Konzentration, Umgang mit Emotionen und Begeisterungsfähigkeit);
- Antrieb (Tatkraft, Ehrgeiz, Engagement, Zielstrebigkeit, Ausdauer, Initiative, Zielidentifikation, Experimentierfreudigkeit, Neugier, Risikoverhalten, Effizienzstreben und Belastbarkeit voraussetzend);
- Ambiguitätstoleranz (den richtigen Umgang mit eigener Unsicherheit, mit Mehrdeutigkeit im Umfeld, Toleranz gegenüber Ziel- und Problemunklarheiten, Zielkonflikten, fehlenden Maßstäben oder Gesetzmäßigkeiten, ein Reagieren auf schwache Signale im Sinne von Handlungsfähigkeit); schließlich
- Übersicht (ein Denken in Gesamtzusammenhängen unter Berücksichtigung langfristiger Konsequenzen und übergeordneter Ziele, eine Problembetrachtung von „höherer Warte" aus, aber unter Erfassung der wesentlichen Einzelheiten, das strukturierte Zuendedenken von Problemen, die Ausrichtung des eigenen Verhaltens an wesentlichen Prioritäten und das Erkennen des jeweils Machbaren, wo nötig die Einbeziehung von Spezialisten und Spezialistenwissen).

Natürlich sind alle diese Kompetenzdimensionen personale Idealforderungen, sie geben nicht den Umriß einer perfekten, kompetenten Persönlichkeit, sondern zeigen

Ansatzpunkte für personale Kompetenzentwicklung, wie sie z.B. im Rahmen eines Selbstkonzepttrainings teilweise realisiert werden können (Erpenbeck/Heyse/ Schulze/Pieper 1995, 73 ff). Zudem sind sie mit den zuvor behandelten Kompetenzen, insbesondere mit der Sozialkompetenz, verwoben.
Der Verweis auf die tragende Rolle von Werten (einschließlich Selbstwerten) für die personale Kompetenz verknüpft außerdem die berufliche Kompetenzentwicklung mit der stets wertdeterminierten Unternehmenskultur. Nur die Werte der Unternehmenskultur, die vom einzelnen Mitarbeiter interiorisiert worden sind, werden individuell und damit letztlich auch sozial wirksam (Erpenbeck/Weinberg 1993). Dem soll im nächsten Abschnitt nachgegangen werden.

Kompetenzentwicklung und Unternehmenskultur

Die Entwicklung des Weiterbildungsbedarfs läßt sich auch von Seiten der Unternehmenskultur aus betrachten.
Immer mehr Unternehmen forcieren die Anpassung ihrer Marketingmethoden an gewandelte Kunden- bzw Verbraucherbedürfnisse. Es sind Zweifel daran angebracht, daß eine instrumentelle Flexibilität den Wettbewerbsvorsprung oder auch nur die derzeitige Marktposition sichert. Erkannt werden grundlegende Defizite in den Unternehmenskulturen. Prahl hat über die Folgen von „New Marketing" in den Unternehmen geschrieben. Obwohl noch häufig mit instrumentellen und operativen Mängeln behaftet, wächst die Zahl positiver Erfahrungen mit einem Vermarktungsansatz, der sich abgewandt hat vom Primat unsinnig großer Reichweiten und Indoktrination durch Wiederholung sowie der Gläubigkeit an eine Gleichförmigkeit der Nachfolge innerhalb synthetisch gebildeter, soziodemographischer Zielgruppen. Mit einer rezessionsinduzierten Schlankheitskur erhofft man optimal auf den nächsten tragfähigen Konjunkturaufschwung vorbereitet zu sein.

Erkannt wird, daß die Unternehmenskultur essentiell im argen liegt. Die Sensibilität von Handel und Verbraucher gegenüber den weichen Faktoren im Marktauftritt ist von Branche zu Branche unterschiedlich, hat aber überall in den letzten Jahren stetig zugenommen. Gerade im New Marketing reagiert der Markt am empfindlichsten auf Auswirkungen der internen Verfassung von Unternehmen. Das hat ungeahnte Folgen, weil sachlich gleiche Strategien unterschiedliche Reaktionen zeigen. Das bedeutet, Trends lassen sich weder anordnen noch buchen. Wenn das aber so ist, müssen die größtmöglichen Ähnlichkeiten mit den jeweiligen Markt-Entwicklungen herzustellen versucht werden. Das gelingt aber nur denjenigen, die sich mit ihren Unternehmen und Mitarbeitern auf diese neuen Kunden einstellen können.

New Marketing ist mit der Unternehmenskultur verbunden. Im langfristigen Trend liegt sicherlich der biologisch-dynamische Landbau, der eine eigene Vermarktungsstrategie verfolgt. Zu nennen sind auch Firmen, die auf Umwelt in der Modebranche setzen, wie Stallmann. Derzeit verändern sich deshalb die Anforderungen an die Strukturen und Mitarbeiter/innen in den Unternehmen dramatisch. New Marketing hat die Bedeutung harter und weicher Faktoren grundsätzlich verändert, das heißt in fachlicher wie emotionaler Hinsicht. Prahl sagt eine Bedeutungsexplosion emotionaler Beziehungen zu den Kunden und Verbrauchern voraus. Diese neue Qualität sei aber nur zu erzeugen, wenn sie im Unternehmen selbst gedacht und erzeugt werden könnte. Das Zusammenspiel sozialer und emotionaler Fähigkeiten kann sich nur bilden, wenn ein Unternehmen das zuläßt und eine Corporate Culture ausbildet. Eine solche Unternehmenskultur stellt Anforderungen an die Mitarbeiter/innen im Unternehmen, bricht mit alten Denkweisen und eröffnet neue Freiräume. Es handelt sich um grundlegende fachliche Qualifikationen, die selbstverständliche Voraussetzungen sind. *Besonders geht es um Kompetenzen, die weder in Stellenbeschreibungen noch in Geschäftsberichten zu finden sind.* Auf den einzelnen Mitarbeiter bezogen sind dies Mut, Offenheit, Neugier, ständige Unruhe, Innovations- und Interventionsvermögen, Outfit sowie eine beinahe unbegrenzte Fähigkeit, sich schnell Veränderungen anzupassen und diese mitzugestalten. Es ist schwer vorstellbar, daß eine Organisation in der Lage ist, z.B. Mythen als treibende Kraft von Marken und Trends anzuerkennen, die Vorgabe und Kontrolle als wesentliche Faktoren von Führung und Leistungserbringung sind. Im New Marketing muß bei allen Beteiligten Leistung und Begeisterung aus eigenem Antrieb entstehen. Der Markenmacher wird dann zum Erfinder, Rockstar, Manager und Partner. Veränderte Anforderungen an die Manager, Gestalter und Exekutoren einer neuen Unternehmenskultur ergeben sich aus der Philosophie dieses neuen Vermarktungsansatzes, dem New Marketing selbst. Wenn der Prozeß des Kommunizierens und des Agierens sehr nahe am Kunden, mitten im Markt stattfindet, werden an der Markt- und Marketingfront Mitarbeiter/innen benötigt, die am Verbraucher, in den Trends vor Ort agieren. Solche Mitarbeiter/innen brauchen andere Kompetenzbündel als die klassischen deutschen Arbeits-Tugenden.

Bei der gegenwärtigen Diskussion um die Überwindung der Wirtschaftskrise scheint die Lösung nach Meinung vieler Politiker und Manager in der Rückkehr zu klassischen Fähigkeiten zu liegen. Wenn man die hier aufgezeigten Qualifikationsveränderungen ernst nimmt, kann es kein Zurück zu Fleiß, Gehorsam, Disziplin oder Bescheidenheit geben. Möglicherweise sind es ja genau die Werte, die mit dazu beigetragen haben, die Krise zu verursachen. Gefordert sind – und das ist auch eine wichtige Anforderung an die Weiterbildung – Kreativität, Risikofreude, konstruktiver Eigensinn, Voraus- und Querdenken, Sensibilität dem Neuen gegenüber: Fähigkeiten, die dazu in der Lage sind, neue Herausforderungen wahrzunehmen und einen Perspektivenwechsel zu vollziehen. Für die Wirtschaft und Weiterbildung ist es wichtig zu erkennen, was Mitbewerber besser machen, wo Marktpotentiale sind, welche Bedürfnisse die Kunden haben und auf welchen Fähigkeitsbündeln es beruht, erfolgreicher als andere zu sein.

Die notwendigen neuen Tugenden müssen nach Frey (1994) verbunden sein mit ganz neuen Kulturen, die Eingang in unsere gesellschaftlichen Institutionen und besonders in die Betriebe finden. Er fordert:

Problemlösekultur	Lernen, Möglichkeiten statt Schwierigkeiten zu denken.
Lernkultur	Lebenslanges Lernen muß als Selbstverständlichkeit in der Gesellschaft verankert werden.

Kreativkultur	Chaos-Kultur, um Flexibilität zu erzeugen, wo in Schablonen gedacht wird. Aufräumen mit bürokratischen Strukturen und Denkweisen.
Konstruktive Fehlerkultur	Mut, Fehler offen zuzulassen, um sie als Chance zu begreifen.
Positive Konfliktkultur	Streitkultur als positive Herausforderung für Veränderungen begreifen.
Partizipationskultur	Aufheben des negativen Menschenbildes, in dem man glaubt, Mitarbeiter, Schüler, Studenten usw. seien desinteressiert, scheuten Mitdenken und Verantwortung. Statt dessen: Beteiligung der Mitarbeiter und Ideenwettbewerb.
Verantwortungskultur	Dem Individualismus in seiner positiven Ausprägung steht purer Egoismus gegenüber. Egoistische Karrieregründe verhindern die breite Übernahme von Verantwortung, blockieren die Fähigkeit, Aufgaben zu delegieren.
Unternehmenskultur	Das heißt vor allem: Innovationen und Existenzgründer anzuerkennen. Es ist z.B. erstaunlich, wie „schlecht" in Deutschland mit Existenzgründern umgegangen wird. Existenzgründung ist zudem an Schulen, Universitäten und natürlich in den Betrieben ein Tabuthema. (In vielen allgemeinbildenden Schulen kommt Wirtschaft offensichtlich nur in Spurenelementen vor. Existenzgründer und Wirtschaft sind dabei offenbar mehr bei Lehrer/innen mit negativen Werten besetzt als bei den Schüler/innen. Es ist unbegreiflich, warum es sich in Deutschland ausschließt, Persönlichkeiten zu erziehen, die etwas von Marktwirtschaft verstehen oder gar „Wirtschaft" gut zu finden). Eher werden Mitarbeiter oder Betriebsabteilungen „outgesourct". Die Vermittlung von Know-how und Ermutigung darf zukünftig nicht mehr versäumt werden.

Diese wertend-normativen „Kulturen" – zu individuellen Emotionen, Motivationen und Werthaltungen interiorisiert – werden als Teile der sozial- und personalen Kompetenz gleichsam im „Bündel" handlungswirksam. Die Einbringung derartiger Kompetenzbündel in die gesellschaftlichen Instituionen und die Unternehmen muß möglichst schnell in Angriff genommen werden. Dabei zwingt die Umsetzung zum Umdenken, das heißt zum Lernen. Die Weiterbildung ist hier herausgefordert.
Auch die Zunahme selbstregulierender, selbstorganisierender chaotischer Tendenzen (im Sinne der Chaostheorie) in modernen Unternehmen und das damit notwendige Change-Management wird heute von vielen Autoren akzentuiert (Probst 1987; Bleicher 1992).

Baethge/Baethge-Kinsky haben den Übergang von den Qualifikationsanforderungen – insbesondere an Facharbeiter – von den 60er und 70er Jahren zu den 80er Jahren und bis heute als einen solchen von der „Dequalifizierung als Resultat fortschreitender Verwissenschaftlichung" zur „beruflichen Arbeit als Ausdruck subjektzentrierter Rationalisierungsprozesse" beschrieben (Baethge/ Baethge-Kinsky, 1995, 152). Dabei wird „....die subjektgebundene, unmittelbare Erfahrung aufgewertet" Die Integration von Theorie (Wissen) und Praxis (Erfahrung) ist hier in das Subjekt hineinverlagert, die Abwägung und Vermittlung dieser unterschiedlichen Zugangsweisen zur Realität wird nicht durch einen rigiden Organisationskontext bestimmt. An die Stelle technisch-organisatorisch determinierter Arbeitsvollzüge treten sichtbar „Selbstorganisation", „Selbstverantwortung" und „sozial-kommunikatives Handeln" als Bestandteil der Arbeitsprofile: Aktive Aneignung und Anwendung von Wissen und Erfahrung in betrieblichen Weiterbildungs- und Arbeitsprozessen, die Legitimierung von Arbeitshandlungen wie auch deren Korrektur nach Gesprächen mit Vorgesetzten und Kollegen, der kritische Abgleich eigener Arbeitsziele mit betrieblich zugedachten, dies alles muß unter Rückgriff auf entsprechende Kompetenz- und Verhaltenspotentiale geschehen." Resümierend erklären die Autoren dann: „Demzufolge ist neben der Fähigkeit zur Selbstorganisation ein erhöhtes Gewicht sozial-kommunikativer Kompetenz, die die eigenen Interessen verständlich werden und die anderer verstehen läßt, feststellbar." Allerdings ist der damit gezeichnete Übergang keineswegs frei von Friktionen. Rationalisierung bedeutet heute keineswegs nur eine Zunahme von Arbeitsplätzen, die mit Kompetenzentwicklung verbunden sind; oftmals kommt es vielmehr sogar zu einem Brachlegen bereits vorhandener Kompetenzen und damit zu einer Verstärkung beruflicher Segmentationslinien.

Der grundsätzlich chaotisch-selbstorganisative Charakter von Organisationen ist jedoch zumindest implizit und de facto weitgehend akzeptiert. Die Funktion des Managements wird zunehmend darin gesehen, „nicht am System selbst Operationen in steuernder oder kontrollierender Funktion wahrzunehmen, sondern vielmehr selbstorganisierende Prozesse zu initiieren, zu unterstützen und gegebenenfalls auch zurückzunehmen und Entscheidungen aufgrund eines integralen Systemverständnisses zu fällen, ohne über eine Theorie oder vollständige Kenntnis des Systems Unternehmen zu verfügen." Ein solcher integrierender humanorientierter Systemansatz verlangt aber u.a. die explizite Berücksichtigung der Informations- und Kommunikationsprozesse im Unternehmen und setzt vor allem „auf die kreative, intelligente, planende Tätigkeit unserer Mitarbeiter... wenn es gilt, die Überlebensfähigkeit, Sinnhaftigkeit und Sinnstiftung unserer Organisationen zu sichern und zu erhöhen" (Bullinger 1993, 8, 11). Diese Feststellung unterstreicht zunächst die Notwendigkeit, kommunikatives, symbolvermitteltes Handeln und dementsprechend Sozial- und Handlungskompetenz im weiten Sinne als konstitutiv für moderne Unternehmen zu betrachten und folglich die Vermittlung solcher Kompetenzen als dringend notwendigen Bildungsbedarf zu charakterisieren.

Darüber hinaus liefert sie jedoch ein Kriterium, den Bildungsbedarf zu spezifizieren. Die explizite Berücksichtigung der Informations- und Kommunikationsprozesse in Management und Weiterbildung ist nämlich Teil dessen, was sich zutreffend als Komplexitätsmanagement erfassen und beschreiben läßt: Immer wenn die Komplexi-

Zentrale Fragestellungen

tät des Unternehmens als Ganzem so hoch ist, daß sie mit einfachen Komplexitätsreduktionen, (Organigramme, Hierarchisierung, Steuerung der Informationskanäle, Einschränkung von Zuständigkeiten und Zuordnungen der Mitarbeiter, Stellenbeschreibungen, Ablaufvorschriften usw.) die den arbeitenden Menschen „zum Rädchen einer gigantischen Produktionsmaschine" degradieren, nicht mehr zu bewältigen ist, beginnt ein „Paradigmenwechsel" zu greifen, der sich in den Termini „Lean Production", „Ganzheitlichkeitsdenken", „Sinnbezug", „Normatives Manangement", „Integrationsmanagement" usw. andeutet und mit einer Gegenüberstellung alter und neuer Denkweisen (vgl. Abb. 10; aus Bullinger 1993) gut umrissen wird. Dabei handelt es sich gewiß nicht um Paradigmen im Sinne Kuhns – schon deshalb nicht, weil viele Züge des neuen Herangehens in vortayloristischen Produktionsweisen bereits auf andere Weise existierten. Es geht vielmehr um den Wandel grundlegender Einstellungsweisen in der Unternehmens-"Philosophie".

Die Realisierung dieses „Paradigmenwechsels" erfordert neue Grundsätze der Organisationsentwicklung, die sich in den Schlagworten zusammenfaßen lassen (ebenda, 22, 16):
- „Human Relations: Der Mensch als Autonomes Wesen (Mayo)
- Daten-Feedback: Beteiligte zu Betroffenen machen (Likert)
- Gruppendynamik: Betroffene zu Beteiligten machen (Lewin)
- Theorie der sozio – technischen Systeme: Das Ganze ist mehr als die Summe seiner Teile (Trist)"
- Wert- und Sinnbezug: Wer mehr Leistung fordert muß mehr Sinn bieten (Böckmann)

Diese Grundsätze sind aber zugleich Maximen der Personalentwicklung und damit für die betriebliche Weiterbildung in Form einer angemessenen Kompetenzentwicklung direkt relevant. Sie legen nahe, den Weiterbildungsbedarf einzelner Unternehmen, Bereiche, Branchen innerhalb des Rahmens (A) der Veränderung von instrumentell – technischem Handeln/Handlungsmedium Objektwelt, Artefakte, Methoden und/oder (B) der Veränderung von Komplexität und Selbstorganisation zu erfragen. Schematisch läßt sich dieses Vorgehen gemäß Abbildung 11 zusammenfassen.

Es ist offensichtlich, daß diese – einen Weiterbildungsbedarf bedingenden – Veränderungen nicht isoliert voneinander existieren (so haben z.B. die erwähnten Basisinnovationen massiven Einfluß auf die Veränderung aller sozialen Anforderungen). Dennoch resultiert für sie ein unterschiedliches Maß an erforderlichem instrumentell-technischem bzw. kommunikativ-symbolvermitteltem Handeln. Damit stehen auch unterschiedliche Formen der Kompetenzvermittlung im Vordergrund: Der Vermittlungsbedarf an Fach- und Methodenkompetenz nimmt zum unteren Ende der Tabelle hin nicht unbedingt ab, aber der an Sozial- und Handlungskompetenz nimmt eindeutig zu. Innerhalb jeder der gekennzeichneten Veränderungen kommt es – durch Zunahme der Komplexität und selbstorganisativer Aspekte von Produkten, Organisationsstrukturen und sozialen Anforderungen – gleichfalls zu einem zuehmenden Vermittlungsbedarf an Sozial- und Handlungskompetenz.

John Erpenbeck, Volker Heyse

Die Problematik qualitativer und quantitativer Bildungsbedarfsanalysen in Hinblick auf den Bedarf an Kompetenzentwicklung

Daran, daß der Bedarf an beruflicher Weiterbildung qualitativ und quantitativ wächst, besteht unter Wissenschaftlern und Praktikern kaum Zweifel. Auch daß ein solcher Bedarf in bezug auf die berufliche Kompetenzentwicklung, besonders auf die Entwicklung von Sozial- und Handlungskompetenz in einem weiten Sinne, auszumachen ist, wird wohl kaum bestritten. Natürlich läßt sich fragen, ob die Vermittlung von Sozial- und Handlungskompetenz wirklich etwas so Neues ist, war sie doch bis in die Mitte des 19. Jahrhunderts hinein eine selbstverständliche Komponente jeder beruflich-handwerklichen Qualifikation. Neu ist sie tatsächlich nur im Vergleich zu der durch tayloristisch geteilte Arbeitsgestaltung geprägten Determination der Arbeits- und damit der Ausbildungsverhältnisse, welche die technische und die kommunikative Rationalität in der Tat scharf trennte, letztere weitgehend vernachlässigte und der – als „wertfrei" überhöhten – technisch-organisatorischen Realisierung des wissenschaftlich-technischen, industriellen Fortschritts und dem entsprechenden instrumentellen (zweckrationalen) Handeln alle Aufmerksamkeit zuwandte. Diese historische Dimension bleibt hier selbstverständlich ausgeblendet.

Aber auch ohne die Berücksichtigung solcher langzeitigen Entwicklungen erweist sich die Frage nach dem Weiterbildungsbedarf als schwierig, wenn es um die nähere Charakteristik der qualitativen und erst recht der quantitativen Dimensionen geht. Das trifft in besonderem Maße auf den Kompetenzentwicklungsbedarf zu. Seine Analyse setzt die des generellen Weiterbildungsbedarfs voraus, erfordert aber darüber hinaus, die qualitative und quantitative Trendverschiebung innerhalb des Weiterbildungsbedarfs zu analysieren, die der Kompetenzentwicklung zunehmenden Platz einräumt. Deshalb werden im folgenden zunächst generelle Tendenzen der Entwicklung des Weiterbildungsbedarfs (und die Schwierigkeiten seiner Bestimmung) erörtert und dann, in einem zweiten Schritt Indikatoren für eine Zunahme des Kompetenzentwicklungsbedarfs untersucht.

Zur Problematik der qualitativen und quantitativen Bestimmung des Weiterbildungsbedarfs

Weiterbildungsbedarf kann prinzipiell in zwei Dimensionen bestimmt werden: (a) als Soll-Ist-Analyse zum Gegenwartszeitpunkt $t=t_0$ und (b) als Soll-Ist-Analyse zum Perspektivzeitpunkt $t=t_0+t_p$. Im Fall (a) werden die Arbeitsplatzanforderungen mit den vorhandenen Qualifikationen der Mitarbeiter zum Gegenwartszeitpunkt $t=t_0$ verglichen, wobei vorauszusetzen ist, daß methodische Hilfsmittel verfügbar sind, Anforderungen und Qualifikationen auf normierbare Weise zu messen und zu vergleichen. Im Fall (b) werden die Arbeitsplatzanforderungen und angestrebte Qualifikationen der Mitarbeiter zum Perspektivzeitpunkt $t=t_0+t_p$ verglichen. Das erfordert neben den erwähnten methodischen Hilfsmitteln zum Arbeitsanforderungs-Qualifikationsvergleich zugleich Methoden, die Arbeitsplatzanforderungen und die Qualifikationen gesondert zu den Zeitpunkten $t=t_0$ und $t=t_0+t_p$ in sich zu vergleichen. Das ist gerade bei qualitativen Änderungen, wie sie die Modernisierung der Arbeitsplätze und die darauf bezogenen völlig neuen Qualifikationen mit sich bringen, methodisch außerordentlich schwierig.

Zentrale Fragestellungen

(a) Bereits der rein gegenwartsbezogene Arbeitsanforderungs-Qualifikationsvergleich gehört zu den schwierigsten Aufgaben der betrieblichen Personalwirtschaft, da keine effizienten und allgemein anerkannten methodischen Instrumente in Form von Kategoriensystemen für die Erfassung von Qualifikationen und Anforderungen existieren. Es wird intensiv nach besseren Methoden der Erfassung des Bildungsbedarfs, der Erfolgskontrolle und der Kosten-Nutzen-Relationen im Rahmen der betrieblichen Weiterbildung gesucht (Betriebliche Weiterbildung 1990, 34). Zu den Verfahren der Bedarfsermittlung existiert infolgedessen eine umfangreiche Literatur. Noch schwieriger ist die – ebenfalls gegenwartsbezogene – Gewinnung von „Fähigkeitsbildern" der einzelnen Mitarbeiter, die neben Angaben zur formalen Qualifikation, bisherigen Aus- und Weiterbildungsbemühungen und Tätigkeiten methodische Instrumente wie Eignungstests, Arbeitsproben, Bewerbergespräche, Lebenslaufanalysen, Abschlußzeugnisse und Leistungsbeurteilungen berücksichtigen. Nicht alle Fähigkeiten sind Kompetenzen, aber alle Kompetenzen sind als Fähigkeiten zu betrachten. Insofern gilt dieselbe Schwierigkeit für die Gewinnung von „Kompetenzbildern" – allerdings ist damit auch ein erster methodischer Zugang angedeutet. Seitens der Unternehmen werden überwiegend sogenannte subjektive Methoden zur gegenwartsbezogenen Bedarfsermittlung (Befragungen) eingesetzt. Dazu gehören Bedarfsmeldungen aus den Abteilungen (oft aus Anlaß von Produktinnovationen), Vorschläge der Geschäftsführung, Befragungen bei Vorgesetzten, Gespräche mit dem Betriebsrat, Gespräche zwischen Vorgesetzten und Weiterbildungsverantwortlichen (inklusive Vergleich Mitarbeiterleistung-Stellenanforderungsprofil), direkte Gespräche mit Mitarbeitern und Mitarbeiterbefragungen Hinzu kommen Prognosen über technologische Entwicklungen und Expertenbefragungen. Alle diese Methoden können Aspekte des Kompetenzniveaus und der Kompetenzentwicklung mit umfassen, sind jedoch oft eher auf vordergründiges Fachwissen, unmittelbare Arbeits- und Handlungsfähigkeiten gerichtet.

(b) Komplizierter ist die perspektivbezogene Bedarfsbestimmung. Hier spielen Vorstellungen über künftige Arbeitsanforderungen und Qualifikationen, ordnungspolitische Veränderungen und Prognosen über technische und soziale Entwicklungen deutlich hinein. Diese sind nun gerade nicht aus der gegenwartsbezogenen unternehmensseitigen Analyse zu erschließen. Staudt/Rehbein haben bereits 1988 nachgewiesen, daß die gegenwärtigen, stark technikfixierten einzelbetrieblichen Bedarfsfestlegungen und Planungsprozesse für die Weiterbildung bei beschleunigtem technologischem Wandel und entsprechender Änderung von Organisationsstrukturen in Richtung Selbstorganisation hin versagen müssen. Technik als Fixpunkt für die Ermittlung des Qualifikationsbedarfs ist fragwürdig. Staudt fordert deshalb eine Strategie der offensiven Schaffung von Potentialen, die den beteiligten Arbeitskräften angesichts jenes Wandels „eine Art Selbstregulation" für zentral nicht steuerbare Probleme gestatten (Staudt 1990, 53). Es ist offensichtlich, daß hier völlig zurecht eine mit der Sozial- und Handlungskompetenz untrennbar zusammenhängende Selbstlernkompetenz gefordert ist, die mit der Zunahme der Schnelligkeit und Komplexität sozialer und unternehmerischer Veränderungsprozesse immer größeres Gewicht erhält. „Auf Dauer gesehen scheint der Qualifikationsbedarf zur gesellschaftlichen Bewältigung von technologischem und strukturellem Wandel wirkungsvoller und mit weniger Friktionen in Gestalt sowohl von Arbeitslosigkeit als auch von Qualifikationsengpässen in den Betrieben, durch Bindung an Qualifikationspotentiale der Beschäftigten als an betriebliche Bedarfsdefinitionen absicherbar zu sein." Eine zukunftsgerichtete Bedarfsdefinition muß also zwischen betrieblich-konkreten und strukturellen Anforderungsdimensionen vermitteln (Betriebliche Weiterbildung 1990, 315 f) und um soziale und motivationale Dimensionen erweitert werden (vgl. Meyer-Dohm/Schneider 1991). Sie muß damit den Bedarf an Kompetenzentwicklung, insbesondere an Sozial- und Handlungskompetenz im weiten Sinne artikulieren.

Deshalb ist folgende Einsicht zentral: „In der Regel gilt, daß der Marktbedarf an Weiterbildungsqualifikationen zu spät wahrgenommen und artikuliert wird, um noch rechtzeitig befriedigt werden zu können. Man kann diesen Sachverhalt grundsätzlich formulieren: die Zeithorizonte von Marktprozessen und (Weiter-) Bildungsprozessen sind unterschiedlich dimensioniert: Markt ist gegenwarts- und gegenwartsnahbezogen, Weiterbildungsprozesse müssen zukunftsorientiert sein, weil die in ihnen erworbenen Qualifikationen länger vorhalten sollen, als nur für je aktuelle Situationen... Sinkt die 'Halbwertzeit' von Qualifikationen, dann ist alles zu tun, um auch in der Weiterbildung wenigstens einigermaßen zerfallsresistente Fähigkeiten zu vermitteln und zu stabilisieren" (Betriebliche Weiterbildung 1990, 215). Dies ist nur zu verwirklichen – so ist aus dem hier behandelten Blickwinkel festzuhalten –, wenn auf Kompetenzentwicklung orientiert wird und selbstorganisierte Lernprozesse realisiert werden. Die Organisation betrieblicher Weiterbildung unterliegt damit nicht primär Markt-, sondern Prognoseprinzipien.

Diese Überlegungen hat Staudt in einer Defizitanalyse betrieblicher Weiterbildung weitergeführt, in der die Probleme der Bedarfsermittlung und Ansätze zu ihrer Überwindung recht deutlich werden. Im Gegensatz zu verschiedenen Modellen technokratischer Personalplanung hat er das Modell einer strategischen Unternehmensplanung entwickelt, in der die Ermittlung objektiven und subjektiven Weiterbildungsbedarfs eine zentrale Position einnimmt (Abbildung 12) und auf die grundlegende Wechselwirkung zwischen Qualifikation und Unternehmensentwicklung hingewiesen: „Um also den Anforderungen einer raschen Übernahme technischer Neuerungen und deren Integration in die bestehende Organisation eines Betriebes gerecht zu werden, kann das Bemühen nicht damit enden, die fachliche Qualifikation des Personals möglichst schon im Vorfeld auf die Anforderungen der neuen Technik abzustimmen.Es müssen vielmehr auch solche Qualifikationspotentiale im Rahmen der Weiterbildung aufgebaut werden, die über die rein technische Beherrschung einer spezifischen Innovation hinausgehen und angesichts der verbleibenden Ungewißheit eine Anpassung über die Zeit erlauben" (Staudt 1990, 54). Daß der Aufbau solcher Qualifikationspotentiale die Kompetenzvermittlung im Rahmen der betrieblichen Weiterbildung und des immer wichtiger werdenden Selbstlernens erfordert (ebenda, 66). betont nicht nur dieser Autor. Auch Untersuchungen zu den Methoden der Weiterbildung im Betrieb, auf die später eingegangen wird, reflektieren den Zusammenhang, daß es „nicht zuletzt aufgrund des technologischen Wandels ... Ziel der betrieblichen Weiterbildung (ist), die Mitarbeiter mit 'Handlungskompetenzen' auszustatten, im Sinne von Fähigkeiten zur selbständigen Bewältigung der sich wandelnden Arbeits- und Berufsanforderungen. Aufgrund der Ent-Taylorisierung der Arbeit, der Zunahme von Dispositionsspielräumen und der Arbeitsbereicherung sind Breitenqualifikationen, Übersichtswissen, Vernetzungsfähigkeit, Entscheidungsfähigkeit angesichts komplexer Situationen, Kreativität, Phantasiefähigkeit und Gestaltungskraft

Momente der wachsenden Bedeutung überfachlicher Qualifikationen..." (Schlaffke 1990, 11, 13 f). Sie münden in der Entwicklung von beruflichen Kompetenzen in der modernen Zeit (Schmiel 1990, 120 f).

Qualitative und quantitative Bestimmungen des Weiterbildungsbedarfs

Zunehmend wird die Leistungsfähigkeit der deutschen Wirtschaft durch die Qualifikation ihrer Mitarbeiter bestimmt. Somit gewinnen Bildung und Qualifikation als Standortfaktor immer größere Bedeutung.

Unternehmensseitig bekräftigen die betrieblichen Aufwendungen für die Weiterbildung (einschließlich der indirekten Kosten der Lohnfortzahlung) diese Aussage: In kaum 20 Jahren stiegen sie von ca. 4 Mrd. (Mitte der 70er) über 8 Mrd. (1980) auf 36,5 Mrd.DM im Jahre 1992. (vgl. Weiterbildungserhebung des IW, Weiss 1994; Pawlowsky 1995; auf 24,7 Mrd.DM kommt die Europäische Weiterbildungserhebung 1993, vgl. Grünewald, Moraal 1995). Im Jahre 1995 werden schließlich rd. 40 Mrd.DM veranschlagt (Ischebeck 1994) – ein Mehrfaches im Vergleich zur Mitte der 70er Jahre. In der längerfristigen Entwicklung zeigt sich ein deutlicher Trend zum weiteren Anstieg der Weiterbildungsaufwendungen.
Insgesamt wurden 1992 rd. 80 Mrd.DM für die Weiterbildung ausgegeben, 1995 werden es etwa 4 Mrd. mehr sein. Dabei werden über 50% der Weiterbildungskosten von den Arbeitgebern getragen (vgl. Abb. 13). Zuwachs ist auf allen Ebenen ersichtlich, am meisten jedoch bei der Bundesanstalt für Arbeit und den Arbeitgebern. Bei der BfA haben sich die Aufwendungen einigungsbedingt im Zeitraum 1987 – 1992 mehr als verdreifacht (Berufsbildungsbericht 1994, 102).
Die Zahl der Teilnehmer von Lehrveranstaltungen/Seminaren, Informationsveranstaltungen und Umschulungsmaßnahmen ist in den alten Bundesländern zwischen 1987 und 1992 von 9,5 Mio. auf 14,7 Mio. angestiegen. Hierzu kommen von 1990 bis 1992 noch einmal 2,8 Mio. Teilnehmer aus den neuen Bundesländern. Nicht einbezogen sind hier die vielfältigen Formen und Aufwände selbstgesteuerten Lernens (Berufsbildungsbericht 1994, S. 124 ff).
Betriebliche Weiterbildung hat auch nach den Angaben des Statistischen Bundesamtes für deutsche Unternehmen einen hohen Stellenwert: „Knapp ein Viertel aller Beschäftigten aus den Wirtschaftsbereichen Produzierendes Gewerbe, Handel, Gastgewerbe, Banken und Versicherungen nahmen 1993 im Rahmen der betrieblichen Weiterbildung an mindestens einem Weiterbildungslehrgang, -kurs oder -seminar teil. Für Informationsveranstaltungen, arbeitsplatznahe Formen der Weiterbildung oder selbstgesteuertes Lernen interessierten sich sogar 28% der Beschäftigten, teilte das Bundesamt in Wiesbaden mit. Nach einer Umfrage bei 4.100 Unternehmen mit mindestens zehn Beschäftigten sind die „Bildungshungrigsten" in der Altersgruppe zwischen 25 und 35 Jahren zu finden: sie stellen mit 30% den größten Anteil unter den Teilnehmern. Aufgeschlüsselt nach beruflicher Stellung war der Anteil der Führungskräfte an den Weiterbildungsmaßnahmen mit 42% am höchsten" (Training Aktuell 1995, 2).
Das Stundenvolumen stieg im gleichen Zeitraum in den alten Bundesländern von 267 Mio. Teilnehmerstunden auf rd. 328 Mio. – zuzüglich 74 Mio. in den neuen Bundesländern (Weiss 1994).

Auch in der Rezession der Jahre 1992 bis 1994 gab es keinen Weiterbildungseinbruch, sondern eher eine Bereinigung der Weiterbildungsinhalte und eine Konzentration auf effiziente Weiterbildungsformen.

Die meisten Unternehmen scheinen den strategischen Wert der Weiterbildung erkannt zu haben. Neuere Befragungen in Unternehmen weisen der Weiterbildung einen zunehmenden, mindestens aber gleichbleibend hohen Wert im Rahmen der Unternehmensentwicklung zu (zwischen 75 bis 81% aller befragten Unternehmen; vgl. Weiss 1994). Zahlreiche Unternehmungen (Pawlowsky/Bäumer 1996) weisen einen hohen Ausbaustand der betrieblichen Weiterbildung nach. Mehr als drei Viertel der untersuchten weiterbildungsaktiven Unternehmen haben z.B. einen eigenen Bereich Weiterbildung.
Andererseits wurde aber auch ersichtlich, daß sogar in diesen Unternehmen betriebliche Weiterbildungs- und Personalentwicklungsaktivitäten weitgehend unsystematisch, reaktiv und wenig innovativ erfolgen. Strategische und prognostische Überlegungen spielen bei der Bedarfsermittlung in den Unternehmen in der Regel noch eine geringe Rolle. Es dominieren noch Bedarfsanmeldungen aus den Abteilungen (80%), Vorgesetztenbefragungen (63%) und Fortschreibungen aus der Vergangenheit (40%) als Instrumente der Planung der Qualifizierungsaktivitäten (Pawlowsky/Bäumer 1996). Die Weiterbildungsstrategie in den Unternehmen wurde von den befragten Personal- und Weiterbildungsleitern als „eher bedarfsorientiert, erst nachdem Qualifikationsdefizite offensichtlich sind, werden Qualifizierungsmaßnahmen eingeleitet" beschrieben (Pawlowsky/Bäumer 1996). Eine nachgeordnete Qualifikationsentwicklung birgt aber in sich die Gefahr, der tatsächlichen betrieblichen Bedarfsentwicklung hinterherzulaufen.

Weiterbildungsseitig spiegelt sich dieser Bedarf in einer großen Fülle von Angeboten: So bietet die Datenbank Kurs direkt des IW Köln über 250.000 Angebote zur beruflichen Qualifikation an. Der Schwerpunkt liegt mit rund 200.000 Angeboten im Bereich der beruflichen Weiterbildung.
Im Bereich der Bildung und Weiterbildung gibt es schätzungsweise 25.000 Anbieter und bis zu 10.000 sogenannte Einzelkämpfer. – Allerdings sind darunter relativ wenige rein private Unternehmen; die meisten sind „Mischkonstrukte, gemeinnützige Stiftungen oder Vereine, Volkshochschulen, Universitäten, Verbände, IHK's, Rotes Kreuz u.v.a.m. ... Daher haben private Bildungsanbieter ... große Legitimationsprobleme" (Lüders 1994).
Allerdings gibt es gegenläufige Tendenzen. Regnet (1994) weist darauf hin, daß aus demographischen Gründen mittel- und langfristig eine Reduzierung des Arbeitspotentials eintreten wird. Zwischen 1980 und 1991 habe sich die Zahl der jährlichen Schulabgänger in den alten Bundesländern um über 350.000 (31%) reduziert (iwd, 28.1.1993).
Zugleich verändert sich die Struktur des Bildungssystems hin zu einer Akademisierung der Gesellschaft. Im Jahre 1950 legten noch 4,4% eines Jahrgangs das Abitur ab, 1973 waren es 6,4%, im Jahre 1984 bereits 21% und 1987 fast 28%. Im Jahre 1991 gab es erstmalig mehr Studenten als Lehrlinge in Deutschland (Regnet 1994). Auszubildende mit Abitur treten mit höheren Ansprüchen ins Berufsleben. Eine höhere formale Bildung fördert auch die Selbstkontroll-Kompetenz und die Erwartungen an die Kompetenzen der Führungskräfte und Weiterbildung (vgl. von Rosenstiel et al. 1989).

Ein besonderes Problem ist der Wandel in der Führung von Unternehmen, der eine erhebliche Verschiebung des Weiterbildungsbedarfs nach sich zieht. Der Übergang zur „Lean Organisation" setzt Führungskräfte, insbesondere mittlere, frei. Schwache Betriebsergebnisse und drückender internationaler Wettbewerb haben in vielen Unternehmen in den zurückliegenden drei Jahren zu radikalen Sofortmaßnahmen geführt. Neben umfassenden Umstrukturierungen, schmerzhaften Kostensenkungsprogrammen und Outsourcing wurde zum drastischen Ausdünnen der traditionellen Hierarchiepyramiden übergegangen (Müller/Pittscheidt 1995). Noch nie wurden so viele TOP-Führungsstellen gestrichen: Seit 1993 wurden in 61% aller von Trend-Research befragten Unternehmen 10 bis 30% aller Führungskräfte abgebaut, in 24% unter 10%. In der Hüls-AG wurden beispielsweise innerhalb von 2 Jahren über 30% der Führungskräfte abgebaut. BMW reduzierte seine Führungskräfte seit 1992 um ca. 15% und versetzte 50% nicht selten in niedrigere Hierarchieebenen. 70% der befragten Unternehmen werden auch in Zukunft weitere Führungskräfte reduzieren: 47% gar weitere 10 bis 30% und 23% unter 10%. In der Holding von Daimler Benz sollen zum Beispiel 200 von 500 Führungskräften (40%) ihre Position verlieren. In der Lean Organisation werden in den kommenden Jahren bis zu drei Viertel der Mittelmanagement-Positionen aufgegeben. Während rund 15% dieser Führungskräfte das Unternehmen verlassen, verbleiben etwa 85% im Betrieb, allerdings mit reduzierten Aufgaben oder ohne Personalverantwortlichkeiten.

In diesem Trend kommen verschiedene Widersprüche und Veränderungen zum Ausdruck. Erstens: In den wirtschaftlich guten Endachtzigern und Anfang der Neunziger Jahre wurden nicht wenige Emporkömmlinge in gute Führungspositionen gehoben – Manager mit guter fachlicher Kompetenz, jedoch mangelhaften sozialkommunikativen und Führungsqualitäten. In wirtschaftlich schwierigen Jahren erfolgt eine eher unfreiwillige Korrektur. Zweitens: In schwierigen wirtschaftlichen Zeiten und bei umfassenden Rationalisierungen nehmen in vielen Unternehmen autoritäre Führungsstile und -entscheidungen zu (bzw. latent weiterlebende autoritäre Strukturen brechen durch); persönliche und fachliche Meinungsverschiedenheiten werden eher zum Anlaß von Trennungen genommen. DBM von Rundstedt beziffert letzteres mit 44% aller Managerjob-Einsparungen. Drittens: Mit dem Ausdünnen schwerfällig gewordener Hierarchiepyramiden setzt sich eine seit zwei Jahrzehnten diskutierte sinnvolle Entwicklung durch: die Verschiebung von Tätigkeiten und zeitliche Befristung von Führungsfunktionen (z.B. für die Projektdauer), die Neudefinition von Teamführung. „Business Reengineering", „Reengineering im Management" sind neue Begriffe für diese seit langem angemahnte Entwicklung. Im Rahmen der erwarteten weiteren Umstrukturierungen und Rationalisierungen werden schätzungsweise ein Drittel der Mittleren Führungskräfte den Übergang zum Projektleiter, Leiter eines Profitcenters oder den Übergang in die Selbständigkeit (incl. Beratertätigkeit) schaffen. Die anderen zwei Drittel werden das Unternehmen verlassen oder als Mitarbeiter in Teams zurückkehren. Deutlich wird der Trend, in den nächsten 10 bis 15 Jahren viele traditionelle Managementjobs aufzulösen (Müller/Pittscheidt 1995).
Aus dem dargestellten Wandel in der Führung und aus den daraus resultierenden Widersprüchen und Veränderungen folgt ein spezifischer Weiterbildungsbedarf, der auf die Vorbereitung des Wandels, auf die Ent- und Neupositionierung, insbesondere im höheren Lebensalter, sowie auf Intensivtrainings bzgl. sozialer Kompetenz, speziell der Teamfähigkeit, gerichtet ist.

John Erpenbeck, Volker Heyse

Zum Problem des (mangelnden) Lerntransfers von Weiterbildungsmaßnahmen liegen bisher wenige Untersuchungen vor. Lemke (1995) verweist auf Untersuchungen in den USA, die z.T. bei PC-Schulungen nur eine zehnprozentige Transferquote nachweisen. Wenn keine hohe Schulungs-/Trainingseffektivität gewährleistet wird, muß von erheblichen finanziellen Verlusten für die Unternehmen ausgegangen werden. Während im Jahre 1987 im Durchschnitt 1.176 DM je Mitarbeiter für Weiterbildung ausgegeben wurde, waren es im Jahre 1992 schon 1.924 DM (bei Banken und Versicherungen durchschnittlich 5.203 DM). Den größten Kostenfaktor stellten für die Weiterbildung die indirekten Kosten für Lohnfortzahlungen dar (über 60%).

Es zeigt sich beim Vergleich der Ausgabenentwicklung und Bedeutungszuordnung durch die Unternehmen einerseits mit den Problemen der Weiterbildungsanbieter, der strategischen Integration der vermittelten Bildung und somit dem rationellen Mitteleinsatz andererseits eine große Schere, deren Schließung innovative Führungskonzepte und eine konzeptionelle Neuorientierung der betrieblichen Weiterbildung erforderlich macht.

Betrachtet man den Weiterbildungsbedarf in bezug auf die Weiterbildungsformen, dann deuten sich folgende Veränderungen an (vgl. Weiss 1994; Geissler 1995; Hofmann/Regnet 1994):

Weiterbildungsformen	Tendenzen
Selbstlernprozesse/selbstgesteuertes Lernen	↑
Lernen im Prozeß der Arbeit	↑
unternehmensinterne Lehrveranstaltungen	↗
Informationsveranstaltungen	↗
externe Lehrveranstaltungen	↘
Umschulungsmaßnahmen	↘

Zunehmende Bedeutung erhalten insbesondere Selbstlernprozesse und das Lernen in der Arbeitssituation. In erstere ist u.a. eingeschlossen:
- Gesuchter (bewußter) Erfahrungsaustausch
- Vorbereitung und Durchführung von Workshops zu neuen inhaltlichen Fragen
- Lektüre von Fachzeitschriften und Fachbüchern
- Fernunterricht und Abendunterricht (extern)
- Lernen mit Tonband- und Videokassetten
- Arbeit mit Leittexten und Selbstlernprogrammen

Zentrale Fragestellungen

- Arbeit mit Lernprogrammen und computerunterstützten Trainings (CBT)
- Freiwilliges Engagement in Projektteams, Organisationen und Verbänden

Desweiteren ist auch in den nächsten Jahren von einem differenzierten Weiterbildungsbedarf auszugehen. Ein hoher Bedarf und somit vielfältige Weiterbildungsaktivitäten sind auszumachen bei:
- Dienstleistungsunternehmen, besonders bei Finanzdienstleistern und Einzelhandelsunternehmen
- IHK-Betrieben
- Klein- und Kleinstunternehmen
- Einzelunternehmen

Demgegenüber wird von einem auch zukünftig relativ niedrigeren Niveau ausgegangen bei:
- Großbetrieben
- Unternehmensfilialen und Zweigwerken
- Unternehmen des verarbeitenden Gewerbes
- Handwerksbetrieben (vgl. Weiss 1994)

Diese grobe Differenzierung des Weiterbildungsbedarfs nach Unternehmensformen zeigt bereits, daß besonders solche Unternehmen, die auf ein Höchstmaß kreativer Leistungen der einzelnen Mitarbeiter existentiell angewiesen sind, auf Weiterbildungsaktivitäten den höchsten Wert legen und dabei besonders auf die Formen, die individuelle Kreativität und Kompetenz erhöhen. Sie sind also als die Promotoren der Kompetenzentwicklung zu betrachten.

Betrachtet man die Tendenzen bei der Entwicklung der Weiterbildungsformen, insbesondere die zunehmende Bedeutung von selbstorganisierten Lernprozessen und dem Lernen in der Arbeitssituation genauer, so ist schon hier deutlich, daß der Anteil des Kompetenzentwicklungsbedarfs besonders schnell steigt, denn Lernen in der Arbeitssituation erfordert maßgeblich Sozial- und personale Kompetenz. Selbstorganisierte Lernprozesse und Prozesse des Kompetenzlernes hängen eng zusammen. Denn das Selbst ist ein sozial-kommunikatives Konstrukt, erworben und stabilisiert in sozial-kommunikativen Handlungsvollzügen. Selbstorganisierte Lernprozesse sind und erfordern Prozesse der Kompetenzentwicklung – Kompetenzentwicklungsprozesse sind und erfordern Prozesse des selbstorganisierten Lernens. Darauf ist unter methodischem Aspekt noch genauer einzugehen. Hier ist zunächst nur festzuhalten, daß die qualitative Analyse des Weiterbildungsbedarfs einen hohen Bedarf an Kompetenzentwicklung mit ausweist. Noch deutlicher wird dies in einer Übersicht von Schmiel (1990, 120) die den Bedarf an berufsübergreifenden, langfristig wichtigen Qualifikationen zusammenstellt und wiederum das Gewicht von Kompetenzentwicklung hervorhebt (Abb. 14).
Aufgrund der eingangs dargestellten Schwierigkeiten bei der Ermittlung des Weiterbildungsbedarfs liegen wenig generelle quantitative Angaben vor.
Auf der Basis, den Anspruch auf Weiterbildungszeit zur Quantifizierung des beruflichen Weiterbildungsbedarfs zu benutzen, liegen Untersuchungen vor, die diesen Bedarf auf ca. 3000 bis 8000 Stunden beruflicher Weiterbildung während des Berufslebens veranschlagen (die Streuung um mehr als 100% zeigt die Vorläufigkeit solcher

Abschätzungen). Als vorrangige soziale und persönliche Ziele der Weiterbildung werden arbeitnehmerseitig die Sicherung des Arbeitsplatzes, die Verbesserung der betrieblichen Position und die Partizipation an der Gestaltung von Arbeitsumfeld und ökonomisch-technischer Entwicklung angegeben (Betriebliche Weiterbildung 1990, S. 220 f).

Die Abschätzung des „latenten Bedarfs an Weiterbildung" (Berufsbildungsbericht 1994, 125 f) ergibt einen Anstieg von 38% in den Jahren 1985/86 auf 52% in den alten, auf 68% in den neuen Bundesländern in den Jahren 1991/92, wobei der Anstieg hauptsächlich auf die Innovation der Arbeitsplätze zurückgeführt wird.

Personenbezogen besteht nach Sauter ein besonderer Weiterbildungsbedarf bei folgenden Personengruppen:
- ein Nachqualifizierungsbedarf bei den ungelernten Arbeitskräften (vor allem aus den älteren Jahrgängen);
- ein Umschulungs- und Weiterbildungsbedarf für den Personenkreis, der in der Zeit des Ausbildungsplatzmangels fehlqualifiziert worden ist, nach Abschluß der Ausbildung keinen Arbeitsplatz erhalten hat und dessen Qualifikationen geringe Transfermöglichkeiten bieten;
- ein Bedarf an Zusatzqualifikationen für arbeitslose Ausbildungsabsolventen an der Zweiten Schwelle;
- Weiterbildungsbedarf für Frauen, die familienbedingt ihre Berufstätigkeit unterbrochen haben und ins Erwerbsleben zurückkehren wollen;
- Nachqualifizierungsbedarf von ausländischen Erwerbspersonen und
- ein breit streuender Bedarf an Weiterqualifizierung zur Anpassung an neue Technologien und zur Erhöhung von Flexibilität und Mobilität der Arbeitskräfte.

Dieses Betrachtungsraster ermöglicht sowohl auf betrieblicher als auch auf überbetrieblicher Ebene eine aussagerelevante Einschätzung personalen Weiterbildungsbedarfs.

Ein anderes Betrachtungsraster geht von dem sozial-ökonomischen Strukturwandel in der Bundesrepublik aus und versucht, den gesellschaftlichen Weiterbildungsbedarf zu erfassen, indem es folgende Formen des Wandels berücksichtigt:
- den sektoralen Strukturwandel von landwirtschaftlicher und industrieller Produktion zur Dienstleistungsökonomie;
- den Strukturwandel der gesellschaftlich dominanten Tätigkeitstypen vom „Umgang mit Sachen" zum „Umgang mit Daten und Symbolen" und zum „Umgang mit Menschen";
- den Wandel im Rationalisierungstyp und damit in der Struktur der Arbeitsorganisation von einer tayloristischen (hochgradig fragmentierten) zu einer nichttayloristischen, reintegrierenden Arbeitsorganisation;
- den Wandel des Gewichts von Erwerbsarbeit und Nicht-Arbeit in der Biographie und im Alltag des Menschen, der neue Ansprüche an die Lebensgestaltung generiert und ein neues, subjektives Verhältnis zur Arbeit konstituiert.

Die Frage ist, inwieweit sich solche Art personalen und gesellschaftlichen Weiterbildungsbedarfs in den Ergebnissen von quantitaven Erhebungen widerspiegelt und welche präzisierten Aussagen für die Frage der Kompetenzentwicklung daraus zu gewinnen sind.

Abbildung 15 dokumentiert zunächst nochmals den quantitativen Anstieg der Weiterbildungsaktivitäten in gut einem Jahrzehnt. Faktoren dieses Anstiegs sind die zunehmende Verbreitung programmgesteuerter Arbeitsmittel und die rasche Weiterentwicklung von Hard- und Software (was beides ein hohes Maß an Selbstlernaktivität und Problemlösungskompetenz voraussetzt) sowie die Unternehmensart (handwerkliche Kleinbetriebe leisten sich deutlich weniger Weiterbildungsaktivitäten als Groß- und Industriebetriebe; kompetenzrelevante Unterschiede sind auf dieser Verallgemeinerungsebene nicht auszumachen).
Aufgegliedert nach Abhängigkeit vom Bildungsabschluß ergibt sich eine Sicht (Abbildung 16) die schon deutlichere, wenn auch indirekte Rückschlüsse auf den Bedarf an Kompetenzentwicklung gestattet. Es zeigt sich nämlich „wiederum ein deutlicher Zusammenhang zwischen Qualifikationsniveau der Befragten und den Weiterbildungsaktivitäten. Von Personen, die über keinen qualifizierten Berufsbildungsabschluß verfügen, hat in den zurückliegenden fünf Jahren lediglich jeder siebte an einer Weiterbildungsmaßnahme teilgenommen. Und dieser Anteil hat sich, verglichen mit den früheren Erhebungen, kaum erhöht. Bei Vorliegen eines Lehrabschlusses (ohne weiterführende Abschlüsse) ist die Weiterbildungsteilnahmequote in den alten Ländern zwar von 23% auf 29% gestiegen, aber weniger stark als der Durchschnitt. Während bei diesem Personenkreis 1985 die Weiterbildungsteilnahme dem Durchschnitt entsprach, liegt sie jetzt deutlich darunter. Die größeren Anstiege sind bei den Fachschul-Qualifizierten (jeder zweite hat in den zurückliegenden fünf Jahren an einer Weiterbildungsmaßnahme teilgenommen) und bei den Akademikern (hier sind es aktuell 61%) zu verzeichnen. Bei den Berufstätigen in den neuen Ländern gibt es, wenn auch auf einem etwas höheren Niveau, ähnlich große Unterschiede zwischen den Gruppen mit unterschiedlichem Bildungsabschluß." (Bundesbildungsbericht 1994, 125). Es ist mit Sicherheit anzunehmen, daß eben diese Gruppen (Fachschul-Qualifizierte und Akademiker) auf Selbst-, Sozial- und Handlungskompetenz im weiten Sinne reflektieren und auch angewiesen sind. Folglich ergibt sich eine Zunahme des Kompetenzentwicklungsbedarfs nicht allein aus den früher skizzierten ökonomisch-technischen Veränderungen, sondern aus den – freilich mit ihnen zusammenhängenden – Verschiebungen im Qualifikationsniveau der Mitarbeiter. Damit korrespondiert, daß etwa 7% der Erwerbstätigen an fortgeschritteneren innerbetrieblichen Maßnahmen, wie Qualitätszirkeln, Lernstatt u.ä. teilgenommen haben (die stark auf Kompetenzaneignung und Selbstlernen bauen) und in den alten Ländern jeder vierte, in den neuen sogar mehr als jeder dritte sich auch anderweitig, vor allem durch Selbstlernen, fortgebildet hat.
Ein weiteres Indiz für kompetenzbetonte Veränderungen der Weiterbildung ist auch die „erhebliche Zunahme (168%) im Bereich 'Geisteswissenschaften'" bei den Daten des freiwilligen Fernunterrichts. Die Erklärung des Berufsbildungsberichts (1994, 133), die Ursache hierfür liege „in der Neuaufnahme der Daten von Veranstaltern mit entsprechendem Lehrangebot als Schwerpunkt", weist mittelbar wiederum auf einen Bildungsbedarf hin, der über das enge wirtschaftliche, kaufmännische, einzelwissenschaftliche, technische und sprachliche Wissen hinausreicht.

Theoretisch ließe sich die Frage nach dem Weiterbildungsbedarf in Teilfragen untergliedern, so nach dem Weiterbildungsbedarf
- in einzelnen Branchen (insbesondere dienstleistenden und produzierenden Branchen)

- in einzelnen Regionen (insbesondere differenziert nach alten und neuen Bundesländern)
- in Unternehmen unterschiedlicher Betriebsgröße
- von Mitarbeitern unterschiedlicher Beschäftigtengruppen oder Führungsebenen (was nicht identisch mit dem Qualifikationsniveau sein muß).

Nun liegen zu keiner dieser Fragen geschlossene, quantitativ vergleichbare Angaben vor. Wenn überhaupt Weiterbildungsbedarf artikuliert und quantifiziert wird, so meist in Einzelbereichen, Modellobjekten, Teilgruppen. Die vorliegenden Ergebnisse erlauben oft keinerlei Rückschlüsse auf die Art des Weiterbildungsbedarfs, vor allem nicht auf die hier im Mittelpunkt stehende Problematik der beruflichen Kompetenzentwicklung.
Diese Schwierigkeit läßt sich nur dadurch umgehen, daß auf Beispiele zurückgegriffen wird, die einerseits als typisch für die Entwicklung von Regionen, Branchen, Unternehmen oder Beschäftigtengruppen anzusehen sind und die andererseits Rückschlüsse auf den Bedarf an Kompetenzentwicklung innerhalb der Entwicklung des Weiterbildungsbedarfs erlauben.

Qualitative und quantitative Bestimmungen des Kompetenzentwicklungsbedarfs

Es ist aus dem bisher Dargestellten ersichtlich, daß dort, wo ein Weiterbildungsbedarf in umfassenderen Sinne ermittelt wurde, stets auch ein Bedarf an Kompetenzentwicklung artikuliert wurde. Unter Rückgriff auf die Diskussion des Kompetenzbegriffs und zentraler Kompetenzen (Fachkompetenz, Methodenkompetenz, Sozialkompetenz, personale Kompetenz, integriert zur Handlungskompetenz usw.) und unter Vorgriff auf die Methoden des Kompetenzlernens soll jetzt versucht werden, Kompetenzentwicklungsbedarf soweit es geht vom umfassenden Weiterbildungsbedarf abzuheben und gesondert zu diskutieren.

Die Frage lautet also: Wo besteht ein ausweisbarer Bedarf an obengenannten Kompetenzen und ihnen zugehörigen Teilkompetenzen, und wo sind im Rahmen der Weiterbildung Methoden des Kompetenzlernens anzutreffen?
Im Berufsalltag hat sich gegenwärtig ein sehr enges Verständnis von Qualifikation *und* Kompetenz durchgesetzt: Sich qualifizieren bedeutet, sich als Teilnehmer in der Aus- und Weiterbildung Wissen und Können anzueignen, das heißt zugleich zu lernen. Qualifiziert sein bedeutet, sich aus Sicht eines anderen als geeignet bzw. als befähigt erweisen. Qualifiziert ist jemand, der Beurteilungs- und Befähigungsnachweise vorlegen kann. Seine Qualifikation gilt als Kompetenz. Kompetent sein heißt dann erst einmal nicht mehr, als zuständig, maßgebend und befugt zu sein. Das wird im Alltag doppelsinnig verstanden: wenn jemand zuständig ist, ist er kompetent; ob er für die Aufgabe auch qualifiziert ist, ist damit noch nicht gesagt. Andererseits ist derjenige, der als kompetent angesehen wird, auch befugt und insofern qualifiziert, Aufgaben auszuführen oder Entscheidungen zu treffen. Als kompetent gilt jemand, der sich durch Wissen und Können in bezug auf bestimmte Handlungsbereiche auszeichnet.
Was damit praktisch gemeint ist, haben erst kürzlich die Wirtschaftskammern in Nordrhein-Westfalen in einem Faltblatt (Handwerkskammertag 1995) dargelegt. Auch

wenn sich der Text auf die Erwartungen der Wirtschaft an die Schulabgänger bezieht, trifft er das traditionelle Kompetenzverständnis in der Wirtschaft. Das ist gerichtet auf: Elementares Grundwissen in den wichtigsten Lern- und Lebensbereichen – also auf fachliche Kompetenzen.

Über der weiterführenden Diskussion der Schlüsselqualifikationen darf natürlich nicht vergessen werden, daß in der Ausbildung konkrete Basiskenntnisse benötigt werden. Diese beziehen sich zumindest auf folgende Bereiche:
- Grundlegende Beherrschung der deutschen Sprache in Wort und Schrift
- Beherrschung einfacher Rechentechniken
- Grundlegende naturwissenschaftliche Kenntnisse
- Hinführung zur Arbeitswelt und Grundkenntnisse wirtschaftlicher Zusammenhänge
- Grundkenntnisse in Englisch
- Kenntnisse und Verständnis über die Grundlagen unserer Kultur

Darüber hinaus werden Grundhaltungen und Werteinstellungen gefordert, die die Jugendlichen befähigen, den Anforderungen im Unternehmen gerecht zu werden, und die bereits „Kompetenzbündel" darstellen, nämlich persönliche Kompetenzen:
- Zuverlässigkeit
- Lern- und Leistungsbereitschaft
- Ausdauer – Durchhaltevermögen – Belastbarkeit
- Sorgfalt – Gewissenhaftigkeit
- Konzentrationsfähigkeit
- Verantwortungsbereitschaft – Selbständigkeit
- Fähigkeit zu Kritik und Selbstkritik
- Kreativität und Flexibilität

Schließlich werden soziale Einstellungen, die die Zusammenarbeit in der Organisation Betrieb ermöglichen, gefordert, also soziale Kompetenzen:
- Kooperationsbereitschaft – Teamfähigkeit
- Höflichkeit – Freundlichkeit
- Konfliktfähigkeit
- Toleranz

Diese Eigenschaften werden als Basisanforderungen betrachtet. Die Leitziele Emanzipation und Selbstverwirklichung, Schlüsselbegriffe der 70er und 80er Jahre, werden ergänzt durch Pflicht- und Verantwortungswerte, die es erst ermöglichen, Leistung zu erbringen und Verantwortung für andere zu übernehmen.

So einleuchtend die umrissenen Kompetenzbündel auf den ersten Blick sind, es fragt sich, ob sie ausreichen, um für die Herausforderungen der Zukunft geeignet zu sein. Betrachten wir zunächst die Qualifikationsverschiebungen aufgrund branchenspezifischer Veränderungen.

Verschiedene Studien weisen Verschiebungen zwischen Branchen und Tätigkeitsprofilen aus. Im Abschlußbericht des Projekts: Qualifikationsprofile im Strukturwandel der Stadt Duisburg (Q-Verband 1992) findet sich folgendes Tableau:

John Erpenbeck, Volker Heyse

Neue Qualifikationsprofile

Anforderungen im Beruf / Wirtschaftsabteilung	Verarbeitendes Gewerbe	Bau-Gewerbe	Dienstleistung	gesamt
- umfangreiches Fachwissen	27,5	24,7	24,1	24,6
- mehr Selbständigkeit/ Verantwortung	22,1	27,0	17,6	18,7
- kompetenter Umgang mit Kunden	12,7	8,9	18,9	17,5
- höhere Flexibilität/Mobilität	17,7	22,7	14,9	15,7
- DV-Anwenderkenntnisse	8,5	7,3	12,2	11,4
- höhere Allgemeinbildung	4,5	4,6	5,3	5,2
- mehr Kenntnisse in DV-Programmierung	3,9	2,7	4,4	4,2
- Teamarbeit	3,1	2,1	2,2	2,3
- verringerte Anforderungen	0	0	0,4	0,4
NN insgesamt Summe absolut	1030	480	6580	8090

Mit dem Strukturwandel verändern sich in vielen Fällen die Anforderungen an die Mitarbeiter/innen. Anders als in der Produktion und der gängigen Literatur, in der Teamarbeit einen zu hohen Stellenwert zu haben scheint, weisen die o.a. Daten insbesondere auf die Veränderungen im Fachwissen und auf die Notwendigkeit hin, selbständig und verantwortlich arbeiten zu können. Dies ist in der Tat eine Fähigkeit, die von Mitarbeitern nicht ohne weiteres erwartet werden kann. Nicht, weil sie das nicht wollten, sondern weil diese Fähigkeitspotentiale tatsächlich nicht ausgebildet sind. Dabei steht der Wunsch nach Selbständigkeit und Verantwortung dem realen Handlungsvermögen auch deshalb im Wege, weil damit ein Mehr an Aufgaben, Zeiteinsatz und Risiko verbunden sind. Verantwortlich handeln heißt beispielsweise neue komplexere Aufgaben in der Organisation zu übernehmen, ein neues Konzept zu entwerfen, für ein teures Projekt von der Konzeption bis zur Realisierung einzustehen, sich über das normale Maß hinaus zu engagieren.

Veränderungen in Qualifikationsprofilen weisen darauf hin, daß auf
- technischer Seite Informations- und Computertechnologien gefragt sind, fachlich ein allgemeineres, technisch-wissenschaftliches, den engen Fachrahmen übergrei-

fendes Verständnis für Zusammenhänge wichtiger wird, das heißt, Querschnittsqualifikationen als Basis für wechselnde Arbeitsanforderungen;
- sozial mehr Flexibilität, Lern- und Kooperationsbereitschaft, Selbständigkeit und Verantwortlichkeit als Grundlage für flachere Hierarchien, dezentralere Formen der Kontrolle und Minimierung von Reibungsverlusten, also extrafunktionale Qualifikationen.

Gerade die extrafunktionalen (Basis-)Qualifikationen stellen die Hauptbestandteile dessen dar, was den fachübergreifenden Kompetenzen zugerechnet werden kann. Dabei sollte der aktuelle Trend nicht irritieren. Ist die informationstechnische Bildung momentan sehr gefragt, so wird sie sich auf mittlere Sicht in der Informationsgesellschaft zunehmend verselbständigen. Je früher der Umgang mit Computern in der Schule gelernt wird, desto selbstverständlicher ist damit der Umgang im Berufsleben. Eine solche Entwicklung hat sich beispielsweise bei den „neuen Technologien" in den achtziger Jahren in der Aus- und Weiterbildung gezeigt. CNC- oder CAD-Weiterbildung haben heute bei weitem nicht mehr die große Bedeutung, wie noch vor drei bis vier Jahren. Hatte es früher bei Lehrgängen Wartelisten gegeben, so hat sich die Nachfrage auf einem niedrigen Niveau eingependelt. Dennoch ist gerade hieran die Verschiebung bei den Qualifikationsprofilen deutlich ablesbar, denn der Anteil der Erwerbspersonen, die überwiegend mit programmgesteuerten Arbeitsmitteln umgehen, verdreifachte sich zwischen 1979 und 1992 (Q-Verband 1992):

Veränderungen in der Struktur der Erwerbspersonen

Art der Arbeitsmittel	Anzahl der Erwerbspersonen 1969	Anzahl der Erwerbspersonen 1992
- Computergesteuerte Maschinen und Anlagen	0,4	16,0
- Halbautomatische/ handgesteuerte Anlagen, angetriebenes Handwerkszeug	41,6	38,0
- einfaches Handwerkszeug, Arbeitsgeräte	58,0	46,0

Die Verbreitung neuer Technologien, die Abflachung der Fertigungstiefe und insbesondere die Einführung neuer Organisationsstrukturen sind in Verwaltungs- und Dienstleistungsbereichen sowie in den Betrieben des verarbeitenden Gewerbes unterschiedlich weit fortgeschritten. Daraus ergeben sich differenzierte Anforderungen an die Beschäftigten. Bei denjenigen, die programmgesteuerte Arbeitsmittel lediglich als zusätzliches Hilfsmittel einsetzen, sind zwangsläufig weniger nachhaltige Veränderungen der Berufsprofile feststellbar als bei jenen, die mit der Einführung von Netzwerken und maßgeschneiderten Anwenderprogrammen unmittelbar in die Organisationsabläufe und Arbeitsprozesse eingreifen. Ausschlaggebend ist die Tiefe des Technikeinsatzes, so daß neue Tätigkeitsprofile zum Beispiel im Hinblick auf neue „EDV-

Kernberufe" entstehen. Die Fähigkeit, mit neuen Techniken umgehen zu können bzw relativ kurzfristig zu erlernen, wird als immer selbstverständlicher vorausgesetzt. Der Computer muß jedem Mitarbeiter im Betrieb vertraut sein. (Dabei erstaunt es, mit welcher 'Arbeitnehmerhaltung' ein großer Teil von Mitarbeitern schlicht und einfach darauf wartet, daß das Unternehmen entsprechende EDV-Anwendungskenntnisse einfordert).

Neue Qualifikationen entstehen: sie zeichnen sich durch Ganzheitlichkeit aus, erhöhte kognitive Ansprüche sowie verstärkte Mobilität und Flexibilität. Die Arbeit wird nicht nur durch die wiedergewonnene Breite der Tätigkeitsbereiche gekennzeichnet, sondern ebenso durch Gestaltungsoptionen, die in offenen Handlungsabläufen, ganzheitlichen Arbeitsaufgaben und der Feinstrukturierung der Arbeitsorganisation sowie ein hohes Maß an Selbststeuerung und Eigenverantwortlichkeit der Fach- und Führungskräfe voraussetzen. Qualifizierte Facharbeit, Gruppenarbeits- und Selbstlernkonzepte nehmen zu. Der Wandel an Innovationsfähigkeit des Wirtschafts- und Arbeitssystems wird sich in Zukunft weiter beschleunigen müssen, um international bestehen zu können (Berufsbildungsbericht 1995, 97 ff).
Neben den Anforderungen aus Produktion und Technik ergeben sich neue gesellschaftlich-ökologische Ansprüche an Produkte, Produktion und Dienstleistungen. Die Strukturdaten haben auf quantitativ bedeutsame Verschiebungen bei den Beschäftigten aufmerksam gemacht. Die Konzeption des industriellen Arbeitsprozesses hat auf das Prinzip des „arbeitsteiligen" Lernens hingewiesen. Es wird erkennbar, daß das „arbeitsplatz-spezialisierte" Lernen nicht nur historisch, sondern vor allem ökonomisch scheitert. Es ist zu ineffizient, weil es nicht die Lernfähigkeit anreichert, sondern nur kurzfristiges Teilwissen bereitstellt. Mögen die Widerstände bei der Umsetzung eines antizipatorischen Konzepts des Anschlußlernens an die Erfahrungen und Arbeitsvermögen der Fach- und Führungskräfte unter den aktuellen wirtschaftlichen Bedingungen in weiten Bereichen bestehen bleiben, und wird ein Lernen favorisiert und praktiziert, das auf Anpassung aus ist und weniger auf Innovationen, so wird es dennoch unvermeidbar werden. Es muß ein neues Verständnis von den weitgreifenden Kompetenzveränderungen entstehen, damit Lehr- und Lernprozesse initiiert werden können, die mit der Veränderungsgeschwindigkeit Schritt halten.
Man kann die soeben dargestellten differenzierten Anforderungen an die Arbeitnehmer, insbesondere an die erforderlichen Kompetenzen, in systematisierter Weise zusammenfassen. Dazu unterscheidet man unterschiedliche Organisationen nach den in ihnen notwendigen spezifischen Lernbedürfnissen. Es ist zweckmäßig, von zwei Idealtypen auszugehen (Walz/Bertels, 1995) von
- kundenorientierten Unternehmen und von
- innovations-/technologieorientierten Unternehmen.

Diese Unterscheidung – sofern die krasse Gegenüberstellung gerechtfertigt ist – hat Konsequenzen sowohl für die Art und Weise der Lernbedarfsanalyse als auch für den abgeleiteten Einsatz von lernstimulierenden Instrumenten.
Nach Walz/Bertels erhält in kundenorientierten Unternehmen der Kunde den höchsten Stellenwert in der Unternehmensphilosophie und im Selbstverständnis der Mitarbeiter. Damit dominieren auch die Bereiche Verkauf, Marketing, Service. Die Forschung und Entwicklung wird ebenso primär auf die Nutzer ausgerichtet und auf nachfragespezifische Adaptionen und Spezifikationen. All das hat Auswirkungen auf die Prioritäten-

setzung in der Weiterbildung und auf die Herausbildung individueller und kollektiver Kompetenzen. In der Regel zeitigen diese Unternehmen auch keine aufsehenerregenden Innovationen, sondern bemühen sich um schnelle Reaktionen auf Kundenbedarfe, hohe Qualität und paßgerechten Service.
Demgegenüber setzen technologieorientierte Unternehmen in erster Linie auf die eigene Innovationskraft; somit hat der Bereich Forschung und Entwicklung eine besondere Bedeutung im Unternehmen. Die Kundenorientierung ist bei ausgeprägten Innenorientierungen vergleichsweise gering ausgeprägt.
Die nachfolgende Gegenüberstellung betont neben den typischen Orientierungsfragen auch die primär wirksamen und zu entwickelnden Kernkompetenzen (modifiziert nach Walz/Bertels, 1995):

Kundenorientierung	Technologieorientierung
• Wie ist unsere Kundenstruktur? • Wer sind unsere wichtigsten Kunden? • Welche Bedürfnisse haben unsere Kunden? • Welche Kernkompetenzen müssen wir für unsere Kunden entwickeln und erhalten? • Wo liegt unser USP? • Welchen Zusatznutzen können wir den Nachfragern anbieten? • Wie können wir Kundenschnittstellen optimieren? • Wie können wir gemeinsam mit dem Kunden Transaktionskosten sparen? • Welche Qualitätserwartungen haben die Kunden, welche Qualitätskompetenzen müssen wir besonders berücksichtigen?	• Wo liegen unsere eigentlichen Technologiekompetenzen? • Welche Schlüsseltechnologien beherrschen wir? • Wo besitzen wir Technologieführerschaft? • In welchen Bereichen verfügen wir über strategische Kostenvorteile? • Durch welche Substitute sind unsere Problemlösungen bedroht? • In welche benachbarten Bereiche können wir mit unseren Technologien eindringen? • Wer sind die Träger unserer Innovationen? • Wo gibt es interessante externe Technologiepartner?
Kernkompetenz: Fähigkeit, auf Menschen einzugehen, Kundenwünsche beidseitig vorteilhaft zu erfüllen (Kosten : Leistung)	Kernkompetenz: technologisches Know-how, innovative Produktentwicklung
→ Sozialkommunikative Kompetenz, personale Kompetenz, Prozeßkompetenzänderung	→ Fach- und Methodenkompetenz

Potentialplanung incl. Weiterbildungsbedarfsanalysen sollen von den derzeitigen und künftigen organisationalen Kernkompetenzen ausgehen und solche Fragenkomplexe zum Ausgangspunkt wählen wie:
• Wo liegen unsere derzeitigen Kernkompetenzen, und wie hoch sind diese im Vergleich zum Wettbewerb?
• Wo sollten/müßten unsere zukünftigen Kernkompetenzen liegen – in Abhängigkeit von der Marktveränderung und unseren Zukunftszielen?
• Was sind die effizienten Schritte zu den zukünftigen Kernkompetenzen?

John Erpenbeck, Volker Heyse

- Was sind die zentralen Lernfelder und Lerninhalte, und wer muß wie welche Kompetenzen erwerben?

Ausgehend von den gegenwärtigen und zukünftig erwarteten Kernkompetenzen und zentralen Lernerfolgkriterien (z.B. Qualitätskennzahlen, Innovationsrate, Kundenzuwachsrate, Liefertreue, Reklamationsquote, Geschäftsfelderweiterungen) können differenzierte Lernstrategien und Anforderungen an die individuellen und „kollektiven" Kompetenzentwicklungen abgeleitet werden.

Während diese Betrachtungsweise primär produktorient ist (Dienstleistungen, technische Produkte) liefert die subjektorientierte Sicht auf Mitarbeiter – Kompetenzen, die entweder fachlich/überfachlich oder aber außerfachlich erworben werden (Windecker 1991, 130) eine andere, grob quantitative Facette des Bedarfs an Kompetenzentwicklung (X: soll vorhanden, XX: soll ausgeprägt vorhanden, XXX: soll dominant vorhanden sein). Sie ordnet drei großen Beschäftigtengruppen (kaufmännische Berufe, technische Berufe, Führungskräfte) unterschiedliche Fach- und Methodenkompetenzen (Systemdenken, Problemlösungsfähigkeit, Begründungs- und Bewertungsfähigkeit, Lern- und Denkfähigkeit, Handwerkszeug), Sozialkompetenzen (Kommunikation und Kooperation, Verantwortungsfähigkeit, situatives Gespür) und personale Kompetenzen (Selbständigkeit, Leistungsfähigkeit, Persönlichkeit, visionäres Denken) in unterschiedlichen Quanten zu:

		fachlich und überfachlich	außer fachlich
kaufm. Berufe	Systemdenken	XXX	X
	Selbständigkeit	XX	XX
	Kommunikation u. Kooperation	X	XXX
techn. Berufe	Problemlösungsfähigkeit	XX	XX
	Selbständigkeit und Leistungsfähigkeit	XX	XX
	Begründungs- und Bewertungsfähigkeit	XXX	X
	Verantwortungsfähigkeit	XX	XX
	Lern- und Denkfähigkeit	X	XXX
	Kommunikation und Kooperation	X	XXX
Führungskräfte	Persönlichkeit	X	XXX
	situatives Gespür	XX	XX
	Handwerkszeug	XX	XX
	visionäres Denken	X	XXX

Daß die bisher umrissenen Bedürfnisse an beruflicher Kompetenzentwicklung keineswegs nur theoretische Konstrukte oder Ausnahmeanforderungen sind, sondern eine durchgängige, reale Tendenz darstellen, sollen weitere informative Beispiele aus der Entwicklung einiger charakteristischer Branchen veranschaulichen.

Im traditionellen Bereich der industriellen Metallberufe sind Verschiebungen in Richtung Kompetenzentwicklung im Rahmen der beruflichen Weiterbildung deutlich. Als Ziel der Neuordnung industrieller Metallberufe und der Entwicklung einer neuen

Berufsstruktur wurden inhaltlich neue Qualifikationen gefordert, die das selbständige Planen, Durchführen und Kontrollieren der Arbeitsaufgaben mit umfaßten. Das soll künftig auch das Ziel der Berufsbildung und der beruflichen Weiterbildung sein (Neumann 1992, 43 ff). Goldgräbe (1993, 60 ff) berichtet von der Neustrukturierung der beruflichen Aus- und Weiterbildung in der Mercedes-Benz-AG Berlin-Marienfelde, daß es zentral darum ging, den künftigen Fachkräften „eine erweiterte persönliche Handlungskompetenz" mitzugeben. Dies wurde durch mehrere relevante Teilschritte erreicht: so mittels eines durchgehenden Beteiligungskonzepts der Mitarbeiter; durch die Zusammenführung der Bereiche Aus- und Weiterbildung; durch die Tendenz, vermehrt in der Praxis am Arbeitsplatz insbesondere in Produktionslerngruppen zu lernen; durch Metaplantechnik und Konfliktmanagement Sozialkompetenz zu erwerben und einzusetzen. Als entscheidend sieht er die die Integration der Weiterbildung in die Personal- und Organisationsentwicklung an. Auch in der WMF-AG kamen diese Grundsätze zum Tragen. Personalentwicklung als strategische Aufgabe erfordert, vom Menschenbild auszugehen, das die Arbeitswelt des Unternehmens leitet oder künftig leiten soll. Dies ist ohne die Einbeziehung der Entwicklung beruflicher Kompetenzen im ganzen Umfang nicht möglich. Kompetenzentwicklung wird demnach als zentraler Bildungsbedarf angemahnt.

Das gilt auch und besonders für den Meisterbereich – und keineswegs nur im Rahmen der Metallberufe. Scholz (1993, 162 f) kritisiert pointiert die aktuelle Ausbildung von Industriemeistern, die zu wenig den realen Veränderungen in deren Tätigkeitsbereich (hohe Qualifikation und Selbständigkeit der untergeordneten Facharbeiter, Überblick erfordernde Ganzheitlichkeit von Produktionsprozessen, Zunahme der Datenverarbeitungsprozesse) gerecht wird. Er sieht „in der unreflektierten Faktenvermittlung und der schulmäßigen Aneinanderreihung von Unterrichtsfächern" das gegenwärtige Problem der Industriemeisterausbildung, und formuliert deutlichen Bedarf an Handlungskompetenz und Sozialkompetenz neben der darin zu integrierenden Fach- und Methodenkompetenz. Das ist auch das klare Ergebnis erfolgreicher im Auftrag des Bundesinstituts für Berufsbildung durchgeführter Modellversuche. Zu einem analogen Resultat kommt Franz (1993, 184) in bezug auf die Weiterbildung zum Industriemeister „Oberflächentechnik". Die Integration fachlicher und überfachlicher Inhalte, besonders die Kompetenz sozialkommunikativen Handelns im Sinne einer verbesserten Menschenführung wird angemahnt: „Nie wurde so deutlich, daß der Faktor Mensch von ausschlaggebender Bedeutung für den unternehmerischen Erfolg ist "der mündige Facharbeiter, – Ziel der Ausbildung nach der Neuordnung – ist der ideale Mitarbeiter in der Lean-Production-Welt. Aber diesem Mitarbeiter muß auch ein Industriemeister zur Seite stehen, der es gewohnt ist, die hier vorhandenen Potentiale zu nutzen, zusammenzuführen, mit den Mitarbeitern umzugehen und gemeinsam mit ihnen die betrieblichen Ziele mitzudefinieren und umzusetzen." Interessant ist, daß die damit geforderten sozialkommunikativen Kompetenzen nicht in das entwickelte Test- und Prüfungstableau eingehen – eine Bestätigung der Tatsache, daß diese Kompetenzen nicht im Sinne von Wissen, Fähigkeiten und Fertigkeiten zertifizierbar, sondern nur kommunikativ evaluierbar sind.

Bongard (1993, 77 ff) diskutiert Produktions- und Qualifizierungskonzepte in der Automobilindustrie (bei VW), die der „japanischen Herausforderung" wirkungsvoll begegnen können. Er kommt zu dem Schluß, daß der umfangreichen Berufsausbildung am Anfang des Arbeitslebens hierzulande dort die arbeitslebenslange Weiterbildung und die Qualifizierung für jeweils neue Tätigkeiten gegenübesteht. Da kooperatives Verhalten und produktive Arbeitshaltungen kaum außerhalb der Ernstsituation des sozialen Umfeldes trainiert werden können, müssen die betrieblichen Aus- und Weiterbildungskonzepte methodisch und didaktisch neu der Wirklichkeit angepaßt werden: „An gravierenden Veränderungen, auch der Qualifizierungskonzepte kommen wir in Deutschland nicht vorbei, wenn wir international konkurrenzfähig bleiben wollen. Es sind soziale, kommunikative, organisatorische und fachliche Kompetenzen der Mitarbeiter(innen), auf die bei allen derzeit diskutierten erfolgversprechenden Fertigungskonzepten abgestellt wird. Damit kommen wir zu der Frage, die in der Vergangenheit außerhalb der Betrachtung lag: Welche sozialen, kommunikativen, organisatorischen und fachlichen Kompetenzen braucht der individuelle Mitarbeiter oder die Mitarbeiterin, um in ihrem Arbeitsumfeld ökonomisch zur Herstellung von Produkten hoher Qualität beizutragen?" (ebenda, 80). Bongard stellt fest, daß die neuen Anforderungen durch ständige Kenntnisaufnahme, individuelle Selbständigkeit und Verantwortung und ganzheitliches Handeln geprägt sind. „Statt der heute überwiegenden Erarbeitung von Wissen in Lehrgängen oder Seminaren außerhalb der Arbeitsbereiche und innerhalb der Arbeitszeit, werden Lernmöglichkeiten im Arbeitsbereich sowie innerhalb und auch außerhalb der Arbeitszeit – auch unter dem Aspekt der immer ausgedehnteren Freizeit – sinnvoll" (ebenda, 81). Hinsichtlich der Vermittlung von Fachkompetenz zieht der Autor die Qualifizierung an realen Betriebsmitteln derjenigen an Simulationsmodellen vor (Technikzentren mit realistischen Betriebsmitteln). Sozialkompetenz soll ebenfalls vor allem durch selbständiges und verantwortliches Handeln am eigenen Arbeitsplatz erworben werden. Dabei wird zugleich kommunikative Kompetenz innerhalb der Verständigung über individuelle, kollektive, fachliche, organisatorische und sogar kommunikative Probleme selbst ausgebildet. Hinzu kommt die Vermittlung von Fachsprachen, von allgemeinen und betrieblichen Kommunikationsstrukturen – bis hin zur Qualifikation des „Lernen lernen". Methodisch wird die Weiterbildung in diesem kompetenzentwickelnden Sinne durch die Einbeziehung von CBT-Techniken mit betriebsbezogener Software, durch Autorensysteme und Berufspädagogen abgesichert. Als wichtige Mittler erweisen sich im Produktionsbereich tätige Trainer.

Bracht (1993, 89 ff) zeigt auf, daß die bei VW-West diskutierten grundlegenden Kompetenzen auch bei der Übertragung von Qualifizierungskonzepten in die neuen Bundesländer eine entscheidende Rolle spielen. Dabei konstatiert er deutliche regionale Unterschiede des Kompetenzentwicklungsbedarfs: Während zu den gut entwickelten beruflichen Kompetenzen (Basis-Qualifikationen) in Ostdeutschland Organisationstalent, Improvisationsgabe, Erfindungsreichtum, Kreativität, Lernbereitschaft und Neugier gehören, sind Selbständigkeit, Selbstaktivität, Selbstverantwortung, Kommunikationsfähigkeit, Kooperationsfähigkeit und Qualitätsbewußtsein noch defizitär. Hier besteht also, neben dem allgemeinen, ein besonderer Bedarf an Kompetenzentwicklung, der neue Grundkonzepte der Weiterbildung erfordert.

Auch in den neuen Elektroberufen gibt es analoge Überlegungen: „Stichworte wie selbständiges Planen, Ausführen, Kontrollieren, und Bewerten von Arbeitsschritten beschreiben Kompetenzen, die die 'Facharbeiter der Zukunft', wie sie in den neugeordneten elektro- und Metallberufen beschrieben sind, ausmachen" (Kluger/Richter/

Steuer 1993, 129). Auch hier sind offene, von Lehrenden und Lernenden gestaltete Weiterbildungsprozesse gefragt, die nicht nur fachliche Kompetenzen, sondern auch Kommunikations- und Kooperationsbereitschaft fördern, Lernende mit Selbstlernprozessen und Lehrende mit der neuen Rolle als Lernhelfer, Berater und Moderator vertraut machen. Zugleich sollen sie auch für Klein- und Mittelbetriebe finanziell erschwinglich sein. Die „Förderung von Handlungskompetenz in komplexen Produktionssystemen" dient der Weiterentwicklung der Fähigkeits- und Motivationsseiten der Handlungskompetenz als integraler Einheit von Fach-, Methoden- und Sozialkompetenz. Kreative Problemlösungsfähigkeit, Umgang mit Ungewißheit, selbstorganisiertes Lernen im Arbeitsprozeß sowie Kooperations- und Kommunikationsvermögen sollen in Formen projektorientierten Lernens entwickelt werden. „Um den vielschichtigen und vernetzten Bedingungsgefügen der einzelnen Kompetenzanforderungen zu genügen, ist ein entsprechender ganzheitlicher und integrativer didaktisch-methodischer Ansatz notwendig. Grundlage unseres Konzeptes ist eine systemische Orientierung, die den Prozeß der Kompetenzentwicklung auf dem Hintergrund von Technikentwicklung, Arbeitsorganisation und Qualifikation begreift" (ebenda, 132). Eine solche Orientierung wurde gefunden und in fünf Seminarreihen erfolgreich getestet. Schenk (1993, 150) fordert sogar, den Besuch der Fachoberschule, Fachhochschule oder Universität vom Grad der zuvor je erworbenen Fach-, Methoden und Sozialkompetenz abhängig zu machen. Auch für den Berufsschullehrer auf diesem Gebiet wird berufliche Handlungskompetenz in ihren verschiedenen Aspekten als Voraussetzung erfolgreicher Tätigkeit angesehen (Krüss/Prütz 1993, 153 ff).

Im Bereich Konstruktion machen sich als berufsübergreifende Qualifikationen, insbesondere als persönlichkeitsbezogene bzw. gesellschaftliche Qualifikationen solche Weiterbildungsanforderungen erforderlich, die ebenfalls eindeutig als Sozial-, Handlungs- und personale Kompetenzen zu klassifizieren sind (Hecker 1993, 206).

Ein umfangreicher und äußerst informativer Modellversuch, an dem sich auf unterschiedlichen Ebenen über 150 Modellversuchspartner (Betriebe, berufsbildende Schulen, außer- und überbetriebliche Bildungseinrichtungen, Herstellerfirmen und Forschungseinrichtungen) aus dem Elektro- und Metallbereich beteiligten, vermochte den in der Neuordnung der Ausbildungsberufe verstärkt akzentuierten und im Bereich der Weiterbildung verstärkt artikulierten Bedarf an Kompetenzentwicklung, insbesondere an beruflicher Handlungskompetenz und den extrafunktionalen Qualifikationen, inhaltlich zu vertiefen. Dies geschah in zweifacher Hinsicht: Der Bedarf wurde genauer umrissen und die Methoden bereitgestellt, um die geforderte Kompetenzentwicklung auch tatsächlich zu realisieren. Ausgehend von einem Bader folgenden Verständnis von Handlungskompetenz als die „strukturierte Gesamtheit der von einem Individuum erworbenen Handlungsschemata, die ihm teils durch Einsicht, teils automatisiert zum Erreichen der Ziele in beruflichen Situationen zur Verfügung stehen", werden Qualifikationen als Bestandteile bzw. Komponenten von Handlungskompetenz gefaßt – also der Kompetenzbegriff klar in den Mittelpunkt gerückt. Berufliche Handlungskompetenz wird als integrierter Bestandteil der Gesamtpersönlichkeit betrachtet, schließt also personale Kompetenz ein (PTQ 1995, 72). Allgemein wird der Bedarf an integrativ verknüpfter Fach-, Methoden- und Sozialkompetenz, an ganzheitlichem, handlungsorientiertem partizipativem und selbstgesteuertem Lernen bis hin zur Selbstqualifizierung im Team (kooperative Selbstqualifikation) und an Projektorientierung umrissen (ebenda, 73). Hier kann nicht auf den Gedankenreichtum des gesamten Projekts eingegangen werden, sondern nur auf die beiden genannten Hinsichten. Zum einen wurde der Weiterbildungsbedarf der Teilnehmer erfaßt und präzisiert. Ausgehend von der Übereinstimmung, daß eine rein fachlich-technische Weiterbildung allein nicht mehr ausreicht, wurde nicht nur die berufliche Kompetenzentwicklung der Teilnehmer, sondern auch die Entwicklung der „Kompetenz zur Kompetenzentwicklung" für Ausbildner und Lehrkräfte als Voraussetzung für die Förderung beruflicher Handlungskompetenz gefordert. Weiterbildner und Weiterbildungsteilnehmer, Lehrende und Lernende treten dabei als gleichberechtigte Partner ohne strenge Trennung auf (ebenda, 336 f). Zum anderen wurde klargelegt, daß der postulierte und in Einzelheiten aufgeführte Kompetenzentwicklungsbedarf nur befriedigt werden kann, wenn spezifische, sich von traditioneller Weiterbildung scharf abhebende Vermittlungsmethoden eingesetzt werden. Im entwickelten „Konzept des systemorientierten Handlungslernens" (ebenda, 147 ff) werden „das sozio-technische System, die einzelnen Arbeitsteams und auch die Menschen selbst" als selbstorganisierende Systeme (betrachtet), die im systemischen Sinne miteinander in Beziehung stehen und dabei sowohl an der Mitgestaltung der vorbefindlichen Strukturen und Prozesse beteiligt sind, als auch von diesen beeinflußt werden" (ebenda, 150). Eben in solchen Systemen sind motivational interiorisierte Wertstrukturen und damit die stets wertdeterminierten und motivationsbasierten Kompetenzen als Handlungsgrundlagen notwendig. Sie können aber aus sehr prinzipiellen Gründen nicht in unidirektionalen Lehrverfahren vermittelt werden, sondern bedürfen trainigsartiger Vermittlungsformen. Darauf wird später nochmals eingegangen. Betrachtet man die im Modellversuch angewandten Methoden, bestätigt sich genau diese Aussage. Die angewandten Lehr-Lernprozesse knüpfen an Grundsätze non-direktiver Pädagogik an (Hinte 1990). Eingesetzt werden u.a. die Themenzentrierte Interaktion und die Transaktionsanalyse (also von psychotherapeutischen Trainigsverfahren abgeleitete Methoden), die Projektmethode, das Kommunikationstraining, ein ganzheitliches und kooperatives Problemlösungsmodell, Simulationsmethoden, Rollenspiele, Planspiele, Konflikttraining, die Leittextmethode, trainingsartige Lernhilfen – neben traditionellen Fachvorträgen (ebenda, 249 ff). Daß Ergebnisse des Modellversuchs äußerst erfolgreich in die unternehmerische Praxis umgesetzt werden können, demonstriert z.B. das technische Praktikum der Festo GmbH. Damit ist zugleich die allgemeine Problematik der Umsetzung von Modellversuchen angesprochen (vgl. Bähr/Holz 1995). Sie ist hier insofern wichtig, als sich alle Aussagen dieses Abschnitts auf modellhafte Beispiele beschränken. Die durchgängige Behauptung ist: modellhaft offengelegter Bedarf an Kompetenzentwicklung läßt sich übertragbar auf andere Unternehmen und Bildungssituationen verallgemeinern.

Im Baubereich sind fachübergreifende Qualifikationen und hier wieder vorrangig Sozialkompetenz und Handlungskompetenz in einem weiten Sinne gefragt. Das betrifft nicht nur die Spitzenkräfte, sondern auch und vor allem die mittleren Führungskräfte, besonders die Poliere. Deren zwischen Bauplanung und -ausführung angesiedelte „Planstelle für Unplanbares" (Marwedel 1992) erfordert in besonderem Maße Führungsqualitäten, die nicht nur auf Erfahrungswissen, sondern auf umfassendem Wissen und Kompetenzen wie Verantwortungsbewußtsein, Kooperations- und Kommunikationsfähigkeit beruhen (Ferber 1993, 191). Die bestehenden Defizite und der daraus resultierende Bedarf an Kompetenzentwicklung resultiert neben anderen Faktoren aus den äußerst beschränkten Zeitbudgets, der bildungsmäßigen und nationalen Heterogenität der untergeordneten Facharbeiter und Angelernten sowie aus der geringen Betriebsgröße vieler Betriebe des Bauhauptgewerbes. Hinzu kommt, daß trainingsartige Weiterbildungsmethoden nur begrenzt einsetzbar sind. Ähnliche Resultate ergab eine Studie zur Entwicklung von Weiterbildungsmodulen für die Qualifizierung von Montagepersonal im Stahlbau (Gidion 1994). Hierbei wurde ein Richtmeister-Kompetenzprofil entwickelt (ebenda, 36), das neben Fach- und Methodenkompetenz auch Sozialkompetenz mit den beispielhaft genannten Teilkompetenzen „Ruhe; Streßresistenz; Selbstmanagement; Robustheit; Angstbewältigung; Verantwortung; Umgang mit dem 'Schaugeschäft Montage'; Störungstoleranz; Führungsqualität; Zuverlässigkeit; Mitarbeiterumgang etc." enthält (ebenda, 41). Hier ist fraglos auch personale Kompetenz inbegriffen. Lernaufgaben werden so formuliert, daß sie die vollständige Bearbeitung eines Stahlbaumontage-Auftrags aus der betrieblichen Realität umfassen, aber didaktisch gestützt, strukturiert und organisiert sind; dabei kennzeichnet „...die gezielte Integration der Erweiterung von Methoden-, Fach- und Sozialkompetenz ...die Lernaufgabe" (ebenda, 76). Wesentlich ist zum einen, daß die Lernaufgaben von Selbststeuerung und großer Eigenaktivität gekennzeichnet sind, und zum anderen daß der Entwicklung und Prüfung von Sozialkompetenz und der resultierenden, durch Handlungskompetenz determinierten Handlungsfähigkeit eine besondere Bedeutung zugemessen wird. Dabei sind soziale Kompetenzen „nur in geringem Maße 'objektiv' und schriftlich evaluierbar, dennoch stehen sie im Zentrum der Erweiterung der Kompetenz beim werdenden Richtmeister. ... Dafür geeignet sind der mündliche und der praktische Teil der Prüfung. Hier sind Arrangements zu organisieren, bei denen – etwa in der Gruppenprüfung – Gesprächsführung, Sprachgebrauch und Moderation u.v.a.m. zur Geltung kommen" (ebenda, 96). Die aktive Umsetzung sozialer und methodischer Kompetenzen, z.B. im Rahmen von Verhandlungsführung, Konfliktregelung und Arbeitseinteilung kann nicht als Prüfungs- oder Ausführungsleistung bewertet, sondern nur anhand relevanter Kriterien beim aktiven Handeln eingeübt und evaluiert werden. Das ist für alle Prozesse von Kompetenzvermittlung und -entwicklung charakteristisch.

Qualifikationsveränderungen im Berufsfeld Drucktechnik führen neben massiven fachlichen Anforderungen durch die neuen rechnergesteuerten Systeme und Teilsysteme, durch die sich schnell verändernden Produktionsabläufe und Herstellungsverfahren zu erheblichem Bedarf an Kompetenzentwicklung in einem umfassenderen Sinne. So konstatiert Schier (1993, 44) in diesem Bereich einen '„Entwicklungsprozeß vom 'technischen Training' hin zum komplexeren Qualifikationsanspruch." Dieser schließt die von der Neuordnung der Druckberufe geforderten Handlungskompetenzen ausdrücklich ein. Die Interferenz des Wirtschaftsbereichs Druck mit den neuesten Entwicklungen auf dem Gebiet der Multimediatechnik wird einen weiteren Schub an Kompetenzentwicklungsbedarf nach sich ziehen (Lippold 1993, 16).

Auf die diversen Veränderung in der Weiterbildung im öffentlichen Dienst kann hier allein aus räumlichen Gründen nicht eingegangen werden; grundlegend gilt hier die gleiche Tendenz wie in anderen Dienstleistungsbereichen, auf die im folgenden eingegangen wird. Als ein Beispiel möge die zwischen Bundesfinanzministerium und Gewerkschaft ÖTV geführte Diskussion um die Gestaltung der Stoffpläne bei der Aus- und Weiterbildung von Steuerbeamtinnen und Steuerbeamten stehen (Steuerbe-

John Erpenbeck, Volker Heyse

amtenausbildungsgesetz/Steuerbeamtenausbildungsverordnung). Dabei hat interessanterweise die ÖTV als Arbeitnehmervertreter gefordert, die Beschäftigten besser auf den Berufsalltag vorzubereiten: „Während sich die Anforderungen und Belastungen von Steuerbeamtinnen und -beamten in den letzten Jahren enorm verändert haben, ist die Ausbildung in den letzten dreißig Jahren nahezu gleich geblieben. ... Noch immer beschränkt sich die Ausbildung im wesentlichen aufs Vermitteln von Fachwissen. Gefragt sind aber zunehmend die Fähigkeiten, mit enormen Arbeitsmengen fertig zu werden, mit Kundinnen und Kunden umgehen, die Arbeit organisieren und im Team arbeiten zu können." Die damit geforderten personalen- und Sozialkompetenzen werden entsprechend in vielen Bereichen des öffentlichen Dienstes zur Entwicklung beruflicher Handlungskompetenz notwendig (Beteiligungsgespräch 1995, 4).

Im Rahmen der Reform der beruflichen Bildung für Gesundheits- und Sozialberufe wird von vielen Mitgestaltern auf den entscheidenden Stellenwert der beruflichen Kompetenzentwicklung verwiesen. Die angestrebte „Professionalisierung" der Aus- und Weiterbildungsinhalte auf diesem Gebiet kann nur durch Einbeziehung jener Schlüsselqualifikationen geschehen, die als grundlegende berufliche Kompetenzen aufzufassen sind. Der Bedarf einer Vermittlung von „Schlüsselqualifikationen für den sozialen Sektor", also von Sozialkompetenz und Erfahrungen im Sozialmanagement ist regional besonders hoch in den neuen Bundesländern, in denen die Weiterbildung „Sozialmanagement" auf deutlich spezifischen Kompetenzentwicklungsbedarf stößt (Csongar 1995, 70 f). Er wird aber auch in den alten Bundesländern überdeutlich. Becker/Meifort (1995, 9) zeigen dies sehr beeindruckend am Beispiel der Altenpflege: Ein – aus dem gewerblichen Bereich entlehntes – „technologisches", „induströses" berufliches Handlungsverständnis greift in der Altenpflege nicht; hier ist „Beziehungsarbeit" und damit Sozialkompetenz unerläßlich. Altenpflege muß in ihren gesellschaftlichen Bezügen gesehen und gestaltet werden, fehlendes Systemwissen schränkt die Handlungskompetenz drastisch ein. Hinzu kommt, daß als spezifische Kompetenzen kommunikativen Handelns Interpretations- und Deutungskompetenzen (hermeneutische Kompetenzen des Verstehens spezifischer Lebenslagen der Sozialbiographien) notwendig werden, wie sie für erzieherisch-sozialpädagogische Berufe bereits Standard sind. Der Hilfsbedürftigkeit der Klienten soll eine definierte Hilfskompetenz gegenüberstehen: Gesundheits- und sozialpflegerische Berufsarbeit darf nicht mehr als einfache „funktionale" Hilfeleistung, sie muß als „psychosoziale Lebenshilfe" gefaßt werden; hierfür sind „Strategien zur Entwicklung berufsübergreifender Kompetenzen bzw. situationsabhängiger Handlungs- und Planungskompetenzen" unerläßlich" (Becker 1995, 33). Daß die Entwicklung und ständige Vervollkommnung personaler Kompetenzen der in Gesundheits- und Sozialberufen Tätigen eine entscheidende Rolle spielt, ist selbstverständlich (Meifort 1995, 54). Der Bedarf an Kompetenzentwicklung in den Gesundheits- und Sozialberufen ist also nicht nur sehr hoch, sondern auch sehr spezifisch. Eine von Csongar (1995, 69 ff) durchgeführte Befragung ausgewählter Leitungskräfte sozialer Dienste und Einrichtungen ermittelte u.a. den in innerbetrieblicher und außerbetrieblicher Weiterbildung offenbar werdenden Kompetenzentwicklungsbedarf. Wichtigstes Ergebnis ist, daß es nicht ausreicht, individuelle Handlungskompetenzen von Leitungskräften zu entwickeln; ihre Kompetenzen müssen vielmehr gesamthaft und systemisch verankert sein. Kompetenzen der Leitung sozial heterogener Gruppen, der Kommunikation im Unternehmen und eines spezifischen „weichen" Marketing sind gefordert. Hinzu kommen neue Qualifikationen auf dem Gebiet der elektronischen Datenverarbeitung und Wissenslücken auf psychologischen, betriebswirtschaftlichen, personalwirtschaftlichen und rechtlichen Feldern. Dem wird die Weiterbildung oft nicht gerecht. „In der traditionellen Weiterbildung wird Sachkompetenz favorisiert und überbetont. Die Entwicklung der Persönlichkeit und die Entwicklung der Organisation wird eher vernachlässigt" (Csongar 1993, 78). Methodisch sind Ansätze zur Kompetenzentwicklung, wie sie in anderen Bereichen entwickelt wurden, so z.B. selbstgesteuerte Qualitätszirkel zur Weiterbildung in psychosozialer Hinsicht, auch im Bereich der gesundheits- und sozialpflegerischen Berufe erfolgreich (Hock-Altenrath/Stempfle 1993, 147 ff).

Besonders hoch ist der Bedarf an Kompetenzentwicklung im Bereich der neuen kaufmännischen Berufe. Das ist von vornherein einleuchtend, beruhen doch diese Berufe mehr als viele andere auf nationalen und internationalen Kommunikationsprozessen, also nicht nur auf sachorientiertem, sondern auch auf kommunikativem Handeln und erfordern deshalb Handlungskompetenz in weitem Sinne, die insbesondere sozialkommunikative Prozesse – innerhalb der Unternehmen und zwischen diesen und den Kunden – einschließt. Hinzu kommen Fach- und Methodenkompetenzen, die sich aufgrund schnell ändernder Geschäftsbedingungen und des massiven Vordringens der Datenverarbeitung nicht auf Fachwissen und eng definierte Verfahrensanforderungen reduzieren lassen.

Hoch angesetzt wird der Kompetenzentwicklungsbedarf vor allem bei Berufen in Banken und Versicherungen. So ist es eine der wesentlichen Intentionen der Neuordnung des Ausbildungsberufs Bankkaufmann/Bankkauffrau, eine Bereitschaft zur kontinuierlichen Fortbildung nicht nur der fachlichen Qualifikationen, sondern auch der fachübergreifenden, auf Kompetenzen wie Verantwortungsbewußtsein, Kommunikationsfähigkeit, Teamfähigkeit, Problemlösungsfähigkeit, Kreativität und Flexibilität gestützten Qualifikationen zu erreichen, um der Spezifik des ganz und gar kundenorientierten Berufs gerecht zu werden (Kreyenschmidt 1993, 248). Dies ist nicht nur das Ergebnis einer Umfrage in über 20 Kreditinstituten, sondern spiegelt sich auch in den Ausbildungsplänen vieler Unternehmen dieses Bereichs wider. Die Forderung nach solcher Kompetenzentwicklung wird nicht nur arbeitgeber- sondern auch arbeitnehmerseitig erhoben (Altvater/Mahnkopf 1993). Das ist schon insofern kaum verwunderlich, als z.B. 1991 60% der Auszubildenden auf dem Gebiet Abiturienten (28,8% Realschüler, 10,7% Berufsfachschüler und 0,5% Hauptschüler) waren (Kreyenschmidt 1993, 247). Analoge Forderungen nach Kompetenzentwicklung gibt es für den Beruf Versicherungskaufmann/Versicherungskauffrau: „Neben einer unzweifelhaft notwendigen versicherungsfachlichen Kompetenz benötigen die Mitarbeiterinnen und Mitarbeiter der Versicherungswirtschaft ein hohes Maß an sozialen Kompetenzen (Kommunikationsfähigkeit, Handlungskompetenz usw.), um in ihrem Beruf bestehen zu können" (Bockshecker/Staak 1993, 287).
Für die Büroberufe in Industrie, Handwerk und öffentlichem Dienst wird „qualifiziertes Personal " zu einem entscheidenden Wettbewerbsfaktor." In die Qualifikationen sind jene, die als grundlegende Sozial- und Handlungskompetenzen zu charakterisieren sind, sowohl in der Neuordnung der Ausbildung als auch in der Weiterbildung einbezogen (Kutscha 1993, 106). Umfassende Handlungskompetenz, auf Sach- und Sozialkompetenz gegründet, wird als wesentliches Merkmal der Qualifikationsstruktur aller Büroberufe charakterisiert. Entsprechend ist auch die handlungszentrierte

John Erpenbeck, Volker Heyse

Weiterbildung methodisch subjektorientiert, tätigkeitsstrukturiert, erfahrungsbezogen, interaktionsbetont und ganzheitlich (Halfpapp 1993, 150 f).

Mit neuer Bürotechnik soll die Produktivität gesteigert und qualitative Verbesserungen gewährleistet werden. Das vielzitierte „Büro der Zukunft" kann nicht nur unter dem Gesichtspunkt „Neue Technologien" diskutiert werden, sondern vor allem hinsichtlich Frage, wie „aus Technischen Neuerungen Innovationen für die Büroarbeitswelt" entstehen können (Helmreich 1993). Das „Büro der Zukunft" wird weder vollautomatisch noch papierlos sein, lediglich die Werkzeuge werden sich ändern. Insbesondere der in Zukunft noch breitere Einsatz der Computertechnik setzt qualitativ bessere Schulungen voraus, die nicht nur die Fachkompetenz, sondern in erster Linie die Akzeptanz der potentiellen Nutzer erhöht. Der Computer muß z.B. auch von Personen akzeptiert und beherrscht werden, die keine spezielle EDV-Ausbildung (nötig) haben. Dabei soll jedoch die Schulung wiederum als ein einzelner Bestandteil eines Maßnahmenbündels „Technikeinführung" – neben „der Schaffung des richtigen Arbeitsumfeldes und der sukzessiven Neuorganisation der Arbeit" (Helmreich 1993) – begriffen werden. Sie dient folglich der Entwicklung einer erweiterten beruflichen Handlungskompetenz. Die Einführung der neuen Technik muß in ein Programm der Organisationsentwicklung eingebaut werden. Nach wie vor scheuen nicht wenige, insbesondere kleinere Unternehmen den z.T. beträchtlichen Zeit- und Geldaufwand für mehrtägige externe Schulungen. Investitionen können jedoch zu Fehlinvestitionen werden, wenn mangels Akzeptanz und Können die Technik nicht aufgabengerecht eingesetzt wird. Zukünftige Weiterbildungsstrategien für den Einsatz moderner Bürotechnik werden deutlicher von dem erwarteten innovativen Nutzen (betrieblich und individuell) und den benutzerspezifischen (Lern-) Wünschen „vor Ort" ausgehen müssen. Dabei wird dem Motto „Selbst machen können, andere fragen können" (Helmreich 1993) eine große Bedeutung zugemessen. Nicht das isolierte Beherrschen der Technik, sondern die effiziente Nutzung moderner Bürotechnik und Kopplung an das eigene Zeitmanagement im Sinne einer Selbstkontroll-Kompetenz stehen im Vordergrund. Die gegenwärtige Schulungsdidaktik, die Mehrzahl der Handbücher sowie der „Teachware"-Programme sind noch weitgehend benutzerunfreundlich („Schulung von der Stange", redundante und zu umfangreiche Beschreibungen, Übertreibung trivialer Aussagen und Darstellungen) und weit davon entfernt, die Transformation technischer Neuerungen in Innovation im Arbeitsalltag zu unterstützen.

Industriekaufleute und kaufmännische Verkehrsberufe benötigen ebenfalls dringend umfassendere Kompetenzen. Das hat sich sehr klar an einem kaufmännischen Modellversuch der Klöckner-Stahl-GmbH erwiesen (Benteler 1993, 195). Bei dem Transfer der Resultate auf Kaufleute des Kabelwerk Oberspree zeigte sich, daß hier, teils generell, teils regional den besonderen ostdeutschen Verhältnissen geschuldet, neben den Sachkompetenzen Marktkenntnisse, moderne Datenverarbeitung, Umweltschutz, die Sozialkompetenzen Kundenumgang, Teamfähigkeit, Kritikfähigkeit sowie die Handlungskompetenzen selbständiges Arbeiten, Kreativität und Eigeninitiative Defizitbereiche der kaufmännischen Aus- und Weiterbildung sind (Schulz 1993, 203 f). Ähnliches läßt sich für den Bedarf an Kompetenzentwicklung – neben dem Erwerb von Fachinhalten – für kaufmännische Verkehrsberufe feststellen (Brandenburg 1993, 232).

Schwieriger ist dies im Bereich der Handelsberufe. Bei der Aus- und Weiterbildung von Kaufleuten im Groß- und Außenhandel wird dem Bedarf an enger Fachkompetenz klar ein solcher an Sozial- und Handlungskompetenz zur Seite gestellt. Das gilt hier in besonderem Maß für die internationale Kommunikation (Böhme/Penon-Ostendorf 1993, 96). Daß dieser Bedarf nicht eine abstrakte Forderung bleibt, sondern auch im konkreten Unternehmen gefordert und gefördert wird, zeigt z.B. die große Aufmerksamkeit, die in der Karstadt-AG der Kompetenzentwicklung zugemessen wird: „Die berufliche Ausbildung im Warenhaus muß die Auszubildenden so qualifizieren, daß sie flexibel auf Veränderungen in ihrem Arbeitsfeld reagieren können. Neben der Entwicklung aktueller Handlungskompetenz steht somit die Forderung der Sozialkompetenz im Vordergrund der Ausbildung." Das ist ebenso zutreffend für Weiterbildungsbemühungen (Klaus 1993, 45). Deshalb geht eine Kritik völlig fehl, welche die Forderung nach übergreifenden Kompetenzen als „Formeleuphorie" und „verwaschene Berufsqualifikationen" ablehnt, und eine neuerliche Reduktion der Bildungs- und Weiterbildungsinhalte auf das Faktenwissen von Handelsbetriebslehre, personalwirtschaftlichen Grundlagen, Marketing, Sprach- und Sprechkenntnissen anstrebt. Die Ausbildung grundlegender Kompetenzen wird dann notgedrungen Elternhaus und Schule zugeschoben. So wird eine „Qualifizierung für Europa" sicher nicht erreicht (Ottow 1993, 78 f). Rationeller Kern der Kritik ist allein, daß die Entwicklung von Handlungs- und anderer Kompetenz stets an die praktische Arbeit rückgebunden werden muß: „Praktische Arbeit, die nicht hinsichtlich ihrer Ziele, Bearbeitungsschritte, Planungskonzept, verwendeten Mittel bewußt gemacht, bedacht und beurteilt wird, leistet kaum einen Beitrag zur Entwicklung von Handlungskompetenz". Wird indessen das Verallgemeinerte zum Primärgegenstand des Lernens und unterbleibt der Rückbezug auf in der Praxis erfahrene Problemsituationen, so kann die angestrebte Transferfähigkeit durch zu frühe oder zu weit getriebene Abstraktion verfehlt werden" (Bader 1992, 240).

Zwei Bereiche, die mit ihrem Weiterbildungsbedarf gleichsam „quer" zu anderen Branchen stehen, sind der Umweltschutz und der Einsatz multimedialer Mittel und Methoden. Nach allem bisher Zusammengetragenen ist verständlich, daß hier der Bedarf an Kompetenzentwicklung besonders hoch sein muß: Werden doch mit den neuen Anforderungen und Techniken – und mit dem ihnen zugrundeliegenden Fachwissen – zugleich soziokulturelle Veränderungen großer Tragweite angestrebt und bereits bewirkt. Damit sind diese Bereiche in den sozialen Kommunikationsprozeß über die Zukunftsgestaltung der Gesellschaft, der Unternehmen und jedes einzelnen gestellt. Das erfordert eine hohe Sozialkompetenz. Zugleich sind hier Entscheidungen und Handlungen von großer, zuweilen dramatischer Tragweite notwendig (Risikoproblematik). Das erfordert eine hohe Handlungskompetenz. Beides schlägt sich noch nicht adäquat in der Weiterbildung nieder, deshalb ist hier der Bedarf danach und besonders nach entsprechender Kompetenzentwicklung besonders hoch.

Umweltschutz ist nicht allein eine Problematik der im Umweltschutzbereich unmittelbar beruflich Tätigen (Pflanzen- und Tierproduktion und -pflege, Grundstofferzeugung und Produktion aus pflanzlichen und tierischen Produkten, Natur- und Landschaftsgestaltung, Erholung; Versorgung, Entsorgung, Abfallbeseitigung, Emissionsüberwachung; das sind ca. 11% der Berufstätigen; vgl. Stooss 1993, 38 f): „Umweltschutz ist derart umfassend, daß er in der Berufsgesellschaft zum Sperrgut wird, zur

Querschnittsaufgabe, die, wie bislang der Unfallschutz und die Arbeits- und Verkehrssicherheit, allen obliegt" " Das erfordert „über alle Berufe hinweg (zu) klären, welche Fakten und welche Orientierungen, Werthaltungen und Einstellungen morgen als Handlungskompetenz in ökologischen Fragen gefordert werden" (ebenda, 35). Als Ergebnis einer Befragung von ca. 450 Teilnehmern des Kongresses „Neue Berufe – neue Qualifikationen" ergab sich klar: „Es besteht ein erheblicher Bedarf an Weiter- und Fortbildungsangeboten sowie an geeigneten Handreichungen, Unterlagen und Informationen. Dies gilt unabhängig vom Status als Arbeitnehmer, Arbeitgeber, Lehrer, Wissenschaftler oder Verwaltungsangehöriger. Das Interesse ist größer als die Qualifikation. Das Engagement größer als die Möglichkeiten, es umsetzen zu können. Umweltschutz muß ein Querschnittsthema in der beruflichen Bildung werden" (Drochner/Krampe 1993, 54). Daß der so ermittelte Bedarf an Weiter- und Fortbildungsangeboten ganz wesentlich Kompetenzentwicklung mit umfaßt, macht Sloane (1993, 162 ff) in einer Untersuchung deutlich, die den Anteil des Umweltschutzgedankens in kleineren und mittleren Betrieben analysiert. Umweltschutz als abstrakte Forderung wird von den meisten Betriebsleitern und Führungskräften befürwortet; es ist aber angesichts der offenkundigen Differenz von ökonomischen und ökologischen Zielen und der daraus resultierenden Verunsicherung schwer, entsprechende, ethisch – politische Motivationen so zu verankern, daß sie konkreten Einfluß auf die Entscheidungen gewinnen. Den „Dualismus von Sachverhalt und Bewertung" aufzubrechen ist ein wichtiges Ziel notwendiger Kompetenzentwicklung in diesem Bereich. Deshalb fordert Kutt (1993, 172 f) in der Weiterbildung des Ausbildungspersonals für den Umweltschutz, diesen als eine neue „Schlüsselqualifikation" zu betrachten, ihm in der beruflichen Aus- und Weiterbildung generell einen viel höheren Stellenwert einzuräumen und damit eine personale und soziale Kompetenz zu vermitteln, die er als Umweltkompetenz bezeichnet. Ein entsprechender Kompetenzentwicklungsbedarf ist ganz offensichtlich.

Anders ist die Situation in bezug auf den Einsatz multimedialer Mittel und Methoden. Hier gibt es nicht nur eine überwiegend verbale Akzeptanz, im Rahmen des CBT werden multimediale Mittel und Methoden, wie mehrfach erwähnt, bereits vielfältig eingesetzt. Solches Training, generell jedes multimediale Lernen, erfordert aber eigene Kompetenzen; die Forderung nach dem „Lernen lernen" spezifiziert sich hier zum „Lernen lernen mit multimedialer Technik", setzt also eine neu zu entwickelnde Lernkompetenz voraus, die die Chancen der mit CBT ermöglichten Erweiterung beruflicher Handlungskompetenz durch Individualisierung, Dezentralisierung, schnelle Kommunikation und Selbststeuerung/Selbstorganisation des Lehr-Lernprozesses auch wirklich nutzt (Zimmer 1993, 20). Forschungen zur Analyse der Effektivität von CBT - Programmen weisen nun auf die eigentliche Hauptsache der neuen Lerntechnologien hin: Computerlernprogramme können in den vorbereitenden kognitiven Phasen von Informationsaufnahme und -Verarbeitung und in (algorithmischen) Entscheidungsprozessen hervorragend eingesetzt werden. Die Variablen der CBT-Effektivität sind kognitive. Ein Computerlernprogramm kann jedoch kein Handlungstraining ersetzen (Fricke 1993, 132). Damit liegen die „Grenzen computergestützten Lernens im Verhaltensbereich" (Seidel/Lipsmeier 1989, 115). Sie können zwar in gewissen Grenzen soziale und affektive Lernziele, Interaktions- und Kommunikationsfähigkeit vermitteln, aber sie sind nicht oder nur sehr begrenzt fähig, zur Wertinteriorisation und damit zur Entwicklung von – stets wertgetragenen – Kompetenzen beizutragen:

Zentrale Fragestellungen

Wertinteriorisation geschieht vornehmlich im sozial- kommunikativen Handeln, Computer können nicht die affektiven Dissonanzen erzeugen, die zur emotional- motivationalen Verankerung neuer Werthaltungen und damit zur Entwicklung neuer Kompetenzen notwendig sind. Es kommt zu einer paradoxen Situation: CBT erfordert neue und starke Kompetenzen, um es sinnvoll anzuwenden – insbesondere die personale und sozio-kommunikative Kompetenz zu selbstorganisiertem Lernen, also eine Voraussetzung jeder weiteren Kompetenzentwicklung (Lipsmeier 1993, 180) –, aber es ist nicht klar, ob und inwieweit mit CBT Sozialkompetenz, Handlungskompetenz oder personale Kompetenz vermittelt werden können. Es existiert also ein starker Kompetenzentwicklungsbedarf für die Arbeit mit multimedialen Mitteln und Methoden, aber man sollte sich zumindest gegenwärtig von ihnen keine starken Effekte für die Kompetenzentwicklung erhoffen.

Abbildung 17 zeigt die diskutierten Beispiele in einer Übersicht.

Zusammenfassend läßt sich, die Beispiele überblickend, feststellen:
- Es gibt eine durchgängige Tendenz des Übergangs von der klassischen beruflichen Weiterbildung zu beruflicher Kompetenzentwicklung.
- Diese Tendenz ist mit Beispielen qualitativ zu belegen, quantitative Untersuchungen zum Bedarf an beruflicher Kompetenzentwicklung sind eher punktuell und die Ausnahme.
- Es gibt keine Branchen, die von dieser Tendenz ausgenommen sind. Allerdings ist der Bedarf an beruflicher Kompetenzentwicklung unterschiedlich hoch und qualitativ verschieden: Branchen mit hohen Innovationsgeschwindigkeiten (z.B. Automobilindustrie, neue Elektroberufe/Computertechnik, Banken und Versicherungen) und hohen Sozialanforderungen (Gesundheits- und Sozialberufe) drängen eher auf die Aufnahme von Kompetenzentwicklungszielen und -methoden in der Weiterbildung als solche, in denen Innovationen eher randständig sind oder langsamer vor sich gehen (z.B. Baubereich, Büroberufe, Handelsberufe).
- In bezug auf die Beschäftigtengruppen gilt: In ersteren wird Kompetenzentwicklung in der Weiterbildung sowohl für Führungskräfte wie auch für die ihnen untergeordneten Arbeitnehmer gefordert, in letzteren ist sie eher eine Angelegenheit der Führungskräfte. Ein hoher Bedarf an Kompetenzentwicklung besteht aber für solche mittleren und vermittelnden Berufe, die als „sozial-kommunikative Drehscheibe" zwischen Führungsansprüchen und Ausführungsarbeiten fungieren (z.B. Poliere, Industriemeister).
- Eine besondere Rolle spielen die „querliegenden" Bereiche Umweltschutz und neue Medien. Hier sind auf unterschiedliche Weise hohe Raten an Kompetenzentwicklung notwendig und in der Weiterbildung angestrebt.
- Hinsichtlich der Betriebsgröße zeigt sich, daß der Bedarf an Kompetenzentwicklung sowohl in großen als auch in mittleren und kleinen Unternehmen besteht; er wird in den ersteren beiden jedoch in der Regel eher in der Weiterbildung aufgenommen und verwirklicht. Das ist auch eine Frage der für die Weiterbildung zur Verfügung stehenden Mittel.
- Regionale Unterschiede bestehen vor allem zwischen den alten und den neuen Bundesländern. Handlungskompetenz und personale Kompetenz, die auf Autonomie und Durchsetzungsvermögen aufgebaut ist, ist vor allem in ersteren höher entwickelt. Sozial-kommunikative Kompetenz ist in letzteren oft gleich, zuweilen

auch höher entwickelt. Der Bedarf an Kompetenzentwicklung ist deshalb zu differenzieren und wird auch in den nächsten Jahren noch differieren.

Der einzige Anhalt, generellere quantitative Aussagen zur beruflichen Kompetenzentwicklung zu gewinnen, scheint (analog der Argumentation im Abschnitt „Kompetenz und Kompetenzentwicklung") im indirekten Schluß von den Beschäftigtenzuwächsen von Erwerbstätigen mit Universitätsabschluß, Fachhochschulabschluß, und abgeschlossener Berufsausbildung sowie der Abnahme des Arbeitskräftebedarfs bei Erwerbstätigen ohne abgeschlossene Berufsausbildung auf die jeweils erforderlichen Kompetenzanteile zu liegen.

In ihrer Studie zum Arbeitskräftebedarf in Deutschland bis zum Jahr 2010 stellen Weisshuhn/Wahse/König (1994) fest:
„Bei Erwerbstätigen mit Universitätsabschluß ergeben sich Beschäftigtenzuwächse insbesondere in folgenden Tätigkeiten bzw. -bereichen:
- Andere Unternehmensdienste (z.B. Werbefachleute, Unternehmensberater, Organisatoren, Wirtschaftsprüfer),
- Technische Dienste (z.B. Ingenieure, Chemiker, Physiker, andere Naturwissenschaftler),
- Erziehung und Ausbildung (z.B. Sozialpflegeberufe, Lehrberufe),
- Leitende Verwaltungsdienste (z.B. Geschäftsführer, Leitende Verwaltungsfachleute)" (ebenda, 166).

Bis auf die Technischen Dienste ist hier die Notwendigkeit von Sozialkompetenz und personaler Kompetenz als Zentrum der perspektivisch zu fordernden beruflichen Handlungskompetenz völlig unübersehbar.
„Die Tätigkeitsfelder für Erwerbstätige mit Fachhochschulabschluß entwickeln sich in folgender Rangfolge ... bei der Beschäftigtenausweitung:
- Technische Dienste,
- Leitende Verwaltungsdienste,
- Erziehung und Ausbildung,
- Andere Unternehmensdienste,
- Übrige Dienstleistungsberufe.

Der Beschäftigtenanstieg bei den Erwerbstätigen mit abgeschlossener Berufsausbildung ist insbesondere in folgenden Tätigkeitsfeldern gegeben ...:
Übrige Verwaltungsdienste (u.a. Bürofachkräfte),
Übrige Gesundheitsdienste (z.B. Krankenschwestern, -pfleger, -helfer, Sprechstundenhilfen),
Übrige Dienste,
Erziehung und Ausbildung,
Kaufmännische Dienste (z.B. Waren-, Speditionskaufleute, Berufe des Zahlungsverkehrs)" (ebenda, 169).

Es ist unschwer zu erkennen, daß – vor allem in der zweiten Gruppe – hier besonders die Tätigkeitsfelder auftauchen, die bereits in den Beispielen als besonders charakteristisch für den Bedarf an beruflicher Kompetenzentwicklung benannt sind. So ist der Schluß berechtigt, daß Tätigkeitsfelder mit hohem Kompetenzentwicklungsbedarf

Zentrale Fragestellungen

einen besonders hohen Beschäftigtenzuwachs verzeichnen werden. Damit ist auch der quantitative Bedarf an beruflicher Kompetenzentwicklung verifiziert.

Gestützt wird dieser Befund auch vom Gegenteil her: „Die Abnahme des Arbeitskräftebedarfs bei Erwerbstätigen ohne abgeschlossene Berufsausbildung dürfte in nahezu allen beruflichen Tätigkeiten bzw. -bereichen stattfinden. Insbesondere gilt dies für folgende Bereiche ...:
- Übrige Dienstleistungsberufe,
- Landwirte, Bergleute,
- Übrige Verwaltungsbedienstete,
- Lager- und Verkehrsberufe,
- Übrige Fertigungsberufe" (ebenda, 174).

Wiederum ist klar ersichtlich, daß es sich hier zumeist um Bereiche handelt, für die ein enges Fach- und Methodenwissen oft ausreicht, für die eine umfassende berufliche Kompetenzentwicklung folglich eher zweitrangig bleibt. Diese Bereiche nehmen besonders stark ab.

Die nachgezeichneten Trends gelten zunächst nur für die alten Bundesländer. Es muß aber im Ergebnis angenommen werden, „daß für die neuen Bundesländer im Zieljahr der Projektion (2010) die gleichen wirtschaftszweigspezifischen trendextrapolierten Qualifikations- und Tätigkeitsstrukturen vorliegen, wie in den alten Bundesländern" (ebenda, 178). Insofern gilt die verifizierte quantitative Zunahme des Bedarfs an beruflicher Kompetenzentwicklung perspektivisch für die gesamte Bundesrepublik.

4.2 Die Veränderung der Weiterbildungsmethoden

Der Übergang von der traditionellen Weiterbildung zur umfassenderen Kompetenzentwicklung ist, wie gezeigt, kein Wunschdenken:
- Die neueren sozial-ökonomischen Entwicklungen der deutschen Industrie und des Dienstleistungsbereichs erfordern objektiv die Einbeziehung kommunikativen Handelns und symbolisch-wertender Vermittlung (Mediation) in das unternehmerische Handeln.
- Dementsprechend sind subjektiv neue, über bloße Fach- und Methodenkompetenz hinausreichende Kompetenzen gefordert, insbesondere Sozial- und personale Kompetenz, integriert in die Handlungskompetenz.
- Mit der Notwendigkeit solcher Kompetenzen entsteht ein Weiterbildungsbedarf, der die Entwicklung langfristiger Qualifikationen erforderlich macht. Sie lassen sich nicht nur qualitativ fassen sondern teilweise auch quantitativ erfassen.
- Betrachtet man diese langfristigen Qualifikationen, wird sofort zweierlei deutlich: (a) Die geforderten langfristigen Qualifikationen sind nicht in gleicher Weise abgrenzbar und curriculumartig zu katalogisieren, wie dies für Fachwissen (Fachkompetenz) und methodisches Verfahrenswissen (Methodenkompetenz) möglich ist. Die Einbeziehung sozialer Kommunikationsprozesse (Sozialkompetenz) und symbol- und wertvermittelten Handelns (Handlungskompetenz) in die Qualifikation erfordert vielmehr, dahinterstehend, ausgebildete und ausbildbare Persönlichkeitseigenschaften, erfordert personale Kompetenz. Sie hat auf das Kommuni-

mittelbaren Bezug, ist aber gleichwohl unumgängliche Voraussetzung und damit auch Gegenstand der Weiterbildung.

(b) Folglich können Sozial- und Handlungskompetenz und auch personale Kompetenz nicht in unidirektionalen Lernprozessen, sondern nur in Lehr- Lernprozessen mit dem Schwergewicht auf selbstorganisierten Lernprozessen vermittelt werden. Selbstorganisiertes Lernen meint hier nicht in erster Linie das individuelle Lernen im „stillen Kämmerlein", sondern vor allem ein soziales Lernen, bei dem die Motivationen (aufgrund dissonant wahrgenommener sachlicher oder kommunikativer Entscheidungssituationen) und die Aktivitäten (sachliche oder kommunikativ erforderliche Handlungen) vom Lerner selbst ausgehen. Ursache für den Zusammenhang von Kompetenzentwicklung und selbstorganisiertem Lernen ist, daß Sach- und Methodenwissen weitgehend „wertfrei" weitergegeben werden können. Die Aneignung von Werten – und damit der wesentlich wertdeterminierten Sozial- und personalen Kompetenz, und folglich auch der Handlungskompetenz – ist jedoch nur über Eigenaktivitäten in Form von Interiorisationsprozessen (vgl. Erpenbeck/Weinberg 1993) denkbar. Kreativität ist ebenfalls nur als Form von individueller Selbstorganisation adäquat beschreibbar.

Kurz: Fach- und Methodenkompetenz kann, Sozial- Handlungs- und personale Kompetenz muß in selbstorganisierten Lernprozessen erworben werden.

Die Frage nach spezifischen Methoden der Kompetenzentwicklung und die nach dem spezifischen Charakter von selbstorganisierten Lernprozessen (in der Literatur vielfach synonym als Selbstlernprozesse bezeichnet) weisen also in die gleiche Richtung.

Das wird sehr deutlich, wenn man sich eine Übersicht von Methoden der Kompetenzentwicklung verschafft.

Nach Canelli (1993) erfolgte eine Entwicklung der Anforderungen an Führungskräfte wie auch an Mitarbeiter in den letzten Jahren von der Fachkompetenz hin zur sozialen Intelligenz und damit verbundener Selbstkontrollkompetenz in folgender Form:

Fachkompetenz

⬇

Fachkompetenz+Management-Skills

⬇

**Fachkompetenz+Management-Skills
+Sozialkompetenz (= soziale Intelligenz)**

⬇

**Fachkompetenz+Management-Skills
+Sozialkompetenz (= soziale Intelligenz)
+Selbstkontrollkompetenz**

Zentrale Fragestellungen

Diese Anforderungsveränderungen gelten für alle Mitarbeiter mit einem Mindestbedarf an Koordinierungs- und Delegierungsaufgaben, die somit auf nächsttieferer Ebene auch wieder Vorgesetztenaufgaben – direkt oder indirekt – ausführen. Die Bedeutung der Sozialkompetenz (= soziale Intelligenz) nimmt stetig zu, zumal fachlich immer kompetentere Mitarbeiter mit mehr eigenständiger Verantwortung auch höhere kooperative und kommunikative Ansprüche an ihre Führungskräfte stellen.
Während die Sozialkompetenz vor allem ein „optimales Funktionieren des 'Wir', d.h. der Gruppe" (Canelli 1993) sichern soll und vorwiegend kommunikative und teambildende Ziele und Aspekte integriert, bezieht die Selbstkontrollkompetenz vor allem solche individuellen Fähigkeiten und Fertigkeiten ein wie: persönliches Zeitmanagement, Umgang mit Streß, emotionale Steuerung, Verantwortungsausübung. Dies sind allerdings Aspekte, die andere Autoren der Sozialkompetenz direkt subsummieren (vgl. Faix/Laier 1991).

Sozial- bzw. sozialkommunikative Kompetenz kennzeichnet auch folgende in der Praxis zunehmende Anforderungsveränderung von Führungskräften aller Ebenen und bestimmter Gruppen von Mitarbeitern: „Sie übernehmen die Rolle des Moderators bei Diskussionen oder Problemlösungssitzungen und sollen dabei im Gegensatz zu früher gerade nicht selbst die Probleme lösen wollen. Im Vordergrund müssen vielmehr eine problemadäquate Situationsdefinition und Reflexionen stehen, und der Moderator der Gruppe muß deshalb der innerbetrieblichen Dynamik im Sinne eines Entscheidungszwanges entgegensteuern ... Erschwert wird die Situation noch dadurch, daß zunehmend Problemfälle auftauchen, die nicht mit standarisierten Verhaltensweisen gelöst werden können" (Bongard 1993).

Soziale Kompetenz und Selbstkontrollkompetenz treten zunehmend neben der Fach- und Managementkompetenz (Management-Skills und Projektmanagementfähigkeiten = Methodenkompetenz) als Basisqualifikationen für Fach- und Führungskräfte in den Vordergrund.
Wenn auch diese Kompetenzen nicht immer gleichzeitig und überall benötigt werden, sondern von je konkreten Situationen abgefordert werden, ist der Übergang zu höheren Kompetenz- und Persönlichkeitsanforderungen nicht zu übersehen.
Das wird in einer Zusammenfassung von Kompetenzentwicklungsmethoden von Bunk/Stentzel (1990, 192) noch deutlicher (Abbildung 18).

Die dort beispielhaft aufgeführten Methoden lassen sich grob in drei Gruppen ordnen: Solche, bei denen das Lernresultat weitgehend durch sachliche Vorgaben determiniert ist (objektzentriertes Sachlernen), solche, bei denen interne Entwicklungen des Lerners durch das Setting initiiert und intendiert sind (subjektzentriertes selbstorganisiertes Lernen) und solche, bei denen sich beide Resultatformen die Wage halten. (Die Autoren selbst ordnen die von ihnen betrachteten Lernmethoden der beruflichen Bildung in etwas anderer Weise, nämlich nicht nach der Relation Lerngegenstand-Lerner /objekt- versus subjektakzentuiert/, sondern nach der Relation Fremdinstruktion-Selbstinstruktion /also nach der Instruktionsmethode. Das läßt jedoch weniger deutlich werden, daß mit Zunahme der „höheren" sozial-kommunikativen Kompetenzen Selbstorganisationsprozesse für das Lernen eine immer entscheidendere Rolle spielen). Natürlich erfordert auch das Sachlernen hohe individuelle Aktivitäten, wie das selbstorganisierte Lernen ein hohes Maß an Sachwissen voraussetzt und z.T. auch vermittelt. Es geht also nicht darum, die Methoden wertend gegeneinanderzusetzen, sondern zu betonen, daß unterschiedliche Resultate beabsichtigt sind.

Eine analoge Einordnung läßt sich hinsichtlich der von Sonntag/Schaper (1992, 189) gegebenen Darstellung von Kompetenzentwicklungsmethoden vornehmen (Abb. 19).

Solche Einordnung macht dreierlei deutlich:

Erstens: Sie stützt die Feststellung, daß die Vermittlung langfristiger Qualifikationen im Sinne einer Entwicklung von Sozial-, Handlungs- und natürlich personaler Kompentenz vor allem Methoden des selbstorganisierten Lernens (im zuvor umrissenen Verständnis) voraussetzt.

Zweitens: Versucht man, eine nahezu durchgehende Gemeinsamkeit für die in der rechten Spalte zusammengefaßten Methoden des Selbstlernens zu finden, so kann man diese als trainingsartig charakterisieren. Die in der linken Spalte zusammengefaßten Methoden des Sachlernens lassen sich entsprechend als schulartig bezeichnen. Der Übergang von der beruflichen Weiterbildung im engen Sinne zur umfassenderen beruflichen Kompetenzentwicklung erfordert demnach nicht unbedingt eine Abnahme der schulartigen, aber auf jeden Fall eine Zunahme der trainingsartigen Weiterbildungsmethoden.

Drittens: Um die umfassendere berufliche Kompetenzentwicklung näher zu erfassen ist es demnach notwendig, die darin zum Tragen kommenden Methoden, insbesondere die angewandten Trainingskonzepte zur Erhöhung von Kompetenzen näher zu beleuchten (siehe nebenstehende Übersicht).

Im zurückliegenden Jahrzehnt wurden vielfältige Methoden, zunehmend mit dem Ziel der Herausbildung und Stabilisierung von beruflichen (Handlungs-) Kompetenzen, (weiter-) entwickelt. Letztere sind die Voraussetzungen dafür, daß die Mitarbeiter die zunehmende Komplexität und Dynamik ihrer beruflichen (und privaten) Umwelt begreifen und aktiv gestalten können. Im Rahmen komplexer Lernvorgänge verschmelzen immer mehr berufliche und private Sphären miteinander.
Kompetenzentwicklungsmethoden wie sie in den Beispielen der Abbildungen 18 und 19 aufgeführt sind, lassen sich grob in fünf Bereichen zusammenfassen (vgl. Bullinger/Gidion, 1994):
- Gruppenlernmethoden
- Methoden zum Lernen im Prozeß der Arbeit
- Fernlernmethoden
- Lerntechnologien
- Methoden für Selbstlernen

Abbildung 20 (modifiziert nach Bullinger/Gidion, 1994) enthält weitere Beispiele für diese fünf Bereiche.
Obwohl die Effizienz dieser Methoden hinreichend nachgewiesen werden konnte und die Akzeptanz der Weiterbildungsteilnehmer besteht, gibt es nach wie vor vielfältige Probleme bei der breiten Nutzung in der Weiterbildungspraxis.

Zentrale Fragestellungen

Sachlernen	*Sach- und selbstorganisiertes Lernen (objektakzentuiert)*	*selbstorganisiertes Lernen (subjektakzentuiert)*
Programmierte Unterweisung	fragend-entwickelnde Methode	Kreativitäts-Ideenfindungsmethode
Interaktionslernen mit Computer	Superlearning	Diskussion/ Debatte/ Disputation
Sprachlabor	Technische Simulation	
Beistellmethode	Learning by doing	Rollenspiel
Systematische Einarbeitung	Fallmethode	Metaplanmethode
	Entdeckungsmethoden	künstlerische Übungen
Assistenzarbeit	Technologisches Experiment	
Lehrgespräch		Verhaltenstraining
	Forschend-entwickelnder Unterricht	Lernstatt
Algorithmen und Entscheidungsbaumverfahren		Scheinfirma/ Übungsfirma
	Problemlösungsmethode	
Demonstration/ Vorführung	Qualitätszirkel	Planspiel
	Projektmethode	
Vier-Stufen Methode	Projekt-Leittext	
kombiniertes Unterweisungskonzept		
Vortrag/Diktat Literaturselbststudium		
Belehrung		

Für die Entwicklung und Erfolgsverankerung individueller Kompetenzen gilt:
1. Um Kompetenzen, die immer komplex und sozial-kommunikativ verankert sind, zu vermitteln, müssen die Lernmethoden verschiedene Lerninhalte integrieren und tätigkeits- und aufgabenorientiert ausgerichtet sein. Konkret sollte nach Möglichkeit stets die Verbindung fachlichen, methodischen und sozialen Lernens verfolgt werden.
2. Die Effizienz der Lernmethoden wächst mit ihrem kombinierten Einsatz und der systematischen Verbindung der unterschiedlichen Lernorte (vgl. Abschnitt 4.4), insbesondere der Verbindung von Lernen und Arbeiten über moderne Arbeitsplätze und betriebliche Angebote.

3. Kompetenzentwicklung verlangt nach Methodenvielfalt und -weiterentwicklung. „Neue", abgesicherte Methoden, die auf entwicklungs- und lernpsychologischen Erkenntnissen aufbauen, müssen schneller in die Weiterbildungspraxis aufgenommen werden. Das setzt vielfach ein verändertes Verhältnis (und Selbstverständnis) der Führungskräfte und Bildungsverantwortlichen zur Methodenvielfalt voraus. Wenn von „neuen" Methoden gesprochen wird, dann jedoch immer im Wissen darum, daß viele neue Methoden gar nicht so neu sind. Neu ist allerdings ihre Entdeckung für die betriebliche Weiterbildung seit den sechziger Jahren, ihre Verbindung mit neuen Lernmedien und -orten sowie die Kombination von Selbst- und Fremdinstruktion, Einzel- und Gruppenunterweisung und komplexen Methodenkonzeptionen als Voraussetzung für (Handlungs-) Kompetenzentwicklung. Abbildung 21 geht auf diese Zusammenhänge ein.
4. Während das Ziel „klassischer" betrieblicher Weiterbildungsmaßnahmen die Entwicklung von Wissen, Fertigkeiten und Fähigkeiten einzelner Organisationsmitglieder war, bedarf es im Rahmen strategischer Organisationsentwicklung zunehmend einer zusätzlichen Verzahnung personeller und organisationaler Lernprozesse und der sinnvollen Kombination bisher weitgehend getrennt voneinander eingesetzter organisationaler Interventionsmittel: Weiterbildung, Information, Beratung, selbstgesteuertes Lernen (vgl. Heimerl-Wagner, 1992). In den Mittelpunkt des Lernens auf den verschiedenen betrieblichen Hierarchieebenen und Funktionsbereichen treten die Sozial- und personale Kompetenz. Lernen wird zur Persönlichkeitsentwicklung und zur Herausbildung konzeptioneller und sozialer Fähigkeiten.
5. Mit Blick auf unterschiedliche Zielgruppen der betrieblichen Weiterbildung und den Methodeneinsatz bei der Förderung der beruflichen (Handlungs-) Kompetenz kann festgestellt werden (vgl. Sonntag/Schaper, 1992):
    - Bei der Weiterbildung von Führungs-Nachwuchs-Kräften dominieren die klassischen Führungstrainings und Entscheidungs- und Problemlösetechniken. Modifikationen, Weiterentwicklungen werden kontextspezifisch erprobt, gelegentlich finden Neuentwicklungen für spezifische Anwendungssituationen national / international statt (letzteres: vgl. Heyse/Metzler, 1995; Böhm/Heyse/Rjabow, 1995).
    - Sowohl im Angestelltenbereich als auch im Facharbeiterbereich nehmen die Bemühungen zu, bisherige trainingsmethodische Defizite zu beseitigen und damit Bemühungen zur Überwindung der bislang ausschließlichen Vermittlung fachspezifischer Kenntnisse und Fähigkeiten. Bei Zunahme leistungskritischer Tätigkeiten in komplexen Systemen werden in Fertigungs- und Verwaltungsbereichen „solche Lernkonzepte zu präferieren sein, die planendes und methodisches Denken, selbständiges Problemlösen und kooperative Verhaltensweisen fördern. Wissens- und kognitionspsychologische Ansätze ... oder Arbeiten zum komplexen Problemlösen sind im Rahmen von Trainingsmaßnahmen auf ihre Anwendungsmöglichkeiten in der betrieblichen Realität ... zu überprüfen" (Sonntag/Schaper 1992).
    - Im Dienstleistungsbereich nehmen insbesondere die Anforderungen an die sozial-kommunikative Kompetenz im Rahmen einer bedingungslosen Kunden- und (Qualitäts-) Serviceorientierung zu und hierbei vor allem in ihrer Kombination von Verkauf/Teamwork/Teamselling/Akquisitionsfähigkeit und entsprechend neu zu gestaltenden Trainingskonzepten und Coaching.

Zentrale Fragestellungen

Die Lernorientierung an den Tätigkeitsanforderungen und Arbeitsaufgaben in ihrer Vernetztheit mit anderen Tätigkeiten führt konsequent zur Forderung nach Verbindung der einzelnen Teilkompetenzen – auch wenn die Praxis nach wie vor fach- und kompetenzteilig vorgeht.

Die neuen Qualitäten von Änderungsstrategien, Interventionsarten, Lernprozessen, Teilnehmerrollen und verwendeten wissenschaftlichen Grundlagen, den paradigmatischen Sicht- und Methodenwechsel beim Übergang von der traditionellen beruflichen Weiterbildung zur beruflichen Kompetenzentwicklung macht folgende Zusammenfassung nach Heimerl-Wagner (1992) klar:

Merkmale	*Klassisches betriebliches (Weiter-) Bildungswesen*	*Betriebliches (Weiter-) Bildungswesen künftig als Instrument der langfristigen Kompetenz und Organisationsentwicklung*
Ratio der Verwendung der Änderungsstrategie	*Steigerung der Effizienz eines einzelnen Mitarbeiters*	*Steigerung der Effizienz eines Teilsystems und /oder des gesamten Systems; persönliche Unterstützung der Implementation präzisierter strategischer Ziele*
Objekte der Änderungsstrategie	*Mitarbeiter als Individuum*	*einzelne Mitarbeiter, Gruppen, gesamte Organisation oder zeitweiliges Team von Organisationsmitgliedern / Kunden/ Zulieferern / Verbänden ...*
Interventionsart	*externe oder interne Bildungs- und Informationsveranstaltungen, evtl. Schulbildung*	*Lernen am Arbeitsplatz und darüber hinaus; Lernortkombination, Kombination von Weiterbildung / Beratung (incl. Coaching)/ Information / Selbstgesteuertes Lernen*
Lernbereiche und Lernprozesse	*vornehmlich kognitiv*	*vornehmlich affektiv, wertgesteuert, sozial Anfänglich induziert, später selbstauslösend durch Lernen, wie man lernt (und umsetzt)*
Prozeßcharakter der Änderungsstrategie	*Prozeß wird durch Bildungsabteilung induziert*	
Rolle und Funktion der Mitarbeiter als Teilnehmer	*Teilnehmerverhalten wird durch Dozentenverhalten und Lerninhalte verändert*	*Teilnehmer ändern ihr Verhalten selbst auf der Basis des Modells des Erfahrungs- und Kompetenzlernens*
Zugrundeliegende Disziplin	*Lernpsychologie der behavioristische Richtung*	*Organisationssoziologie und -psychologie Betriebswirtschaftslehre Erwachsenenbildung Soziologie Wissenschaften Sozialanthropologie Managementlehre (multikulturell) Persönlichkeits- und Wirtschaftspsychologie*

John Erpenbeck, Volker Heyse

Nachfolgend soll eine detailliertere Übersicht gegenwärtig und zukünftig einsetzbarer Methoden zur Kompetenzentwicklung gegeben werden. Während unbestritten alle darzustellenden Methoden einen Beitrag zur Fachkompetenz leisten, unterscheiden sie sich in der Vermittlung weiterer Kompetenzen zum Teil wesentlich. Somit ist die Wahl der Methoden (und deren Weiterentwicklung und Kombination) maßgeblich davon abhängig, welche Kompetenzbereiche vorrangig gefördert werden sollen.

Methoden der Entwicklung von Fach- und Methodenkompetenz

Fach- und Methodenkompetenz liegen besonders dicht beieinander und bedingen zukünftig mehr und mehr einander. Sie werden durch die soziale und personale ergänzt und erweitert. Fachkompetenz impliziert, wie bereits umrissen, die Beherrschung von Theorie und Praxis der gestellten Arbeitsaufgaben sowie den effizienten Einsatz der Arbeitsmittel und -Instrumente; Methodenkompetenz meint insbesondere die prozeßgerechte, problemlösungsorientierte Reaktion auf besondere und neue Arbeitssituationen. Unter Fach- und Methodenkompetenz werden somit Qualifikationen verstanden, die Mitarbeiter und Führungskräfte insbesondere zur Vorbereitung und Begründung von Entscheidungen und zum Vollzug konkreter Handlungen einsetzen müssen.

Die Fachkompetenz in den verschiedensten Branchen, Bereichen und Ebenen ist durch folgende Trends grundsätzlich geprägt (vgl. Bullinger/Gidion, 1994; Hofmann/Regnet, 1994), die wiederum Konsequenzen für den Einsatz sinnvoller Weiterbildungsmethoden haben:

1. Das Wissen wächst weiterhin exponentiell, das berufliche Fachwissen in den einzelnen Berufen, angelernten Tätigkeiten, Projektteams usw. wird immer mehr relativiert und kann durch den einzelnen in Gänze nicht mehr nachgewiesen werden. Im Vordergrund wird häufig noch mehr das permanente Ergänzungslernen und das Verfügbarhalten von Kern- und Fachwissen (Gesetzmäßigkeiten, Prinzipien, Grundwissen) stehen, zumal der rasche Verfall der Verwendbarkeit von Wissen, die Reduzierung der Zeitstabilität, das Anschlußlernen zu einer unerläßlichen Bedingung für erfolgreiche Berufsausübung werden läßt.
2. Die Durchdringung aller Fachwissensbereiche mit mikroelektronischen und neuen Informations- und Kommunikationstechnologien erfordert generell mehr und ständig zu aktualisierendes theoretisches Wissen sowie das Denken in komplexeren betrieblichen Zusammenhängen.
3. Andererseits läßt die Aufwertung der Facharbeit durch die Rückverlagerung von Verantwortlichkeiten und Fachkompetenz-Anforderungen in die wertschöpfenden Abteilungen die Ansprüche an die Fach- und Methodenkompetenz dort wiederum ansteigen.
4. Zur Lösung strategisch wichtiger organisationaler Aufgaben werden zunehmend interdisziplinär und statusrelativierend zusammengesetzte Projektteams (Arbeits- und Lerngruppen) gebildet. Hierbei steigen die Anforderungen an das Projektmanagement, an die Problemlösefähigkeiten der Mitarbeiter und an die methodische Kompetenz (die gemeinsamen methodischen Erfahrungen und eingesetzten Mittel werden zeitweilig zum wesentlichen Teil der Gruppensprache und -Identität bei sonst unterschiedlichen Fachkompetenz-Richtungen). Bei der Entwicklung der Fach- und Methodenkompetenz sind besondere Methoden und Methodenkombinationen wirksam; Abbildung 22 geht darauf näher ein.

5. Bei der Entwicklung der Fach- und Methodenkompetenz dominieren inhaltsorientierte Methoden und Techniken, die dem Wissens-, Kenntnis- und Fertigkeitszuwachs dienen sollen. Das wird besonders deutlich, wenn man die der Fach- und Methodenkompetenz entsprechenden Lerninhalte den zugehörigen Prozeßaspekten gegenüberstellt (Abbildung 23).
6. Mit dem Einsatz mikroelektronischer und neuer Informations- und Kommunikationstechnologien werden für viele Beschäftigte (Facharbeiter, Angestellte, Auszubildende) die Arbeitsinhalte komplexer und vernetzter; damit wachsen die kognitiven Anforderungen. Adäquate Trainingsmethoden, die die Wissensaneignung und Denkleistungen der Mitarbeiter fördern, erhalten mit hoher Wahrscheinlichkeit zukünftig zunehmende Bedeutung. Dabei steht nicht das Erlernen konkreter Tätigkeitsabläufe im Vordergrund, sondern allgemeine Denkleistungen: Planen und Entscheiden, gedankliches Probehandeln, selbständiges Suchen und Aneignen aufgabenrelevanter Kenntnisse. Insbesondere beim Training spezifischer Abläufe, mit denen größere Risiken verbunden sind bzw. die bei Fehlhandlungen zu kostenaufwendigen Systemstörungen führen können, bietet sich der Einsatz von Simulatoren an. Gegenwärtig werden Simulatoren bei der Aus- und Weiterbildung von Operateuren und Instandhaltungspersonal, Programmierern, Spezialmaschinenpersonal und Piloten eingesetzt; damit ist aber diese Methode bei weitem nicht erschöpft.
7. Die Entwicklung „Intelligenter Tutorieller Systeme" hat einen neuen Schub durch die Erarbeitung computergestützter Unterweisungsformen erhalten, die auf individuelle Lerncharakteristika (Wissensaneignung, -veränderung, -aktivierung, -umsetzung) adaptiv reagieren. Dadurch können individuelle Lernniveaus und -verläufe berücksichtigt und forciert werden.

Methoden der Entwicklung von Sozialkompetenz

Soziale Kompetenz drückt insbesondere die Fähigkeit zur aktiven Integration *in die* und die Organisation *der* menschlichen Zusammenhänge in Raum und Zeit aus. Im weiteren Sinne umfaßt Sozialkompetenz Fähigkeiten, Verhaltensweisen, Methoden, „deren Zweck es ist, eine kooperative Kommunikation zu fördern, sowie Kommunikationshindernisse abzubauen ... . Soziale Kompetenzen sind sowohl 'methodische' Kompetenzen in der Kommunikation (z.B. Interventionstechniken, Feedback-Techniken, Techniken des Zuhörens) als auch die Anwendung sozialer Fähigkeiten in der Zusammenarbeit. Das eigentlich Soziale der Kompetenz liegt darin, daß der einzelne sich des 'Werts' oder Vorteils bewußt ist, der in der Erreichung eines Ziels in einer Gruppe liegt. Dabei stellt der einzelne seine individuellen Ziele zugunsten der Erreichung der Gruppenziele zurück" (Bruch, 1995; vgl. auch den in 2. gegebenen Definitionsumriß nach Sonntag/Schaper 1992 und die in 4.1 gegebene detailliertere Definition von Faix/Laier 1991).

Die zunehmende Bedeutung von Kooperations- und Kommunikationsfähigkeiten wird sowohl im Zusammenhang mit gruppenorientierten Fertigungskonzepten, beim Einsatz neuer Informations-, Kommunikations- und Produktionstechniken deutlich als auch mit neuen Kooperationsformen (z.B. Produzent/Zulieferer/Kunde; internationale Kooperation/Joint Ventures) und mit neuen und offensiven Formen des Verkaufs (z.B.

Teamselling, Aufbau und Unterhaltung langfristiger Kundenbeziehungen) sowie mit der Bildung zeitweiliger Strategie-, Entwicklungs-, Umsetzungsteams sichtbar.

Für die Entwicklung sozialer Kompetenz stehen vielfältige Methoden zur Verfügung, die zunehmend auf die Stärken der Fähigkeiten zur kollektiven Problemerkennung und -lösung ausgerichtet werden, auf die Umsetzung von Strategien in konkretes Alltagshandeln und auf die Methodenkommunikation über ablaufende Gruppenprozesse (Sonntag/Schaper, 1994). Der Methodeneinsatz wird zunehmend an konkrete Arbeitsaufgaben bzw. Veränderungsabsichten gekoppelt und führte in nachgewiesenen Fällen zur Optimierung von Arbeitsabläufen, Reduzierung der Abwesenheits-, Ausschuß- und Absentismusquote sowie zur Verbesserung der Produktqualität, des betrieblichen Vorschlagwesens und zur Erhöhung der Serviceorientierung.

Im Unterschied zu den eher inhaltsorientierten Methoden und Techniken zur Herausbildung der Methoden und Fachkompetenz dominieren hier prozeßorientierte, die vor allem dem Erwerb sozialer Sensibilität und zwischenmenschlicher Erfahrungen dienen. Abbildung 24 faßt Lernmethoden, -inhalte und Prozeßaspekte der Sozialkompetenzentwicklung zusammen.

Methoden der Entwicklung von personaler Kompetenz

Die personale Kompetenz entscheidet insbesondere in Verbindung mit der Fachkompetenz über die individuelle berufliche Bewährung. Sie ist maßgeblich von den individuellen Bedürfnissen, Motiven, Werthaltungen, Einstellungen und Erwartungen geprägt. Zur personalen Kompetenz gehören ebenso konzeptionelle wie Selbstkontroll-Fähigkeiten.
Obwohl seit den 60er Jahren zunehmend und in den 90er Jahren forciert gefordert, wird die Entwicklung personaler Kompetenz im Vergleich zur fachlichen, methodischen und sozialen Kompetenz am wenigsten konsequent und mit relativ wenigen Methoden offiziell gefördert. Andererseits spielt gerade in diesem Bereich das unternehmerische Umfeld (einschließlich kulturell-klimatischer Bedingungen), die Vorbildwirkung der Führungskräfte und die Kombination verschiedener Methoden, insbesondere der unter sozialer Kompetenz subsummierten, eine besondere Rolle. Abbildung 25 informiert über die spezifischen Lernmethoden, -inhalte und Prozeßaspekte der Entwicklung personaler Kompetenz.

Zur Einheit der Kompetenzen in der Weiterbildung

So wie es eine deutliche Anforderungsverschiebung und qualitative Veränderungen in der beruflichen Weiterbildung hin zur betrieblichen Kompetenzentwicklung gibt, werden innerhalb des Ensembles unternehmensnotwendiger Kompetenzen Prioritäten verschoben. In der Einheit von Fach-, Methoden-, Sozial- und personaler Kompetenz dominieren mit Zunahme von Komplexität und (Veränderungs-) Dynamik der Arbeitsanforderungen die personalen und sozialen Kompetenzen. Das zeigen sehr deutlich Untersuchungen zu den meistbesuchten Seminar-/Trainingsthemen in den Jahren 1992/93 und den meistgeforderten Themen für die folgenden Jahre.

Zentrale Fragestellungen

Seipel (1994) führte Trendanalysen über „Seminaranbieter", „Seminarmarkt" und „Entwicklungen auf dem Weiterbildungsmarkt in den Jahren 1991 bis 1994" durch und kam unter anderem zu folgenden Schlußfolgerungen:
1. Während im Rezessionsjahr 1993 die TOP-Themen „Verkauf und Marketing", aber auch „Allgemeines Management", „Menschenführung" und „Zeitmanagement" dominierten, werden als TOP-Themen der Zukunft in der deutschen Weiterbildungslandschaft folgende 10 Themen (aus insgesamt 20 vorgelegten Themen) eindeutig hervorgehoben (die Abkürzugen bedeuten: FK: Fachkompetenz; MK: Methodenkompetenz; SK: Sozialkompetenz; PK: Personale Kompetenz):

   1.) Menschenführung (insbesondere Projekt- und Teammanagement, Motivation von Mitarbeitern, Zielfindungsprozesse im Team)   SK / PK
   2.) Verkauf, Marketing, Teamselling, Rhetorik, Branchenentwicklungskenntnis, Produktkenntnis   FK / SK
   3.) Unternehmenskultur   SK / MK / PK
   4.) Allgemeines Management (z.B. Strategie)   MK / SK
   5.) Rhetorik, Kommunikation, Interaktion   SK
   6.) Persönlichkeitsentwicklung, Selbsterkenntnis   PK
   7.) Produkt- und Qualitätsmanagement   MK / FK / SK/ PK
   8.) Personal (z. B. Coaching, Bewerberauswahl)   MK / SK
   9.) Umweltschutz   FK / MK
   10.) Train the Trainer   SK / PK

   8 von 10 dieser TOP-Seminarthemen verbinden verschiedene Kompetenzen. Ebenfalls bei 8 dominiert die soziale Kompetenz.

2. Demgegenüber nimmt die Bedeutung folgender noch 1993 dominierender Themen (relativ) ab:
   - EDV   (FK / MK)
   - Zeitmanagement / individuelle Arbeitsorganisation   (MK)
   - Betriebswirtschaft, Rechnungsführung   (FK)
   - Arbeitsplatz, Büroorganisation   (FK / MK)

   An Bedeutung überdurchschnittlich zugenommen haben die Themen:
   - Unternehmenskultur   (SK / MK / PK)
   - Umweltschutz   (FK / MK)
   - Menschenführung (mit besonderem Akzent auf Teambuilding und Teamführung)   (SK / PK)

   Offensichtlich weichen FK-MK-Themen SK-PK-Verbundthemen.

3. Hierbei gleichen sich die Themenlandschaften in Ost- und in Westdeutschland immer mehr an, wenn auch in Ostdeutschland weiterhin deutlich weniger Seminare durchgeführt werden und FK- und MK-Themen (i. S. des Nachholens) noch stärker vertreten sind.

4. Es hängt zwar zumeist vom Seminarthema sowie von der Unternehmensgröße ab, ob die Seminare/Trainings intern oder extern veranstaltet werden. Insgesamt jedoch ist ein deutlicher Trend von externen zu firmeninternen Trainings feststell-

bar. Mit letzterem nimmt wiederum die Realitätsnähe und die SK-PK-Orientierung zu (vgl. auch Schildmayer, 1994).

5. Wertbildende Prozesse in den Unternehmenverbunden mit Kompetenzentwicklungen, insbesondere der sozialkommunikativen Kompetenz gewinnen an Bedeutung.

6. Zukünftig werden Dienstleistungsprodukte immer mehr gemeinsam mit den Kunden entwickelt. „Zum einen ist Weiterbildung selbst eine Dienstleistung, zum anderen muß Weiterbildung die Unternehmen auf die Auswirkungen der Dienstleistungsgesellschaft vorbereiten" (Seipel, 1994).

Bedeutungszunahme von „Führungskompetenz"

Die betriebliche Weiterbildung geht davon aus, daß Führungsfähigkeiten und -fertigkeiten gelernt und vermittelt werden können. Dem Begriff Führungskompetenz werden die unter Abschnitten 4.2 zunächst dargestellten Kompetenzen subsummiert, allerdings unter deutlicher Priorität der sozial-kommunikativen und persönlichen Kompetenz. Letztere nahmen – auch an der Anzahl angebotener Seminare/Trainings ersichtlich – zu. Die inzwischen viel zitierte internationale Untersuchung von Korn/Ferry (1989) unterstreicht diese Tendenz und hebt die sozial-kommunikative Kompetenz hervor (Abbildung 26).

Betrachtet man die Führungstätigkeit unter dem Aspekt der gegenwärtig größten Wissenslücken und Schwachstellen, dann treten aus der Sicht der Unternehmen folgende zehn Punkte besonders hervor (Ausgangsbasis sind 31 vorgegebene Management-Anforderungen resp. Bildungsbedarfe; vgl. Sinn, 1993):

- Controlling (FK)
- Marketing (FK)
- Innovationsmanagement (FK / MK / SK)
- Persönlichkeitsentwicklung (SK / PK)
- Personalentwicklung (SK / PK)
- Strategiedenken (MK)
- Kommunikationstechnik (MK / SK)
- Logistik (FK)
- Organisation (FK)
- Motivation (SK / PK)

Bezogen auf die Fachkompetenz (50% der zehn TOP-Themen) werden als besonders wichtig ausgewiesen:
- Controlling
- Marketing
- Logistik
- OperationsResearch
- Investitionsrechnung.

Diese Themen werden nach Einschätzung der befragten Unternehmen in Zukunft noch wichtiger.

Gegenüber den betriebswirtschaftlichen Defiziten werden die technischen Wissenslücken als noch bedenklicher eingeschätzt, hierbei insbesondere:
- Innovationsmanagement
- Datenverarbeitung
- Qualitätssicherung
- Just-in-Time-Produktion.

Hinsichtlich der Sozial- und personalen Kompetenz werden i. S. des aktuellen Nachholbedarfs wiederum hervorgehoben:

- Persönlichkeitsentwicklung   (PK / SK)
- Personalentwicklung   (MK / SK)
- Strategieentwicklung   (MK)
- Organisation   (FK)
- Motivation   (SK / PK)
- Kreativität   (PK / MK)
- Sprachen   (FK / PK)
- Führungsstil / -Techniken   (SK / PK)
- Firmenkultur   (SK / MK)

Auffallend ist, daß „weiche" Seminarthemen an Gewicht gewinnen; Fachwissen verliert gegenüber den weichen Werten an Bedeutung (Sinn, 1991). Unternehmerisch denkende, teambildende, visionär-kommunikative Manager, die nach Möglichkeit international ausgerichtet sein sollen und unterschiedliche Gruppenprozesse erkennen und moderieren können, sind gefragt.
Abbildung 27 gibt einen Überblick über die häufigsten Methoden der Entwicklung von Führungskompetenzen.

4.3 Die Veränderung der Bestimmung von Weiterbildungsqualität

Die Betonung der Kompetenzentwicklung führt zu einer Veränderung der Bestimmung von Weiterbildungsqualität.
Da Kompetenzen, wie in Abschnitt 4.1 bereits ausgeführt, subjektive Dispositionen, nicht objektive Denk- und Handlungsresultate des Individuums erfassen, kann ihre Entwicklung nicht mit den herkömmlichen Instrumentarien bestimmt werden. Konkrete Qualifikationen können direkt gemessen und zertifiziert, Kompetenzen nur indirekt (nach Realisierung der Dispositionen) evaluiert werden. Das gilt in besonderem Maß für Sozial- und personale Kompetenzen.
Im Mittelpunkt steht die Person-Ebene, nicht die Verhaltens-Ebene. Als Evaluationsinstrumente kommen infolgedessen vor allem psychologisch-sozialpsychologische Konstrukte, Beurteilungen und Tests infrage, obwohl die inflationäre Fülle von Schlüsselqualifikations- wie Kompetenzbegriffen erschwerend wirkt (Kloft/Didi/Fay/Vogt 1995). Es besteht eine Fülle von theoretisch und empirisch fundierten Ansätzen um Sozial- und personale Kompetenzen zu evaluieren (Schuler/Barthelme 1995, 77 ff). Kompetenzentwicklungsbeurteilungen werden vielfach intuitiv getroffen

(Fördergespräch). Sie spielen dennoch eine immer größere Rolle für die berufliche Weiterbildung. Die Weiterentwicklung der Förderung, Erfassung und Beurteilung von Sozial- und personaler Kompetenz wird sich folglich in den kommenden Jahren von einem Problemfeld der beruflichen Weiterbildung zu einer ihrer Kernaufgaben entwickeln (Seyfried 1995). Auf ihre Förderung ist oben im Rahmen der Diskussion von Methoden zur Entwicklung von Sozial- und personaler Kompetenz ausführlich eingegangen worden. Ihre Erfassung und vor allem ihre Beurteilung sollen hier kurz erörtert werden.
„Nur der, der selbst sozial kompetent ist, kann auch soziale Kompetenz vermitteln" hat Mangels (1995, 53) zurecht festgestellt. Das läßt sich in doppelter Hinsicht ausdehnen: Es gilt nicht nur für Sozial-, sondern auch für personale Kompetenz, die zu ihrer Erfassung und Beurteilung ausgeprägte Personalität verlangt. Es gilt weiterhin nicht nur für die Vermittlung, sondern auch für die Beurteilung dieser Kompetenzen. Empathie, Kooperationsbereitschaft und -fähigkeit, Konflikt- und Kritikfähigkeit (Mangels, 1995, 53 ff) können nur von dem gefördert, erfaßt und beurteilt werden, der sie selbst in hinreichendem Maße besitzt. Diese Situation ist grundsätzlich anders als bei der Erfassung und Beurteilung von – gegebenenfalls durch Zertifizierungskriterien und Prüfungsordnungen genau festgelegten – fachlichen Wissensbeständen und Qualifikationen, aber auch bei Fach- und Methodenkompetenz.

Das heißt natürlich nicht, daß es keine Hilfsmittel der Evaluation gäbe, es muß nur stets bewußt bleiben, daß es sich um Evaluation und nicht um Messung objektiver Sachverhalte handelt. Eine „objektive" Beurteilung sozialen Verhaltens ist unmöglich. Es handelt sich auch bei der Benutzung formalisierter und standardisierter, auf Verhaltensbeobachtungen beruhender Verfahren stets um eine nur relative Objektivität. In die benutzten Rating-, Kennzeichnungs-, Auswahl- oder Rangordnungsverfahren finden subjektive Bewertungsgesichtspunkte dadurch Eingang, daß sie die Festlegung der einzuordnenden Merkmale maßgeblich bestimmen. In die formalisierten oder freien Verhaltensbeobachtungen gehen subjektive Momente in Form von systematischen Beobachtungsfehlern ein. Schließlich werden diese teilobjektivierten Evaluationen in der Regel durch subjektive Beurteilungsgespräche flankiert, die von großer kommunikativer Mehrdeutigkeit bestimmt sind. Einen gewissen Ausweg stellen Peer-Beurteilungen dar, bei denen jeder Mitarbeiter durch mehrere seiner Kollegen unabhängig voneinander eingeschätzt wird. Auch sie garantieren allerdings nur eine „gemittelte" Subjektivität, keine Objektivität (Seyfried 1995, 137 ff).

Schuler/Barthelme (1995, 96 ff) führen als solche Hilfsmittel der Evaluation an: Prädikatorenkonzeptionen (Zuordnung geforderter Prädikate zu sozialen und personalen Dispositionen: Fragebogenverfahren, Rollenspiele, Gruppendiskussionen, situative Interviews, standardisierte Filmszenen zum Durchspielen sozialer Situationen), Kriterienkonzeptionen (Zuordnung von Verhaltenskriterien zu sozialen und personalen Dispositionen: Verhaltenbeobachtungsskalen, Kriterienkataloge) und Validitätskontrollen. Schmidt (1995, 117 ff) begründet den Einsatz psychologischer Meßverfahren für Sozialkompetenzen, z.B. von Leistungstests, Fragebogenverfahren, Fremdbeurteilungs- und Beobachtungsverfahren.

Es ist ein wichtiges, noch weitgehend in der Diskussion stehendes Ziel, Kompetenzen – den grundlegend neuen Bestandteil der Schlüsselqualifikationen – in den Rahmen

Zentrale Fragestellungen

beruflicher Prüfungen einzubeziehen. Dabei kann es immer nur darum gehen, berufliche Handlungskompetenz mitzuberücksichtigen, nicht sie isoliert zu prüfen (Reisse 1995). Dieses Ziel ist wohl am weitesten in Großbritannien berücksichtigt, „dessen Regierung einen ganz besonderen Ansatz der Kompetenzdefinition und -messung zum Eckpfeiler nationaler Berufsausbildungspolitik gemacht hat ... In wesentlich stärkerem Maße als jedes andere Land ist das Vereinigte Königreich dazu übergegangen, kompetenzgestützte Ansätze in die wesentlichen Bildungs- und Ausbildungsbereiche einfließen zu lassen" (Wolf 1994, 33). Dort wurden Kompetenzelemente nationaler Berufsqualifikationen (National Vocational Qualifications NVQ) festgelegt, welche die bloße Prüfung von Kenntnissen oder Fähigkeiten überwinden und daneben die Prüfung von Kompetenzen gestatten. „Der Kompetenzbegriff beschreibt all das, was eine Person, die in einem bestimmten Beruf tätig ist, können sollte. Er umfaßt alle Tätigkeiten, Verhaltensweisen und Leistungsanforderungen, die in der Berufssparte 'wirklich zählen'" (ebenda, 35). Traditionelle Qualifikationen gehen hier also als Teilbereiche der geforderten Kompetenzen ein. Geprüft wird ein möglichst realitätsnahes berufliches Handeln. Daß auch dieser Ansatz seine theoretischen Leerstellen und praktischen Tücken hat, wird nicht verschwiegen.

Reisse (1995) macht einen Vorschlag zur Einbeziehung von Schlüsselqualifikationen/ beruflichen Kompetenzen in die berufliche Bildung, der in zwei Schritten vorgeht. Zunächst umreißt er Hauptkriterien für die Bestimmung von Schlüsselqualifikationen, die entsprechend für Kompetenzen gelten. Solche sind:
- die berufspädagogische Relevanz (die Bedeutung, die der Schlüsselqualifikation/ beruflichen Kompetenz in der berufspädagogischen Diskussion beigemessen wird);
- die Operationalisierbarkeit (die Übereinstimmung mit psychologischen, operationalisierbaren Konstrukten und Begriffen);
- die internationale Bedeutung (die Übereinstimmung mit international diskutierten Schlüsselqualifikationen/beruflichen Kompetenzen, insbesondere im angelsächsischen Bereich);
- die rechtliche Begründung (die Übereinstimmung mit rechtlichen Vorgaben für Ausbildung und Prüfung in beruflichen Curricula);
- die Anwendbarkeit in der Praxis (inwieweit Bildungspraktiker mit dem Vorschlag arbeiten können).

Als wichtigstes Zusatzkriterium erscheint:
- die Transfereigenschaft (der Nachweis oder die Plausibilität, daß die Qualifikation auch in anderen Gebieten außerhalb des Bereichs, in dem sie erworben wurde, angewandt werden kann).

Von diesen Kriterien ausgehend, entwirft er dann einen Schlüsselqualifikations-Katalog (Abb. 28) für berufliche Prüfungen und Zertifikate (ebenda). Hier ist entscheidend, daß mit den Schlüsselqualifikationen Kommunikation, Kooperation und z.T. Planung/Organisation eindeutig Sozialkompetenzen in die anvisierten beruflichen Prüfungen und Zertifikate einbezogen sind, während mit der Kreativität ebenso eindeutig eine der entscheidensten personalen Kompetenzen berücksichtigt wird. Hinzuweisen ist auf die wichtige Aussage, daß allein die Kommunikation sowohl national und international relevant als auch operationalisierbar und praktisch anwendbar erscheint, während bei Kooperation und Kreativität trotz hoher berufspädagogischer

Relevanz die Operationalisierbarkeit und rechtliche Begründung sich nur eingeschränkt durch entsprechende Kriterien belegen läßt. Auch die Anwendbarkeit ist eingeschränkt. Die Kooperation ist zudem in Prüfungen schwer zu berücksichtigen.

Insgesamt läßt sich feststellen, daß berufliche Kompetenzentwicklung keine qualitativ „höheren", sondern zumeist qualitativ andere Bestimmungen von Weiterbildungsqualität erfordert. Vor allem Sozial- und personale Kompetenz sind nur in einzelnen Aspekten direkt in berufliche Prüfungen und Zertifikate einbeziehbar. Ihre Bewertung gehört jedoch zu den wichtigen Aufgaben zukünftiger beruflicher Weiterbildung.

4.4 Die Veränderung der Weiterbildungsorte und der Weiterbildungsteilnehmer

Dem Pluralismus der Anbieter und Träger der Weiterbildung entspricht neben der Vielfalt an Zielen, Methoden und Programmen auch ein ganzes Spektrum von Weiterbildungsorten. Diese Vielfalt bleibt beim Übergang von der traditionellen beruflichen Weiterbildung zur Kompetenzentwicklung nicht nur bewahrt, sondern wird weiter ausgebaut. Dabei geht es um Möglichkeiten, Lerntätigkeiten mit Arbeitstätigkeiten sinnvoll zu verbinden (vgl. Frieling/Reuther 1994).
Lernort wurde vom Deutschen Bildungsrat 1974 im Rahmen der Neuordnung der Sekundarstufe II definiert als „eine im Rahmen des öffentlichen Bildungswesens anerkannte Einrichtung, die Lernangebote organisiert".

Damit wurde deutlich gemacht, daß
- Lernen nicht nur zeitlich, sondern auch lokal gegliedert ist;
- sich Lernorte durch ihre pädagogische Funktion unterscheiden;
- es um intentionales, geplantes und organisiertes Lernen geht.

Auf dem Weg von der beruflichen Weiterbildung zur beruflichen Kompetenzentwicklung kommt es zu *qualitativen und quantitativen Veränderungen der Lernorte*:

1. Bullinger/Gidion (1994) unterscheiden vier Lernorte:
   - Lernen im Seminar
   - Lernen in der Arbeit
   - Selbstlernen
   - Lernen durch Coaching

   und ordnen diese schwerpunktmäßig der Entwicklung grundlegender Kompetenzen (Handlungskompetenz, Fachkompetenz, Selbstkontrollkompetenz, Methoden- und Sozialkompetenz) zu.

Ähnlich werden in der Erhebung des Instituts der deutschen Wirtschaft/Köln zur betrieblichen Weiterbildung im Jahre 1992 sechs Lernorte mit unterschiedlichen Weiterbildungsformen aufgeführt (Weiss, 1994):
   - Lernen am Arbeitsplatz
   - Selbstgesteuertes Lernen

- Interne Lehrveranstaltungen
- Externe Lehrveranstaltungen
- Umschulungsmaßnahmen

Direkte, quantifizierbare Schlußfolgerungen zur Verteilung der Lernorte lassen sich zwar aus dieser Untersuchung nicht ableiten, aber eine Reihe wichtiger Einzelhinweise:

a) Der Schwerpunkt der betrieblichen Weiterbildung liegt auf praxisbezogenen Lernformen und ist vorrangig an das Lernen in der Arbeitssituation gebunden (Gesamt befragter Unternehmen):

Weiterbildungsformen	„ständig/häufig"	Rangplatz
- Lernen in der Arbeitssituation	92,2%	(1.)
- Selbstgesteuertes Lernen	84,0%	(2.)
- Interne Lehrveranstaltungen	55,9%	(5.)
- Externe Lehrveranstaltungen	59,9%	(4.)
- Informationsveranstaltungen	75,2%	(3.)
- Umschulungsmaßnahmen	8,5%	(6.)

b) Sehr deutliche Unterschiede bzgl. der Formen und Lernorte gibt es zwischen IHK- und HKW-Betrieben.
63,4% der IHK-Unternehmen führen interne Lehrveranstaltungen durch, hingegen nur 32,1% der HKW-Unternehmen; bzgl. externer Maßnahmen ist diese Relation ähnlich (67 zu 37,5%). Hinsichtlich der Formen/Orte „Lernen am Arbeitsplatz" und „Selbstgesteuertes Lernen" gleichen sich die Nutzungen an, wie die Ordnung der Weiterbildungsaktivitäten nach Kammerbereichen zeigt (Weiss 1994):

Weiterbildungsformen	Anteil der Betriebe in Prozent, die entsprechende Maßnahmen „ständig" oder „häufig" durchführen		
	IHK-Betriebe	HWK-Betriebe	Betriebe insgesamt
Lernen am Arbeitsplatz	94,5	85,5	92,2
selbstgesteuertes Lernen	85,7	78,4	84,0
interne Lehrveranstaltungen	63,4	32,1	55,9
externe Lehrveranstaltungen	67,0	37,5	59,9
Informationsveranstaltungen	79,1	62,8	75,2
Umschulungsmaßnahmen	09,7	4,5	08,5
insgesamt	98,0	94,6	97,2

c) Je größer die Unternehmen, desto breiter ist in der Regel das Spektrum der genutzten Weiterbildungsmaßnahmen und -orte, wie die folgende Ordnung der Weiterbildungsaktivitäten nach Größenklassen zeigt:

Größenklassen	Anteil der Betriebe, die entsprechende Maßnahmen „ständig" oder „häufig" durchführen						
	Lernen am Arbeitsplatz	selbstgesteuertes Lernen	interne Lehrveranstaltungen	externe Lehrveranstaltungen	Informationsveranstaltungen	Umschulungsmaßnahmen	insgesamt
1 bis 19	80,5	78,5	26,6	28,1	59,9	3,7	92,6
20 bis 49	93,2	74,7	34,6	50,0	68,5	3,7	98,1
50 bis 99	89,9	77,7	46,0	52,5	68,3	4,3	96,4
100 bis 199	94,7	85,7	62,4	71,4	82,7	6,0	98,5
200 bis 499	99,0	86,6	60,8	68,0	81,4	9,8	99,0
500 bis 999	97,4	91,6	75,3	85,7	85,7	11,7	99,4
1000 bis 4999	98,6	93,0	92,6	86,0	87,9	16,3	100,0
bis 5000	98,3	89,8	100,0	84,7	93,2	25,4	100,0
insgesamt:	92,2	83,9	56,1	60,2	75,4	8,5	97,2

d) Darüber hinaus gibt es strukturelle Unterschiede. Finanzdienstleistungsunternehmen stehen in allen Weiterbildungsformen (und Lernorten) an der Spitze, gefolgt von den Branchen Bergbau/Elektrizitäts- und Wasserwirtschaft (2. Platz), Grundstoff- und Produktionsgewerbe (3. Platz) sowie Investitionsgütergewerbe (4. Platz). Am Ende steht das Baugewerbe.

2. Sowohl bei (unternehmens-) internen als auch bei externen Lehrveranstaltungen gibt es ein West-Ost-Gefälle. In Ostdeutschland werden prozentual deutlich weniger Seminare veranstaltet als in Westdeutschland (Seipel, 1994). Ostdeutsche Unternehmen versuchen anscheinend, das ökonomisch bedingte Manko an internen und externen Seminaren, Trainings und Lehrgängen durch informelle, selbstgesteuerte Lernformen auszugleichen (bzw. „im Selbstlauf" durch letztere kompensieren zu lassen).

3. Es gibt keinen generellen Trend zu firmeninternen Weiterbildungsformen und -Inhalten. Es hängt vielmehr in der Regel vom Seminarthema und von der Unternehmensgröße ab, ob Seminare, Trainings und Lehrgänge firmenintern oder extern durchgeführt werden.

4. Differenziert man zwischen Altersgruppen sowie zwischen Weiterbildung inner- und außerhalb der Arbeitszeit, dann fällt eine weitere Entwicklung auf: Junge Menschen, insbesondere der Altersgruppen 20 bis 24 Jahre und 25 bis 29 Jahre

Zentrale Fragestellungen

entdecken die Weiterbildung als aktive Form der Freizeitgestaltung; Freizeit wird zur Bildungszeit, selbstorganisierte Freizeitlernformen nehmen zu. In der persönlichen Wertehierachie der Bundesbürger nahm die Bildung im Jahre 1990 nach der Freizeit, der Familie und dem Freundeskreis den vierten Platz ein – und das insbesondere bei den 20 bis 30jährigen. Hingegen stagniert die Bildungsbereitschaft der mittleren und älteren Generation, bzw. sie sinkt sogar im Vergleich zu Ergebnissen vor 1990.
Im Vordergrund des Lernens in der Freizeit stehen Fremdsprachenkurse, Computerlehrgänge, Studienreisen (In- und Ausland), künstlerisches Gestalten. Als Weiterbildungsorte dominieren hierbei die Volkshochschulen, Ferien-Akademien, Seminarhotels mit Wochenendseminaren, eigene Wohnungen.

Weiterhin kommt es zu *Lernorganisatorisch-strukturellen Veränderungen* des Lernortes beim Übergang zur beruflichen Kompetenzentwicklung

Lernorganisatorisch und strukturell können Lernorte in bezug auf ihre Nähe zum Arbeitsplatz bzw. -prozeß variieren und in Erweiterung einer Klassifikation von Dehnbostel/Novak (1995) arbeitsgebundenes, arbeitsverbundenes oder arbeitsorientiertes Lernen ermöglichen, wobei arbeitsorientiertes Lernen zentral oder dezentral erfolgen kann.
Didaktisch-methodisch stellt sich vor allem die Frage nach den je Lernort zu entwickelnden Qualifikationen und Kompetenzen und nach den eingesetzten Methoden und Medien.
In personaler Hinsicht sind die Teilnehmer an den Lehr-/Lernprozessen an den unterschiedlichen Lernorten und ihre jeweiligen Rollen zu spezifizieren. In modernen, technologisch anspruchsvollen Arbeitsprozessen werden integrative Formen der Verbindung von Arbeit und Lernen immer notwendiger. Nach Münch (1994) nimmt das Unternehmen die Rolle des Metalernortes ein, weil es nicht mehr nur Träger im institutionellen Sinne ist, sondern mit seinem Lernklima und mit seinen allgemeinen arbeits- und lernorganisatorischen Bedingungen das Lernen stark beeinflußt. Es entwickelt sich eine Tendenz zu dezentralem Lernen, zur Erweiterung und relativen Autonomie der Lernorte sowie zur Delegation von Verantwortung und Kompetenz in diese Lernorte (Dehnbostel 1995, Dehnbostel/Novak 1995). Dies macht zentrale Lernorte, z.B. Bildungszentren, jedoch nicht überflüssig, sondern erfordert, neue Lernortkombinationen zu erproben. Ein geplanter Wechsel von arbeitsplatz-/ arbeitsprozeßnahem und arbeitsplatz-/ arbeitsprozeßdistanziertem Lernen bietet die größten Lernchancen.

Zunächst zum arbeitsplatz- bzw. arbeitsprozeßnahem Lernen.
Als ein herausragendes Beispiel für ein Arbeitssystem, welches geeignet ist, den Arbeitsplatz zum anspruchsvollen und dauerhaften Lernort zu entwickeln, gilt das der strukturinnovativen Gruppenarbeit (Gerst et al. 1995). Sofern sie mit erhöhten Partizipationsmöglichkeiten und persönlichkeitsförderlicher Tätigkeit verbunden ist, zieht sie berufsübergreifend hohe Qualifikationsstandards und hohe Kompetenzenwicklungspotentiale nach sich. Sie führt nach Dehnbostel (1995) in der betrieblichen Organisationsentwicklung und der Berufsbildung zu Kompetenzentwicklungszielen wie der Fähigkeit zur Kommunikation und Kooperation, die methodisch vor allem über Gruppenlernen realisiert werden sowie zu einem kompetenzfördernden Reflektieren

der Arbeitssituation (Gerst et al. 1995).
Übereinstimmendes Resultat vieler Untersuchungen ist jedoch die gleichbleibende oder sogar gestiegene psychische Arbeitsbelastung bei der Einführung von Gruppenarbeit. Dies wird subjektiv durch die Beschäftigten sowohl auf den vergrößerten Arbeitsumfang im Sinne einer größeren Vielfalt an zu verrichtenden Arbeitsgängen, als auch auf höheren Zeitdruck durch den Wegfall von Pufferzeiten, die bei repetitiven Tätigkeiten in einem Stadium hoher Fertigkeit schnell anfallen können, zurückgeführt (vgl. Lantz 1995; Gerst et al. 1995).

Trotzdem werden in der Mehrzahl der Untersuchungen positive Gesamturteile über die Gruppenarbeit widergegeben. Sie findet man dort vor, wo die Beschäftigten Freiräume haben, ihre Arbeit selbst zu gestalten, selbst einzuteilen oder sich wechselseitig zu unterstützen. Für den Bereich der Weiterbildung zeigen die Untersuchungen den Stellenwert sozialer Kompetenzen auf: Berufliche Kompetenzentwicklung vermag der Kompensation starker Lernbelastungen und der Herstellung möglichst arbeitsnaher Lernsituationen in Gruppen bzw. Kleingruppen zu dienen.

Nun zur arbeitsplatz- bzw. arbeitsprozeßdistanzierten Kompetenzentwicklung.
Sie kann innerbetrieblich, aber auch extern erfolgen. Bei unternehmensexternen Lernorten kann es sich sowohl um für eine bestimmte Anzahl von Teilnehmern organisierte Veranstaltungen, als auch um individuelles selbstorganisiertes Lernen handeln.
Beispiele für arbeitsplatz- bzw. arbeitsprozeßdistanzierte Lernorte mit deutlichem Kompetenzentwicklungsanteil sind Lehrwerkstatt, Lernfabrik, Qualitätszirkel, Erfahrungsaustauschkreise, Seminare/Lehrgänge/Kurse in betrieblichen oder überbetrieblichen Bildungseinrichtungen, Vorträge/Fachmessen/Kongresse. Für das individuell selbstorganisierte Lernen kommen als Beispiele Fernunterricht und das Selbststudium im Rahmen von Projekten und im Rahmen individueller Vorbereitung auf betriebliche Veränderungen hinzu. Arbeitsplatz- bzw. arbeitsprozeßdistanzierte Lernorte eignen sich gegenüber dem Lernen im Prozeß der Arbeit besser zur Reflexion der Arbeitssituation und zum theoretisch-systematischen Durchdringen beruflicher Tätigkeit wie arbeitsprozeßlicher Zusammenhänge.

Moderne Formen der Verwirklichung solcher Ziele sind Qualitätszirkel und Lernstatt, in deren Mittelpunkt die gemeinsame Bearbeitung eines Problems, evtl. abwechselnd von einem/mehreren Teammitgliedern steht. Projektaufgaben und reale Aufgabenstellungen aus dem Arbeitsprozeß ermöglichen die Verbindung von theoretischem und praktischem Lernen. Die dabei gegebenen großen Potentiale an Motivation und sozialer wie individueller Selbstorganisation sind entscheidende Voraussetzungen für die Entwicklung von Sozial- und personaler Kompetenz. Auch aus diesem Grund sind und bleiben außer- bzw. überbetriebliche Bildungsträger vor allem für kleine und mittlere Unternehmen in der Weiterbildungslandschaft unverzichtbar (vgl. Alt/Holz/Scholz 1995; Alt/Sauter/Tillmann 1994; Heidegger/Rauner 1995; Berger 1995).
Um eine Verknüpfung zentraler und dezentraler Lernorte handelt es sich bei der Lerninsel (vgl. z.B. Dehnbostel/Novak 1995; Dehnbostel 1995). Sie verbindet die individuelle Kompetenzentwicklung mit der organisationalen Entwicklung des Unternehmens.

Zentrale Fragestellungen

Wichtig sind weiterhin die *didaktisch-methodischen* Charakteristika des Lernortes beim Übergang zur beruflichen Kompetenzentwicklung.

Bei der Auswahl der Lernorte bzw. der Lernortkombination unter methodisch-didaktischen Gesichtspunkten sind u.a. folgende Fragen zu klären:
- Welche Qualifikationen und Kompetenzen können an welchen Lernorten erworben, erweitert oder vertieft werden?
- In welchem inhaltlichen Zusammenhang stehen die Lernorte zu den neuen Konzepten der Unternehmensentwicklung?
- Wird ein didaktischer Ansatz lernortspezifisch verfolgt, z.B. handlungsorientiertes Lernen, situatives Lernen etc.?
- Welche Methoden (Leittext, Projekt, Lehrgang, Gruppenlernen usw.) werden an welchen Lernorten eingesetzt?
- Welche Medien kommen an welchen Lernorten zu Einsatz? (vgl. Dehnbostel 1995).

Die entsprechenden Überlegungen knüpfen direkt an die im Abschnitt 2. bereits ausführlich diskutierten Methoden zur Kompetenzentwicklung an.
Beim arbeitsplatz- bzw. arbeitsprozeßnahen Lernen liegt der Schwerpunkt auf dem Erwerb von Erfahrung in einem umfassenden Sinn (z.B. in Form von Trainingsverfahren oder eines sozialkontaktorientierten Gruppenlernens (Sonntag/Schaper 1992).

Beim arbeitsplatz- bzw. arbeitsprozeßdistanzierten Lernen ist das Gewicht der kognitiven Momente im Lernprozeß stärker als beim Lernen im Prozeß der Arbeit. Es kommt darauf an, theoretische Aspekte zu lehren und zu lernen, die durch geistige Abstraktionsleistungen aus der Praxis heraus das Handeln selbst erfolgreicher machen können, z.B. durch Unterstützung technischer Lösungen wie Multimedia und CBT, durch Verhaltenstrainings, durch interdisziplinären Austausch, durch handlungsorientiertes Gruppenlernen (etwa Rollenspiele, binnendifferenzierter Unterricht in Kleingruppen, moderierte Gruppendiskussionen, Projektarbeit).

Das arbeitsplatz- bzw. arbeitsprozeßdistanzierte selbstorganisierte Lernen wird mit dem Trend zu höherer Eigenaktivität für den einzelnen Mitarbeiter – auch aus Gründen der Konkurrenz am Arbeitsmarkt – immer wichtiger werden. Wichtig ist dabei, den Erwerb von Voraussetzungen und Strategien zum selbstorganisierten Lernen zu unterstützen, z.B. durch Verwendung von Selbstinstruktionstechniken (vgl. Rühle/Matern/Skell 1980), von Techniken zur Wissensstrukturierung (Kreativitätstechniken) und zum Zeitmanagement, im weitesten Sinne durch ein pädagogisch-psychologisches „Lernen lernen" (Krapp/Weidenmann 1992).
Schließlich sind *personale* Charakteristika des Lernortes beim Übergang zur beruflichen Kompetenzentwicklung zu berücksichtigen.

Lernorte sind nicht nur durch ihre räumlichen Gegebenheiten, sondern auch durch das in ihnen agierende Bildungspersonal für bestimmte Inhalte und Methoden beruflicher Kompetenzentwicklung in unterschiedlichem Maße geeignet.
Das arbeitsplatz- bzw. arbeitsprozeßnahe Lernen erfolgt traditionell durch Fachausbilder, Lehrfacharbeiter, Meister o.ä., die zum einen neben den Funktionen im Bereich

der Aus- und Weiterbildung noch andere Funktionen im Tagesgeschäft haben und die zum anderen originär nicht über pädagogische oder psychologische Qualifikationen verfügen. Diese werden aber gerade durch den veränderten Stellenwert des Lernens im Unternehmen und durch den zunehmenden Übergang zur beruflichen Kompetenzentwicklung wichtig (siehe dazu Quem 1993; Frieling/Reuther 1994). Ein wichtiger Aspekt ist dabei die Qualitätssicherung in der Aus- und Weiterbildung (vgl. Quem 1993; Alt et al. 1994).
Im Bereich des arbeitsplatz- bzw. arbeitsprozeßdistanzierten Lernens sind notwendige Kompetenzen im Sozial- und Methodenbereich bei den Aus- und Weiterbildnern eher vorhanden, jedenfalls in zentralen Bildungseinrichtungen. Hier liegt eine der großen Ressourcen der Entwicklung der Weiterbildung hin zur Kompetenzentwicklung in der Gestaltung der Zusammenarbeit mit den Weiterbildnern der anderen Lernorte.

Der Übergang von der traditionellen beruflichen Weiterbildung zur Kompetenzentwicklung schreibt also jedem Lernort neue Funktionen zu, verändert die Bedeutung der einzelnen Weiterbildungsformen und prägt neue, alle Lernorte betreffende *Trends* aus:
(1) Eine veränderte Kombination, systematische Verbindung und Kooperation von Lernorten, (Münch 1994). (2) Eine mit der Integration von Lernen und Arbeit verbundene Tendenz zu dezentralem Lernen, (Dehnbostel 1995, 517 ff). (3) die Entwicklung von Methodenvielfalt und -weiterentwicklung an jedem Lernort, aufbauend auf breiten entwicklungs-, lern- und sozialpsychologischen Erkenntnissen. (4) Die Schaffung durchgehender Spielräume zur Selbstorganisation des Lernprozesses *durch* die Teilnehmer und des Lernprozesses *der* Teilnehmer bei der Lernortwahl/-kombination und (5) eine Verbindung individueller und organisationaler Entwicklung durch die Lernorte.

Die Veränderung der *Weiterbildungsteilnehmer* auf dem Weg von der beruflichen Weiterbildung zur beruflichen Kompetenzentwicklung sei hier nur summarisch zusammengestellt.
Erstens werden die ablaufenden und in Fehlergrenzen voraussagbaren demographischen Trends von den neuen Aus- und Weiterbildungsanforderungen nach Kompetenzentwicklung gleichsam überlagert.
Die in einer Reihe von Studien (Voit 1992; Skarpelis-Sperk 1994) dargestellte demographische Entwicklung der Bevölkerung wird in den kommenden Jahren so wohl den Arbeitsmarkt als auch die Weiterbildung deutlich verändern. Der Arbeitsmarkt wird älter, qualifizierter und weiblicher (Franke 1991) werden. Durch Zuwanderung (von überwiegend deutschstämmigen Aussiedlern) und steigende Frauenerwerbstätigkeit ist in Westeuropa bis zum Jahr 2010 nicht mit einem Rückgang der Massenarbeitslosigkeit zu rechnen. In Osteuropa wird überdies der dramatische Arbeitsplatzabbau in den nächsten 10 Jahren kaum auszugleichen sein. Nach dem Jahr 2010 aber muß vor dem Hintergrund der demographischen Entwicklung mit einer massiven Arbeitskräfteknappheit gerechnet werden. Die Brisanz dieser Entwicklung wird nach Skarpelis-Sperk (1994) durch die veränderte Alterszusammensetzung verschärft: einer durchgehenden Knappheit an jüngeren, hochqualifizierten Arbeitnehmern steht ein Überschuß an über 40jährigen gegenüber.

Dennoch steigert die Forderung nach hoher Sozial- und personaler Kompetenz, nach entwickelter beruflicher Handlungskompetenz in gewissem Maße die Chancen bestimmter Teilnehmergruppen: älterer Arbeitnehmer, die sich solche Kompetenzen lebenslang aneigeignet haben (vgl. Rognos 1993; Stooss 1994), von Frauen, die ihren männlichen Kollegen an Sozial- und personaler Kompetenz überlegen sind (vgl. Gaugler 1984; Braszeith et al. 1988; Engelbrech 1994), von Facharbeitern und Fachangestellten, deren fachliche Aus- und Weiterbildung durch Kompetenzentwicklung flankiert war und von Zuwanderern, sofern sie entsprechende Kompetenzen mitbringen (vgl. Siebert 1989; Apitzsch 1994; Boos-Nünning 1994).

Zweitens werden mit den durch das Ziel der Kompetenzentwicklung gewandelten Anforderungen der Unternehmen an die Weiterbildungsteilnehmer solche Zielgruppen wichtig, die eine hohe Mobilität mitbringen, intrinsisch motiviert lernen, schon von vornherein über eine große Sozialkompetenz verfügen und den gestiegenen psychischen Arbeitsbelastungen gewachsen sind.

Drittens ändern sich aber auch die Anforderungen der Teilnehmer von Kompetenzentwicklungsprozessen an die Spielräume und Selbstorganisationspotentiale innerhalb der Weiterbildung. Aus Teilnehmersicht wird die Forderung nach präventiver oder antizipativer beruflicher Weiterbildung zur Erhöhung der Marktchancen und des individuellen Marktwertes, aber auch zur Stärkung der Subjektperspektive erhoben (Bolder 1986; Gaugler/Schlaffke 1989). Solche Ansprüche verweisen deutlich auf den auch subjektiv-individuellen Bedarf an beruflicher Kompetenzentwicklung in Abgrenzung zur traditionellen Weiterbildung. Der zunehmenden Forderung von Unternehmen *nach* Kompetenzentwicklung stehen also die Ansprüche der Teilnehmer *in* Kompetenzentwicklungsprozessen nach Breite und Ganzheitlichkeit dieser Prozesse und nach Partizipationsmöglichkeiten, Autonomie und Subjekthaftigkeit ihrer Teilnehmer gegenüber.

Viertens schließlich trägt die Veränderung der Weiterbildungsteilnehmer auf dem Weg von der beruflichen Weiterbildung zur beruflichen Kompetenzentwicklung zur Segmentation des Arbeitsmarktes bei, was beträchtliche ökonomische Auswirkungen hat.

Der wahrgenommene Nutzen von Kompetenzentwicklung im Rahmen der beruflichen Weiterbildung für den einzelnen Arbeitnehmer hängt ganz wesentlich von den Transfermöglichkeiten des Gelernten in den Arbeitsalltag ab. Nicht jeder kann und will sich zudem den hohen Anforderungen von Kompetenzentwicklung an sein Lerninteresse, seine Lernbereitschaft und Selbständigkeit über die gesamte Berufsbiographie hinweg stellen. Der meist positiven Einschätzung von erweiterten Spielräumen bezüglich der Inhalte und der Selbststeuerung in der Weiterbildung stehen, wie erwähnt, Befürchtungen der Überforderung durch erhöhte Belastungen gegenüber, die nur dort von positiven Bewertungen entkräftet werden, wo die Beschäftigten kooperativ-kreative Freiräume vorfinden.

Der reale Nutzen von Kompetenzentwicklung im Rahmen der beruflichen Weiterbildung für den einzelnen Arbeitnehmer hängt von dem jeweils bereits vorhandenen Ausgangsniveau beruflicher Kompetenz ab. Der kumulative Charakter beruflicher Kompetenzentwicklung führt zu einer zunehmenden kompetenzbezogenen Segmentierung des Arbeitsmarktes nach „oben" und nach „unten" hin.

Aus dem Berufsbildungsbericht 1994 (S. 125) geht hervor, daß die Beteiligung an Weiterbildungsmaßnahmen mit der Höhe der Schulbildung und der Berufsbildung zwischen den einzelnen Abschlußniveaus sprunghaft ansteigt. Auch in einem Gutachten zur Weiterbildung (BMBW 1990) wird ein deutlicher, aus beruflicher Sozialisation resultierender Kompetenz- und Orientierungsvorsprung von Facharbeitern und Fachangestellten gegenüber Ungelernten konstatiert. Nach „oben" hin wird der Kompetenz- und Orientierungsvorsprung von Facharbeitern und Fachangestellten gegenüber Ungelernten durch die qualitativ und quantitativ zunehmende Kompetenzentwicklung weiter vergrößert. Wenn Kompetenz zum entscheidenden Kriterium zur Erlangung einer Position wird und als relativ knappes Gut gilt, wird Weiterbildung damit auch zum Instrument der Segmentation auf dem Arbeitsmarkt: Wo Kompetenz ist, kommt Kompetenz hin.

Nach „unten" hin werden immer größere Gruppen, die entsprechende Kompetenzen nicht ausbilden konnten (Jugendliche, Un- und Angelernte, sozial Schwache), aus dem Arbeitsmarkt gedrückt, was zu einer dauerhaften Marginalisierung größerer Gruppen der Gesellschaft führt: Wo keine Kompetenz ist, kommt kaum welche hin.
Das widerspricht nur scheinbar der altersbezogenen Segmentierung des Arbeitsmarktes, die von einer Konzentration der Arbeitsmarktchancen bei den jüngeren, blockierten Aufstiegschancen bei den mittleren Jahrgängen und erhöhten Arbeitsmarktrisiken bei den über 40jährigen ausgeht (Skarpelis-Sperk 1994). Diese Segmentierung findet nur insofern statt, als Fähigkeit zur Kompetenzentwicklung und Jugendlichkeit oft korreliert sind.
Solche Segmentationen wirken nicht nur den Interessen der Arbeitnehmer, sondern auch denen der Unternehmen an einer Flexibilität des Arbeitskräfteeinsatzes und ihrer Mobilität entgegen. Zudem wird eine solche Entwicklung einen erhöhten angebotsinduzierten Druck nach mehr Weiterbildungsofferten freisetzen und damit auch Zeiten produktiver Arbeit einschränken. Da Qualifizierungsinteressen sehr spezifisch und tendenziell berufsständisch sind, wird einerseits eine einheitliche Interessenvertretung z.B. durch die Gewerkschaften wesentlich schwieriger. Zum anderen droht der Gesellschaft insgesamt eine tiefe Spaltung mit einem großen Anteil beruflich nicht wieder eingliederbarer und gesamtgesellschaftlich marginalisierter Gruppen.
Bei der Suche nach Auswegen aus der angedeuteten Weiterbildungs-Spirale kann man vor allem an Interessen der Unternehmen anknüpfen, die einer Verstärkung der Segmentation entgegenstehen. Entscheidend ist die qualitative Ausgestaltung in Richtung beruflicher Kompetenzentwicklung und ihre Verbindung mit Arbeits- und Arbeitsmarktstrukturen, nicht so sehr die Quantität von betrieblicher Weiterbildung (vgl. BMBW 1990).

5. Erschwernisse bedarfsorientierter beruflicher Weiterbildung und Kompetenzentwicklung

Der zunehmende Bedarf an beruflicher Weiterbildung ist unübersehbar. Er ist, wie eingangs dargestellt wurde, zumindest grob quantitativ und qualitativ bestimmbar. Auch der Bedarf an beruflicher Kompetenzentwicklung – ein unumgänglicher Bestandteil der modernen beruflichen Weiterbildung – ist zumindest qualitativ eindeutig nachzuweisen. Dennoch gibt es deutliche Erschwernisse in der modernen beruflichen Weiterbildung, sowohl von Seiten der Weiterbildungsinstitute als auch von Seiten der Unternehmen. Sie sind folglich auch stets Erschwernisse der Kompetenzentwicklung, ja diese stehen in den meisten Fällen sogar im Vordergrund: Wenn sich Unternehmen, allen Erschwernissen zum Trotz, für Formen und Methoden der beruflichen Weiterbildung entscheiden, setzen sie oft auf „sichere", traditionell bewährte, eng einzelnen Produkten zuordenbare, überprüfbare und zertifizierbare Bildungsansätze. Die „weichen" Bedürfnisse und Methoden der Kompetenzentwicklung stehen dem entgegen und werden deshalb noch eher vernachlässigt. Daß daraus nicht nur ein Schaden für das einzelne Unternehmen, sondern auch für den Wirtschaftsstandort Deutschland entsteht, ist bereits mehrfach betont worden, es sei hier um seiner Bedeutung willen wiederholt.

5.1 Defizite seitens der Weiterbildungsinstitute

(1) Die Anzahl privater und gemeinnütziger Weiterbildungsinstitute nahm in den letzten zehn Jahren ungleich schneller zu als in früheren Jahren. Mit der deutsch-deutschen Wiedervereinigung und dem damit einhergehenden enormen An- und Einpassungslernbedarf, gefördert durch umfangreiche Beratungs- und Weiterbildungsbudgets insbesondere in den Jahren 1990 bis 1993 auf Bund- und Länderebene, seitens der Treuhandanstalt genauso wie seitens der Arbeitsebene, entstanden hunderte von Neugründungen privater und gemeinnütziger „Management-" und „Weiterbildungsinstitute". Da es keine Zulassungsvoraussetzungen und -kontrollen gab, bildeten sich viele neue „Wohnzimmerinstitute" und „Weiterbildungsfabriken" – nicht selten mit fragwürdigem Profil und Qualitätsverständnis (vgl. Merk 1992).

Für die Unternehmen ist der Weiterbildungsmarkt mit nahezu 40.000 Anbietern fast unüberschaubar, und die Angebote sind miteinander kaum vergleichbar. Die Auswahl fällt somit aus mehrfacher Sicht besonders schwer: die Bildungsangebote sind häufig zu allgemein beschrieben, nicht selten auch kundenundifferenziert. Zugleich fehlt es vielen Unternehmen an klaren Einsichten in ihren tatsächlichen Weiterbildungsbedarf.
Andererseits ist es für die Bildungsanbieter schwierig, die konkreten Bedürfnisse der Unternehmen zu ermitteln, da sich die Unternehmen in der Regel nicht offen genug den Bildungsanbietern gegenüber verhalten (IW Kurs direkt, 1995): Es fehlt an Kommunikation zwischen beiden Seiten und an langfristiger und vertrauensvoller Zusammenarbeit, auf deren Grundlage weiterreichende gemeinsame Entwicklungen erst möglich werden.

(2) Die meisten Weiterbildungsinstitute sind – unabhängig von formal-begrifflichen Entwicklungsanpassungen – auf einer Entwicklungsstufe der frühen siebziger Jahre stehengeblieben. Es wird traditionelle Weiterbildung betrieben, anstatt die Tendenzen des Übergangs zu einer modernen beruflichen Weiterbildung, welche die berufliche Kompetenzentwicklung integral einschließt, aufzunehmen. Es wird zudem vorwiegend „untereinander kopiert"; es gibt kaum eigene Forschungs- und Entwicklungsprojekte, das strategische Selbstverständnis ist gering. Viele Weiterbildungsprogramme sind im Kern konzeptionslos. Nur wenige Weiterbildungseinrichtungen vermitteln

erfolgreich das, was sie vorgeben. Erfolgskontrollen und -nachweise über Abschlußeinschätzungen von Weiterbildungsmaßnahmen hinaus gibt es kaum.
Untersuchungen zum Transformationsbegleitenden Trainingseinsatz in Ostdeutschland in den Jahren 1990 bis 1992 zeigten, daß nur ein Bruchteil der Trainingsanbieter versuchte, mit neuen Trainingsverfahren auf die neuen (Heraus-)Forderungen zu reagieren; 18,8% überbrachten ihre alten Konzepte direkt, 60,9% versuchten „einfache Anpassung". Da, wie gezeigt, gerade „trainingsartige" Weiterbildungsmethoden für die Kompetenzentwicklung unerläßlich sind, wurden Schritte in dieser Richtung und somit Ansätze zu einem dringend notwendigen kompetenzerweiternden Wertewandel versäumt.
Deshalb wurde seitens des BMBW ein Entwicklungsprojekt gefördert, das mit 22 Wissenschaftlern und praktischen Trainern aus Ost und West Trainingsentwicklungen in verschiedenen kompetenzerweiternden Richtungen vornahm, nämlich in Richtung personaler Kompetenz (Selbstkonzeptmanagement), sozial-kommunikativer Kompetenz (Konfliktmanagement, Kreativitätsmanagement) und einer auf beidem aufbauenden Handlungskompetenz (Teamführung und Teamverhalten, Personalentwicklung); abgestimmt war das Training auf die Transformationsbesonderheiten und auf die Zielgruppe Führungs-Nachwuchs-Kräfte (Heyse/Metzler 1995).

Die Bildungsanbieter müssen langfristige Strategien und Konzepte entwickeln und bereit sein, den Gesamtprozeß von der Problem- und Bedarfsanalyse bis zur Erfolgskontrolle zu begleiten. Künftig werden stärker als bisher von der Weiterbildung praxisnahe Problemlösungen und gute Transferkonzepte erwartet (IW Kurs direkt, 1995). Letzteres ist besonders im Kompetenzbereich von entscheidender Bedeutung.

(3) Viele Institute haben ein eindimensionales Leistungsspektrum, andere bieten sich als „Gemischtwarenhändler" an (vgl. Merk 1992), in der Regel sind beide relativ weit von den innerbetrieblichen Problemen entfernt.
Die Bildungsanbieter müssen zukünftig ein scharfes Profil entwickeln und möglichst Kompaktangebote mit Beratung, Fortbildung für die Personal- und Bildungsverantwortlichen, Seminardurchführung, Nachbetreuung und Transferevaluation offerieren. Zugleich müssen sie in diesem Zusammenhang ihre Öffentlichkeitsarbeit verbessern und differenzierte Aussagen gegenüber den Kunden treffen – bis hin zu den zugrunde liegenden methodisch-didaktischen Konzepten.

(4) In Deutschland gibt es noch zu wenige Einrichtungen, die sich an obere und oberste Führungskräfte richten, also gerade an diejenigen, für die die Entwicklung von personaler-, Sozial- und Handlungskompetenz eine Existenzfrage darstellt.

(5) Auch die Bildungseinrichtungen der Wirtschaft (IHK, Handwerkskammern, Bildungswerke der Wirtschaft usw.) halten nur Teilkonzepte vor und haben die Herausforderung der Weiterbildung nur unvollständig angenommen.

(6) Noch relativ wenige Weiterbildungsanbieter bieten Kurse außerhalb der Arbeitszeit, inklusive Wochenenden an, sie passen sich weitestgehend den innerbetrieblichen Zeitregimen an.
Grundsätzliche Anpassungsschwierigkeiten werden über die inhaltlichen und zeitlichen Angebote hinaus auch bei der Wahl und eigenen Weiterentwicklung neuer

Erschwernisse bedarfsorientierter Weiterbildung

Weiterbildungstechnik, -technologien und -software, insbesondere in bezug auf die Methoden der Kompetenzentwicklung, deutlich.

5.2 Unternehmensinterne Probleme

(1) Aufgrund der Arbeitszeitverkürzungen sehen viele Unternehmen zunehmende Schwierigkeiten, Mitarbeiter für die Weiterbildung freizustellen (nach Weiss, 1994, 40,6% der befragten Unternehmen). Die Arbeitsbelastung von Mitarbeitern kleinerer Unternehmen erschwert die Weiterbildung. Insgesamt wird die Freistellung für Weiterbildung in der Arbeitszeit durch Lean-Organisation erschwert – also gerade durch eine Organisationsform, die Kompetenzentwicklung als entscheidend erfordert und voraussetzt.

(2) Die finanziellen Probleme bei der Gewährleistung umfassender und ständiger Weiterbildung nehmen unter den veränderten wirtschaftlichen Rahmenbedingungen der letzten Jahre zu – und das insbesondere für kleine Unternehmen und Unternehmen in den neuen Bundesländern.
Viele Unternehmen bemängeln das Preis-Leistungs-Verhältnis und vermissen den Transfer- und Nutzennachweis.

(3) Bei externen Weiterbildungsveranstaltungen an renommierten Instituten wird die Gefahr der Abwerbung guter Mitarbeiter befürchtet; nicht wenige Betriebe erschweren externe Weiterbildungen aus diesen Gründen.

(4) Viele Unternehmen sind unsicher bei der Auswahl der Anbieter – insbesondere aufgrund mangelnder (Weiterbildungs-)Markttransparenz, aufgrund von Mängeln in der zeitlichen und regionalen Verfügbarkeit von Weiterbildungsangeboten und aufgrund fehlender eigener quantitativer und qualitativer Bedarfserhebungen und Lernerfolgskontrollen.
Grundsätzlich sollte der Bildungsbedarf in den Unternehmen gemeinsam mit Arbeitgeber, Arbeitnehmer und Bildungsanbieter analysiert und unternehmensspezifische Maßnahmen abgeleitet werden. Das gilt insbesondere für den Bedarf an Kompetenzentwicklung, der schwerer zu ermitteln, aber oft wichtiger ist, als der traditionelle Weiterbildungsbedarf.
Die Unternehmen sollten besser die vorhandenen Möglichkeiten zur Informationsbeschaffung (z.B. Datenbanken zur Aus- und Weiterbildung) nutzen und den Informationsaustausch untereinander und zu verschiedenen Bildungsanbietern intensivieren. Nur damit kann gewährleistet werden, daß alle Beteiligten ständig über neue Anforderungen, Veränderungen, Strategien informiert sind.

(5) Es fehlt häufig die Akzeptanz der Weiterbildung im Unternehmen; Weiterbildung wird immer noch vorwiegend als „Kostenfaktor und Sozialausgabe" mißverstanden. Auch wegen dieser Tatsache fehlen im Unternehmen häufig die Rahmenbedingungen für einen effizienten Transfer und ein zweckmäßiges Bildungscontrolling.

(6) Nach wie vor verhindern in großen Teilen der Wirtschaft anzutreffende tayloristisch geprägte Arbeitsstrukturen mit ihrer Trennung von Arbeit und Lernen den

selbstgesteuerten sowie den kooperativen Wissens- und Kompetenzaufbau. Letzteres wird durch die mangelnde „Bereitschaft der Weitergabe am 'Monopolwissen' aufgrund fehlender Anreize oder dem drohenden Verlust von individuellen Karriereoptionen bzw. Nachteilen bei inner- und zwischenbetrieblichen Kooperationen" (Staudt 1994) verstärkt.

Die Beseitigung der hier zusammengefaßten Erschwernisse ist um so wichtiger, als eine sinnvolle Integration von Weiterbildung und Kompetenzentwicklung in die Organisations- und Personalentwicklung der Unternehmen nur gelingen kann, wenn beide Aspekte mit gleicher Intensität und Qualität behandelt werden.

6. Forschungsfragen

Aus der Notwendigkeit des Übergangs von der traditionellen beruflichen Weiterbildung zur beruflichen Kompetenzentwicklung ergibt sich ebenso wie aus den zuvor geschilderten Schwierigkeiten und Defiziten, diesen Übergang praktisch zu realisieren, eine Reihe von offenen Fragen, zu deren Beantwortung weiteres Nachdenken notwendig ist. Natürlich kann hier kein vollständiger Katalog solcher Fragen zusammengestellt werden.

Statt dessen sei zunächst kurz an die von Staudt und Frieling im Rahmen einer Untersuchung zur „Standortsicherung durch berufliche Kompetenzentwicklung" zusammengetragenen „Offenen Forschungsfragen" (1994, 8 ff) erinnert. Sie kommen zu dem Schluß (ebenda, S. 5): "Betriebliche Weiterbildungsarbeit soll nicht nur Wissens- und Verhaltensdefizite aufarbeiten, sondern an Unternehmensentwicklung orientierte Kompetenzen entfalten" und heben drei Aspekte hervor:

Zur Entfaltung von Kompetenzen kann die Forschung u.a. beitragen
- durch Erkennung und Erschließung neuer, umfangreicher Innovationspotentiale;
- durch die bisher keineswegs hinreichend erfolgte Untersuchung organisationalen Lernens;
- durch Analyse von individuellen und kollektiven Lernprozessen;
- durch Entwicklung von Arbeitsanalyseverfahren, die aus handlungstheoretischer Sicht lernrelevante Denk- und Ausführungsanforderungen, Sach- und Wertlernen in verschiedenen Arbeitstätigkeiten erfassen;
- durch Optimierung von Lernprozessen mit Hilfe prozeßbegleitender (formativer) und nachträglicher Bewertung des Vorgehens (summativer Evaluierung).

In bezug auf die Integration von Unternehmens-, Personal- und Organisationsentwicklung ergeben sich offene Forschungsfragen:
- nach der Verbindung zentraler und dezentraler Personalentwicklungsaufgaben;
- nach der Kooperation kleiner und mittlerer Unternehmen bei der Förderung beruflicher Kompetenzentwicklung;
- nach den Aussagen von Branchenvergleichen für die Entwicklung beruflicher Kompetenzen;
- nach den Bedingungen, Unternehmensziele mit Zielen persönlicher Kompetenzentwicklung in Übereinstimmung zu bringen;
- nach dem Verhältnis von Wirtschaftlichkeit und Arbeitsstrukturen, welche die Persönlichkeit und individuelle Kompetenz fördern;

- nach der Einbindung von arbeitsplatznahen Maßnahmen zur Kompetenzentwicklung in die persönliche Karriereplanung.

In bezug auf arbeitsmarkt- und zielgruppenspezifische Entwicklungen ergeben sich offene Forschungsfragen:
- nach der Entwicklung von kompetenzfördernden Programmen und Maßnahmen für spezifische Zielgruppen (z.B. Personen in Umschulungen oder Weiterbildungen);
- nach Kompetenzerhalt für Personen, die zeitweilig nicht in Arbeitsprozesse eingebunden sind (z.B. Personen in Beschäftigungspausen, Arbeitslose);
- nach Kompetenzentwicklung von jugendlichen Arbeitnehmern, älteren Arbeitnehmern (ab ca. 45 Jahre) und Frauen;
- nach Kompetenzverwertung von umgesetzten oder ausscheidenden Mitarbeitern.

In bezug auf die lernende Organisation ergeben sich offene Forschungsfragen:
- nach dem Verständnis der lernenden Organisation selbst;
- nach den Lernenden, den Lerninhalten, den Lernformen und der Initiierung von Lernbereitschaft;
- nach den Mitteln, durch Lernen Kompetenzentwicklung zu fördern (z.B. im Prozeß der Arbeit, innerhalb von Gruppenarbeit, durch neue Lernmedien);
- nach den Möglichkeiten, Kompetenzentwicklung als Bestandteil der Aufgabenerfüllung zu verankern;
- nach der Rolle und den Aufgaben von Führungskräften auf den unteren und mittleren Ebenen im Prozeß der Kompetenzentwicklung.

Aufgrund unserer bisherigen Darlegungen zeichnen sich einige weitere Forschungsfelder ab.
Diese lassen sich grob in vier Areale einteilen: Erstens in eines von soziohistorischen Untersuchungen zur Herausbildung von Notwendigkeiten und Methoden der Kompetenzvermittlung. Zweitens in eines, das sich der begrifflichen Klärung des Kompetenzverständnisses und der begrifflichen Analyse verschiedenen Einzelkompetenzen widmet. Drittens in eines, das theoretische Grundlagen, insbesondere selbstorganisatorische Modelle der Kompetenzentwicklung erarbeitet. Viertens in eines, das Möglichkeiten und Grenzen der praktischen Umsetzung solcher theoretischen Einsichten prüft.

I.

Historisch gesehen wurde Kompetenz seit jeher im Zusammenhang mit der Weitergabe handwerklicher oder intellektueller Fähigkeiten vermittelt. Erst mit dem Siegeszug des fordistisch-tayloristischen Arbeitsansatzes ließ sich Weiterbildung extrem auf die Vermittlung engen fachlichen Wissens und fachbezogener Fertigkeiten verkürzen. Die Erforschung moderner Aufgaben und Methoden der Kompetenzentwicklung kann deshalb mit einer Analyse der historischen Formen von Erziehung zur Kompetenz beginnen. Eine solche Geschichte der Kompetenzerziehung läuft über weite Strecken derjenigen der Werterziehung parallel.

John Erpenbeck, Volker Heyse

Ein besonderer Aspekt solchen Herangehens ist die historische und aktuelle Analyse der Kompetenzvermittlung in Schule und Hochschule. Deren sozialer Auftrag ist es, „gesellschaftsfähige" – das heißt insbesondere sozial und personal kompetente – Bürger heranzubilden, die zu selbstorganisiertem, lebenslangem Lernen imstande sind. Gerade die Wahrnehmungs dieses Erziehungsauftrags, der über die Ausbildung von fachlichem und methodischem Wissen weit hinausgeht, wird den heutigen Schulen und Hochschulen weitgehend abgesprochen. Selbst die Vermittlung von Fach- und Methodenkompetenz als Freude an sachlichen Zusammenhängen (z.B. Technikbegeisterung) oder Interesse an methodischen Verfahrensweisen (z.B. an mathematischen Methoden) läßt viel zu wünschen übrig. Hier sind Überlegungen notwendig, wie selbstorganisiertes Lernen in Schule und Hochschule besser trainiert, wie Sozialfächer auch in technische und naturwissenschaftliche Ausbildungsgänge besser integriert, wie die Vernetzung von Fächern und entsprechenden Interessen früh befördert und wie dem emotionalen- und Wertlernen ein größerer Stellenwert zugemessen werden kann.

II.

Kompetenzbegriffe werden inflationär gebraucht. Von System-, Problemlöse-, Selbstkontroll-, Führungs-, interkultureller-, strategischer Kompetenz usw. ist die Rede. Darüber hinaus werden auch sozialen Subjekten Kompetenzen zugeschrieben. So ist von der kompeten Organisation die Rede oder von Kernkompetenzen eines Unternehmens. Alle solche Redeweisen sind nicht zu verwerfen, sondern theoretisch zu hinterfragen. Die wichtigste Frage ist, was die Verwendung des Konstrukts Kompetenz notwendig und fruchtbar macht. Eine erste Antwort ergibt sich aus seinem dispositionell-selbstorganisativen Charakter. Dieser ist weiter zu erforschen, im Vergleich mit anderen psychischen und sozialen Dispositionen und unter Rückgriff auf die Selbstorganisationstheorie.

Zugleich sind die unterschiedlichen, bereits verwendeten Kompetenzbegriffe zusammenzustellen, zu sichten und sowohl nach Gegenstandsbezügen wie nach methodologischen Gesichtspunkten zu ordnen. Die entstehende Vielfalt ist nicht als Fehler zu sehen und durch normierende Vorschläge zu bekämpfen, sondern als Ausdruck der Fruchtbarkeit des zugrundeliegenden Kerngedankens zu begrüßen.

Ähnlich wie dies bereits in bezug auf die vieldiuskutierten Schlüsselkompetenzen geschehen ist, müssen die Begriffe des zusammengestellten Kompetenz-Katalogs mit psychologischen Konstrukten (auf der Ebene des Individuums) und mit sozialpsychologischen oder organisationswissenschaftlichen Konstrukten (auf der Ebene von Gruppen oder des Gesamtunternehmens) korreliert werden. Das ermöglicht es, bereits vorhandene psychologische oder sozialwissenschaftliche Meßverfahren modifizierend anzuwenden und zugleich die Brücke zu bisherigen Forschungsbemühungen zu schlagen.

III.

Eine der hier entwickelten Kernaussagen ist, daß *Kompetenz* im Unterschied zu anderen Konstrukten wie Können, Fertigkeit, Fähigkeit, Qualifikation usw. die Selbst-

organisationsfähigkeit des konkreten Individuums auf den Begriff bringt. Bisher wird aber die Vorstellung von der Selbstorganisation eher intuitiv, abgezogen von naturwissenschaftlichen Verwendungen, benutzt. Deshalb sind mathematisierte Modelle notwendig, die das Kompetenzverständnis präzisieren und weiterentwickeln.
Das bezieht sich nicht nur auf die individuelle Ebene. Geht man von einem Zusammenwirken individueller Selbstorganisationsprozesse mit solchen auf Gruppen- und Gesamtorganisationsebene aus, ist hierfür ebenfalls eine Modellierung anzustreben und wohl auch möglich.

Ein anderer methodisch-theoretischer Zugang ist ebenso wichtig: der von soziokultureller Seite aus. Die Vielzahl von Untersuchungen zur Unternehmenskultur und zu deren Werten ist zu nutzen, um die Kernkompetenzen des Unternehmens zu charakterisieren und ihre Beziehungen zu den erforderlichen und abgeforderten individuellen Kompetenzen der Mitarbeiter zu erfassen. Inwieweit individuelle Werthaltungen und Kompetenzen Züge der Unternehmenskultur tragen (und diese damit für das Unternehmen handlungswirksam machen) ist eine Forschungsfrage von großer praktischer Relevanz.

Drehpunkt der individuellen Aneignung von Unternehmenskompetenzen und der sie prägenden Unternehmenswerte sind psychische Interiorisationsprozesse. Sie sind noch zu wenig erforscht. Inzwischen wird in Trainingsverfahren zur Entwicklung von Sozialkompetenz und personaler Kompetenz fast das gesamte Arsenal von motivationsvermittelnden und psychotherapeutischen Techniken genutzt. Das geschieht weitgehend willkürlich. Eine theoretische Durchdringung der Zusammenhänge ist deshalb vonnöten.

Die theoretische Erfassung der Kompetenzentwicklung in mathematischen, psychologischen und sozialwissenschaftlichen Modellen muß zu Verfahren führen, Kompetenzentwicklung zu messen, sie zu prognostizieren und damit bereits in Vorstufen des Berufslebens (in Schulen und Hochschulen, in Förderklassen und im Rahmen von Talentsuche) in Betracht zu ziehen. Diese Verfahren können in der Regel nicht die gleichen sein, wie die zur Messung und Prüfung von Qualifikationen, die selbstverständlich ihren Stellenwert behalten. Auch lassen sich Kompetenzen nicht zertifizieren. Sie lassen sich jedoch als Dispositionen evaluieren und attestieren. Entsprechende Evaluationsverfahren sind zu entwickeln.

Fußend auf solchen Evaluationsverfahren können Kompetenzentwicklungen im Sinne von Lernverläufen untersucht und dargestellt werden. Das ist sowohl auf der Ebene des Individuums wie auf der des Gesamtunternehmens wichtig: Die Arbeitsbiographie ist immer auch Kompetenzbiographie; als solche wurde sie bisher kaum zum Forschungsgegenstand. Hier gilt es, langfristige (u.U. life-span-)Untersuchungen durchzuführen. Aber auch in bezug auf Unternehmen sind Längsschnittuntersuchungen von zunehmender Wichtigkeit. Die Geschichte eines „lernenden Unternehmens" wird ebenfalls zu einer Kompetenzbiographie; der Lernverlauf eines selbstorganisiert operierenden Systems läßt sich ohnehin nur evolutionistisch beschreiben. Seine vertikalen und horizontalen Strukturveränderungen sind danach gleichfalls ein Produkt des selbstorganisierten Lernprozesses. Unternehmensgeschichte erlangt somit einen neuen, über Anekdotisches hinausgehenden hohen Stellenwert.

IV.

Unterschiedlich lernende Organisationen erfordern unterschiedliche Formen der individuellen Kompetenzentwicklung. Es macht einen entscheidenden Unterschied, ob der Lernprozeß des Unternehmens durch eine hohe Innovationsgeschwindigkeit bezüglich der Produkte und der Produktionstechnik (z.B. im High-Tech-Bereich), durch sich schnell ändernde, u.U. modenbedingte Kundenbeziehungen (z.B. im Dienstleistungsbereich), durch rationalisierungsbedingten strukturellen Wandel (z.B. durch Flexibilisierung, Dehierarchisierung), durch Absatzprobleme (z.B. durch Markt-, Weltmarktveränderungen) oder durch raschen politischen Wandel (z.B. im ostdeutschen und osteuropäischen Transformationsprozeß) verursacht wird. Es gibt bisher aber kaum brauchbare Aussagen zum Verhältnis dieser Lernprozesse untereinander sowie zu denen des individuell-selbstorganisierten Lernens.

Im selben Sinne ist zwischen Unternehmen zu unterscheiden, für die Kompetenzentwicklung in einer der genannten Formen zu einer Existenznotwenigkeit herangereift ist und solchen, die nur präventiv oder zuweilen nur aktuellen Trends folgend entsprechende Maßnahmen initiieren. Viele eher traditionell orientierte und damit erfolgreiche Unternehmen kommen mit den traditionellen Formen der Weiterbildung sehr gut aus. Damit ist eine Rangreihe des Kompetenzentwicklungsbedarfs gefragt, die von der Ermittlung des Weiterbildungsbedarfs getrennt erarbeitet werden muß.

Kompetenzentwicklung bedeutet auf der Ebene des Gesamtunternehmens, der Organisation etwas anders als auf der Ebene von Unternehmensbereichen, Teams, Arbeitsgruppen, Individuen. Die Kompetenzentwicklungsprozesse auf diesen unterschiedlichen Ebenen und deren Zusammenhänge sind kaum erforscht.

Das gilt insbesondere für den Zusammenhang von organisierten und selbstorganisierten Kompetenzentwicklungsprozessen von Unternehmen sowie von den organisierten und selbstorganisierten Kompetenzentwicklungsprozessen seiner Mitarbeiter und Führungskräfte. Der Zusammenhang von selbstorganisiertem Lernen von und in Unternehmen ist, über das „Doppelhelixmodell" von Frey und Mitarbeitern hinausgehend, theoretisch tiefer als Vorgang der Aneignung von Wissen, Interiorisation von Werten, Ausbildung von Willensentscheidungen und Überprüfung von Handlungen im Prozeß der Arbeit zu erforschen.

In bezug auf selbstorganisiertes Lernen im Unternehmen muß das Forschungsinteresse stärker darauf gelenkt werden, zwischen spontan angeregten, unbewußt abgelaufenen, individuell bewußt angestrebten oder durch organisationelle Rahmenbedingungen herbeigeführten Kompetenzentwicklungsprozessen genauer zu unterscheiden sowie Zusammenhänge zwischen diesen herauszuarbeiten.

Der deutliche Widerspruch zwischen einer von den Unternehmen in der Regel akzeptierten und geförderten kurzfristigen Lernorientierung und einer gesamtgesellschaftlich gesehen für den Standort Deutschland wesentlicheren langfristigen Lernorientierung, einschließlich langfristiger Mittelbereitstellung und der Erziehung zum lebenslangen Lernen, muß herausgearbeitet werden; Vorschläge zur organisatorischen, wirtschaftlichen und politischen Lösung dieses Widerspruchs sind zu erarbeiten.

Ebenso wichtig ist ein weiterer Widerspruch, der sich in einer Art „Unschärferelation" fassen läßt: Je exakter ein Lernprozeß funktional erfaßbar und in seinem Ergebnis überprüfbar ist (Einzelqualifikationen), desto uninteressanter (wenngleich unbedingt notwendig) ist er für die langfristige Entwicklung des Einzelnen, des Unternehmens und letztlich der Volkswirtschaft. Je weniger exakt ein Lernprozeß dagegen funktional erfaßbar ist (Selbstorganisationsprozesse sind in diesem Sinne indeterminiert) und je eher sich seine Ergebnisse nur als Dispositionen deuten und kaum prüfen, sondern nur evaluieren lassen (Kompetenzen), desto wichtiger ist er für jene Entwicklungen. Diese „Unschärferelation" wurde zwar oft betont, indem man auf die Bedeutung der „weichen" (nicht zertifizierbaren) Elemente der Weiterbildung verwies; sie wurde aber kaum im einzelnen untersucht.

Nicht zuletzt ist den praktischen Methoden der Kompetenzvermittlung auf individueller Ebene Aufmerksamkeit zu schenken. Da ist zum einen die Gesamtheit der Trainingsverfahren, mit denen insbesondere Sozial- und personale Kompetenz vermittelt werden. Da sind zum anderen multimediale Verfahren, die schnell zunehmend verwendet werden. Es ist keine Frage, daß diese hervorragend für die Vermittlung von Fach- und Methodenkompetenz eingesetzt werden können. Doch steht noch völlig offen, ob das auch in bezug auf die Vermittlung von Sozial- und personaler Kompetenz der Fall ist. Insbesondere die dafür notwendige Wertinteriorisation bedarf besonderer, Emotionen aktivierender und Motivationen setzender Verfahren, deren Entwicklung eine perspektivreiche Forschungsaufgabe darstellt.

Insgesamt hält der Übergang zur beruflichen Kompetenzentwicklung also eine Fülle von theoretischen und praktischen Zukunftsaufgaben bereit.

Literatur

Alt, Ch., Holz, H., Scholz, D.: Entwicklung und Umsetzung regionaler Qualifizierungsstrategien. Bielefeld (Bertelsmann) 1995

Alt, Ch., Sauter, E., Tillmann, H.: Berufliche Weiterbildung in Deutschland – Strukturen und Entwicklungen. Bielefeld (Bertelsmann) 1994

Altvater, E., Mahnkopf, B.: Gewerkschaften vor der europäischen Herausforderung. Tarifpolitik nach Mauer und Maastricht. Münster (Westfälisches Dampfboot) 1993

Apitzsch, U.: Migration und Erwachsenenbildung. in: Lenz, W. (Hrsg.): Modernisierung der Erwachsenenbildung. Wien (Böhlau) 1994

Argyris, Ch.: Organization and Innovation. Illinois (Homewood) 1965

Arnold, R., Weber, H: Weiterbildung und Organisation. Zwischen Organisationslernen und lernenden Organisationen. Berlin (Schmidt) 1995

Atkins, S., Katcher, A.: LIFO-Handbuch Stärkenmanagement, Stärkenentwicklung. München (HRC) 1989 (dt. Bearbeitung)

Bader, R.: Verbindung von Aus- und Weiterbildung – Aspekte für Modellversuche in der beruflichen Bildung, in: Dehnborstel, P., Hecker, O., Höpke, I., Walter-Lezius, H.-J., Weinlböck-Buck, I., Wolf, B. (Hrsg.): Neue Technologien und berufliche Bildung. Modellhafte Entwicklungen und theoretische Erkenntnisse (Berichte zur beruflichen Bildung 151). Berlin (Bundesinstitut für Berufsbildung) 1992, S. 240

Baethge, M., Baethge-Kinsky, V.: Ökonomie,Technik, Organisation. Zur Entwicklung von Qualifikationsstruktur und qualitativem Arbeitsvermögen. in: Arnold, R., Lipsmeier, A. (Hrsg.): Handbuch der Berufsbildung. Leverkusen (Leske und Budrich) 1995, S. 152 ff

Bähr, W., Holz, H. (Hrsg.): Was leisten Modellversuche? Berlin (IFA-Verlag GmbH) 1995

Baitsch, C.: Was bewegt Organisationen? Selbstorganisation aus psychologischer Perspektive. Frankfurt, New York (Campus) 1993

Becker, U. u.a.: Toptrends. Düsseldorf (Metropolitan) 1995

Becker, W., Meifort, B.:Ausbildung in der Gesundheits- und Sozialpflege: Strukturmerkmale, Ausbildungen, Qualifikationen und berufliche Kompetenzen, in: Meifort, B., Becker, W. (Hrsg.): Gesundheits- und sozialpflegerische Berufe. Ergebnisse, Veröffentlichungen und Materialien aus dem BiBB. Berlin (Bundesinstitut für Berufsbildung) 1995, S. 7 ff

Becker, W.: Professionalisierung – Ein Qualifikationskonzept für die Gesundheits- und Sozialpflege? in: Meifort, B., Becker, W. (Hrsg.): Gesundheits- und sozialpflegerische Berufe. Ergebnisse, Veröffentlichungen und Materialien aus dem BiBB. Berlin (Bundesinstitut für Berufsbildung) 1995, S. 25 ff

Benteler, P.: Innovationstransfer durch die Übertragung von Ergebnissen aus einem kaufmännischen Modellversuch der Klöckner Stahl GmbH. in: Die neuen kaufmännischen Berufe. Entwicklungstendenzen und Lösungswege (BiBB-2. Fachkongreß, 9.-11. Dezember 1992, Berlin; Hrsg.: Uthmann, K.J., Sieckmann, A). Nürnberg (Bildung und Wissen Verlag und Software) 1993, S. 196 ff

Berger, K.: Lehr- und Lernprozesse in überbetrieblichen Berufsbildungsstätten des Handwerks. in: Pätzold, G., Walden, G. (Hrsg.): Lernorte im dualen System der Berufsbildung. (Hrsg. BiBB, Berichte zur beruflichen Bildung, H. 177). Bielefeld (Bertelsmann) 1995, S. 275 ff

Berufsbildungsbericht: Bonn (BMBW) 1994, S. 97 ff

Beteiligungsgespräch: Steuerbeamtenausbildung. „Stoffpläne entfrachten." In: ÖTV – Magazin, H. 7 1995, S. 4

Betriebliche Weiterbildung: Forschungsstand und Forschungsperspektiven. Zwei Gutachten (Teil I:Aus betrieblicher Sicht (Institut der deutschen Wirtschaft), Teil II: Aus Sicht von Arbeitnehmern (Soziologisches Forschungsinstitut Göttingen) (Hrsg.BMBW). Bad Honnef (Bock) 1990

Bleicher, K.: Das Konzept integriertes Management (2.rev.Aufl.) Frankfurt am Main, New York (Springer) 1992

BMBW (Hrsg.): Betriebliche Weiterbildung – Forschungsstand und Perspektiven. Schriftenreihe Studien zu Bildung und Wissenschaft, 88. Bonn 1990

Bockshecker, W., Stack, H.: Veränderungen in der Ausbildung zum Versicherungskaufmann/zur Versicherungskauffrau, in: Die neuen kaufmännischen Berufe: Entwicklungstendenzen und Lösungswege (BiBB- 2. Fachkongreß, 9.-11. Dezember 1992, Berlin; Hrsg.: Uthmann, K.J., Sieckmann, A). Nürnberg (Bildung und Wissen Verlag und Software) 1993, S. 287 ff

Böhm, I., Heyse, V., Rjabow, G. P.: Multiplikatorentraining für marktwirtschaftliche Unternehmensführung. Nishnij Nowgorod (Verlag der Linguistischen Universität) 1995 (russ.)

Böhme, W., Penon-Ostendorf, J.: Die Ausbildung von Kaufleuten im Groß- und Außenhandel – Veränderungen von Inhalten und Methoden des Berufsschulunterrichts. in: Die neuen kaufmännischen Berufe. Entwicklungstendenzen und Lösungswege (BiBB-2. Fachkongreß, 9.-11. Dezember 1992, Berlin; Hrsg.: Uthmann, K.J., Sieckmann, A). Nürnberg (Bildung und Wissen Verlag und Software) 1993, S. 91 ff

Böhnisch, W.: Führung und Führungstraining nach dem Vroom/Yetton-Modell. Universität Linz 1987 (unveröff. Habilitationsschrift)

Bolder, A.: Arbeitnehmerorientierte berufliche Weiterbildung im Zeichen neuer Technologien. Eine kritische Bestandsaufnahme der Ergebnisse der Weiterbildungsforschung. Institut zur Erforschung Sozialer Chancen, Bericht Nr. 35, Köln 1986

Bongard, H.W.: Welche europäischen Antworten auf japanische Produktionskonzepte können erfolgreich sein? Ein exemplarischer Beitrag zur Qualifizierung aus Sicht der Automobilindustrie, in: Metall, Elektro: Konzepte und Probleme nach fünf Jahren Neuordnung und zwei Jahren Wiederrvereinigung. Entwicklungstendenzen und Lösungswege (BiBB- 2. Fachkongreß, 9.-11. Dezember 1992, Berlin; Hrsg.: Uthmann, K.J., Sieckmann, A). Nürnberg (Bildung und Wissen Verlag und Software) 1993, S. 77 ff

Boos-Nünning, U.: Perspektiven für die Beratung und Qualifizierung von Zuwanderern. in: Forschungsinstitut der Friedrich-Ebert-Stiftung (Hrsg.): Bedeutung des demographischen Wandels – Frauenerwerbsarbeit, Zuwanderung. Bonn 1994

Borwick, I.: Systemische Beratung von Organisationen. in: Fatzer, G. (Hrsg.): Supervision und Beratung. Köln (EHP) 1990

Bracht, F.: Übertragung von Qualifizierungskonzepten auf die Arbeit in den neuen Bundesländern, in: Metall,Elektro: Konzepte und Probleme nach fünf Jahren Neuordnung und zwei Jahren Wiederrvereinigung. Entwicklungstendenzen und Lösungswege (BiBB- 2. Fachkongreß, 9.-11. Dezember 1992, Berlin; Hrsg.: Uthmann, K.J., Sieckmann, A). Nürnberg (Bildung und Wissen Verlag und Software) 1993, S. 89 ff

Brandenburg, H.: Lehrplangestaltung unter Berücksichtigung eines projektorientierten Unterrichtsansatzes. in: Die neuen kaufmännischen Berufe. Entwicklungstendenzen und Lösungswege (BiBB-2. Fachkongreß, 9.-11. Dezember 1992, Berlin; Hrsg.: Uthmann, K.J., Sieckmann, A). Nürnberg (Bildung und Wissen Verlag und Software) 1993, S. 231 ff

Braszeith, A., Müller, U., Richter-Witzgall, G., Stackelbeck, M.: Einstellungsverhalten von Arbeitgebern und Beschäftigungschancen von Frauen. Dortmund 1988

Bruch, H.: Ziele und Aufgaben der Personalführung. In: Maess, K., Maess, T.: Das Personal-Jahrbuch 1995. Neuwied, Kristel, Berlin (Luchterhand) 1995

Bulletin der Europäischen Gemeinschaft: Wachstum, Wettbewerbsfähigkeit, Beschäftigung. Herausforderungen der Gegenwart und Wege ins 21. Jahrhundert. Weißbuch. Brüssel: Kommission der Europäischen Gemeinschaft 1993, S. 18 ff

Bullinger, H.J., Gidion, G.: Zukunftsfaktor Weiterbildung. Neue Konzepte und Perspektiven. Stuttgart (Fraunhofer Institut für Arbeitswirtschaft und Arbeitsorganisation) 1994

Bullinger, H.J.: Enterprise Integration. Stuttgart (Fraunhofer Institut für Arbeitswirtschaft und Arbeitsorganisation) 1993

Bundesinstitut für Berufsbildung: Strukturen beruflicher Weiterbildung – Analyse des beruflichen Weiterbildungsangebotes und -bedarfs in ausgewählten Regionen. Berichte zur beruflichen Bildung, Heft 114, Berlin / Bonn 1989

Bungard, W.: Qualitäts-Zirkel und neue Technologien, in Rosenstiel. L. v., Regnet, E., Domsch, M.: Führung von Mitarbeitern. Stuttgart (Schäffer-Poeschel) 1993, S. 57, 62

Bunk, G.P.: Kompetenzvermittlung in der beruflichen Aus- und Weiterbildung in Deutschland. In: Kompetenz: Begriff und Fakten. Europäische Zeitschrift Berufsbildung H. 1, 1994, 9 ff

Bunk, J.P., Stenzel, M.: Methoden der Weiterbildung im Betrieb. In Schlaffke, W., Weiß, R. (Hrsg.): Tendenzen betrieblicher Weiterbildung. Köln (Deutscher Instituts-Verlag) 1990

Burke, M.J., Day. R.R.: A Consultative Study of the Effectiveness of Managerial Training. Journal of Applied Psychology 71, 2, 1989

Canelli, G.: Qualifikation für Gruppenarbeit: Teamentwicklungstraining, in: Rosenstiel, L. v., Regnet, E., Domsch, M.: Führung von Mitarbeitern. Stuttgart (Schäffer-Poeschel) 1993, S. 353 ff

Csongar, G.: Analyse von Handlungskompetenz für das mittlere und höhere Management in Einrichtungen sozialer Dienste, in: Meifort, B., Becker, W. (Hrsg.): Gesundheits- und sozialpflegerische Berufe. Ergebnisse, Veröffentlichungen und Materialien aus dem BiBB. Berlin (Bundesinstitut für Berufsbildung) 1995, S. 73 ff

Csongar, G.: Weiterbildungsmaßnahmen für Mitarbeiterinnen und Führungskräfte im Bereich der sozialen Dienste, in: Meifort, B., Becker, W. (Hrsg.): Gesundheits- und sozialpflegerische Berufe. Ergebnisse, Veröffentlichungen und Materialien aus dem BiBB. Berlin (Bundesinstitut für Berufsbildung) 1995, S. 69 ff

Dehnbostel, P., Hecker, O., Höpke, I., Walter-Lezius, H.-J., Weilnböck-Buck, I., Wolf, B. (Hrsg.): Neue Technologien und berufliche Bildung. Modellhafte Entwicklungen und theoretische Erkenntnisse (Berichte zur beruflichen Bildung 151). Berlin (Bundesinstitut für Berufsbildung) 1992

Dehnbostel, P., Novak, H.: Innerbetriebliche Lernortkooperationen als Handlungsfelder betrieblicher Berufsbildung im Zusammenhang neuer Unternehmensentwicklungen – Erfahrungen und Erkenntnisse aus der Modellversuchsreihe „Dezentrales Lernen". in: Pätzold, G., Walden, G. (Hrsg.): Lernorte im dualen System der Berufsbildung. (Hrsg. BiBB, Berichte zur beruflichen Bildung, H. 177) Bielefeld (Bertelsmann) 1995, S. 517 ff

Dehnbostel, P.: „Dezentrales Lernen" – Entwicklung und Eckpunkte einer aus der Berufsbildungspraxis entstandenen Modellversuchsreihe. in: Bähr, W., Holz, H. (Hrsg.): Was leisten Modellversuche? (Hrsg. BiBB, Innovationen in der Berufsbildung) Bonn (IFA-Verlag) 1995, S. 33 ff

Drochner, I.,Krampe, M.: Markt der Möglichkeiten, in: Umweltschutz in der beruflichen Bildung. Entwicklungstendenzen und Lösungswege (BiBB- 2. Fachkongreß, 9.-11. Dezember 1992, Berlin; Hrsg.: Uthmann, K.J., Sieckmann, A). Nürnberg (Bildung und Wissen Verlag und Software) 1993, S. 41 ff

Dybowski, G., Pütz, H., Rauner, F.: Berufsbildung und Organisationsentwicklung. Perspektiven, Modelle, Forschungsfragen, Bremen (Donat) 1995

Engelbrech, G.: Die Entdeckung von Frauen als zukünftiges Innovationspotential in Westdeutschland. in: Forschungsinstitut der Friedrich-Ebert-Stiftung (Hrsg.): Bedeutung des demographischen Wandels – Frauenerwerbsarbeit, Zuwanderung. Bonn 1994

Ernst-Motz, A.: „Seminarumfrage: Aufbruchstimmung und neue Ideen". Top Business 1/94, S. 70 – 77

Erpenbeck, J., Heyse, V., Schulze, A., Pieper, R.: Training zur Verbesserung des Selbstkonzeptmanagement. in: Heyse, V., Metzler, H.: Die Veränderung managen, das Management verändern. Personal- und Organisationsentwicklung im Übergang zu neuen betrieblichen Strukturen – Trainingskonzepte zur Erhöhung von Kompetenzen. Münster, New York (Waxmann) 1995

Erpenbeck, J., Weinberg, J.: Menschenbild und Menschenbildung. Bildungstheoretische Konsequenzen der unterschiedlichen Menschenbilder in der ehemaligen DDR und in der heutigen Bundesrepublik. Münster, New York (Waxmann) 1993

Faix, W.G., Laier, A.: Soziale Kompetenz.Das Potential zum unternehmerischen und persönlichen Erfolg. Wiesbaden (Gabler) 1991

Fatzer, G.: Organisationsentwicklung und ihre Herausforderungen. in: Fatzer, G. (Hrsg.): Organisationsentwicklung für die Zukunft. Köln (EHP) 1993

Faulstich, P., Lindecke, Ch.: Angebotsanalyse über Weiterbildungsprogramme zur Personalentwicklung. Personal 1/94, S. 34 – 36

Fechtner, P.: Kompetenzen. Essen (Manuskript der DIC) 1994

Ferber, T.: Die Bedeutung branchenspezifischer Qualifizierungskonzeptionen in der Bauwirtschaft – Ansätze für eine neue Qualifizierung von mittleren Führungskräften im Baubereich (Poliere), in: Fortbildungsberufe für eine verstärkte Innovationsfähigkeit der Wirtschaft. Entwicklungstendenzen und Lösungswege (BiBB- 2. Fachkongreß, 9.-11. Dezember 1992, Berlin; Hrsg.: Uthmann, K.J., Sieckmann, A). Nürnberg (Bildung und Wissen Verlag und Software) 1993, S. 189 ff

Frackmann, M., Schwichtenberg, U., Schlottau, W.: Motivation in der Ausbildung zu lebenslangem Lernen, in: Umsetzung neuer Qualifikationen in die Berufsbildungspraxis. Entwicklungstendenzen und Lösungswege (BiBB- 2. Fachkongreß, 9.-11. Dezember 1992, Berlin; Hrsg.: Uthmann, K.J., Sieckmann, A). Nürnberg (Bildung und Wissen Verlag und Software) 1993, S. 257 ff

Franke, H.: Arbeitsmarkt 2000: weiblicher, älter, qualifizierter. in: Feix, W. (Hrsg.): Personal 2000: Visionen und Strategien erfolgreicher Personalarbeit. Wiesbaden (Gabler) 1991

Franz, F.: Neue Qualifizierungs- und Prüfungsansätze am Beispiel der Weiterbildung zum Industriemeister „Oberflächentechnik"; Integration fachlicher und überfachlicher Inhalte, in: Fortbildungsberufe für eine verstärkte Innovationsfähigkeit der Wirtschaft. Entwicklungstendenzen und Lösungswege (BiBB- 2. Fachkongreß, 9.-11. Dezember 1992, Berlin;

Hrsg.: Uthmann, K.J., Sieckmann, A). Nürnberg (Bildung und Wissen Verlag und Software) 1993, S. 183 ff

Frey, D.: Uni München. in: Living – Das Kulturmagazin, 7. Jg. 2-3/1994

Fricke, R.: Die Effektivität computergestützter Lernprogramme, in: Multimediales Lernen in neuen Qualifizierungsstrategien. Entwicklungstendenzen und Lösungswege (BiBB- 2. Fachkongreß, 9.-11. Dezember 1992, Berlin; Hrsg.: Uthmann, K.J., Sieckmann, A). Nürnberg (Bildung und Wissen Verlag und Software) 1993, S. 127 ff

Friebel, H. u.a.: Weiterbildungsmarkt und Lebenszusammenhang. Bad Heilbrunn/oBB. (Verlag Julius Klinkhardt) 1993

Friede, Ch.K.: Ein multi-modales Prozeßmodell von Sozialkompetenz, in: Pätzold, G., Walden, G. (Hrsg.): Lernorte im dualen System der Berufsbildung (Hrsg. BiBB, Berichte zur beruflichen Bildung H. 177) Bielefeld (Bertelsmann) 1995, S. 345 ff

Frieling, E., Reuther, U.: Lernen im Prozeß der Arbeit – ein Konzept zu Forschungen im Bereich der betrieblichen Weiterbildung. Manuskriptdruck 1994

Fürstenau, P.: Warum braucht der Organisationsberater eine mit der systemischen kompatible ichpsychologisch-psychoanalytische Orientierung? in: Wimmer, R. (Hrsg.): Organisationsberatung: Neue Wege und Konzepte. Wiesbaden (Gabler) 1992

Gaugler, E., Schlaffke, W.: Weiterbildung als Produktionsfaktor. Köln 1989

Gaugler, E.: Wiedereingliederung von Frauen in qualifizierte Berufstätigkeit nach längerer Unterbrechung. Mannheim 1984

Geißler, H. (Hrsg.): Organisationslernen und Weiterbildung. Neuwied (Luchterhand) 1995

Geißler, H.: Grundlagen des Organisationslernens. Weinheim (Deutscher Studienverlag) 1994

Geißler, H.: Schlüsselqualifikationen. Die Mär vom goldenen Schlüssel, in: Lernfeld Betrieb, H. 5 1989

Gerds, P.: Zum Verhältnis Arbeit, Technik, Bildung in gestaltungsorientierter Perspektive, in: Dehnborstel, P., Hecker, O., Höpke, I., Walter-Lezius, H.-J., Weilnböck-Buck, I., Wolf, B. (Hrsg.): Neue Technologien und berufliche Bildung. Modellhafte Entwicklungen und theoretische Erkenntnisse (Berichte zur beruflichen Bildung 151). Berlin (Bundesinstitut für Berufsbildung) 1992

Gerst, D., Hardwig, T., Kuhlmann, M., Schumann, M.: Gruppenarbeit in den 90ern: Zwischen strukturkonservativer und strukturinnovativer Gestaltungsvariante. Soziologisches Forschungsinstitut, Mitteilungen Nr. 22, Göttingen 1995

Gidion, G. (Hrsg.): Richtmeister Stahlbaumontage. Weiterbildung für Montagepersonal. Stuttgart (Fraunhofer Institut für Arbeitswirtschaft und Organisation) 1994

Gidion, G.: Zukunftsfaktor Weiterbildung. Neue Konzepte und Perspektiven. in: Fraunhofer Institut für Arbeitswirtschaft und Organisation (Hrsg.): Tätigkeitsbericht 1994. Stuttgart 1995

Goldgräbe, A.: Personalentwicklung beginnt in der beruflichen Erstausbildung, in: Metall, Elektro: Konzepte und Probleme nach fünf Jahren Neuordnung und zwei Jahren Wiedervereinigung. Entwicklungstendenzen und Lösungswege (BiBB- 2. Fachkongreß, 9.-11. Dezember 1992, Berlin; Hrsg.: Uthmann, K.J., Sieckmann, A). Nürnberg (Bildung und Wissen Verlag und Software) 1993, S. 59 ff

Götz, K.: Zur Evaluierung beruflicher Weiterbildung, 2 Bde., Dt. Studienverlag 1993

Gronwald, D.: Schlüsselqualifikationen für die Handwerksarbeit? Neue Anforderungen durch Neue Technologien an die Aus- und Weiterbildung von Handwerkern, in: Umsetzung neuer Qualifikationen in der Berufsbildungspraxis. Entwicklungstendenzen und Lösungswege (BiBB- 2. Fachkongreß, 9.-11. Dezember 1992, Berlin; Hrsg.: Uthmann, K.J., Sieckmann, A). Nürnberg (Bildung und Wissen Verlag und Software) 1993, S. 117 ff

Grootings, P.: Von Qualifikation zu Kompetenz. Wovon reden wir eigentlich? in: Kompetenz: Begriff und Fakten. Europäische Zeitschrift Berufsbildung H. 1 1994, S. 5 ff

Grünewald, U., Moraal, D.: Kosten der betrieblichen Weiterbildung in Deutschland. Ergebnisse und kritische Anmerkungen. Berlin (Bundesinstitut für Berufsbildung) 1995

Gutmann, J., Schwuchow, K.-H., Scherer, H.-P.: Jahrbuch der Weiterbildung 1994: Managementweiterbildung, Weiterbildungsmanagement. Erftstadt (Verlagsgruppe Handelsblatt Fachverlag) 1994

Halfpapp, K.: Die neuen Büroberufe in der Berufsschule. in: Die neuen kaufmännischen Berufe. Entwicklungstendenzen und Lösungswege (BiBB-2. Fachkongreß, 9.-11. Dezember 1992, Berlin; Hrsg.: Uthmann, K.J., Sieckmann, A). Nürnberg (Bildung und Wissen Verlag und Software) 1993, S. 149 ff

Handwerkskammertag: „Was erwartet die Wirtschaft von den Schulabgängern?" Die IHK's in NRW sowie der Westdeutsche Handwerkskammertag, 1995

Hecker, O.: Aufstiegsfortbildung im Bereich Konstruktion, in: Metall, Elektro: Konzepte und Probleme nach fünf Jahren Neuordnung und zwei Jahren Wiedervereinigung. Entwicklungstendenzen und Lösungswege (BiBB- 2. Fachkongreß, 9.-11. Dezember 1992, Berlin; Hrsg.: Uthmann, K.J., Sieckmann, A). Nürnberg (Bildung und Wissen Verlag und Software) 1993, S. 197 ff

Heckhausen, H.: Motivation und Handeln. Berlin, Heidelberg, New York (Springer) 1980

Heidegger, G., Rauner, F.: Dualität der Lernorte und Lernortverbund – Begründungen und Perspektiven, in: Pätzold, G., Walden, G. (Hrsg.): Lernorte im dualen System der Berufsbildung. (Hrsg. BiBB, Berichte zur beruflichen Bildung, H. 177) Bielefeld (Bertelsmann) 1995, S. 107 ff.

Heimerl-Wagner, P.: Strategische Organisations-Entwicklung: inhaltliche und methodische Konzepte zum Lernen in und von Organisationen. Heidelberg (Physica) 1992

Heitger, B.: Von der Weiterbildung zum Wissensmanagement: Skizzen für ein unternehmerisches Human Resources Development. In: Hofmann, L., Regnet, E.: Innovative Weiterbildungskonzepte. Göttingen (Verlag für Angewandte Psychologie) 1994

Helbich, B., Stauber, B. u.a.: Kooperative Arbeitsplatzorientierte Berufsbildung bei moderner Prozeßfertigung. Bielefeld (Bertelsmann) 1994

Helmreich, R.: Innovation im Büro – Einführung neuer Techniken und Akzeptanzforschung, in: Rosenstiel. L. v., Regnet, E., Domsch, M.: Führung von Mitarbeitern. Stuttgart (Schäffer-Poeschel) 1993, S. 574

Hensge, K.: Schlüsselqualifikationen in der Berufsausbildung: Denkanstöße für die Ausbildung Benachteiligter, in: Umsetzung neuer Qualifikationen in die Berufsbildungspraxis. Entwicklungstendenzen und Lösungswege (BiBB- 2. Fachkongreß, 9.-11. Dezember 1992, Berlin; Hrsg.: Uthmann, K.J., Sieckmann, A). Nürnberg (Bildung und Wissen Verlag und Software) 1993, S. 97 ff

Heyse, V., Metzler, H: Die Veränderung managen, das Management verändern. Personal- und Organisationsentwicklung im Übergang zu neuen betrieblichen Strukturen – Trainingskonzepte zur Erhöhung von Kompetenzen. Münster, New York (Waxmann) 1995

Hinte, W.: Non-direktive Pädagogik. Wiesbaden 1990

Hock-Altenrath, I., Stempfle, E.: Qualitätszirkel Altenpflege – Modell zur Qualitätsselbststeuerung von Bildungseinrichtungen im Rhein – Ruhr-Gebiet, in: Gesundheits- und sozialpflegerische Berufe. Entwicklungstendenzen und Lösungswege (BiBB- 2. Fachkongreß, 9.-11. Dezember 1992, Berlin; Hrsg.: Uthmann, K.J., Sieckmann, A). Nürnberg (Bildung und Wissen Verlag und Software) 1993, S. 147 ff

Hofmann, L.M., Regnet, E. (Hrsg.): Innovative Weiterbildungskonzepte. Göttingen (Verlag für Angewandte Psychologie), 1994

Ischebeck, W. u.a.: Qualität und Effizienz betrieblicher Weiterbildung. Köln (Deutscher Instituts-Verlag) 1994

IW Kurs direkt: Qualität beruflicher Weiterbildung: Praxis der Unternehmen – Beiträge der Bildungsanbieter. Dokumentation. Köln (Institut der deutschen Wirtschaft) 1995

Jago, A.G., Ragan, J.W. (1986) nach Sonntag, Kh., Schaper, N.: Förderung beruflicher Handlungskompetenz. In: Sonntag (Hrsg.) Personalentwicklung in Organisationen Göttingen, Bern, Toronto, Seattle (Hogrefe) 1994

Kailer, N. (Hrsg.): Beratung bei Weiterbildung und Personalentwicklung. Konzepte und Praxisbeispiele von Bildungsträgern und Unternehmen. 1994

Literatur

Kepner, C.H., Tregoe, B.B.: The New Rational Manager. New York (Mc Graw Hill) 1981
Kiermeier, M.: Ausbildung und Weiterbildung in den Datenverarbeitenden Berufen. (Expert) 1994
Klaus, D.: Ausbildung im Warenhaus – Erfahrungen bei der Umsetzung der Ausbildungsordnung Kaufmann/Kauffrau im Einzelhandel – ein Bericht aus der Praxis. in: Die neuen kaufmännischen Berufe. Entwicklungstendenzen und Lösungswege (BiBB-2. Fachkongreß, 9.-11. Dezember 1992, Berlin; Hrsg.: Uthmann, K.J., Sieckmann, A). Nürnberg (Bildung und Wissen Verlag und Software) 1993, S. 45 ff
Kloft, C., Didi, H.-J., Fay, E., Vogt, H.: Einschätzung von Schlüsselqualifikationen aus psychologischer Perspektive. in: Reisse, W. (Hrsg.): Schlüsselqualifikationen und Prüfungen – psychologisch gesehen. Bielefeld (Bertelsmann) 1995
Kluger, J., Richter, H., Steuer, J.: Vermittlung produktionstechnischer Qualifikationen, in: Metall, Elektro: Konzepte und Probleme nach fünf Jahren Neuordnung und zwei Jahren Wiedervereinigung. Entwicklungstendenzen und Lösungswege (BiBB- 2. Fachkongreß, 9.-11. Dezember 1992, Berlin; Hrsg.: Uthmann, K.J., Sieckmann, A). Nürnberg (Bildung und Wissen Verlag und Software) 1993, S. 129 ff
Korn/Ferry International: Befragung von 1500 Führungskräften aus 20 Ländern zu Führungseigenschaften 1988 und 2000. In: Karriere (Handelsblatt) vom 21.7.1989
Krapp, A., Weidenmann, B.: Entwicklungsförderliche Gestaltung von Lernprozessen – Beiträge der Pädagogischen Psychologie. in: Sonntag, K. (Hrsg.): Personalentwicklung in Organisationen. Psychologsche Grundlagen, Methoden und Strategien. Göttingen (Hogrefe) 1992
Kreyenschmidt, G.: Intentionen der Neuordnung des Ausbildungsberufs Bankkaufmann/Bankkauffrau, in: Die neuen kaufmännischen Berufe: Entwicklungstendenzen und Lösungswege (BiBB- 2. Fachkongreß, 9.-11. Dezember 1992, Berlin; Hrsg.: Uthmann, K.J., Sieckmann, A). Nürnberg (Bildung und Wissen Verlag und Software) 1993, S. 247 ff
Krüß, P., Prütz, K.: Berufsschullehrerqualifikation und berufliche Handlungskompetenz, in: Metall, Elektro: Konzepte und Probleme nach fünf Jahren Neuordnung und zwei Jahren Wiedervereinigung. Entwicklungstendenzen und Lösungswege (BiBB- 2. Fachkongreß, 9.-11. Dezember 1992, Berlin; Hrsg.: Uthmann, K.J., Sieckmann, A). Nürnberg (Bildung und Wissen Verlag und Software) 1993, S. 153 ff
Kühnlein, G.: Wohlfahrt, N.: Leitbild lernende Verwaltung? (Modernisierung des öffentlichen Sektors, Band 2) Edition Sigma, 1995
Künzel, K., Böse, G.: Werbung für Weiterbildung: Motivationsstrategien für lebenslanges Lernen. Neuwied (Luchterhand) 1995
Kuratorium der Deutschen Wirtschaft für Berufsbildung: „Über- und außerbetriebliche Weiterbildung der Wirtschaft" Gesamtstatistik 1992, Bonn 1993
Kutscha, J.: Zum Stand der Neuordnungsarbeit. In: Die neuen kaufmännischen Berufe. Entwicklungstendenzen und Lösungswege (BiBB-2. Fachkongreß, 9.-11. Dezember 1992, Berlin; Hrsg.: Uthmann, K.J., Sieckmann, A). Nürnberg (Bildung und Wissen Verlag und Software) 1993, S. 105 ff
Kutt, K.: Thesen zur Qualifizierung des Ausbildungspersonals für den Umweltschutz, in: Umweltschutz in der beruflichen Bildung. Entwicklungstendenzen und Lösungswege (BiBB- 2. Fachkongreß, 9.-11. Dezember 1992, Berlin; Hrsg.: Uthmann, K.J., Sieckmann, A). Nürnberg (Bildung und Wissen Verlag und Software) 1993, S. 171
Lantz, A.: Gruppenarbeit in der schwedischen Industrie. Ein Forschungsüberblick aus sozialpsychologischer Perspektive. Zeitschrift für Arbeitsforschung, Arbeitsgestaltung und Arbeitspolitik, 2 (1995) S. 142-169
Laudi, O., Hoge, E.: Die Beurteilung von Schlüsselqualifikationen: Das Fördergespräch im Unternehmen Dräger, in: Umsetzung neuer Qualifikationen in die Berufsbildungspraxis. Entwicklungstendenzen und Lösungswege (BiBB- 2. Fachkongreß, 9.-11. Dezember 1992, Berlin; Hrsg.: Uthmann, K.J., Sieckmann, A). Nürnberg (Bildung und Wissen Verlag und Software) 1993, S. 101 ff

Lehmkuhl, K.: Das Konzept der Schlüsselqualifikationen in der Berufspädagogik. Eine ausreichende Antwort auf Qualifizierungsanforderungen der flexiblen Massenproduktion? Hannover (Dissertation)1992
Lemke, S.G.: Transfermanagement. Göttingen (Verlag für Angewandte Psychologie) 1995
Lernen für die Zukunft. Kooperative Selbstqualifikation. Lexika-Verlag 1993
Lernen im Arbeitsprozeß durch neue Qualifizierungsstrategien und Beteiligungsstrategien. Westdeutscher Verlag1994
Lichtenberger, B.: Interkulturelle Mitarbeiterführung. Überlegungen und Konsequenzen für das internationale Management. Stuttgart (M & P, Verlag für Wirtschaft und Forschung) 1992
Lippold, J.: Anforderungen an eine moderne, zukunftsorientierte Berufsausbildung für den Wirtschaftsbereich Druck, in: Neue Druckberufe in der Praxis. Entwicklungstendenzen und Lösungswege (BiBB- 2. Fachkongreß, 9.-11. Dezember 1992, Berlin; Hrsg.: Uthmann, K.J., Sieckmann, A). Nürnberg (Bildung und Wissen Verlag und Software) 1993, S. 15 ff
Lipsmeier, A., Münk, D.: Die Berufsausbildungspolitik der Gemeinschaft für die 90er Jahre. Analyse der Stellungnahmen der EU-Mitgliedstaaten zum Memorandum der Kommission. (Bock) 1994 (Hrsg. vom BMBW). Bad Honnef (Bock) 1994
Lipsmeier, A.: Individualisierung von Lernprozessen im Kontext multimedialen Lernens in der beruflichen Aus- und Weiterbildung, in: Multimediales Lernen in neuen Qualifizierungsstrategien. Entwicklungstendenzen und Lösungswege (BiBB- 2. Fachkongreß, 9.-11. Dezember 1992, Berlin; Hrsg.: Uthmann, K.J., Sieckmann, A). Nürnberg (Bildung und Wissen Verlag und Software) 1993, S. 179 ff
Lüders, A.: Kooperation zwischen Unternehmen und Bildungsanbietern: Leistungen der Bildungsanbieter, in: Weiterbildung für die Wirtschaft: Erwartungen der Unternehmen – neue Chancen für Bildungsanbieter. Köln (IW) 1994
Malcher, W.: Integration von Arbeitslosen durch betriebliche Bildungsmaßnahmen, in: Schlaffke, W., Weiß, R. (Hrsg.) Tendenzen betrieblicher Weiterbildung. Aufgaben für Forschung und Praxis. Köln (Deutscher Instituts-Verlag) 1990, S. 311 ff
Mangels, P.: Nur derjenige, der selbst sozial kompetent ist, kann auch soziale Kompetenz vermitteln. in: Seyfried, B.: „Stolperstein" Sozialkompetenz. Was macht es so schwierig, sie zu erfassen, zu befördern und zu beurteilen? Bielefeld (Bertelsmann) 1995, S. 53 ff
Marwedel, P: Poliere – Leitende Facharbeiter, Leitung der Facharbeit? in: DAB, H. 6, Dortmund 1992, S. 23
Meier, H.: Trendstudie – Personalentwicklung in Banken und Sparkassen. Emden 1993
Meifort, B.: Qualitätsmängel in der Altenpflege – Oder: Wie professionell ist die Altenpflege? in: Meifort, B., Becker, W. (Hrsg.): Gesundheits- und sozialpflegerische Berufe. Ergebnisse, Veröffentlichungen und Materialien aus dem BiBB. Berlin (Bundesinstitut für Berufsbildung) 1995, S. 41 ff
Merk, R.: Kommunikatives Management. Neuwied (Luchterhand) 1993
Merk, R.: Weiterbildungsmanagement. Neuwied (Luchterhand) 1992
Mertens, D.: Schlüsselqualifikationen. Thesen zur Schulung für eine moderne Gesellschaft, in: Institut für Arbeitsmarkt- und Berufsforschung (Hrsg.): Mitteilungen aus der Arbeitsmarkt- und Berufsforschung. Jhg. 7, H. 1 Nürnberg 1974
Meyer-Dohm, P., Schneider, P. (Hrsg.): Berufliche Bildung im lernenden Unternehmen. Neue Wege zur beruflichen Qualifizierung. Stuttgart, Dresden (Klett) 1991
Müller, M., Pittscheidt, C.: Management: Karriere-Knick. in: Focus Nr. 34 / 1995, S. 189 – 192
Münch, J.: Die lernende Organisation – eine Weiterentwicklung des lerntheoretischen Ansatzes? 1994 , im Druck
Naisbett, J., Aberdeen, P.: Megatrends 2000. Düsseldorf, Wien, New York (ECON) 1990
Naisbett, J., Aberdeen, P.: Megatrends. Düsseldorf, Wien, New York (ECON) 1982
Neue Lernorte in der beruflichen Weiterbildung. Berlin (Schmidt) 1987
Neumann, E.: Fünf Jahre Neuordnung der industriellen Metallberufe, in: Berufsbildung in Wissenschaft und Praxis, H. 6, Bielefeld 1992, S. 43 ff
Nyhan, B.: Developing Peoples Ability to Learn, Brüssel 1991

Literatur

Ottow, Ch.: Wirtschaftliche Entwicklungen und Qualifikationsanforderungen im Groß- und Außenhandel. in: Die neuen kaufmännischen Berufe. Entwicklungstendenzen und Lösungswege (BiBB-2. Fachkongreß, 9.-11. Dezember 1992, Berlin; Hrsg.: Uthmann, K.J., Sieckmann, A). Nürnberg (Bildung und Wissen Verlag und Software) 1993, S. 75 ff

Pätzold, G., Walden, G. (Hrsg.): Lernorte im dualen System der Berufsbildung (Hrsg. BiBB, Berichte zur beruflichen Bildung H. 177) Bielefeld (Bertelsmann) 1995

Pawlowsky, P., Bäumer, J.: Betriebliche Weiterbildung. Management von Qualifikation und Wissen. München (Beck Juristischer Verlag) 1996

Pedler, M., Burgoyne, J., Boydell, T.: Das lernende Unternehmen. Potentiale freilegen – Wettbewerbsvorteile sichern. Frankfurt, New York (Campus) 1994

Personalentwicklung und Personalqualifikation. TÜV Rheinland. Köln (Springer) 1992

Petersen, W: Betriebliche Fortbildung im Kontext neuer Produktionstechnologien. Probleme und Lösungen. (Expert) 1991

Popcorn, F.: Der Popcorn-Report. Trends für die Zukunft. München (Heine) 1991

Prahl, H.: Das Management des neuen Denkens. in: Absatzwirtschaft 7/1995.

Preister, S.: Sozialisationsbedingungen sozialen und politischen Handelns. in: Landeszentrale für politische Bildung (Hrsg.): Selbstverwirklichung und Verantwortung in einer demokratischen Gesellschaft. Mainz 1977

Probst, G., Büchel, B.: Organisationales Lernen. Wettbewerbsvorteil der Zukunft. Wiesbaden (Gabler) 1994

Probst, G.J.: Selbstorganisation. Ordnungsprozesse in sozialen Systemen aus ganzheitlicher Sicht, Berlin, Hamburg (Parey) 1987

Prognos AG (Hrsg.): Prognos – Deutschland-Report Nr. 1. Basel 1993

PTQ: Zentraler Wirtschaftsmodellversuch. Entwicklung und Erprobung eines modularen Bildungskonzepts für die Vermittlung von produktionstechnischen Qualifikationen im Lernortverbund. Abschlußdokumentation II (Pädagogisches Konzept und methodisch-didaktische Umsetzung). Essen (Berufsförderungszentrum e.V.) 1995

Q-Verband: Microzensus 1969, BIBB/IAB 1979, 1985, 1992

QUEM: Zukünftige Modelle der Qualifizierung betrieblicher Personalentwickler. QUEM-report, H. 15, Berlin 1993

Regnet, E.: Anforderungen an die Führungskraft der Zukunft, in: Hofmann, L. M., Regnet, E. (Hrsg.): Innovative Weiterbildungskonzepte. Göttingen (Verlag für Angewandte Psychologie) 1994

Regnet, E.: Anforderungen an die Führungskraft der Zukunft, in: Hofmann, L.M., Regnet, E. (Hrsg.): Innovative Weiterbildungskonzepte. Göttingen (Verlag für Angewandte Psychologie), 1994

Reisse, W. (Hrsg.): Schlüsselqualifikationen und Prüfungen – psychologisch gesehen. Bielefeld (Bertelsmann) 1995

Richtmeister Stahlbaumontage. Weiterbildung für Montagepersonal.

Rosenstiel, L. v., Nerdinger, F., Spieß, E., Stengel, M.: Führungsnachwuchs im Unternehmen. München (Bech) 1989

Rosenstiel, L. v.: Grundlagen der Führung. in: Rosenstiel. L. v., Regnet, E., Domsch, M: Führung von Mitarbeitern., Stuttgart (Schäffer-Poeschel) 1993

Rühle, R., Matern, B., Skell, W.: Training kognitiver Regulationsgrundlagen. in: Hacker, W., Raum, H. (Hrsg.): Optimierung von kognitiven Arbeitsanforderungen. Bern (Huber) 1980

Sattelberger, T.: Die lernende Organisation. Konzepte für eine neue Qualität der Unternehmensentwicklung. Wiesbaden (Gabler) 1991

Sauter, W.: Vom Vorgesetzten zum Coach der Mitarbeiter. Dt. Studienverlag 1994

Schenk, B.: Vermittlung von Qualifikation oder von Bildung an der Berufsschule? Arbeitsperspektiven der Berufsschule, in: Metall, Elektro: Konzepte und Probleme nach fünf Jahren Neuordnung und zwei Jahren Wiedervereinigung. Entwicklungstendenzen und Lösungswege (BiBB- 2. Fachkongreß, 9.-11. Dezember 1992, Berlin; Hrsg.: Uthmann, K.J., Sieckmann, A). Nürnberg (Bildung und Wissen Verlag und Software) 1993, S. 149 ff

Schier, W.: Text- und Bildintegration im Schulalltag, in: Neue Druckberufe in der Praxis. Entwicklungstendenzen und Lösungswege (BiBB- 2. Fachkongreß, 9.-11. Dezember 1992, Berlin; Hrsg.: Uthmann, K.J., Sieckmann, A). Nürnberg (Bildung und Wissen Verlag und Software) 1993, S. 41 ff

Schildmayer, R.: Erfolgreiche Personalführung in Zeiten knappen Geldes. In: Heyse, V. (Hrsg.): Personal- und Organisationsentwicklung. Wertewandel und Krisenmanagement. Berlin (SEMDOC) 1994

Schlaffke, W., Weiß, R. (Hrsg.) Tendenzen betrieblicher Weiterbildung. Aufgaben für Forschung und Praxis. Köln (Deutscher Instituts-Verlag) 1990

Schlaffke, W., Winter, H. (Hrsg.): Perspektiven betrieblicher Weiterbildung. Köln (Deutscher Instituts-Verlag) 1985

Schlüsselqualifikation: Schlüsselqualifikation, Selbstorganisation, Lernorganisation. Dokumentation eines Symposiums in Hamburg. Hamburg (Feldhaus) 1993

Schmidt, J.U.: Psychologische Meßverfahren für soziale Kompetenzen. In: Seyfried, B.: „Stolperstein" Sozialkompetenz. Was macht es so schwierig, sie zu erfassen, zu befördern und zu beurteilen? Bielefeld (Bertelsmann) 1995, S. 117 ff

Schmiel, M: Lernverhalten und Lernförderung von Erwachsenen in der betrieblichen Weiterbildung. in: Schlaffke, W., Weiß, R. (Hrsg.): Tendenzen betrieblicher Weiterbildung. Aufgaben für Forschung und Praxis. Köln (Deutscher Instituts-Verlag) 1990

Scholz, D.: Zur Qualität der Weiterbildung im Meisterbereich, in: Fortbildungsberufe für eine verstärkte Innovationsfähigkeit der Wirtschaft. Entwicklungstendenzen und Lösungswege (BiBB- 2. Fachkongreß, 9.-11. Dezember 1992, Berlin; Hrsg.: Uthmann, K.J., Sieckmann, A). Nürnberg (Bildung und Wissen Verlag und Software) 1993, S. 161 ff

Schönfeld, M., Stöbe, S.: Weiterbildung als Dienstleistung. Frankfurt am Main (Luchterhand) 1995

Schrader, J: Lerntypen bei Erwachsenen. Empirische Analysen zu Lernen und Lehren in der beruflichen Weiterbildung. Dt. Studienverlag 1994

Schuler, H., Barthelme, D.: Soziale Kompetenz als berufliche Anforderung. In: Seyfried, B.: „Stolperstein" Sozialkompetenz. Was macht es so schwierig, sie zu erfassen, zu befördern und zu beurteilen? Bielefeld (Bertelsmann) 1995, S. 77 ff

Schulz, A.: Innovationstransfer bei der Ausbildung von Industriekaufleuten im Kabelwerk Oberspree. in: Die neuen kaufmännischen Berufe. Entwicklungstendenzen und Lösungswege (BiBB-2. Fachkongreß, 9.-11. Dezember 1992, Berlin; Hrsg.: Uthmann, K.J., Sieckmann, A). Nürnberg (Bildung und Wissen Verlag und Software) 1993, S. 203 ff

Schumann, M., Einemann, E., Siebel-Rebell, Chr., Wittemann, K.P.: Rationalisierung, Krise, Arbeiter. Frankfurt a.M. 1982

Seidel, C., Lipsmeier, A.: Computergestütztes Lernen. Entwicklungen – Möglichkeiten – Perspektiven. Stuttgart (Verlag für Angewandte Psychologie) 1989

Seipel, M.: Weiterbildungsszene Deutschland. Studie über den Weiterbildungsmarkt in Deutschland. Bonn (Verlag Manager-Seminare) 1994

Severing, E.: Arbeitsplatznahe Weiterbildung: betriebspädagogische Konzepte und betriebliche Umsetzungsstrategien. Neuwied (Luchterhand) 1994

Seyfried, B.: „Stolperstein" Sozialkompetenz. Was macht es so schwierig, sie zu erfassen, zu befördern und zu beurteilen? Bielefeld (Bertelsmann) 1995

Siebert, H.: Zur Theorie des interkulturellen Lernens. Politische Aspekte des interkulturellen Lernens. in: Report 23 (1989) 20 ff.

Siewert, H.: Zukunftschance Weiterbildung. Tests, Checklisten, Strategien. München (Humboldt-Taschenbuchverlag) 1994

Sinn, J.: Capital – Seminarservice – Fakten zur Weiterbildung 3/93.

Sinn, J.: Kommunikation, Lengerich 1993

Sinn, J.: Weiterbildung in deutschen Unternehmen. München (Management Wissen) 1991

Skarpelis-Sperk, S.: Erwerbsarbeit der Zukunft – Arbeit und Wirtschaft im demographischen Wandel. in: Forschungsinstitut der Friedrich-Ebert-Stiftung (Hrsg.): Bedeutung des demographischen Wandels – Erwerbsarbeit, berufliche Qualifizierung, Weiterbildung. Bonn 1994

Sloane, P.F.E.: Qualifizierung im Umweltschutz für kleinere und mittlere Betriebe im Einzelhandel – Anmerkungen aus Sicht der wissenschaftlichen Begleitung eines Modellversuchs, in: Umweltschutz in der beruflichen Bildung. Entwicklungstendenzen und Lösungswege (BiBB- 2. Fachkongreß, 9.-11. Dezember 1992, Berlin; Hrsg.: Uthmann, K.J., Sieckmann, A). Nürnberg (Bildung und Wissen Verlag und Software) 1993, S. 157 ff

Sonntag, Kh., Schaper, N.: Förderung beruflicher Handlungskompetenz. in: Sonntag, Kh. (Hrsg.): Personalentwicklung in Organisationen. Göttingen, Bern, Toronto, Seattle (Hogrefe) 1992

Staudt, E., Frieling, E.: Standtortsicherung durch Kompetenzentwicklung. Bochum, Kassel (ABWF) 1994, S. 12 ff

Staudt, E., Rehbein, M.: Innovation durch Qualifikation. Personalentwicklung und neue Technik. Frankfurt am Main (Frankfurter Allgemeine Zeitung) 1988

Staudt, E.: Defizitanalyse betrieblicher Weiterbildung, in: Schlaffke, W., Weiß, R. (Hrsg.) Tendenzen betrieblicher Weiterbildung. Aufgaben für Forschung und Praxis. Köln (Deutscher Instituts-Verlag) 1990, S. 36 ff

Staudt, E.: Deutschland: Ein Standort mit Innovationsproblemen. Bochum (Institut für angewandte Innovationsforschung) 1994

Staudt, E.: Lernen in entwicklungsoffenen, dynamischen Prozessen, Bochum (Manuskript) 1995

Stephan, P.: Positionen zum Qualitätsmanagement in Weiterbildungseinrichtungen auf der Basis der DIN ISO 9000 ff. QUEM-report, H. 28, Berlin 1994

Stooss, F.: Ältere Arbeitnehmer – Beschäftigungsperspektiven und Weiterbildungsbedarf. in: Forschungsinstitut der Friedrich-Ebert-Stiftung (Hrsg.): Bedeutung des demographischen Wandels – Erwerbsarbeit, berufliche Qualifizierung, Weiterbildung. Bonn 1994

Stooss, F.: Umweltschutz und Umweltbildung aus der Sicht des Arbeitsmarktes und seiner Strukturen, in: Umweltschutz in der beruflichen Bildung. Entwicklungstendenzen und Lösungswege (BiBB- 2. Fachkongreß, 9.-11. Dezember 1992, Berlin; Hrsg.: Uthmann, K.J., Sieckmann, A). Nürnberg (Bildung und Wissen Verlag und Software) 1993, S. 35 ff

Teil, H.-U.: Fortbildung von Leitungskräften in pädagogisch-sozialen Berufen. Stuttgart (Juventa) 1994

Thurow, L.C.: Kopf an Kopf, in: Forbes, H. 12 1992

Tippelt, R. (Hrsg.): Handbuch Erwachsenenbildung/Weiterbildung. Opladen (Leske und Budrich) 1994

Ulich, E.: Gestaltung von Arbeitsfähigkeiten. in: Schuler, H.: Lehrbuch der Organisationspsychologie. Bern, Göttingen, Toronto, Seattle (Huber) 1993

Voit, H.: Wirtschaft und Statistik, Statistisches Bundesamt (Hrsg.), Wiesbaden, 4/1992

Walden, G., Brandes, H.: Lernortkooperation – Bedarf, Schwierigkeiten, Organisation. in: Pätzold, G., Walden, G. (Hrsg.): Lernorte im dualen System der Berufsbildung. (Hrsg. BiBB, Berichte zur beruflichen Bildung, H. 177) Bielefeld (Bertelsmann) 1995, S. 127 ff

Walz, H., Bertels, T.: Das intelligente Unternehmen. Schneller lernen als der Wettbewerb. Landsberg am Elch (Verlag moderne Industrie) 1995

Warnecke, H.-J., Revolution der Unternehmenskultur. Das fraktale Unternehmen. Berlin, Heidelberg, New York "(Springer) 1993

Weiss, R.: Betriebliche Weiterbildung. Köln (Deutscher Instituts-Verlag) 1994

Weißhuhn, G., Wahse, J., König, A.: Arbeitskräftebedarf in Deutschland bis 2010. Arbeitskräfteeinsatz 1978-1990 und Szenarien bis 2010 für die alten und neuen Bundesländer. Bad Honnef (K.H. Bock) 1994

Weiterbildung für die 90er Jahre. Gutachten über zukunftsorientierte Angebote. Stuttgart (Juventa) 1992

Weiterbildung für die Wirtschaft: Erwartungen der Unternehmen – neue Chancen für Bildungsanbieter (Dokumentation). Köln (Institut der deutschen Wirtschaft) 1994

Wimmer, R.: Was kann Beratung leisten? Zum Interventionsrepertoire und Interventionsverständnis der systemischen Organisationsberatung. in: Wimmer, R. (Hrsg.): Organisationsberatung: Neue Wege und Konzepte. Wiesbaden (Gabler) 1992

Windecker, A.-C.: Außerfachliche Kompetenzen und Schlüsselqualifikationen in der beruflichen Weiterbildung. Ludwigsburg (Dissertation) 1991

Wittwer, W.: Schlüsselqualifikation. Schlüssel zur beruflichen Zukunft? in: Lernfeld Betrieb, H. 3 1989

Wolf, A.: „Kompetenzmessung": Erfahrungen im Vereinigten Königreich. In: Kompetenz: Begriff und Fakten. Europäische Zeitschrift Berufsbildung H. 1 1994, S. 33 ff

Wunderer, R., Grunwald, W.: Führungslehre, Bd.2 Kooperative Führung. Berlin, New York (de Gruyter) 1980

Zimmer, G.: Multimediales Lernen in neuen Qualifizierungsstrategien, in: Multimediales Lernen in neuen Qualifizierungsstrategien. Entwicklungstendenzen und Lösungswege (BiBB- 2. Fachkongreß, 9.-11. Dezember 1992, Berlin; Hrsg.: Uthmann, K.J., Sieckmann, A). Nürnberg (Bildung und Wissen Verlag und Software) 1993, S. 19 ff

Zimmermann, H.: Kulturen des Lernens: Bildung im Wertewandel (Sammlung kritisches Wissen) Mössingen-Talheim (Talheimer) 1995

Abbildungen

Abb. 1: Zukunftstrends in der deutschen Industrie und daraus abgeleitete Anforderungen an die zukünftige Personalentwicklung und Weiterbildung

unternehmensseitige Änderungen	OE/PE	arbeitnehmerseitige Änderungen
(1) selbstorganisativer Wandel als Normalfall kürzere Innovations- und Produktionssyklen flache Hierarchen, Kundenorientierung	↑	höhere Disponibilität der Mitarbeiter Überblickswissen, lebensl. Lernen. Für WB Wissens- und Kompetenzpotentiale wichtig
(2) Massenproduktion und flexible Spezialisierung	↑	Fachwissen und integrative Handlungskompetenz als Ziele der WB
(3) neue Technologie ermöglicht neue Unternehmenschancen, Charakter der Arbeit verändert sich	↑	Bedeutung der WB und Niveau der Mitarbeiter erhöht sich. Vernetzte Kompetenzen statt abgegrenzter Wissensbausteine
(4) Vielfalt und Unberechenbarkeit des Marktes wächst	↑	Vorabinformationen, Risikomanagement erforderlich. Strategische Allianzen.
(5) fließende, flachere Organisationen starke Markt-(veränderungs)orientierung	↑	WB von Rollenvariabilität und Kommunikationsfähigkeit WB als flexibler, interner Dienstleister „Maßschneiderei" dezentraler Konzepte
(6) Verhaltensänderung der Führungskräfte vom Kontrolleur zum Coach	↑	Mitarbeiter handeln ihre WB als selbstständiges Produkt
(7) neue Gestaltungsräume: Zeitflexibilität Eigenkreativität, höhere Einzelverantwortung	↑	höhere Anforderung an WB, zunehmende Nachfrage nach Bildung in der Freizeit
(8) zu langsamer Fortschritt (Unterlassung von Innovation) gefährdet Arbeitsplätze	↑	Nutzung der WB im eigenen Interesse der Arbeitnehmer. Selbstorganisation der WB
(9) Verbindung von Krisenmanagement und langfristiger Potentialentwicklung	↑	WB muß Wissen und Kompetenzen des Krisenmanagements weitergeben und mit OE/PE verbinden
(10) Internationalisierung des Marktgeschehens	↑	WB d. interkulturelles Training Auslandseinsatz

WEITERBILDUNGSBEDARF
Führungskräfte
mittlere Ebene
Un- und Angelernte
WEITERBILDUNGSMETHODEN
WEITERBILDUNGSORTE
WEITERBILDUNGSQUALITÄT
WEITERBILDUNGSTEILNEHMER
Führungskräfte
mittlere Ebene
Un- und Angelernte

Folgerungen aus den unternehmensseitigen Änderungen (in Richtung organisationelle Selbstorganisation) für die WB und Einbindung in die Organisationsentwicklung (OE)

Folgerungen aus den arbeitnehmerseitigen Änderungen (in Richtung individuelle Selbstorganisation) für die WB und Einbindung in die Personalentwicklung (PE)

(QUELLEN) (HEMMNISSE)

Abb. 2: Entwicklung neuer Weiterbildungsangebote versus zunehmender Komplexität und Dynamik neuer Weiterbildungsgegenstände

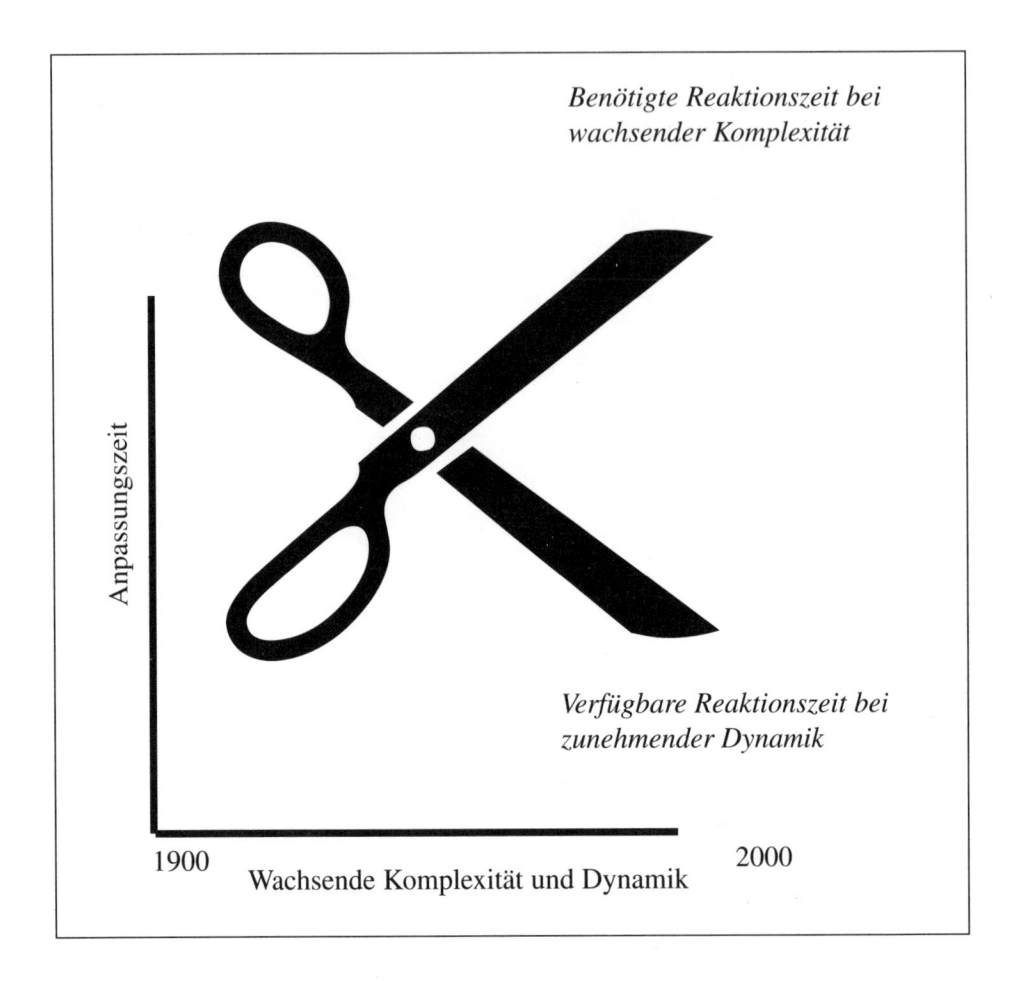

Abbildungen

Abb. 3: Landkarte zum Management von Vorhersehbarkeit/Ordnung und von Chaos/Komplexität (nach H. Jarmai)

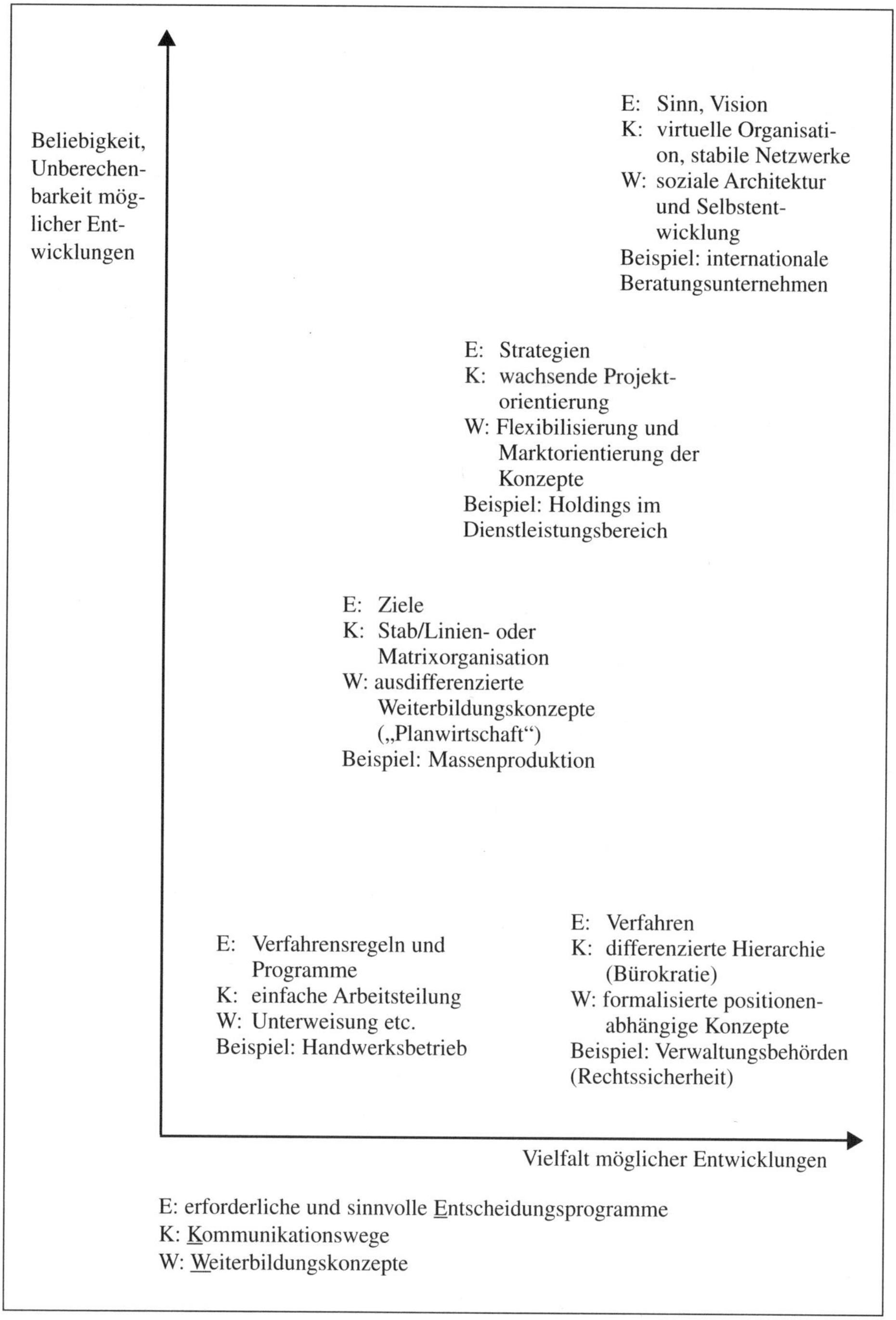

Beliebigkeit, Unberechenbarkeit möglicher Entwicklungen

E: Sinn, Vision
K: virtuelle Organisation, stabile Netzwerke
W: soziale Architektur und Selbstentwicklung
Beispiel: internationale Beratungsunternehmen

E: Strategien
K: wachsende Projektorientierung
W: Flexibilisierung und Marktorientierung der Konzepte
Beispiel: Holdings im Dienstleistungsbereich

E: Ziele
K: Stab/Linien- oder Matrixorganisation
W: ausdifferenzierte Weiterbildungskonzepte („Planwirtschaft")
Beispiel: Massenproduktion

E: Verfahrensregeln und Programme
K: einfache Arbeitsteilung
W: Unterweisung etc.
Beispiel: Handwerksbetrieb

E: Verfahren
K: differenzierte Hierarchie (Bürokratie)
W: formalisierte positionenabhängige Konzepte
Beispiel: Verwaltungsbehörden (Rechtssicherheit)

Vielfalt möglicher Entwicklungen

E: erforderliche und sinnvolle Entscheidungsprogramme
K: Kommunikationswege
W: Weiterbildungskonzepte

Abb. 4: Selbstverständnis von Weiterbildungsmanagement in unterschiedlichen Komplexitätsstufen (nach B. Heitger)

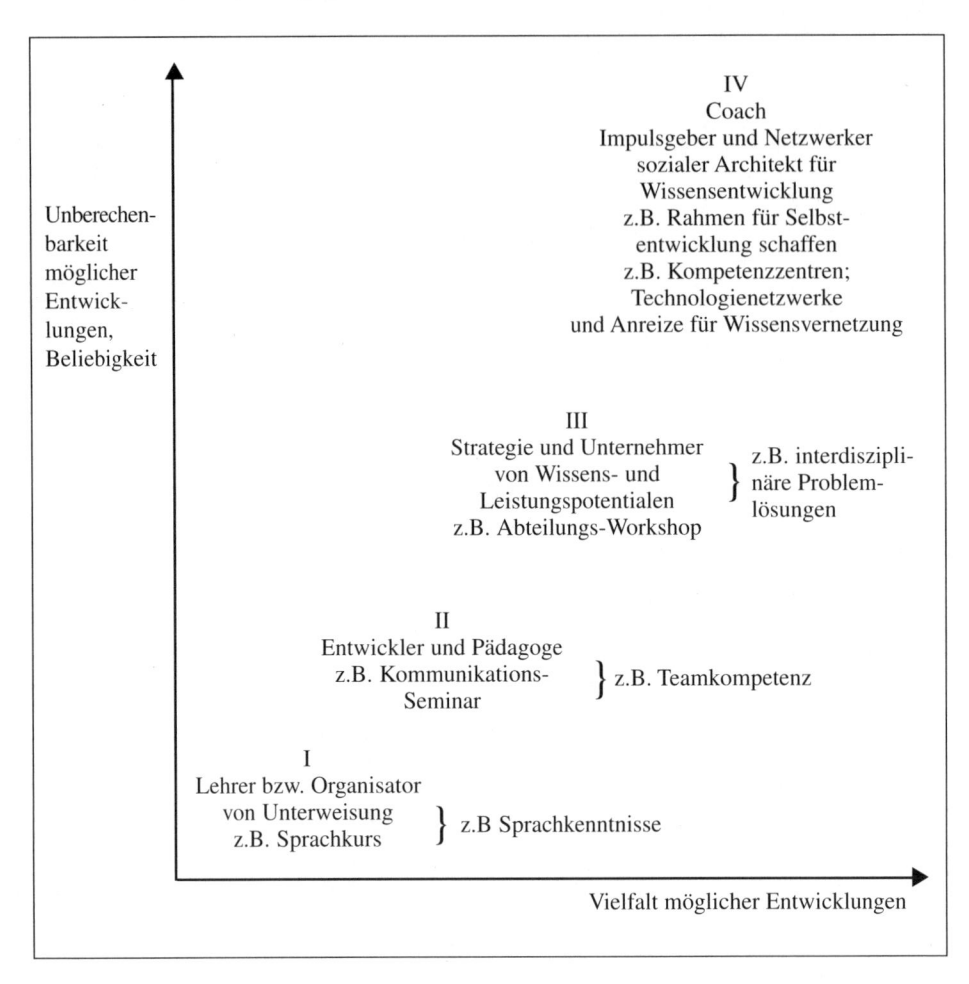

```
↑
Unberechen-
barkeit
möglicher
Entwick-                                    IV
lungen,                                     Coach
Beliebigkeit                    Impulsgeber und Netzwerker
                                  sozialer Architekt für
                                    Wissensentwicklung
                                z.B. Rahmen für Selbst-
                                  entwicklung schaffen
                                z.B. Kompetenzzentren;
                                   Technologienetzwerke
                            und Anreize für Wissensvernetzung


                                        III
                            Strategie und Unternehmer    } z.B. interdiszipli-
                                von Wissens- und           näre Problem-
                              Leistungspotentialen         lösungen
                            z.B. Abteilungs-Workshop


                                    II
                           Entwickler und Pädagoge
                           z.B. Kommunikations-      } z.B. Teamkompetenz
                                 Seminar

                                I
                       Lehrer bzw. Organisator
                         von Unterweisung           } z.B Sprachkenntnisse
                         z.B. Sprachkurs
                                                                        →
                                         Vielfalt möglicher Entwicklungen
```

Abb. 5: Die Entwicklungslogik des Personalwesens in deutschen Unternehmen (5 Entwicklungsphasen) (nach Wunderer)

I. **Bürokratisierung** (bis ca. 1960)

   Hauptfunktionen: Verwaltung der Personalakten, personalpolitische Entscheidungen - zum Teil in Nebenfunktion

   Verantwortung: Kaufmännische Leitung o.a.O. („angehängt")

   Philosophie: Kaufmännische Bestandspflege der „Personalkonten"

II. **Institutionalisierung** (ab ca. 1960)

   Hauptfunktionen: Kernfunktionen (u.a. Verwaltung, Einstellung, Einsatz, juristische Konfliktregelungen, Entgeltfindung) sowie Spezialisierung der Personalarbeit

   Verantwortung: Personalleiter (in Groß- und zunehmend auch in Mittelbetrieben)

   Philosophie: Anpassung des Personals an organisatorische Anforderungen

III. **Humanisierung 1** (ab ca. 1970)

   Hauptfunktionen: Humanisierung (des Arbeitsplatzes), Mitsprache, Ausbau der qualitativen Funktionen: Bildungsmaßnahmen, kooperative Führung, Organisations- und Personalentwicklung

   Verantwortung: Personalstäbe, Arbeitnehmervertretung, Personalressort in der Geschäftsleitung/Vorstand

   Philosophie: Anpassung der Organisation an die Mitarbeiter

IV. **Ökonomisierung** (ab ca. 1980)

   Hauptfunktionen: Zweckmäßige Gestaltung der Arbeit und Verminderung der Aufwände, Bewertung der Arbeits- und Entwicklungsmöglichkeiten und -fähigkeiten, Freisetzungspolitik

   Verantwortung: Personalwesen, Linienvorgesetzte

   Philosophie: Anpassung von Organisation und Personal an veränderte Umweltbedingungen nach Wirtschaftlichkeitskriterien

V. **Humanisierung 2** (ab ca. 1990)

   Hauptfunktionen: Unternehmerisches Mitwissen/Mitdenken/Mithandeln/Mitverantworten in allen wesentlichen Unternehmensentscheidungen, besondere Berücksichtigung gleichberechtigter Mitwirkung bei der Unternehmensphilosophie/-politik/-strategie und von „Mensch und Arbeit". Beobachtung und Bewertung der ökonomischen und sozialen Folgen von Unternehmensentscheidungen.

   Verantwortung: Der Vorstand/Geschäftsleitung, insbesondere ein für Personal verantwortliches Mitglied. Zentrale und dezentrale Personalarbeit (Linienverantwortung)

   Philosophie: Mitarbeiter als wichtigste, wertvollste und sensibelste Unternehmensreserve. Die Personalentwicklung soll sie als Mitunternehmer gewinnen, entwickeln und erhalten.

Abb. 6: Das Feld der Lernprozesse

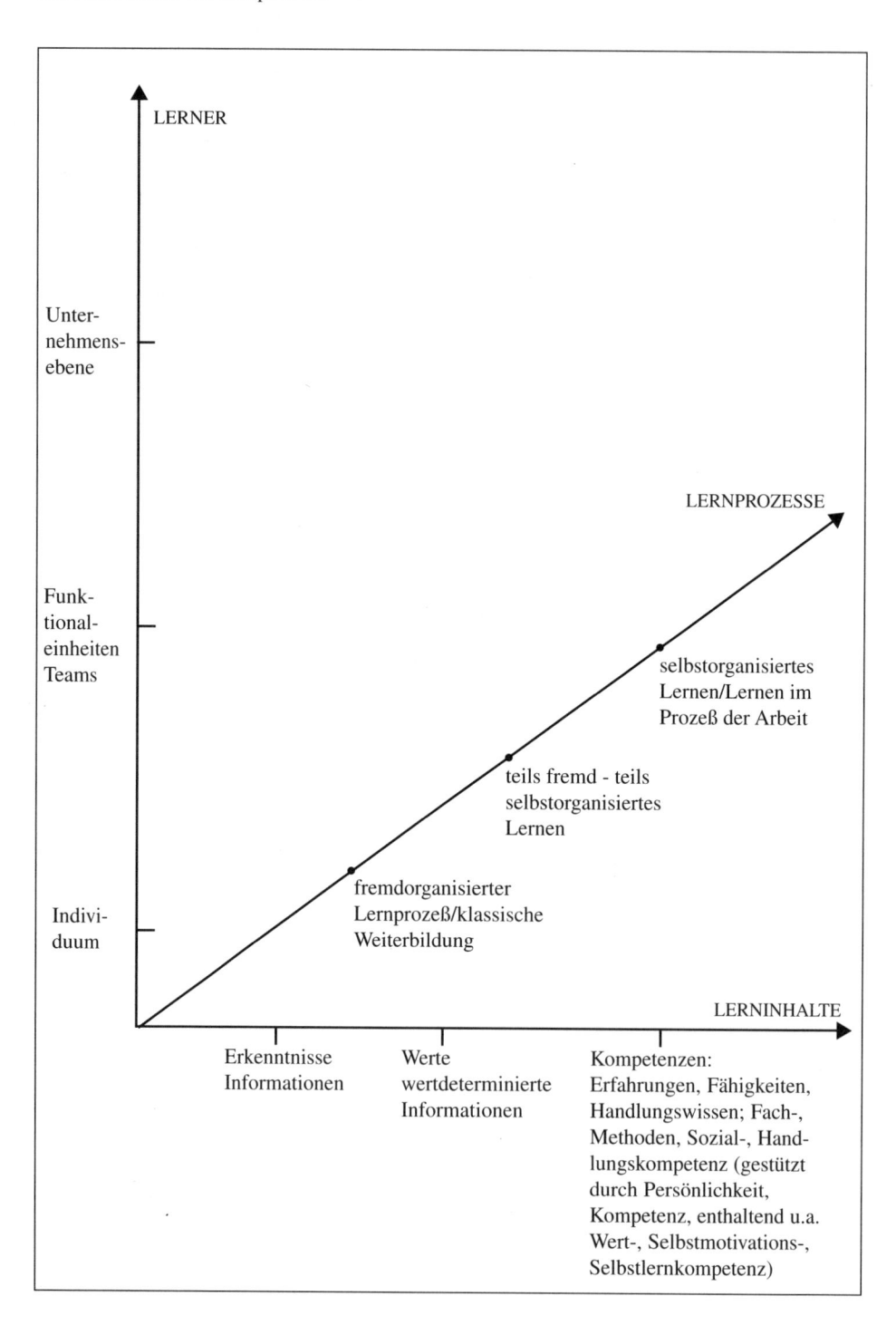

Y-Achse (LERNER): Individuum — Funktionaleinheiten Teams — Unternehmensebene

X-Achse (LERNINHALTE):
- Erkenntnisse Informationen
- Werte wertdeterminierte Informationen
- Kompetenzen: Erfahrungen, Fähigkeiten, Handlungswissen; Fach-, Methoden, Sozial-, Handlungskompetenz (gestützt durch Persönlichkeit, Kompetenz, enthaltend u.a. Wert-, Selbstmotivations-, Selbstlernkompetenz)

Diagonale (LERNPROZESSE):
- fremdorganisierter Lernprozeß/klassische Weiterbildung
- teils fremd - teils selbstorganisiertes Lernen
- selbstorganisiertes Lernen/Lernen im Prozeß der Arbeit

Abb. 7: Kompetenzvermittlung im Lernprozeß

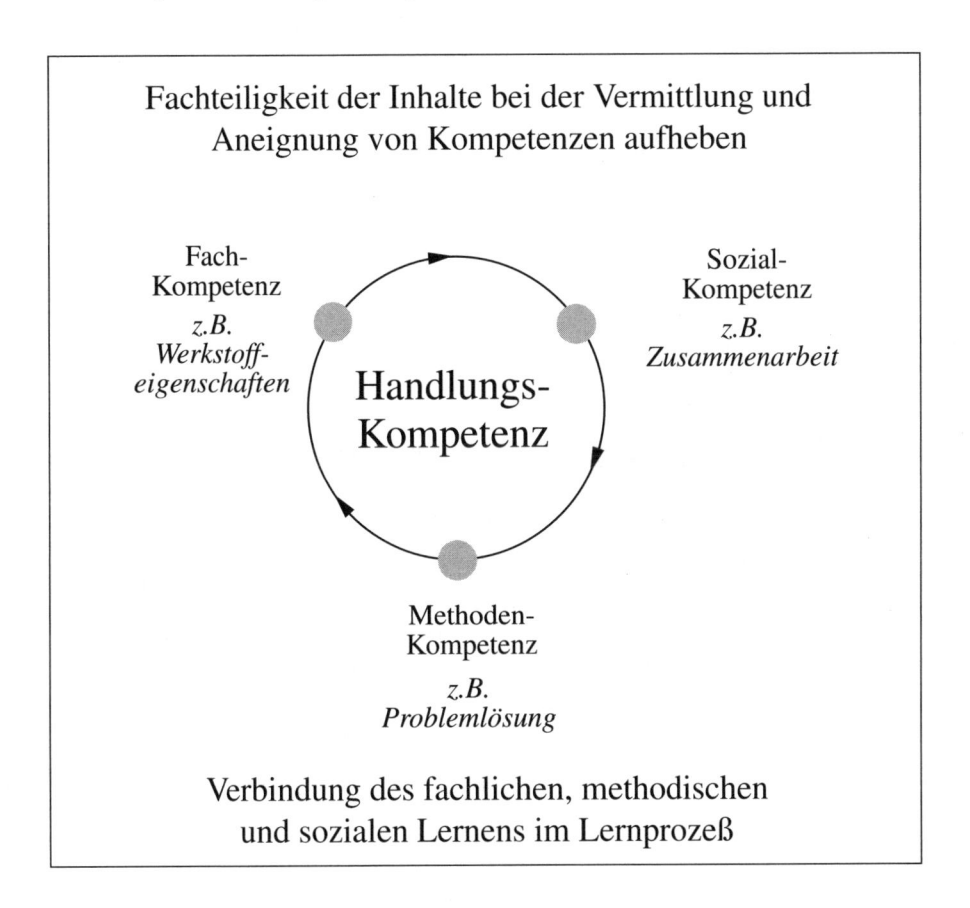

Fachteiligkeit der Inhalte bei der Vermittlung und Aneignung von Kompetenzen aufheben

Fach-
Kompetenz
*z.B.
Werkstoff-
eigenschaften*

Sozial-
Kompetenz
*z.B.
Zusammenarbeit*

Handlungs-
Kompetenz

Methoden-
Kompetenz
*z.B.
Problemlösung*

Verbindung des fachlichen, methodischen und sozialen Lernens im Lernprozeß

Abb. 8: Handlungsmuster (horizontale Dimension) und Zuwendungsbereiche (vertikale Dimension) beruflichen Handelns (nach P. Gerds)

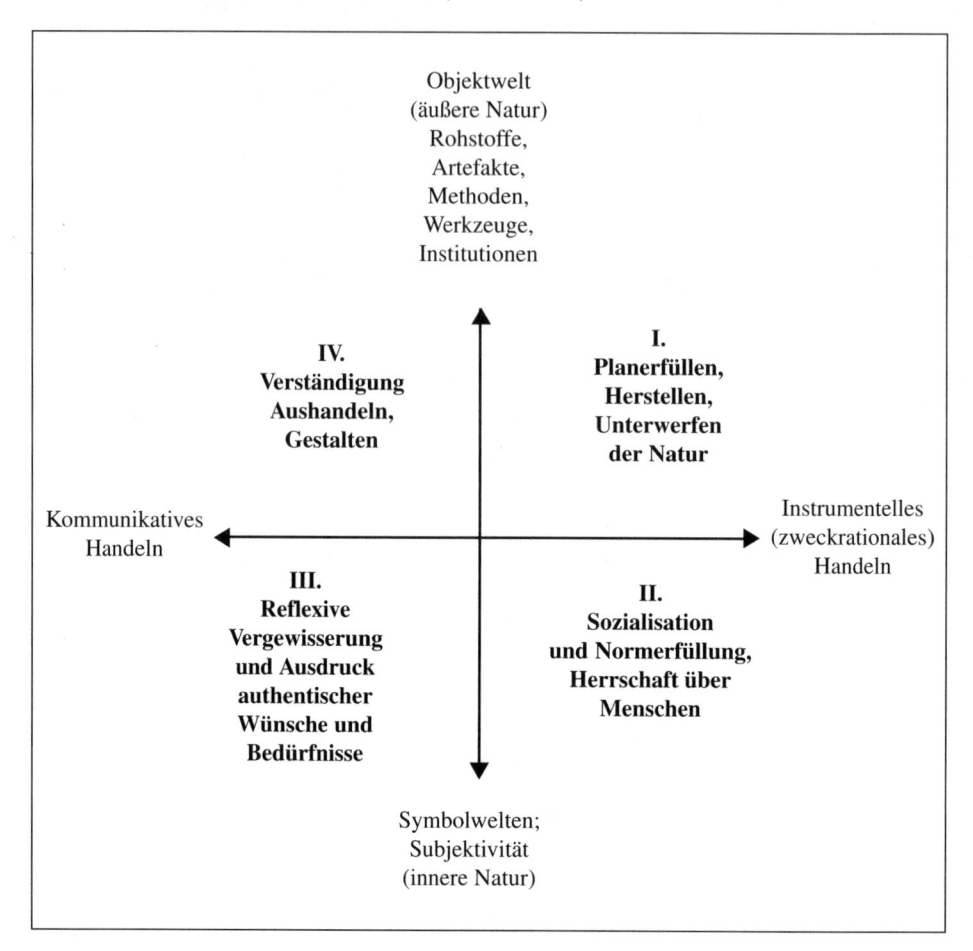

```
                        Objektwelt
                       (äußere Natur)
                         Rohstoffe,
                         Artefakte,
                         Methoden,
                         Werkzeuge,
                        Institutionen
                              ↑
            IV.             │            I.
       Verständigung        │         Planerfüllen,
         Aushandeln,        │          Herstellen,
          Gestalten         │          Unterwerfen
                            │           der Natur
 Kommunikatives ────────────┼──────────────→ Instrumentelles
   Handeln                  │                (zweckrationales)
           III.             │            II.           Handeln
         Reflexive          │        Sozialisation
      Vergewisserung        │      und Normerfüllung,
       und Ausdruck         │       Herrschaft über
        authentischer       │          Menschen
       Wünsche und          │
        Bedürfnisse         │
                            ↓
                        Symbolwelten;
                        Subjektivität
                       (innere Natur)
```

Abbildungen

Abb. 9: Handlungsmedien und Handlungstypen (nach P. Gerds)

Quadranten Dimensionen	I	II	III	IV
Handlungen	Technisch-instrumentelles Handeln mit Rohstoffen, Artefakten und Verfahren	Durchsetzung sozialer Normen, Vorschriften und Anweisungen	Bildung und Erziehung: Vermittlung von Dispositionen, Motivationen, kulturellen und ethischen Orientierungen	künstlerisches Gestalten von Objekten
Zuwendungsmodi	Herrschaft über die äußere Natur und Objektwelt	Legitimation von Herrschaft über Personen und Institutionen, Einschleifen von „Arbeitstugenden"	reflexive Zuwendung zwischen Menschen, Verständigung, Vergewisserung sozialer Normen	Dialogische Zuwendung zur Natur/ Objektwelt

Abb.10: Paradigmenwechsel und Komplexitätsmanagement

Altes Paradigma	Neues Paradigma
Unternehmen = „Maschine"	Unternehmen = „Organismus"
technokratisches Denken	systemhaftes, humanistisches Denken
Denken in Funktionen und Zuständigkeiten	ganzheitliches, ergebnisorientiertes Prozeßdenken
„perfekte Organisation"	„Selbstorganisation" als Folge sozialer Aktion und Interaktion
Ökonomisch-technische Rationalität	Ökonomisch-sozial-humane Rationalität
Tayloristisches Menschenbild	Human Resources-Ansatz

Abb.11: Veränderung des Weiterbildungsbedarfs in Abhängigkeit von Handlungscharakter und Handlungsmedium, Komplexität und Selbstorganisation

| Veränderung instrumentell-technischen Handelns ↕ Veränderung aufgrund der Zunahme an Komplexität und Selbstorganisation | **Bildungsbedarf** entsteht primär aus:

Veränderung der **Produkte** (z.B. technische Verbesserungen und technische Innovationen)

Veränderung der **Technologien** (z.B. Automatisierung der Fertigung, CAD, CIM)

Veränderung der **Organisationsstrukturen** (z.B. Enthierarchisierung, Gruppenarbeit; Lean Production, Verringerung der Lagerhaltung; Vernetzung von Unternehmen in Kooperation und Konkurrenz; neue Verwaltungsformen)

Veränderungen aufgrund neuer („querliegender") **Basisinnovationen** (z.B. Mikroelektronik, neue Medien, Gentechnik, Umwelttechnik, neue Dienstleistungen)

Veränderung der **Nachfrage** am Markt (z.B. Diversifizierung, Individualisierung der Nachfrage; Nachfrage aufgrund neuer Lebensformen, Freizeitindustrie, Mobilität; modulare Innovation)

Veränderung der **Kundenbeziehungen** (z.B. schnelles, flexibles Reagieren auf Kundennachfrage,)

Veränderung der **Arbeitnehmerstruktur** (z.B. Ausbildungsvorausetzungen; besondere Arbeitnehmergruppen - etwa junge Arbeitnehmer, Arbeitslose, Frauen, Behinderte)

Veränderung der **sozialen Anforderungen**:

(a) Veränderung **regionaler** Erfordernisse (z.B. regionaler Strukturwandel, beschäftigungspolitische Aufgaben, Standortaufenthalt oder Schaffung neuer Standorte)

(b) Veränderung **überregionaler** Erfordernisse:
• **gesamtwirtschaftliche** Veränderung (z.B. konjunkturelle Entwicklungen, demographischer Wandel, Wettbewerb auf nationaler und internationaler Ebene, politisch-rechtliche Rahmenbedingungen)
• **Wertewandel** (z.B. Risikoproblematik, soziale Akzeptanz-Verschiebungen, Bedürfnisentwicklung, Freizeitverhalten, Wertvorstellungen)

Veränderung aufgrund der Zunahme an Komplexität und Selbstorganisation |

Abbildungen

Abb. 12: Strategische Unternehmensplanung (nach Staudt)

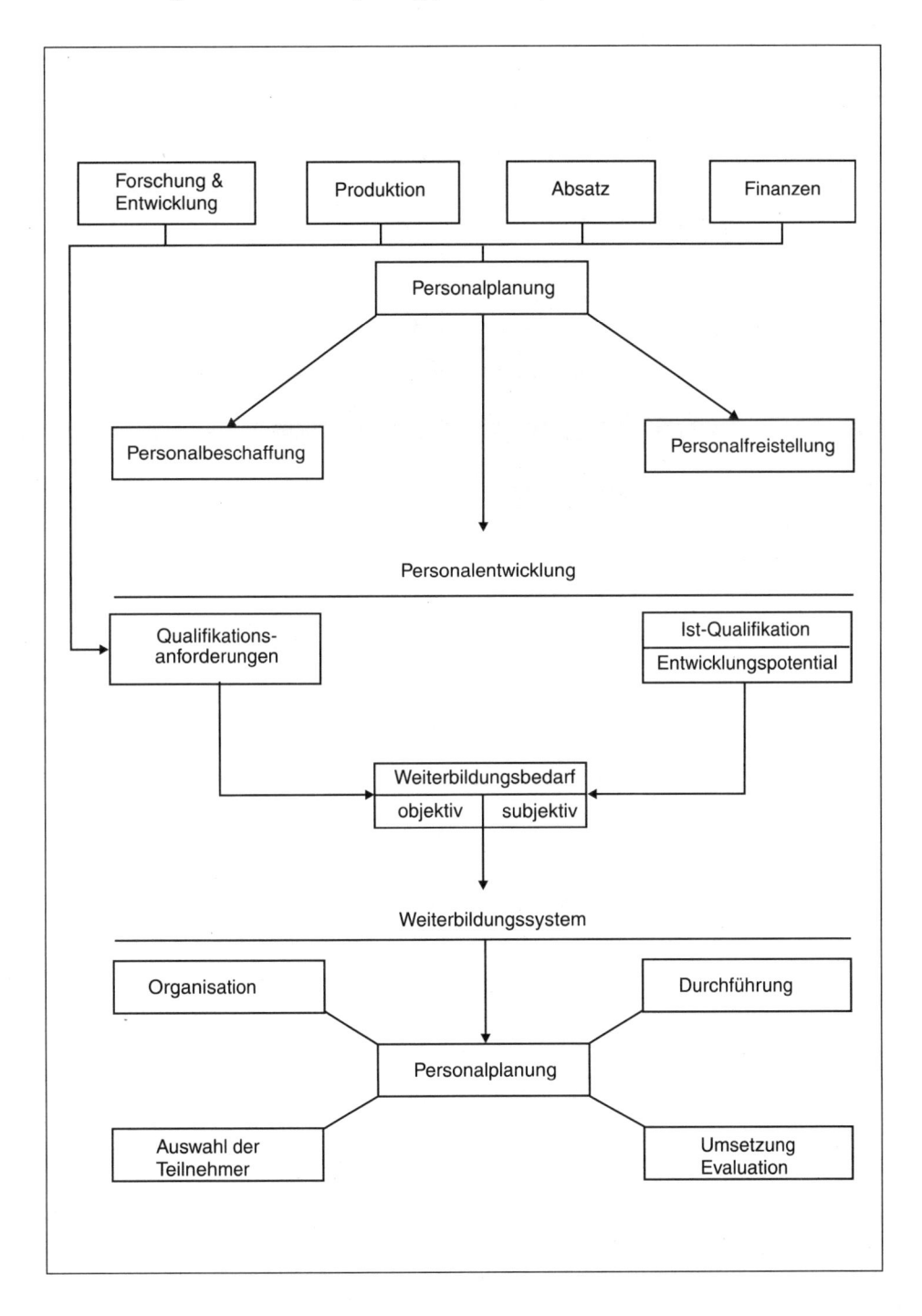

- Forschung & Entwicklung
- Produktion
- Absatz
- Finanzen

Personalplanung

- Personalbeschaffung
- Personalfreistellung

Personalentwicklung

- Qualifikationsanforderungen
- Ist-Qualifikation / Entwicklungspotential

Weiterbildungsbedarf: objektiv | subjektiv

Weiterbildungssystem

- Organisation
- Durchführung
- Personalplanung
- Auswahl der Teilnehmer
- Umsetzung Evaluation

John Erpenbeck, Volker Heyse

Abb. 13: Voraussichtliche Kosten der beruflichen Qualifizierung 1995 (Berufsbildungsbericht 1994)

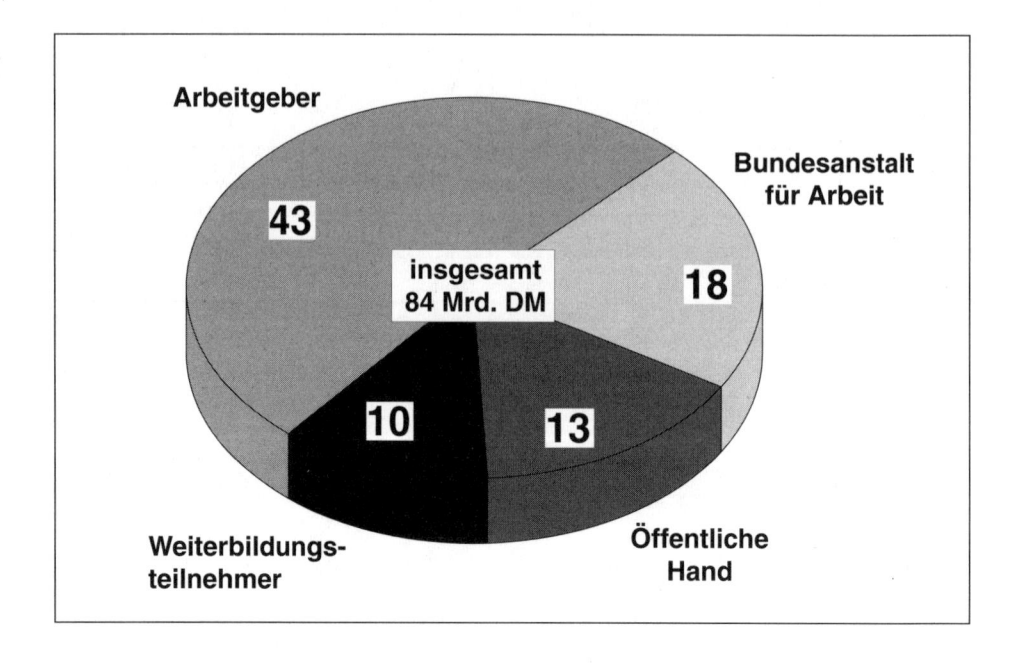

Abbildungen

Abb. 14: Berufsübergreifende langfristig wichtige Qualifikationen

Leitziel	**Fähigkeit zum reflektierten, selbständigen und verantwortungsbewußten Handeln**						
	Komponenten dieser Handlungsfähigkeit sind:						
Richtziele 1. Ordnung	Reflexions-fähigkeit	Selbständigkeit	Verantwortungs-bewußtsein	Geistige Fähigkeiten	Anforderungen der Realität mit ihren Veränderungen	Soziale Kompetenz	Arbeitsverhalten	Allgemeine Grundbildung (Fähigkeiten, Kenntnisse, Fertigkeiten)
Richtziele 2. Ordnung	Gebunden an: Sachkenntnis Urteilsfähigkeit Denkfähigkeit Verantwortungs-bewußtsein	(Voraussetzungen für Selbst-steuerung) zum Beispiel im Gebrauch von Lerntechniken, im Planen, Ausführen, Kontrollieren einschließlich Selbstbeurteilung und Selbstkritik, Setzen von Zielen, Orientierung an Werten.	Es erfordert: Urteilsfähigkeit, und diese Sach-orientierung und Orientierung an Wertmaßstäben (zum Beispiel Mitmenschlichkeit, soziale Verantwor-tung, Verantwortung gegenüber der übernommenen Aufgabe und gegenüber der Umwelt, Wahr-heitsliebe u.a.).	Denkfähigkeit (Fähigkeit zum logischen, abstrakten, analytischen, synthetischen, problemlösenden, kreativen Denken, zum Denken in Zusammenhängen, zum planvollen Denken und Handeln). Transferfähigkeit	Weiterbildungs-bereitschaft, Weiterbildungs-fähigkeit (zum Beispiel Beherr-schung der Lerntechniken). Flexibilität (Umstellungs-fähigkeit) Aufgeschlossenheit gegenüber Änderungen und Neuerungen	Kooperations-fähigkeit (Fähigkeit zum Umgang mit anderen, Konfliktstabilität, Integrations-fähigkeit, Hilfs-bereitschaft, Rücksichtnahme) Kommunikationsfä-higkeit, einschließ-lich Fähigkeit, die eigene Auffassung zu vertreten;	Lern- und Leistungsbereit-schaft, Arbeitsfreude, Gewissenhaftigkeit, Pflichtbewußtsein, Ordnungssinn, sachgerechtes Arbeitstempo, Selbstvertrauen, Eigeninitiative, Belastbarkeit, Sicherheitsbewußt-sein	Kulturtechniken, Mathematik, Naturwissen-schaften, Grundlagen neuer Technologien, Gesellschaftsleh-re, Informationen zur Arbeitswelt und Berufswahl
		Selbständigkeit erfordert Selbstvertrauen	Bereitschaft zur Übernahme von Verantwortung	Fähigkeit zur Entscheidungsvor-bereitung und zur Entscheidung	Außerdem Reflexionsfähigkeit, Selbständigkeit, Verantwortungsbe-wußtsein, geistige Fähigkeiten	Einfühlungsver-mögen, Sachlich-keit, Geduld Fähigkeit zur Mitsprache und Mitbestimmung		grundlegende Förderung der geistigen Fähig-keiten des Nachdenkens, der Selbständigkeit, der Urteils-fähigkeit und der sozialen Kompetenz
Berufliche Kompetenz in der modernen Zeit							
Übernahme der oben angeführten Fähigkeiten, Gewichtung und Berücksichtigung (auch der Unter-Fähigkeiten) entsprechend ihrer Bedeutung für die Anforderungen des speziellen Berufs. Außerdem die Lernziele der speziellen beruflichen Kenntnisse, Fähigkeiten und Fertigkeiten							

Quelle: Schmiel, Martin, Schlüsselqualifikationen in der betrieblichen Aus- und Weiterbildung. In: Fachübergreifende Qualifikationen und betriebliche Aus- und Weiterbildung. hrsg. von S. Rosa, D. Schart und K.-H. Sommer, Esslingen: DEUGRO, 1988, Seite 71

Abb. 15: Quantitativer Anstieg der Weiterbildungsaktivitäten und des Weiterbildungsbedarfs der Erwerbstätigen (Berufsbildungsbericht 1994)

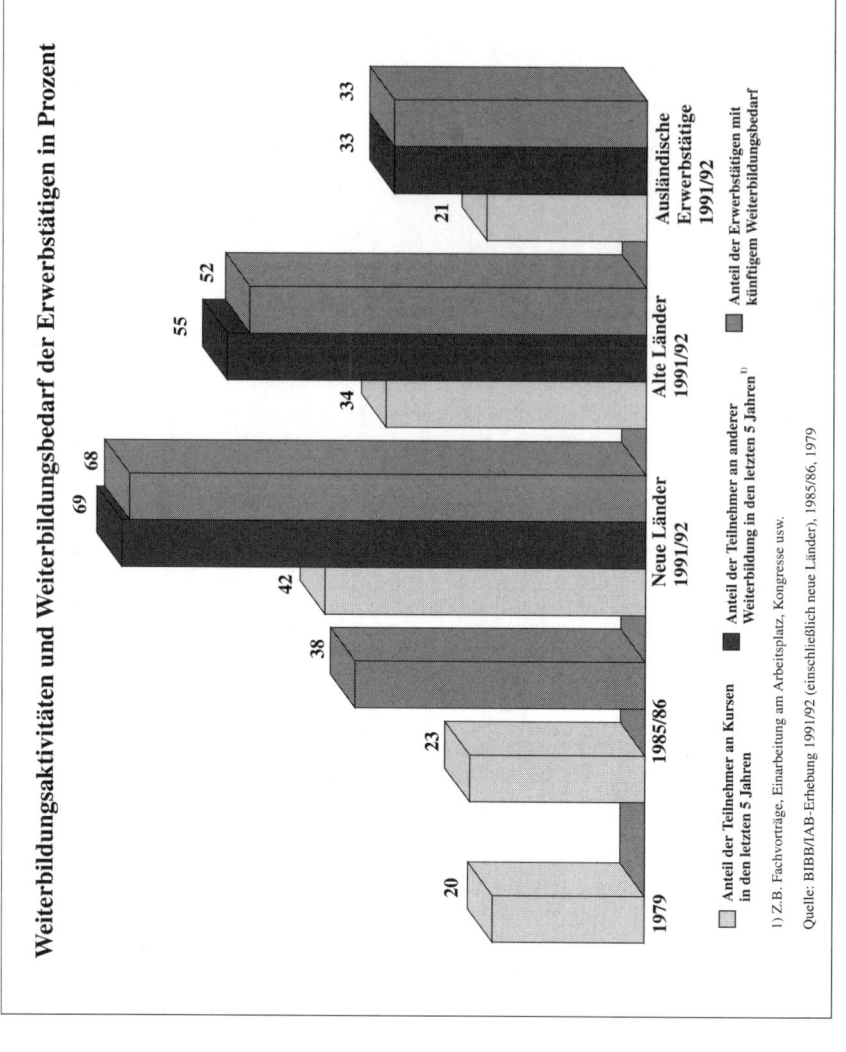

Weiterbildungsaktivitäten und Weiterbildungsbedarf der Erwerbstätigen in Prozent

	1979	1985/86	Neue Länder 1991/92	Alte Länder 1991/92	Ausländische Erwerbstätige 1991/92
Anteil der Teilnehmer an Kursen in den letzten 5 Jahren	20	23	42	34	21
Anteil der Teilnehmer an anderer Weiterbildung in den letzten 5 Jahren [1]		38	69	55	33
Anteil der Erwerbstätigen mit künftigem Weiterbildungsbedarf			68	52	33

1) Z.B. Fachvorträge, Einarbeitung am Arbeitsplatz, Kongresse usw.

Quelle: BIBB/IAB-Erhebung 1991/92 (einschließlich neue Länder), 1985/86, 1979

Abb. 16: Teilnahme an beruflicher Weiterbildung nach höchstem Weiterbildungsabschluß nach höchstem Ausbildungsabschluß (Berufsbildungsbericht 1994)

Teilnahme an beruflicher Weiterbildung[1] nach höchstem Ausbildungsabschluß in Prozent

Erwerbstätige alte Länder

	Ohne Berufsausbildung	Nur Lehre	Fachschule	Hochschule
Kurse/Lehrgänge	14	29	51	61
Sonstige Weiterbildung[2]	31	49	74	87
Weiterbildung insgesamt	37	59	84	93

Erwerbstätige neue Länder

	Ohne Berufsausbildung	Nur Lehre	Fachschule	Hochschule
Kurse/Lehrgänge	15	31	56	73
Sonstige Weiterbildung[2]	38	59	83	94
Weiterbildung insgesamt	44	70	90	98

1) In den 5 Jahren vor dem Befragungszeitpunkt
2) Z.B. Fachvorträge, Einarbeitung am Arbeitsplatz, Kongresse usw.

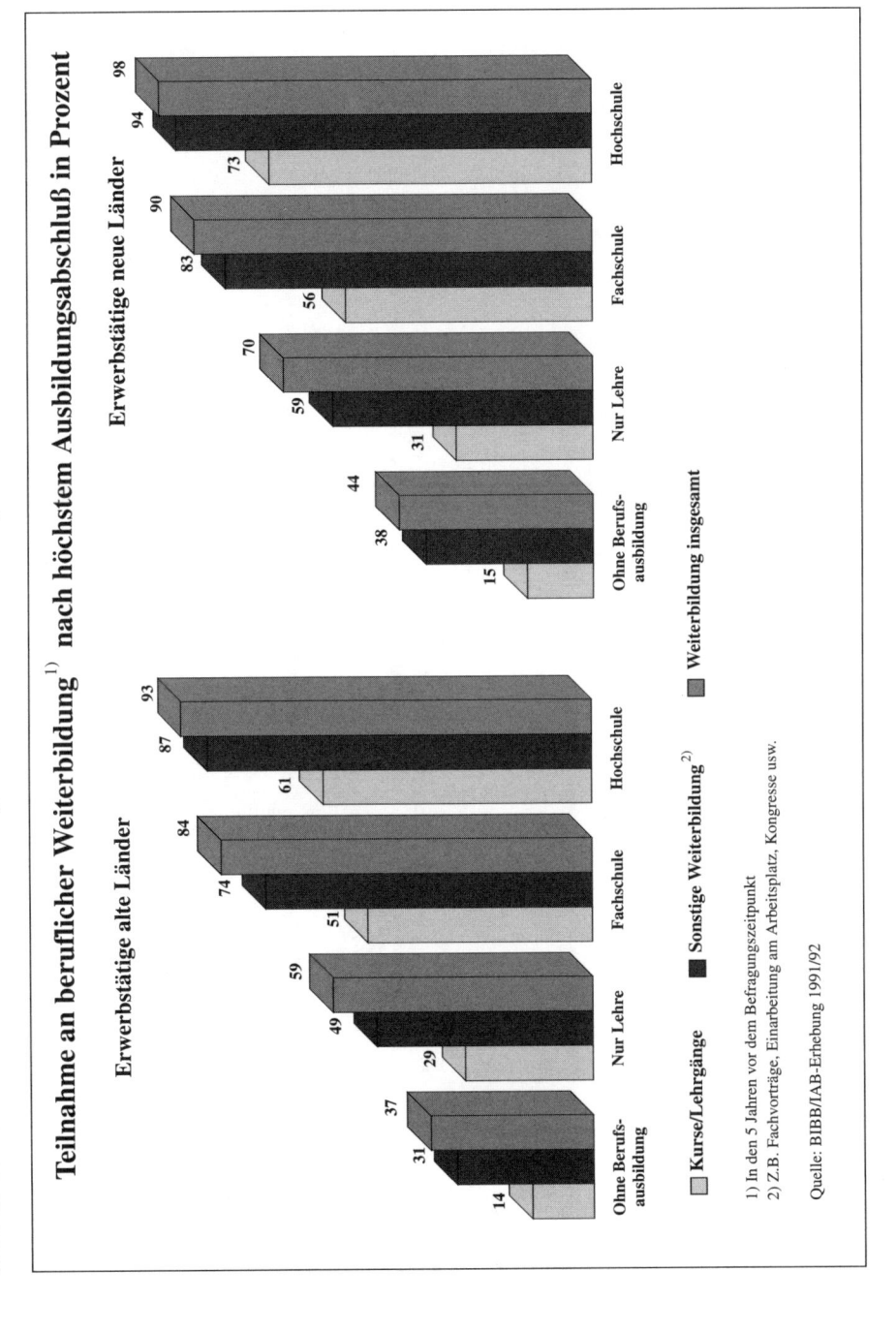

Quelle: BIBB/IAB-Erhebung 1991/92

Abb.17: Bedarf an Kompetenzentwicklung für ausgewählte Beispiele von Branchen und Bereichen

Branche/Bereiche	Bedarf an Kompetenzentwicklung	Quelle
Bereich industrielle Metallberufe	Neuordnung beruflicher Weiterbildung in Richtung Kompetenzentwicklung	(1)
Autoindustrie	Mercedes-Benz A.G. Berlin-Marienfelde: Neustrukturierung beruflicher Aus- und Weiterbildung mit dem Ziel erweiterter „persönlicher Handlungskompetenz"; durch Beteiligungskonzept, Lernen am Arbeitsplatz, Produktionslerngruppen, Sozialkompetenzentwicklung durch Metaplan- und Konfliktmanagementtechnik, Integration PE/OE	(2)
	Volkswagen: Ausbildung sozialer, kommunikativer, organisatorischer und fachlicher Kompetenzen der individuellen Mitarbeiter bei allen derzeit erfolgversprechenden Fertigungskonzepten, Lernmöglichkeiten im Arbeitsbereich, auch in der Freizeit Einbeziehung von CBT-Techniken und betriebsbezogener Software	(3)
Metallwarenindustrie	WMF AG: Personalentwicklung als strategische Aufgabe, Kompetenzentwicklung als zentraler Bildungsbedarf	(4)
Industriemeister	Überwindung „unreflektierter Faktenvermittlung", deutlicher Bedarf an Sozial- und Handlungskompetenz	(5)
Industriemeister Oberflächentechnik	Verbesserung sozialkommunikativer Kompetenz, die aber kaum „abprüfbar" sind	(6)
Bereich neue Elektroberufe	Der „Facharbeiter der Zukunft" besitzt Kompetenzen, die sich als selbständiges Planen, Ausführen, Kontrollieren, Bewerten von Arbeitsschritten beschreiben lassen. Betonung von Kommunikations- und Kooperationsbereitschaft. Selbstlernprozesse; Lehrende als Lernhelfer, Berater, Moderatoren	(7)
Modellversuch „Produktionstechnische Qualifikationen im Lernortverbund" (PTQ) Metall-/Elektroberufe (ca. 150 Partner)	Hauptziel: Förderung von Handlungskompetenz in komplexen Produktionssystemen. Weiterentwicklung der Fähigkeits- und Motivationsseiten der Handlungskompetenz. Kreative Problemlösungsfähigkeit, Umgang mit Ungewißheit, selbstorganisiertes kooperatives, projektorientiertes Lernen im Arbeitsprozeß.	(8)
	Konzept systemorientierten Handlungslernens. Lehr-Lernprozesse nondirektiver Pädagogik. Trainingsmethoden. Berufliche Handlungskompetenz als integrierter Bestandteil der Gesamtpersönlichkeit.	(9)
	Vermittlung von Kompetenz zur Kompetenzentwicklung	(10)
	Erfolgreiche Umsetzung der Modellversuche - Kompetenzvermittlung als modellhaft für moderne Weiterbildungsprozesse	(11)
Bereich Konstruktion	Erfordernis berufsübergreifender persönlichkeitsbezogene bzw. gesellschaftliche Qualifikationen, die als Soziale- und personale, zur Handlungskompetenz integrierte Kompetenzen zu klassifizieren sind	(12)
Bereich Bau	Weiterbildung der Poliere: Vermittlung von Führungsqualitäten, die auf Sozial- und personalen Kompetenzen	(13)
	Kompetenzen wie Verantwortungsbewußtsein, Kooperations- und Kommunikationsfähigkeit beruhen; sie müssen eine „Planstelle für Unplanbares" bilden	(14)
Bereich Gesundheits- und Sozialberufe	Nach der Reform der beruflichen Bildung Betonung der „Schlüsselqualifikationen für den sozialen Sektor", d.h. der Sozialkompetenz	(15)
Altenpflege	Weiterbildung spezifischer Kompetenzen kommunikativen Handelns, besonders Interpretations- und Deutungskompetenzen (hermeneutische Kompetenzen zum Verstehen der Sozialbiographien; spezifische Hilfskompetenzen als „psychosoziale Lebenshilfe"	(16)

Abbildungen

soziale Dienste und Einrichtungen	Notwendigkeit der gesamt-systematischen Verankerung der individuellen Handlungskompetenzen. Gegen die Überbetonung der Sachkompetenz Entwicklung der Persönlichkeit und der Organisation.	(17)
	Methodischer Einsatz von trainingsanalogen Verfahren wie selbstgesteuerter Qualitätszirkel	(18)
Bereich kaufmännischer Berufe	Überschreiten enger Verfahrensanforderungen, Entwicklung von Kompetenz für sozialkommunikative Prozesse insbesondere zwischen Unternehmen - Kunden und in Richtung datenverarbeitungsunterstützter Kommunikation	(19)
Banken und Versicherungen, Bankkaufmann/ Bankkauffrau	Fortbildung fachübergreifender Kompetenzen, wie Verantwortungsbewußtsein, Kommunikationsfähigkeit, Teamfähigkeit, Problemlösungsfähigkeit, Kreativität, Flexibilität	(20)
	Die Forderung nach entsprechender Kompetenzentwicklung wird arbeitgeber- und arbeitnehmerseitig erhoben	(21)
	Neben versicherungsfachlicher Kompetenz ist ein hohes Maß von Sozial- und Handlungskompetenz nötig	(22)
Bereich Industriekaufleute und kaufmännische Verkehrsberufe	Kaufmännischer Modellversuch der Klöckner-Stahl GmbH ergibt prononcierte Forderung nach stärkerer Entwicklung der Sozial- und personalen Kompetenz	(23)
	Notwendig ist die Entwicklung von Kundenumgang, Teamfähigkeit, Kritikfähigkeit und der Handlungskompetenzen selbständiges Arbeiten, Kreativität, Eigeninitiative	(24)
	Für kaufmännische Verkehrsberufe besteht neben dem Erwerb von Fachinhalten ein zunehmnder Bedarf an Kompetenzentwicklung	(25)
Bereich Handelsberufe, Groß- und Außenhandel	Zunehmender Bedarf an Sozial- und Handlungskompetenz, besonders in Hinblick auf internationale Kommunikation	(26)
	Karstadt-AG: Entwicklung sozial-kommunikativer Reaktionsfähigkeit im Arbeitsfeld	(27)
Bereich Büroberufe in Industrie, Handwerk und öffentlichem Dienst	Handlungskompetenz als wichtigstes Qualifikationsmerkmal und entscheidender Wettbewerbsfaktor, deshalb in die Neuordnung der Aus- und Weiterbildung einbezogen Gestaltung einer handlungszentrierten Weiterbildung: methodisch subjektorientiert, tätigkeitsstrukturiert, erfahrungsbezogen, interaktionsbetont und ganzheitlich	(28) (29) (30)
Einsatz neuer Bürotechnik	Nicht isolierte Technikbeherrschung, als Fachkompetenz, sondern ein Selbst- machen-können, Andere-fragen-können, also Selbstkontrollkompetenz im Vordergrund	(31)
Querschnittsbereich Umweltschutz	Kompetenzentwicklung z.T. „quer" zu anderen Bereichen: Vermittlung von spezifischen Werthaltungen und Einstellungen „von morgen" als Handlungskompetenz in ökologischen Fragen	(32)
	Umweltschutz als generelles Thema beruflicher Kompetenzentwicklung im Rahmen der Weiterbildung	(33)
kleinere Unternehmen	Aufbrechen des Mißverhältnisses von Sachverhaltswissen und Bewertung ökologischer Fragen	(34)
Querschnittsbereich Einsatz multimedialer Mittel und Methoden	Kompetenzentwicklung des Lernens lernen mit multimedialer Technik. Erweiterung beruflicher Handlungskompetenz durch Individualisierung, Dezentralisierung, Selbststeuerung/Selbstorganisation der Lehr-Lernprozesse Sozial- und Handlungskompetenzen sind mit Hilfe von CBT-Programmen kaum zu vermitteln	(35)

Systematik und die Mehrzahl der Beispiele sind in der umfassenden Dokumentation Entwicklungstendenzen und Lösungswege (BIBB- 2. Fachkongreß, 9.-11. Dezember 1992, Berlin; Hrsg.: Uthmann, K.J., Sieckmann, A.) Nürnberg (Bildung und Wissen Verlag und Software) 1993 (im Folgenden abgekürzt:EL) entnommen. Insbesondere den Bänden: Metall/Elektro - Konzepte und Probleme nach fünf Jahren Neuordnung und zwei Jahren Vereinigung (abgekürzt: ME), Die neuen kaufmännischen Berufe (abgekürzt: KB), Gesundheits- und sozialpflegerische Berufe (abgekürzt:GS), Fortbildungsberufe für eine verstärkte Innovationsfähigkeit der Wirtschaft (abgekürzt: FB), Multimediales Lernen in neuen Qualifizierungsstrategien (abgekürzt: ML), Umweltschutz in der beruflichen Bildung (abgekürzt: US). - Die Quellen sind im einzelnen: (1) Neumann, E.: Fünf Jahre Neuordnung der industriellen Metallberufe, in: Berufsbildung in Wissenschaft und Praxis, H. 6, Bielefeld 1992, S. 43ff; (2) Goldgräbe, A.: Personalentwicklung beginnt in der beruflichen Erstausbildung, in: ME, EL, S. 59 ff; (3) Bongard, H.W.: Welche europäischen Antworten auf japanische Produktionskonzepte können erfolgreich sein? Ein exemplarischer Beitrag zur Qualifizierung aus Sicht der Automobilindustrie, in: ME, EL, S. 77 ff; (4) Goldgräbe, Ebenda, S. 60 ff; (5) Scholz, D.: Zur Qualität der Weiterbildung im Meisterbereich, in: FB, EL, S. 161 ff; (6) Franz, F.: Neue Qualifizierungs- und Prüfungsansätze am Beispiel der Weiterbildung zum Industriemeister „Oberflächentechnik". Integration fachlicher und überfachlicher Inhalte in: FB, EL, S. 183 ff; (7) Kluger, J. Richter, H., Steuer, J.: Vermittlung produktionstechnischer Qualifikationen, in: ME, EL, S. 129; (8) Schenk, B.: Vermittlung von Qualifikation oder von Bildung an der Berufsschule? Arbeitsperspektiven der Berufsschule, in: ME, EL, S. 150; (9) Krüß, P., Prütz, K.: Berufsschullehrerqualifikation und berufliche Handlungskompetenz in: ME, EL, S. 153 ff; (9) PTQ: Zentraler Wirtschaftsmodellversuch. Entwicklung der Erprobung eines modularen Bildungskonzepts für die Vermittlung produktionstechnischen Qualifikationen im Lernortverbund. Abschlußdokumentation II (Pädagogisches Konzept und methodisch-didaktische Umsetzung). Essen (Berufsförderzentrum e.V.) 1995, S. 72 ff, S. 147 ff; (10) Hinte, W. : Non-direktive Pädagogik. Wiesbaden 1990; (11) Bähr, W. Holz, H. (Hrsg.): Was leisten Modellversuche? Berlin (IFA-Verlag GmbH) 1995; (12) Hecker, O.: Aufstiegsfortbildung im Bereich Konstruktion, in: ME, EL, S. 206; (13) Ferber, T.: Die Bedeutung Branchenspezifischer Qualifizierungskonzeptionen in der Bauwirtschaft - Ansätze für eine neue Qualifizierung von mittleren Führungskräften im Baubereich (Poliere), in: FB, EL, S. 191; (14) Marwedel, P.: Poliere - Leitende Facharbeiter, Leitung der Facharbeit? in: DAB, H. 6, Dortmund 1992, S. 23; (15) Csongar, G.: Weiterbildungsmaßnahmen für Mitarbeiterinnen und Führungskräfte im Bereich des Sozialen Dienste, in: Meifort, B., Becker, W. (Hrsg.): Gesundheits- und sozialpflegerische Berufe. Ergebnisse, Veröffentlichungen und Materialien aus dem BiBB. Berlin (Bundesinstitut für Berufsbildung) 1995, S. 70 f; (16) Becker, W.: Professionalisierung - Ein Qualifikationskonzept für die Gesundheits- und Sozialpflege?in: Meifort, B., Becker, W. (Hrsg.): Gesundheits- und Sozialpflegerische Berufe. Ergebnisse, Veröffentlichungen und Materialien für Mitarbeiterinnen und Führungskräfte im Bereich des Sozialen Dienste, in: Meifort, B., Becker, W. (Hrsg.): Gesundheits- und Sozialpflegerische Berufe. Ergebnisse, Veröffentlichungen und Materialien aus dem BiBB. Berlin (Bundesinstitut für Berufsbildung) 1995, S. 69 ff (18) Hock-Altenrath, L., Stempfle, E.: Qualitätszirkel Altenpflege - Modell für Qualitätsselbststeuerung von Bildungseinrichtungen im Rhein-Ruhr-Gebiet, in: GS, EL, S. 147 ff; (19) Stiller, I.: Die neuen kaufmännischen Berufe, in: KB, EL, S. 15 ff (20) Kreyenschmidt, G.: Podiumsdiskussion zu Intentionen der Neuordnung des Ausbildungsberufs Bankkaufmann/Bankkauffrau, in: KB, EL, S. 248; (21) Altvater, L.: Intentionen der Neuordnung der Ausbildung zum Bankkaufmann/Bankkauffrau: Statement, in: KB, EL, S. 252; (22) Boxhecker, W., Staack, H.: Veränderungen in der Ausbildung zum Versicherungskaufmann/Versicherungskauffrau, in: KB, EL, S. 287; (23) Benteler, P.: Innovationstransfer durch die Übertragung von Ergebnissen aus einem kaufmännischen Modellversuch der Klöckner Stahl GmbH, in: KB, EL, S. 195; (24) Schulz: Innovationstransfer bei der Ausbildung von Industriekaufleuten im Kabelwerk Oberspree, in: KB, EL, S. 203 f; (25) Brandenburg, H.: Lehrplangestaltung unter Berücksichtigung eines projektorientierten Ansatzes, in: KB, EL, S. 232; (26) Böhme, W., Penon-Ostendorf, J.: Die Ausbildung von Kaufleuten in Groß- und Außenhandel - Veränderung von Inhalten und Methoden des Berufsschulunterricht, in: KB, EL, S. 96; (27) Klaus, D.: Ausbildung im Warenhaus-Erfahrung bei der Umsetzung der Ausbildungsordnung Kaufmann/ Kauffrau im Einzelhandel - ein Bericht aus der Praxis, in: KB, EL, S. 45; (28) Kutscher, J.: Zum Stand der Neuordnungsarbeit, in: KB, EL, S. 106; (29) Halfpapp, K.: Die neuen Büroberufe in der Berufsschule, in: KB, EL, S. 150 f; (30) Helmreich, R.: Innovation im Büro - Einführung neuer Techniken und Akzeptanzforschung, in: Rosenstiel, L.v. Regnet, E., Domsch, M.: Führung von Mitarbeitern, Stuttgart (Schäffer-Poeschel Verlag) 1993, S. 574; (31) Stooß, F.: Umweltschutz und Umweltbildung aus der Sicht des Arbeitsmarktes und seiner Strukturen, in: US, EL, S. 38 f; (32) Drochner, I, Krampe, M.: Markt von Möglichkeiten, in: US, EL, S. 54; (33) Kutt, K.: Thesen zur Qualifizierung des Ausbildungspersonals für den Umweltschutz, in: US, EL, S. 172 f; (34) Zimmer, G.: Multimediales Lernen in neuen Qualifizierungsstrategien, in: ML, EL, S. 20; (35) Seidel, C., Lipsmeier, A.: Computergestütztes Lernen. Entwicklungen - Möglichkeiten - Perspektiven. Stuttgart (Verlag für angewandte Psychologie) 1989, S. 115

Abbildungen

Abb. 18: Methoden der Kompetenzentwicklung (nach Bunk/Stenzel)

Lernmethoden nach Kompetenzbereichen			
Fachkompetenz		**Sozialkompetenz**	**Mitwirkungskompetenz**
Programmierte Unterweisung Interaktionslernen mit Computer Sprachlabor Beistellmethode Systematische Einarbeitung Assistenzarbeit Lehrgespräch Algorithmen- und Entscheidungsbaumverfahren Demonstration / Vorführung Vier-Stufen-Methode Kombiniertes Unterweisungskonzept Vortrag / Diktat fragende-entwickelende Methode	Superlearning Technische Simulation	Diskussion / Debatte / Disputation Rollenspiel Metaplan-Methode Künstlerische Übungen Verhaltungstraining Belehrung	Diskussion / Disputation / Debatte Qualitätszirkel Lernstatt
	Methodenkompetenz		**Handlungskompetenz**
	Learning by doing Literatur-Selbststudium Fallmethode Entdeckungsmethoden Technologisches Experiment Forschend-entwickelnder Unterricht Kreativitäts-, Ideenfindungs- und Problemlösungsmethode		Projektmethode Scheinfirma, Übungsfirma Projekt-Leittext Planspiel

Abb. 19: Methoden der Kompetenzentwicklung (nach Sonntag/Schaper)

Fach- und Methoden-kompetenz	Sozialkompetenz	Personalkompetenz
Kognitivesmethoden Duncan, 1987; Freier & Huybrechts, 1980; Höpfner, 1981; Krogoll, Wanner & Pohl, 1986; Skell, 1972; Sonntag & Schaper, 1988; Volpert, Frommann & Munzert, 1984	**Interaktionstraining,*** Semmer & Pfäfflin, 1978 **Gruppentraing zur Förderung sozialer Handlungskompetenz*** Orendi, Pabst & Udris, 1986, Udris, 1990	**Suggestopädische Methoden*** Edelmann, 1988, 1991; Felix, 1991; Krag, 1989; Schiffler, 1989 **Kunstpädagogische Methoden*/ Künstlerische Übungen**
Projekt- und Leittext-methode Koch, Neumann & Schneider, 1983; Kröll, Schubert & Rottluff, 1984	**Lernstatt/Qualitäts-zirkel*** Bednarek, 1983; Bungard & Wiendieck, 1986; Hohmann, 1987	Brater, Saum & Sonntag, 1985; Brater, Büchele, Fucke & Herz, 1989; Herz & Reuter-Herzer, 1990; Zedler, 1981
Simulationsmethoden Baker & Marshal, 1989; Norros, 1989; Richter, Seeber, Strümper, Gutewort & Mlytz, 1980; Stammers, 1983; Weber, 1984; Willigies, Roscoe & Willigies, 1973		
Computerunterstütze Methoden/ Tutorielle Systeme Anderson & Reiser, 1985; Clancey, 1984; Fischer, Frey & Jeuck, 1983; Freedy & Lucaccini, 1981; Grass & Jablonka, 1990; Reeves, 1986		

* Diese Methode ist nicht eindeutig zuzuordnen und fördert auch Kompetenzen in den anderen Bereichen.

Abb. 20: Effektive Lernmethoden (modif. nach Bullinger/Gidion)

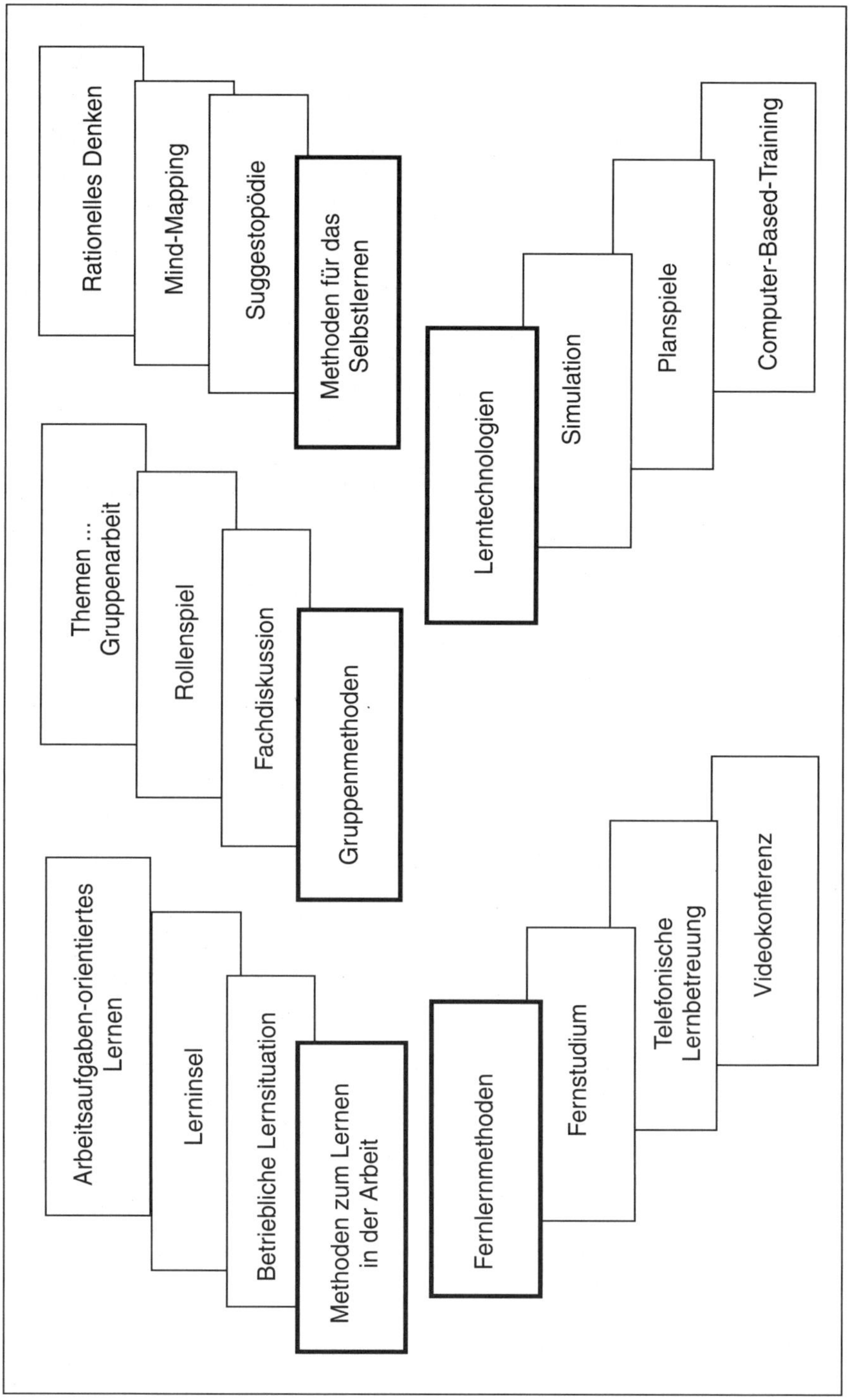

Abb. 21: Lernmethoden der beruflichen (Weiter-) Bildung (nach Bunk/Stenzel)

Selbstinstruktion	Fremdinstruktion	
	Einzelunterweisung	Gruppenunterweisung
Learning by doing	Beistellmethoden	Diskussion/ Disputation/ Debatte
Literatur-Selbstudium	Systematische Einarbeitung	
Lernen nach Lehrunterlagen	Assistenzarbeit	
Fernstudium	Lehrgespräch	Vortrag/Diktat
Programmierte Unterweisung	Algorithmen und Entscheidungsbaum-verfahren	fragend-entwickelnde Methode
Interaktionslernen per Computer	Fallmethode	Metaplan-Methode
Sprachlaborarbeit	Demonstration/Vorführung	Scheinfirma/ Übungsfirma
	Vier-Stufen-Methode	
	Kombinierte Unter-weisungsverfahren	

„Neue" Methoden und Methodenkonzeptionen	
Juniorfirma	Planspiele (qualitativ und quantitativ)
Superlearning	
Entdeckungsmethoden	Rollenspiele
Projektmethode	Kreativitäts-, Ideenfindungs- und Problemlösungsmethode
Leittext-Methode	Künstlerische Übungen
Technologisches Experiment	CBT
Forschend-entwickelnder Unterricht	Video-Demo
Technische Simulation	

Abbildungen

Abb. 22: Lernmethoden und Kompetenzbereiche (nach Bunk/Stenzel und Sonntag/Schaper)

Fachkompetenz	**Methodenkompetenz**
• Programmierte Unterweisung	• Planspiel
• Sprachlabor	• Fallmethode
• Beistellungsmethode	
• Lehrgespräch	• Learning by doing
• Vortrag/Diktat	• Entdeckungs-methoden
• Systematische Einarbeitung	• Technisch-technologisches Experiment
• Assistenzarbeit	• Forschendentwickelnder Unterricht
• Algorithmen- und Entscheidungsbaumverfahren	
• Demonstration/Vorführung	
• Job rotatio	• Kreativitäts-, Ideenfindungs- und Problemlösemethoden
• Vier-Stufen-Methode	• Spezielle Trainings (Zeitmanagement)
• Kombiniertes Unterweisungskonzept	• Analysen
• fragend-entwickelnde Methode	
• Superlearning	
• Technische Simulation	
• Gastaufenthalt/Erfahrungsaustausch	

Im Überschneidungsbereich (Ellipse):
- Literatur-Selbststudium
- Kognitive Trainingsmethoden
- Simulationsmethoden
- Computerbasierte Methoden/Tutorielle Systeme

Abb. 23.: Gegenüberstellung Lerninhalte und Lehr/Lernprozesse (modifiziert nach Heimer/Wagner)

Lerninhalte	Aspekte des Lehr- und Lernprozesses	
	Aktivitäten	Ressourcen
• „Technische Fähigkeiten" • betriebswirtschaftliche Erfahrungen • Problemlösungsfähigkeiten • Methodologien	• Traditionelle, analytische, wissensorientierte Lernformen („Schule") • Transferunterstützung • Beobachtung • Vernetzung • Problemlösung • Theoriebildung	• Lehrmaterial • Manuels • Fachvorträge • Analysen • Workshops • Probestücke • Theorien • deskriptive Modelle • Szenarien • Expertisen

Abb. 24.: Soziale Kompetenz und adäquate Lernmethoden, -inhalte und Prozeßaspekte

Soziale Kompetenz

- Trainings: Interaktions-/Verhaltens-/Multiplikatorentraining
- Diskussion/Disputation/Debatte
- Rollenspiel
- Belehrung/Unterweisung
- Assistenz/Bezugs-/Modellperson
- Lernstatt
- Qualitätszirkel
- Metaplan-Methode
- Künstliche Übungen

Lerninhalte	Aspekte des Lehr- und Lernprozesses	
	Aktivitäten	Ressourcen
• Soziale Fähigkeiten • Teamfähigkeiten	• (Verhaltens-)Training - task forces - Projektgruppen - Gruppendynamik	• Workshops • Mentoring • Coaching • Philosophien • Team-Biografien

Abb. 25.: Personale Kompetenz- und adäquate Lernmethoden, -inhalte und Prozeßaspekte

Personale Kompetenz

- Scheinfirma, Übungsfirma
- Assistenz, „Stellvertreter"-Einsatz, Modellpersonen
- Planspiel
- Rollenspiel
- Projektmanagement, -methode
- Suggestopädie
- Auslandseinsatz
- Musisch-ästhetische Bildung
- Allgemeinbildung
- Projekt-Leittext
- Coaching

Lerninhalte	Aspekte des Lehr- und Lernprozesses	
	Aktivitäten	Ressourcen
• Persönlichkeits-entwicklung (Selfdevelopment) • Rollenverhalten • Lernen lernen • Umgang mit Macht und Angst • Selbstbewußtsein/ -Kontrolle • Autizipation	• Selbsterfahrung Gruppendynamik • Beobachtung und Feedback • Zyklus des Erfahrungslernens • Selbsterfahrung • Stärken- (Selbst-) Management • Theoriebildung	• Berufsstandards • Philosophien • Erfahrungsaus-tausch • Mentoren • Vorbilder • Coaching • Szenarien • Expertise

Abb. 26: Befragung: Der ideale Manager im Jahre 2000 (Korn/Frey)

Eigenschaften	Insgesamt		Europa		USA		Japan	
	1988	2000	1988	2000	1988	2000	1988	2000
Analytisches Denkvermögen	71,8	76,3	69,8	75,0	73,5	75,8	79,3	87,0
Loyalität	80,8	75,5	80,0	75,5	81,5	75,5	85,5	79,5
Kreativität	69,5	82,5	68,8	82,5	70,5	81,7	76,5	93,8
Intelligenz	79,3	84,0	77,3	82,0	82,3	96,0	78,3	79,5
Ethische Grundsätze	84,0	86,0	77,0	79,8	90,0	92,0	77,8	78,3
Konservative Einstellung	51,3	41,3	43,5	34,0	58,8	48,3	41,5	32,8
Planerisches Geschick	64,8	73,8	63,3	73,8	66,3	73,3	65,5	70,3
Fitneß	66,0	74,0	67,0	74,3	65,5	73,3	80,3	87,3
Fähigkeit zur Teamarbeit	63,8	70,8	66,3	71,5	60,5	70,0	69,8	65,8
Risikofreude	63,8	73,0	64,5	71,5	64,0	74,3	71,8	82,3
Aufgeschlossenheit	70,5	81,0	73,3	80,0	67,8	80,3	80,8	92,8
Förderung von Mitarbeitern	70,8	81,7	69,8	81,7	69,8	81,0	77,3	85,0
Fähigkeit, Anregungen zu geben	69,5	84,3	69,8	84,3	69,0	84,3	78,3	82,7
Tatkraft	77,3	82,3	74,3	78,8	79,3	84,5	81,5	82,3
Begeisterungsfähigkeit	78,0	84,0	76,0	82,7	78,3	85,3	83,7	82,3

(Relevanz-Grad:
0=unwichtig 100=sehr wichtig)

Abb. 27: Methoden zur Entwicklung/Stärkung der Führungskompetenz

Führungskompetenz

- Job rotation
- Stellvertreterprinzip, Assistenz
- Planspiele und Fallbeispiele
- MBA-Ausbildung
- Gastaufenthalte/Erfahrungsaustausch
- Learning by doing

- Coaching, Mentoring
- Trainings:
  – Entscheidungsfindung und Problemlösung (Vromm & Yetton-Ansatz; Kepner & Tregoe u.a.)
  – Unternehmensplanspiele (business games)
  – Kreativitätstechniken zur Problemlösung
  – Führungsverhalten (Leader Match-Ansatz; LIFO u.a.)
  – Verhaltensmodellierung (behavioral-role-modeling)
  – Gruppendynamik
  – Timemanagement
  – Streßmanagement
  – Stärkenmanagement
  – Konfliktmanagement
  – Selbstwertmanagement
  – Teambuilding

Bärbel Bergmann

Lernen im Prozeß der Arbeit

1. Einführung

Das Lernen im Prozeß der Arbeit markiert einen Weg, über den berufliche Weiterbildung erfolgen kann und ordnet sich damit in den großen Komplex von Qualifizierungsmöglichkeiten ein. Berufliche Bildung wird zunächst durch die Ausbildung erworben. Eine Erstausbildung genügt jedoch bei weitem nicht, um beruflichen Anforderungen am Arbeitsplatz gerecht zu werden. Eine Berufsausbildung vermittelt Grundlagen. Der Berufsstart setzt nach der Ausbildung noch eine Einarbeitungsphase voraus. Eine Einarbeitungsphase ist auch nach allen Arbeitsplatzwechseln erforderlich. Aber auch, wenn Personen über viele Jahre an demselben Arbeitsplatz tätig sind, ist eine Berufsausbildung nur eine Grundlage und genügt nicht. Arbeitsanforderungen verändern sich. Deshalb muß ständig gelernt werden. Aufgrund der rasanten technischen Entwicklung, die in immer kürzeren Zeitabständen zu einer veränderten Ausrüstung vieler Arbeitsplätze führt, und aufgrund der raschen Entwicklung von Produkten und Dienstleistungen sind Arbeitsinhalte dynamisch. Deshalb ist ständige Weiterbildung gefordert.
Weiterbildungen finden außerhalb des Arbeitsplatzes in Seminaren, Lehrgängen, Workshops, durch Tagungsbesuche statt. Aber Weiterentwicklungen beruflichen Wissens und Könnens finden auch im Arbeitsprozeß selbst statt.

Das Lernen am Arbeitsplatz hat Bedeutung seit Jahrhunderten. Im Zuge der Industrialisierung hat es durch die „Pluralität der Lernorte" seine Monopolstellung verloren (Münch, 1977, S. 117). Es funktioniert zunächst durch die Tätigkeitsausführung selbst. Menschliche Kompetenzen werden durch ihren Gebrauch erhalten und trainiert. Vom Arbeitsinhalt hängt der Umfang eines solchen Lernens und Trainings ab. Zusätzlich sind verschiedene Formen von Lernen und Weiterbildung in den Arbeitsprozeß integriert, z.B. Einarbeitungen, Unterweisungen, das Bereitstellen von Unterlagen im Zusammenhang mit der Einführung neuer Arbeitsmittel oder mit der Übernahme neuer Aufträge. Außerdem werden Lehrgänge zum Erlangen von Befähigungsnachweisen für das Bedienen bestimmter Anlagen oder Maschinen durchgeführt. Schließlich findet ein Lernen in der Arbeit durch Arbeitsplatzwechsel statt, welcher durch spezielle Rotationssysteme organisiert sein kann oder sich als berufliche Mobilität vollzieht. Und nicht zuletzt enthalten Spielräume für arbeitsbedingte und informelle Kooperation und Kommunikation ein wichtiges Feld für dialogisches Lernen in der Arbeit. Die Abbildung 1 vermittelt eine Übersicht über die Einordnung des Lernens im Prozeß der Arbeit in die berufliche Bildung.

Im dualen System der Berufsbildung sind in die betriebliche Ausbildung, welche nach dem Prinzip des systematischen Wechsels verschiedener Abteilungen und Arbeitsplätze organisiert ist, Phasen des Lernens im Prozeß der Arbeit eingeschlossen. Das gilt auch für Umschulungen, die Praktika und Übungen enthalten. Berufliche Fortbildung kann sowohl außerhalb des Arbeitsprozesses, als auch in den Arbeitsprozeß integriert erfolgen. Außerhalb des Arbeitsprozesses stattfindende Maßnahmen sind Seminare, Englisch- oder EDV-Kurse, Vorträge, Workshops, der Besuch von Fachmessen und ähnliches. Seminare und Kurse können von betriebseigenen Weiterbildungsabteilungen angeboten werden. Große Unternehmen verfügen über solche. Sie können auch von externen Anbietern durchgeführt werden.

In den Arbeitsprozeß integriertes Lernen findet individuell bei jedem Mitarbeiter statt. Die Auseinandersetzung mit Aufgaben und ihren Bedingungen und die wiederholte Durchführung von Arbeitstätigkeiten führen zu einer tätigkeitsbezogenen Wissensstrukturierung und zu einer Abstimmung der Handlungsprogramme, die schließlich eine flüssige Ausführung zuläßt. Aber auch durch ein Explorieren der am Arbeitsplatz für die Bearbeitung von Aufgaben gegebenen Spielräume kann gelernt werden. Dieses selbständige individuelle Lernen kann bei den einzelnen Personen eine sehr unterschiedliche Intensität und Qualität haben, so daß einige Mitarbeiter nach einer gewissen Zeit eine hohe berufliche Meisterschaft oder, moderner ausgedrückt, Expertise erreichen, während andere auch nach mehreren Jahren bei einer eher durchschnittlichen Bewältigung der Aufgaben bleiben.

Lernen im Prozeß der Arbeit kann aber auch geplant, organisiert und unterstützt werden. Das geschieht bspw., indem Mitarbeitergruppen in Form von Problemlösegruppen Schwachstellen im eigenen Verantwortungsbereich entdecken und durch Verbesserung der Arbeitsverfahren oder andere Maßnahmen zu beseitigen versuchen. Qualitätszirkel, Lernstattarbeit, der aufgabenorientierte Informationsaustausch oder kontinuierliche Verbesserungs-Prozesse (KVP) sind Organisationsformen. Auch individuelles Lernen im Arbeitsprozeß kann auf vielfältige Weise unterstützt werden. Lernhilfen können als Printmaterialien, Videos, Teachwareprogramme oder auch in Form der Bereitstellung von Simulationsmöglichkeiten gewährt werden. Es sind lernmethodische Unterstützungen möglich, mit deren Hilfe Arbeitende zu einer lernenden Auseinandersetzung mit ihren Aufgaben angeregt werden. Die Vermittlung von heuristischen Regeln (Höpfner, 1982; Höpfner & Skell, 1983), die Unterweisung in Analysetechniken (Rühle, 1988) oder die zeitweilige Betreuung von Arbeitenden durch arbeitsplatznahe Seminare mit der Vermittlung von Grundlagen für effiziente Arbeitsverfahren und das Gewähren von Rückmeldungen, Korrekturen und Hinweisen vor Ort (Rieger, 1987) sind Möglichkeiten.

Berufliche Bildung hat mehrere Ziele und diese können nicht gleichzeitig erreicht werden, sondern es bestehen Abhängigkeiten derart, daß ein bestimmtes Niveau der Zielerreichung hinsichtlich eines Aspekts die Voraussetzung für das Anstreben eines anderen Ziels ist. Die Abbildung 2 verdeutlicht das schematisch. Zunächst muß Wissen angeeignet werden. Das betrifft Wissen über die berufliche Branche, die technische Ausrüstung der Arbeitsplätze, die zu erzeugenden Produkte und/oder Dienstleistungen, die Aufbau- und Ablauforganisation des Unternehmens usw. Die Wissensaneignung dominiert zu Beginn der beruflichen Bildung. Sie ist die Voraussetzung für das

Einführung

Abb. 1: Übersicht über die Einordnung des Lernens im Prozeß der Arbeit in die berufliche Bildung

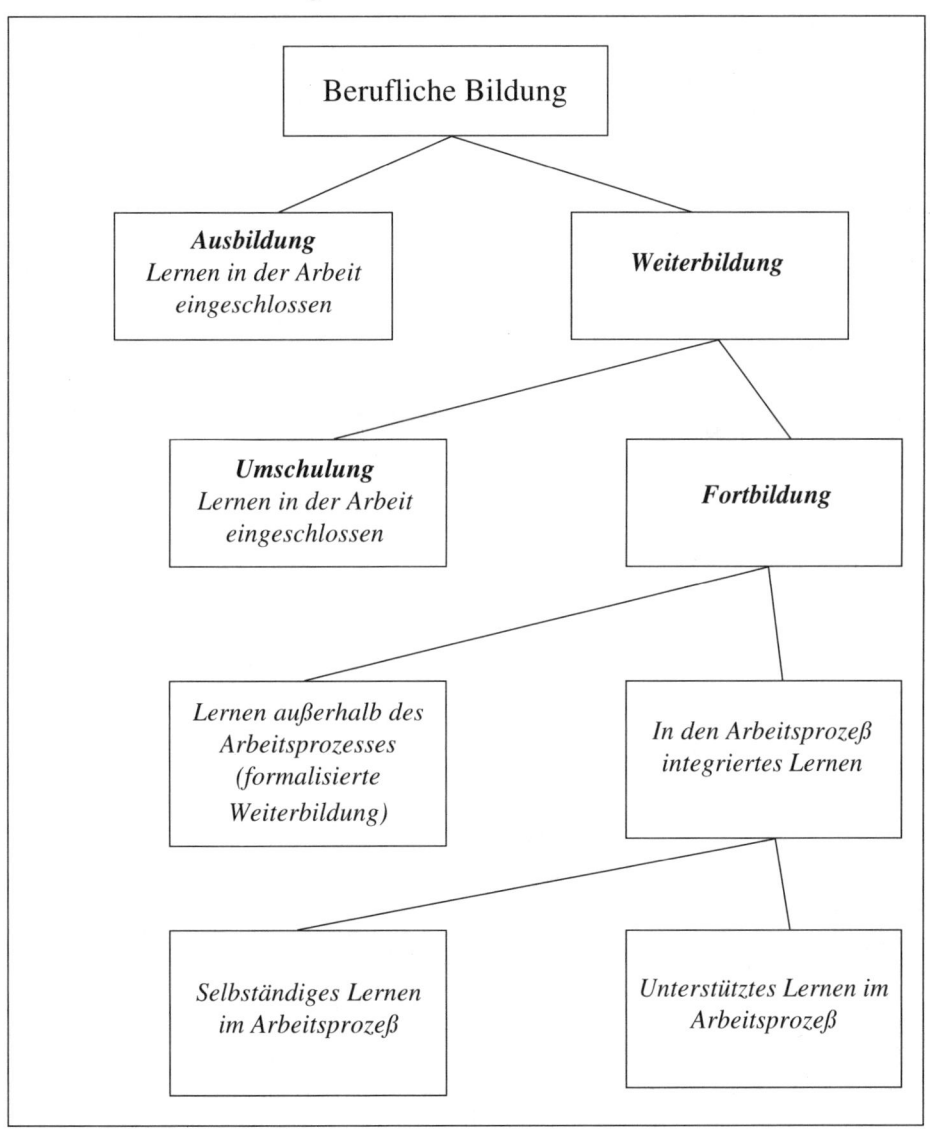

```
                    Berufliche Bildung
                   /                  \
        Ausbildung                   Weiterbildung
   Lernen in der Arbeit
      eingeschlossen
                          /                      \
              Umschulung                        Fortbildung
         Lernen in der Arbeit
            eingeschlossen
                    
        Lernen außerhalb des              In den Arbeitsprozeß
           Arbeitsprozesses                integriertes Lernen
            (formalisierte
             Weiterbildung)

         Selbständiges Lernen            Unterstütztes Lernen im
           im Arbeitsprozeß                  Arbeitsprozeß
```

Anstreben weiterer Lernziele. Die Aneignung von Wissen ist aber nie abgeschlossen, denn Arbeitsaufgaben und ihre Bedingungen ändern sich. Deshalb ist das Lernziel der Wissensaneignung nicht auf die Ausbildung begrenzt, sondern findet auch in allen Formen der Weiterbildung statt.

Wissen über die Bedingungen, unter denen gearbeitet wird, über die Ziele und die Mittel und Wege des Zielerreichens ist die Voraussetzung für einen zweiten Zielkomplex, der als Aneignung von Fertigkeiten und von bereichsspezifischen Fähigkeiten bezeichnet werden kann. Fertigkeiten sind unselbständige Bestandteile von Arbeitstätigkeiten, die in ihrer psychischen Regulation automatisch ablaufen, d.h. deren Steuerung und Kontrolle als Folge von Übung nicht mehr der ständigen bewußten Zuwendung bedarf. Der Fertigkeitserwerb führt deshalb zur Entlastung des Arbeitsgedächtnisses. Fähigkeiten „stellen verfestigte Systeme verallgemeinerter psychischer Prozesse dar, die den Tätigkeitsvollzug steuern. Fähigkeiten betreffen hauptsächlich kognitive – also perzeptive, mnestische und intellektuelle (gedanklich analysierende und synthetisierende) Vorgänge" (Hacker, 1980, S.305). Sie stellen somit die Grundlage für die Ausführung komplexer Arbeitstätigkeiten dar, deren Wiederholungsgrad begrenzt ist, und die aufgrund veränderlicher Bedingungen eine individuelle Arbeitsplanung und die Weiterentwicklung und Anpassung von Arbeitsverfahren erfordern. Die Fähigkeitsentwicklung setzt Wissen voraus. Sie wird durch die Ausbildung von Fertigkeiten gefördert, weil damit kognitive Kapazität frei wird für Planung der Arbeitstätigkeit und die Koordination und Abstimmung mit anderen Tätigkeiten. Das Ziel der Aneignung von Fertigkeiten und bereichsspezifischen Fähigkeiten ist zwar teilweise mit dem der Wissensaneignung überlappend erreichbar, aber es gibt doch Akzentverschiebungen in der Weise, daß Fertigkeiten und Fähigkeiten dominierend nach der Wissensaneignung erworben werden. Sie benötigen konkrete Erfahrungen mit der Ausführung der Tätigkeiten und sind deshalb an ein Lernen im Arbeitsprozeß gebunden. Fertigkeiten und bereichsspezifische Fähigkeiten werden im Kontext bestimmter Inhalte, Arbeitsmittel und Bedingungen erworben und ihre Ausbildung kann ein Niveau erreichen, das durch weiteres Lernen nicht überschreitbar ist. Es gibt insbesondere bei der Fertigkeitsentwicklung natürliche Endpunkte, über die hinaus keine weitere Verbesserung durch Lernen möglich ist. Lernen hat ein Ende. Das ist durch Qualitätskriterien und die Ausführungszeit angebbar. Zwar erschöpft sich das Lernen nicht vollständig aufgrund der Arbeitsmittel- und Produktentwicklung und der sich damit ändernden Arbeitstätigkeiten, aber der Umfang bereichsspezifischen Fähigkeits- und Fertigkeitserwerbs wird nach Erreichen des möglichen Niveaus doch abnehmen. Das ist im mittleren Teil der Abbildung 2 angedeutet.

Ein drittes Ziel beruflicher Bildung geht über die Aneignung bereichsspezifischer Fertigkeiten und Fähigkeiten hinaus. Die Diskussion um die Entwicklung beruflicher Qualifikationen wird seit ca. 20 Jahren auch unter dem Gesichtspunkt der Unterscheidung von spezifischen und berufsübergreifenden, funktionalen und extrafunktionalen oder prozeßgebundenen und prozeßunabhängigen Qualifikationen geführt (Mertens, 1974; Kern & Schumann, 1984; Schelten, 1987). Die von Mertens ausgelöste Debatte um Schlüsselqualifikationen, die Kenntnisse, Fähigkeiten und Fertigkeiten betreffen, „welche nicht unmittelbaren und begrenzten Bezug zu bestimmten, disparaten, praktischen Tätigkeiten erbringen, sondern vielmehr die Eignung für eine große Zahl von Positionen und Funktionen als alternative Optionen zum gleichen Zeitpunkt und die Eignung für die Bewältigung einer Sequenz von (meist unvorhersehbaren) Änderungen von Anforderungen im Laufe des Lebens" (Mertens, 1974, S. 40), lenkte das Bewußtsein darauf, daß mit dem technischen Wandel berufsübergreifende Kenntnisse, Fähigkeiten und Fertigkeiten zunehmend an Bedeutung gewinnen und auf dem Arbeitsmarkt zunehmend Mobilität, Disponibilität und Flexibilität gefragt sind (Huisinga, 1992). Berufliche Qualifikationen dürfen deshalb nicht eng arbeitsplatzbezogen verstanden werden. Mertens sieht die von ihm definierten Schlüsselqualifikationen auch als Voraussetzung für den notwendigen Transfer von Einzelfähigkeiten auf

Abb. 2: Schematische Darstellung der Beziehung zwischen Formen der beruflichen Bildung und Lernzielen

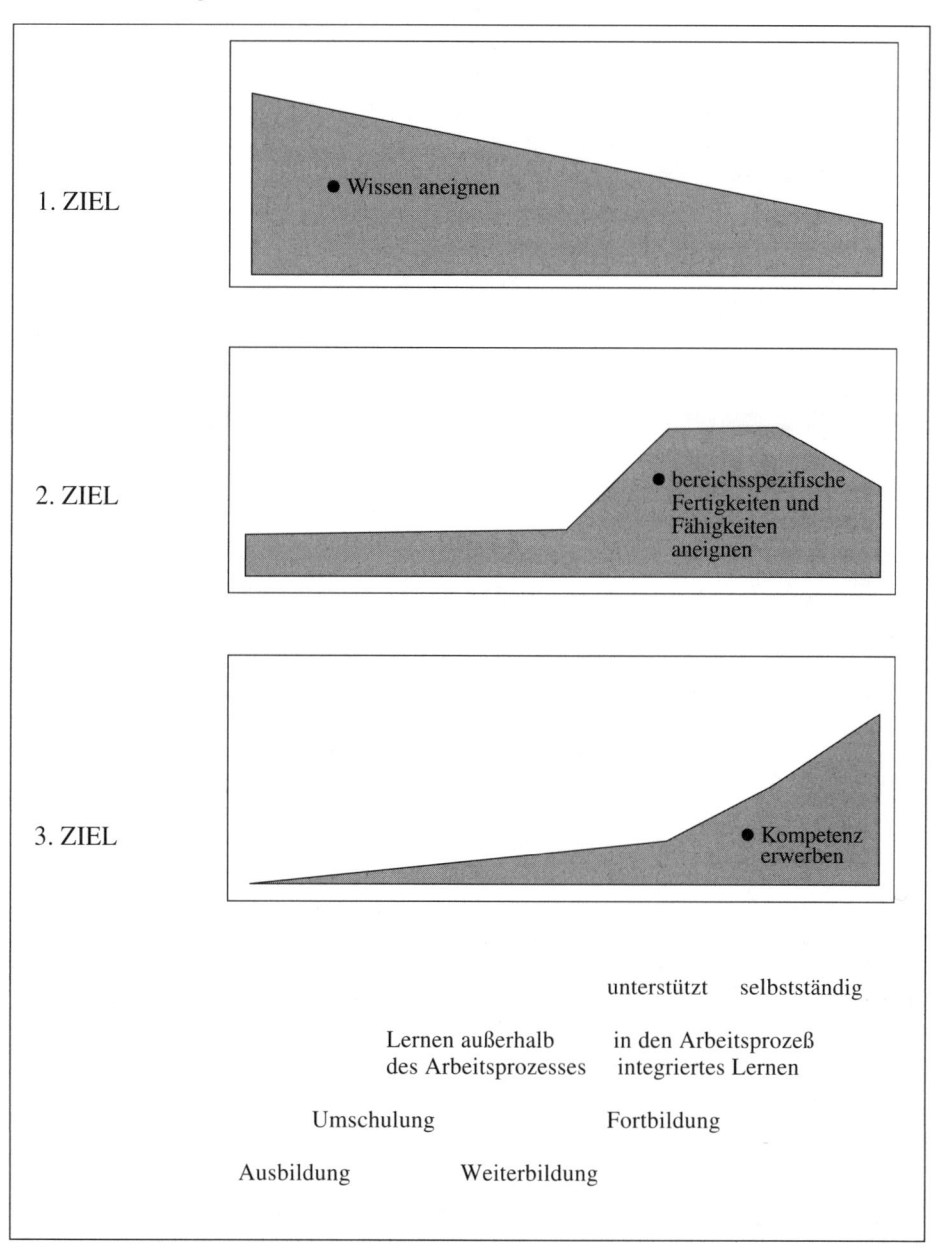

1. ZIEL ● Wissen aneignen

2. ZIEL ● bereichsspezifische Fertigkeiten und Fähigkeiten aneignen

3. ZIEL ● Kompetenz erwerben

	unterstützt	selbstständig
	Lernen außerhalb des Arbeitsprozesses	in den Arbeitsprozeß integriertes Lernen
	Umschulung	Fortbildung
	Ausbildung	Weiterbildung

spezielle Anforderungen im Beruf, der von den Mitarbeitern möglichst selbständig zu bewerkstelligen ist.

Die Anforderungsentwicklung geht in die Richtung sich rascher ändernder Arbeitsaufgaben und einer stärkeren Kundenorientierung, was bis zur Einzelfertigung von

Produkten führen kann. Damit ist permanentes Lernen gefordert, das sich nicht erschöpft. Für dieses Lernen sind Unterstützungen auf der Ebene der didaktischen Aufbereitung der Lerninhalte nicht mehr realisierbar. Ein selbständiges Lernen, das durch die Motivation und Befähigung der Mitarbeiter zur eigenständigen Schwachstellenanalyse und -beseitigung kennzeichenbar ist, wird das Ziel. Das erfordert, daß Mitarbeiter sich in die Rolle des Problemanalytikers für die eigenen Arbeitsaufgaben begeben. Diese Qualität der Verzahnung von Motivation und selbständigem Lernen wird mit dem Kompetenzbegriff belegt.

Zusätzlich zu kognitiven und motivationalen Komponenten ist Kompetenz auch „ein bestimmter emotionaler Zustand" (Dörner, Reither & Stäudel, 1983, S.69), der als Gefühl der Erfolgssicherheit oder -unsicherheit eine Selbsteinschätzung der bisherigen Erfahrungen in bezug auf die eigene Leistungsfähigkeit enthält. Diese Selbsteinschätzung bestimmt das Anspruchsniveau mit, entscheidet also darüber, ob bei einer neuartigen, schwierigen Aufgabe durch Mobilisierung von Kräften und Anspruchsniveauerhöhung nach einer Lösung gesucht wird oder ob es zu einem Aus-dem-Felde-Gehen kommt, weil eine Diskrepanz zwischen objektiven Anforderungen und eigener Leistungsfähigkeit erlebt wird (Weiner, 1975), oder ob Notfallreaktionen eintreten, die Dörner (1985) als Folge eines emotionalen Zustands beschreibt, der als Gefühl der „Mulmigkeit" der Situation und Selbstunsicherheit gekennzeichnet ist. Der Kompetenzbegriff als ein Sachverhalt, der hinsichtlich des Grades zwischen geringer und hoher Ausprägung variieren kann, ist also mehrdimensional zu kennzeichnen.
Hohe Kompetenz schließt das Übertragen von Strategien auf neue Aufgaben und Situationen ein und damit die Befähigung zum Transferieren. Diese Kompetenz zum Transferieren hat kognitive, motivationale und emotionale Voraussetzungen. Sie kann nur im Arbeitsprozeß bei der Auseinandersetzung mit wechselnden problemhaltigen Arbeitsaufgaben erworben werden. Sie setzt Wissen und ein gewisses Maß bereichsspezifischer Fertigkeiten und Fähigkeiten voraus. Dieses Lernziel ist deshalb erst realisierbar, wenn bzgl. der ersten beiden ein gewisses Niveau erreicht ist. Die Kompetenzentwicklung ist jedoch nie abgeschlossen.

Diese mit dem Kompetenzbegriff bezeichneten berufsübergreifenden Qualifikationen werden oft differenziert. Reetz (1992) unterschiedet Selbstkompetenz als persönlich-charakterliche Einstellungen, Haltungen und Orientierungen wie Ausdauer, Initiative, Leistungs- und Lernbereitschaft, Methodenkompetenz als allgemeine kognitive Leistungsfähigkeiten wie Abstraktionsfähigkeit, vernetztes Denken, Problemlösefähigkeit, Lernen lernen, Selbständigkeit und Sozialkompetenz als Kooperations- und Kommunikationsfähigkeit, Teamfähigkeit, Verhandlungsfähigkeit. Der Kompetenzbegriff wird dabei sehr breit im Sinne generalisierter Fähigkeiten verwendet und Begriffen, welche Befähigungen in einem bestimmten Gebiet angeben, einfach angehängt, z.B. Lernkompetenz, Sprachkompetenz, Humankompetenz (Bacher, 1989). Sein Bedeutungsfeld geht über den kognitiven Aspekt im Sinne von Wissensstrukturen hinaus und enthält auch die Komponente der Motivation zur selbständigen Weiterentwicklung von Wissen und Fähigkeiten.

Die Formen und Methoden des Lernens im Prozeß der Arbeit sind sehr vielfältig. Drexel und Welskopf (1994) schlagen eine Dreiteilung in die Bereiche Lernen im

Arbeitsvollzug, Lernen durch Mobilität und Lernen im Dialog vor. Dies ist jedoch keine Typologie disjunkter Lernformen, sondern diese drei kommen vielfach kombiniert vor. Bei der Einführung von Gruppenarbeit erfolgt die Einarbeitung in die Tätigkeiten an verschiedenen Arbeitsplätzen häufig durch Arbeitsplatzwechsel. Dabei wird sowohl im Prozeß der Tätigkeitsausführung als auch im Dialog, nämlich durch Nachfragen und Erläuterungen, gelernt. Aber dialogisches Arbeiten heißt nicht automatisch auch Lernen. Ein zunehmender Anteil von Arbeitstätigkeiten, insbesondere im Dienstleistungsbereich enthält dialogische Arbeitsprozesse als übliche Formen des Einholens von Information, ohne daß damit in jedem Fall ein Lernen im Sinne der Erweiterung oder Verbesserung von Kompetenzen verbunden ist.

Die Bedeutung des Lernens im Prozeß der Arbeit nimmt zu. Dafür gibt es verschiedene Gründe. In der arbeitspsychologischen Forschung wurde nachgewiesen, daß Wissen zur Planung und Steuerung von Tätigkeiten einer tätigkeitsbezogenen internen Repräsentation bedarf. Begriffe wie tätigkeitsregulierende mentale Abbilder oder operative Abbildsysteme (Hacker, 1986, 1992) oder auch der neuerlich wieder viel gebrauchte Erfahrungsbegriff (Rose, 1993; Siebeck, 1993) weisen darauf hin. Diese tätigkeitsbezogene Wissensorganisation wird in Bildungsphasen, deren Lehrmethodik einer Wissenschaftssystematik folgt, nicht vermittelt. Deshalb ist die Anwendung theoretischen Wissens immer von gravierenden Transferproblemen begleitet.

Ein weiterer Grund für Probleme bei der Übertragung theoretischen Wissens in Arbeitstätigkeiten am Arbeitsplatz besteht in dem Tatbestand, daß die Wissensvermittlung an Lernorten außerhalb des Arbeitsplatzes das bewußt strukturierte Wissen betrifft. Dies allein kennzeichnet jedoch nicht tätigkeitsregulierendes Wissen. Letzteres ist mehr. Begriffe wie schweigendes Wissen bezeichnen den Tatbestand, daß auch unterhalb der bewußten Ebene Erfahrungen angereichert werden, welche die Tätigkeitsausführung wesentlich mit unterstützen (Lewicki & Hill, 1989; Reber, 1989; Hacker, 1992). Die methodischen Schwierigkeiten bei der Wissensgewinnung im Rahmen der Expertiseforschung haben mit Nachdruck auf die Rolle unbewußt genutzter Leistungsvoraussetzungen hingewiesen (Wolff, 1988, 1989; Rothe, 1991). Darüber hinaus ist zu berücksichtigen, daß tätigkeitsregulierendes Wissen nicht nur Ursache-Wirkungsbeziehungen enthält. Erfahrungen können gemacht werden, ohne daß man weiß, warum dieses oder jenes so ist. Sie können aber auch ohne kausalen Charakter zu Konsequenzen für die Ausführung von Handlungen führen (Buck, 1969).
Das Lernen in der Arbeit hat aber nicht nur Bedeutung für die Aneignung und Pflege tätigkeitsbezogener Qualifikationen, sondern auch für die Entwicklung arbeitsplatz- und berufsübergreifender Qualifikationen und Kompetenzen.

Bärbel Bergmann

2. Entwicklungstrends der Erwerbsarbeit

2.1 Lernen als integrativer Bestandteil der Erwerbsarbeit

Das Lernen Erwachsener vollzieht sich zu wesentlichen Teilen im Prozeß der Arbeit. Hier entstehen Lernanreize aus Problemen und Konflikten, wenn neue Situationen mit bewährten Handlungsmustern nicht mehr zu bewältigen sind. Innovationen bezüglich der technischen Ausrüstung der Arbeitsplätze, bezüglich ihrer organisatorischen Strukturierung und Vernetzung, bezüglich der zu erzeugenden Produkte bzw. Dienstleistungen erfordern es, ständig neues Wissen für die Planung und Durchführung von Arbeitshandlungen zu berücksichtigen. Erwerbsarbeit ist lernende Erwerbsarbeit. Die Gestaltung von Zukunftskonzepten, wie sie auch durch das Programm Arbeit und Technik und Arbeit, Umwelt und Gesundheit gefördert wurde und wird, sieht ihren Weg in der Orientierung auf Kreativität und Flexibilität der Menschen und in Organisationsformen, welche eine Technikgestaltung, die sich als Unterstützung für den Menschen (HIM statt CIM) versteht (Scarpelis, 1995). Dies funktioniert jedoch nur, wenn die „Ressource Mensch" als wichtigster Wettbewerbsfaktor anerkannt und entwickelt wird. Die Aus- und Weiterbildung muß den gleichen Stellenwert erhalten, wie Investitionen in Anlagen und Maschinen (Flato, 1995). Das Entwickeln, Nutzbarmachen und Pflegen der menschlichen Expertise erfolgt zu wesentlichen Teilen im Prozeß der Arbeit selbst (vgl. auch Dehnbostel, Holz & Novak, 1992). Es beginnt damit, die Arbeitstätigkeiten diesen Entwicklungserfordernissen gerecht zu machen und gesundheits-, lern- und entwicklungsfördernde Tätigkeiten bereits im Projektierungsstadium anzustreben (Hacker, 1991). Die Lernpotentiale einer Tätigkeit sind wesentlich dadurch bestimmt, in welchem Umfang sie ganzheitlich sind, d.h. Zielsetzungen, Durchführungs- und Kontrollphasen vereinigen und damit tätigkeitsinterne Rückmeldungen zur Verbesserung von Arbeitsverfahren zulassen (Bergmann, 1994). Im Konzept der vollständigen Tätigkeiten von Hacker (1986 und Hacker, Richter & Iwanowa, 1983) ist das theoretisch begründet und empirisch belegt. Entwicklungstrends, welche den Inhalt und die Rahmenbedingungen der Erwerbsarbeit beeinflussen, betreffen deshalb auch die Bedingungen und Möglichkeiten für ein Lernen im Prozeß der Arbeit. Diese Entwicklungstrends bergen Chancen, teilweise aber auch Barrieren für diese Art des Lernens. Auf einige generelle Trends wird im folgenden eingegangen.

2.2 Veränderungen in den Organisationsstrukturen

Organisationsstrukturen bleiben nicht stabil. Unternehmen sind offene Systeme. Sie bestehen aus einer Vielzahl sich ergänzender Subsysteme und stehen in ständigen Austauschbeziehungen zu ihrer Umgebung (Wottawa & Gluminski, 1995).
Die Orientierung der Industrienationen heißt High-Tech-Produktion. Die Massengüterherstellung wird in die sogenannten Schwellen- bzw. Entwicklungsländer verlagert. High-Tech-Produktion ist kundenorientiert, durch Variantenwachstum und sehr kurze Innovationszyklen gekennzeichnet. Sie fordert sehr viel Flexibilität der Unternehmen und damit auch der Mitarbeiter. Mit schlanken Organisationsstrukturen soll diese Flexibilität erreicht werden. Das Schlankmachen von Organisationsstrukturen bewirkt viele Veränderungen. Es wird oft im Zusammenhang mit dem Weg hin zu „lernenden

Unternehmen" genannt. Damit ist bereits ausgedrückt, daß die Entwicklung wettbewerbsfähiger Produktivitätskonzepte Lernen erfordert und Unternehmen wie dynamische Prozesse ständigen Veränderungen unterliegen.

Schlanke Organisationsstrukturen haben mehrere Facetten, und aus diesen ergeben sich Konsequenzen für die Entwicklung der Lernanforderungen für Arbeitende:

- *Schlanke Organisationsstrukturen führen zu einer Vergrößerung der Verantwortungsbereiche für die einzelnen Mitarbeiter.*
  Dadurch entsteht zunächst ein quantitatives Wachsen der Lernanforderungen im Arbeitsprozeß. Ein Mehr an zu überwachenden, zu bedienenden, zu reparierenden Anlagen, eine Zunahme zu betreuender Kunden erfordern Wissen über diese vergrößerten Verantwortungsbereiche mit ihren technischen Ausrüstungen, organisatorischen Bedingungen und Informationsflüssen.

- *Schlanke Organisationsstrukturen sind durch flachere Hierarchien gekennzeichnet.*
  Das führt dazu, daß verstärkt qualitativ unterschiedliche Arbeiten wie vorbereitende, dispositive, ausführende, überwachende, die Qualitätssicherung betreffende Aufgaben einzelnen Mitarbeitern oder Arbeitsgruppen übertragen werden. Diese Aufgabenintegration erfordert eine Zunahme der Qualifikation. Die wichtigsten organisatorischen Merkmale einer schlanken Fabrik sind nach Womack, Jones & Roos (1992) folgende: „Sie überträgt ein Maximum an Aufgaben und Verantwortlichkeiten an jene Arbeiter, die ... tatsächlich Wertschöpfung ...erbringen, und sie hat ein System der Fehlerentdeckung installiert, das jedes entdeckte Problem schnell auf seine letzte Ursache zurückführt" (S. 103) und an anderer Stelle heißt es, „daß am Ende des Jahrhunderts die Belegschaft der schlanken Montagewerke fast ausschließlich aus hochqualifizierten Problemlösern besteht, deren Aufgabe es sein wird, beständig über neue Wege der Systemverbesserung nachzudenken ...." (1992, S. 107).

Diese Prinzipien der Aufgaben- und Verantwortungsübertragung an die Basis einschließlich der Verantwortung für die Qualitätssicherung hat in vielen Bereichen zu Gruppenarbeit geführt. Gruppenarbeit ist durch die Integration von Aufgaben der Materialbereitstellung, der Qualitätssicherung, der Wartung, Reparatur und Instandhaltung charakterisiert. Sie zielt auf die gegenseitige Ersetzbarkeit der Mitarbeiter, auf die Selbstkoordination und auf kooperative Arbeitsvollzüge. Diese Aufgabenintegration kann nicht in einem Schritt realisiert werden, sondern erfordert eine stufenweise Entwicklung. Sie ist mit umfangreichen Qualifizierungen der Mitarbeiter verbunden, von denen sich ein großer Teil als Lernen in der Arbeit vollzieht.

Für eine Wirtschaft, die auf High-Tech setzt, ist die Befähigung und Motivation der Mitarbeiter, sich für hohe Qualitätsstandards zu engagieren, eine Voraussetzung für Erfolg. Qualität setzt aber Lernen voraus. Die Verantwortung und damit auch die Qualifikation für die Qualitätssicherung werden bei Gruppenarbeit an die an der Produktentstehung beteiligten Mitarbeiter übertragen. Sie benötigen dazu Lernmöglichkeiten auch in Form von Zeit, denn Lernen braucht Zeit, und Unterstützung für diese komplexen Lernprozesse.

Diese Orientierung auf eine Erhöhung der Anforderungen an die Mitarbeiter in Unternehmen mit einer schlanken Organisation wird auch durch ein weiteres Organisationsmerkmal bedingt:

- *Schlanke Organisationsstrukturen arbeiten mit Projektgruppen.*
  Für spezielle Aufgaben, z.B. die Entwicklung neuer Produkte, werden Mitarbeiter aus verschiedenen Abteilungen Projektgruppen zeitweilig zugeteilt. Das sichert die Integration sehr unterschiedlichen Wissens für die Konstruktion und Produktionsvorbereitung eines neuen Produktes, ermöglicht vom Beginn der Entwicklungsarbeit an einen Interessenausgleich durch die Organisation einer direkten Kommunikation zwischen Vertretern unterschiedlicher Abteilungen und vermindert durch diese Organisation schwieriger Kompromißlösungen am Beginn solcher Projektarbeit Probleme bei der Einführung neuer Produkte in die Produktion (Womack, Jones & Roos, 1992). Für die Mitarbeiter in solchen Gruppen ist diese Art der Arbeitsorganisation mit einer erheblichen Erhöhung der Lernanforderungen verbunden, und Lernen ist in dieser Organisationsform weitgehend in den Arbeitsprozeß integriert. Es vollzieht sich als Kommunikation in Gruppenarbeit und fordert von den Mitgliedern der Projektgruppen, sich Interessen und Fachwissen der Mitglieder aus anderen Abteilungen anzueignen und bei der Lösungsentwicklung zu berücksichtigen. Die Problemlösung wird zum wichtigsten Teil der Arbeit, die Übertragung anspruchsvoller Problemlösungen an die Mitarbeiter und Gruppen zum Indikator einer erfolgreichen Fachkarriere (Womack, Jones & Roos, 1992, S. 209). Von den Mitarbeitern fordert diese Art der Arbeitsorganisation nicht nur ein hohes Maß an Fachkompetenz, weil Verständnis und Berücksichtigung des Fachwissens anderer Abteilungen neben der ständigen Erweiterung des dem eigenen Arbeitsplatz zugehörigen Fachwissen erforderlich ist, sondern auch Kompetenzen in den sogenannten berufsübergreifenden Schlüsselqualifikationen, nämlich Sozial-, Methoden- und hier auch Problemlösekompetenzen.

Die Vergrößerung der Verantwortungsbereiche für die einzelnen Mitarbeiter, der Trend zu flacheren Hierarchien und die Organisation der Arbeit in zeitweiligen Projektgruppen bewirken eine quantitative und qualitative Zunahme von Lernanforderungen, die aufgrund der knapperen Personalplanung und der dadurch bedingten Erhöhung der Arbeitsintensität auch Überforderungsrisiken bergen können.

Derzeit beobachtbare Veränderungen in der Organisation können aber auch Prozesse des Lernens in der Arbeit dadurch erschweren, daß Informationsflüsse unterbrochen und/oder informelle Kommunikationsprozesse im Prozeß der Arbeit erschwert werden.
Belege für diese Entwicklung sind:

- *Fremdfirmen werden verstärkt einbezogen und ein Trend zum Outsourcing besteht.*
  Eine zu konsequente Umsetzung dieses Prinzips birgt die Gefahr des Neotaylorismus. Durch Verschlankung fallen Lerninhalte weg bzw. werden drastisch verkleinert. So werden in der flexibel automatischen Fertigung Aufgaben der vorbeugenden Instandhaltung z.T. Fremdfirmen übertragen (Bergmann, Wiedemann & Zehrt, 1995). Damit werden betriebsinternen Mitarbeitern wichtige Lernmöglichkeiten zur Aktualisierung von Anlageeigenschaften genommen, die für Störungsdiagno-

sen hilfreich sind. Diese Anlageneigenschaften sind im Lebenszyklus der Anlagen nicht stabil. Ihre Veränderung muß von Personen, welche für die Anlagen- und Maschinenverfügbarkeit verantwortlich sind, mental abgebildet werden, damit Störungsdiagnosen effektiv erfolgen können. Wenn aber Fremdfirmen die vorbeugende Instandhaltung übernehmen, so sind diesen Mitarbeitern die Veränderungen von Anlagen- und Maschineneigenschaften zugänglich, nicht aber den betriebsinternen Mitarbeitern, für welche dieses insbesondere nützlich wäre, um zustandsabhängige Instandhaltungen zu realisieren. Erschwernisse für ein Lernen in der Arbeit können so aus Behinderungen von Informationsflüssen im Arbeitsalltag entstehen. Diese sind bei teilweiser Auslagerung von Arbeit an Fremdfirmen zu erwarten.

- *Die Zunahme an CSCW (computer supported cooperative work) reduziert die Möglichkeiten zu informeller Kommunikation.*
  Aber Lernen in der Arbeit funktioniert wesentlich auch über informelle Kommunikation.

- *Telearbeit entsteht.*
  Ein weiterer Bereich, in dem Mitarbeiter von einem Teil der im normalen Arbeitsalltag vorhandenen Rückkopplungsbeziehungen ausgeschlossen sind, entsteht durch außerbetriebliche Arbeitsstellen, durch Telearbeit. Ein Arbeitsplatz zu Hause, der in der Regel mit einem an das betriebsinterne Datennetz angeschlossenen PC ausgestattet ist, sichert die in diesem Netz implementierten Informationsflüsse. Lernen in der Arbeit erfolgt aber auch über informelle Kommunikationen, die persönliche Kontakte voraussetzen. Die Lösung wird auch für diese Art der Flexibilisierung von Arbeitszeit und -ort in einer angemessenen Dosierung bzw. Mischung der verschiedenen Komponenten liegen.

- *Lernerschwernisse resultieren aus dem Merkmal „Just in Time".*
  Das Wegbrechen der Arbeitsvorbereitung ist die Ursache. Eine Zeitspanne der Einstellung auf künftige Arbeitsaufgaben, die auch gedankliches Probehandeln und die Auseinandersetzung mit kommenden Arbeitsaufgaben ermöglichte und Lernen einschloß, steht kaum noch zur Verfügung.

- *Die Differenzierung in Stamm- und in Randbelegschaften kennzeichnet eine Differenzierung auch bezüglich der Pflege und Entwicklung der Qualifikation.*
  Stammbelegschaften umfassen Arbeitnehmer mit einer langen Zugehörigkeit zu Organisationen, Randbelegschaften bestehen aus Mitarbeitern, die entsprechend der Auftragslage kurzfristig eingestellt, aber auch ebenso kurzfristig entlassen werden können. Organisationen gewähren Pflege und Entwicklung der Qualifikation der ersten Gruppe, aber kaum der zweiten.

Die Tabelle 1 stellt den Kernmerkmalen schlanker Organisationsstrukturen die Folgen bezüglich der Lernanforderungen auf der Mitarbeiterebene gegenüber und faßt die Trends zusammen.

Die Entwicklungstrends in der Erwerbsarbeit sind in bezug auf das Lernen in ihr widersprüchlich. Diese Widersprüchlichkeit besteht einmal hinsichtlich der Veränderung der Lernanforderungen. Vergrößerungen der Verantwortungsbereiche für den

Bärbel Bergmann

einzelnen Mitarbeiter, der Übergang zu flacheren Hierarchien und die häufiger werdende Bildung von Projektgruppen, in denen Mitarbeiter aus verschiedenen Abteilungen zeitweilig arbeiten, sind Ursachen für ein erhebliches Wachsen der Lernanforderungen hinsichtlich Umfang, Vielfalt und Komplexität.

Demgegenüber kann es durch die Auslagerung von Arbeit an Fremdfirmen zu Verkleinerungen von Lernanforderungen kommen, denn für ausgelagerte Arbeitsinhalte brauchen die Mitarbeiter nicht mehr die Kompetenz zum effektiven Bewältigen zu trainieren. Mit dem Weggeben von Arbeitsinhalten fallen also auch Lerninhalte weg. Probleme gibt es immer dann, wenn das Auslagern von Aufgaben Informationsflüsse für die Mitarbeiter unterbricht. In der Summe dürfte der Trend der Zunahme des Umfangs an Arbeitsinhalten jedoch größer sein.
Ein Widerspruch entsteht auch, weil die gleichzeitige Erhöhung der Arbeitsintensität für die komplexer gewordenen Inhalte die Gelegenheiten zum Lernen verringert, so daß umfangreicher und schwieriger gewordene Inhalte in kürzeren Zeiten optimiert werden müssen oder die Gefahr besteht, daß die Optimierung und Situationsanpassung mangels Zeit nicht mehr gelingen wird.

Ein dritter Widerspruch dürfte sich aus der Reduzierung der zwischenmenschlichen Kooperation und Kommunikation durch die zukünftig noch stärkere Bindung der Mitarbeiter an den Rechner ergeben. Das führt zu einer Beeinträchtigung des Lernens in der Arbeit, denn dieses funktioniert wesentlich auch über informelle Kommunikation und ist vor allem auch an soziale Rückmeldungen, Wertungen, Anerkennungen gebunden. Für das Trainieren von Sozialkompetenz verringern sich durch computergestützte Arbeit in besonderer Weise die Lerngelegenheiten.

Die erläuterte Orientierung auf forschungs- und entwicklungsintensive Produkte und Dienstleistungen, die in Unternehmen mit schlanken Organisationsstrukturen erzeugt werden, welche dadurch Kreativität und Flexibilität der Mitarbeiter entwickeln wollen, und als zweites die Orientierung auf eine menschzentrierte Technikentwicklung im Gegensatz zu vollständigen Automatisierungskonzepten, wie sie in den 80er Jahren mit menschenleeren Fabriken angestrebt wurden, ist hinsichtlich der Skizzierung genereller Trends, um weitere Merkmale zu ergänzen.

2.3 Veränderungen im Technisierungsgrad

Generell ist die Entwicklung durch eine weitere Erhöhung des Technisierungs- und Automatisierungsgrades gekennzeichnet. Das führt zu Veränderungen bei den Tätigkeiten in die Richtung auf eine Vergrößerung der Verantwortungsbereiche, zu mehr Überwachung und weniger manuellem Tätigsein.
Aber es führt auch immer wieder dazu, daß Automatisierungslücken zu Arbeitsaufgaben für Rest- und Hilfsfunktionen führen, die sehr geringe oder keine Lernanforderungen stellen.

Eine neue Qualität der technischen Entwicklung, insbesondere der Entwicklung der Informationstechnik wird mit dem Trend Informationsgesellschaft und der Entwicklung von Multimediatechnologien beschrieben. Unmittelbare Konsequenzen für die

Tab. 1: Veränderungen in den Organisationsstrukturen und ihre Konsequenzen für die Entwicklung der Lernanforderungen

Merkmale schlanker Organisationen	Konsequenzen für das Lernen in der Arbeit
• Vergrößerung der Verantwortungsbereiche einzelner Mitarbeiter	Quantitatives Wachsen der Lernanforderungen
• flachere Hierarchien	Qualitatives Wachsen der Lernanforderungen durch Kombination unterschiedlicher Aufgaben an einem Arbeitsplatz, mehr Verantwortung für Qualität
• Arbeit in Projektgruppen	Kommunikation und Kooperation zwischen Mitarbeitern unterschiedlicher Abteilungen nehmen zu, Forderungen an die Methoden- und Sozialkompetenz wachsen
• höhere Arbeitsintensität	weniger Zeit für Lernen
• „Just in Time"	Lernzeit wird knapp oder fehlt
• Auslagerung von Arbeit an Fremdfirmen Outsourcing	Erschwerte Informationsflüsse und erschwerte Kooperation, Lerninhalte werden kleiner
• Telearbeit	eingeschränkte informelle Kommunikation und Kooperationsanforderungen
• Computer supported cooperated work	eingeschränkte informelle Kommunikation
• Teilung in Stamm- und Randbelegschaften	Lernunterstützung für Stammbelegschaften, aber kaum oder nicht für Randbelegschaften

Thematik des Lernens im Prozeß der Arbeit ergeben sich daraus, daß interaktive Lernprogramme preiswert werden (Blume & Wahl, 1995). Damit ist eine dezentrale individuelle Nutzung am Arbeitsplatz möglich. Teachware, CBT (Computer-basiertes Training), aber auch elektronische Wissensspeicher, die wissensintensive Dienstleistungen möglich machen, werden eine breite Anwendung erfahren.

2.4 Qualitätsmanagement und Umweltgerechtigkeit

Mit der Einführung der grundlegenden internationalen Normen zum Qualitätsmanagement nach DIN EN ISO 9000 ff sind die Forderungen an Qualitätsziele erweitert und verbindlicher gemacht worden. Der Markt fordert es, Qualitätsmanagement und Qualitätssicherung zertifizieren zu lassen. Höhere Qualität entsteht nur mit besser qualifizierten Mitarbeitern. Sie benötigen differenziertes Wissen über Qualitätsrisiken und

Wege zu ihrer Vermeidung in den konkreten Tätigkeiten. Das erfordert oft, innerbetriebliche Rückmeldungsbeziehungen zu verbessern. Aber damit werden auch Möglichkeiten des Lernens in der Arbeit günstiger gestaltet, denn dieses funktioniert über die Verarbeitung von Rückmeldungen. Das Übertragen von Verantwortung für die Qualität von Produkten entspricht der Vergrößerung des Lerninhaltes im Arbeitsprozeß.

Eine ökologische Produktion wird generell zur Lebensfrage. Produkte müssen in ihrem gesamten Lebenszyklus betrachtet werden, d.h. von der Planung bis hin zur Entsorgung „vernutzter Produkte" (Bleicher, 1993). Die Forderung nach Kreislaufwirtschaft drückt diese Orientierung aus. Ihre Umsetzung erfordert von allen daran Beteiligten umfangreiches Lernen. Der Prozeß der Produktherstellung ist nicht nur unter dem Blickwinkel des Erreichens aller Produkteigenschaften und unter dem des Sicherheits- und Gesundheitsschutzes zu optimieren, sondern auch bezüglich des Umweltschutzes. Das ist nicht nur eine Lernaufgabe im Sinne der Anwendung bekannten Wissens auf konkrete Prozesse, welche die Adaptation von Kenntnissen und Empfehlungen einschließt. Es sind auch Lernanforderungen, die Forschungs- und Problemlöseprozesse erfordern. Nicht alle Umweltrisiken sind bekannt. Die Risikoabschätzung ist mangels Messung und Dokumentation aller in Frage kommenden Risiken ein Problem. Wünschbar ist auch hier ein Präventionskonzept, das bereits im Projektierungsstadium umweltfreundliche Technologien zu sichern versucht. Analog zur Gestaltung sicherer Produktionstechnologien (vgl. Hoyos, 1990; Hoyos & Ruppert, 1993; Wehner, 1992) setzt auch die Kenntnis möglicher Risiken, Methoden zu ihrer Diagnose und enge Informationsflüsse zwischen Projektanten, Konstrukteuren, Betreibern und Nutzern voraus, um zu einer Risikovermeidung zu gelangen. Auch hier gilt, daß nur den Risiken vorgebeugt werden kann, über die Kenntnisse existieren.

Wie auch bei vielen Problemen der Sicherheit und des Gesundheitsschutzes ergeben sich aus der Forderung nach umweltgerechter Produktion viele Lernanforderungen, die wegen der schwierigen Umsetzungs- und Anpassungsprobleme generelle Empfehlungen und Normen an konkrete Technologien nicht in der Produktionsvorbereitung abgefangen werden können, sondern auch dezentral an den einzelnen Arbeitsplätzen entstehen. Sie sind nicht auf den Produktionsprozeß oder das Unternehmen begrenzt, sondern betreffen auch Transportprobleme. Hier bestehen Analogien zur Unfallverhütung. Bei dieser ist die Entscheidung zwischen dem Hauptweg der technischen Prävention und dem Nebenweg über Verhaltensanforderungen bis heute ein schwieriges Problem (Weißgerber, 1995). Insbesondere wegen des Ungleichgewichts der Kosten wird das Ausweichen auf Verhaltensanforderungen an den einzelnen Mitarbeiter auch weiter eine häufige Lösung sein. Aber sie stellt zusätzliche Lernanforderungen.

Außer diesen generellen Entwicklungstrends, welche sich unmittelbar in Anforderungsveränderungen in der Arbeit und damit auf den Umfang und die Qualität des Lernens im Prozeß der Arbeit auswirken, gibt es Entwicklungstrends, welche die Struktur der arbeitenden Bevölkerung betreffen. Zwei werden kurz diskutiert: Die veränderte Altersstruktur und die veränderte Qualifikationsstruktur der erwerbsfähigen Bevölkerung.

2.5 Veränderte Alterstruktur der erwerbstätigen Bevölkerung

In allen Industrieländern schrumpft die Bevölkerung. In Europa wird sie bis ins Jahr 2050 um 11% sinken (Volkholz, 1992a). Dank gesünderer Ernährung und besserer medizinischer Versorgung steigt die Lebenserwartung. Die Geburtenraten sind rückläufig. Die Alterszusammensetzung der Erwerbstätigen ändert sich drastisch. Erstmals in der Industriegeschichte wird in den 90er Jahren die Altersgruppe der über 50jährigen größer als die der unter 30jährigen sein (ILO, 1989; Klauder, 1993). Innovationen können deshalb nicht dominierend mit jüngeren Personen realisiert werden, wie in der Vergangenheit üblich. Die Unternehmen können zukünftig nicht mehr auf die Belastbarkeit der 30 bis 35jährigen setzen und mit ihnen im wesentlichen neue Technologien einführen. Es wird nicht genug 30jährige geben. Die Lernfähigkeit und Lernmotivation älterer Personen werden deshalb zunehmend herausgefordert. Eine konzeptionelle Änderung von Weiterbildung derart, daß Besonderheiten des Lernens Älterer, wie erhöhtem Zeitbedarf, der Vermittlung von Selbstvertrauen, der engen Verbindung von Theorie und Praxis ausdrücklich entsprochen wird, ist ein Weg, um lebenslanges Lernen zu ermöglichen und berufliche Kompetenzen zu erhalten und zu entwickeln. Für ältere Personen ist eine große Abhängigkeit des Lernens von motivationalen Prozessen nachgewiesen. So zeigen Löwe (1974) und Roether (1988) bei mechanischem Lernen eine Leistungsverschlechterung mit dem Alter, nicht aber für motiviertes Lernen. In den Prozeß der Arbeit integrierte Formen des Lernens sind immer konkret auf die Unterstützung und Optimierung der Erfüllung der Arbeitsaufgaben zugeschnitten. Lernfortschritte werden an Fehlerverminderungen, Zeitersparnissen, Belastungssenkungen, Erhöhungen der Maschinen- und Anlageverfügbarkeit erlebbar. Der Sinnbezug ist unmittelbar gegeben. Deshalb dürften Lern- und Trainingsmethoden, welche eng und konkret in den Arbeitsprozeß integriert sind, den Lernbesonderheiten Älterer besonders gut entsprechen.

Auch die Diskussion um eine Verlängerung der Lebensarbeitszeit aus Gründen der Bezahlbarkeit der Renten (Tegtmeier, 1993) ist ein Anlaß, Lern- und Weiterbildungskonzepte ausdrücklich für die Bedürfnisse älterer Arbeitnehmer zu gestalten. Die Verminderung des Berufsaustrittsalters in den 70iger und 80iger Jahren auf 57 bis 58 Jahre (Naegele, 1988) läßt sich nicht einfach für die Zukunft fortschreiben. Diese Frühverrentungsstrategie ist nicht durch generelle Leistungseinbußen der über 57 bis 58jährigen zu erklären, sondern das Senioritätsprinzip der Entlohnung, das für ältere Arbeitnehmer höhere Einkommen, damit auch höhere Lohnnebenkosten vorsieht, spielt eine Rolle. Unternehmen sparen Geld, wenn sie ältere Arbeitnehmer durch jüngere ersetzen. Zur Leistungsfähigkeit im mittleren und höheren Alter sind in den letzten Jahren umfangreiche Befunde vorgelegt worden. Zentrale Ergebnisse hat Baltes (1989) in Thesenform zusammengefaßt. Danach werden bis zum Ende des Arbeitsalters intellektuelle Verluste im Bereich kognitiver Basisoperationen durch kompensierende Gewinne in Form zunehmenden Wissens und zunehmender Erfahrung soweit ausgeglichen, daß die Mehrheit der Menschen (ca. 75%) keine Gesamtverluste erkennen läßt. Zunehmend wird darauf hingewiesen, daß Ältere länger jünger bleiben, länger leben, gesünder, lernwilliger und hinsichtlich der eigenen Zukunft erwartungsvoller sind (ILO, 1989). Für ältere Personen gilt wie für jüngere auch, daß sich berufliche Kompetenzen nicht passiv aufbewahren lassen. Wissen und Können werden durch ihren Gebrauch erhalten und gepflegt. Nichtgebrauch führt zu Dequalifizierung (Udris, 1987). Die disuse-Hypothese menschlicher Kompetenzen bezeichnet diese Dequalifizierung durch Nichtgebrauch. Deshalb sind Maßnahmen zum Erhalten und Entwickeln der beruflichen Kompetenzen auch für ältere Arbeitnehmer sehr wichtig. Aber es dürfte unentschieden sein, ob der Trend zur Frühverrentung tatsächlich beendet wird. Das Wirtschaftswachstum als jobless growth und der Export von Arbeit in Niedriglohnländer erfolgen evtl. genauso schnell oder noch schneller als die demographische Revolution.

2.6 Veränderte Qualifikationsstruktur der erwerbstätigen Bevölkerung

Nicht nur die altersmäßige Zusammensetzung der Bevölkerung ändert sich. Es kommt auch zu einer Änderung der Qualifikationsstruktur. Volkholz (1992, b und c) spricht von einer Umkehrung der Qualifikationspyramide. Die bisherige Industriegeschichte basierte auf der Tatsache, daß es wesentlich mehr Hauptschul- oder Primärschulabsolventen gab als Akademiker. Jenseits der Jahrtausendwende werden etwa 40% eines Jahrgangs das Abitur ablegen, 40% den Realschulabschluß erreichen und nur knapp 20% mit einem Hauptschulabschluß die Schule verlassen. Die Anzahl der Studenten übertrifft schon jetzt die Anzahl der Lehrlinge. Ein höherer Bildungsabschluß verbessert die persönlichen Ressourcen. Die Arbeitenden der Zukunft sind dann nicht nur mit einem höheren Allgemeinwissen ausgestattet. Sie sind auch mehr trainiert zu lernen und dürften mehr Erfahrungen im selbständigen Lernen haben. Gleichzeitig ist anzunehmen, daß mit wachsender Bildung auch die Ansprüche an die Arbeit wachsen und schlecht gestaltete Arbeit auf mehr Akzeptanzprobleme stößt. Dies ergibt für die Diskussion um die Leistungsfähigkeit Älterer einen veränderten Akzent. Möglicherweise können die umfangreiche Ausbildung und die in der Regel höheren Lernanforderungen in den Berufsaufgaben höherqualifizierter Personen ein altersbedingtes Nachlassen der Leistungsfähigkeit für eine bestimmte Zeitspanne kompensieren.

Ein mit dieser veränderten Qualifikationsstruktur verbundener weiterer Trend besteht darin, daß es seit den 80iger Jahren mehr Angestellte als Arbeiter gibt. Die Industriearbeiter werden zu einer Minderheit. Der Dienstleistungssektor wird künftig den vorherrschenden Typ des Arbeitnehmers beschäftigen.
Als eine Konsequenz des Älterwerdens der Belegschaften und der Zunahme der Qualifikation diskutiert Volkholz (1992, d) den Trend zum Absinken der Mobilität. Je jünger jemand ist, desto häufiger wird der Arbeitgeber gewechselt. Ältere Arbeitnehmer wechseln kaum noch den Betrieb, am wenigsten freiwillig. Die Bereitschaft zum Wechsel nimmt auch deutlich ab, je höher die Qualifikation ist. Bleiben diese Regeln des Erwerbslebens auch zukünftig bestehen, so liegen die Folgen auf der Hand. Die Belegschaften werden älter, sie werden höher qualifiziert sein. Die Fluktuation wird sinken. Modellrechnungen ergaben zwischen 1980/1990 und 2000/2010 ein Sinken der Fluktuation um fast 30% (Volkholz, 1992, d). Diese Entwicklung hat Konsequenzen. Es wird für Unternehmen noch schwerer, Abgänge zu ersetzen. Die Rekrutierung einzelner junger Arbeitskräfte dürfte zum Problem werden, wie auch die für innovative Unternehmen unverzichtbare Durchmischung von Erfahrung und von neuen Qualifikationen, von alt und jung. Das wird dazu führen, daß Qualifikationen immer weniger extern eingekauft werden können. Deshalb werden betriebliche Lösungen gefragt sein, um die Innovationsfähigkeit der Belegschaften zu erhalten. Die Bedeutung von Fort-

und Weiterbildung wird wachsen, insbesondere auch die Bedeutung des Lernens im Prozeß der Arbeit.

2.7 Schlußfolgerungen aus Entwicklungstrends der Erwerbsarbeit

Die in diesem Abschnitt diskutierten Trends, welche die Anforderungsentwicklung der Erwerbsarbeit betreffen, weisen in die Richtung steigender Anforderungen. Schlankere Organisationsstrukturen bedingen ein quantitatives Wachsen der Verantwortungsbereiche, insbesondere aber eine größere Vielfalt bzgl. der qualitativen Zusammensetzung der Arbeitsaufgaben. Das bedingt eine Zunahme der Lernanforderungen, denen nicht ausschließlich und nicht schwerpunktmäßig mit institutionalisierten Formen der Weiterbildung begegnet werden kann. Die Anpassung an wechselnde, durch technische, technologische Innovationen und /oder durch Produktinnovation sich ändernde Arbeitsaufgaben ist ein Spezifikum dieser Lernanforderungen. Das erfordert die Integration des Lernens in den Arbeitsprozeß. Bei externen Weiterbildungsmaßnahmen ist das Transferproblem nicht befriedigend gelöst (siehe Kapitel 4).

Schlanke Organisationsstrukturen mit flachen Hierarchien verhindern traditionelle Karrierewege im Sinne eines vertikalen Aufstiegs für die Mehrzahl der Beschäftigten. Andere Laufbahnentwicklungen werden erforderlich. Die Möglichkeiten zu Fachkarrieren, welche auch als 'horizontaler Aufstieg' interpretiert werden können, sind stärker zu betonen und auszubauen. Die insgesamt schnellebige Entwicklung, die auch das regionale Aussterben ganzer Branchen einschließen kann, wird künftig noch weniger als bisher ein gesamtes Arbeitsleben in einem Beruf ermöglichen. Berufswechsel, Quereinstiege in andere Tätigkeiten und Berufe werden in großer Zahl vorkommen. Es ist durchaus denkbar, daß durch solche Quereinstiege gekennzeichnete Berufsbiographien durch Methoden für ein Lernen in der Arbeit wesentlich unterstützt werden können. In dieser Richtung sind künftig wachsende Aufgabenfelder zu erwarten.

Bedürfnisse nach multiplen Qualifikationen, die umfangreiches Lernen erfordern, entstehen in Unternehmen auch durch den Trend zu umweltverträglicher Produktion, durch die Einführung umfassender Präventionsstrategien zum Gesundheits- und Umweltschutz. Auch wenn mit der Erarbeitung differenzierter Normen und Empfehlungen durch Experten zu rechnen ist, bleiben dennoch erhebliche Lernanforderungen, die auch die Qualität von Problemlöseprozessen haben können, bei der Anpassung von Normen und Empfehlungen an konkrete Produktionsprozesse. Diese Anpassung muß dezentral vor Ort geleistet werden. Die Befähigung zum Erkennen ökologischer Risiken erfordert die Integration von Fachkompetenz, von Kompetenzen auf dem Gebiet des Arbeits- und Gesundheitsschutzes mit ökologischen Kompetenzen.

Die Erhöhung des Alters der erwerbstätigen Bevölkerung fordert zu einer Gestaltung altersgerechter Lern- und Weiterbildungsformen heraus. Das für Ältere erwiesene stärkere Angewiesensein auf Sinnerleben und motiviertes Lernen läßt die enge Verzahnung von Arbeiten und Lernen als eine wichtige Strategie zur Kompetenzentwicklung älterer Arbeitnehmer erscheinen. Die Erhöhung der Formalqualifikation wird dazu führen, daß künftig wesentlich mehr Arbeitnehmer eine höhere Allgemeinbildung besitzen und ein besseres Training im selbständigen Lernen einbringen. Das dürfte eine gute Voraussetzung für den Ausbau selbstgeleiteter, individualisierter Lernprozesse sein.

Probleme für ein Lernen in der Arbeit aufgrund von unterbrochenen und erschwerten Informationsflüssen und Kommunikationsbeziehungen werden dort erwartet, wo Arbeitsaufgaben teilweise Fremdfirmen übertragen werden und auch bei der Einrichtung außerbetrieblicher Arbeitsplätze. Letztere sind allerdings ein wichtiges Instrument, um Frauen in der Lebensphase, in der sie Kleinkinder zu versorgen haben, das Weiterführen ihrer Berufsarbeit zu ermöglichen. Auch für in ihrer Mobilität eingeschränkte Personen (Behinderte) kann z.T. nur so eine Beteiligung am Erwerbsleben erfolgen.

3. Potentiale für ein Lernen im Prozeß der Arbeit

3.1 Arbeit und Persönlichkeitsentwicklung

Eine Persönlichkeit zeichnet sich wesentlich dadurch aus, was sie kann und was sie will (Semmer & Schardt, 1982). Kompetenz und Motivation bilden sich in Tätigkeiten heraus. Menschliche Entwicklung wird als lebenslanger Prozeß verstanden (Baltes, Reese & Lipsitt, 1980; Baltes & Reese, 1984; Baltes, 1987). Im Erwachsenenalter ist diese Entwicklung eng an Berufsaufgaben gebunden. Dies kann vom negativen Aspekt her durch die umfangreichen Forschungsergebnisse über die Folgen des Verlustes von Arbeit belegt werden. Sie weisen auf gesundheitliche Beeinträchtigungen hin (Kieselbach & Klink, 1991; Kieselbach, 1994; Kurella, 1992; Elkeles & Seifert, 1992), deren Ausmaß dazu geführt hat, daß Arbeitslosigkeit als wichtiger epidemiologischer Faktor begriffen wird. Sie weisen auf das Risiko der Dequalifizierung hin (Pelzmann, 1988; Rose, 1993; Bergmann, 1994). Das ist nicht nur dadurch begründet, daß menschliches geistiges Kapital nicht passiv für längere Zeit gespeichert werden kann, sondern daß Qualifikationen und Fertigkeiten gebraucht werden müssen, damit sie sich in der Praxis bewähren (Udris, 1987, S. 259). Rückkopplungsmechanismen, die das Selbstwertgefühl beeinflussen, kommen hinzu. Der Verlust des Arbeitsplatzes bedeutet auch den Verlust an beruflicher Anerkennung, an Erfolgserlebnissen, an Bestätigung durch Kollegen, Vorgesetzte und Kooperationspartner. Aber auch emotionale Rückkopplungsprozesse in der eigenen Person, wie das Erleben von Erleichterung, Stolz und/ oder Freude nach der Bewältigung einer schwierigen Aufgabe entfallen, sowie das Gefühl, etwas dazuzulernen und den anstehenden Anforderungen gewachsen zu sein. Das Ausbleiben solcher Rückkopplungen kann längerfristig das Selbstwertgefühl labilisieren. Es verschlechtert die subjektiven Lernvoraussetzungen, denn diese sind immer auch durch Hoffnung auf Erfolg beeinflußt (Weiner, 1975). Der Verlust von Arbeit verursacht oder verstärkt also gesundheitliche Probleme. Er schränkt Lern- und Entwicklungsmöglichkeiten ein. Der Besitz von Arbeit birgt Chancen für die Gesunderhaltung und Persönlichkeitsentwicklung (Udris, 1990; Hacker, 1986, 1993). Dies gilt aber nicht generell, sondern ist von der Art der Arbeit abhängig.

Arbeit kann negative Folgen auf die Persönlichkeitsentwicklung haben. Arbeit kann krank machen, indem Arbeitsunfälle passieren, Berufskrankheiten oder sonstige mit der Arbeit in Zusammenhang stehende (paraprofessionelle) Krankheiten eintreten. Weiterhin kann es durch Arbeit zu Befindensbeeinträchtigungen kommen, die auch einen normwidrigen Zustand beschreiben, indem sie das Wohlbefinden erheblich herabsetzen und damit auch die Leistungsfähigkeit und die Leistungsbereitschaft. Zu solchen Folgen gehören Übermüdung, Monotonie, psychische Sättigung, Streß, sowie das Ausgebranntsein. Kornhauser (1965) stellte bei amerikanischen Automobilarbeitern fest, daß die Beschäftigten mit unqualifizierten, gleichförmigen (repetiven) Arbeiten, die sehr geringe Anforderungen an ihre Fähigkeiten stellten, psychisch weniger gesund waren, als ihre Kollegen, die qualifiziertere Arbeiten verrichten (zit.: nach Semmer & Schardt, 1982).

Aber Arbeit stellt Forderungen, kann Lernanreize bieten, zu Problemlösungen und Kooperation herausfordern. Diese führen ihrerseits zu Anerkennungen, zu Freude und Stolz auf erreichte Leistungen und lassen so Motivation zur Übernahme neuer Aufgaben, für Anstrengungen und Verantwortung wachsen.

Die Wirkmechanismen des Zusammenhangs von Arbeit und Persönlichkeitsentwicklung funktionieren über die in den Arbeitsaufgaben enthaltenen Lernanforderungen. Unsere Vorfahren brachten diesen Mechanismus auf die einfache Formel: „Wer rastet, der rostet". Die Lernanforderungen von Berufsarbeit beschränken sich nicht auf den kognitiven Aspekt. Auch soziale und emotionale Kompetenzen, „z.B. als Bereitschaft und Fähigkeit zur Übernahme der Perspektiven anderer, als Gefühl für Gerechtigkeit oder als Bereitschaft zur Übernahme von Verantwortung" (Ulich, 1992, S. 108), sowie motivationale Kompetenzen werden in der Arbeit entwickelt. Der Begriff der beruflichen Sozialisation beschreibt diese komplexen Entwicklungen. Im Prozeß der Arbeit wird also auch der arbeitende Mensch geformt (Rubinstein, 1958, 1959; Hacker, 1973, 1980, 1982, 1986; Leontjew, 1977; Thomae, 1959; Ulich, 1992).

In dem Konzept der Entwicklungsaufgaben (Havighurst, 1972; Oerter, 1978, 1985, 1992) ist begründet, daß Persönlichkeitsentwicklung sich wesentlich über die Bewältigung von Aufgaben vollzieht. Entwicklungsaufgaben stellen Ziele dar, die vorgegeben und vom Individuum angestrebt werden. Sie bieten damit Lern- und Trainingsmöglichkeiten für den Erhalt und die Entwicklung von Kompetenzen. Die Art von Arbeitsaufgaben entscheidet sehr wesentlich über die beruflichen Entwicklungsmöglichkeiten. Es wurde begründet, daß gegenwärtige Entwicklungstrends in der Erwerbstätigkeit wachsende und vor allem dynamische, also sich ändernde Arbeitsaufgaben bedingen und damit zu ständigen Lernanforderungen führen. Personalentwicklung findet also nicht vorwiegend in der betrieblichen oder außerbetrieblichen Aus-, Fortund Weiterbildung statt, sondern wesentlich durch die Ausführung von Tätigkeiten. Der Begriff der arbeitsimmanenten Qualifizierung (Ulich, 1992) drückt das aus. Daraus folgt, daß durch die Gestaltung von Arbeit, speziell die der Arbeitsaufgaben, über den Umfang und die Qualität des Lernens im Prozeß der Arbeit entschieden werden kann. Befunde von Kohn und Schooler (1978, 1981) belegen, daß das Ausmaß, in dem Arbeit Abwechslung und unterschiedliche Anforderungen enthält, einen genauso großen Einfluß auf die Intelligenz hat, wie Schulbildung. Schleicher (1973) belegt eine Abhängigkeit der Trendentwicklung der Intelligenz im Erwachsenenalter vom Niveau der Arbeitsanforderungen. Abraham (1983) berichtet über den Zusammenhang von Handlungsspielräumen in der beruflichen Arbeit und den Lebensplänen für die

Bärbel Bergmann

Zeit nach der Pensionierung. Solche Befunde zeigen, daß Lernprozesse in der Arbeit nachhaltige Effekte haben.

Menschliche Entwicklung funktioniert also wesentlich über die Auseinandersetzung mit Aufgaben (Wygotski, 1964). Für Erwachsene ist der Beruf ein wichtiges Feld, in dem Aufgaben immer wieder entstehen. Berufsaufgaben haben deshalb einen Anteil an der Persönlichkeitsentwicklung im Erwachsenenalter. Schmidt (1982) diskutiert diesen Zusammenhang. Er verweist auf dessen zwei Seiten, nämlich darauf, daß der arbeitsteilig organisierte Produktionsprozeß auf der Nutzung und Wertschätzung der Individualität basiert, aber zum anderen gleichzeitig individuelle Unterschiede erzeugt und stimuliert über die Möglichkeiten oder Barrieren, die Tätigkeiten für die Aneignung von Wissen für die Fähigkeits- und die Persönlichkeitsentwicklung bereitstellen. Ein Wechsel von Arbeitsaufgaben ist somit auch als Entwicklungschance interpretierbar.

3.2 Lernende Unternehmen als Ziel

Angesichts der eingangs aufgezeigten Entwicklungstrends ist der Stellenwert von Lern- und Qualifikationsprozessen sehr groß. Diese Tendenz ist nicht nur aus einem quantitativen Anwachsen des Lernbedarfs zu erklären. Veränderungen gehen auch in die Richtung anspruchsvollerer Lernziele. Eine Prognose des Instituts für Arbeits- und Berufsforschung (IAB) weist ein Ansteigen der höherqualifizierten Tätigkeiten aus (1988/89). Qualifikationsmuster, die früher nur in wenigen Tätigkeitsbereichen dominierten, werden als trendbestimmend charakterisiert. Das sind Denken in Zusammenhängen, Planungs-, Steuerungs- und Organisationsgeschick, fachliche Flexibilität, Abstraktions- und Konzentrationsvermögen, analytische Qualitäten, Innovationswille, Wissens- und Handlungskompetenz. Diese vielfach mit dem Begriff Schlüsselqualifikationen umschriebene Orientierung auf Problemlösungen in neuen Situationen betont die Voraussetzungen für die selbständige Weiterentwicklung von Wissen und Fähigkeiten. Man spricht von lernenden Unternehmen, in denen ganzheitliche Arbeitsaufgaben vorherrschen und selbständiges, permanentes, die gesamte Belegschaft einschließendes Lernen zur Unternehmenskultur gehört (Scheel, Hacker & Henning, 1994; Frevel, 1995). Als generelles Ziel des arbeitsbezogenen Lernens wird die Befähigung zum selbständigen und effizienten Handeln in veränderten und neuen Arbeitssituationen gesehen, also das Transferieren von Kompetenzen. Das bedeutet, die Befähigung und die Motivation zum Erwerb von Wissen und Prozeduren und zur Entwicklung situationsangepaßter neuer Handlungsprogramme auf der Basis genereller Strategien sind auszubilden.

Die Realisierung dieser anspruchsvollen Lernziele kann nicht von außen durch zeitweilige Interventionen externer Weiterbildungsfirmen bewerkstelligt werden. Diese können zweifellos unterstützen. Die Entwicklung einer Unternehmenskultur, welche motiviertes Lernen wachsen läßt, benötigt innere Wurzeln in den Arbeitsstrukturen selbst. Diese können durch Präventionskonzepte geschaffen werden, welche für Arbeitsaufgaben von vornherein ein Motivations- und Lernpotential sichern. Prävention heißt, Negativem vorzubeugen. Negatives für die diskutierten Lernziele sind Desmotivation und Dequalifizierung. Die arbeitspsychologische Forschung hat gut begründet und belegt, daß Arbeitsstrukturen mit partialisierten Aufgaben, welche den Arbeitenden keine oder kaum Einfluß- und Kontrollmöglichkeiten auf die Art der Abarbeitung und schon gar nicht auf die Gestaltung der Bedingungen am Arbeitsplatz einräumen, das Wachsen intrinsischer Arbeitsmotivation und Lernen im Sinne der Kompetenzentwicklung verhindern (Hacker, 1973, 1986; Hacker & Richter, 1985; Karasek, 1979; Karasek & Theorell, 1990; Oesterreich & Volpert, 1991; Ulich, 1991). Sehr pointiert sind diese Wirkungen mit dem Begriff „Industrielle Psychopathologie" etikettiert (Frese, Greif & Semmer, 1978). Die arbeitspsychologische Forschung hat aber auch viele Befunde erarbeitet, diese zu theoretischen Konzepten entwickelt und Gestaltungsanleitungen geschaffen, welche begründen, wie diese negativen Folgen nicht nur vermieden werden können, sondern positive Wirkungen von Arbeit auf den Menschen ermöglicht werden können. Zu diesen gehören die Gesunderhaltung, das Entstehen intrinsischer Motivation, von Verantwortung, das Wachsen von Sozialkompetenz und das Ermöglichen von Lernen mit der Qualität von Fähigkeitsentwicklungen (Hacker, 1986; Hacker, Iwanowa & Richter, 1983; Hacker, Rudolph & Schönfelder, 1987; Hacker, Fritzsche, Richter & Iwanowa,1995; Oesterreich & Volpert, 1991; Udris, 1990; Ulich, 1991; Volpert, 1989, 1990, 1992).

Die gegenwärtige Kenntnislage gestattet es also, unerwünschten Auswirkungen zuvorzukommen. Die Bedingungen für die Entwicklung von Motivation und von Lernen in der Arbeit hängen wesentlich von den Arbeitsaufgaben ab. Hacker (1991) propagiert deshalb, als wirksame Präventionsmaßnahme die prospektive Arbeitsgestaltung mit der Projektierung menschengerechter Arbeitsaufgaben. Dabei werden als Gestaltungsziele das Vorbeugen gegen Beanspruchungs- und Gesundheitsrisiken gesehen, darüber hinaus aber nicht nur das Vermeiden von Negativem, sondern auch das vorausschauende Berücksichtigen positiver, erwünschter Entwicklungen, insbesondere durch das Schaffen von Tätigkeitsspielräumen im Stadium des Entwurfs künftiger Arbeitsaufgaben. Zu den Zielen gehört auch das Berücksichtigen von Langzeitwirkungen im Sinne der Sicherung des Erhalts und der Förderung der Gesundheit und Leistungsfähigkeit (Hacker & Böger, 1994). Dieses Konzept schließt eine lernförderliche Aufgabengestaltung ein. Ulich (1992) verweist darauf, daß lernförderliche Tätigkeiten häufig nur als Gruppenaufgaben gestaltbar sind. Mit Hilfe des Tätigkeitsbewertungssystems (TBS, Hacker, Iwanowa & Richter, 1983; Hacker, Rudolph & Schönfelder, 1987), mit Hilfe von Leitbildern als Gestaltungshilfe, welche für ausgewählte Industrietätigkeiten vorliegen, und mit Hilfe der Erfassung der Qualifikationsvoraussetzungen und Erwartungen der Mitarbeiter hinsichtlich ihrer künftigen Arbeitsaufgaben lassen sich Aufgaben und Empfehlungen für Aufgabenzuordnungen zu Arbeitenden gestalten.

3.3 Lernförderliche Strukturen

Lernförderung im Arbeitsprozeß bedeutet gleichzeitig Motivationsförderung. Beide sind eine Einheit. Das Lernen Erwachsener funktioniert vorwiegend als motiviertes Lernen (Löwe, 1974; Roether, 1988). Die Sicherung eines Motivationspotentials ist deshalb auch ein Weg zur Unterstützung des Lernens in der Arbeit. Ganzheitliche Aufgaben, Anforderungsvielfalt, Interaktionsmöglichkeiten und Tätigkeitsspielräume motivieren und fördern dadurch Lernen (Ulich, Conrad-Betschart & Baitsch, 1989). Unterstützende Bedingungen dafür sind an verschiedenen Ebenen festzumachen. Eine mehr makroskopische Perspektive betrifft die Voraussetzungen in der Gestaltung der Rahmenbedingungen, wie der Organisationsstrukturen, der Unternehmenskultur, der Vernetzung und Kooperation mit anderen Arbeitsgruppen, Abteilungen und Betrieben. Eine mehr mikroskopische Perspektive betrifft die Lernpotenzen der Arbeitsaufgaben am einzelnen Arbeitsplatz.

Die Rahmenbedingungen werden schon durch die Organisationsstrukturen geschaffen. Flachere Hierarchien und die Einführung von Gruppenarbeit ermöglichen mehr Beteiligung der Mitarbeiter an der Arbeitsgestaltung, Aufgabenverteilung, sowie der Erstellung und Realisierung von Konzepten der Weiterqualifizierung. Das ist mit einer Unternehmenskultur verbunden, in der Qualifizierung, Leistungsmotivation und Selbständigkeit anerkannte Werte sind, konstruktive Kritik zu den Pflichten jedes Mitarbeiters gehört und dies von den Führungskräften vorgelebt wird. Zu einer solchen Unternehmenskultur gehört auch die Maxime: Leistung verlangt Gegenleistung (Wottawa & Gluminski, 1995). Für eine lernförderliche Unternehmenskultur ist die Anerkennung von Lernen wichtig. Lernen im Prozeß der Arbeit erfordert, vorhandenes Wissen und Können immer wieder in Frage zu stellen, neu zu bewerten, durch das Herstellen von Beziehungen zu neuen Problemen umzustrukturieren, den Blickwinkel über den eigenen Verantwortungsbereich auszudehnen und dadurch Anregungen für konstruktive Kritik zu entwickeln. Eine solche produktive Auseinandersetzung mit den Arbeitsaufgaben und Problemen in Unternehmen ist auch schwierig und belastet. Anerkennungen für ein solches Engagement sind deshalb wichtig. Es sind unterschiedliche Formen erprobt bzw. diskutiert. In einem Polyvalenzlohnsystem, entsprechend einer Könnenstreppe, das aufgrund ihrer Qualifikation vielseitig einsetzbare Mitarbeiter belohnt, sieht Alioth (1986) eine Lösung.

Zu lernförderlichen Rahmenbedingungen gehören auch Kommunikations- und Kooperationsmöglichkeiten über Arbeitsinhalte. Lernen ist gekennzeichnet durch das Konstruieren von Erfahrungen, das Aneignen und Erproben neuen Wissens, das Entwickeln veränderter Handlungsprogamme. Solche Umstrukturierungen haben den Charakter von Problemlösungen. Sie sind an intellektuelle Verarbeitungsprozesse gebunden. Sie erfordern die bewußte Auseinandersetzung, nicht eine routinemäßige Bearbeitung. Ein Umgang mit Problemen auf der bewußten Ebene wird durch die Notwendigkeit zur sprachlichen Darstellung von Problemen und Lösungsansätzen gefördert. In kooperativen Arbeitsstrukturen muß über Arbeitsaufgaben und Arbeitsmethoden sprachlich kommuniziert werden. Ein bewußter Umgang mit arbeitsbezogenem Wissen, seine bewußte Wertung wird dadurch gefördert. Betriebliche und überbetriebliche Netzwerke können deshalb als Element lernförderlicher Rahmenbedingungen betrachtet werden. Für die Umsetzung von Gestaltungswissen von Arbeit und Technik, insbesondere im Bereich des Arbeits- und Gesundheitsschutzes werden sie z.T. erprobt und praktiziert. Sie sind für Klein- und Mittelbetriebe ein besonders wichtiges Mittel des Transferierens neuer Erkenntnisse und Erfahrungen (Kiesau, 1993; Volkholz, 1993). Sie möchten eine Beteiligung der Partner nicht nur an Zielbestimmungen, sondern auch an der Ermittlung von Bedarfen für Übertragungen von Erfahrungen, sowie an Prozessen der Lösungsfindung und an Auswertungen von Erfahrungen gewährleisten. Damit ist eine Beteiligung an den wesentlichen Phasen der Umsetzung von Erfahrung möglich. Ein Übergang zur beteiligungsorientierten Erstellung und Realisierung von Konzepten der Weiterqualifizierung (Scarpelis, 1995) ist damit hergestellt. Er hat als Rahmenbedingung für die Lernförderung eine wichtige Eigenschaft, nämlich Motivation durch Information (Kiesau, 1993).

Eine mehr mikroskopische Perspektive der Gestaltung lernförderlicher Strukturen betrifft die einzelne Tätigkeit. Als generelle Voraussetzung lernförderlicher Arbeitsstrukturen gelten vollständige Tätigkeiten. Dieses auf Tomaszewski (1968, 1969) zurückgehende, von Hacker (1983, 1986) entwickelte und in mehrere Analyse-, Bewertungs- und Gestaltungsmethoden umgesetzte Konzept (vgl. Hacker, Iwanowa & Richter, 1983; Rudolph, Schönfelder & Hacker, 1987; Oesterreich & Volpert, 1991; Richter, Heimke & Malessa, 1988; Richter, Gersten, Polhlandt & Schulze, 1990; Pohlandt, 1993) geht davon aus, daß alle Tätigkeitsphasen vertreten sein sollten. Dazu gehören:
- das selbständige Setzen von Zielen oder das Ableiten von Teilzielen aus Rahmenzielen,
- das Organisieren einschließlich des Planens von Arbeitsstrategien und deren Anpassung an die gegebenen Rahmenbedingungen,
- Vor- bzw. Nachbereitungtätigkeiten, wie beispielsweise das Einrichten, Einstellen, Programmieren von Arbeitsmitteln bzw. das Bestellen, Registrieren, Ablegen, Sammeln von Informationen,
- das Ausführen,
- das Kontrollieren.

Nicht vollständige Tätigkeiten sind dann solche, bei denen eine dieser Phasen dominiert, z.B. das Ausführen oder Kontrollieren ohne Möglichkeiten der Mitwirkung der Arbeitenden bei der Zielsetzung, der Planung und Vorbereitung. Vollständige Tätigkeiten sind aus verschiedenen Gründen lernförderlich (Bergmann, 1994):
1. Bei vollständigen Tätigkeiten sind die Informationsflüsse intakt. Lernen funktioniert nach dem Regelkreismodell. Optimierungen sind an die Verarbeitung von Rückinformationen, an Soll-Ist-Vergleiche gebunden. Lernende müssen diese Vergleiche vornehmen können und sie müssen Einflußmöglichkeiten haben, müssen verändern können. Wenn aber eine Person oder Gruppe für die Zielsetzung und Planung verantwortlich ist, eine andere für die Ausführung und eine dritte für die Kontrolle und diese Personen oder Gruppen evtl. noch verschiedenen Abteilungen angehören, dann funktionieren Informationsflüsse nur eingeschränkt, und das ist eine Lernbarriere.
Die Konsequenzen solcher zerschnittener Informationsflüsse sind beispielsweise sehr globale und deshalb nicht interpretierbare Rückmeldungen etwa in Form von Zuschlägen oder Abzügen für einen leistungsabhängigen Teil des Lohns. Diese werden von den Betroffenen in der Regel erst einen Monat später erlebt, sind nicht fehlerhaften oder optimierten Arbeitshandlungen zuordenbar und deshalb nicht lernwirksam in dem Sinne, daß die fehlerhaften Handlungen, die zu Qualitätsmängeln und in deren Folge zu Lohnabzügen geführt haben, geändert werden können. Dieser Regelkreismechanismus von Lernprozessen gilt selbstverständlich auch für die Kennzeichnung von Unternehmensstrukturen als offene, komplexe und deshalb in Entwicklung befindliche Systeme. In diesen ist das Soll gewissermaßen veränderlich. Über Austauschbeziehungen mit der Umwelt kommt es zu Verstellungen. Neue Produkte und Dienstleistungen bedingen natürlich auch für die sie erzeugenden Arbeitshandlungen Veränderungen in den Zielen, den verfügbaren Informatio-

nen und den informationellen und stofflichen Austauschbeziehungen zu anderen Arbeitsplätzen und Organisationsstrukturen. Das Streben nach Verbesserung der Effektivität erfordert fortschreitende Optimierungen, die von den Mitarbeitern an den einzelnen Arbeitsplätzen durch Lernen zu bewerkstelligen sind. Das hohe Verfallstempo arbeitsbezogener Qualifikationen vergrößert den Umfang erforderlicher Lernprozesse. Das Soll bei Soll-Ist-Vergleichen hat nur eine vorübergehende Stabilität. Neue Ziele, neue Sollwerte entstehen. Die Befähigung zur problemlösenden Anpassung von Sollwerten an sich ändernde Bedingungen wird zunehmend zum Merkmal beruflicher Kompetenz. Einige Schlüsselqualifikationen bezeichnen diese Umorientierung.

2. Vollständige Tätigkeiten sind durch die Beteiligung mehrerer psychischer Regulationsebenen gekennzeichnet. Dies ist lernförderlich, weil Fähigkeitsentwicklungen als die entscheidende Komponente beruflicher Methoden- und Sozialkompetenz an komplexe und variierende Arbeitsaufgaben gebunden sind, deren Bewältigung eine aktuelle Situationsdiagnose und eine denkende Entwicklung von Handlungsprogrammen voraussetzt. Aber gerade deshalb sind auch Tätigkeitsphasen, die auf niedrigeren psychischen Ebenen reguliert werden, die Routine sind, wichtig, denn sie gewähren den Freiraum an psychischer Verarbeitungskapazität, der für Planungen für komplexe Lernmechanismen im Sinne der problemlösenden Optimierung von Handlungsprogrammen benötigt wird. Darüber hinaus sind wechselnde psychische Regulationsniveaus, d.h. eine Mischung von fordernden und entlastenden Tätigkeitsphasen eine wesentliche gesunderhaltende Bedingung, denn Gesunde verfügen in der Regel über größere Ressourcen für Lernprozesse.

3. Vollständige Tätigkeiten enthalten mit ihren Möglichkeiten zur Mitwirkung bei Zielbildungen bzw. Teilzielableitungen und der Tätigkeitsplanung Spielräume, die für die Entwicklung von Verantwortung unerläßlich sind. Die Möglichkeiten zum eigenen Erleben der Konsequenzen von Tätigkeitsvarianten sind ein notwendiges Training für Planungen und für gedankliches Probehandeln.

4. Vollständige Tätigkeiten bieten wegen ihrer Komplexität, aus der Anforderungen an ständige Situationsdiagnosen und Planungen resultieren, wegen der Beteiligung unterschiedlicher psychischer Regulationsniveaus und der aufgrund der Komplexität in der Regel immer eingeschlossenen Kooperationsanforderungen ein Potential für metakognitive Selbststeuerungen. Metakognitionen bezeichnen das Nachdenken über das eigene Denken. Das ist ein Weg, um sich über eigene Stärken und Schwächen klar zu werden und abzuleiten, bei welchen Arbeitshandlungen Lernbedarf besteht. Für ein Lernen in der Arbeit ist eine solche individuelle Lernbedarfsermittlung wichtig, um beispielsweise zu entscheiden, für welche Handlungen Informationsbedarf besteht, wonach Kollegen gefragt werden sollen oder wonach in Unterlagen und Dokumentationen zu suchen ist. Die Qualität tätigkeitsleitender interner Repräsentationen und Handlungsprogramme wird durch Metakognition immer wieder kritisch gewertet, über Lücken und einen Informationsbedarf wird Rechenschaft abgelegt und über den Vergleich der Konsequenzen von Tätigkeitsvarianten, über Optimierungen wird nachgedacht. Dies setzt Selbstreflexion voraus, die auf der individuellen Ebene neben einem Lernpotential der Aufgaben auch Zeit für das Überdenken der eigenen Tätigkeitsstrategie benötigt.

Zeitdruck verhindert sie. Mit dem Wechsel unterschiedlicher Regulationsniveaus sind in den Routinephasen zusätzlich zu den Pausen solche Gelegenheiten gegeben. Selbstreflexion wird auch begünstigt durch das Kennenlernen unterschiedlicher Tätigkeitsstrategien verschiedener Personen und die Auseinandersetzung mit diesen. Das ist bei Gruppenarbeit bzw. bei kooperativen Tätigkeitsabschnitten gegeben.

5. Vollständige Tätigkeiten fördern aufgrund der in diesen erhaltenen Kooperations- und Kommunikationsanforderungen Lernprozesse. Dies geschieht nicht nur über die sozialen Stimuli von Gruppenarbeit, sondern auch über die Möglichkeiten der Addition individuellen Wissens, des Auslösens individueller Problemlöseprozesse durch das Kennenlernen unterschiedlicher Arbeitsweisen und schließlich, weil Kommunikationsanforderungen die Verbalisierung von Erfahrungswissen erfordern, das dazu auf begrifflicher Ebene zu repräsentieren ist und deshalb präziser abgebildet werden muß. Kooperative Gruppenarbeit bietet zusätzlich mit der durch sie gegebenen Möglichkeit zu sozialer Unterstützung eine wesentliche Pufferfunktion bei der Bewältigung von Streß, wodurch günstigere Rahmenbedingungen geschaffen werden.

Diese Eigenschaften vollständiger Tätigkeiten lassen erkennen, daß sie an eine Organisationsphilosophie gebunden sind, die flache Strukturen mit partizipativer Arbeitsgestaltung voraussetzt. Lern- und Entwicklungspotentiale, die sich nicht umfassend an einem Einzelarbeitsplatz oder jeder einzelnen Arbeitsaufgabe realisieren lassen, resultieren ganz wesentlich aus den Mitwirkungsmöglichkeiten bei Organisationsentwicklungen und Arbeitsgestaltungen der eigenen Gruppe oder Abteilung.

Diese erläuterten Mechanismen erklären, daß ein Lernen in der Arbeit immer in enger Beziehung zur Arbeitsgestaltung und die Tätigkeitsgestaltung als eine Facette der Arbeitsgestaltung als Voraussetzung zu sehen ist (Matern, 1982).

Mit dem Projektieren von Tätigkeiten (Hacker, 1991, 1993) und dem Entwickeln von Hilfsmitteln dazu in Form von rechnergestützen Dialogverfahren für die psychische Bewertung von Arbeitsinhalten (Pohlandt, 1993; Richter, Gersten, Pohlandt & Schulze, 1990) ist ein Weg aufgezeigt, eine Annäherung an vollständige Tätigkeiten bereits im Projektierungsstadium zu erreichen.

Über die Sicherung lernförderlicher Bedingungen durch die Gestaltung der Tätigkeitseigenschaften hinaus hat das Projektieren von Tätigkeiten noch einen zweiten Aspekt. Er ergibt sich daraus, daß Lernen Zeit benötigt. Es ist mit Neubewertungen vorhandener Erfahrungen, mit Neuorientierungen in den Bedingungen, mit dem Umstrukturieren und Erzeugen von Wissen verbunden. Das gelingt nicht nebenbei. Lernen ermöglichende Arbeitsstrukturen benötigen deshalb einen Zeitfonds für das Erproben von Arbeitsmethoden. Rieger (1987) berichtet aus seinen umfangreichen Arbeitsanalysen in der Konfektionsindustrie darüber, daß leistungsstarke Näherinnen bei jedem Modellwechsel eine explorative Phase von etwa einem Tag einlegen. In dieser Zeit werden die Vorgaben für die Mengenleistungen bewußt ignoriert und statt dessen verschiedene Arbeitsmethoden erprobt. Der mit dem neuen Modell gegebene Problemraum wird also bewußt ausgetestet. Arbeitshandlungen werden probiert, modifiziert, ergänzt oder verworfen und neu zusammengestellt. Sie werden dabei hinsichtlich ihrer flüssigen

Ausführung, hinsichtlich ihrer Fehlervorbeugung und hinsichtlich der Anschließbarkeit weiterer Arbeitsgänge bewertet. In dieser explorativen Phase werden bewußt Fehler in Kauf genommen. Das Herausdifferenzieren optimaler Handlungsabläufe gelingt durch Selbsterfahrung bis zur Fehlergrenze besser. Hier wird also im Arbeitsprozeß spontan die wirkungsvolle Methode des Lernens aus Fehlern (Wehner, 1984; Greif & Janikowski, 1987) praktiziert. Während dieser explorativen Phase arbeiteten die Näherinnen gemessen an den üblichen Kriterien sehr ineffektiv. Dieses Lernen kostet sie Zeit. Für sie lohnt sich der Zeitaufwand jedoch, denn in den folgenden Wochen kann aufgrund dieser Lernphase in der Arbeit überdurchschnittlich effektiv gearbeitet werden.

Lernen ermöglichende Arbeitsstrukturen benötigen auch Zeitfonds für Reflektionen und Kommunikationen, denn Neuorientierungen und Neubewertungen und die Bewältigung von Aufgaben gelingen im Austausch zwischen Personen effektiver als individuell (Neubert & Tomczyk, 1986). Dabei wird als Quelle der Wirkungen die Gruppenleistung nicht nur auf den Pooling-Effekt als einem Sammeln der Fähigkeiten der Gruppenmitglieder, sondern auch auf ein gemeinsames Rekonstruieren bzw. problemlösendes Bearbeiten (Lomow, 1980) verwiesen. Eine problemlösende Auseinandersetzung mit Arbeitsaufgaben ist aber immer zeitintensiv. Die verfügbare Arbeitszeit darf deshalb nicht vollständig für das Bearbeiten der Arbeitsaufgabe verbraucht werden. Für Einarbeitungsprozesse ist es üblich, Zeit bereitzustellen (Plath, Plicht & Torke, 1989; Schelten, 1987). Die Integration von Lernen und Arbeiten in modernen Arbeitsprozessen muß diesen Zeitzuschlag für das Lernen berücksichtigen. Schlanke Organisationsstrukturen sind trotz größtenteils ermöglichter, ganzheitlicher Arbeitsinhalte aufgrund der zeitlichen Überforderung der Mitarbeiter nicht immer lernförderlich.

4. Befähigung zum Transfer als Ziel

4.1 Begriff und Arten des Transfers

Die erläuterten Entwicklungstrends in der Organisation der Erwerbsarbeit und ihrer Bedingungen weisen in die Richtung höher und komplexer werdender Lernanforderungen in der Arbeit und begründen Veränderungen in den Arbeitsaufgaben in immer kürzeren Zeitabständen, so daß lernende Unternehmen das Ziel sind.

Ausbildungen können schon lange nicht mehr auf die konkreten Arbeitsaufgaben am einzelnen Arbeitsplatz vorbereiten. Sie bemühen sich um die Vermittlung eines breiten und fundierten Grundwissens und die exemplarische Einarbeitung in einzelne Arbeitsaufgaben. Auf dieser Basis, so wird erwartet, sind Mitarbeiter in der Lage, sich in die konkreten Aufgaben ihres Arbeitsplatzes mit etwas Hilfe, aber auch mit einer guten Portion Eigenständigkeit einzuarbeiten. Damit wird auf die Befähigung zum Transfer gesetzt. In der betrieblichen Praxis werden vermehrt Qualifikationen mit hohem Transfercharakter verlangt (Sonntag, 1992).
Die Befähigung zum selbstständigen Entwickeln von Methoden und Lösungswegen für neue Aufgaben wird in Organisationen um so typischer, je weniger in ihnen Massenfertigungen bzw. Routinedienstleistungen erfolgen. In modernen Arbeitssystemen sind Arbeitsaufgaben immer weniger uniform. Generell gilt: Je höher der Automa-

tisierungsgrad, desto weniger gleiche Arbeitstätigkeiten entstehen. Man spricht von einem Trend zur Individualisierung von Arbeitstätigkeiten. Daraus folgt aber auch, daß Befähigung zum selbstständigen Einarbeiten in neue Aufgaben zu einer Schlüsselqualifikation wird. Dies wird in der Lernpsychologie Transferieren genannt.

Resnick (1989) bezeichnet das Transferproblem als den heiligen Gral, nach dem in der Geschichte der Lernpsychologie gesucht wurde und wird, zu dem aber keine Theorie existiert, die es zufriedenstellend gelöst hat. Transfer bezeichnet den Tatbestand, daß Lerneffekte sich nicht auf die Leistung bei trainierten Aufgaben beschränken, sondern auch auf nicht trainierte Aufgaben übertragen werden (Klauer, 1993). Eine schematische Übersicht über den Transferbegriff und Transferarten enthält die Abbildung 3.

Wenn dieser Effekt bei nicht trainierten Aufgaben förderlich ist, spricht man von positivem Transfer. Wirkt sich das Training in bestimmten Aufgaben auf die Ausführung anderer Aufgaben hinderlich aus, weil Handlungsprogramme verwechselt werden, sachlich nicht mögliche Übertragungen von Handlungsprogrammen versucht werden und in deren Folge Fehler und Korrekturaufwand entstehen, so spricht man von negativem Transfer. Wirken sich Lernen bzw. Training auf andere Aufgaben nicht aus, so spricht man von Null-Transfer. Dabei wird die Lern- bzw. Trainingssituation als Source oder Lernfeld beschrieben. Die Situation bzw. Aufgabe, auf die eine Übertragung erwartet wird, nennt man Target oder Funktionsfeld. Im Rahmen der betrieblichen Weiterbildung wäre dann ein Lehrgang außerhalb des Betriebes das Lernfeld. Das Hauptziel einer Weiterbildungsmaßnahme ist jedoch nicht die Erlangung einer hohen Zuwachsrate an Wissen während des Lehrgangs, sondern die Übertragung des erworbenen Wissens und von Strategien auf die Aufgabenerfüllung am Arbeitsplatz, also in das Funktionsfeld. Bei positivem Transfer sind zwei Arten unterscheidbar. Von horizontalem oder auch lateralem Transfer spricht man, wenn eine Übertragung des Gelernten in das Funktionsfeld gelingt. So kann bspw. der in einem Weiterbildungslehrgang erlernte Umgang mit einem neuen Softwarepaket am Arbeitsplatz genutzt werden und insgesamt effektivere Arbeitsabläufe ermöglichen. Denkbar und wünschbar ist jedoch der sogenannte vertikale Transfer. Damit ist gemeint, daß eine Person im Funktionsfeld nicht nur eine Anwendung der erworbenen Kompetenz vornimmt, sondern daß eine weitere Kompetenzsteigerung im Sinne des sukzessiven Dazulernens gelingt (Gagné, 1985; Mandl, Prenzel & Gräsel, 1991). Dies ist so zu verstehen, daß eine Lern- oder Trainingsmaßnahme bei Mitarbeitern zu einem Startimpuls für selbstständiges Lernen führt.
Komplexe Interventionen am Arbeitsplatz, die sowohl Veränderungen in den Arbeitsaufgaben, in der technischen Ausstattung und in den Organisationsstrukturen betreffen und in der Einführungsphase durch Lern- und Trainingsmaßnahmen begleitet werden, können zu vertikalem Transfer führen. Die Einführung von Gruppenarbeit mit den charakteristischen Merkmalen „Aufgaben- und Funktionsintegration" und „Selbststeuerung" bzw. „Selbstorganisation der Gruppe" erweitert das Spektrum zu erledigender Aufgaben sowohl um fachliche als auch um methodische Anforderungen und stellt deshalb hohe Lern- und Transferanforderungen an jedes Gruppenmitglied. Diese betreffen nicht nur die fachliche Seite, sondern auch die Methoden- und Sozialkompetenz (Flato, 1995). Solche komplexen Umstrukturierungen haben auch das Ziel, daß Arbeitende eine andere Einstellung zu ihrer Arbeit gewinnen und sich nicht mehr so sehr in der Rolle des Abarbeitens extern vorgegebener Aufträge verstehen, sondern

Abb. 3: Schematische Übersicht über den Transferbegriff und Transferarten

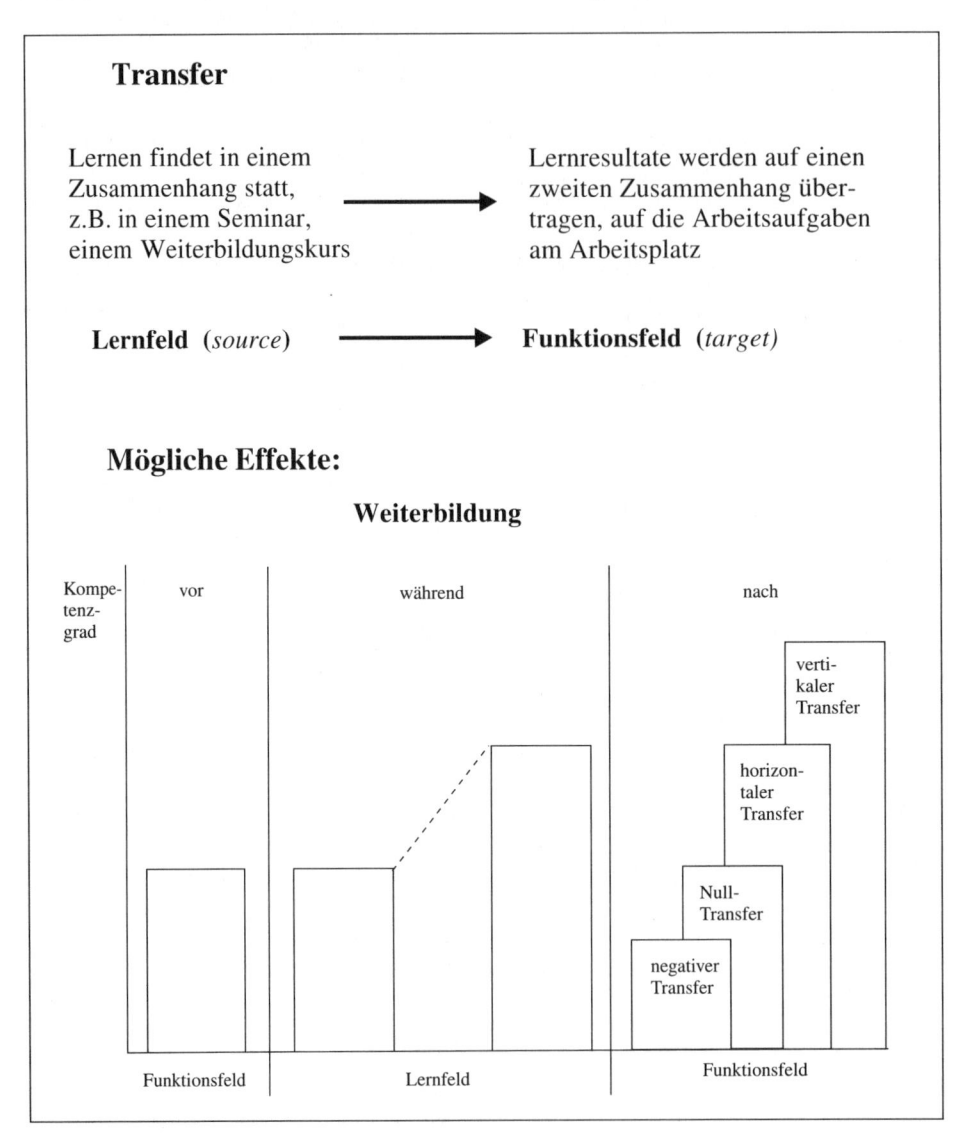

Transfer

Lernen findet in einem Zusammenhang statt, z.B. in einem Seminar, einem Weiterbildungskurs ⟶ Lernresultate werden auf einen zweiten Zusammenhang übertragen, auf die Arbeitsaufgaben am Arbeitsplatz

Lernfeld (*source*) ⟶ **Funktionsfeld** (*target*)

Mögliche Effekte:

Weiterbildung

Kompetenzgrad — vor — während — nach

vertikaler Transfer
horizontaler Transfer
Null-Transfer
negativer Transfer

Funktionsfeld | Lernfeld | Funktionsfeld

zum Problemanalytiker ihrer eigenen Arbeit werden, damit Probleme in der eigenen Arbeit, eigenen Lernbedarf selbst entdecken und motiviert und kompetent werden, eigenständig nach Lösungen zu suchen. Diese Qualität des Lerntransfers ist gewünscht, aber selten nachgewiesen. Campbell & Campbell (1988) berichten, daß in Evaluationen betrieblicher Bildungsmaßnahmen häufig nur der Binnenerfolg, nicht aber der Transfer in das Funktionsfeld berücksichtigt wird. Viele Einschätzungen zeichnen ein pessimistisches Bild (z. B. Papstein und Frese, 1988). Schuler (1989) formuliert: „Nur wenig systematische Forschung beschäftigt sich mit den spezifischen

Bedingungen einer solchen Übertragung" (S. 8). Bergmann, Wiedemann und Zehrt (1995) fanden trotz guten Erfolgs einer Trainingsmaßnahme zu Verbesserungen der Problemlösefähigkeit zur Störungsdiagnose in flexiblen Fertigungssystemen, die sich auf elektropneumatische Anlagen bezog, nur eine Erfolgsquote von 35% bei der Prüfung des Transfers auf Störungsdiagnosen in hydraulischen Systemen, die von den Trainingsteilnehmern erstmals zu bearbeiten waren. Auch Lohbeck und Sonntag (1994, 1995) berichten von guten Lernerfolgen bei einem computerbasierten Trainingsprogramm zur Störungsdiagnose, aber schlechten Transferergebnissen.

4.2 Nachweis von Transfereffekten

Ein Transfereffekt ist abhängig von der Transferdistanz zwischen trainierten Aufgaben und denen, auf die eine Übertragung erreicht werden soll oder, kurz gesagt, von der Distanz zwischen Lernfeld und Funktionsfeld. Betriebliche Weiterbildungen zielen auf die Förderung allgemeiner Kompetenzen. Sie müssen deshalb Transfereffekte bringen. Aber der Tradeoff zwischen Effektstärke und Effektbreite oder, wie Perkins und Salomon (1989) es nennen, der „power-generality tradeoff" macht den Nachweis von Transfereffekten mit größer werdender Transferdistanz schwieriger. Allgemein einsetzbare Strategien, die in vielen Fällen anwendbar sind, wie die Anwendung genereller heuristischer Regeln (Skell,1972), die Ziel-Mittel-Analyse, die Vorwärts- und Rückwärtsplanung, die Suche nach einer Analogie, sind deshalb oft von geringen Effekten gefolgt. Klauer (1993) gibt als eine vermutliche Erklärung des umgekehrt proportionalen Zusammenhangs zwischen Effektstärke und Effektbreite – den er in die prägnante Formel faßt: Je allgemeiner eine Methode, desto schwächer ist sie – an, daß allgemein einsetzbare Strategien von Menschen im Laufe der Zeit spontan und in der Regel unbemerkt erlernt werden, so daß ein ausdrückliches Training in diesen allgemeinen Strategien nicht mehr zu prinzipiellen Änderungen führen kann.

Der Nachweis der Befähigung zum Transferieren führt in der Weiterbildungsevaluation ein Schattendasein. Arnold (1992) nennt als Fazit seiner explorativen Studie zur Erfolgskontrolle betrieblicher Weiterbildung, daß die Evaluierung kein Thema für die betriebliche Weiterbildung ist. Er begründet, daß Unternehmen sich auf eine seminarorientierte Erfolgskontrolle, in welcher die Erhebung der Zufriedenheit mit der Maßnahme erfaßt wird, beschränken. Eine transferorientierte Erfolgskontrolle werde viel seltener angestrebt. Seinen Erhebungen zufolge wird sie so praktiziert, daß zwar eine Beurteilung nicht im Lernfeld, sondern im Funktionsfeld oder in den Fachabteilungen vorgenommen wird. Das methodische Instrument ist jedoch oftmals ausschließlich das Mitarbeitergespräch, mit dem sowohl die Bedarfsermittlung, als auch die Erfolgskontrolle vorgenommen werden. Dies interpretiert er zurecht als „halbherziges" Vorgehen, denn eigentlich kommt es auf die Verbesserung der betrieblichen Abläufe an, in denen sich der Erfolg oder Mißerfolg von Weiterbildungen zeigen muß.

Der Transfernachweis ist methodisch schwierig. Er erfordert einen Längsschnittansatz, mindestens ein Prä-Post-, idealerweise ein Zeitreihen-Design, insbesondere zum Nachweis von vertikalen Transfers. Er erfordert ökologisch valide Transferkriterien. Da aber Arbeitstätigkeiten in Fachableitungen recht unterschiedlich sind, bedeutet das Nutzen tätigkeitsbezogener Transferkriterien einen sehr großen Aufwand.

Generelle Kriterien, die betriebswirtschaftliche Kennwerte sind oder in diese eingehen, wie Mengenkriterien, Fehlerquoten, Reklamationsraten, bis hin zu Fehlzeiten bieten einen Lösungsweg, der bisher nur vereinzelt beschritten wurde. Bei ihrer Nutzung ist das Problem der Zurechenbarkeit von Lernmaßnahmen zu Effekten, die sich in so allgemeinen Kennziffern abbilden, schwierig. Eine Lösung dieses Problems erfordert es, Transfereffekte auch auf der Prozeßebene zu beschreiben, also an den Arbeitsmethoden nachzuweisen, daß tatsächlich effektivere Vorgehensweisen erlernt worden sind.

Der Mühe, Effekte von Lern- und Trainingsmaßnahmen im Arbeitsprozeß sowohl mit Hilfe von generellen Effektkriterien, die Produktivitätsverbesserungen ausweisen, als auch durch das Nachweisen effektiver Arbeitsmethoden zu beschreiben, haben sich Untersucher selten unterzogen. Aber es gibt solche Arbeiten.
Sie betreffen die Gestaltung von Lern- und Trainingsmaßnahmen, die in den Arbeitprozeß integriert und über eine längere Zeit in diesem unterstützend begleitet wurden. Ihnen ist gemeinsam, daß die Bedarfsermittlung für ein Lernen in der Arbeit die Arbeitenden mit einbezieht und den Lernbedarf sehr konkret tätigkeitsbezogen ausweist, daß die Trainingsmethodengestaltung an die Tätigkeitsanforderungen angepaßt und das Organisationsregime der Unterstützungen und Rückmeldungen so auf die organisatorischen Bedingungen am Arbeitsplatz abgestimmt ist, daß ein angeleitetes und doch selbstständiges Lernen in der Arbeit erfolgen kann. Der Effektnachweis für die Lernunterstützung nutzt generell Kriterien im Funktionsfeld und ist nach einem Zeitreihenansatz ausgeführt. Auf drei Beispiele wird kurz eingegangen: Neubert und Tomczyk (1986) haben für Tätigkeiten der Anlagenbedienung, -steuerung und -überwachung bei der Herstellung von Polyesterfolien, einem Ausgangsmaterial für die Produktion von Magnetbändern, Lernunterstützungen zur Verbesserung der Arbeitsverfahren vorgenommen. Die Intervention bestand im „Aufgabenorientierten Informationsaustausch", einer Prozedur, die den Qualitätszirkeln ähnlich ist. Der Effekt dieser Art von Lernunterstützung wurde im Funktionsfeld, also in den Produktionsabteilungen, gemessen. Damit ist eine Umsetzung des Gelernten am Arbeitsplatz erfaßt. Als Effektmaß diente ein Qualitätsmaß, nämlich Basisrollennoten (BR-Noten), bei denen die Zahl 1 der höchsten Qualitätsstufe entspricht. Eine Darstellung des Ausgangsniveaus und eine Verlaufsdarstellung nach der Lernintervention gibt die Abbildung 4 an.

Parallel durchgeführte Beanspruchungsuntersuchungen zeigen, daß den Beschäftigten die höheren Leistungen ohne ein Mehr an Beanspruchung und ohne langzeitig nachweisbar negative Einflüsse auf den Gesundheitszustand möglich waren. In einer weiteren Untersuchung konnten mit einer analogen in den Arbeitsprozeß integrierten Unterstützung für Arbeitsverfahren beim Bedrucken von Fußbodenbelag ebenfalls Qualitätsverbesserungen, hier gemessen in Fehlerprozenten, erzielt werden. Im Mittel wurde bei diesen beiden Feldexperimenten Methoden der Erprobung der Lernintervention eine etwa um 50% bessere Ausschöpfung des objektiv noch gegebenen Qualitätsspielraumes erreicht. Die veränderten Arbeitsmethoden wurden in Form eines Lehrmaterials dokumentiert und führten zu einer den objektiven Handlungsspielraum ausschöpfenden Arbeitsweise sowie darüber hinaus zu einer Förderung der sozialen Handlungskompetenz und durch die Mitgestaltung dieses Innovationsprozesses durch die Beschäftigten zu einer Erhöhung der intrinsischen Motivation.

Befähigung zum Transfer als Ziel

Abb. 4: Verlauf der mittleren monatlichen Leistungen (BR-Noten der Schichtgruppen A,B,C,D vom Beginn der Intervention (t_1) und der Übergabe der erarbeiteten Lehrunterlagen an die Beschäftigten (t_2) (Neubert & Tomzcyk, 1986)

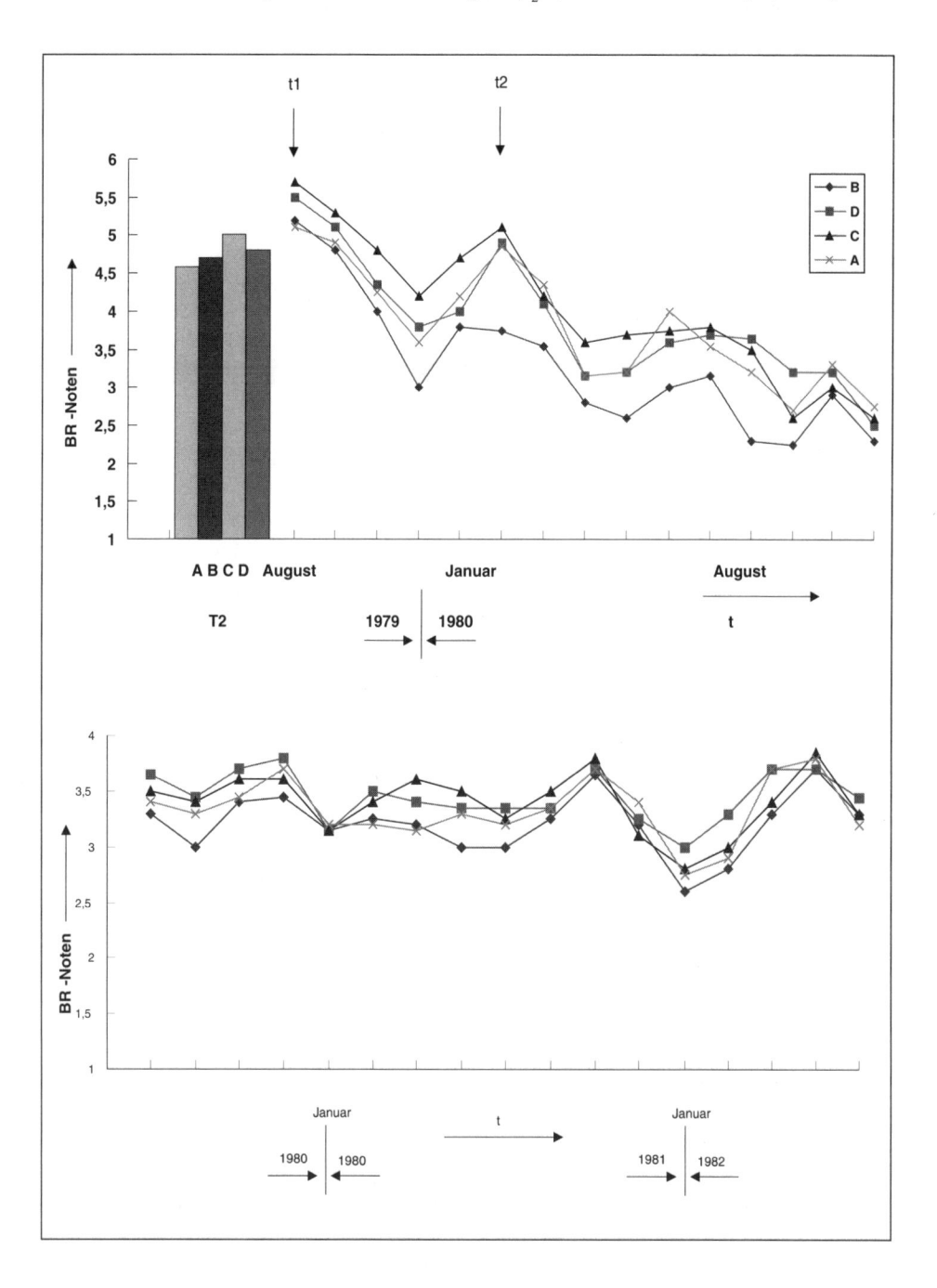

Ein zweites Beispiel des Nachweises von Transfereffekten bei Lernunterstützungen im Arbeitsprozeß in das Funktionsfeld, also auf die Arbeitsleistung am Arbeitsplatz, gemessen in Kennziffern, zeigt Rühle (1988) für die Tätigkeit des Schärers in einer Kunstseidenfabrik. In einem nach einem Zeitreihendesign angelegten Versuchs-Kontrollgruppenplan werden sieben Wochen lang die Gesamtarbeitsleistungen vor (1. Woche), während (2. bis 6. Woche) und nach der Lernunterstützung (7. Woche), die mit Hilfe in den Arbeitsprozeß integrierter kognitiver Trainingsmethoden organisiert wurde, erfaßt. Zwei hinsichtlich ihrer Ausgangsleistungen homogene Lehrlingsgruppen nahmen an der Erprobung teil. Der Versuchsgruppe gelang ein Erreichen der geforderten Solleistung, während die Kontrollgruppe mit ihrer Leistung um reichlich 20% unter dem Niveau der Versuchsgruppe bleibt (siehe Abb. 5).

Rühle weist diesen Unterschied als Effektivitätsgewinn nach, indem er zeigt, daß die Personen der Versuchsgruppe diese Mehrleistung ohne eine Mehrbelastung durch effektivere Arbeitsstrategien erreichen. In sorgfältig durchgeführten Prä-Post-Untersuchungen kann er zeigen, daß in der Versuchsgruppe Änderungen der Arbeitsstrategien zugunsten besserer Planungen und einer flexibleren Situationsanpassung der eigenen Arbeitsmethoden gelungen sind.

Ein drittes Beispiel gibt die Arbeit von Rieger (1987) mit der Gestaltung von gut in den Arbeitsprozeß integrierten Trainingsmaßnahmen, welche die Einführung von Gruppenarbeit in der Konfektionsindustrie begleitet haben. Der Übergang von der traditionellen Arbeitsorganisation, nach der die Tätigkeit von Näherinnen als Bandarbeit mit kleinen Taktzeiten und einer Spezialisierung einzelner Personen auf zwei bis drei Arbeitsgänge gestaltet war, zu einer Gruppenarbeit von fünf bis sieben Personen mit ganzheitlichen Inhalten, bei der komplette Kleidungsstücke gefertigt werden, ist Gegenstand des umfangreichen und sorgfältig geplanten und begleiteten Industrieexperiments. Die Lernanforderungen sind für die Näherinnen einmal quantitativ durch die Differenz der pro Person beherrschten Arbeitsgänge von zwei bis drei vor der Umgestaltung zu einer zweistelligen Anzahl an Arbeitsgängen, die ein komplettes Kleidungsstück erfordert, zu beschreiben. Sie betreffen darüber hinaus durch die Übernahme der Organisation der Arbeitsverteilung in der Gruppe sowie zu vor- und nachgelagerten Abteilungen auch deutliche qualitative Erweiterungen des Arbeitsinhalts mit komplexen Denk- und Organisationsanforderungen. Ein System von gut in den Arbeitsprozeß integrierten Trainingsmaßnahmen führte nach einer halbjährlichen Umstellungs- und Trainingszeit zu einem Effektivitätsgewinn. Rieger kann zeigen, daß den Teilnehmerinnen der komplexen Umgestaltungsmaßnahme, die aus arbeitsorganisatorischen Veränderungen, nämlich der Einführung von Gruppenarbeit und mehreren, diese erhebliche Arbeitsinhaltsbereicherung unterstützenden Trainingsmaßnahmen bestand, das Erlernen einer großen Anzahl zusätzlicher Arbeitsgänge und das Erlernen effektiver Organisationsformen der neuen Gruppenarbeit gelungen ist. Er zeigt das an betrieblichen Kennwerten der prozentualen Normerfüllung und an mehreren Qualitätsparametern. Damit weist er Effektivitätssteigerungen im Funktionsfeld nach (s. Abb. 6 und Tabelle 2).

Die Gruppenarbeit wurde parallel zum Weiterbestehen der traditionellen Bandarbeit mit zwei Gruppen freiwilliger Näherinnen eingeführt. Sie benötigen etwa sieben Monate, bis sie eine effektive Bewältigung ihrer um ein Vielfaches vergrößerten

Abb. 5: Verlauf der erreichten Arbeitsleistung bei einer Versuchsgruppe (mit einem in den Arbeitsprozeß integrierten kognitiven Training) und einer Kontrollgruppe (ohne kognitives Training) (Rühle, 1988)

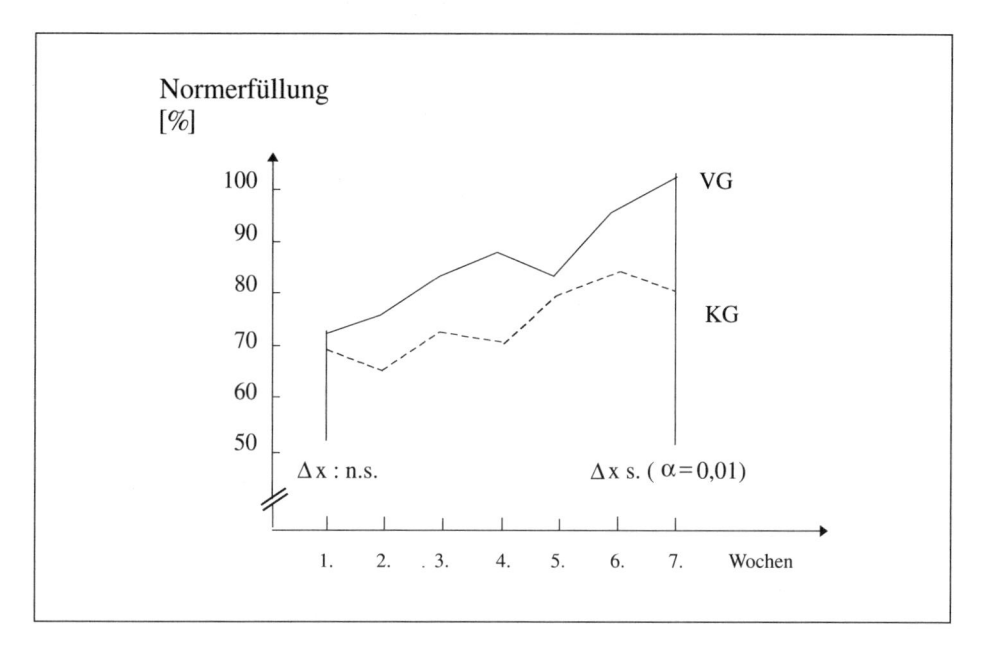

Arbeitsinhalte erlernt hatten. Dann gelang eine Stabilisierung der Mengenleistung auf einem etwas über dem geforderten Niveau bei etwas verbesserten Qualitätswerten gegenüber der Bandarbeit.

Diesen drei Beispielen ist gemeinsam, daß hier Lernunterstützungen und Trainingsmaßnahmen für Arbeitstätigkeiten so realisiert und umgesetzt werden konnten, daß das schwierige Transferproblem gemeistert wurde. Der Effektivitätsnachweis wurde in allen drei Fällen im Funktionsfeld vorgenommen. Zu den Besonderheiten gehört allerdings eine Konzipierung der Lernunterstützungen und Trainingsmaßnahmen von den Tätigkeitsanforderungen her, so daß diese von Anfang an kompatibel zu den zu erlernenden Arbeitsverfahren für das Funktionsfeld waren. Ein geringer Transferabstand wurde realisiert, indem Lern- und Trainingsmaßnahmen sich an den Arbeitsanforderungen im Funktionsfeld orientierten. Ein Transferabstand blieb aber dennoch bestehen, denn diese Maßnahmen konnten nur als selektives Training durchgeführt werden. In exemplarischer Weise wurden für ausgewählte prototypische Anforderungen die Wissensgrundlagen verfeinert, indem Erkennungsmerkmale für Fehler, für effektive und nicht effektive Arbeitsmethoden vermittelt bzw. Anregungen zur selbständigen Entdeckung gegeben wurden, einzelne effektive Arbeitsmethoden vermittelt wurden, vor allem aber Regeln und die Motivation zur selbständigen Wertung und Verbesserung der eigenen Arbeitsmethoden vermittelt bzw. unterstützt wurden. Das Transferieren der exemplarisch unterstützten Wissensgrundlagen und des exemplarisch unterstützten Erwerbs effektiver Strategien auf die konkreten und immer variie-

Abb. 6: Entwicklung der prozentualen Normerfüllung in zwei Erprobungsgruppen für ganzheitliche Organisationsformen in der Konfektionsindustrie, die als Nestfertigung, einer Form von Gruppenarbeit, realisiert waren, über ein Jahr seit Beginn der Einführung (Rieger, 1987)

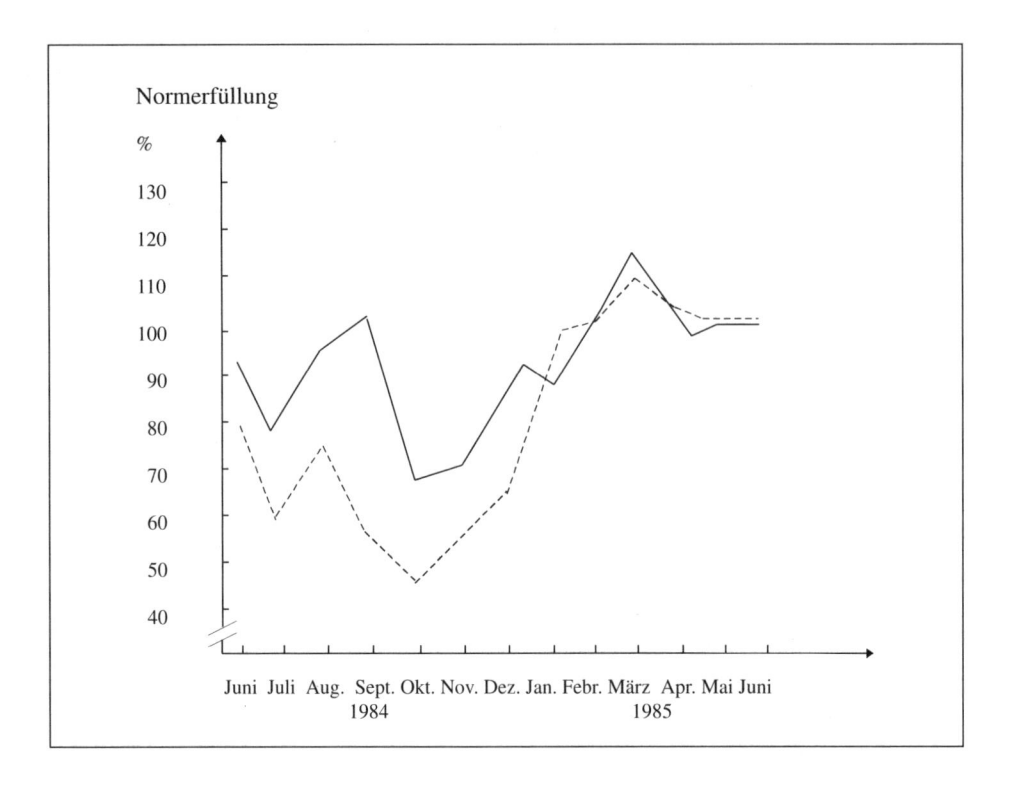

renden Anforderungen des Arbeitsalltags war von den Arbeitenden selbst vorzunehmen. Aufgrund der Komplexität und Veränderlichkeit von Arbeitsanforderungen in der Industrie ist eine Lernunterstützung nach dem Vollständigkeitsprinzip nicht möglich. Nur bei dieser wäre aber das Transferproblem erspart. In jedem der geschilderten Beispiele handelte es sich um ein Strategietraining, d.h. um das Erlernen von generellen Arbeitsverfahren, die jedoch immer in flexibler Weise an die unterschiedlichen konkreten Arbeitssituationen anzupassen sind. So gesehen belegen diese Beispiele gelungenes Transferieren von Strategien. Für die Abschätzung der Verallgemeinerungsfähigkeit solcher Befunde dürften Aussagen über die Erklärung von Transferleistungen hilfreich sein.

Aber Transferanforderungen entstehen für Arbeitende nicht nur aus den Anforderungsunterschieden zwischen Weiterbildungsseminar und Arbeitsplatz, also aus dem Spannungsfeld von Lernfeld und Funktionsfeld. Sie entstehen auch im Funktionsfeld selbst. Arbeitsaufgaben sind nicht gleich. Sie verändern sich. An einem Arbeitsplatz sind häufig verschiedene Aufgaben auszuführen, die nicht alle täglich, sondern zum Teil unregelmäßig und einige nur selten vorkommen. Die Bearbeitung neuartiger Arbeits-

Tab. 2: Qualitätsparameter für zwei Organisationsformen der Arbeit von Näherinnen in der Konfektionsindustrie nach der Einführung der Gruppenarbeit (zwei Erprobungsgruppen) und den begleitenden Trainingsmaßnahmen (Rieger 1987)

	Rückweisquote Endkontrolle	Änderungen	Anteil 2. Wahl
Band	0.65	1.07	0.39
Gruppenarbeit 1	0.34	1.16	0.60
Gruppenarbeit 2	0.31	0.68	0.44

aufgaben erfordert den Transfer bisher praktizierter Arbeitsstrategien auf diese. Der Arbeitsalltag steckt also voller Transferaufgaben. Je innovativer eine Organisation ist, desto umfangreicher sind solche Transferanforderungen, welche die Übertragung der Arbeitserfahrungen von einer Aufgabe im Funktionsfeld auf eine andere im Funktionsfeld erfordern. Ein Ziel für ein Lernen im Arbeitsprozeß besteht zweifellos darin, Arbeitende zu befähigen, diese Transferanforderungen selbständig zu meistern.

4.3 Erklärung und Unterstützung von Transferleistungen

Bei einem Training zur Förderung allgemeiner Kompetenzen – das streben Lern- und Trainingsmaßnahmen im Arbeitsprozeß an – müssen Transfereffekte erreicht werden. Für sie wird der Ähnlichkeit zwischen Lernfeld als Source und dem Funktionsfeld als Target eine große Bedeutung beigemessen. Bei Ähnlichkeiten wird ein höherer Transfereffekt erwartet, bei verschiedenen Anforderungen ein geringerer oder keiner.

Für die Erklärung von Transferleistungen gibt es unterschiedliche Konzepte. Ein erstes geht auf die klassische Transfertheorie der identischen Elemente zurück (Thorndike & Woodworth, 1901; Thorndike, 1914). Sie geht davon aus, daß bei identischen Elementen von Lern- und Funktionsfeld für das Lernfeld Bewältigungsprozeduren erworben werden und im Gedächtnis aufbewahrt werden. Diese im Lernfeld erworbenen Handlungsprogramme können auch im Funktionsfeld abgerufen werden, wenn es sich um identische Elemente handelt. Leistungsvorteile werden auf die Zeitersparnis beim Abrufen fertiger Handlungsprogramme aus dem Gedächtnis im Vergleich zu deren aktuellem Erzeugen zurückgeführt. Hier gibt es Beziehungen zur ACT-Theorie von Anderson (1982, 1987; s. auch Kluwe & Haider, 1994), die den Fähigkeitserwerb über drei Stufen erklärt, die deklarative Stufe, die Kompilation als Umwandlung von deklarativem in prozedurales Wissen und das Tuning. Damit wird die Automatisierung von Handlungsroutinen beschrieben. Aus diesem Konzept folgt: Eine Übertragung auf komplexe neue Aufgaben gelingt nur, wenn die in der komplexen Aufgabe enthaltenen Elemente bereits erlernt und ihre Handlungsroutinen im Gedächtnis verankert sind. Aber der vorliegende Forschungsstand zur Rolle identischer Elemente zwischen Lern- und Funktionsfeld erlaubt noch keine klare Prognose des Transfererfolgs. Mandl,

Prenzel und Gräsel (1991) verweisen mit Bezug auf Cormier (1987) auf die aufwendigen Untersuchungen an Flugsimulatoren über unabdingbare und tolerierbare Abweichungen von der realen Cockpitsituation. Diese zeigen, daß für den Transfereffekt einer Bewegungssimulation zwar einige Faktoren verantwortlich sind, nämlich der Flugzeugtyp, die Situation, der Tatbestand, ob der Pilot die Bewegung initiiert hat oder ob diese durch Turbulenzen hervorgerufen wurden. Sie zeigen aber auch noch einen großen Forschungsbedarf über die Eigenschaften von Source und Target für eine effektive Transferunterstützung an.

Beim Lernen im Arbeitsprozeß wird häufiger der Begriff des Strategietransfers genutzt. Dieses auf Judd (1908) zurückgehende Konzept betont die Relevanz allgemeiner Prinzipien und Strategien für den Transfer. Ihre Anwendung ist abhängig von der Art der Redefinition einer Aufgabe durch Personen. Die Anwendung allgemeiner Prinzipien erfordert es, daß Ähnlichkeiten auf einer abstrakten Ebene abgebildet werden. Verallgemeinerungen, Dekontextualisierungen erworbener Prozeduren werden als Voraussetzung des Transferierens angesehen. Die im pädagogischen Bereich vielfach genutzte Lehrstrategie des Aufsteigens vom Abstrakten zum Konkreten basiert auf einem durch Übungsaufgaben herausgeforderten Wechsel der Abstraktionsebenen und der Anwendung verallgemeinerter Strategien in unterschiedlichen konkreten Situationen (Lompscher, 1978, 1983). Eine gewisse Übung im Abstrahieren ist also eine Voraussetzung, um Ähnlichkeiten allgemeiner Art, Strukturanalogien, zu erkennen und als Ausgangspunkt für die Übertragung von Prozeduren zu nutzen.

In diesem Zusammenhang wird teilweise zwischen abstraktem und abstrahiertem Wissen unterschieden (Adams, 1989). Abstraktes Wissen ist dekontextualisiertes Wissen, das im Prinzip auf verschiedene Aufgaben transferiert werden kann, das die Personen aber nicht in eigener Erfahrung gewonnen haben, sondern das fremdvermittelt wurde. Abstrahiertes Wissen ist demgegenüber jenes Wissen, das Personen bei der Bearbeitung verschiedener Situationen selbständig abstrahierend herausbilden. Diese allmählichen selbständigen Abstraktionsprozesse seien wertvoll für das Gelingen von Transferleistungen.
Der Wirkmechanismus der Lehrstrategie des Aufsteigens vom Abstrakten zum Konkreten besteht gerade darin, über die Organisation wechselnder Lernaufgaben selbständiges Abstrahieren und darüber Transferleistungen zu unterstützen.

Auch die Nutzung heuristischer Regeln als Methode der Lernunterstützung funktioniert über Anregungen, Aufgaben nach in den Regeln enthaltenen Gesichtspunkten abstrahierend zu durchdenken und dann mit Hilfe eines Analogieschlusses entsprechend der heuristischen Regel die Aufgabenlösung zu befördern. Analogien existieren nicht auf der konkreten Ebene. Sie sind oft struktureller Art und müssen deshalb erst entdeckt werden. Ein instruktives Beispiel dafür, daß in ihrer konkreten Gestalt sehr unterschiedliche Tätigkeiten Strukturanalogien besitzen und ihre Ausführung deshalb durch gleiche heuristische Regeln unterstützt werden kann, liefern die Untersuchungen von Skell (1972; s. auch Hacker & Skell, 1993). Für Arbeitsverfahren an Dreh- und Fräsmaschinen bei der Metallverarbeitung hat Skell die Abfolgeplanung als einen Schlüssel für Effektivierungen nachgewiesen. Mit überlegten Abfolgeplanungen können Hilfszeiten, wie sie aus Vorbereitungen an Maschinen resultieren, minimiert werden. Skell konnte mit Hilfe heuristischer Regeln Lehrlinge für diese Effektivitätsreserven sensibilisieren und zu eigenständigem effektiven Planen ihrer Arbeitsverfahren befähigen.

Für die rein äußerlich völlig verschiedene Tätigkeit des Rangierens auf einem Güterbahnhof wies Skell denselben Weg zur Effektivierung von Arbeitsverfahren nach, nämlich eine vernünftige Abfolgeplanung, mit der die Anzahl von Rangierfahrten verringert werden kann. Auch hier konnte er zeigen, daß die Vermittlung und Anleitung zur Anwendung derselben heuristischen Regeln Ausbildungs- und Arbeitsleistungen verbessern kann (Skell, 1976a, b, 1991; Hacker & Skell, 1993). Die Transferunterstützung besteht hier sowohl darin, Personen anzuregen, ihr Vorgehen zu verallgemeinern, so daß sie eine Rahmenstrategie ausbilden, als auch darin, daß sie trainiert werden, diese Rahmenstrategie für verschiedene konkrete Situationen umzusetzen. Damit wird ein Umgang im Wechsel mit tätigkeitsregulierendem Wissen hinsichtlich der Dimension konkret-abstrakt ausgelöst. Nach diesem Prinzip wurden eine Reihe von weiteren Trainingsinterventionen für Arbeitstätigkeiten gestaltet, die in einer Unterstützung von tätigkeitsregulierendem Wissen und dem Umgang mit ihm in drei Ebenen in Analogie zu den von Norman (1982) unterschiedenen Lernphasen bestanden (Bergmann, Kant, Mähnert & Pinzer, 1987; Andrae, 1988; Solisch, 1989; Gäbler, 1989; Bergmann, 1990, 1991). Die Ebenen betreffen eine abstrakte allgemeine Struktur, die einem mentalen Grobmodell der zu erlernenden Tätigkeit entspricht, zweitens eine Differenzierung dieses groben Modells und drittens Übungen in der konkreten Abarbeitung von Arbeitshandlungen. Dabei werden die Handlungen in die abstrakte Struktur des Grobmodells eingeordnet und so erfolgte ein Wechsel der Abstraktionsebenen im Umgang mit tätigkeitsregulierendem Wissen.

Dieselben Unterstützungswege für Transferleistungen werden in jüngerer Zeit unter dem Konzept des situierten Lernens zusammengefaßt. Sie betonen die Bedeutung einer Dekontextualisierung von Wissen als Voraussetzung für dessen Verallgemeinerung. Durch Erfahrungen in unterschiedlichen konkreten Problemsituationen könne anwendungsbezogenes transferierbares Wissen aufgebaut werden. Die Cognitive-Flexibility-Theorie (Spiro, Coulson, Feltovich & Anderson, 1988, zit. nach Reinmann-Rothmeier & Mandl, 1994) ist ein instruktionspsychologischer Ansatz aus der Expertiseforschung, der das Ziel verfolgt, Begrenzungen des Wissens auf bestimmte Domänen zu vermeiden. Dies soll dadurch erreicht werden, daß Lernenden komplexe und authentische Lernumgebungen geboten wurden, die es ermöglichen, einen Gegenstandsbereich aus multiplen Perspektiven zu betrachten. Dieser Gedanke ist nicht neu. In der Sportpsychologie ist gezeigt worden, daß sportliche Leistungen eine positive Funktion der Variabilität der Übung sind. So berichtet Farfel (1977), daß beim Basketballtraining Personen, die ein variables Training absolvierten, bei Strafwürfen bessere Resultate erzielten als Personen, die nur Standardwürfe trainierten. Munzert (1984) verallgemeinert, daß Lernbedingungen, die auf den Erwerb genereller Handlungsschemata orientieren, zu überlegenen Leistungen führen.

Damit wird darauf hingewiesen, daß Lernumgebungen den Lernenden die Möglichkeit geben sollen, eigene Erfahrungen zu machen und diese zu erweitern. Mit dem Begriff des generativen Lernens wird beschrieben, daß Lernende aufgebaute Wissensstrukturen erweitern und vernetzen. Um Begrenzungen in der Anwendung des Wissens zu vermeiden, was bei dessen Bindung an bestimmte Kontexte geschieht und mit dem

Bärbel Bergmann

Ausdruck „domänenspezifisches Wissen" belegt wird, soll das Wissen in unterschiedlichen Strukturen, in unterschiedlichen Kontexten vernetzt werden. Dies wird durch eine Sequenzierung des Lernens über zunehmend komplexere und unterschiedliche Problemstellungen und über die Eröffnung multipler Perspektiven angestrebt. Eine Flexibilisierung des Wissens kann so erreicht werden. In dieser Richtung ist der Ansatz des „Cognitive Apprenticeship" entwickelt (Collins, 1990, zit. nach Mandl, Prenzel & Gräsel, 1991). Er nimmt konkrete und authentische Problemsituationen in einem Anwendungsfeld zum Ausgangspunkt. Ein Experte expliziert seine Strategie durch „lautes Denken". Der Lernende wird so mit den Strategien vertraut gemacht und kann das Problem selbst bearbeiten. Er wird anfangs noch durch den Experten unterstützt. Dieser nimmt im Laufe der Zeit die Hilfestellung immer mehr zurück. Eine Transferunterstützung wird hier angestrebt, indem eine Übertragung von bewährten Strategien, nämlich die von Experten, versucht und dabei der Transferabstand klein gehalten wird. Letzteres entspricht der Forderung nach authentischen Problemsituationen. Damit wird das Lernfeld dem Funktionsfeld ähnlich gemacht.

5. Formen des Lernens in der Arbeit

5.1 Selbständiges und unterstütztes Lernen in der Arbeit

Das Lernen Erwachsener vollzieht sich für Erwerbstätige zu einem wesentlichen Teil im Zusammenhang mit ihrer Arbeit. Ein großes Feld der Erwachsenenbildung ist die betriebliche Weiterbildung. In diesem Rahmen, aber auch darüber hinaus, sind viele nicht institutionalisierte Lernformen eingeschlossen. Prenzel, Mandl und Reinmann-Rothmeier (1994) verweisen auf Tough (1971, 1980), der in einer Reihe von Überblicksstudien feststellte, daß etwa 80% des Lernens von Erwachsenen außerhalb der institutionalisierten Erwachsenenbildung erfolgt, welche deshalb mit der aus dem Wasser ragenden Spitze eines Eisberges zu vergleichen sei. Einen ähnlich globalen Eindruck über die große Verbreitung und Leistungsfähigkeit des nicht institutionalisierten, in den Arbeitsprozeß integrierten Lernens erlaubt ein Blick auf den Transformationsprozeß in den neuen Bundesländern. Er bescherte allen Erwerbstätigen in dieser Region gewaltige Änderungen ihrer Arbeitsinhalte. Diese waren nicht nur durch die veränderte Ausrüstung der Arbeitsplätze mit neuen Arbeitsmitteln, mit Computern, Maschinen, Anlagen und Kommunikationstechnik bedingt, sondern auch durch die Veränderung der gesetzlichen Rahmenbedingungen, der Arbeitsabläufe und aus Änderungen in den Produkten und Dienstleistungen resultierten große inhaltliche Veränderungen der Arbeitsaufgaben. Dies betraf Erwerbstätige aller Qualifikationsgruppen und Lebensalter und für alle diejenigen, die Besitzer eines Arbeitsplatzes blieben, wurden diese umfangreichen Lernanforderungen im wesentlichen durch ein Lernen in der Arbeit gemeistert. Für dieses nicht institutionalisierte Lernen gibt es viele Bezeichnungen, nämlich selbstinitiiertes, selbstbestimmtes, selbstgesteuertes, selbstgeplantes, selbstorganisiertes, autonomes, autodidaktisches Lernen, kollegialer Dialog. Diese Bezeichnungen sind allesamt auch üblich zur Kennzeichnung von Besonderheiten des Lernens im Arbeitsprozeß. Gemeinsame Merkmale sind:
- Die Lernenden bestimmen die an ihrem Arbeitsplatz und/bzw. in ihrer Arbeitsgruppe zu erreichenden Lernziele mit.
- Die Lernenden kontrollieren die Lernsituation.

- Das Lernen wird durch Informationsquellen, die in Anspruch genommen werden und durch Personen, die befragt oder um Beratung gebeten werden, unterstützt.
- Die Lernenden übernehmen die Lernorganisation im Sinne der Koordinierung des Lernens mit anderen Tätigkeiten mit.

Diese Lernmerkmale beziehen sich nicht so sehr auf eine Charakteristik der kognitiven Strukturbildungen. Für sie ist die Verzahnung von Motivation und Kognition wesentlich, die sich in der Einflußnahme der Lernenden auf die Zielbildung, die Organisation und Kontrolle der Lernsituation äußert. Das Lernen in der Arbeit ist eher ein ganzheitlicher Prozeß, der bis zu sozialen und emotionalen Regulationsprozessen wie sozialer Unterstützung und Anerkennung von Lernen in der Arbeitsgruppe (Ulich, 1992) reicht. Diese häufig erwähnten, jedoch selten systematisch dargestellten Lernformen benötigen allerdings Rahmenbedingungen in der Organisation von Arbeit. Diese sind an Organisationen gebunden, die sich als in Entwicklung befindliches System begreifen, das ständig Lösungen produzieren muß, um seine Stabilität zu erhalten und seine Effektivität zu fördern. Solche offenen Systeme sind lernende Systeme, welche die Lernbereitschaft und -fähigkeit jedes ihrer Mitglieder benötigen. Die generelle Anforderungssituation in solchen Organisationen läßt sich mit Dörner (1974) bzw. mit Dörner u. a. (1983) charakterisieren durch die Eigenschaften Komplexität, wegen der Vielzahl zu berücksichtigender Variablen; Intransparenz, wegen teilweisen Informationsmangels; Eigendynamik im Sinne von Situationsveränderungen auch unabhängig von den Handlungen der Mitarbeiter; Polytelie als gleichzeitig zu berücksichtigende verschiedene, z. T. sogar gegensätzliche Ziele und Offenheit der Ziele als zunächst nur unscharfe komplexe Zielvorgaben, die erst präzisiert und in eine Reihenfolge gebracht werden müssen. Zahlreiche Arbeitsaufgaben in Organisationen sind durch diese Eigenschaften charakterisierbar. Das hat aber auch zur Folge, daß Arbeitsaufgaben die Mitwirkung bei Zielbildungen und den erforderlichen komplexen Lernprozessen bis auf die Mitarbeiterebene erfordern. Mit Begriffen „Lernende Unternehmen" und „Lernkultur" ist das bezeichnet. Lernkultur ist dabei ein besonderer Aspekt von Unternehmenskultur als Gesamtheit von Normen, Denkhaltungen und Wertvorstellungen, die mit dieser rückgekoppelt sind und so als Motor für die Entwicklung von Unternehmenskultur dienen (Meyer-Dohm, 1994). Die damit für die Mitarbeiter gegebene Mitwirkung am Zielbildungs- und Entwicklungsprozeß dürfte die wesentliche Voraussetzung der für ein Lernen in der Arbeit erforderlichen intrinsischen Lernmotivation sein.

Die Bedeutung der organisationalen Rahmenbedingungen diskutiert auch Leymann (1987). Er berichtet über Beschäftigte in niedrig bezahlten Berufen, bei denen Arbeitserfahrungen negative Effekte haben, zu Passivität führen und erläutert, daß „repressive organisatorische Strukturen und ein ständiger Mangel an Möglichkeiten, auch nur an geringfügigen Entscheidungen teilhaben zu können, Passivität erzeugen" (S. 292).

Auch wenn sehr viele Bezeichnungen für Formen des Lernens im Prozeß der Arbeit das Wörtchen selbst oder autonom zur Kennzeichnung mit enthalten, so ist das Lernen in der Arbeit keineswegs auf sich spontan einstellende Prozesse zu reduzieren, die einer Organisation und Unterstützung nicht bedürfen. Zwei Bedeutungen sind zu unterscheiden. Lernen in der Arbeit erfolgt während des Arbeitens selbständig durch die Arbeitenden ohne eine besondere Intervention und kann zu veränderten Arbeitsverfahren führen. Diese können sehr effektiv sein bei Personen, denen ein Expertenstatus zuerkannt wird. Lernprozesse können aber auch zu negativen Resultaten führen, wenn dieses Lernen zu Passivität verleitet (Leymann, 1987). Zu welchen Resultaten das dem Arbeiten immanente Lernen führt, ist wesentlich von den Arbeitsaufgaben, der Organisationsstruktur, in welche sie eingebunden sind, und der Unternehmenskultur abhängig.

Von Lernen in der Arbeit spricht man aber auch bei geplanten Lerninterventionen, die am Lernort Arbeitsplatz umgesetzt werden. Dieses Lernen benötigt Vorbereitung. Ihre Aufgabe ist die Sicherung einer hohen Motivation und der Unterstützung seiner Durchführung. Eine hohe Motivation ist für das Lernen in der Arbeit eine besonders wichtige Voraussetzung. Bei ihm wird den Personen quasi eine Doppeltätigkeit abverlangt, nämlich einmal Arbeiten und außerdem Lernen. Das Arbeiten braucht Zeit, das Lernen braucht Zeit. Beides in die Arbeitszeit zu integrieren erfordert, neue Lösungen zu suchen und zu erproben. Vorbereitungen des Lernens im Prozeß der Arbeit benötigen deshalb Unterstützungen in mehrerer Hinsicht.

5.2 Vorbereitung und Unterstützung von Lerninterventionen am Lernort Arbeitsplatz

Vorbereitungen von Lerninterventionen beginnen damit,

1. einen *Lernbedarf objektiv auszuweisen*.
   Er entsteht häufig aus Investitionen, aus Arbeitsgestaltungen, die eine Veränderung, oft Komplexitätserhöhung der Arbeitsaufgaben zur Folge haben und die durch entsprechende Verfahren der Qualifizierung der Betroffenen zu ergänzen sind (Volpert, 1987). Sie ergeben sich ferner aus der Entwicklung von Organisationen, die als offene Systeme in ständigem Austausch mit ihrer Umgebung zu Optimierungen herausgefordert sind. Die Einsicht in Schwachstellen praktizierter Arbeitsverfahren, aus denen Effektivitätsmängel resultieren, kann Lernbedarf anzeigen. Ein solches Schwachstellenbewußtsein ist oft durch erhebliche Unschärfe gekennzeichnet, das noch keine klaren Vorstellungen von Veränderung enthält, schon gar nicht in Richtung auf Veränderungen von Arbeitsverfahren, die durch Lernen erreichbar sind. Ein solcher objektiver *Lernbedarf muß*

2. *von den Mitarbeitern widergespiegelt werden*, d.h. durch Lernen erreichbare Veränderungen von Arbeitsverfahren werden als Lösung für anstehende Probleme angesehen und nicht etwa der Kauf einer neuen Maschine oder eine bessere Qualitätskontrolle für die durch Zulieferer bereitgestellten Materialien. Dieser auch subjektiv abgebildete Lernbedarf muß

3. zur *Ableitung von Lernzielen* führen. Die Transformation eines Lernbedarfs in Ziele für ein Lernen in der Arbeit ist entscheidend für den Erfolg dieses Lernens. Sie funktioniert als partizipativer Prozeß, in den die Arbeitenden eingeschlossen sind und Einflußmöglichkeiten auf Lernziele, auf Prioritäten innerhalb der Lernziele und auf Wege zu ihrem Erreichen besitzen. Dadurch kann die für das Lernen im Prozeß der Arbeit erforderliche hohe Motivation gesichert werden. Dieses Lernen gelingt nicht, wenn Mitarbeiter nur Objekte von Maßnahmen und Konsumenten

von Lerninterventionen sind, sondern gelingt nur auf der Basis des Verständnisses von Mitarbeitern als aktiven Partnern. Die Qualität dieser hohen Motivation ist verschiedentlich dadurch gekennzeichnet worden, daß die Arbeitenden die Rolle des Problemanalytikers ihrer eigenen Arbeit übernehmen (Norros, 1984; Norros & Sammati, 1985). Prenzel, Mandl und Reinmann-Rothmeier (1994) charakterisieren diese Motivation zur selbständigen Optimierung von Arbeitsverfahren als Schlüsselqualifikation, welche Mitarbeiter befähigt, „... selbst aus unternehmerischer Perspektive zu denken und zu handeln" (S. 38). Dies funktioniert nur bei einer Unternehmenskultur, in der Mitarbeiter in den Prozeß der Unternehmensentwicklung eingebunden sind, Mitspracherecht und Einflußmöglichkeiten haben auf die Veränderungen an ihrem Arbeitsplatz und ihrer Abteilung, in der sie, wie Neubert (1987) es formuliert, nicht Adressaten einer von Experten durch Fremdanalyse und -gestaltung entwickelten Lösung, sind sondern als eigentliche Experten ihrer Arbeit und damit auch für Gestaltungen ihrer Arbeit angesehen werden. „Die Nutzung dieses Expertenwissens an der Basis ist unter ethischen Aspekten ein Akt der Freisetzung und Entwicklung menschlicher Ressourcen, unter pragmatischen ein Weg eigenständiger Problemlösung im Betrieb, der von außenstehenden Experten nicht geleistet werden kann" (Neubert, 1987, S. 275). Die Mitwirkung der Mitarbeiter sichert auch die Paßfähigkeit der Lernziele zu den gegebenen Qualifikationen und ihre Akzeptanz. Diese Mitwirkung der Betroffenen bedarf der Organisation und Moderation. Sie kann von entsprechend qualifizierten Vorgesetzten übernommen werden, aber auch durch externe Berater. Zur Unterstützung der Durchführung des Lernens in der Arbeit gehört

4. das *Einräumen von Zeit*. Lernen braucht Zeit. Lernen in der Arbeit ist mit der Aneignung, Umstrukturierung und Wertung von Wissen verbunden. Zu ihm gehört die Generierung, Erprobung und Neukombination von Handlungsprogrammen. All dies sind Prozesse, die auch der Reflexion bedürfen und deshalb zeitintensiv sind. Ein Argument, mit dem das Lernen in der Arbeit oft als praktikabel begründet wird, besteht darin, den für das Lernen erforderlichen Zeitbedarf in Phasen geringerer Arbeitsbelastung unterzubringen. Auftragslage und Arbeitsanfall sind in den seltensten Fällen kontinuierlich und stabil. Die Nutzung von Zeiten geringen Arbeitsanfalls oder von Zeiten für die Wartung von Anlagen, die in manchen Produktionsbetrieben regelmäßig anfällt, für das Lernen, versucht eine zeitliche Koordination von Arbeit und Lernen so, daß möglichst keine Leistungsausfälle entstehen. Dieser Koordinationsspielraum besteht für institutionalisierte Weiterbildungsformen nicht, bei denen Mitarbeiter externe Kurse oder Lehrgänge besuchen.
Eine Unterstützung für das Lernen in der Arbeit ist erforderlich für die Fragen

5. Was soll gelernt werden? *Auf welche Arbeitshandlungen sollen sich Lernprozesse konzentrieren?*
Das Lernen in der Arbeit ist immer ein selektives Lernen. Berufserfahrene Mitarbeiter besitzen vielfältige Kompetenzen. Der Lernbedarf ist in der Regel nicht auf alle Arbeitsaufgaben gleich verteilt. Es gibt Schwerpunkte. Deshalb wird Hilfe bei der Auswahl von durch Lernen zu verändernden Arbeitsaufgaben benötigt und auch bei der Bestimmung des WIE für die zu optimierenden Arbeitshandlungen. Für beide Probleme sind zwei Lösungsstrategien in Gebrauch. Die eine besteht darin, Prozesse des Lernens in der Arbeit für die Mitarbeiter bereits bei der Analyse von

Lernschwerpunkten beginnen zu lassen und diese Analyseaufgabe bereits den Arbeitenden zu übertragen. Das erfordert, sie in Methoden für Schwachstellenanalysen von Arbeitsverfahren auszubilden. Bei Lernmethoden, die als Lernen in Problemlösegruppen organisiert sind, wird in der Regel so verfahren. Das betrifft die Arbeit in Qualitätszirkeln, die Lernstattarbeit oder den aufgabenorientierten Informationsaustausch. Ein Zirkelleiter – zu dieser Funktion kann der Vorgesetzte ausgebildet werden – vermittelt Methoden der Datenanalyse und der Selbstanalyse von Arbeitsverfahren. Mit diesen werden dann Lernschwerpunkte selbst erarbeitet. Die zweite Lösungsstrategie besteht darin, daß externe Arbeitsanalytiker die Ermittlung von Lernschwerpunkten und -inhalten übernehmen. Häufig haben Arbeitspsychologen die Funktion des Arbeitsanalytikers. Ihr Vorgehen ist durch zwei Merkmale gekennzeichnet. Sie identifizieren erstens leistungsbestimmende Teiltätigkeiten als solche, die für die Qualität und Menge des herzustellenden Produktes direkt verantwortlich sind, und sie analysieren zweitens in einem kontrastiven Vergleich der Arbeitsmethoden von leistungsstarken vs. durchschnittlichen Personen, in welchen spezifischen Merkmalen sich effektive Methoden von weniger effektiven unterscheiden. In jüngerer Zeit wird dieser Denkansatz in der Expertiseforschung mit 'Experten vs. Novizenvergleich' bezeichnet. Das zugrundeliegende Denkmodell besteht darin, daß es einigen Personen, nämlich den Experten, in ihrer Berufspraxis gelungen ist, besonders effektive Arbeitsmethoden zu erlernen. Diese werden nun analysiert mit dem Ziel, sie den nicht so effektiv arbeitenden Kollegen durch Lern- und Trainingsmethoden zu vermitteln. Eine Schwierigkeit dieses analytischen Vorgehens besteht darin, daß das in effektiven Methoden gewonnene Expertenwissen nur teilweise bewußt und damit über Verbalisierungsmethoden schwer erfaßbar ist. Für diese externe Analyse von Lernschwerpunkten und -inhalten ist eine Wertung und Validierung durch die Mitarbeiter, denen sie zur Effektivierung ihrer Arbeitsaufgaben helfen sollen, erforderlich. Auch eine externe Analyse ist also in einen partizipativen Prozeß für die betroffenen Mitarbeiter zu überführen. Dieser Ansatz ist mehrfach erfolgreich praktiziert worden (Rieger, 1987; Rühle, 1988; Herrmann, 1986; Hacker; 1973, 1986, 1992 und zusammenfassend Hacker & Skell, 1993). Um Lernschwerpunkte und -inhalte durch Lernen in der Arbeit anderen Personen mit dem Ziel der Umsetzung in effektivere Arbeitsverfahren zugänglich zu machen, bedarf es ihrer methodischen Aufbereitung. Das geschieht in mehrerlei Hinsicht. Eine Form ist:

6. *Die Erarbeitung von Lernmaterialien*
Das gemeinsame dieser Lehrmaterialien besteht darin, daß sie für die psychische Tätigkeitsregulation wichtiges Wissen aufbereiten. Ein allgemeines Prinzip dieser Aufbereitungsform ist ihre tätigkeitsbezogene Gliederung. So soll die Anwendung durch eine hohe Kompatibilität zwischen der Präsentation wichtiger psychischer Regulationsgrundlagen und ihrer Anwendung im Arbeitshandeln unterstützt werden. Lernmaterialien können Fehlerkataloge mit Erkennungsmerkmalen für Fehler, Angaben zu möglichen Ursachen und Behebungsmaßnahmen sein, Darstellungen von Algorithmen für selten vorkommende Handlungen, Veranschaulichungen von Bedingungen der Handlungsplanung, die zeitlich auseinanderfallen und deshalb schwer zu berücksichtigen sind, tätigkeitsspezifische Risikomerkmale für den Arbeits- und Gesundheitsschutz, Wissensspeicher usw. Sie können als Printmaterial, als Computerprogramm, als Teachware, als Videosystem oder auch als Simula-

tion von Arbeitssystemen, die speziell für Lernzwecke verfügbar sind, existieren. Darüber hinaus gibt es Spielraum für

7. *Die methodische Gestaltung des Lernens in der Arbeit.*
Bemühungen um eine planmäßige Unterstützung des Lernens im Prozeß der Arbeit sehen den Schlüssel für Optimierungen von Arbeitstätigkeiten und deren Resultaten in der psychischen Regulation. Lückenhafte oder fehlerhafte psychische Regulationsgrundlagen sind die Ursache ineffektiver, fehlerhafter Korrekturen und Nacharbeit erfordernder Arbeitsverfahren. Zutreffende, differenzierte und hinreichend vollständige psychische Regulationsgrundlagen sind die Basis optimaler Arbeitsverfahren. Für die methodische Gestaltung gibt es zwei prinzipielle Wege:
- Das Bereitstellen wichtiger psychischer Regulationsgrundlagen in Form von Wissen und Handlungsprogrammen. Die Erarbeitung von Lernmaterialien ist der Weg. In ihrer Übergabe an alle Mitglieder der Zielgruppe und Unterweisungen in der Handhabung besteht die methodische Unterstützung.
- Das Organisieren von Hilfen zum Selbsterwerb der psychischen Grundlagen. Diese Interventionsart geht davon aus, daß ein Lernen in der Arbeit in Organisationen, die als offene Systeme zu betrachten sind, nie abgeschlossen ist. Deshalb kommt der Motivation und Befähigung zur selbständigen Vervollkommnung von Wissen und Handlungsprogrammen eine große Bedeutung zu. Hilfen zum Selbsterwerb der psychischen Regulationsgrundlagen bestehen in indirekten Methoden. Das Attribut indirekt drückt dabei aus, daß nicht eine direkte Vermittlung der Wissensgrundlagen für effektive Arbeitsverfahren erfolgt, sondern daß Arbeitende zum Erleben der Selbstoptimierung veranlaßt werden. Indirekte Methoden erzeugen Problembewußtsein, vermitteln Analyse- und Lerntechniken und demonstrieren exemplarisch Varianten von Arbeitsverfahren und Spielräumen für ihre Entwicklung. Selbstbelehrungstechniken, die als Modifikationen von aktivem und observativem Training gestaltet werden können (Rühle, 1979, 1988), heuristische Regeln oder Simulationen der informationellen Struktur von Arbeitsanforderungen, wie sie als Strukturlegeaufgaben die Zuordnung von Fehlern oder Störungen zu Fehler- bzw. Störungsursachen, von Ursachen, zu Maßnahmen oder Folgen enthalten können, sind eine weitere Hilfe, um eine lernende Auseinandersetzung mit der eigenen Arbeitsaufgabe zu stimulieren (Wünsche, 1985; Matern & Hacker, 1986; Bergmann, 1983). Die Organisation der Hilfen zum Selbsterwerb von Wissen, das für die Tätigkeitsregulation und für die Erprobung von Handlungsprogrammen wichtig ist, findet immer als selektives Lernen statt. Selektives Lernen heißt, an ausgewählten Beispielen zu lernen. Es ist orientiert auf die Entwicklung von Problemlösefähigkeiten, die dann selbständig auf andere Situationen bzw. Aufgaben transferiert werden können. Für das Erlernen von Arbeitsverfahren sind diese Beispiele prototypische Arbeitsaufgaben, die als Lern- bzw. Trainingsaufgaben fungieren. Ihre Auswahl ist wesentlich für die Effektivität von Lernunterstützungen (Krogoll, 1991). Interventionen zur Unterstützung des Lernens im Prozeß der Arbeit bedürfen:

8. *Der Organisation.*
Dazu gehört die Initiierung des Lernens, seine zeitliche Verteilung, die Koordination von Arbeiten und Lernen und die Gestaltung von Rückmeldungen, das Aner-

kennen von Lernleistungen. Eine externe Unterstützung dafür ist sinnvoll. Sie kann durch dafür geschulte Vorgesetzte oder durch externe Berater, die in enger Abstimmung mit den Vorgesetzten tätig sind, gegeben werden. Die Bindung dieser organisatorischen Unterstützung an die Vorgesetztenfunktion ist insofern sehr praktisch, als die Koordinierung von Arbeiten und Lernen den Umfang und den zeitlichen Verlauf der Arbeitsbelastung berücksichtigen sollte und effiziente Organisationsformen sich gerade aus einer situationsgerechten Verzahnung ergeben. Die Rolle des Organisators kann mit der Rolle des Unterweisers in Lernmaterialien gekoppelt werden und durch einen Leitfaden mit Organisationsempfehlungen unterstützt werden (Haußig, 1995). Die Funktion des Organisators und Unterweisers kann bis zur Funktion von Multiplikatoren erweitert werden. Unterstützungen des Lernens in der Arbeit sind

9. *Für verschiedene Zielgruppen zu modifizieren.*
   Zu unterscheiden sind:
   - Personen, die sich nach abgeschlossener Ausbildung für einen Arbeitsplatz einarbeiten.
   - Personen, die infolge betrieblicher Umstrukturierung an einen anderen Arbeitsplatz oder mit komplexeren Aufgaben tätig werden.
   - Personen mit einer berufsfremden Ausbildung, die sich als Quereinsteiger die spezifischen Arbeitsplatzqualifikationen erwerben. Der Tatbestand, daß einerseits Berufe oder gar Tätigkeiten immer weniger ein Arbeitsleben lang beibehalten werden, und daß andererseits in jedem Beruf und in jeder Tätigkeit sogenannte berufsübergreifende Schlüsselqualifikationen trainiert werden, bedingt, daß Quereinsteiger künftig in größerer Zahl zu erwarten sind.
   - nicht zuletzt fachgerecht ausgebildete Personen mit mehrjähriger Berufserfahrung, von denen auch ein ständiges Weiterlernen erwartet wird, das durch die Unterstützung von Lernen in der Arbeit gefördert werden kann.

   Die mitgebrachten Qualifikationen unterscheiden sich erheblich voneinander. Lernunterstützungen sind im Sinne einer Anpassung an diese zu modifizieren. Auch hier ist die Mitwirkung der Zielgruppen eine Gewähr für angemessene Anpassung.

5.3 Lernmethoden

5.3.1 Lernen im Arbeitsvollzug

Die wiederholte Ausführung von Arbeitstätigkeiten ist eine naheliegende, als selbstverständlich im Arbeitsprozeß enthaltene Lernform. Sie leistet mehreres. Das für die Tätigkeitsregulation wichtige Wissen und die Handlungsprogramme werden so in eine sequentielle Ordnung gebracht, welche durch wiederholte Ausführung immer besser abgestimmt werden kann. Das äußert sich in Überlappungen von Informationsaufnahme und Ausführungsphasen. Vorsignale für das Eintreten kritischer Zustände, die eine Änderung der Handlungsprogramme erforderlich machen, werden erlernt. Feinabstimmungen zwischen den Teilprogrammen erfolgen. Die Tätigkeitsausführung wird flüssiger. Für Tätigkeiten mit hohem Wiederholungscharakter der Arbeitsausführung kann es zu psychischer Automatisierung kommen. Das bedeutet, die Tätigkeitsausführung wird auf niedere Regulationsebenen verlagert. Die bewußte Tätigkeitssteuerung wird entlastet. Sie wird nur noch zum Beginn, zum Beenden der Tätigkeit und bei Sondersituationen, also bei Abweichungen von den üblichen Bedingungen benötigt. Geübtes Verhalten zeichnet sich durch schnelle und genaue Leistung aus. Das Übungsgesetz beschreibt die Abnahme der Zeit für die Bewältigung einer Aufgabe mit einer loglinearen Funktion (Card et al, 1983; Kluwe & Haider, 1994). Die Verkürzung der Zeit wird damit erklärt, daß die Anzahl der Produktionsregeln geringer wird (umständliche Handlungsprogramme werden während der Übung durch rationellere ersetzt) und daß auch die Zeit für die Anwendung verkürzt wird (das Abrufen fertiger Programme aus dem Gedächtnis geht schneller als das aktuelle Erzeugen.)

Das Lernen im Arbeitsvollzug ist keineswegs auf die manuelle Ausführung, auf motorische Prozesse begrenzt, sondern wesentlich auch durch kognitive Strukturierungen gekennzeichnet. Das Lernen durch Beobachtung ist eingeschlossen, das in traditionellen Einarbeitungsmethoden durch den Begriff „Beistellverfahren" bezeichnet wird. Ein neuer Mitarbeiter wird einem erfahrenen beigestellt mit der Aufforderung, durch Beobachtung, durch Absehen der Arbeitsmethoden, aber auch durch Nachfragen und Erläuterungen des Erfahrenen die rationelle Ausführung einer Tätigkeit zu erlernen. Das Ziel des Beobachtens ist dabei keine gedankenlose Nachahmung sondern die aktive Strukturierung der Orientierungsmerkmale für die Tätigkeit. Für diese Strukturierung sind zwei Gesichtspunkte maßgebend. Das ist zunächst die Trennung in relevant und nicht relevant für die Tätigkeitsausführung. Merkmale der Arbeitssituation müssen unter dem Aspekt der Funktion für die Tätigkeitsausführung bewertet werden. Der zweite Strukturierungsgesichtspunkt betrifft die Einordnung dieser Merkmale in den Tätigkeitsvollzug, so daß eine tätigkeitsbezogene Strukturierung erfolgt. Solche Strukturierungen erfordern Denkleistungen. Diese können durch Sprachstützung gefördert werden. Eine sprachliche Unterstützung des Erlernens von Arbeitsverfahren hat zwei Seiten. Sie nutzt Begriffe als Zeichen für Signale und Tätigkeitsmerkmale und sie integriert zeitweilig das Sprechen in den Arbeitsvollzug. Beides bringt Effekte.

Ein Lernen im Arbeitsvollzug ist besonders intensiv, weil es dem Arbeitenden/ Lernenden das Erleben einer vollständigen Regelkreisstruktur ermöglicht, Soll-Ist-Diskrepanzen mit vielfältigen Rückmeldungen erlebbar macht und darüber Anreize für Selbstoptimierung gibt. Die Abbildung 7 veranschaulicht das schematisch.

Ziele im Arbeitsprozeß sind durch einen gewissen Abstraktionsgrad gekennzeichnet. Anlagen- und Instandhaltungspersonal hat in flexiblen Fertigungssystemen z.B. das Ziel zu realisieren, eintretende Störungen sofort zu diagnostizieren und zu beheben, um die Verfügbarkeit der Anlage möglichst schnell wiederherzustellen. Tritt eine Störung ein, so ist zunächst ein Orientieren über deren Randbedingungen, die konkreten Störungssymptome, die Lokalisation usw. erforderlich. In Abhängigkeit davon entwickelt ein Instandhalter Handlungsprogramme im Kopf. Bei so komplexen Aufgaben sind im Prinzip mehrere möglich. Sie unterscheiden sich aber im Aufwand, in der Paßfähigkeit zu den Randbedingungen und evtl. auch in der Paßfähigkeit zu dem Erfahrungswissen, das der betreffende Instandhalter in den letzten Wochen zum Störgeschehen in dem konkreten Fertigungssystem gesammelt hat. Eine Auswahl wird erforderlich. Die Entscheidung für ein Handlungsprogramm muß fallen und nach

Bärbel Bergmann

Abb. 7: Regelkreisstruktur des Lernens im Arbeitsvollzug

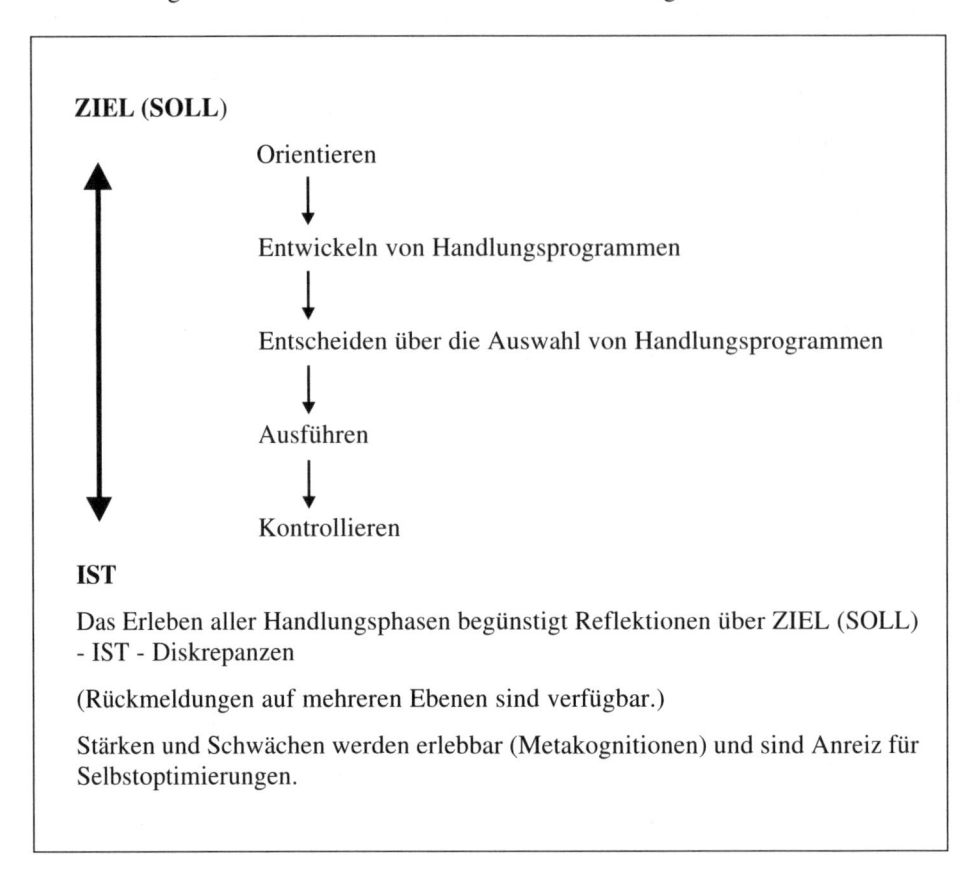

ZIEL (SOLL)

↕ Orientieren
↓
Entwickeln von Handlungsprogrammen
↓
Entscheiden über die Auswahl von Handlungsprogrammen
↓
Ausführen
↓
Kontrollieren

IST

Das Erleben aller Handlungsphasen begünstigt Reflektionen über ZIEL (SOLL) - IST - Diskrepanzen

(Rückmeldungen auf mehreren Ebenen sind verfügbar.)

Stärken und Schwächen werden erlebbar (Metakognitionen) und sind Anreiz für Selbstoptimierungen.

---

diesem wird die Störung diagnostiziert und zu beheben versucht. Für die Handlungsoptimierung stehen dann nicht nur Resultatrückmeldungen im Sinn von „Störung behoben" oder „Störung nicht behoben" zur Verfügung. Während des Arbeitsvollzugs wird erlebt, welche Teilhandlungen zielführend sind und welche sich nicht so wie geplant ausführen lassen, sondern geändert werden müssen. Diese Rückmeldungen haben nicht nur eine kognitive Dimension derart, daß sie zu einem Bewußtsein darüber führen, für welche Handlungsprogramme über gute bis vollständige Wissensgrundlagen verfügt wird und für welche Lücken und damit Lernbedarf zu konstatieren sind. Diese Rückmeldungen erfahren auch eine emotionale Verarbeitung. Das Erleben, Aufgaben und Probleme zügig bearbeiten zu können vermittelt Sicherheit und Vertrauen in die eigene Handlungskompetenz. Das Erleben, mit Aufgaben nicht zurechtzukommen, in Sackgassen zu geraten, Korrekturen vornehmen zu müssen, erzeugt schlechte Gefühle. Schwächen werden bewußt, die sich im Selbstwerterleben und im Anspruchsniveau darüber, was sich eine Person zutraut oder nicht, niederschlagen können. Diese im Arbeitsvollzug entstehende emotionale Widerspiegelung und subjektive Bewertung der eigenen Kompetenz ist eine sensible und wichtige Regulationsinstanz für selbständiges Lernen. Große Selbstsicherheit und das Gefühl, bereits perfekt zu sein, sind genauso lernfeindlich wie durch drastische Mißerfolge massiv beeinträchtigtes Selbstwertgefühl und ein zu geringes Anspruchsniveau, das dazu führt, daß Aufgaben bestimmter Schwierigkeit gar nicht erst in Angriff genommen werden, sondern daß man sich dafür nicht zuständig fühlt und sie anderen überläßt. Ein solches Meiden von Aufgaben entspricht aber auch einer Verkleinerung des Lernpotentials im Arbeitsprozeß. Lernförderlich sind positive Emotionen, die ein Wachsen der eigenen Kompetenz durch die aktive selbständige Auseinandersetzung mit Aufgaben als Selbstwerterleben und Entwicklung des Anspruchsniveaus begleiten, gepaart mit der Einsicht, daß vollständige Perfektion und ein Ende eines lernenden Umgangs mit Arbeitsaufgaben aufgrund von Veränderungen in den Arbeitsaufgaben und den Arbeitsbedingungen nicht möglich sind.

Einer sorgfältigen Beachtung bei der Gestaltung von Unterstützungen des Lernens im Arbeitsvollzug bei berufserfahrenen Personen bedarf die Lernmotivation. Diese braucht bei den betroffenen die Einsicht, daß sich Lernen lohnt. Dies gilt nicht nur in extrinsischer Hinsicht derart, daß materielle Vorteile in Form von Lohnerhöhungen resultieren. Das gilt besonders auch in intrinsischer Hinsicht derart, daß die Arbeitenden die Überzeugung erlangen, Einfluß auf ihre Arbeitsverfahren und damit auf die Güte des Arbeitsergebnisses nehmen zu können und so Subjekt, Gestalter ihrer Tätigkeit zu sein. Dazu gehört auch die Überzeugung, daß eigene Arbeitsmethoden noch Spielraum für Verbesserungen enthalten. Wer überzeugt ist, schon perfekt zu sein bzw. sämtliche Rationalisierungsmöglichkeiten für individuelle Arbeitsverfahren bereits ausgeschöpft zu haben, wird zu einer lernenden Auseinandersetzung mit der eigenen Tätigkeit nicht motiviert sein. Kontrolle und Einfluß ausüben zu können, motiviert; Objekt der Bedingungen zu sein, nichts beeinflussen zu können, erzeugt Desmotivation (Seligman, 1975; Clauß, 1986).

Ein Beispiel soll das Erläuterte verdeutlichen:
In einer betrieblichen Untersuchung an Arbeitsplätzen mit Überwachungs- und Bedienungsaufgaben an einer rechnergestützten Produktionsanlage zur Herstellung von Papier vertraten die Arbeitenden im Unterschied zur Betriebsleitung die Meinung, daß es an ihrer Arbeit nichts mehr zu verbessern gäbe, weil sie diese bereits jahrelang ausführten und deshalb genau beherrschten. Diese Arbeit wurde im 4-Schicht-System durchgeführt. Die Schichtgruppen waren stabil, und zwischen ihnen gab es nur einen geringen Informationsaustausch. Durch die Rückmeldung von Arbeitsanalyseresultaten bei unterschiedlichen Schichten (siehe Abb. 8) und deren verallgemeinerter Charakterisierung, die deutlich machte, daß an der gleichen Produktionsanlage der Tendenz nach zwei unterschiedliche Arbeitsweisen praktiziert wurden, konnte dazu beigetragen werden, die abweisende Haltung gegenüber einer lernenden Auseinandersetzung mit der eigenen Arbeit abzubauen (vgl. Bergmann, 1993). Diese Arbeitsstrategien wurden in Form einer schematischen Kennzeichnung einmal als reaktive Arbeitsweise im Sinne eines nachträglichen Reparaturverhaltens und zum anderen als antizipative Arbeitsweise verallgemeinert (siehe Abb. 9). Dabei ist die reaktive Arbeitsweise mit geringerer Qualifikation möglich. Sie führt aber aufgrund des Getriebenwerdens von den Anlagen zu höherer Beanspruchung. Die antizipative Arbeitsweise benötigt eine hohe Qualifikation. Bereits beginnende Abweichungen werden erkannt und durch zeitige Eingriffshandlungen wird dem Entstehen von alarmauslösenden Abweichungen vorgebeugt. Die Rückmeldung von Arbeitsanalyseresultaten mit dieser Verallgemeinerung ermöglichte es, die Berufsehre der Arbeitenden herauszufordern.

In eine ähnliche Richtung weisen Erfahrungen aus dem Projekt zur Einführung von Gruppenarbeit bei Näherinnen in der Konfektionsindustrie und der Gestaltung von Trainingsmodulen, welche diesen Umgestaltungsprozeß unterstützten (Timmich, 1985; Rieger, 1987).

Von diesem intensiven Lernen im Arbeitsvollzug wird auch in den gezielten Arbeitsplatzwechseln Gebrauch gemacht, die Auszubildende während ihrer Berufsausbildung oder Trainees im Rahmen ihres speziellen Programms durchlaufen. Das Ausführen der Tätigkeiten an verschiedenen Arbeitsplätzen ist dabei nicht nur eine wichtige Einarbeitungsmethode, welche den Lernenden mit Hilfe multipler Rückmeldungen zu einem selbständigen Bewältigen der Aufgaben führt, gleichzeitig Erfahrung über eigene Stärken und Schwächen vermittelt und damit Anreize für selbständiges Lernen gibt. Diese Art des Lernens ist auch eine sehr effiziente Methode, Einsicht in das Funktionieren der gesamten Organisation zu erhalten und den Stellenwert der einzelnen Tätigkeiten bei der Entstehung von Produkten oder Dienstleistungen beurteilen zu lernen. Drexel und Welskopf (1994) sprechen in diesem Zusammenhang von Lernen durch Mobilität.

Beim Lernen im Tätigkeitsvollzug entsprechend eines systematischen Tätigkeitswechsels werden das bewußte Reflektieren über die eigene Arbeitsausführung und dadurch entstehende Lernanreize insofern gefördert als aus dem Vergleich der Tätigkeiten zusätzliche Anregungen für Reflexionen entstehen. Der Problemraum, in dem sich dann Lernende um Optimierungen bemühen, wird vergrößert und das kann das Entwickeln effektiver Arbeitsverfahren unterstützen. Von dieser Idee wird bspw. auch in Trainingsmodulen zur Selbstreflexion Gebrauch gemacht, in denen Arbeitende/Lernende zum Vergleich der eigenen Arbeitsmethode mit der von Kollegen herausgefordert und so angeregt werden, Optimierungen vorzunehmen (Bergmann, Wiedemann & Zehrt, 1995).

5.3.2 Lernen durch Aufgabengestaltung

Mit den bisherigen Ausführungen ist bereits auf einen entscheidenden Punkt hingewiesen. Zum Maßstab für das Lernen wird die erfolgreiche Bewältigung der Arbeitsaufgaben. Aus den Arbeitsaufgaben ergibt sich somit das Curriculum für Maßnahmen zur Lernunterstützung. Das bedeutet aber nicht, daß alle Arbeitsaufgaben gleichzeitig Lernaufgabencharakter besitzen. Lernunterstützungen im Arbeitsprozeß sind aus mehreren Gründen als selektives Lernen gestaltet. Die Zielgruppen bestehen aus Mitarbeitern, die bereits über umfangreiche Kompetenzen verfügen. Umgestaltungen und Umstrukturierungen im Arbeitsprozeß, welche Lernmaßnahmen erforderlich machen, führen nicht zur kompletten Änderung von Arbeitsaufgaben. Einige Aufgaben bleiben. Neue Aufgaben kommen hinzu. Die Einordnung in ein verändertes Organisationsregime erfordert die Anpassung der Arbeitsverfahren an veränderte Rahmenbedingungen. Daraus erwächst ein Grund dafür, daß eine selektive Lernunterstützung ausreicht. Ein zweiter Grund ergibt sich aus der erläuterten Qualität der Ziele für ein Lernen im Arbeitsprozeß, welche die Befähigung und Motivation zu selbständigem Transferieren einschließt. Auch daraus ergibt sich eine Begründung für eine selektive exemplarische Lernunterstützung, nämlich jene, die motivierende Freude an der selbständigen Erpro-

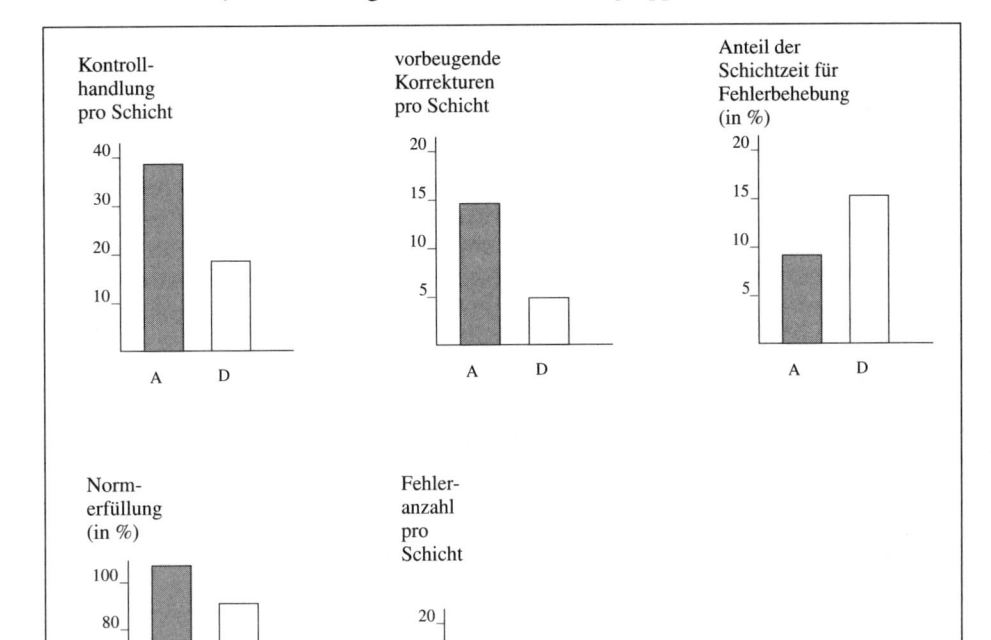

Formen des Lernens in der Arbeit

Abb. 8: Beziehungen zwischen Merkmalen der Arbeitsweise (arbeitsanalytisch ermittelt) und Leistungsmaßen bei 2 Schichtgruppen (A und D)

bung und Übertragung erlernter Strategien auf andere Arbeitssituationen den Mitarbeitern zu überlassen. Hilfen dabei und Anerkennungen für gelungene Übertragungen sind aber wichtig.

Ein inzwischen erfolgreich erprobter Weg, die Idee, daß sich für ein Lernen in der Arbeit das Curriculum aus den Arbeitsaufgaben ergibt, ist das Lernaufgabenkonzept, welches in verschiedenen Projekten umgesetzt wurde (Krogoll, Pohl & Wanner, 1988; Krogoll & Wilke-Schnaufer, 1991; Kornwachs u.a., 1992; Witzgall, 1992). Der Grundgedanke besteht in der Zusammenführung von realen Arbeitsaufgaben und systematischem Lernen. Deshalb wird eine nach der Schwierigkeit und Komplexität gestufte Reihenfolge von Aufgaben konstruiert. Die Idee, daß Lernaufgaben ganzheitlich sind, also der Struktur eines vollständigen Arbeitsauftrages entsprechen, aber dennoch in ihrer Komplexität abgestuft sind, so daß jede frühere Arbeits- und Lernaufgabe als „genetische Vorform" (Volpert, 1985) der folgenden betrachtet wird, verbindet das Ziel, ökologisch valide Lernaufgaben zu gestalten, mit dem bewährten didaktischem

Bärbel Bergmann

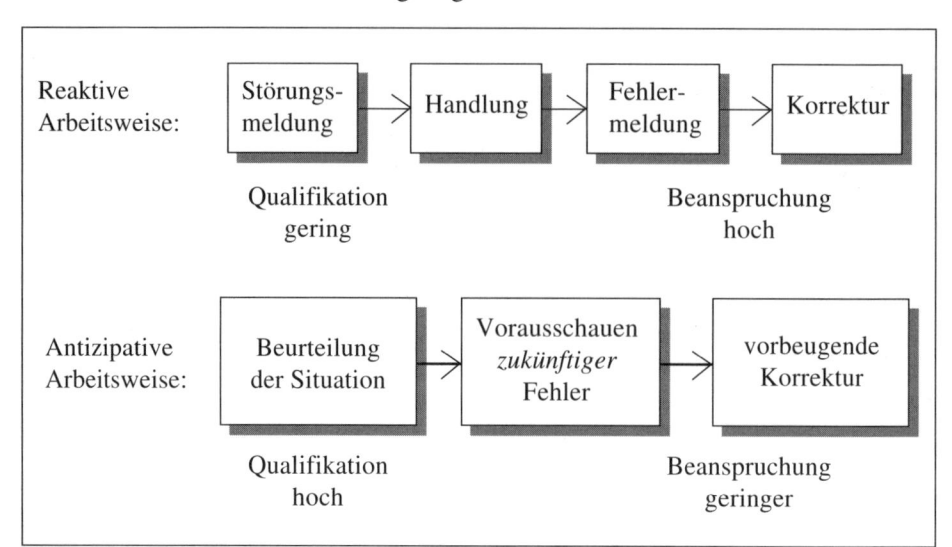

Abb. 9: Schematische Darstellung möglicher Arbeitsweisen

```
Reaktive         Störungs-    →  Handlung  →  Fehler-    →  Korrektur
Arbeitsweise:    meldung                       meldung

                 Qualifikation                 Beanspruchung
                 gering                        hoch


Antizipative     Beurteilung  →  Vorausschauen →  vorbeugende
Arbeitsweise:    der Situation   zukünftiger      Korrektur
                                 Fehler

                 Qualifikation                 Beanspruchung
                 hoch                          geringer
```

Prinzip des Lernens nach einer Steigerungsreihe der Aufgaben nach der Schwierigkeit. Das Arbeits- und Lernaufgabenkonzept ist an verschiedenen Lernorten, an zentralen und dezentralen umsetzbar.

Eine Stärke dieses Konzepts unter praktischen Gesichtspunkten dürfte die Art der Lösung des Personalproblems der Ausbilder oder Trainer sein. Sie basiert auf der von mehreren Autoren mit Nachdruck vertretenen Überzeugung, daß die Arbeitenden die Experten für den Lerninhalt und damit wichtige Akteure im Qualifizierungsprozeß sind (Neubert & Tomczyk, 1986; Neubert, 1987; Ulich, 1991). Die Lehr- und Lernkompetenz der Mitarbeiter vor Ort wird genutzt und ein Lernen nach dem Prinzip der Gegenseitigkeit ist eingeschlossen. Mit speziellen Qualifizierungskonzepten (Wilke-Schnaufer & Schonhardt, 1993) und/oder Lehrunterlagen (z.B. Haußig, 1995) können erfahrene Mitarbeiter zu „nebenberuflichen Ausbildern" entwickelt werden.

5.3.3 Lernen durch Simulation

Die Idee, daß sich Lernen immer im Rahmen der in den Lernaufgaben enthaltenen Inhalte vollzieht, muß nicht ausschließlich dadurch verwirklicht werden, daß prototypische reale Arbeitsaufgaben die Funktion von Lernaufgaben erhalten. Sie ist auch insofern ergänzbar, als für schwierige Arbeitsanforderungen, für deren Training der normale Arbeitsprozeß mangels hinreichender Auftrittshäufigkeit von Aufgaben nicht ausreichend Gelegenheit bietet, Lernaufgaben mit den entscheidenden Anforderungen simuliert werden können. Typische Aufgaben, die sowohl komplex als auch und schwierig sind, sich sehr stark auf die Produktqualität und -menge auswirken, aber Seltenheitswert haben und deshalb im normalen Arbeitsprozeß nicht so gut übbar sind, stellen Störungsdiagnosen von Produktions- bzw. Fertigungsprozessen mit der Zuordnung von Maßnahmen zur Störungsbeseitigung dar. Auf der Grundlage vorheriger

Arbeitsanalysen lassen sich für solche Anforderungen mit sehr einfachen Mitteln Lernaufgaben konstruieren, in denen nur die informationelle Struktur der Komponenten abgebildet wird, die für ein gedankliches Probehandeln zu kalkulieren sind. Allgemein lassen sich dafür vier Komponenten angeben (s. Abb. 10).

Abb. 10: Kette von Beziehungen, die für Zustandsbeurteilungen von Arbeitsprozessen und für Maßnahmeplanungen gedanklich zu kalkulieren ist

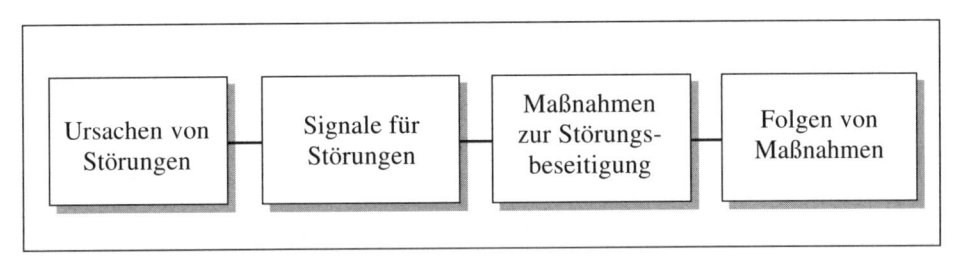

```
┌─────────────┐   ┌─────────────┐   ┌─────────────┐   ┌─────────────┐
│ Ursachen von│───│ Signale für │───│  Maßnahmen  │───│ Folgen von  │
│  Störungen  │   │  Störungen  │   │ zur Störungs-│   │  Maßnahmen  │
│             │   │             │   │ beseitigung │   │             │
└─────────────┘   └─────────────┘   └─────────────┘   └─────────────┘
```

Die Güte menschlicher Störungsdiagnose und Maßnahmeplanung hängt nun davon ab, wie angemessen und vollständig die mentalen Repräsentationen über diese Komponenten sind. Werden bei einer Störungsdiagnose einige Ursachenkomplexe nicht ins Kalkül gezogen, weil der Betreffende in seiner Einarbeitungsphase nicht auf diese hingewiesen wurde und die immer ausschnitthaften Arbeitserfahrungen diese Lücken nicht explizit bewußt machten, so kann das zu ungenauen Diagnosen und in deren Folge auch zu fehlerhaften Maßnahmen führen. Analog verhält es sich, wenn mentale Abbilder über die möglichen Maßnahmen, ihre Anwendungsvoraussetzungen und Folgen lückenhaft oder unzutreffend sind. Das gedankliche Probehandeln wird dann nicht vollständig gelingen oder fehlerhafte Resultate hervorbringen. Daraus erwachsen Unsicherheiten und Probierstrategien, die zu Fehlern, überhöhtem Verbrauch an Materialien oder zu einen vorschnellen Anlagenverschleiß bedingenden Handlungen führen. Ein entscheidendes Lernziel auf dem Weg zur Entwicklung selbständiger Bewältigungsstrategien von Arbeitsverfahren sind deshalb vollständige und zutreffende mentale Abbilder über die in Abbildung 10 enthaltenen Komponenten.

Für ein Lernen kann die Simulation der infomationellen Struktur der Arbeitsaufgaben genutzt werden (Matern,1983; Bergmann, 1993). Dazu werden Merkmale von Störungssituationen begrifflich erfaßt und einzeln auf Karten geschrieben. Störungssituationen sind durch mehrere Karten abbildbar (pro Karte ein Störungssymptom) und Lernaufgaben entstehen, indem verschiedene Beurteilungen verlangt werden (s. Abb. 11).

Abb. 11: Mögliche Beurteilungen simulierter Störungssituationen, die als Lernaufgaben genutzt werden können

Angebot an Lernende	geforderte Beurteilungen
Simulation von Störungssituationen durch Karten mit verschiedenen Parameterzuständen	Angabe der Störungsursache der simulierten Störungssituation
	Zuordnung von Maßnahmen zur Störungsbeseitigung
	Angabe von Folgen der Maßnahmen

Bei den Beurteilungen geht es einmal um den Rückschluß auf Störungsursachen. Für eine Situation, die durch mehrere Parameterausprägungen angegeben ist, wird die Angabe der Ursachen verlangt. Zum anderen geht es um die Zuordnung angemessener Maßnahmen und die Angabe ihrer Folgen. Das bedeutet, bei diesen Beurteilungsaufgaben wird ein gedankliches Kalkulieren im Rahmen der in der Abbildung 10 angegebenen Komponenten verlangt.

Mit Hilfe einer solchen begrifflichen Simulation von Störungsdiagnoseaufgaben können Lernaufgaben als Zuordnungs- oder Strukturlegeaufgaben gestaltet werden. Für jeden Kasten der Abbildung wird ein Kartenpool hergestellt, der die Variationsbreite der im Arbeitsalltag vorkommenden Möglichkeiten abbildet. Dann können vorgegebenen Störungssymptomen mögliche Ursachen oder vorgegebenen Störungsursachen zu erwartende Symptome und Maßnahmen zugeordnet werden. Die Bearbeitung dieser Aufgaben erfolgt quasi als „Trockentraining" durch die Auswahl und das Zuordnen von Karten, die mit Begriffen beschriftet sind. Solche Beurteilungs- oder Strukturlegeaufgaben auf der Basis der Simulation der informationellen Struktur von Arbeitsaufgaben haben aus folgenden Gründen Potenzen zur Lernunterstützung:
1. Die begriffliche Kodierung wesentlicher Informationen der Arbeitssituation führt zu einer bewußten Auseinandersetzung und fördert eine Beurteilung auf intellektueller Ebene.
2. Die Beurteilungen verlangen ein gedankliches Kalkulieren innerhalb der Komponenten, die für Störungsdiagnosen und Maßnahmenplanungen erforderlich sind. Die abstrakte Simulation verschiedener Arbeitssituationen im Zeitraffersystem ermöglicht dabei intensivere Lernphasen.
3. Die zeitliche Straffung führt dazu, daß Vergleiche zwischen Störungssituationen provoziert werden, die in der Realität nicht in zeitlicher Nachbarschaft vorkommen, und sie ermöglicht dadurch ein zusätzliches gedankliches Auseinandersetzungspotential.

4. Bei der Abarbeitung solcher Beurteilungsaufgaben erlebt jeder Teilnehmer Stärken und Schwächen bzw. Unsicherheiten. Letztere können individuelle Problemlöseprozesse auslösen, die als Lernprozesse zu interpretieren sind.
5. Die Beurteilungsaufgaben ermöglichen über die Gestaltung von Rückmeldungen zusätzliche Lernhilfen. Dies kann auf unterschiedliche Weise geschehen. Falls es möglich ist, einen Maßstab zu erstellen, der eindeutig zutreffende, falsche und nur teilweise akzeptable Beurteilungen zu trennen gestattet, können Beurteilungsresultate individuell bewertet und erforderlichenfalls Korrekturinformationen gegeben werden.

Es ist aber auch möglich, voneinander abweichende Beurteilungsresultate zum Gegenstand einer Problemlösegruppenarbeit zu machen, in der Gruppe den Maßstab zu entwickeln und über den Austausch von Argumenten für korrekte und fehlerhafte Beurteilungen Lernen zu ermöglichen.

Diese Idee der begrifflichen Simulation von Eigenschaften von Arbeitsaufgaben zum Zwecke des Unterstützens von Prozessen des Lernens in der Arbeit wurde verschiedentlich erprobt (Wünsche, 1985; Rühle, 1988). Sie wurde in Form eines Trainingsbausteins in einem Störungsdiagnosetraining ebenfalls genutzt (Bergmann, Wiedemann & Zehrt, 1995,1996).

Je komplexer Arbeitsaufgaben sind und je geringer der Wiederholungsgrad einzelner Handlungen, umso mehr Freiheitsgrade gibt es für die Ausführung. Varianten von Arbeitsvollzügen sind möglich, die sich aber hinsichtlich ihrer Effektivität unterscheiden. Eine Vorausplanung im Detail gelingt kaum. Deshalb hat das Ausführen, also der praktische Arbeitsvollzug, auch die wichtige Funktion der Erprobung von Handlungsplänen. Der größte Lerngewinn trifft oft schon nach dem ersten Erproben ein (Neubert, 1972). Dieser Bedeutung des Lernens im Arbeitsvollzug entsprechen praktische Trainingsmöglichkeiten, die berücksichtigen, daß beim Erproben komplexer Arbeitsverfahren auch Irrwege mit negativen Konsequenzen möglich sind. Aber gerade das Selbsterfahren der Folgen ist eine besonders wirkungsvolle Lernmethode (Wehner, 1984; Greif & Janikowski, 1987). Für ein Lernen im Arbeitsvollzug sind deshalb Lernbedingungen besonders wertvoll, in denen zum Zwecke des Austestens der mit den Arbeitsaufgaben gegebenen Problemräume sowohl effektive als auch nicht effektive Arbeitsverfahren erprobt werden können, das heißt sowohl Arbeitshandlungen mit den gewünschten Folgen für die Produktqualität als auch solche, die zu fehlerhaften Resultaten führen. Das setzt aber voraus, daß diese Lernumgebungen von der Produktionsrealität abgekoppelt sind, also auf Produktmenge und -qualität keine Auswirkungen haben. Große Unternehmen haben zum Teil solche Lernumgebungen durch die Simulation wichtiger technologischer Abschnitte geschaffen. So berichtet Wiedemann (1995) von einem Unternehmen mit flexibel automatisierten Fertigungslinien, das einen sog. Try-out-Raum eingerichtet hat. Dieser gestattet Mitarbeitern mit Störungsdiagnose- und Instandhaltungsaufgaben das Ausprobieren neuer Diagnosestrategien, ohne daß dabei das Risiko der Herabsetzung der Anlagenverfügbarkeit als mögliche Folge unzweckmäßiger Diagnosestrategien eingegangen wird. Der Try-out-Raum bietet Erprobungsmöglichkeiten für das Herausdifferenzieren zweckmäßiger von weniger zweckmäßigen Störungsdiagnosestrategien unter sehr realitätsnahen Bedingungen.

Bärbel Bergmann

In Anerkennung der großen Bedeutung des Lernens im Arbeitsvollzug ist auch das Lerninselkonzept als Verknüpfen von Arbeit und Lernen im Produktionsprozeß entstanden. Bittmann (1993) berichtet über dieses Projekt, das im Rahmen eines betrieblichen Modellversuches zum Thema „Dezentrales Lernen in Teamarbeit" entwickelt wurde. Es beschreibt Lerninseln als Lernorte unter Produktionsbedingungen, die von hochqualifizierten Facharbeitern betreut werden, und Lernenden (das können Auszubildende in der Phase des Überganges zum Jungfacharbeiter sein, aber auch erfahrenen Mitarbeiter) Schlüsselerlebnisse im Sinne der Auseinandersetzungsmöglichkeit mit sehr komplexen Arbeitsaufgaben bieten, deren Bewältigung gleichermaßen hohe Fach-, Methoden- und Sozialkompetenz abverlangt. „Lerninselausbildung heißt vor allem Schlüsselerlebnisse zu schaffen, weil nur Schlüsselerlebnisse die Chance beinhalten, Verhaltensweisen zu verändern" (Bittmann, 1993, S. 109).

Eine Lernunterstützung durch Simulation liegt aber auch bereits dann vor, wenn problemhaltige Arbeitssituationen als Fallbeispiele für Lernprozesse aufbereitet werden. Diese Art der Simulation wurde unter anderem für Lernunterstützungen im Arbeitsprozeß bei der Einführung von Gruppenarbeit in der Konfektionsindustrie genutzt (Timmich, 1985; Rieger, 1987).

Für Näherinnen, die mehrjährige Berufserfahrungen mit einer als Bandarbeit organisierten Arbeit hatten, bei der sie für zwei bis drei Arbeitsgänge spezialisiert waren, stand bei der Einführung der neuen Organisationsform, die so konzipiert wurde, daß Gruppen von fünf bis sieben Näherinnen komplette Kleidungsstücke fertigten, als Lernanforderung die Beherrschung weiterer Arbeitsgänge im Vordergrund. Die Fertigung kompletter Kleidungsstücke erfordert 15 bis 35 Arbeitsgänge. Die Differenz zwischen zwei bis drei und dieser zweistelligen Zahl von Arbeitsgängen wurde von den Näherinnen als wichtigste Lernanforderung widergespiegelt. In Vorbereitungsseminaren vor der Einführung der Gruppenarbeit erläuterte Lernanforderungen auf dem Gebiet der Organisation der Arbeit wurden von den Näherinnen in ihrer Bedeutung nicht erkannt. Gruppenarbeit erfordert aber auch die Organisation der Arbeit innerhalb der Gruppe. Gelingt diese schlecht, so können Probleme entstehen, bspw. daraus, daß Näherinnen, die bei der aktuellen Arbeitsverteilung in der Gruppe kurzdauernde Arbeitsgänge übernommen haben, fertig sind und keine Arbeit mehr haben, während andere, denen längerdauernde Arbeitsgänge zugeteilt waren, nicht nachkommen. Wenn in der Gesamtgruppe dann keine fertigen Kleidungsstücke entstehen, wirkt sich ein solcher Organisationsfehler bei der Verteilung der Arbeit in der Gruppe bei leistungsabhängigem Lohn auch finanziell aus und wird als Konfliktursache erlebt. In diesem Industrieprojekt wurden die aus dem mangelndem Problembewußtsein resultierenden Organisationsfehler genutzt, um die Betroffenen auch für diese Art ihres Lernbedarfs zu sensibilisieren und Motivation für die Auseinandersetzung mit Organisationsanforderungen zu entwickeln. Mit dem Erarbeiten eines Organisationstrainings, das Beispiele für Organisationsaufgaben der Verteilung der Arbeit in der Gruppe aus dem Erfahrungsbereich der Näherinnen zu Lernaufgaben entwickelte und für diese günstige und ungünstige Organisationslösungen sowohl demonstrierte als auch ihre Selbstentwicklung abforderte, konnte eine ausreichende und in den Arbeitsprozeß gut integrierbare Unterstützung gegeben werden (Timmich, 1985).
Näherinnen, die durch jahrelange Arbeit am Band sehr geringen Anforderungen an selbständiges Planen und keine an die Berücksichtigung der Arbeit von Kollegen für

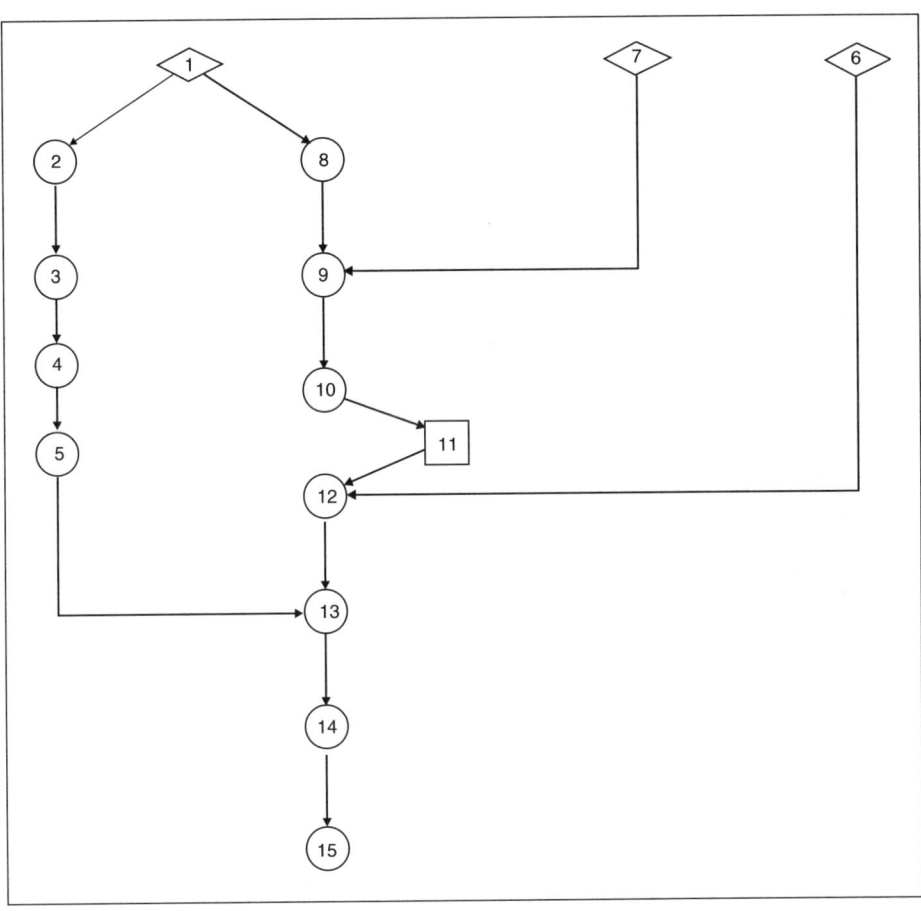

Formen des Lernens in der Arbeit

Abb. 12: Abfolgeschema für die Organisation der Arbeitsgänge bei der Fertigung eines Kleidungsstückes

Planungszwecke erlebt hatten, waren es nicht gewohnt, selbständig Arbeitsplanungen vorzunehmen. Sie benötigten dafür Unterstützung. Diese wurde durch Fallbeispiele gewährt, in denen günstige und ungünstige Organisationslösungen sowohl demonstriert als auch ihre Selbstentwicklung abgefordert wurden. Planungen erfordern, Zukünftiges vorauszudenken. Bei Planungen der Arbeitsverteilung in einer Gruppe muß gelernt werden vorauszudenken, wie viel Arbeit von den einzelnen Mitgliedern nach einer, nach vier, nach acht Stunden geleistet wird und daß der Bearbeitungsfluß bei Abhängigkeiten der einzelnen Arbeitspakete untereinander gewährleistet ist. Das erfordert verschiedene Umkodierungen. Arbeitsgänge müssen in Zeit für ihre Ausführung umkodiert werden. Die Ausführungszeiten verschiedener Arbeitspakete müssen auf Personen und Arbeitstage umkodiert werden. Mit Hilfe von Fallbeispielen und der Entwicklung spezieller Hilfsmittel erfolgte eine Unterstützung für derartige Arbeitsplanungen. Das Prinzip der Hilfsmittel beruhte auf der Veranschaulichung von im Arbeitsprozeß erst später erlebbaren Handlungskonsequenzen. Das Vorausdenken von Folgen sollte so erleichtert werden. Die Abbildung 12 zeigt ein Abfolgeschema für die

Organisation der Arbeitsgänge bei der Fertigung eines Kleidungsstückes. Die Arbeitsgänge sind mit Ziffern bezeichnet und die Abbildung demonstriert, daß einige, nämlich die mit den Nummern 1, 6 und 7 bezeichneten parallel begonnen werden können, während andere nur in einer bestimmten Sequenz abzuarbeiten sind, z.B. 4 nach 3 und 5 nach 4.

Die Abbildung 13 zeigt mit einem angegebenen Abhängigkeitsnetz ein Beispiel dafür, daß die Personen in der Gruppe unterschiedliche Arbeitsgänge übernehmen. Die Pfeile geben die Bewegungsrichtung der Stoffteile an und zeigen, welche Näherin von welcher anderen angefangene Kleidungsstücke übernimmt und deren Bearbeitung fortsetzt. Personen, bei denen viele Pfeile zusammenlaufen, im Beispiel F, haben eine Schlüsselfunktion und höhere Anforderungen zu erfüllen. Nach dem in der Abbildung 13 angegebenen Schema lassen sich durch Veränderung der Nummern für die Arbeitsgänge andere Arbeitsverteilungen simulieren. Durch Addition des Zeitbedarfs der einzelnen Arbeitsgänge läßt sich berechnen, wie viele in einer, zwei oder x Stunden ausführbar sind und so können die Folgen der Arbeitsverteilung demonstriert werden. Auch so einfache Simulationen, mit denen sich Bearbeitungsvarianten und deren Folgen veranschaulichen lassen, können also ein Lernmittel sein.

Die Lernunterstützung computerbasierter Trainingsprogramme beruht zum großen Teil auch auf der durch die Simulation von Arbeitsaufgaben und deren Bedingungen gegebenen Möglichkeiten zur Exploration von Bearbeitungswegen. Diese Exploration kann in computersimulierten Umgebungen ohne Furcht vor unerwünschten Konsequenzen von Fehlhandlungen erfolgen. Rückmeldungen über Erfolg oder Mißerfolg kommen rasch, und dadurch erfährt der Lernende Bestätigung, Sicherheit und das Gefühl, Kontrolle über die Aufgaben zu erhalten, weil das Bearbeiten der simulierten Aufgaben zu einem Austesten der Aufgabenmerkmale und damit zu einem vollständigen mentalen Abbild über sie führt.

5.3.4 Kognitive Trainingsmethoden

Es wurde bereits erläutert, daß Lernen im Prozeß der Arbeit häufig als selbständiges, als autonomes Lernen beschrieben wird. Eine ganze Reihe von Trainingsmethoden sehen den Ansatzpunkt für eine Unterstützung der damit angesprochenen selbständigen Optimierung von Arbeitsverfahren im Herausfordern einer denkenden Tätigkeitsregulation. Insbesondere zur Gewohnheit gewordene Routinehandlungen bedürfen der bewußten Kontrolle für ihre Veränderung. Bereits für das Erlernen von Fertigkeiten wurde gezeigt, daß zwar ihre psychische Regulation im Könnensstadium psychisch automatisiert erfolgt, ihr Erlernen jedoch durch Trainingsmethoden, die an der denkenden Regulation ansetzen, gefördert werden kann (Ulich, 1967, 1974; Neumann, 1975; Triebe & Wunderli 1976; Volpert, 1976). Das mentale Training als gedankliches Nachvollziehen zu erlernender Abläufe, bei dem Klarheit über Entscheidungspunkte erlangt wird, verlangt eine denkende Strukturierung des Lerngegenstandes. Das observative Training zielt auf eine bewußte Sollwerteingabe mit Hilfe der Beobachtung. Mit begrifflichen Hilfen, wie sie sprachgestützte Trainingsmethoden aufweisen, wird die bewußte Zuwendung auf Schlüsselmerkmale zu erlernender Vollzüge gelenkt.

Abb. 13: Abhängigkeitsnetz zur Veranschaulichung der Abhängigkeit einzelner Personen voneinander (A, B, C, D, E, F), die verschiedene Arbeitsgänge (1, 2, ..., 15) ausführen (Erläuterungen im Text)

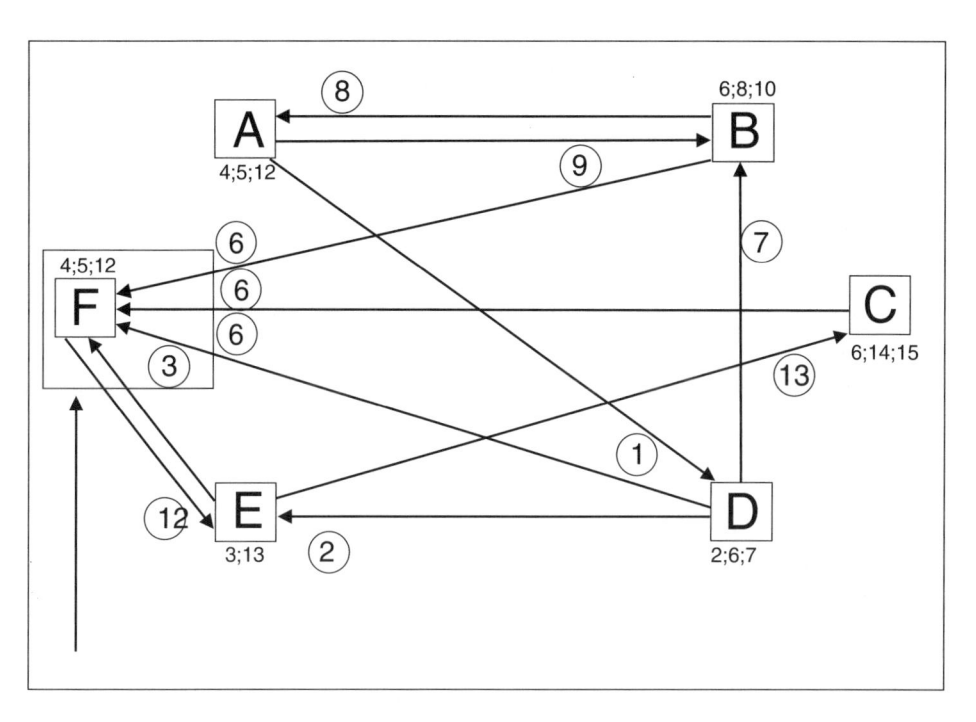

Ein zweiter Gesichtspunkt, der die Konzipierung vieler Unterstützungsmethoden des Lernens in der Arbeit leitet, ist die Tatsache, daß eine selektive Lernunterstützung ausreichend ist und nicht komplette Arbeitstätigkeiten als Lerninhalte interpretiert werden müssen. Berufserfahrene Personen verfügen über umfangreiches Wissen und beherrschen eine Reihe von Strategien. Ein selektives Training reicht aus. Die Kombination beider Aspekte bei der Konzipierung von Trainingsmethoden für den Arbeitsprozeß ist mit dem Begriff „selektivem kognitivem Training" belegt (Rühle, 1988; Hacker & Skell, 1993).

Nach dem Ansatz der Optimierung von Arbeitsverfahren durch die Unterstützung einer denkenden Auseinandersetzung wird auch der Förderung der intrinsischen Motivation große Bedeutung beigemessen. Die Förderung selbständigen Lernens hat ja immer auch das Ziel, daß Lernende zukünftig einer Unterstützung nicht mehr oder in geringerem Maße bedürfen. Dies kann erreicht werden, indem Vorgabe und Führung bei Trainingsmethoden schrittweise zurückgenommen werden und statt dessen eine Vermittlung von Analyse- und Lerntechniken erfolgt, mit denen selbständig Schwachstellen erkannt und überwunden werden können.

Mit Modifikationen des aktiven und observativen Trainings in der Form, daß die eigenen Arbeitsmethoden oder die eines Kollegen protokolliert, daraus Schlußfolgerungen zur Verbesserung der eigenen Arbeitsmethoden abgeleitet und diese erprobt werden, hat Rühle (1988) Beispiele für „selektive kognitive Selbstbelehrungstechniken" gegeben (s. auch Hacker & Skell, 1993). Die motivierende Freude am selbständigen Entdecken effektiver Arbeitsmethoden wird nach diesem Konzept den Arbeitenden/Lernenden überlassen. Ein analoger Gedanke liegt dem entdeckenden und explorierenden Lernen (Greif & Janikowski, 1987) sowie der Unterstützung durch gestufte Hilfen zugrunde (Skell, 1980; Hoepfner, 1981; Guthke, 1986).

Viele kognitive Trainingsmethoden machen Gebrauch vom Lernen durch Sprache und Sprechen. Die Sprache ist für die Steuerung menschlichen Verhaltens ganz wichtig. Mit Hilfe der Sprache können Menschen nicht nur die Tätigkeit anderer Menschen beeinflussen. Sie hat auch eine Funktion für den Einzelnen. Diese spielt eine besonders große Rolle, wenn es um selbständiges Lernen geht. Begriffe wie sprachgestütztes Training machen auf die lernförderliche Funktion der Sprache aufmerksam (Matern 1983; Bergmann 1989).

Die sprachliche Regulation von Tätigkeiten hat zwei Seiten: Sie nutzt Begriffe und verbalisiert diese. Im ersten Teil werden Bestandteile der Sprache, nämlich Worte als Zeichen für Begriffe als zusätzliche Signale eingeführt, und damit ist eine Reihe von Effekten verbunden. Im anderen Fall wird der zu erlernenden Tätigkeit eine zweite, nämlich die Sprechtätigkeit, hinzugefügt, und auch das führt zu spezifischen, für das Lernen förderlichen Effekten.

Klare Begriffe für tätigkeitsveranlassende Signale, für Tätigkeitsresultate, Fehler, Störstellen und Handlungsziele unterstützen Wahrnehmungsleistungen, indem sie differenzieren oder klassifizieren helfen. Arbeitsvollzüge erfordern z.T. feinere Unterscheidungen von Wahrnehmungssignalen als im Alltag üblich. In manchen Tätigkeiten sind feinere Farbabstufungen oder Unterschiede in Laufgeräuschen von Maschinen zu beurteilen. Das Erlernen dieser Differenzierung gelingt schneller, wenn die zu unterscheidenden Nuancen mit Begriffen belegt werden. Auch eine Unterscheidung von Arbeitsbewegungen kann so leichter erlernt werden. Davon machte Elßner (1972) in seiner Studie zum Erlernen physiologisch günstigerer Arbeitsbewegungen Gebrauch. Die häufigen Sehnenscheidenerkrankungen in bestimmten technologischen Abschnitten bei der Herstellung von Kunstseide konnten drastisch reduziert werden, was sich in einer Senkung des Krankenstandes von 18,4% auf 8,6% äußerte. Durch Wortmarken wie „Traubenhaltung" und „Tabletthaltung" für das Transportieren von Kunstseidenspulen gelang eine Differenzierung und danach die Auswahl der günstigeren Bewegungsart sehr rasch. Aber auch Klassifizierungen werden schneller erlernt und stabiler gebraucht, wenn für ihre Resultate Begriffe verfügbar sind. Nicht immer erfordert jede Veränderung einer Arbeitssituation eine spezifische Maßnahme. So muß z.B. bei der Tätigkeit des Schärens – der Vorbereitung von Garnen für das Weben – darauf geachtet werden, daß die Maschinen immer mit vollen Garnspulen bestückt sind, weil ein Leerlauf zum Maschinenstillstand führt. Nun ist es weder so, daß erfahrene Mitarbeiter jedesmal warten bis ein Maschinenstillstand eintritt noch jede Veränderung der Spulendicke aufmerksam analysieren. Wird eine bestimmte Dicke unterschritten, so ist das ein Signal zum Spulenwechsel, gleichgültig, ob sich noch Garn für eine halbe Minute oder sieben Minuten auf der Spule befindet. Über einen Bereich variierender Spulendicke wird verallgemeinert. Die Bedeutung für erforderliche Arbeitshandlungen ist dieselbe bei völlig und fast leergelaufenen Spulen. Solche

Klassifizierungen werden stabiler und schneller erlernt, wenn man sie mit einem Begriff belegt.

Individuelles Lernen im Arbeitsvollzug führt bei der mentalen Abbildung tätigkeitsspezifischer Inhalte häufig zu einem sehr individuumspezifischen Sprachgebrauch, der bei verschiedenen Personen nicht gleich ist und oft auch Unschärfen besitzt. Eine Präzisierung ist deshalb nicht nur lern- sondern auch kooperationsförderlich. Die klare begriffliche Beschreibung der Arbeitstätigkeit und der sie auslösenden und steuernden Signale kann in Lehr- bzw. Arbeitsmaterialien fixiert werden. Ihre Erarbeitung ist durch externe Spezialisten (Arbeitspsychologen, Arbeitswissenschaftler, Arbeitspädagogen) möglich. Eine zeitökonomische Erarbeitung kann aber auch durch die Arbeitenden selbst erfolgen, indem sie im Rahmen in den Arbeitsprozeß integrierter Problemlösegruppenarbeit (Qualitätszirkel, Kontinuierlicher Verbesserungsprozeß) die Inhalte dieser Materialien selbst entwickeln. Die schriftliche Abfassung sollte dann von einem dafür geschulten Vorgesetzten oder einem Trainer übernommen werden. Die von Koch (1984, 1986) entwickelte und erfolgreich in die Praxis überführte Leittextmethode nutzt die Gliederung in Tätigkeitsphasen und die klare begriffliche Beschreibung der Orientierungsgrundlagen in den einzelnen Phasen als Prinzip der Lernunterstützung.

Eine sprachliche Unterstützung von Lernprozessen in der Arbeit kann über die Vergabe oder Erarbeitung klarer Begriffe hinaus durch Sprechen, d.h. das Verbalisieren dieser Begriffe erreicht werden. Das Verbalisieren hat mehrere Effekte:
- Es unterstützt eine bewußte, denkende Tätigkeitssteuerung. Dadurch werden im Lernen erfolgreiche von weniger erfolgreichen Vorgehensweisen schneller abgegrenzt.
- Das Verbalisieren hat eine Selbstinstruktionswirkung (Meichenbaum, 1979). Werden tätigkeitsregulierende Signale verbalisiert, so stellt sich der Mensch auf sie ein, erwartet sie. Dadurch werden Wahrnehmungsprozesse beschleunigt und eine Abschirmung von Störeinflüssen der Umgebung gelingt besser.
- Die Selbstinstruktionswirkung kann auch die selbständige Tätigkeitsplanung verbessern. Das ist mehrfach für Tätigkeiten nachgewiesen, die Freiheitsgrade bezüglich der Abfolgeplanung enthalten und bei denen eine überlegte Handlungsabfolge eine wesentliche Quelle hoher Effektivität ist, hingegen aber zufällig gewählte oder unvollständig durchdachte Planungen einen erheblichen Zeitbedarf nach sich ziehen oder auch Fehler verursachen können (Skell, 1972, 1980; Höpfner, 1981).
- Es unterstützt Gedächtnisleistungen, insbesondere solche des Arbeitsgedächtnisses und dies kann Verbesserungen in Einarbeitungsphasen bewirken.
- Es führt zu einer Steigerung der allgemeinen Aktiviertheit, was generell lernfördernd ist.

Diese Wirkmechanismen sind oft mit Gewinn genutzt worden. In der Fahrschulausbildung sind Verbesserungen durch das Verbalisieren oder die Kommentarmethode, wie es teilweise genannt wird, nachgewiesen (Elßner & Hansch, 1975; Seidl & Hacker, 1992). Die traditionelle Vier-Stufen-Methode der Unterweisung enthält das Mitsprechen des Lernenden beim Nachvollzug zu erlernender Arbeitshandlungen bereits als Bestandteil (REFA, 1989; Schelten, 1987). Zum Teil sind sprachgestützte Trainingsprogramme zum Erlernen von Arbeitshandlungen entstanden. Fritzsche und Meyer

(1979) haben ein solches für die Bedienung von Textilmaschinen entwickelt. Ihr Vorgehen ist durch zwei Prinzipien gekennzeichnet. Sie haben erstens eine Feingliederung der Tätigkeit in Handlungen und eine Untersetzung der Handlungen in Operationen vorgenommen und sind dabei dem Tätigkeitsablauf gefolgt. Sie haben zweitens jede Operation sprachlich eindeutig beschrieben und Kurzbeschreibungen als Sprechimpulse für das Verbalisieren vorbereitet. Unter Berücksichtigung des Tatbestandes, daß Arbeitshandlungen durch Üben schneller ausgeführt werden, sind verkürzte Sprechimpulse entwickelt, deren Verbalisierung eine flüssige Handlungsausführung nicht verlangsamt. Die Tabelle 3 zeigt einen Ausschnitt aus den Lehrmaterialien der das Vorgehen illustriert.

Für den Anfänger sind die Operationen der Handlungen verständlich beschrieben. Die Unterstützung des Erlernens dieser Operationen durch begleitendes Sprechen trägt der Tatsache Rechnung, daß Arbeitsbewegungen wenig Zeit beanspruchen. Für die Funktion der Lernunterstützung ist es wichtig, Sprechen und Tun zu synchronisieren. Deshalb sind die Sprechimpulse kürzer formuliert als die ausführliche begriffliche Beschreibung der Operationen. Die zweite Verkürzungsstufe, bei welcher der Sprechimpuls auf einen Begriff reduziert ist, der die Funktion des Aufrufens des entsprechenden Handlungsprogramms hat, wird erforderlich, weil das Erlernen von Arbeitshandlungen durch erhebliche Zeitverkürzungen in der Ausführung gekennzeichnet ist. Das begleitende Sprechen soll das Ausführen unterstützen, nicht bremsen.

Sprachlich gefaßte Regeln können Lernen unterstützen. Dies ist mit heuristischen Regeln vielfach geschehen. Sie basieren auf Anweisungen für den Lernenden, die dessen Denken in eine bestimmte Richtung lenken sollen, aber keine vollständigen Vorschriften für erfolgreiches Handeln darstellen. Sie haben die Form allgemeiner Regeln, mit denen zu einer präziseren Situationsanalyse angeregt, der Problemraum mitgestaltet und zu einer Reflexion über und zu einer Bewertung bereits vollzogener Denkschritte aufgefordert wird. Auch damit wird eine bessere gedankliche Planung und sorgfältigere Kontrolle angezielt, die erfolgreiches Lernen begünstigen. Heuristische Regeln können tätigkeitsbezogen, aber auch allgemein formuliert sein, d.h. so, daß sie auf ganze Klassen von Tätigkeiten anwendbar sind. Zur Unterstützung von Lernprozessen hat es sich bewährt, sie Lernanfängern in einer ausführlichen Form (Langform) vorzulegen, gleichzeitig aber auch eine Kurzform vorzubereiten, die für Fortgeschrittene und Könner die Funktion des Stichwortes übernimmt, durch das die Regel aktualisiert und ihre Anwendung im Handeln bewirkt wird. Es empfiehlt sich, daß die Lernenden diese Kurzform während der Handlungsvorbereitung verbalisieren.

Durch solche Regeln werden Lernende angehalten, Wissen zu aktualisieren und ihre Handlungsplanung unter verschiedenen Aspekten zu überdenken, um zu einem effektiven Vorgehen zu kommen. Heuristische Regeln müssen nicht tätigkeitsspezifisch gestaltet werden. Auch globale, also lerninhaltsinvariante Regeln führen zu verbesserten Lernresultaten (Hoepfner 1982; Hacker und Skell 1993). Heuristische Regeln unterstützen das Erlernen der situationsgerechten Kombination von Handlungen zu Arbeitsverfahren. Sie sind Hilfsmittel zur Analyse komplexer Arbeitssituationen für die Lernenden. Ihr wesentlicher Effekt ist die Befähigung der Lernenden zur selbständigen Entwicklung von Arbeitsverfahren. Deren Erzeugung wird gelehrt. Das ist

Tab. 3 : Ausschnitt aus einem Trainingsprogramm zum sprachgestützten Erlernen von Bedientätigkeiten (Fritzsche und Meyer, 1979)

Handlung III		
Operationen	**Sprechimpulse**	**verkürzter Sprechimpuls**
1. Durchfädeln des Fadenendes durch die Ösen des Zwischenfadenführers	Durchfädeln durch Öse des Zwischenfadenführers	Öse
2 Ziehen des Fadenendes zum Fadenbruchwächter	Ziehen zum Fadenbruchwächter	ziehen
3. Durchfädeln des Fadenendes durch die vordere Öse des Fadenbruchwächters	Durchfädeln durch Öse	Öse
4. Durchfädeln des Fadens durch die Öse der Fallnadel des Fadenbruchwächters	Öse der Fallnadel	Fallnadel

entscheidend, und das ist das Invariante bei den durch so viele Einflüsse ständig modifizierten Arbeitsverfahren. Den Lernenden diesen genetischen Zugang zu Arbeitsverfahren zu eröffnen bedeutet, sie vor Überforderung durch die zahlreichen Änderungen zu schützen (vgl. Matern und Hacker 1986).

Die Unterstützung, die heuristische Regeln bei der Abstraktion der invarianten, auf andere Handlungen übertragbaren methodischen Prozedur leisten, ist auch ein wesentliches Instrument dafür, Handlungsprogramme an veränderte Aufgaben und Situationen anzupassen. Dazu ist die bewußte Kontrolle erforderlich. Heuristische Regeln fordern zu dieser Bewußtheit heraus und ermöglichen so eine denkende Bewältigung der Aufgaben. Gerade eine denkende Auseinandersetzung mit den Arbeitsaufgaben ist als Schlüssel effektiver Arbeitsmethoden nachgewiesen. Neubert (1972) kommt bei einer zusammenfassenden Einschätzung über arbeitspsychologische Befunde zu dem Ergebnis, „daß interindividuelle Leistungsdifferenzen in der Produktionsarbeit sehr wesentlich auf das unterschiedliche Niveau der intellektuellen Bewältigung von Arbeitsanforderungen zurückgehen" (S. 105).
Eine spezielle Form der Lernunterstützung durch Regeln sind Selbstinstruktionstechniken. Auch mit ihnen werden Lernende zur selbständigen Steuerung ihres Lernens aufgefordert. Die Konzentration auf den Lerngegenstand wird erleichtert. Die Abschirmung von Störeinflüssen gelingt besser.

Bärbel Bergmann

Eine sehr instruktive Umsetzung der Idee der Lernunterstützung durch Regeln wurde kürzlich durch Lauritzen (1994) geleistet. In ihren Hilfen für Industriemeister, denen häufig die Funktion der Lernunterstützung im Arbeitsprozeß zufällt, hat sie für brancheninvariante Aufgaben, die im Arbeitprozeß mit ständigen Lernanforderungen verbunden sind, Regeln formuliert, die gleichzeitig Anleitungen zur Förderung des selbständigen Lernens bei Mitarbeitern sind. Sie haben eine allgemeine Form, die von konkreten Arbeitsanforderungen abstrahiert, deshalb aber auch Anregung zur Problemlösung in vielen Situationen sein können. Die Regeln sind drei im Arbeitsprozeß ständigen Lernaufgaben zugeordnet, dem gezielten Anleiten, dem „Instruktionsmanagement", dem Bewältigen von Konflikten, dem „Konfliktmanagement", und dem Erkennen und Beheben von Fehlerursachen, dem „Qualitätsmanagement".

Arbeitsplatzwechsel ermöglichen, dieses Lernen im Arbeitsvollzug auf mehrere Aufgaben zu übertragen. Bei der Betrachtung von Arbeitsplätzen als Lernort, kann es so zu einer Addition von Lernpotenzen in der Arbeit kommen. Auch bei der Einführung von Gruppenarbeit wird das Lernen durch Arbeitsplatzwechsel genutzt, indem die Gruppenmitglieder nacheinander alle der Gruppe zugeteilten Aufgaben übernehmen und so durch gegenseitiges Einarbeiten ihre wechselseitige Ersetzbarkeit erreichen.

5.3.5 Dialogisches Lernen im Arbeitsprozeß und Lernen in Problemlösegruppen

Die Vermittlung und Wertung von Wissen erfolgt in pädagogischen Institutionen wesentlich über die Sprache. Wissen wird sprachlich kodiert und der Zielgruppe dargeboten. In der Regel werden nach der Wissensdarbietung Fragen zugelassen und eigene Erfahrungen können exemplarisch eingebracht werden. So verändert sich ein Prozeß der Wissensübermittlung in einen dialogischen Prozeß der Wissensaneignung. Auch bei einem Lernen in der Arbeit werden Erfahrungen sprachlich kodiert und so übermittelt. Bei berufserfahrenen Personen erfolgt das sowohl spontan bei der täglichen Kommunikation als auch unterstützt und organisiert als produktionsnahes Lernen in Problemlösegruppen. Ein selbständiges, dialogisches Lernen benötigt Voraussetzungen. Zu diesen gehören in erster Linie Kooperations- und Kommunikationsmöglichkeiten, die sowohl aus Arbeitsinhalten entstehen, als auch Zeit für die Abstimmung von Arbeitshandlungen und den Austausch von Erfahrungen enthalten. Gemeinsame Arbeitsinhalte, wie sie bei Gruppenarbeit oder überlappenden Verantwortungsbereichen bestehen, haben arbeitsbedingte Kooperation und Kommunikation zur Folge und begünstigen so diese Art von Lernen im Arbeitsprozeß. Darüber hinaus müssen Spielräume für die Verbesserung von Arbeitsverfahren durch Lernen objektiv existieren und von den Arbeitenden auch erlebt werden. Und die Nutzung dieser Spielräume durch das Entwickeln effektiver Arbeitsverfahren bedarf der Anerkennung.

In Problemlösegruppen kann dialogisches Lernen organisiert und unterstützt werden. Sie sind besonders geeignet, arbeitsplatznah ein Erfahrungslernen zu realisieren. Dazu zählen Qualitätszirkel, die Lernstattarbeit, der aufgabenorientierte Informationsaustausch oder Gruppenarbeit als kontinuierlicher Verbesserungsprozeß (KVP). Ursprünglich befaßten sich solche Kleingruppen mit Fragen der Qualitätsverbesserung der erstellten Produkte. Heute stehen Qualitätsfragen nicht mehr allein im Vordergrund.

Gegenstand sind alle Fragen der Arbeitsgruppen, wie z.B. Produktionsstörungen, die Koordination der Arbeit innerhalb der eigenen Abteilung und mit anderen Abteilungen, die Handhabung von Arbeitsanweisungen, die Verringerung des Ausschusses usw. In dieser Gruppenarbeit geht es auch nicht vordergründig darum, Wissen zu vermitteln, sondern diese Gruppenaktivitäten werden als Instrument begriffen, Arbeitende in ihrer Rolle als Experten ihrer Arbeit anzuerkennen und so zu motivieren. Die Grundidee besteht darin, die Ideen und Erfahrungen der Arbeitenden zu nutzen, um Schwachstellen vor Ort zu beseitigen, so daß die Arbeitenden motiviert und befähigt werden, von Anbeginn Qualität zu produzieren. Das Grundkonzept der Arbeit in Problemlösegruppen hat also ein zweifaches Interventionsziel:
- Durch die Anerkennung ihres Expertenstatus für die konkreten Bedingungen und Probleme am Arbeitsplatz werden Arbeitende motiviert.
- Durch die Organisation des Austausches der Erfahrungen wird ein Lernen nach dem Prinzip der Gegenseitigkeit angeregt, das zum Wissensgewinn bei jeder Person führen kann.

Leistungspotentiale der Mitarbeiter werden aktiviert. Diese so realisierte Verzahnung von Motivation und Wissenszunahme entspricht dem, was Kompetenzentwicklung meint, sehr gut, denn Kompetenzentwicklung funktioniert in Wechselwirkung von Motivation und der Zunahme von Wissen und Können. Ein dialogisches Lernen vermag Anregungen und Unterstützungen für beide Komponenten zu geben.

Dialogisches Lernen läßt sich gut in den Arbeitsprozeß integrieren. Seine Unterstützung betrifft zwei Bereiche:
- Eine organisatorische Unterstützung durch Einbinden dieser Art des Lernens in die Unternehmensphilosophie als ein Instrument der Betriebsführung und
- eine methodische Unterstützung der am Lernen in Problemlösegruppen beteiligten Mitarbeiter (Engel, 1981; Bungard & Wiendieck, 1986).

Die organisatorische Unterstützung wird über die Installation einer Steuergruppe realisiert, welche die Planung und Leitung der Arbeit in Problemlösegruppen und die Koordination mit der Betriebsleitung und den Fachabteilungen übernimmt. Ein Koordinator fungiert als Vermittler zwischen den einzelnen Problemlösegruppen, sowie der Betriebsleitung und den Fachabteilungen. Er sorgt für die fachliche und organisatorische Betreuung der Problemlösegruppen und führt auch die Ausbildung der Gruppenleiter durch. Für die Leitung sind die natürlichen Leiter der Gruppen, die Meister bzw. Gruppenleiter, zu gewinnen. Dies ist auch deshalb günstig, weil solche Gruppenarbeit immer auch Probleme zutage fördert, deren Beseitigung die Entscheidung des Leiters erfordert. Die Arbeit in Problemlösegruppen ist an einige Bedingungen und Durchführungsregeln gebunden:

Eine Voraussetzung ist die *freiwillige Mitarbeit*. Zum Lernen kann man niemanden zwingen. Es funktioniert gerade auf der Basis selbständiger Zielsetzungen und des Entschlusses zur aktiven Mitwirkung.
Die *Zusammensetzung der Gruppe* ist wichtig. Alle für einen Produktionsabschnitt verantwortlichen Personen sollten einbezogen werden. So wurde bei der Anwendung dieser Methode in zwei Elektronikbetrieben eine Gruppe gebildet, zu der Technologen mit Verantwortung für die Produktionsvorbereitung gehörten, Elektronikfacharbeiter

und Angelernte, welche die Produktionstätigkeit ausführten, und Personen, welche die hergestellten Produkte kontrollierten (Biedermann, 1982; Hentrich, 1982). Für eine Optimierung von Arbeitsverfahren ist die Integration der Kenntnisse und Erfahrungen dieser Personengruppen wichtig.

Eine Bedingung aktiver Mitwirkung jeder Person ist die *Gruppengröße*. Sie sollte zwischen vier und zwölf Personen liegen. Zu wenige Personen sind ungünstig, weil ein Lernen in Problemlösegruppen durch das Einbringen von Ideen durch einzelne Mitarbeiter gestaltet wird und zu wenige Personen die Gefahr einer zu geringen Anzahl an Ideen entstehen lassen. Eine zu große Anzahl der Gruppenmitglieder birgt hingegen die Gefahr, daß nicht alle Mitglieder zu Wort kommen und infolge der erzwungenen Passivität mangels Beteiligungsmöglichkeiten desmotiviert werden. Aus einer überschaubaren Gruppengröße resultiert eine Interaktionsstruktur, bei der jeder mit jedem in Verbindung treten und somit den Gruppenprozeß mitgestalten kann.

Die *Häufigkeit und Regelmäßigkeit der Gruppentreffen* beeinflussen ebenfalls den Erfolg. Für die Anfangsphase wird eine etwa einstündige Zusammenkunft im Abstand von zwei Wochen empfohlen. Erfahrene Problemlösegruppen können die Frequenz auf einmal in vier bis sechs Wochen herabsetzen.

Die methodische Unterstützung der am Lernen in Problemlösegruppen beteiligten Mitarbeiter betrifft die Vermittlung von Analyse- und Lerntechniken, die zur eigenständigen Schwachstellenanalyse und zur eigenständigen Problemlösung befähigen. Dem liegt die Überzeugung zugrunde, daß mit selbst gesammelten Daten beschriebene Probleme wesentlich mehr zur Lösung motivieren, als fremdanalysierte, und daß selbständig entwickelte Lösungswege erheblich mehr zu ihrer Umsetzung motivieren, als von anderen Personen angewiesene.

Die von den Gruppen zu erlernenden Analyse- und Arbeitstechniken betreffen:
- Problemanalysetechniken
- Brainstorming
- Arbeitstechniken der Ursache-Wirkungs-Diagramme
- Methoden der Konfliktüberwindung
- Präsentationstechniken
- Strategien der Überwindung von Widerständen gegen Veränderungen und insbesondere
- Regeln der Gruppenarbeit.

Sie werden vereinbart, häufig für jedes Mitglied verfügbar gemacht, indem ein schriftlicher Regelkatalog ausgehändigt wird, der etwa die folgende Form haben kann:

1. Nur Sie als Experten Ihrer Arbeit können abschätzen und entscheiden, wie eine Tätigkeit am günstigsten auszuführen ist.
2. Jeder weiß etwas, was andere noch nicht wissen.
3. Jeder äußert sich zum behandelten Problem.
4. Jede Meinung wird angehört und keine negative Kritik geübt.
5. Über die Richtigkeit der Argumente entscheidet die Gruppe.
6. Informationen werden *erst* gesammelt, *dann* bewertet.
7. Jedes Argument wird kritisch geprüft, seine Richtigkeit hängt nicht von der Position dessen ab, der sie äußert (Auch ein Leiter kann sich irren!).

8. Die Auswahl der zu behandelnden Probleme nimmt die Gruppe vor.
9. Vorrangig sollen solche Probleme behandelt werden, die von der Gruppe lösbar sind. Das muß von der Gruppe abgeschätzt werden.

Die Arbeit nach diesen Regeln wird eingeübt.

Es gibt mehrere Erklärungen dafür, daß selbständiges und ein durch die Organisation von Problemlösegruppenarbeit unterstütztes dialogisches Lernen im Arbeitsprozeß sehr effizient ist. Eine erste ist aus dem komplexen und teilweise intransparenten Lerngegenstand der Optimierung von Arbeitsverfahren ableitbar, Optimierungen im Sinne der Anpassung von Arbeitsverfahren an sich verändernde Aufgaben, an ihre Bearbeitung mit erneuerten Arbeitsmitteln und unter modifizierten Randbedingungen erfordern es, eine Vielzahl von Informationen zu berücksichtigen. Diese sind nicht immer direkt zugänglich. Eine Analyse aus unterschiedlichen Perspektiven, die verschiedene Personen spontan realisieren, gibt die Gewähr, daß der verfügbare Problemraum vollständiger aufgeklärt wird. Ein Austausch bringt vollständigere Erkenntnis. So kann die permanente Lernaufgabe im Arbeitsprozeß, nämlich die Optimierung der Arbeitsverfahren im eigenen Verantwortungsbereich bei gut funktionierenden Informationsaustausch zwischen den Mitarbeitern besser bewältigt werden. Es ist immer wieder belegt worden, daß einzelne Personen auch bei langjähriger Berufserfahrung Wissenslücken und Unsicherheiten z.B. über die Entstehung von Fehlern und Störungen, die möglichen Behebungswege, über Qualitätskriterien für Arbeitshandlungen haben, so daß bei komplexen Arbeitsinhalten auch mehrjährige Berufserfahrung nicht zu Perfektion führt, sondern Lernbedarf bleibt (Neubert Tomczyk, 1986; Rieger, 1987; Rühle, 1988; Hacker, 1992; Bergmann & Wiedemann, 1994; Schaper, 1994; Wiedemann 1995; Bergmann, Wiedemann & Zehrt, 1995). Durch den Austausch der individuellen Erfahrungen läßt sich ein Teil solcher Unsicherheiten und Lücken beseitigen.

Eine zweite Erklärung ergibt sich aus der Kombinierbarkeit mehrerer Lernmechanismen, deren Effekte sich sogar gegenseitig verstärken können. Die wirksamen Lernmechanismen sind:

- Durch dialogisches Lernen kommt es zu einer Addition individuellen Wissens. Dieses ist teilweise übereinstimmend, teilweise aber auch nur überlappend, so daß einzelne Personen Wissen haben, über das andere nicht verfügen. Ein Austausch über diese sich gegenseitig ergänzenden Komponenten kann zu einer Addition des Wissens bei jeder Person führen. Bei der Unterstützung der Einführung neuer Technologien in zwei elektronischen Betrieben durch die Organisation von Qualitätszirkeln konnte eine Verdopplung bis Vervierfachung individuell aussagbaren und damit bewußt verfügbaren Wissens über Fehlerarten, die Fehlerentstehung und Fehlervorbeugung bei einzelnen Arbeitshandlungen nachgewiesen werden (Biedermann, 1982; Hentrich, 1982). Die Umkodierung von Produktfehlern in Risiken für Handlungsfehler, die kleine Bausteine auf dem Weg zu fehlerhaften Produkten sein können, über deren Existenz aber Wissen erforderlich ist, wenn von Anfang an Qualität in Produkte hineinproduziert werden soll, ist eine Lernaufgabe, die nur im Arbeitsprozeß bewältigt wird.

- Ein Informationsaustausch durch dialogisches Lernen führt zu gegenseitiger Bewertung individuellen Wissens.

Ein Austausch über eine Fehler- bzw. Problemgenese und über Problemlösungen führt dazu, daß eine gegenseitige Bewertung der Beiträge vorgenommen wird. Unkorrekte Vorschläge werden von anderen Personen zurückgewiesen. So wird ein Verirren in Sackgassen verhindert. Es kann bei individueller Arbeit durchaus vorkommen. So zeigt Wiedemann (1995), daß bei individueller Suche nach Störungsursachen in der flexiblen Fertigung zum Teil sehr lange Zeiten von einer bis zu sechs Stunden vorkommen, die auch durch ein langes Verfolgen falscher Suchhypothesen beschrieben werden können. Durch die gegenseitige Wertung und Kontrolle können Schwächen und Lücken kompensiert werden. Diese Bewertung der Arbeitserfahrungen durch Kollegen im dialogischen Lernen ist aus zwei Gründen günstig. Dieser Bewertung liegt eine hohe Sachkompetenz zugrunde. Die Bewerter haben zum Teil jahrelange Erfahrungen, also viel Wissen zum Lerngegenstand der Optimierung von Arbeitsverfahren. Aufgrund dieser Sachkompetenz erfährt die Bewertung zweitens eine hohe Akzeptanz.

- Durch dialogisches Lernen werden individuelle Problemlöseprozesse ausgelöst.

Durch den Wissensaustausch und das Kennenlernen der individuell etwas unterschiedlichen Widerspiegelung der Arbeitsaufgaben, deren Bearbeitungswege und Bedingungen wird bei jeder Person der subjektive Problemraum erweitert und dadurch ein Anreiz für das In-Gang-Setzen individueller Problemlöseprozesse gegeben. Die eigene Arbeit wird interessanter, wenn sie aus teilweise differierenden Perspektiven betrachtet werden kann. Daraus entstehen Anregungen, eigene Arbeitsmethoden zu hinterfragen und im Informationsaustausch erfahrene Varianten, die andere Personen praktizieren, zu erproben. Diese Kommunikationsphasen im Arbeitsprozeß bzw. kurze Diskussionsphasen in Problemlösegruppen haben nur eine Initiatorfunktion, die auf nachfolgende Arbeitsphasen wirkt und zur Lösungssuche und Variantenerprobung führen kann. Sehr komplexe Lernprozesse werden so durch den Informationsaustausch über Arbeitsinhalte angeregt. Die arbeitsbezogene Kommunikation bzw. die Diskussion in Problemlösegruppen ermöglicht in Abständen Rückmeldungen über solche Lernprozesse und gestattet es, zusätzliche Informationen einzuholen. Die für komplexe Lerngegenstände, wie es die Optimierung von Arbeitsverfahren nun einmal ist, benötigte umfangreiche Lernzeit wird so in den Arbeitsprozeß verlagert. Er wird benutzt, im Dialog begonnenes Lernen weiterzuführen. Zwischenresultate werden wieder im Dialog bewertet und das kann zu neuen Anregungen für Lernaufgaben im Detail führen.

- Dialogisches Lernen, insbesondere die Arbeit in Problemlösegruppen erzeugt soziale Stimuli für ein Lernen im Arbeitsprozeß.

Der Austausch von Wissen führt immer auch dazu, daß sich Mitarbeiter vergleichen. Die Arbeit in Problemlösegruppen kann dadurch auch eine Art Wettbewerbsatmosphäre schaffen, die zum Reflektieren über die eigenen Arbeitserfahrungen und zum Produzieren von Verbesserungsvorschlägen anregt.

- Dialogisches Lernen erfordert die sprachliche Darstellung von Arbeitserfahrungen.

Die damit geforderte begriffliche Kodierung eigenen Wissens fördert ein schärferes Denken, ein analytisches Vorgehen. Bereits zur Gewohnheit gewordene Handlungen werden auf diese Weise auf die bewußte Ebene angehoben und können dadurch optimiert werden. Die Veränderung eingespielter Handlungsprogramme bedarf auch dann, wenn sie unterhalb der bewußten Ebene reguliert werden, der bewußten Kontrolle. Nur dadurch kann eine gewohnheitsmäßige Rückkehr zu alten Routinen vermieden werden. Das ist eine häufige Gefahr. Deshalb heißt es auch: Umlernen ist schwerer als Neulernen. Diese Schwierigkeiten können bei bewußter Kontrolle besser gemeistert werden.

Eine dritte Erklärung für die besondere Effizienz des dialogischen Lernens in der Arbeit besteht darin, daß hier zwei jeweils sehr aufwendige Prozeduren integriert werden. Das ist erstens die Analyse der Lerninhalte und zweitens die Vermittlung dieser Lerninhalte (Neubert & Tomczyk, 1986; Neubert, 1987). Beim dialogischen Lernen erfolgen beide Prozeduren durch die Arbeitenden selbst und noch dazu lehrpersonalarm. Spezielles Lehrpersonal ist nicht erforderlich, aber Problemlösegruppen bedürfen der Leitung und Beratung. Auch das Schaffen und Pflegen einer „Lernkultur" in Arbeitsgruppen braucht Förderung und Anerkennung. Vorgesetzte können diese Funktionen übernehmen, bedürfen dafür aber selbst einer pädagogisch-didaktischen Qualifikation und sollten vor allem für die Leitung von Gruppenprozessen ausgebildet werden.

Die Selbstanalyse der Lerninhalte durch die Arbeitenden hat eine sehr lernförderliche Konsequenz. Selbstgestellte Aufgaben motivieren mehr als fremdgestellte. Die Übertragung der Verantwortung für das Entdecken von Optimierungsspielräumen in der eigenen Arbeit, die durch Lernen zu erschließen sind, motiviert. Die Arbeitsinhalte werden um sehr vielseitige Aufgaben des Lernens und Lehrens bereichert. Die Integration der Analyse und Vermittlung der Lerninhalte ermöglicht darüber hinaus eine sehr rasche Umsetzung. Erkannte Lernaufgaben können im dialogischen Lernen quasi sofort in Lernprozesse umgesetzt werden. Damit kann sehr flexibel und schnell auf Veränderungen reagiert werden. Allerdings benötigt dieses Lernen auch Zeit. Bei einer durch Zeitdruck gekennzeichneten Arbeitsintensität kann es nicht gedeihen.

5.3.6 Veränderungen in den Methoden der Unterstützung des Lernens im Prozeß der Arbeit

Traditionelle Formen der Lernunterstützung im Arbeitsprozeß haben sich auf Einarbeitungs- und Unterweisungshilfen konzentriert. Sie waren methodisch einheitlich geplant und fanden eine breite Anwendung. Die bekannteste Methode dürfte die Vier-Stufen-Methode der Arbeitsunterweisung sein (REFA-Methodenlehre, 1989). Sie orientiert sich an den Formalstufen des Unterrichts und adaptiert diese für das Erlernen einfacher Arbeitsaufgaben. Die vier Stufen sind:
1. Stufe: Vorbereitung
Ein Ausbilder bereitet Mitarbeiter auf eine neue Tätigkeit vor, indem er nach Bekanntmachen mit der neuen Situation und der neuen Arbeitsaufgabe die Lernziele erklärt, die mitgebrachten Vorkenntnisse feststellt und darauf aufbauend für die neue Aufgabe motiviert.
2. Stufe: Vorführung
Der Unterweiser macht die Aufgabe vor, und dies geschieht dreimal mit jeweils abgewandelten Zielen. Die erste Vorführungsart dient dem Kennenlernen der neuen

Aufgabe. Der Unterweiser demonstriert und erläutert, WAS geschieht. Bei der zweiten Vorführungsart werden der Vermittlung der Abfolge der Arbeitshandlungen Erläuterungen hinzugefügt. Sie besteht im Vormachen und der Erklärung, WAS und WIE und WARUM es so geschieht. Das Ziel dieses Schrittes besteht im Vermitteln der Einsicht in die innere Logik der Arbeitshandlungen. Eine sich anschließende dritte Vorführungsart zielt auf das Vertrautmachen mit dem Gesamtzusammenhang der neuen Aufgabe. Deshalb führt sie der Unterweiser noch einmal zügig vor und verweist nur noch stichpunktartig auf Kernpunkte. Durch die Vorführungen wird der neue Mitarbeiter vorbereitet auf die

3. Stufe: Ausführung

Jetzt wird der Lernende aktiv. Auch in dieser Stufe ist eine mehrfache Bearbeitung mit modifizierter Zielstellung vorgesehen. Im ersten Ausführungsversuch sollte der Lernende frei sein und möglichst wenig durch Korrekturen unterbrochen werden. In einer zweiten Ausführung ist der Lernende angehalten, die Abfolge der Arbeitshandlungen zu begründen, also zu erklären, WARUM sie so aufeinanderfolgen. Sprechen und Tun finden gleichzeitig statt. Eine dritte Ausführungsart zielt bereits auf eine gewisse Zügigkeit der Durchführung.

4. Stufe: Abschluß

In dieser Stufe wird der Lernende aus der Führung des Unterweisers entlassen. Die bisherigen Leistungen werden anerkannt und das selbständige Weiterarbeiten bis zum Beherrschen vorbereitet. Der Lernende hat nun die Möglichkeit, seinen Rhythmus selbst zu finden. Allerdings bietet der Unterweiser Hilfen an, die vom Lernenden abgefordert werden können oder die der Unterweiser nach stichprobenweisen Kontrollen der Übungsfortschritte je nach Bedarf gewährt. Die Unterweisung wird beendet, wenn die Lernziele, d.h. die Qualität aber auch die Quantität der Tätigkeitsausführung, d.h. das Einhalten einer Zeitvorgabe, erreicht sind.

Diese vier Stufen sind kein starres Dogma, sondern können entsprechend der Tätigkeitsanforderungen modifiziert werden, z.B. in Form einer abschnittweisen Realisierung der Stufen 2 und 3, d.h. als Teillernen oder durch Einführen zusätzlicher Ausführungen bei komplexeren Aufgaben. Sie können sowohl als Einzel- als auch als Gruppenunterweisung angewandt werden. Die 4-Stufen-Methode der Arbeitsunterweisung setzt eine vorherige Analyse der Arbeitsaufgabe voraus, die sogenannte Arbeitsgliederung. Dies bedeutet die Zerlegung der Arbeitsaufgabe in Lernabschnitte und deren Beschreibung nach drei Kategorien, nämlich

- WAS? Gliederung in Lernabschnitte durch die Angabe der Arbeitsschritte
- WIE? Kennzeichnung des Ablaufs der Arbeitsschritte
- WARUM SO? Angabe der Begründungen für die einzelnen Arbeitsschritte und Erläuterung ihrer Folgen.

Eine Weiterentwicklung hat die 4-Stufen-Methode durch das analytische Unterweisungsverfahren erlangt. Sie basiert auf der Beobachtung Seymours (1960, 1968), daß die innere Verarbeitung der Anforderungen, d.h. ihr Durchdenken und die damit vorbereitete Koordination und Antizipation eine wichtige Vorraussetzung für hohe Geschicklichkeit sind. Die analytische Arbeitsunterweisung setzt eine Tätigkeitsanalyse voraus, die in einen Fertigkeits- und in einen Kenntnisteil gegliedert ist. Die Fertigkeitsanalyse erfaßt Wahrnehmungssignale für das Auslösen und Beenden von Arbeitsbewegungen und ordnet sie den Bewegungen zu. So entsteht eine differenzierte

Beschreibung der Arbeitstätigkeit, die eine Gliederung in Lernabschnitte und auch eine Durchführung des Lernens in Form eines progressiven Teillernens vorbereitet. Im Kenntnisteil werden Hintergrundwissen in Form von Arbeits- und Arbeitsplatzkenntnissen sowie Qualitätskriterien der Arbeit, Wissen um Fehler und die Entstehungsmöglichkeiten erfaßt und aufbereitet.

Diese Unterweisungsverfahren sind gut anwendbar und verbreitet bei Arbeitsaufgaben mit hohen manuellen Anteilen, bei denen die Fertigkeitsentwicklung eine wesentliche Komponente ist.

Gegenüber diesen traditionellen Formen der Lernunterstützung haben in den letzten Jahren beträchtliche qualitative Veränderungen stattgefunden. Diese werden im folgenden genannt und kurz kommentiert:

Ein erstes Merkmal läßt sich umschreiben durch den *Trend zur Kombination von Lernmethoden*.

Das Lernen im Arbeitsvollzug kann mit sehr unterschiedlichen Methoden erfolgen und durch die Simulation bestimmter Arbeitsanforderungen unterstützt werden. Es gibt auch sehr unterschiedliche Methoden dialogischen Lernens, die für ein Lernen im Arbeitsprozeß adaptierbar sind. Vielfältige Formen von Lehr- und Lernmatarialien können für ein Lernen am Arbeitsplatz genutzt werden. Ein Lernen im Arbeitsprozeß erfolgt also auf sehr unterschiedliche Weise. Es gibt keine perfekte Einzelmethode. Der Schlüssel für den Erfolg liegt gerade in der Kombination unterschiedlicher Methoden. Das ist für das Erlernen von fertigkeitsdominierten Tätigkeiten bspw. von Neumann (1975) gezeigt worden. Die Kombination von aktivem, observativem, mentalem und sprachgestütztem Training erwies sich als effektiver als jede Einzelmethode. Unterschiedliche Lernmethoden nutzen unterschiedliche Lernmechanismen. Diese können bei der Kombination von Lernmethoden addiert werden. So führen observative Trainingsmethoden, d.h. die Beobachtung von Arbeitsmethoden bei erfahrenen Personen, zu einer Sollwerteingabe. Das klare Verfügen über das Soll als das zu erreichende Ziel eigenen Lernens ist eine wichtige Lernunterstützung und hilfreich für das individuelle Ausregeln von Soll-Ist-Diskrepanzen. Aktive Trainingsmethoden haben ihre Stärke in der selbständigen Erzeugung von Handlungsprogrammen und im Erlernen ihrer Feinabstimmung. Das unmittelbare Erlernen der Handlungskonsequenzen führt zu den Rückmeldungen, die für diese Feinabstimmung mit dem Erlernen flüssiger Ausführungsweisen erforderlich sind. Mentale und sprachgestützte Trainingsaufgaben fordern eine gedankliche logische Analyse der Arbeitsverfahren. Mit ihnen werden Entscheidungspunkte und Regeln für das Verhalten an solchen Entscheidungspunkten bewußt gemacht. Diese durch die Nutzung von Begriffen erreichte Bewußtheit ist auch die Vorraussetzung dafür, daß Arbeitsmethoden an veränderte Situationen oder den Umgang mit wechselnden Arbeitsmitteln angepaßt werden können. Auf der Ebene automatisierter Vollzüge, also auf psychisch automatisierten Regulationsebenen, ausgeführte Routinehandlungen sind nicht modifizierbar. Das Paßfähigmachen für veränderte Bedingungen bedarf der bewußten Kontrolle. Heuristische Regeln helfen in neuartigen oder seltenen Situationen, für die Arbeitsmethoden nicht fertig verfügbar sind und aus dem Gedächtnis abgerufen werden können, sondern erst noch erzeugt werden müssen. Mit ihrer Hilfe können Lernende zu einem Perspektivenwechsel in Hinsicht auf die eigenen Arbeitsaufgaben herausgefordert werden und dieser Wechsel der Betrachtung kann zu veränderten Arbeitsmethoden anregen. Für die Erzeugung von Handlungsprogrammen zur Bearbeitung seltener oder neuartiger Arbeitsaufgaben

Bärbel Bergmann

können solche Anregungen hilfreich sein. Die Stärken aller Lernunterstützungen, die auf der Simulation von Arbeitsaufgaben basieren – gleichgültig ob diese Simulation mit Hilfe schriftlich aufbereiteter Fallbeispiele erfolgt, die individuell oder in einer Kleingruppe zu bearbeiten sind oder ob diese Simulation mit Hilfe eines Computerbasierten Trainings erfolgt und zu Aufgabenlösungen im Rahmen der im Computer simulierten Realität herausfordert oder ob die Simulation der Aufgaben durch fehlerhafte Produkte ausgelöst wird, mit denen eine Auseinandersetzung und die Angabe von Arbeitshandlungen gefordert wird, bei denen solche Produktfehler entstehen oder ob eine abstrakte Simulation von Arbeitsaufgaben durch die begriffliche Präsentation von problemhaltigen Arbeitssituationen, Störungen oder Fehlern erfolgt, deren Bewältigung mit Mitteln der Strukturlegetechnik durch die begriffliche Fassung von Verarbeitungsoperationen zu vollziehen ist – bestehen in der Möglichkeit zur Exploration der simulierten Arbeitssituationen und in der Möglichkeit, bei dieser Exploration neue oder modifizierte Arbeitshandlungen zu erzeugen und ihre Effekte auszuprobieren, ohne befürchten zu müssen, daß fehlerhafte Handlungen zu negativen Konsequenzen, wie dem vorzeitigen Verschleiß von Arbeitsmitteln oder zu fehlerhaften Produkten führen.

Diese Exploration, dieses Hypothesentesten ist immer dann wichtig, wenn Arbeitsaufgaben und die Ausführungsbedingungen nicht stabil sind, sondern sich aus Gründen der Produktinnovation, der kundenwunschbezogenen Produktion oder auch der Veränderung der Arbeitsmittel und Randbedingungen ändern. Solche veränderlichen Situationen werden aber die Regel. Deshalb werden Möglichkeiten zum explorierendem Lernen wichtiger.

Diese Illustration macht deutlich, daß die Stärken verschiedener Lernmethoden sehr unterschiedlich sind. Ihre Mechanismen und damit auch ihre Wirkungen lassen sich kombinieren.

Es gibt jedoch noch weitere Gründe, die für den Weg der Lernunterstützung im Arbeitsprozeß als Angebot für eine Kombination unterschiedlicher Lernmethoden sprechen. Diese resultieren aus dem Tatbestand der großen interindividuellen Variation der Leistungsfähigkeit und der Erfahrungen im Lernen, des Umgangs mit Lernmethoden und auch persönlicher Lernstile. Berufserfahrene Personen haben recht unterschiedliche Berufsbiographien und auch Erfahrungen im arbeitsbezogenen Lernen hinter sich. Das hat zur Folge, daß dieselben Lernunterstützungen für verschiedene Personen nicht den gleichen Wert haben. Ein Lernen im Prozeß der Arbeit erfolgt nicht mehr im Gleichschritt aller Mitglieder einer Arbeitsgruppe. Eine Anpassung an die individuellen Lernstile und Leistungsvorraussetzungen ist aber von Verantwortlichen für die Unterstützung solcher Lernprozesse – das sind oft die unmittelbaren Vorgesetzten, die Meister, Schichtleiter, Gruppenleiter – nicht zu leisten. Dieser Anpassungsprozeß ist von den Arbeitenden selbst vorzunehmen. Es gelingt leichter, wenn für solche Lernunterstützungen mehrere Angebote gemacht werden, aus denen die Arbeitenden die für sie günstige Methode auswählen können. Um also dieser mit dem Alter durch zunehmende interindividuelle Varianz in den Leistungsvorraussetzungen und Lernerfahrungen begründbaren Forderung nach Individualisierung des Lernens im Prozeß der Arbeit gerecht zu werden, ist die Kombination von Lernmethoden im Angebot für Lernunterstützungen ebenfalls zu begründen.

Ein zweites Merkmal betrifft die *Rolle der Lernenden*. Traditionelle Lernunterstützungen wie Unterweisungs- und Einarbeitungsverfahren sehen Lernende in der Rolle der

Konsumenten von vorgefertigten Arbeitsmethoden. Besondere Spezialisten, z.B. Fachleute des REFA-Arbeitsstudiums und/bzw. an dem betreffenden Arbeitsplatz besonders erfahrene Personen entwickeln die rationellen Arbeitsmethoden, welche neu in die Arbeitsgruppe eintretenden Personen vermittelt werden.

Diese Denk- und Vorgehensweise bleibt Führungsmethoden verhaftet. Für die zunehmende Spezialisierung und Dynamik von Arbeitsinhalten läßt sich diese Expertenoptimierung von Arbeitsmethoden nicht mehr aufrechterhalten. Arbeitsaufgaben unterscheiden sich zu sehr. Das Optimierungsproblem kann nur noch von den Arbeitenden selbst bearbeitet werden, weil nur ihnen die Expertenerfahrung für die auszuführende Arbeitsaufgabe zukommt. Das führt aber auch dazu, daß Arbeitende aus der Rolle der Konsumenten vorgefertigter Arbeitsmethoden in die Subjektrolle, also die des Optimierers und Gestalters der Arbeitsmethoden wechseln.

Dies ist mit weiteren Veränderungen verbunden, nämlich *Veränderungen in den Evaluationskriterien für ein Lernen in der Arbeit und in den Lernzielen*. Diese wurden früher wesentlich in Zeit gemessen. Zeit pro Stück, Ausführungsdauer in Minuten, Tagen oder Wochen bis zum Erreichen der Normzeit waren übliche Operationalisierungen. Diese auf ein eindimensionales Meßkonzept beschränkte Sichtweise mußte mehrdimensionalen Konzepten weichen mit der Betonung qualitativer Lernziele wie der Befähigung zum Transferieren, zum selbständigen Weiterentwickeln von Arbeitsverfahren, ja dem Ziel, das Lernen zu lernen. Das bedeutete, nicht Gedächtnisstrukturen im Sinne eines abgeschlossenen Wissenssystems und vollständiger Algorithmen über den Bereich der Arbeitsaufgaben zu erwerben, sondern vielmehr Gedächtnisstrukturen in Form von Erzeugungsregeln für Arbeitsverfahren anzueignen. Dies geht einher mit Veränderungen in den Angriffspunkten für eine Lernintervention. Diese betraf in traditionellen Formen der Lernunterstützung die Ausführungsregulation von Arbeitstätigkeiten, vielfach die Optimierung von Arbeitsbewegungen durch die Einflußnahme auf die Bewegungszeit und die Bewegungsweiten. Die Ausführungszeit von Arbeitstätigkeiten spielt eine zunehmend untergeordnete Rolle. Die Qualität von Arbeitsergebnissen ist viel entscheidender geworden. Und neben dem Erreichen von hoher Produktqualität sind qualitative Lernziele wie die Befähigung zum Transferieren, zu selbständigem Weiterentwickeln von Arbeitsverfahren in den Vordergrund gerückt. Dies macht eine Veränderung in den Angriffspunkten für eine Lernintervention hin zur Betonung von Motivation und aktiver selbständiger Auseinandersetzung mit dem Arbeitsinhalt erforderlich. Moderne Methoden der Unterstützung des Lernens im Arbeitsprozeß sehen in diesem motivationalen Interventionspunkt den entscheidenden Schlüssel.

Damit ist gleichzeitig eine *Veränderung in den Kontrollprozeduren* verbunden. Dominierte bei traditionellen Formen der Lernunterstützung eindeutig die Fremdkontrolle, so ist der gegenwärtige Trend ebenso eindeutig durch die Befähigung zur Selbstkontrolle zu kennzeichnen.

Ein weiterer Trend bei der Unterstützung des Lernens in der Arbeit läßt sich durch die *Abkehr vom Vollständigkeitsprinzip der Lernunterstützung hin zum Konzept der selektiven Lernunterstützung* mit der Betonung der Befähigung zum Transferieren kennzeichnen. Mit Überschriften wie „selektives kognitives Training" oder „selektive kognitive Selbstbelehrung" wurde eine auch für Maßnahmen der beruflichen Weiterbildung nutzbare konzeptionelle Neuorientierung bezeichnet (vgl. Hacker, Rühle & Schneider, 1978; Hoepfner & Skell, 1982; Matern, 1983; Matern & Hacker, 1986). „Selektiv" bedeutet die Konzentration der Aneignung auf Erzeugungsregeln der leistungsbestimmenden Teile von Tätigkeiten. Nicht alle Abschnitte von Arbeitsverfahren sind gleich wichtig und gleich schwer zu erlernen. Es gibt solche, deren Ausführung sich unmittelbar auf das Tätigkeitsresultat auswirkt, deren Ausführungsfehler Qualitätsmängel nach sich ziehen. Das sind leistungsbestimmende Teile von Arbeitstätigkeiten. Es gibt aber auch Abschnitte, deren fehlerhafte Ausführung nur geringe Konsequenzen für die herzustellenden Produkte oder Dienstleistungen hat. Und es gibt auch Abschnitte und Arbeitsverfahren, die so einfach sind und deren Ausführung bereits bei anderen Tätigkeiten erworben wurde, daß sie keine Lernprobleme mehr darstellen. Selektives Lernen beinhaltet die Konzentration auf die leistungsbestimmenden Tätigkeitsabschnitte. Sie sind der Schwerpunkt. (Nicht leistungsbestimmende und schon anderweitig erlernte Tätigkeitsabschnitte werden seltener gelernt, das heißt nur, um die Integration der einzelnen Lernbausteine in eine Tätigkeit zu erreichen.) So soll durch selektives Lernen auch eine Verkürzung der Lernzeit erreicht werden. Ein weiterer konzeptioneller Grund für selektives Lernen besteht darin, daß dieser Ansatz Spielraum für selbständiges Transferieren enthält, also die Möglichkeit für die Lernenden besteht, erworbene Regeln und Befähigungen selbständig auf nicht ausdrücklich geübte Lerngegenstände zu übertragen. Ein solcher Spielraum motiviert.

Schließlich ist eine *Veränderung in der Analyse- und Gestaltungseinheit beobachtbar, die sich durch die Abkehr vom ausschließlich individuellen Bezug und zur Betonung der Arbeitsgruppe als Analyse- und Gestaltungseinheit für Lernunterstützungen im Arbeitsprozeß* ergeben. Optimierungsgegenstand sind nicht mehr dominierend Arbeitsverfahren einzelner Personen sondern vielmehr Arbeitsverfahren und Kooperationsstrategien von Arbeitsgruppen. Die zunehmende Einführung von Gruppenarbeit und die damit verbundene Veränderung von Arbeitsinhalten und Arbeitsverfahren erfordern natürlich auch Veränderungen in den Methoden der Optimierung dieser Arbeitsverfahren durch Lernen.

6. Implementierung von Lernunterstützungen in den Arbeitsprozeß

Die Unterstützung von Lernprozessen in der Arbeit hat als Zielgruppe berufserfahrene Erwachsene mit umfangreichen und zum Teil sehr spezialisierten Kenntnissen und Erfahrungen. Die Berufsbiographien unterscheiden sich teilweise erheblich und damit auch die mitgebrachten Qualifikationen. Dies und die anspruchsvoller gewordenen Lernziele, die auf eine Kompetenzentwicklung und die Entwicklung komplexer Schlüsselqualifikationen orientiert sind, die also die Motivation und Befähigung zur selbständigen Weiterentwicklung von Arbeitsverfahren, zum Lernen, lernen beinhalten, haben zur Folge, daß Arbeitende als Lernende nicht so sehr in die Rolle von Konsumenten didaktisch gut aufbereiteter Lerninhalte gedrängt werden, sondern daß sie vielmehr für die Rolle des Problemanalytikers und Problemlösers der eigenen Arbeitssituation qualifiziert werden sollten (Bergmann, 1992). Deshalb können sich Unterstützungen des Lernens in der Arbeit auf die Funktion der Starthilfe konzentrieren. Sie erfordern es, aufgrund der großen interindividuellen Unterschiede bei dieser Zielgruppe, die Individualisierung von Lernwegen zu ermöglichen. Lernunterstützun-

gen im Arbeitsprozeß müssen mit zwei widersprüchlichen Bedingungen umgehen. Diese sind:
- Lernen braucht Zeit;
- eine Freistellung von Arbeitenden für ein Lernen ist schwer zu erreichen.
„In fertigungsnahen, mit Vorgabezeiten belegten Arbeitsstrukturen wird Einarbeitung und Bildungszeit berücksichtigt, aber interessanterweise in einer Reihe mit Urlaub, Freischichten, Krankheit oder sonstigen Ausfallzeiten. Qualifizierung und Entwicklung werden so als Verlust von produktiver Arbeit etikettiert und letztlich auch so behandelt" (Heinecke, 1993, S. 24). Ein Umgang mit diesem Widerspruch, zu dem auf der einen Seite die Einsicht gehört, daß Lernen und Entwicklung als Investition in die Zukunft verstanden werden müssen und gewisser Ressourcen bedürfen, und andererseits eine kostengünstige Organisation der gegenwärtigen Arbeit zu leisten ist, erschwert es, generelle Lösungen anzugehen. Die tätigkeits- und situationsgerechte Einpassung von Lernmodulen in den Arbeitsprozeß schafft Möglichkeiten. Sie erfordert aber auch einen jeweils spezifischen Vorbereitungsaufwand.

Exemplarisch werden nun Wege des Umgangs mit dem Spannungsfeld zwischen erforderlicher Lernzeit und der möglichst weitgehenden Nutzung der Arbeitszeit für produktive Tätigkeiten dargestellt.
Ein Umgang mit diesem Widerspruch wurde vielfach so realisiert, daß mehrere kurze Phasen des Lernens oder der Anregung von Lernprozessen über einen längeren Zeitraum in den Arbeitsprozeß eingestreut werden. Dabei wird davon ausgegangen, daß solche kurzen Lernphasen sich auf die Arbeit auswirken, indem sie eine analytische, Schwachstellen und Verbesserungsmöglichkeiten suchende Auseinandersetzung mit der eigenen Arbeit anregen, individuelle Problemlöseprozesse auslösen und auch zum Erproben von Varianten von Arbeitsweisen ermuntern. Eine auf die Bedingungen der Arbeit und den Umfang der in ihr enthaltenen oder durch Arbeitsgestaltungen ausgelösten Lernanforderungen angepaßte Unterstützung ist in jedem Falle erforderlich. Die folgenden Beispiele demonstrieren, wie eine Umsetzung dieses Ansatzes möglich ist.

Beispiel 1:
Lernunterstützung mit dem Ziel der Sicherung der Produktqualität (Papierindustrie). Teilweise vorhandene Qualitätsprobleme waren der Anlaß, die Einführung einer rechnergestützten Produktionsanlage zusätzlich zu den Unterweisungen der Hersteller der neuen Anlage mit Qualifizierungsmaßnahmen zu begleiten. Die Rahmenbedingungen schlossen eine Freistellung der Arbeitenden für externe Bildungsmaßnahmen aus. An weitgehend lehrpersonalunabhängige und gut in den Arbeitsprozeß integrierbare Lerninterventionen war gedacht. Auf der Basis vorausgehender Tätigkeitsanalysen wurde eine Trainingsmethodik gewählt, die aus kurzen individuellen Aufgabenserien bestand, mit denen für qualitätsbestimmende Tätigkeitsphasen eine bewußte, problemanalysierende Haltung zu den Arbeitsaufgaben erzeugt werden sollte, und zusätzlich aus vierzehntägig stattfindenden Qualitätszirkelsitzungen (Wünsche, 1985). Die individuellen Trainingsphasen enthielten die folgenden Maßnahmen:

1. Fehlerbeurteilungen
Mit Unterstützung der für die Qualitätskontrolle zuständigen Abteilung wurden Kollektionen von Produktfehlern zusammengestellt, die in letzter Zeit produziert und

als Reklamationen zurückgemeldet wurden. Diese Fehler waren von den Arbeitenden einzeln zu beurteilen. Dabei war die Fehlerart zu identifizieren, es war anzugeben, in welchem Prozeßabschnitt die Fehlerursachen zu suchen sind, und es war anzugeben, an welchem Arbeitsplatz eine Beseitigung des Fehlers vorgenommen werden kann. Für diese Beurteilungen war ein Protokollierungsschema vorbereitet. Die Funktion dieser Fehlerbeurteilungen bestand im Auslösen individueller Reflexionen über Fehlerart und Fehlervorbeugung. Sie dauerten etwa eine Stunde pro Person.

2. Zuordnungsaufgaben.
Sie wurden analog zu Strukturlegetechniken gehandhabt. Eine Menge von Karten war mit Bezeichnungen für Fehler, Erkennungsmerkmalen für Fehler, Fehlerursachen sowie Maßnahmen zur Fehlerbehebung beschriftet. In kurzen Sitzungen außerhalb des Arbeitsprozesses wurden den Arbeitenden nacheinander die Karten mit den Fehlerbezeichnungen vorgelegt und sie waren aufgefordert, nacheinander Erkennungsmerkmale für Fehler, Ursachen und Maßnahmen zur Fehlerbeseitigung zuzuordnen, indem sie aus der als Unordnung vorgelegten Kartenmenge die mit den ihrer Meinung nach richtigen Bezeichnungen auswählten. Bei Bedarf konnten leere Karten beschriftet werden.

3. Fehlerprotokollierung während fünf Arbeitsschichten.
Für diese Fehlerprotokollierung wurden den Arbeitenden Erfassungsprotokolle übergeben, die auf der Grundlage der Informationen aus den Tätigkeitsanalysen erstellt waren. In sie sollten die häufigsten Fehler, ihre Auftrittszeit, sowie weitere Fehler und Besonderheiten eingetragen werden. Die Funktion dieser Protokollierung bestand im Auslösen einer Reflexion über die eigene Arbeitsweise und die Entstehungsbedingungen von Fehlern.
Die Resultate dieser individuellen Lerninterventionen wurden in Form von Protokollen über Fehlerbeurteilungen, über die Resultate der Zuordnungen von Fehlern zu Erkennungsmerkmalen, Ursachen und Maßnahmen sowie als Fehlerprotokolle über fünf Arbeitsschichten pro Person registriert. Sie waren nicht gleichartig, sondern wiesen Varianz auf. In dieser Varianz wurden die Resultate den Arbeitenden nach einer Einweisung in die Techniken der Qualitätszirkelarbeit zurückgemeldet. Die Qualitätszirkelgruppe bestand aus Arbeitenden zweier Schichtgruppen, einem Vertreter der Qualitätskontrolle sowie einem Schichtleiter. Eine Arbeitspsychologin moderierte die Qualitätszirkelsitzungen.
Diese Kombination aus kurzen individuellen Aufgabenserien und einer sich über einen Zeitraum von mehreren Monaten erstreckenden Qualitätszirkelarbeit bildete die Lernintervention (siehe Tabelle 4). Dabei bestand die Funktion der individuellen Intervention im Sensibilisieren der Arbeitenden für Qualitätsprobleme, indem die individuelle Suche nach Einflußfaktoren auf Fehler und nach Wegen der Fehlervorbeugung angeregt wurde.

In den Qualitätszirkelsitzungen wurden die individuell gesammelten Gesichtspunkte geordnet, bewertet und bezüglich ihrer Verallgemeinerungsfähigkeit diskutiert. Die Resultate dieser Arbeit wurden in einem Anleitungsmaterial für die Einarbeitung neuer Mitarbeiter aufbereitet. Diese zeitlich knappen Interventionen waren gut in den Arbeitsprozeß integrierbar, sie erfuhren eine hohe Akzeptanz und hatten eine motivierende Wirkung (Wünsche, 1985).

Tab. 4: Übersicht über die Maßnahmen zur Organisation selbstgeleiteter Lernprozesse

Lernmethode	Zeitbedarf
Fehlerbeurteilungen (individuell)	ca. 1 Stunde
Bearbeiten von Aufgaben der Zuordnung von Fehlern zu Erkennungsmerkmalen, Ursachen und Maßnahmen der Fehlerbehebung (individuell)	ca. 1 Stunde
Qualitätszirkelarbeit mit der Auswertung der Resultate der Fehlerbeurteilungen und der Zuordnungsaufgaben	6 x 14tägig à 1,5 Stunden
Fehlerprotokollierung (individuell)	während 5 Arbeitsschichten
Qualitätszirkelarbeit mit der Auswertung der Resultate der Fehlerprotokollierung	6 x 14tägig à 1,5 Stunden

Beispiel 2:
Komplexes Arbeitstätigkeitstraining in der Konfektionsindustrie.
In einem umfangreichen Industrieforschungsprojekt (vgl. Rieger, 1987; Schade & Heerdegen, 1985; Timmich, 1985) wurden in einem Konfektionsbetrieb Qualifizierungsprozesse für Näherinnen gestaltet, die mehrjährige Berufserfahrungen aus ihrer als Bandarbeit organisierten Arbeit hatten und für zwei bis drei Arbeitsgänge spezialisiert waren. Diese restriktive Arbeit wurde nach dem Prinzip der Gruppenarbeit umgestaltet, so daß anspruchsvollere Arbeitsaufgaben resultierten. Lernziel waren die Befähigung zum Anfertigen kompletter Kleidungsstücke in Arbeitsgruppen von fünf bis sieben Personen. Das erforderte nicht nur eine Verzehnfachung der Kompetenz für das Beherrschen von Arbeitsgängen, sondern auch die Befähigung zur selbständigen Arbeitsorganisation in den Gruppen mit dem Vorausdenken der Folgen verschiedener Arbeitsverteilungen, mit der Befähigung zur Selbstkontrolle und Korrektur organisatorischer Maßnahmen und insbesondere auch das Ausbilden der Schlüsselqualifikation 'Teamfähigkeit', die bis zum angemessenen Umgang mit und zum Bewältigen von Konflikten in der Arbeitsgruppe und mit kooperierenden Personen führen mußte.
Eine komplexe modulartige Gestaltung von Unterstützungen wurde gewählt. Die Tabelle 5 enthält sie als Übersicht. Das Prinzip des kognitiven Arbeitsgangtrainings bestand darin, den Näherinnen transferierbare Strategien so zu vermitteln, daß sie diese für verschiedene Arbeitsgänge anwenden konnten. Dazu wurden Signale für das Auslösen, Modifizieren und Beenden von Arbeitsgängen, Prüfkriterien und Regeln, Hilfen zum selbständigen Entdecken und Wiederfinden von Signalen und Regeln bei analogen Anforderungen in einem „Nähfitkatalog" zusammengefaßt. Dieser enthielt als externer Speicher wichtiges Wissen und effiziente Arbeitsmethoden für rationelles

Tab. 5: Lernmodule und ihre Inhalte für die Vorbereitung und Einführung der Gruppenarbeit in der Konfektionsindustrie

Lernmodul	Lerninhalt
Kognitives Arbeitsgangtraining	- Signale, Prüfkriterien und Regeln für die Ausführung von Arbeitsgängen - Hilfen zum selbständigen Entdecken und Wiederfinden von Signalen, Prüfkriterien, Regeln bei analogen Anforderungen, Transferhilfen - Demonstrieren der Arbeitsgangbewältigung bei Bedarf
Organisationstraining	- Arbeitsverteilung in der Gruppe - produkt- und zeitbezogenes Vorausdenken von Folgen von Arbeitsverteilungen - Diagnose fehlerhafter Arbeitsverteilungen - Arbeitsverteilung nach dem Prinzip des gestuften Lernangebotes
Sozialpsychologisches Gruppentraining	- Bewältigung von Konflikten - Selbstwertentwicklung und -stabilisierung

Nähen (Rieger, 1987). Dieses Wissen und diese Arbeitsmethoden waren arbeitsanalytisch als die Besonderheiten der Arbeitsweise leistungsstarker Näherinnen abgeleitet. Ferner enthält dieses Lehrmaterial einen Fehlerkatalog, eine Beschreibung von strategischen Merkmalen des Umgangs mit erhöhten Anforderungen, z. B. Modellwechseln und eine Anleitung zum Arbeiten mit diesem Katalog. Die Realisierung des kognitiven Arbeitsgangtrainings erfolgte so, daß eine Einweisung in dieses Training für Kleingruppen stattfand und anschließend ein Trainer vor Ort die Näherinnen stichprobenweise bei effizientem Vorgehen bestätigte, auf Reserven hinwies, bei Bedarf Arbeitsmethoden demonstrierte und kurzfristige observative und aktive Trainingsphasen organisierte und anleitete. Das Organisationstraining strebte an, die Näherinnen zur selbständigen Arbeitsverteilung im Nest zu befähigen.

Dies erforderte Unterstützung, da durch jahrelange unterfordernde Arbeit am Band, die sehr geringe Anforderungen an selbständiges Planen und keine an die Berücksichtigung der Arbeit von Kollegen für Planungsprozesse stellt, spontane individuelle Lernprozesse zu langwierig wären. Mit Hilfe speziell erstellter Trainingsmaterialien (Timmich, 1985) wurden auch hier Grundregeln vermittelt und durch Fallbeispiele günstige und ungünstige Organisationslösungen sowohl demonstriert als auch ihre Selbstentwicklung abgefordert.

Abfolgeschemata für die Organisation der Arbeitsgänge bei der Fertigung eines Kleidungsstückes machten deutlich, welche Arbeitsgänge gleichzeitig begonnen werden können und welche nacheinander gefertigt werden müssen. Verteildiagramme der Arbeitsgänge auf Personen veranschaulichten, welche Menge an Arbeitsgängen nach

Abb. 14: Zeitlicher Verlauf und zeitliche Dauer der trainingsmethodischen Begleitung der neuen Organisationsform der Gruppenarbeit (nach Rieger, 1987) (Die Stundenzahlen unter den Trainingsmethoden geben die Freistellungsstunden für das Lernen an.)

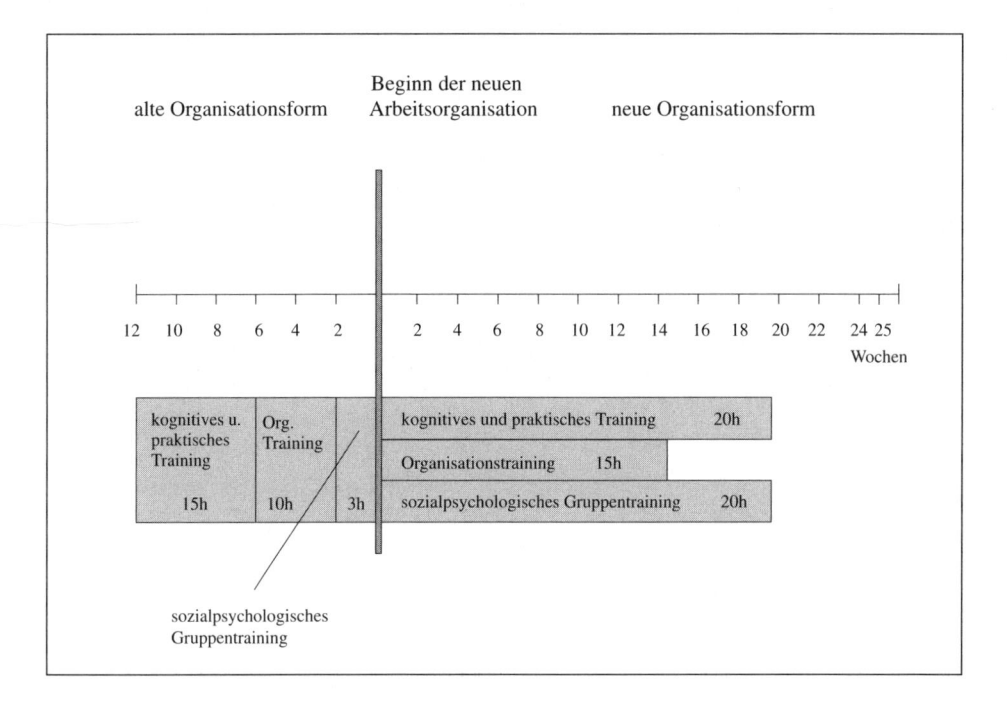

1, 2 ... n Stunden bearbeitet war und halfen, die tägliche Kalkulation von Fertigprodukten zu unterstützen.
Abhängigkeitsnetze dienen der Veranschaulichung der Abhängigkeit des Arbeitsfortschritts in der Gruppe von den einzelnen Personen und markierten Arbeitspositionen, die höhere und geringere Kompetenz erfordern. Sie sind damit auch eine Hilfe für die schrittweise Steigerung des Lernpensums der Mitarbeiterinnen für ihr Lernen in der Arbeit.

Das sozialpsychologische Gruppentraining widmete sich schwerpunktmäßig der Bewältigung von Konflikten, die aus fehlerhaften Arbeitsverteilungen und Minderleistungen, bedingt durch Qualifikationsdefizite, resultierten und die sich auf die gesamte Gruppe auswirkten. Hilfen waren auch erforderlich, weil das enorme Lernpensum nicht kurzfristig gemeistert werden konnte, sondern einen längeren Zeitraum (ca. ein halbes Jahr) benötigte. Mißerfolge aufgrund des zwischenzeitlichen Nicht-Erreichens der Leistungsvorgaben und negative Rückmeldungen von Meistern machten Hilfen zur Selbstwertentwicklung erforderlich.

Die arbeitsgestalterischen Veränderungen des Übergangs von der Bandfertigung zur Gruppenarbeit bedeuteten für die Näherinnen, die sich zu diesem Industrieexperiment freiwillig gemeldet hatten, beträchtliche Anforderungssteigerungen. Für die erheblichen Lernaufwendungen konnte nur partiell eine Freistellung von der Arbeit erreicht werden. Die Abbildung 14 gibt den Zeitbedarf für dieses komplexe Arbeitstätigkeitstraining schematisch an. Die Trainingsphasen vor Einführung der Gruppenarbeit wurden durch einen Arbeitspsychologen durchgeführt. Mit Beginn der Gruppenarbeit war er als Trainer vor Ort anwesend und führte in den Freistellungsstunden eine konzentrierte seminaristische Bearbeitung der Lernmodule mit Hilfe der erarbeiteten Lernmittel durch.

Während des Arbeitens griff er betreuend und helfend ein bzw. organisierte kurze observative Trainingsphasen zwischen den beiden Erprobungsgruppen und bereitete konkrete Arbeitssituationen als Fallbeispiele für künftige seminaristische Lernabschnitte auf. Die Lernmodule waren methodisch so variabel gestaltet, daß sie dem knappen betrieblichen Zeitbudget für das Lernen und den Rahmenbedingungen angepaßt werden konnten und eine Individualisierung von Lernwegen ermöglichten.
Auch hier wurde durch mehrere kurze Lerninterventionen außerhalb des Arbeitsprozesses und unterstützt durch zahlreiche auf die konkreten Arbeits- und Lernanforderungen zugeschnittene Lernmittel eine lernende Auseinandersetzung mit der eigenen Arbeit herbeigeführt. Die gewählte Lernunterstützung erreichte bei den Näherinnen eine hohe Akzeptanz. Sie führte zu Leistungssteigerungen auf 112 % verglichen mit der vorherigen Bandarbeit.
Die deutlich verbesserten Arbeitsinhalte hatten Normalisierungen und Verbesserungen der Arbeitsbelastungen zur Folge und führten zu stabiler Arbeitszufriedenheit. Bei der Bandarbeit wurden hingegen deutliche Arbeitsunzufriedenheitswerte festgestellt (Schade & Heerdegen, 1985; Rieger, 1987).

Beispiel 3:
Einarbeitung in neue Standardsoftware an Büroarbeitsplätzen.
Die Einarbeitung in Standardsoftware ist eine typische Lernanforderung bei Büroarbeit. Für die Partnerbetriebe des folgenden Beispiels war eine längere Freistellung der Mitarbeiter aus Verwaltungsabteilungen für den Besuch längerer Lehrgänge nicht möglich. Für Personen unterschiedlicher Ausbildungsberufe, die unterschiedliche Tätigkeiten ausführen, war nach Wegen zu suchen, das Erlernen der neuen Standardsoftware in den Arbeitsprozeß zu integrieren. Bei der Realisierung dieses Anliegens wurden zwei Lernziele angestrebt (Bergmann, 1990):
1. Die Unterstützung der Einarbeitung so weit, daß die selbständige Bewältigung von Aufgaben mit Hilfe der neuen Standardsoftware möglich ist. Eine Perfektionierung der Bewältigungsmethoden in der Weise, daß zeitökonomische Ausführungsweisen beherrscht werden, wird nicht als Ziel der Einarbeitung betrachtet, sondern als Anliegen nachfolgenden Lernens im Arbeitsprozeß. Um diese zu sichern, soll
2. die Einarbeitung gleichzeitig zum selbständigen Weiterlernen befähigen. Zu dessen Unterstützung sind anwendungsfreundliche Hilfsmittel für die Festigung erworbener Kenntnisse und Befähigungen bereitzustellen und die Arbeitenden auf gegenseitige Lernunterstützung zu orientieren.
Die Konzipierung von Lernunterstützungen wurde von dem dominierenden Lerninhalt geleitet, der bei solchen dialogfähigen Informationstechnologien mit Wissen und der Befähigung zur situations- und aufgabengerechten Wissensanwendung und damit zur selbständigen Tätigkeitsorganisation (vgl. Dutke, 1987; Fischer & Schindler, 1987) angegeben werden kann.

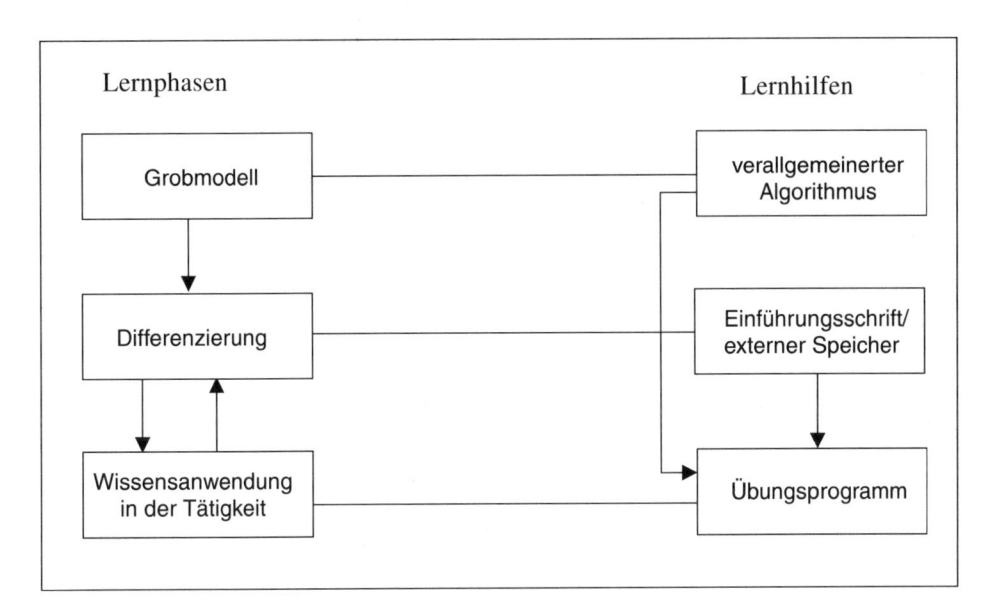

Abb. 15: Phasenmodell des Lernens nach Norman (1982) mit der Angabe von Lernhilfen

```
Lernphasen                              Lernhilfen

┌──────────────┐                        ┌──────────────────┐
│  Grobmodell  │────────────────────────│  verallgemeinerter│
└──────┬───────┘                        │    Algorithmus    │
       │                                └──────────────────┘
       ▼
┌──────────────┐                        ┌──────────────────┐
│Differenzierung│───────────────────────│ Einführungsschrift/│
└──────┬───▲───┘                        │  externer Speicher│
       │   │                            └────────┬─────────┘
       ▼   │                                     │
┌──────────────┐                        ┌────────▼─────────┐
│Wissensanwendung│──────────────────────│  Übungsprogramm  │
│ in der Tätigkeit│                     └──────────────────┘
└──────────────┘
```

In Analogie zu einem für Arbeitstätigkeiten in der Mikroelektronik entwickelten Trainingsprogramm (vgl. Bergmann u.a., 1987) wurde auch hier ein 3-Phasen-Modell des Lernens (vgl. Norman, 1982) als Gestaltungsheuristik genutzt. Dabei wurden diese drei Phasen nicht als einfache Sequenz, sondern insbesondere die Phasen 2 und 3 als mehrfach ineinandergreifende Lernetappen betrachtet.
Jede Lernetappe wurde auf spezifische Weise unterstützt (siehe Abb.15).

Als externe Variante eines Grobmodells wurde ein verallgemeinerter Tätigkeitsalgorithmus, angeboten, erläutert und als stets einsetzbares Schema am Arbeitsplatz deponiert.
Die Funktion der Differenzierung dieses Grobmodells und damit der Bereitstellung der erforderlichen Wissensbasis erfüllte eine Einführungsschrift. Sie wurde in Anlehnung an Caroll (1985), der wie Greif und Janikowski (1987) auf minimale Handbücher als Alternative zu herkömmlichen und für EDV-Laien anwendungsunfreundlichen Nutzerhandbüchern verweist, entwickelt und sollte zwei Funktionen erfüllen:
1. Die Erstvermittlung des erforderlichen Wissens.
2. Externer Speicher zum Nachschlagen fehlenden Wissens bei Bedarf.

Diese Einführungsschrift begründete eine sehr übersichtliche, in Lerneinheiten gegliederte und mit einem Register versehene Gestaltung sowie die Ergänzung durch ein Minilexikon. Um eine gut verständliche, einfache und motivierende Fassung zu erreichen, wurde sie in mehreren Schritten erstellt. Die Einführungsschrift bzw. der externe Speicher wurde von EDV-Laien entworfen, die sich nach Einarbeitung in ausführliche Programmbeschreibungen, die für EDV-Experten konzipiert waren, autodidaktisch mit den Programmen auseinandersetzten, um dadurch für Lernschwierigkeiten von Anfängern sensibel zu werden, um auf diese Weise Informationen zu erhalten, bei welchen Inhalten eine besondere Unterstützung nötig ist. Dieses Vorgehen wurde ergänzt durch Befragungen von Vertretern der Zielgruppe. Damit sollte eine Anpassung an ihre Bedürfnisse und Erwartungen erreicht werden. Befragungen von Personen, die Lehrgänge zum gleichen Gegenstand für EDV-Spezialisten leiteten, sollten vor unzulässigen Vereinfachungen schützen.

Um die Ansprüche, die an eine derartige Wissensbasis gestellt werden müssen, zu sichern, wurde der Erstentwurf einer gründlichen Begutachtungsphase durch Vertreter der Zielgruppe und Software-Experten unterzogen und anschließend überarbeitet. Die Begutachtungsresultate der Erprobungsfassung bescheinigen gute Verständlichkeit und Akzeptanz durch die Zielgruppe. Das Übungsprogramm war so konzipiert, daß in den Übungsaufgaben schrittweise der gesamte Umfang zu erlernender Kommandos angewendet wurde und schließlich komplexe Aufgaben, die aus dem Arbeitsbereich der Lernenden gewählt waren, ausgeführt wurden. Die Organisation der Einarbeitung erfolgte in Kursform. Der Schwerpunkt war die praktische rechnergestützte Arbeit, die bei Bereitstellung der erforderlichen Wissensgrundlage mit Ausführungsversuchen begann und in Übungen für den Umgang mit dem Rechner bestand.

Die Kurse bestanden aus einer kurzen Einführung für die Gesamtgruppe, in der das Ziel der Einarbeitung, ihre praktische Durchführung und der Aufbau der Einführungsschrift erläutert wurden. Nach drei Wochen, die den Teilnehmern für das gelegentliche Selbststudium der Einführungsschrift eingeräumt waren, fanden sechs bis sieben anderthalb- bis zweistündige Übungssitzungen in etwa einwöchigem Abstand statt. Der zeitliche Aufwand war somit für die Lernenden gering und das organisatorische Regime so flexibel gestaltet und an die Bedürfnisse der Teilnehmer angepaßt, daß es nicht zu einer Beeinträchtigung bei der Abwicklung der normalen Arbeitsaufgaben kam.

Die Durchführung der Übungssitzungen in Kleingruppenarbeit ermöglichte einen alternierenden Wechsel zwischen beobachtendem und aktivem Lernen und bedingte durch die notwendige Kommunikation eine Verbalisierung aller Handlungsschritte und ihrer Begründungen. Das intensivierte das Lernen und bedingte eine bewußtere Handlungskontrolle. Schließlich hatten auch die sozialen Stimuli in den Kleingruppen eine lernfördernde Wirkung.

Auch diese Form der Lernunterstützung im Arbeitsprozeß führte zu hoher Akzeptanz. Die Kleingruppenarbeit mit der Orientierung auf gegenseitige Unterstützung und das persönliche Verfügen jedes Lernenden über die Einführungsschrift als Wissensbasis und Nachschlagewerk sicherten eine gute Anpassung an sehr unterschiedliche Lernvoraussetzungen und ermöglichten Individualisierungen des Lernens.

Die Beispiele zeigen, daß Unterstützungen für ein Lernen in der Arbeit in variabler Form vorgenommen werden können. Sie alle basieren jedoch auf den gleichen Heuristiken. Diese sind:
- Die Motivierung und Aktivierung der Arbeitenden, das Lernpotential in der eigenen Tätigkeit zu sehen und sich mit ihm auseinanderzusetzen.

- Den Ausgangspunkt des Lernens in der psychischen Tätigkeitsregulation zu sehen und die Arbeitenden zum Selbsterwerb dieser Grundlagen zu befähigen bzw. eine entsprechende Wissensbasis bereitzustellen.
- Die Kombination verschiedener Lernmethoden anzustreben, um einen additiven Effekt durch verschiedene Lernmechanismen zu erreichen, denn für das Erlernen von Arbeitstätigkeiten gibt es keine perfekte Einzelmethode.
- Lernen in Arbeitstätigkeiten nicht als Angelegenheit von Individuen zu betrachten, sondern durch das Lernen in Gruppen bewußt soziale Stimuli und Effekte aus der Addition individuellen Wissens zu nutzen.

Diese Prinzipien können flexibel an die jeweilige Zielgruppe, die Arbeitsaufgaben und die betriebliche Gesamtsituation angepaßt werden. Das bedeutet Aufwand, sichert aber eine hohe Akzeptanz und Wirksamkeit.

7. Evaluation des Lernens im Prozeß der Arbeit

7.1 Übersicht über Teilprobleme

Für alle Arten von Interventionsmaßnahmen, die zur Effektivierung von Arbeitsprozessen beitragen sollen, und dazu gehören Maßnahmen zur Unterstützung des Lernens im Prozeß der Arbeit zweifellos, werden zunehmend Evaluationen gefordert. Evaluationen werden als Mittel der Überprüfung verstanden (summative Evaluation) oder als Mittel der Beratung (formative Evaluation), die als Prozeßforschung stattfindet und begleitend Stärken und Schwächen aufzeigen möchte. Stiefel (1974), der als einer der ersten den Begriff der Evaluation in die betriebliche Bildung in Deutschland einführte, versteht ihn als Oberbegriff, unter dem sich auch die Erfolgskontrolle wiederfindet, die vom Lernerfolg, vom Lernprozeß oder vom Lerntransfer ausgehen kann (nach Götz, 1993). Evaluation benötigt Kriterien und diese können sowohl in verschiedenen Phasen einer Intervention (vor, während, nachher) und an den Ergebnissen, also mit Hilfe von Lernerfolgskriterien erhoben werden, als auch an den Methoden der Ergebnisentstehung – das sind Tätigkeiten zur Unterstützung des Lernens im Prozeß der Arbeit, also den Arbeitsmethoden – oder auch an Transferkriterien, das wären Maße zum Tätigkeitserfolg im Funktionsfeld, also am Arbeitsplatz. Zusätzlich ist es möglich, Evaluationskriterien auch an den teilnehmenden Personen selbst in Form von Selbsteinschätzungen des Lerngewinns vorzunehmen. Arbeiten und Lernen sind zielgerichtete Tätigkeiten, über die jeder Mensch reflektiert. Schwachpunkte und Stärken der eigenen Kompetenz werden immer auch widergespiegelt und menschliche Tätigkeit ist in der Regel durch Bemühungen um Optimierungen gekennzeichnet. Aufgrund der Fähigkeit des Menschen zur Vergegenwärtigung eigenen Tuns werden deshalb Entwicklungen der Kompetenz im eigenen Erleben widergespiegelt und sind dort abgreifbar. Sonntag und Schäfer-Rauser (1993) haben ein Instrument für die Selbsteinschätzung beruflicher Kompetenzen bei der Evaluation von Bildungsmaßnahmen entwickelt. Schuler (1989) zählt auch eigenschaftsbezogene Kriterien zu den Evaluationskriterien und setzt damit Leontjews (1973) These von der Entwicklung des Menschen in der Tätigkeit in die Evaluationsmethodik um.

Diese allgemeinen Kriterien bedürfen der Operationalisierung und einer kritischen Gültigkeitsbetrachtung, insbesondere im Hinblick auf den Transfer in das Funktionsfeld. So kann in einem Kurs zum Erlernen des Umgangs mit einem CAD-Programm bspw. das Wissen um Eigenschaften, Leistungsfähigkeit und Anwendung dieses Programms bei den Kursteilnehmern von ca. 25% auf 85% gesteigert werden. Wenn die Arbeit mit dem CAD-Programm nur 12 bis 15 % der Arbeitszeit ausmacht, ist ein Rationalisierungseffekt des Weiterbildungskurses nur für diese 12-15% wahrscheinlich. Andere Arbeitsinhalte, die evtl. auch Spielraum für Verbesserungen durch Lernen aufweisen, waren nicht Gegenstand der Bildungsmaßnahme.

Insbesondere für Anliegen der formativen Evaluation, die Rückmeldungen für eine Bessergestaltung von Interventionen geben möchte, ist eine präzise Schwachstellenanalyse hilfreich. Das Ziel besteht darin, noch vorhandene Kompetenzmängel möglichst konkret aufzudecken, um gezielt fehlende Inhalte zum Gegenstand einer Lernintervention zu machen. So ist es wünschbar, eine Bewertung des Wissens daraufhin vorzunehmen, für welche Arbeitsaufgaben und Handlungen es annähernd vollständig und angemessen vorliegt, und wo Lücken und Unsicherheiten existieren, denen mit gezielten Lernmaßnahmen begegnet werden kann. Diese Differenzierung nach Aufgaben und Handlungen ist auch für die Beherrschung von individuellen und kooperativen Strategien oder allgemein für die tätigkeitsbezogene Methodenkompetenz wünschbar.

Evaluationskriterien werden deshalb mehrfach erhoben. Zu unterscheiden sind eine Eingangsprüfung oder Vorab-Evaluation, eine Lernfortschritts-, eine Lernerfolgs- und eine Lerntransfermessung (Götz, 1993). Viele Messungen beschränken sich jedoch auf das Lernfeld und begnügen sich hier häufig mit einer Erhebung am Ende einer Bildungsmaßnahme (Arnold, 1992). Das hat zwei Nachteile:
- Der wichtige Transfer in das Funktionsfeld kann nicht beurteilt werden.
- Eine Einmalmessung ist methodisch wertlos, weil ein Vergleichsmaßstab fehlt und deshalb beliebige Alternativerklärungen denkbar sind. So kann die alleinige Feststellung eines guten Lernresultats am Ende einer Bildungsmaßnahme nicht entscheiden, ob dieses Lernresultat durch die Bildungsmaßnahme erreicht wurde, ob die Kursteilnehmer schon mit sehr guten Eingangskenntnissen in die Bildungsmaßnahme gekommen sind und aufgrund ihrer guten Vorkenntnisse gute Resultate erzielten oder ob z.B. Personen, die mit den Kursinhalten nicht zurechtgekommen sind, am letzten Tag bei der Erhebung der Evaluationskriterien fehlten.

Diese Erläuterungen zeigen auch, daß neben der befriedigenden Lösung der Kriterienfrage die Evaluation angemessene Untersuchungspläne benötigt. Quasiexperimentelle Versuchs-Kontrollgruppenpläne mit Vor- und Nachmessungen oder Zeitreihenpläne sind solche. Die Vormessung wird dabei auch als Inputevaluation bezeichnet, und von ihr wird oft zusätzlich zur Beschreibung des Evaluationsgegenstandes vor der Intervention eine Hilfe bei der Präzisierung des Lernbedarfs, der Lernziele und der Evaluationskriterien erwartet. Die Realisierung methodisch befriedigender Designs ist in der betrieblichen Praxis jedoch die Ausnahme.

Evaluationen zum Lernen im Prozeß der Arbeit werden meist nicht systematisch durchgeführt. Studien existieren eher exemplarisch in Form besonderer Projektarbeit, die häufig mit Qualifizierungsabsichten kombiniert ist. In Unternehmen ist eher die Auffassung verbreitet, die Lernfähigkeit der Mitarbeiter als freies Gut zu betrachten, von dem beliebig Gebrauch gemacht werden kann und mit dem sich Ungereimtheiten in der Aufgabengestaltung und der Auslegung der Arbeitsbedingungen schon irgendwie kompensieren lassen.

Ein Aspekt von Evaluationsstudien betrifft Kosten-Nutzen-Analysen. Diese sind zum Lernen im Arbeitsprozeß so gut wie nicht vorhanden. Evaluationen in Form von Effizienzaussagen, die auch die Kosten reflektieren, existieren eher für die institutionalisierte Weiterbildung.
Einer Analyse des Instituts der deutschen Wirtschaft zufolge (1995) gab die Wirtschaft zu Beginn der 70er Jahre etwa 2,1 Milliarden DM für die Weiterbildung aus. Zu Beginn der 80er Jahre waren es schon 8 Milliarden und Anfang der 90er Jahre schließlich 36,5 Milliarden DM. Das Ausmaß, das betriebliche Weiterbildung angenommen hat, veranschaulicht ein Vergleich, den Weiß (1990) vornimmt. „Er errechnet, daß im Jahr 1987 allein die deutschen Betriebe 26,7 Milliarden DM für Weiterbildung ausgaben und damit zwei Milliarden DM mehr als der Staat für den gesamten Hochschulbereich samt Universitätskliniken" (nach Prenzel, Mandl & Reinmann-Rothmeier, 1994, S.31). Diese erheblichen Kosten beziehen sich auf institutionalisierte Formen der Weiterbildung, auf Tagungen, Seminare, Kurse, die außerhalb des Arbeitsprozesses, d.h. off the job, stattfinden. Aber für diese Weiterbildungen wird gerade das schwierige, oft nicht gelingende Transferproblem beklagt. Dieses Problem entfällt beim Lernen im Arbeitsprozeß, weil Lernfeld und Funktionsfeld hier identisch sind.

Interventionen sollen bedarfsgerichtet gestaltet werden. Für alle Maßnahmen der Unterstützung von Lernprozessen sind deshalb Lernbedarfsanalysen eine wünschbare Voraussetzung.

7.2 Lernbedarfsermittlung

Der generelle Ansatz der Ermittlung von Lernbedarf besteht im Ausweisen von Soll-Ist-Diskrepanzen. Dabei wird unter dem „Soll" die zu erreichende Zielqualifikation verstanden und unter „Ist" die bei einer Personengruppe vorhandene Qualifikation (Bundesminister für Bildung und Wissenschaft, 1990). Dabei ist jedoch auch zu beachten, daß nicht jeder Soll-Ist-Vergleich, der Qualifikationsdefizite aufdeckt, in jedem Fall Qualifizierungsbedarf begründet. Ebenso können Neueinstellungen, Umbesetzungen oder arbeitsorganisatorische Maßnahmen in Betracht kommen. Für die Ermittlung von „Ist" und „Soll" dominieren in der Praxis Vorgesetztenbefragungen, teilweise ergänzt um Mitarbeiterbefragungen. Das ist ein unscharfes und unzureichendes Vorgehen, wie Arnold (1992) und ein Gutachten des Bundesministeriums für Bildung und Wissenschaft (1990) ausweisen. In der betrieblichen Praxis dominieren die sogenannten subjektiven Methoden der Bedarfsermittlung, z.B. Befragungen von Vorgesetzten, Mitarbeitern und Experten. Eine Weiterbildungs-Analyse, bei der Mehrfachbenennung zulässig waren, ergab folgendes:
- In 90,6 % der Fälle wird der Bedarf in Gesprächen zwischen Linienvorgesetzten und Weiterbildungsverantwortlichen festgelegt. Dabei bilden vorhandene Probleme wie hohe Fluktuation, außerordentlicher Kostenanstieg oder sinkende Produktqualität den Auslöser.
- In 59,8 % der Fälle wird in direkten Gesprächen mit Mitarbeitern der Qualifikationsbedarf festgestellt.

Bärbel Bergmann

- In 31,1 % der Fälle geht diesen Gesprächen ein Vergleich der Mitarbeiterleistung mit dem Stellenprofil voraus.
- In 29,1 % der Fälle werden systematische Mitarbeiterbefragungen durchgeführt (s. Betriebliche Weiterbildung – Forschungsstand und Perspektiven, 1990).

Generell sind gebräuchliche Methoden zur betrieblichen Lernbedarfsanalyse:

Dokumentenanalysen
Sie können sich auf Leistungsbeurteilungen und Personalakten beziehen. Diese liefern eine globale Qualifikations-Diagnose. Grundvoraussetzung ist ein Personalbeurteilungssystem mit Leistungskriterien, die regelmäßig gemessen, zwischen Mitarbeiter und Vorgesetzten diskutiert und protokolliert werden. Dabei gestaltet sich jedoch der Schluß von mangelhaften Leistungen auf Ursachen, die in der Person des Stelleninhabers liegen und durch Qualifizierung zu beseitigen sind, schwierig.

Dokumentenanalysen können sich auch auf betriebliche Dokumente über Fehler, Reklamationen, Störungen, die Verfügbarkeit von Anlagen beziehen. Zu den Arbeitsaufgaben von Mitarbeitern gehören das qualitätsgerechte Herstellen von Produkten und/oder das Erkennen und Beseitigen von Störungen. Das Ziel oder Soll besteht also in qualitätsgerechten Produkten, im Ausbleiben von Reklamationen und in der sicheren und zügigen Diagnose und Beseitigung von Störungen. Kommen jene dennoch vor und lassen sich Material- und technische Fehler als Ursache ausschließen, so kann aus Fehlern und nur mühsam bewältigten Störungssituationen auf Qualifikationslücken und Unsicherheiten in den Wissensgrundlagen geschlossen werden. Von diesem Weg der Abschätzung des Spielraums für eine Effektivierung durch verbesserte Arbeitsverfahren kann Gebrauch gemacht werden (Bergmann & Wiedemann, 1994, 1995; Wiedemann, 1995). Gelingt eine Fehler- oder Störungsklassifikation, mit deren Hilfe ein Rückschluß auf den Ort der Fehlerentstehung möglich wird, so läßt sich mit einer solchen Beschreibung nicht nur der Spielraum für Verbesserungseffekte durch Lernen angehen sondern auch kennzeichnen, für welche Handlungen Lernbedarf existiert.

Mitarbeiterbefragungen
Sogenannte Bildungsbeauftragte der Unternehmen führen sie durch mit Hilfe von
- *Interviews,* die individuell eingeschätzte Qualifikationslücken, individuelle Interessen und Wünsche erfassen. Dabei werden meistens nur die Vorgesetzten von Mitarbeitern befragt. Interviews erbringen oft unvollständige Ergebnisse und in starkem Maße Meinungen statt Fakten;
- *Fragebogen-Erhebungen,* die in der Regel kostengünstiger als Interviews sind, und auch subjektiv eingeschätzten Qualifizierungsbedarf ermitteln. Dabei entfallen in der Person des Interviewers liegende Fehlerquellen. Nachteilig sind die Restriktionen durch die Vorgabe von Tätigkeiten und Wissensgebieten sowie durch die Antwortkategorien;
- *„Critical Incident"-Methoden*, die Schwierigkeiten oder kritische Vorfälle bei der Tätig-keitsausführung erfassen. Dabei führen Mitarbeiter tagebuchähnliche Aufzeichnungen oder es werden Arbeitsablaufanalysen durchgeführt. Es ist aufzudecken, ob eine unzureichende Mitarbeiterqualifikation als Ursache für Arbeitsmängel in Frage kommt und ob Qualifizierung Abhilfe schaffen kann;

- *Gruppengesprächen* unterschiedlicher Formen (z.B. Brainstorming-Sitzungen; Lernstatt), um den konkreten Lernbedarf zu ermitteln. Eine Personenmehrheit legitimiert in der Regel die Qualifikationserfordernisse. Gruppengespräche verlangen einen relativ hohen organisatorischen und zeitlichen Aufwand. Es besteht die Gefahr, daß individueller Lernbedarf vernachlässigt wird.

Arbeitsanalytische Methoden
Auch in dieser Methodengruppe existieren mehrere Zugänge (s. auch Sonntag, 1989, 1990). Sie setzen für das Ziel, einen Lernbedarf als Soll-Ist-Differenz auszuweisen, an unterschiedlichen Punkten an. Aufgabenanalytische Ansätze bemühen sich um eine Charakterisierung des Solls. Sie nehmen eine Beschreibung der an einzelnen Arbeitsplätzen auszuführenden Aufgaben vor und kennzeichnen Aufgabenbedingungen und -strukturen (task characteristic approach). Eine andere Methodengruppe orientiert sich an der Handlungsausführung als beobachtbarem Verhalten (behavior description) und wendet sich eher der Erfassung des Ist zu. Hier gilt der Fragebogen zur Arbeitsanalyse (FAA, Frieling & Hoyos, 1978) als ein erprobtes Verfahren, das auch zur Darstellung von Ausbildungsanforderungen Verwendung findet. Es wurde aus dem „Position Analysis Questionnaire" (PAQ) von Mc Cormick, Jeanneret und Mecham (1969) entwickelt. Der hier zugrunde liegende Denkansatz der Beschreibung durch eine strukturierte vollständige Liste von Merkmalen, deren Ausprägung gestuft wird, kennzeichnet auch das Tätigkeitsanalyseinventar, das in speziellen Verfahrensteilen wie dem P-TAI von Aichner, Kannheiser & Hormel (1993) Qualifizierungserfordernisse erfassen möchte. Es ist als Checkliste ausgelegt, die im wesentlichen Einschätzungen der Mitarbeiter durch Vorgesetzte verlangt.

Diese Methoden, welche Arbeitsanforderungen in objektiven Aufgabenmerkmalen oder in Merkmalen der Handlungsausführung beschreiben, sind vom Konzept her auf eine vollständige Erfassung dieser Merkmale orientiert. Dieser Anspruch steht jedoch zumindest für die Konzipierung von Unterstützungen des Lernens im Prozeß der Arbeit im Widerspruch mit der Realität, denn dafür sind selektive Lernunterstützungen oft ausreichend, weil Arbeitende einerseits über umfangreiche Kompetenzen verfügen und andererseits die Möglichkeit des Transferierens auf analoge Aufgaben genutzt werden kann und es nicht erforderlich ist, jede Teilaufgabe zum Lerngegenstand zu machen. Wichtig ist es aber festzustellen, welche Arbeitshandlungen der Verbesserung durch Lernen bedürfen, welche Inhalte also für selektive Lernunterstützungen auszuwählen sind. Ein zweites Problem von Analysemethoden, die eine Anforderungsbeschreibung nach dem Vollständigkeitsprinzip anstreben ist der Abstraktionsgrad der erhaltenen Beschreibungen, aus dem eine Ableitung konkreter Lernunterstützungen nicht erfolgen kann.

Arbeitsanalysen werden auch als Expertenbeurteilungen von Arbeitstätigkeiten in Begriffen erforderlicher Leistungsvorraussetzungen vorgenommen. Diese lassen sich noch in stärker eigenschafts- und stärker prozeßorientierte Vorgehensweisen einteilen. Eigenschaftsorientierte Verfahren verlangen vom Untersucher Urteile darüber, in welchem Grad die entsprechende Eigenschaft oder Fähigkeit die Voraussetzung für die Ausführung einer Tätigkeit ist (ability requirement approach). Das bekannteste Verfahren dieser Gruppe ist das von Theologus, Romashko und Fleishman (1970). Mit ihm werden Arbeitsanforderungen nach 37 Fähigkeiten eingeschätzt, indem der Unter-

sucher jeweils auf einer mit Ankerreizen versehenen Ratingskala Einstufungen vornimmt. Eine analoge Vorgehensweise wird mit der „Job Element Method" von Primoff (1975) praktiziert. Aus den ermittelten Elementen werden facettenartig Aussagen über die Qualifikationsanforderungen bei Tätigkeiten getroffen.
Diese Methoden versuchen mit ihrer Umkodierung von Tätigkeitsanforderungen in Fähigkeiten oder Eigenschaften eine quantitative Abstufung des Lernbedarfs bei Personen vorzunehmen. Mit ihnen wird es möglich anzugeben, welche Personen dem Soll näherkommen und welche Personen vom Soll weiter entfernt sind und deshalb einen größeren Lernbedarf haben. Dies zielt darauf ab, Lernbedarf als individuellen Entwicklungsbedarf auszuweisen. Das Denkmodell, den Lernbedarf als Soll-Ist-Diskrepanz zu verstehen, wird aber auch anders interpretiert, nämlich ohne Wertung der individuellen Leistungsvoraussetzungen von Personen als Beantwortung der Frage, für welche Aufgaben, für welche Arbeitshandlungen Lernbedarf besteht. Diesem Ansatz entsprechen Arbeitsanalysestrategien, welche den Schlüssel für effiziente Arbeitsverfahren in der Qualität der psychischen Regulationsgrundlagen sehen und Ansätze für eine Lernunterstützung in der Bereitstellung dieser Regulationsgrundlagen oder im Gewähren von Hilfen für ihren Erwerb durch die Arbeitenden. Die Analysen konzentrieren sich dann auf die Ermittlung tätigkeitsleitender mentaler Repräsentationen, von Strategien und Aktionsprogrammen und ihre Bewertung nach Angemessenheit und Vollständigkeit. Fehlerhafte und lückenhafte mentale Repräsentationen und Strategien weisen auf Lernbedarf hin. Die methodische Realisierung dieses Denkansatzes ist aufwendig. Standardisierte Analyseverfahren, die auf dem Beobachtungsinterview basieren, wie das Tätigkeitsbewertungssystem (TBS; Hacker, Iwanowa & Richter, 1983; Hacker, Fritzsche, Richter & Iwanowa, 1995), das Verfahren zur Ermittlung von Regulationserfordernissen in der Arbeitstätigkeit VERA; Volpert, Oesterreich, Gablenz-Kolakovic, Krogoll & Resch, 1983) und das Verfahren zur Erfassung von Regulationshindernissen in der Arbeitstätigkeit (RHIA; Greiner, Leitner, Weber, Hennes & Volpert, 1987) ermöglichen eine Beschreibung und Niveauvergleiche von Anforderungen. Die Beschreibung eines lehr- und lernwürdigen Vorgehens, also eine Beschreibung des Solls leisten sie nicht.

Eine Ableitungsmöglichkeit des „Solls" wird in jüngster Zeit bei Experten gesehen. Experten sind Personen, die auf einem Gebiet dauerhaft eine herausragende Leistung vollbringen (Gruber & Mandl, 1992; Gruber, 1994). Experten haben Wissen und Prozeduren für ein effizientes Verhalten in einem Problembereich erworben. Dies gilt es zu analysieren und nicht so effizient handelnden Personen zu vermitteln. Eine Lernbedarfsanalyse wird dann in einer kontrastiven Analyse leistungsstarker Personen (Experten) und leistungsschwacher gesehen (Rieger, 1987; Gruber & Mandl, 1992; Bergmann, 1993; Rühle, 1988; Hacker & Skell, 1993), weil diese Gegenüberstellung deutlich macht, worin sich beide Personengruppen unterscheiden und so den „Nettobedarf" ausweist.
Dieser so plausible Denkansatz ist dennoch keine einfache Lösung des Lernbedarfsproblems. Viele Expertisemodelle betrachten Wissen als weitgehend invariant und Expertise als auf einer Wissenskumulierung begründet. Aber Experten haben nicht stabiles, sondern sehr flexibles Wissen, das sie je nach Situation verfeinern, ändern; oder sie erzeugen in der Auseinandersetzung mit neuen Situationen Wissen neu, konstruieren es. Dieser Tatbestand mag erklären, daß die Analyse von Expertenwissen durchaus nicht zu übereinstimmenden Resultaten führt (Bergmann & Wiedemann,

1994; Schaper, 1994). Das Wissen von Experten zum gleichen Gegenstand unterscheidet sich teilweise. Das macht aber die Sollanalyse als Basis für die Gestaltung von Trainingsinhalten von Lerninterventionen schwieriger. Übliche Methoden des Aggregierens von Expertenwissen im Sinne der Addition (Hacker, 1992; Hacker & Jilge, 1993) sind mindestens in Frage zu stellen. Für die Eigenschaft der Flexibilität, welche das Wissen von Experten wesentlich charakterisiert, ist eine verbindliche Beschreibungsmethode noch nicht verfügbar. Verschiedene Befunde lassen es fraglich erscheinen, ob eine Aufsummierung von Wissen zur Bestimmung eines vorläufigen „Solls" gerechtfertigt ist. Das darin enthaltene Prinzip „viel hilft viel" vernachlässigt die Bedeutung der Art der Wissensorganisation. Aus der flexiblen Wissensorganisation der Experten resultiert offensichtlich aber der Vorteil, daß sie ihre Verarbeitungsressourcen weniger belasten (vgl. Kluwe. 1990). Damit bleibt leistungsstarken Personen wahrscheinlich ausreichend Reservekapazität, um sich an konkrete Situationen anzupassen.

Analysen des Lernbedarfs werden zunehmend als partizipativ, also gemeinsam mit den Arbeitenden zu bewältigende Aufgaben verstanden. Die Mitwirkung der Arbeitenden ist wichtig. Sie verfügen über die intimste Kenntnis ihrer Tätigkeiten, sie sind die Experten ihrer Arbeit. Auf diesem Ansatz basiert die subjektive Tätigkeitsanalyse (STA; Ulich, 1981). Er hat Eingang gefunden in Selbstanalysemethoden des Tätigkeitsbewertungssystems (Hacker, Fritzsche, Richter & Iwanowa, 1995) und ist am engangiertesten bei der Konzipierung des „Aufgabenorientierten Informationsaustauschs" durch Neubert und Tomczyk (1986) und Neubert (1987) artikuliert. Eine Lernunterstützung im Arbeitsprozeß hat mit zwei Problemen zu tun, der arbeitsanalytischen Ermittlung der zur verbesserten Handlungsregulation benötigten Informationen, und einem lernpsychologischen oder trainingsmethodischen Problem, nämlich der Vermittlung effektiver Arbeitsverfahren. Im aufgabenorientierten Informationsaustausch werden beide Probleme integriert und von den Arbeitenden selbst gelöst.

Das Problem der Lernbedarfsbeschreibung differiert natürlich auch je nach Tätigkeiten und den gegebenen Bedingungen. Das erklärt, daß eine aufgaben- und problembezogene Kombination und Modifikation mehrerer Methoden für die Ermittlung von Lerninhalten im Arbeitsprozeß genutzt wird, die oft gleichzeitig neben der Analysefunktion auch Lehr- und Lernfunktionen erfüllen und überwiegend gemeinsam mit den Arbeitenden realisiert werden. Generell ist für Arbeitstätigkeiten eine selektive Gestaltung von Lernunterstützung zu unterstellen, weil Arbeitende bereits über Kompetenzen verfügen, weil deshalb nicht alle Anforderungen lernbedürftig sind und weil Vorgehensweisen und Strategien transferierbar sind. Sie müssen also nicht für jede neue Handlung neu erlernt und trainiert werden. Deshalb ist zu ermitteln, welche Arbeitshandlungen Lerninhalte werden sollen. Wenn diese Frage beantwortet ist, sind die Bearbeitungsmethoden für die als Lerninhalte ausgewählten Arbeitshandlungen zu ermitteln, und zum Teil ist ergänzend zu bestimmen, welches Wissen, welche Entscheidungsregeln effektiven Arbeitsverfahren zugrunde liegen und die entsprechende Wissensbasis für sie darstellen.

Zur Bewertung des Lernbedarfs werden generell objektive und subjektive Kriterien genutzt. Zu den objektiven Kriterien gehören in erster Linie Fehler. Wo Menschen Fehler machen, besteht ein Lernbedarf. Dabei haben vorhandene Dokumentationen, z.B. betriebliche Fehlerstatistiken für diesen Zweck oft gravierende Mängel. Ihre Klassifikationen sind nach betriebsorganisatorischen oder produktbezogenen Gesichtspunkten erstellt, nicht aber nach handlungspsychologischen. Ein Rückschluß von einer dominierenden Fehlerkategorie auf die sie verursachenden Handlungen ist jedoch nötig, um einen Lernbedarf in Form trainingsbedürftiger Handlungen zu begründen. Zu einer analogen Interpretation wie die der Fehler führten auch Häufigkeiten von Irrwegen, Korrekturen oder Nacharbeit. Diese Kriterien sind auf arbeitsanalytischem Weg zugänglich.

Eine zweite Denkfigur der Bewertung des Lernbedarfs geht von der Komplexität des Lerngegenstandes aus und argumentiert: Je komplexer, desto lernbedürftiger. Schließlich kann die Erfassung der Auftrittshäufigkeit von Arbeitshandlungen weiterhelfen. Generell gilt: Seltenheit bedingt Lernbedarf, weil der normale Arbeitsvollzug nicht ausreichend Trainingsmöglichkeiten bietet.

Nutzbare subjektive Kriterien sind Schwierigkeitseinschätzungen. Als schwierig eingeschätzten Aufgaben wird ein hoher Lernbedarf zugeordnet. Ferner kann aus der Beurteilung der Qualität der mentalen Repräsentationen auf den Lernbedarf geschlossen werden, indem lückenhaften, falschen bzw. bei fehlenden Bewertungsmaßstab stark streuenden, also sehr variablen mentalen Repräsentationen ein erhöhter Lernbedarf zugeordnet wird.

Für die Lernbedarfsermittlung werden also sehr unterschiedliche Methoden eingesetzt und für unterschiedliche Zwecke genutzt. Diese sind:
a) Die Beschreibung des Solls.
b) Die Beschreibung des Ists.
c) Das Ausweisen von Soll-Ist-Diskrepanzen mit dem Ziel einer Personenbewertung (Wer hat großen, wer hat geringen Lernbedarf?)
d) Das Ausweisen von Soll-Ist-Diskrepanzen bezüglich der an den Arbeitsplätzen auszuführenden Handlungen (für welche Handlungen existiert Lernbedarf, für welche Handlungen existiert kein Lernbedarf?)
e) Die Nutzung der Analysen für eine Präzisierung der Lernziele. Das erfordert eine Beschreibung des Solls auf der Prozeßebene. Effiziente, also lernwürdige Arbeitsmethoden sind zu ermitteln. Dazu bedarf es sehr differenzierter Analysen, die aber direkt in Lernunterstützungen münden können.
f) Die Nutzung der Analyse für eine Präzisierung der Lernziele auf der Resultatsebene. Für eine summative Evaluation zu nutzende Kriterien sind für die analysierten Tätigkeiten zu begründen.

Lernbedarfsanalysen in der Bedeutung von e) und f) werden auch als Vorab-Evaluation bezeichnet, weil sie den Zustand vor einer Lernintervention darstellen. Diese Aufgabe ist bei komplexeren Arbeitstätigkeiten nicht durch externe Experten allein zu bewältigen. Die Mitwirkung der Arbeitenden ist unerläßlich. Das gilt nicht nur, weil die komplexen Analysegegenstände, die Arbeitstätigkeiten, für externe Experten schwer zugänglich sind. Es gilt auch, weil ein Lernen im Prozeß der Arbeit mit dem Ziel, lernende Unternehmen zu unterstützen, nur mit Arbeitenden funktioniert, die motiviert und befähigt sind, Unternehmensziele in Lernziele am Arbeitsplatz umzusetzen. Um das zu erreichen, ist ihr Expertentum an ihrem Arbeitsplatz anzuerkennen und für sie erlebbar zu gestalten, daß ihre Mitwirkung geschätzt wird. Die Gestaltung von Lernbedarfsermittlungen als partizipativer Prozeß ist ein Schritt dahin.

7.3 Methodische Forderungen an Evaluationen

Evaluationen von Lerninterventionen benötigen Kriterien. Diese sollen etwas aussagen über den Effekt dieser Intervention (eine Lernintervention sollte zu einer hinreichenden Effektstärke führen), über Zeitcharakeristika dieses Effekts, d.h. ob er von Dauer oder nur vorübergehend ist und möglichst auch über seine Transferierbarkeit (Klauer, 1993). Wenn durch eine Lernintervention Kompetenz gefördert werden soll, so darf sich der Lerneffekt nicht auf die gelernte Aufgabe beschränken, sondern muß auf nicht gelernte, nicht von der Lernunterstützung betroffene Tätigkeiten transferierbar sein. Es wurde erläutert, daß Lernunterstützungen im Arbeitsprozeß aus verschiedenen Gründen selektiv sein müssen. Es wird jedoch kein selektiver Effekt, sondern eine Übertragung auf das ganze Funktionsfeld, eine Effektizierung aller Tätigkeiten am Arbeitsplatz erwartet.

Für die Begründung der Effektstärke, der Effektdauer und des Effekttransfers ist ein Nachweis sowohl auf der Resultatebene – das können bei Tätigkeiten geringere Fehlerquoten, eine Verminderung des Korrektur- oder des Zeitbedarfs sein – als auch auf der Prozeßebene gefordert – das betrifft die Mechanismen der Resultatentstehung, also die Arbeitsmethoden. Diese allgemeingültigen Kriterien bedürfen jedoch der Untersetzung für konkrete Bedingungen. Der Spielraum für eine Verringerung der Fehlerquote oder des Zeitbedarfs ist bei verschiedenen Tätigkeiten sehr unterschiedlich. Es kann auch uninteressant sein, hinsichtlich dieser Kriterien etwas verändern zu wollen. Statt dessen können Koordinationen mit anderen Arbeitsgruppen der Verbesserung bedürfen oder Einsparungen beim Einsatz bestimmter Materialien, oder die Beherrschung seltener, aber schwieriger und folgenreicher Sondersituationen bedarf der Verbesserung. Evaluationskriterien im Funktionsfeld können Kennziffern bezüglich der Produktion, der Qualität und des Betriebsklimas sein. Es können also Kennziffern ermittelt werden (Wöltje, 1995):

die Produktion betreffend
- Produktionssteigerung per Zeiteinheit
- Produktionssteigerung per Maschineneinheit
- Produktionssteigerung per Arbeitseinheit
- Produktionssteigerung per Maschinenüberholung
- Produktionssteigerung per Werkstatt
- kürzere Anlernzeiten
- weniger Anlernpersonal
- kürzere Lieferfristen
- geringere Selbstkosten

die Qualität betreffend
- weniger Ausschuß
- weniger Retoursendungen der Kunden
- weniger Beanstandungen der Kunden
- weniger Garantieleistungen
- höhere Verkaufszahlen
- bessere und raschere Zahlung der Kunden
- weniger Betriebsstörungen

- weniger Kontrollpersonal
- geringere Selbstkosten

das Betriebsklima betreffend
- weniger Ausfälle wegen Krankheit
- weniger Wechsel in der Belegschaft
- mehr Verbesserungsvorschläge
- weniger Beschwerden im Betrieb
- mehr Pünktlichkeit der Angestellten im Stundenlohn
- bessere Qualifikationen
- mehr Beförderungen statt Neueinstellungen

Die allgemeinen Kriterien müssen aber für die konkrete Tätigkeit und ihre Bedingungen heruntergebrochen werden. Bei Evaluationen sind immer mehrere Kriterien zu berücksichtigen, und sie sollten aus der Sicht unterschiedlicher Personengruppen beleuchtet werden. Evaluationskriterien müssen deshalb nicht von einem Evaluator festgelegt werden, sondern ihre Erarbeitung erfordert die Mitwirkung verschiedener Zielgruppen, in der Regel die Mitwirkung von Vertretern der Unternehmensleitung und der Arbeitenden (Wottawa & Thierau, 1990). Evaluationskriterien sollen einen Rückschluß auf die verursachende Intervention zulassen. Auch um diesen Schluß von Effektkriterien auf sie verursachende lernbedingte Veränderungen an deren Arbeitsmethoden transparent zu machen, ist das Insiderwissen der Arbeitenden als Experten ihrer Tätigkeit erforderlich.

Für ausgehandelte Kriterien sind in einem weiteren Schritt die Methoden ihrer Erfassung festzulegen. Die Tatsache, daß mehrere Kriterien vonnöten sind, bedingt ein multimethodisches Vorgehen. Einige Kriterien sind dokumentenanalytisch zugängig, z.B. Reklamationsquoten, Fehlerquoten, Mengenleistung pro Zeiteinheit. Für andere sind spezielle Instrumente zu ihrer Messung auszuwählen, z.B. Instrumente zur erlebten Arbeitsbelastung, zur Erfassung der Arbeitszufriedenheit oder zur Veränderung der Kompetenz auf der Basis von Selbst- oder Fremdeinschätzungen. Die Auswahl oder Gestaltung spezieller Testaufgaben, an deren Ausführung Resultat- und Prozeßkriterien erhoben werden, kann für die Evaluation von Lerninterventionen ebenfalls hilfreich sein (Bergmann, Wiedemann & Zehrt, 1995).

Ein dritter Aufgabenkomplex betrifft das Untersuchungsdesign. Es muß die Beherrschung einer Reihe im Prinzip konfundierender Störeinflüsse zulassen. Testwiederholungseffekte und reaktive Effekte sind in Felduntersuchungen besonders häufig. Auch Zeiteinflüsse oder Einflußfaktoren, welche auf die gewählte und im Prinzip immer freiwillige Erprobungsgruppe zurückgehen, also Auswahlverzerrungen, spielen eine Rolle. Angemessene Versuchspläne sind deshalb Versuchs- Kontrollgruppendesigns mit Vormessungen und Nachmessungen oder Zeitreihendesigns.

Eine Evaluation erfordert also mehrere Erhebungen von Evaluationskriterien. Die darin enthaltene Phasenorientierung wird auch mit dem sogenannten „CIPP-Modell" von Stufflebeam et al. (1971; nach Will et al., 1987 und Wöltje, 1995) beschrieben. Die vier Evaluationsfelder sind:

- Kontext- und Zielevaluation (Context)
- Inputevaluation (Input)

- Prozeßevaluation (Process)
- Produktevaluation (Product).

Die Kontext- und Zielevaluation konzentriert sich auf die Bedarfsanalyse und Zielfestlegung. Die Inputevaluation erfolgt während der Gestaltungs- und Entwicklungsphase von Trainingsmaßnahmen und hat Abstimmungen von Trainingsmaßnahmen auf die Ziele, die Personen und die Randbedingungen zum Inhalt. Die Prozeßevaluation betrifft dann die ständige Überprüfung der Lern- und Trainingsprozesse und die Produktevaluation konzentriert sich auf die Erfolgskontrolle im Lernfeld und die Erfolgskontrolle im Funktionsfeld. Diese Evaluationsfelder sind nicht immer eindeutig getrennt.

Die Realisierung solcher methodischen Forderungen nach einem Rückschluß von gemessenen Effekten auf deren Verursachung durch die Lernintervention genügenden Evaluationsplänen ist aber eher die Ausnahme als die Regel. Die Evaluation betrieblicher Weiterbildung beschränkt sich weitgehend auf Seminarbewertungen direkt am Maßnahmenende, und in vielen Fällen steht die Referentenbewertung im Vordergrund (Wunderer & Fröhlich, 1991).

Arnold (1992) stellt in seiner explorativen Studie zur Erfolgskontrolle betrieblicher Weiterbildung fest, daß der Erfolgskontrolle im Bildungsbereich keine dominierende Rolle zukommt. Er unterscheidet vier Typen der Erfolgskontrolle: die seminarorientierte Erfolgskontrolle, deren Schwerpunkt sich aus dem Rechtfertigungsdruck für Weiterbildung ergibt und bei der ebenfalls der Zufriedenheit der Teilnehmer eine große Bedeutung zugemessen wird; die transferorientierte Erfolgskontrolle, welche den Erfolg einer Weiterbildung nicht im Lernfeld sondern im Funktionsfeld, d.h. am Arbeitsplatz bzw. in den Fachabteilungen beurteilt; und die entwicklungsorientierte Erfolgskontrolle, die sich als Begleitung von Entwicklungsprozessen in Unternehmen beschreiben läßt. Auch bei der transferorientierten Erfolgskontrolle bestehen Evaluationsinstrumente in Mitarbeitergesprächen, die durch einen Gesprächsleitfaden oder eine Checkliste strukturiert sein können. Das Problem der Zurechenbarkeit von Erfolgen zur Intervention ist bei Erhebungen von Kriterien in einem größeren zeitlichen Abstand von der Intervention noch schwieriger, und Befragungsdaten sind für diesen Rückschluß allein nicht ausreichend. Bei der entwicklungsorientierten Weiterbildung ändert sich die Auffassung von der Rolle der Weiterbildungsableitung. Sie wechselt von der für Weiterbildungen zuständigen Instanz zu einem Problemlöser, der von Fachabteilungen angefordert werden kann. Deshalb ist hier die Erfolgskontrolle der Weiterbildung eingeordnet in die globaleren jeweiligen Entwicklungsziele der Unternehmen.

8. Perspektiven

Generell wird erkannt, daß Lernprozesse in der Arbeit eine zunehmende Bedeutung gewinnen. Dafür werden verschiedene Gründe verantwortlich gemacht. Der sich vollziehende Strukturwandel mit Verlierern im verarbeitenden Gewerbe und einer Zunahme der Beschäftigten im tertiären Sektor geht einher mit Veränderungen dominierender Qualifikationsinhalte. Der Einsatz neuer Technik führt zu verringerten Lebenszyklen von Produkten und erhöht schon dadurch den durch Produkt- und Technikinnovation bedingten Lernbedarf. Schließlich gibt es Veränderungstrends in der Arbeitsorganisation. Die klassische funktional-hierarchische Organisation, die sich bei der Bewältigung von Routineabläufen bewährt hat, ist für Unternehmen, die in starkem Maße auf die Kreativität und Innovationskraft ihrer Mitarbeiter angewiesen sind, nicht mehr ausreichend. Zunehmend wird sich durch den vermehrten Einsatz von Informations- und Kommunikationstechniken sowie Steuerungs- und Automatisierungstechniken in vielen Wirtschaftszweigen eine Weiterentwicklung des arbeitsteiligen Tätigkeitsprinzips in Richtung ganzheitlicher Arbeit mit relativ starker Autonomie von qualifizierten und ausgebildeten Fachkräften durchsetzen. Mit dieser Neustrukturierung von Arbeitsaufgaben ist auch ein Zuwachs an fachlichen Ansprüchen zu erwarten. Qualifikationen, die als Fähigkeitsentwicklung zu interpretieren sind, werden zunehmend betont, nämlich das Denken in Zusammenhängen, Planungs-, Steuerungs- und Organisationsgeschick, fachliche Flexibilität, Abstraktions- und Konzentrationsfähigkeit, analytische Qualitäten, Innovationswillen, Wissens- und Handlungskompetenz.

Die beschriebenen Entwicklungstrends der Erwerbsarbeit sind der Grund dafür, daß die in ihr enthaltenen Lernanforderungen tendenziell umfangreicher und komplexer werden. Ihnen wird deshalb immer weniger zu entsprechen sein durch ein Lernen in Form einer nachträglichen Anpassung an vollzogene Veränderungen. Vielmehr wird es erforderlich, die Arbeitenden zu Akteuren dieser Handlungsprozesse zu machen, so daß sie die entstehenden Lernanforderungen selbst erkennen und mitgestalten und dadurch in die Lage versetzt werden, das Entstehen von Lernmotivation durch Einsicht in den Sinn diesen Lernens für die Entwicklung des eigenen Arbeitsplatzes und der Organisation zu erleben.

Aus dem Tatbestand, daß in kürzerer Zeit mehr gelernt werden muß, ergibt sich die Notwendigkeit, der Unterstützung von Lernprozessen in der Arbeit noch mehr Gewicht zu verleihen. Der Hauptweg dazu dürfte in der Aufgabengestaltung bestehen. Lernen im Prozeß der Arbeit ist an Aufgaben mit einem Lernpotential gebunden. Die Gestaltung vollständiger Tätigkeiten (Hacker, 1991, 1993) mit Spielraum für die selbstständig lernende Auseinandersetzung mit ihnen, die Unterstützung des Lernens durch organisatorische, technische und soziale Lernmittel, insbesondere das Anregen von Lernen in Gruppen (Dunckel & Volpert, 1993) ist eine Voraussetzung um selbstständiges Lernen zu ermöglichen.
Die Realisierung kann aber nicht nach nur einem Rezept erfolgen, sondern bedarf der Anpassung an verschiedene Rahmenbedingungen und muß auch berücksichtigen, daß Arbeitende mit unterschiedlichen Berufsbiographien verschieden lernen und daß ein Gewähren von Spielräumen und Unterstützungen für Individualisierungen dieser Lernprozesse eine Bedingung für den Erfolg solchen Lernens ist. Deshalb besteht bezüglich der Aufklärung fördernder und hemmender Bedingungen für ein Lernen im Prozeß der Arbeit erheblicher Forschungsbedarf.

Eine Begründung für die größer werdende Bedeutung von Lernprozessen in der Arbeit ergibt sich auch daraus, daß Deutschland ein rohstoffarmes Land ist, in dessen östlicher Nachbarschaft sich mehrere Niedriglohnländer befinden. In diese findet eine Export von Arbeit statt. Vorwiegend rohstoffarme Technologien und schwer exportierbare Arbeit werden in Deutschland bleiben. Das bedingt eine Orientierung auf Forschung und Entwicklung auf innovative und umweltverträgliche Wirtschaft (Klauder, 1989).

Perspektiven

Diese funktioniert nur mit Arbeitenden, die hoch qualifiziert sind und ständig weiter lernen. In den neuen Bundesländern dominieren nach dem Zusammenbruch der Großindustrie Klein- und Mittelbetriebe. Sie werden längerfristig nur eine Chance haben, wenn ihnen eine innovative Arbeit gelingt. So sind auch sie auf hochqualifizerte und im Lernen trainierte Mitarbeiter angewiesen. Ihre wirtschaftliche Situation ist jedoch nicht stabil. Sie sind überwiegend arme Betriebe. Deshalb sind sie nicht in der Lage, viel Geld für die Weiterbildung auszugeben. So sind Lernformen und -methoden gefragt, die mit diesem Widerspruch der einerseits hohen Anforderungen an die Qualifikation und deren ständiger Verbesserung durch Lernen und den andererseits begrenzten zeitlichen und finanziellen Ressourcen für ein Lernen umzugehen vermögen. Ein sehr globaler Lösungsansatz könnte in einer Aufwertung des Lernortes Arbeitsplatz gegenüber externen Weiterbildungsveranstaltungen gesehen werden. Dafür werden aber Methoden benötigt, die dem sehr komplexen Lerngegenstand der modernen Arbeitstätigkeiten gerecht werden. Sie sind derzeit nicht ausreichend abrufbar und bestehen gerade, wie gezeigt wurde, in einer an die Tätigkeiten und Zielgruppen angepaßten Modifikation genereller Methoden der Lernunterstützung. Dieser erhebliche Anpassungsaufwand ist exemplarisch geleistet, und ebenso exemplarisch ausgewiesene Erfolge weisen darauf hin, daß es so gelingt, dauerhafte und sogar durch die Qualität vertikaler Transferprozesse charakerisierbare Effekte zu erreichen. Um solche Beispiele aber einer Breitenwirkung zuzuführen, muß auch geklärt werden, welche Personen diese Adaptationen im Prinzip erprobter Methoden auf die konkreten Bedingungen einer Abteilung und deren Mitarbeiter vornehmen, wie sie dies in einem partizipativen Prozeß realisieren und wie diese Personen dafür zu schulen sind.

Die Sachkompetenz für diese Anpassung an die konkreten Bedingungen liegt bei den jeweiligen Mitarbeitern. Sie haben die intimste Kenntnis der Eigenschaften der Tätigkeiten und ihrer Schwachstellen. Ihre Mitwirkung wird also für eine lernende Optimierung von Arbeitsverfahren gebraucht. Ebenso ist die Mitwirkung des jeweiligen Vorgesetzten erforderlich, weil die Integration von Arbeit und Lernen das Paßfähigmachen von Lernunterstützungen mit den Gesamtaufgaben von Arbeitsgruppen und Abteilungen die Zustimmung und Koordinierung des Vorgesetzten erfordert. Das Ausschöpfen der Potenzen des Lernortes Arbeitsplatz erfordert deshalb die Partizipation der Mitarbeiter vor Ort an Prozessen der Entwicklung und Realisierung von Lernunterstützungen. Vorgesetzte sollten für diese Aufgaben sensibilisiert und geschult werden. Eine Unterstützung durch externe Fachkräfte für Weiterbildung ist möglich, allerdings nicht in der Weise, daß sie extern entwickelte Inhalte und Methoden übertragen, sondern so, daß sie helfen, für die aus den Arbeitsaufgaben und deren Entwicklung in der jeweiligen Organisation entstehenden Lernanforderungen Transformationen in Lernaufgaben, in Lernschritte und deren methodische Unterstützung vorzunehmen. Lernen in der Arbeit ist also nicht Anpassung an aktuell geforderte Sollqualifikationen, sondern sie betrifft die Mitwirkung der Arbeitenden bei der Entwicklung der Organisationen. Das schließt ein, Lernaufgaben zu antizipieren, sich präventiv auf neue Aufgaben vorzubereiten. Es ist zu erwarten, daß künftige Arbeit in noch stärkerem Maße eine lernende Optimierung erfordert. Gleichzeitig ist aber bezahlte Arbeit zu einem knappen und teuren Gut geworden, mit dem Organisationen sehr sparsam umgehen. Die schlanken bis mageren Personalstrukturen sind ein Ausdruck dafür. Aber das für die Anpassung von Arbeitsverfahren an neue Bedingungen und für ihre ständige Verbesserung erforderliche Lernen funktioniert immer weniger als konditioniertes Lernen, für das stabile Bedingungen und eine häufige Wiederholung ein ausreichender Nährboden sind. Es hat eher den Charakter von problemerkennenden und problemlösenden Optimierungen. Diese benötigen aber auch Zeit, deren Bereitstellung bei der knappen, teuren Arbeit zunehmend als problematisch erlebt wird. Deshalb werden Forderungen artikuliert, das Lernen in die Freizeit zu verlagern (z.B. Wöltje, 1995). Unter Berücksichtigung der Erkenntnis, daß Erwachsene bei ihrem Lernen in stärkerem Maße auf Sinnerleben, auf die Überzeugung, daß sich Lernen lohnt, angewiesen sind, dürfte dem Ermöglichen eines solchen Sinnerlebens eine große Bedeutung zukommen. Wenn Lernen Sinn machen soll, muß es einen Stellenwert für die persönliche Zukunftsplanung haben (Dittmann-Kohli, 1995). Es muß sich einbinden lassen in realistische Lebensplanungen, innerhalb derer berufliche Planungen wegen der mit ihnen verbundenen Existenzsicherung einen hohen Stellenwert haben. Ein Lernen auf Verdacht mit der hochwahrscheinlichen Aussicht, daß eine Verwertung in der eigenen Lebensplanung mangels realistischer Aussichten auf einen Arbeitsplatz nicht gelingt, ist keine gute Motivationsgrundlage. Die Aussicht auf längerfristige berufliche Planungsmöglichkeiten dürfte hingegen der Nutzung von Freizeit für ein berufsbezogenes Lernen persönlichen Sinn verleihen. Das bedeutet aber, daß die Diskussion um die gerechte Verteilung des knappen Gutes Arbeit zu erweitern ist um die vernünftige Relation von Arbeit und Lernen. Aber dabei ist auch zu beachten, daß nur ein Teil des arbeitsbezogenen Lernens in die Freizeit verlagerbar ist, am ehesten neues Wissen betreffende Teile. Moderne Erwerbsarbeit wird immer eine Mischung aus Arbeit und Lernen sein, denn neue Kompetenzen sind nur im Prozeß der Arbeit zu erlernen. Problemlösen lernt man nur durch Problemlösen, Handeln nur durch Handeln.

Viele der diskutierten Entwicklungen der Erwerbsarbeit sprechen für eine Zunahme der Lernanforderungen in der Arbeit als einen Haupttrend. Insgesamt ist die Entwicklung aber widersprüchlich. Neben der Tendenz zur Höherqualifizierung, die vorwiegend bei hoch qualifizierten Mitarbeitern vorherrscht, welche oft mit der gesetzlichen Arbeitszeit nicht auskommen, unter anderem auch, weil sie das im Arbeitsprozeß entstehende Lernpensum in dieser begrenzten Zeit nicht voll bewältigen können, wird eine Tendenz zur Dequalifizierung konstatiert (Staehle, 1989). Diese wird auf die rasche Entwertung sogenannter prozeßgebundener, auf die technischen Erfordernisse des konkreten Arbeitsplatzes ausgerichteten Qualifikationen zurückgeführt. Aber auch die Entwicklungen der Informationsgesellschaft mit Multimediatechnologien und Telekommunikation bergen Risiken, die Blume und Wahl (1995) mit Verdummung, Manipulation und sozialer Entfremdung bezeichnen (S. 4).

Weiterhin werden sich das Belastungsprofil und die Art von Erwerbsarbeit ändern. Zu diesen Änderungen gehört einmal der zunehmende Umgang mit Unsicherheit. Unsicherheit wird in mehrererlei Hinsicht größer. Arbeitsplätze werden unsicherer. Der Anteil befristeter Arbeitsverträge nimmt zu. Die individuelle Berufskarriere wird zukünftig häufiger durch Brüche, Umorientierungen und Neuanfänge gekennzeichnet sein. Aber das erfordert zweifellos auch eine andere Art des lernenden Umgangs mit wechselhaften Anforderungen und stellt viel höhere Ansprüche an die Befähigung zum arbeitsplatz-, berufs- und auch branchenübergreifenden Transferieren von Kompetenzen.

Perspektiven

Ein zunehmender Umgang mit Unsicherheit ist aber auch deshalb zu verzeichnen, weil die verbleibende Erwerbsarbeit schwer automatisierbar und schwer exportierbar sein wird. Diese Eigenschaften haben Entwicklungskapazitäten und Arbeiten, welche sich mit mehr unbekannten schwer kalkulierbaren Faktoren zu tun haben. Das macht die Bewältigung einzelner Arbeitsaufgaben schwieriger, erfordert in größerem Maße ein Lernen in der Qualität von Problemlösen und erhöht auch die Wahrscheinlichkeit in Sackgassen zu geraten, Abbrüche begonnener lernender Entwicklungen der eigenen Kompetenz in Kauf zu nehmen und dennoch für Neustarts fit zu sein.

Eine weitere Art schwer exportierbare Arbeit sind Humandienstleistungen. In ihnen hat der Arbeitsgegenstand eine spezifische Qualität. Er ist der Mensch. Arbeit in diesem Bereich vollzieht sich als dialogischer Prozeß mit starker emotionaler Tönung und sehr spezifischen Belastungen für die qualitativ andere Strategien des Umgangs erforderlich werden. Forschungen zum Ausgebranntsein, zum Burnout-Syndrom (Burisch, 1989, Büssing & Perrar, 1992), belegen diese Spezifik. Untersuchungen in Berufen, die für diese Belastungen typisch sind – das sind Pflege-, Lehr- und Polizeiberufe –, erbrachten bisher jedoch widersprüchliche Befunde. Das unterstreicht aber den Bedarf an weiterer Forschung.

Zu Änderungen der Erwerbsarbeit, zumindest für Führungskräfte, dürfte die wachsende Bedeutung von Aufgaben der Arbeitserzeugung gehören. Dies stellt aber völlig andere Lernanforderungen als die Organisation der effizienten Bewältigung vorhandener Arbeit. Führungskräfte sind auf die Schaffung von Arbeit bislang ungenügend vorbereitet. In ihrer Karriere hat die Bekämpfung der Arbeitslosigkeit keinen Wert. Angesichts von mehr als vier Millionen Arbeitsloser ist aber hier ein Umdenken dringend geboten.

Die Erkenntnis, daß Lernen im herkömmlichen Sinn als Wissensaneignung und als Erwerb von Fähigkeiten und Fertigkeiten nicht mehr ausreichend ist, hat zum Kompetenzbegriff geführt, mit dem ein qualitativer Wandel in den erforderlichen Lernprozessen ausgedrückt wird. Erpenbeck (1996) definiert Kompetenz als Selbstorganisationsfähigkeit des Individuums. Das schließt ein, daß Kompetenz nicht nur als Befähigung zum Problemlösen, sondern auch als Befähigung zum selbstständigen Entdecken von Problemen zu verstehen ist. Kompetenz als eine zu entwickelnde Eigenschaft von Arbeitenden, die geeignet ist, im internationalen Wettbewerb um die Behauptung des Wirtschaftsstandortes zu bestehen, ist nicht eine homogene Disposition sondern etwas sehr Unterschiedliches. Kompetenz ist nicht gleich Kompetenz. Es gibt sehr viele verschiedene Kompetenzen. Sogar auf dem gleichen Gebiet unterscheiden sich Personen mit hoher Kompetenz bezüglich ihrer Wissensstrukturen erheblich (Schaper, 1994; Wiedemann, 1995). Staudt (1996) weist darauf hin, daß die rasche Diffusion neuer Erkenntnisse in die Produktion ein entscheidender Punkt für die wirtschaftliche Leistungsfähigkeit ist und Unternehmen oft an diesem Punkt Schwachstellen aufweisen. Diese Diffussion erfordert aber gerade die selbstständige Integration sehr speziellen Wissens und die Motivation zu sehr spezifischen Problemlösungen. Die Anforderungen daran sind an jedem Arbeitsplatz etwas anders. Sie erfordern die selbstständige Verknüpfung differenzierten vorhandenen Wissens mit neuen Produktideen. Sowohl bei technischen Produkten als auch bei Dienstleistungen sind neue Lösungen selbstverständlich nicht vollkommen neu, sondern werden mit einem hohen Wiederverwendungsgrad bekannter Teillösungen entwickelt. Aber es kommt darauf an, bekanntes

Wissen für neue Ziele paßfähig zu machen. Das erfordert seine Umstrukturierung, seine Klassifikation unter neuen Gesichtspunkten, die Teilung in relevante und irrelevante Merkmale zu ändern.

Innovative Lösungen entstehen nicht oder nur sehr selten allein aus der Aneignung neuer Informationen. Häufiger dürfte es sein, daß neue, zunächst unscharfe Ziele zu einer Umorganisation des vorhandenen Wissens herausfordern. Durch diese Umstrukturierungen können die zunächst vagen Ziele präzisiert werden, und diese Zielpräzision fordert wieder zu neuer Umkodierung des Wissens und zum Einholen weiterer Informationen heraus. So entstehen in der wechselseitigen Auseinandersetzung neuer Produktideen, aus denen Fragen an die Verwertbarkeit vorhandener Kenntnisse gestellt werden und der Umstrukturierung des Wissens innovative Lösungen. Dieser Prozeß hat jedoch zwei Voraussetzungen. Er funktioniert nur bei hoher Motivation für das Finden neuer Lösungen, und die erforderlichen Umstrukturierungen gehen mit einer hohen Beanspruchung des Arbeitsgedächtnisses einher und erzeugen hohe kognitive Belastung. Die zweite Voraussetzung betrifft den Tatbestand, daß das vorhandene Wissen in sehr differenzierter und elaborierter Form und mehrfach kodiert vorliegen muß. Dabei sind durchaus nicht alle Aspekte bewußt. Der Erfahrungsbegriff, der umfangreicher ist als das bewußt aussagbare und strukturierte Wissen und das sogenannte schweigende Wissen einschließt, macht darauf aufmerksam. Denkpsychologische Befunde und Erkenntnisse der Expertiseforschung sprechen von der opportunistischen Bearbeitung komplexer Probleme (Guidon, 1989; Hacker, 1992). Dieser Ausdruck beschreibt ein unsystematisches, nicht hierarchisches Vorgehen, bei dem die Problemanalyse und das Problemverstehen öfter durch Lösungsschritte auf unsystematisch wechselnden Abstraktionsebenen unterbrochen werden. Dadurch entsteht eine Problemreformulierung. Erst nachdem auf diese Weise eine brauchbare Problemzerlegung erreicht ist, tritt ein systematischeres Vorgehen auf. Das ist für komplexe und schlecht definierte Probleme des Entwerfens gezeigt. Aber darum handelt es sich bei der Entwicklung innovativer Lösungen.

Für die Kompetenzentwicklung wird es deshalb nicht einen Weg geben, sondern verschiedene Methoden des Nutzbarmachens vorhandener Kenntnisse für innovative Lösungen sind zu erwarten. Interventionen an der Motivation scheinen dafür wichtiger zu sein als am Inhalt und den Methoden von Weiterbildungen und Unterstützungen des Lernens. In modernen Organisationen dürfte die stabile Invariante darin bestehen, daß Lernen zur Daueranforderung wird. Ein Optimierungsbedarf wird immer bestehen, aber die Kriterien für ihn ändern sich so wie sich Produkte, Kunden, Arbeitsmittel ändern. Eine ökonomische Optimierung muß deshalb durch die Arbeitenden selbst vorgenommen werden. Das Analysieren und Ausarbeiten günstiger Arbeitsverfahren durch externe Experten und die anschließende Vermittlung an die Arbeitenden sind zu umständlich. Um die Motivation und Befähigung zur Selbstoptimierung von Arbeitsverfahren herauszufordern, bedarf es verschiedener Ansätze, welche Spielraum für individuelle Entwicklungen enthalten. So wie Erwachsene nicht im Gleichschritt lernen, unterscheiden sich auch ihre Ansprüche an Berufsarbeit und ihre berufliche Entwicklung, an die Verzahnung von Arbeit und Freizeit in der persönlichen Lebensplanung. Deshalb wird etwas mehr Phantasie gebraucht, um die persönliche Motivation für ein Lernen im Prozeß der Arbeit herauszufordern. Die materielle Belohnung von Lernen, wie es Polyvalenzlohnsysteme vorsehen, ist sicher ein Weg. Das Ermöglichen von längerfristigen Lebensplanungen, in denen Arbeit und Freizeit zeitweise durchaus unterschiedlichen Stellenwert haben und ein Lernen in der Freizeit auch deshalb persönlichen Sinn macht, weil es längerfristig die berufliche Existenz sichert, dürfte auch ein Weg sein.

Aus dem Erläuterten folgt auch, daß Forschungsarbeit vonnöten ist, um die Unschärfe, mit welcher der Kompetenzbegriff gegenwärtig verwendet wird, überwinden zu helfen. Differenzierungen in Kompetenzklassen und unterschiedliche Muster der Kompetenzentwicklung sind zu leisten, denn uniforme Lösungen wird es nicht geben. Dafür sind auch Evaluationsstudien erforderlich, die als Zeitreihenansätze geplant werden sollten, denn Kompetenzentwicklung ist ein längerfristiger Prozeß, und der Erfolg von Maßnahmen zur Unterstützung dieser Entwicklung kann deshalb nicht kurzfristig nachgewiesen werden.

Ein weiterer Gedanke sollte zunehmend Gewicht erhalten. Eine wesentliche Facette von Kompetenz dürfte die Befähigung zum Transferieren sein. Dies gilt nicht nur innerhalb von Berufen und Branchen, sondern auch zwischen ihnen. In dem Maße, wie Tätigkeiten und Berufe nicht mehr ein Leben lang beibehalten werden können, sondern sich die Aufgaben in einem Beruf gravierend ändern oder gar der Beruf gewechselt wird, werden Arbeitenden erhebliche Transferleistungen abverlangt. Die Zunahme an sogenannten Quereinstiegen markiert diese Entwicklung. Personen wechseln das Fach. Der Tatbestand, daß dies häufig gelingt, ist auch darauf zurückzuführen, daß in jeder Tätigkeit nicht nur spezifische Fachkompetenz sondern auch berufsübergreifende Schlüsselqualifikationen erworben werden. Dazu gehören Problemlösefähigkeiten wie das Beherrschen von Methoden zur Ziel- und Zeitplanung, zum Umgang mit Zeitdruck, zur Qualitätskontrolle, zur Organisation und Gestaltung der eigenen Arbeitsbedingungen, zur Zusammenarbeit mit anderen Abteilungen bzw. Organisationen, die Befähigung zur raschen Einarbeitung, zum Umgang mit Konflikten usw. Diese Anforderungen sind eher branchen- und berufsvariant. Sie müssen aber eng verwoben sein mit den jeweiligen Fachkontexten. Bei Tätigkeits- und Berufswechseln sind sie auf andere Fachkontexte zu übertragen, und dies muß einhergehen mit der zeitökonomischen Aneignung neuen Fachwissens. Die Evaluation solcher Quereinstiege, die Analyse von begünstigenden und erschwerenden Faktoren für sie, dürfte ein Weg sein, kompetenzfördernde Bedingungen aufzuklären.

Die Umsetzung der Zukunftsvision von lernenden Unternehmen erfordert es, daß ihre Mitglieder zu solchen Transferleistungen motiviert sind und befähigt werden.

Bärbel Bergmann

Literatur

Abraham, G. (1983). Arbeitstätigkeit und Ruhestandspläne. In: H. Löwe, U. Lehr & J.E. Birren (Hrsg.). *Psychologische Probleme des Erwachsenenalters.* Berlin: Deutscher Verlag der Wissenschaften.
Adams, M.J. (1989). Thinking skills curricula: Their promise and progress. *Educational Psychologist, 24,* 25-77.
Aichner, R. , Kannheiser, W. & Hormel, R. (Hrsg.). (1993). Planung im Projektteam, Bd. 2: Checklisten und Verfahren des P-TAI. München und Mering: Rainer Hampp.
Alioth, A. (1986). Lohn und Lernen. In: W. Duell & F. Frei (Hrsg.), *Arbeit gestalten – Mitarbeiter beteiligen* (S. 184-194). Frankfurt: Campus.
Anderson, J.R. (1982). Acquisition of cognitive skill. *Psychological Review, 89* (4), 369-406.
Anderson, J.R. (1987). Skill acquisition: Compilation of weak-method problem solutions. *Psychological Review, 94* (2), 192-210.
Andrae, U. (1988). *Entwicklung von Trainingsprogrammen zur Einarbeitung in rechnergestützte Arbeit.* Diplomarbeit, TU Dresden.
Arnold, R. (1992). *Explorative Studie zur Erfolgskontrolle betrieblicher Weiterbildung.* Gutachten im Auftrag der Arbeitsgemeinschaft Betriebliche Weiterbildungsforschung e. V. Bochum.
Bacher, R. (1989). Berufliche Handlungskompetenz. *Die berufsbildene Schule,* (2), 73-77.
Baltes, P.B. (1987). The critical propositions of life-span developmental psychology: on the dynamics between growth and decline. *Developmental psychology, 23,* 611-626.
Baltes, P.B. (1989). Das Doppelgesicht des Alters. *Jahrbuch 1989 der Max-Planck-Gesellschaft.* Göttingen: Vandenhoeck und Ruprecht.
Baltes, P.B. & Reese, H.W. (1984). The life-span perspective in developmental psychology. In: M.H. Bernstein & M.H. Lamb (Hrsg.), *Developmental psychology: An advanced textbook* (S. 493-531). Hillsdale, N.J.: Erlbaum.
Baltes, P.B. & Reese, H.W. & Lipsitt, L.P. (1980). Life-span developmental psychology. *Annual Review of Psychologie , 31,* 65-110.
Baltes, P.B. & Reese, H.W. & Nesselroade, J.R. (1988). *Life-span developmental psychology: An introduction to research methods* (2nd ed.). Hillsdale, N.J.: Erlbaum.
Beitinger, G. & Mandl, H. (1992). Entwicklung und Konzeption eines Medienbausteins zur Förderung selbstgesteuerten Lernens im Rahmen der betrieblichen Weiterbildung. In: Deutsches Institut für Weiterbildung an der Universität Tübingen (Hrsg.), *Fernstudium und Weiterbildung.* Tübingen, S. 95-125.
Bergmann, B. (1990). Lehren und Lernen für rechnergestützte Informationsverarbeitungstechnologien. *Wissenschaftliche Beiträge zur Informatik,* IZ des Hochschulwesens an der TU Dresden, 4, 47-53.
Bergmann, B. (1991). Gestalten selbständigen Lernens im Arbeitsprozeß. In: P. Dehnbostel & S. Peters (Hrsg.), *Dezentrales und erfahrungsorientiertes Lernen im Betrieb.* Hochschule und berufliche Bildung, Bd. 22, 87-99. Alsbach: Leuchtturm-Verlag.
Bergmann, B. (1992). Empirische Forschungen zu arbeitsbezogenen Qualifizierungsprozessen aus psychologischer Sicht. *Studien aus der betrieblichen Weiterbildungsforschung* Nr.3, herausgegeben von der Arbeitsgemeinschaft Betriebliche Weiterbildungsforschung e.V., 65-85. Hochheim: NERES Verlag.
Bergmann, B. (1992). Lernförderliche Arbeitsgestaltung – eine arbeitspsychologische Konzeption. In: *Bildungswerk der Hessischen Wirtschaft e.V.,* Fachtagung „Lernförderliche Arbeitsstrukturen", S.19-33, Frankfurt/Main.
Bergmann, B. (1993). *Lernförderliche Arbeitsgestaltung – eine arbeitspsychologische Konzeption.* Beiträge des Instituts für Allgemeine Psychologie und Methodik der TU Dresden, Teil III, Projekt Erwerbsarbeit der Zukunft, S. 97-110.
Bergmann, B. (1993). Selbstbelehrungstechniken als Module zum Erlernen selbstständiger Bewältigungsstrategien von Arbeitsaufgaben. In: A. Gebert & W. Hacker (Hrsg.), *Arbeits-*

und Organisationspsychologie 1991 in Dresden, S. 123-129, Bonn: Deutscher Psychologenkongreß.
Bergmann, B. (1994). Zur Lernförderung im Arbeitsprozeß aus psychologischer Sicht. In: B. Bergmann & P. Richter (Hrsg.), *Die Handlungsregulationstheorie*. Göttingen: Hogrefe, 117-135.
Bergmann, B., Kant, R., Mähnert, H. & Pinzer, M. (1987). Arbeitstätigkeitstraining. *Psychologie für die Praxis*, *4*, 306-330.
Bergmann, B. & Wiedemann, J. (1994). Lernbedarfsanalysen bei der Störungsdiagnose und -behebung in der flexibel automatisierten Fertigung. *Zeitschrift für Arbeitswissenschaft*, *48* (20 NF), 217-224.
Bergmann, B. & Wiedemann, J. (1996). Beschreibung der Störungsdiagnosekompetenz bei Instandhaltungstätigkeiten in der flexibel automatisierten Industrie. In: Kh. Sonntag & N. Schaper (Hrsg.): *Störungsdiagnose – Kompetenz und Störungsmanagement*. Zürich: Vdf Hochschulverlag AG.
Bergmann, B. & Zehrt, P. (1995). Konzipierung eines multiplen Störungsdiagnosetrainings und Erprobungsresultate. Workshop: *Maschinenführer in der flexiblen Fertigung – Unterstützungserfordernisse und Unterstützungsmethoden*. Schwerte: 15.3-17.3.
Bergmann, B., Wiedemann, J. & Zehrt, P. (1995). Beschreibung und Trainierbarkeit der Störungsdiagnosekompetenz von Instandhaltungspersonal. *Zeitschrift für Arbeits -und Organisationspsychologie*, *39* (N. F. 13) 4, 146-156.
Bergmann, B., Wiedemann, J. & Zehrt, P. (1996). Konzipierung und Erprobung eines multiplen Störungsdiagnosetrainings. In: Kh. Sonntag & N, Schaper (Hrsg.): *Störungsdiagnose – Kompetenz- und Störungsmanagement*. Zürich: Vdf Hochschulverlag.
Biedermann, G. (1982). *Entwicklung von Trainingsverfahren für Arbeitstätigkeiten in der Mikroelektronik*. Diplomarbeit, TU-Dresden (unveröff.).
Bittmann, A. (1993). Das Lernen für die Zukunft durch ein Verknüpfen von Lernen und Arbeiten im Produktionsprozeß. In: Bullinger, H.-J., Volkholz, V., Betzl, K., Köchling, H. & Risch, W. (Hrsg.), *Alter und Erwerbsarbeit der Zukunft*, S. 107-112, Berlin: Springer.
Bleicher, S. (1993). Neue Anforderungen an die Gestaltung von Arbeit und Technik. In H.-J. Bullinger, V. Volkholz, K. Betzl, A. Köchling & W. Risch (Hrsg.), *Alter und Erwerbsarbeit der Zukunft* (S. 15-21). Berlin: Springer.
Blume, H. & Wahl, T. (1995). *Auf dem Wege im die Informationsgesellschaft, Fakten und Argumente* 1994/95. Köln: Deutsche Forschungsanstalt für Luft- und Raumfahrt e.V.
Buck, G. (1969). *Lernen und Erfahrung*, Stuttgart.
Büssing, H. & Perrar, K.M. (1992). Die Messung von Burnout. Untersuchung einer deutschen Fassung des Maslach Burnout Inventary (MBI-D). *Diagnostica*, *38(4)*, 328-353.
Bundesminister für Bildung und Wissenschaft (Hrsg.) (1990). Betriebliche Weiterbildung. Forschungsstand und Perspektiven (1990). *Zwei Gutachten, Schriftenreihe Studien zur Bildung und Wissenschaft*. Bad Honnef: K. H. Bock Verlag.
Bungard, W. & Wiendiek, G. (Hrsg.) (1986). *Qualitätszirkel als Instrument zeitgemäßer Betriebsführung*. Landsberg: Verlag Moderne Industrie.
Burisch, M. (1989). *Das Burnout-Syndrom. Theorie der neuen Erschöpfung*. Berlin: Springer.
Campbell, J. P. & Campbell, R. J. (1988) (Eds.). *Productivity in Organizations: Frontiers of industrial and organisational psychology*. San Francisco: Jossey Bass.
Card, S.K., Moran, T.P. & Newell, A. (1983). *The psychology of human-computer-interaction*. Hillsdale , N.J.: Erlbaum.
Caroll, J. M. (1985). Minimalist design for active users. In: B. Shakel (ed.), *Human computer interaction*. Interact '84 (pp. 39-44). Amsterdam: North-Holland.
Clauß, G. (1986). Zur differentiellen Psychologie der Lernmotivation bei Schülern. *Psychologie für die Praxis*, *4*, 293-324.
Cormier, S.M. (1987). The structural process underlying transfer of training. In: S. Cormier & J.D. Hagman (Eds.), *Transfer of learning* (151-181). San Diego: Academie Press.

Dehnbostel, P., Holz, H. & Novak, H. (1992). *Lernen für die Zukunft durch verstärktes Lernen am Arbeitsplatz.* Dezentrale Aus- und Weiterbildungskonzepte in der Praxis. Berlin, Bonn: Bundesinstitut für Berufsbildung.
Dittmann-Kohli, F. (1995). *Das persönliche Sinnsystem.* Göttingen: Hogrefe.
Dörner, D. (1974). *Die kognitive Organisation beim Problemlösen.* Bern: Huber.
Dörner, D. (1985). Verhalten, Denken und Emotionen. In: Eckensberger, L. & Lantermann, E. (Hrsg.). *Emotion und Reflexivität.* München.
Dörner, D., Reither, F. & Stäudel, T. (1983). Die Anforderungen komplexer und unbestimmter Probleme. In: Dörner, D., Reither, F. & Stäudel, T. (Hrsg.). *Lohausen, Vom Umgang mit Unbestimmtheit und Komplexität.* Bern, Stuttgart: Huber.
Drexel, I. & Welskopf, R. (1994). Lernen im Arbeitsprozeß, seine Voraussetzungen, Potentiale und Grenzen – das Beispiel der ostdeutschen Betriebe. *Zeitschrift für Sozialisationsforschung und Erziehungspsychologie*, 14. Jahrg., 294-318.
Dunckel, H & Volpert, W. (1993). Die Verantwortung der Arbeitspsycholog(inn)en in der interdisziplinären Kooperation. In: Bungard, W. & Herrmann, Th. (Hrsg.). *Arbeits- und Organisationspsychologie im Spannungsfeld zwischen Grundlagenorientierung und Anwendung.* (S.339-356). Bern: Huber.
Dutke, S. (1987). Lernen an einem Textkommunikationsgerät. Wissenserwerb und Handlungsfehler. *Zeitschrift für Arbeits- und Organisationspsychologie*, *31*, 100-107.
Elkeles, T. & Seifert, W. (1992). Arbeitslose und ihre Gesundheit. Empirische Langzeitanalysen. *Veröffentlichungsreihe der Forschungsgruppe Gesundheitsrisiken und Präventionspolitik.* Wissenschaftszentrum Berlin für Sozialforschung.
Elßner, G. (1972). Erlernen motorischer Arbeitshandlungen auf der Grundlage von Sprechimpulsen. In: W. Skell (Hrsg.), *Psychologische Analysen von Denkleistungen in der Produktion* (S. 173-189). Berlin: Deutscher Verlag der Wissenschaften.
Elßner, G. & Hansch, W. (1975). Sprechimpulse als Mittel für normgemäßes Verhalten im Straßenverkehr. In: *Neue Methoden der Fahrschulausbildung* (S. 45 ff.). Berlin: Transpress.
Engel, P. (1981). *Japanische Organisationsprinzipien – Verbesserung der Produktivität durch Qualitätszirkel.* Zürich: Verlag Moderne Industrie.
Erpenbeck, J. (1996). Kompetenz und kein Ende? *QUEM - Bulletin*, *1*, 9-13.
Farfel, W. S. (1977). *Bewegungssteuerung im Sport.* Berlin: Sportverlag.
Fischer, F. & Schindler, R. (1987). Vermittlung von Handlungswissen – ein Ausbildungskonzept zur Bedienung elektronischer Textverarbeitungssysteme. *Psychologie für die Praxis*, *2*, 130-140.
Flato, E. (1995). *Einführung von Gruppenarbeit in der industriellen Fertigung.* Eschborn: RKW.
Frese, M., Greif, S. & Semmer, N. (1978). *Industrielle Psychopathologie.* Bern: Huber.
Frevel, A. (1995). Alter(n), Lernen und Fertigen – zur aktualisierten Ausgangslage eines Forschungs – und Entwicklungsprojekts. In: K. Henning, V.Volkholz, W. Risch, & W. Hacker (Hrsg.), *Moderne Lern-Zeiten, 1-26.* Berlin: Springer.
Frieling, E. & Hoyos, C. Graf (1978). Fragebogen zur Arbeitsanalyse (FAA). Bern: Huber.
Fritzsche, B. & Meyer, B. (1979). *Entwicklung eines programmierten Trainingsverfahrens für das Schären von Kupferseide.* Praktikumsbericht, TU Dresden (unveröffentlicht).
Gäbler, E. (1989). *Zielgruppenspezifische Gestaltung und Erprobungvon Trainingskursen zum Erlernen rechnergestützter Textverarbeitung.* Diplomarbeit, TU Dresden (unveröff.).
Gagné, E. (1965). *The condition of learning.* New York: Holt, Reinhard & Winston.
Gagné, R. M. (1985). *The conditions of learning*, 4th ed. New York: CBS College Publishing.
Gerstenmaier, J. & Mandl, H. (1994). *Wissenserwerb unter konstruktivistischer Perspektive.* Forschungsbericht Nr. 33, Ludwig-Maximilians-Universität München, Institut für Pädagogische Psychologie und empirische Pädagogik.
Götz, K. (1993). *Zur Evaluierung beruflicher Weiterbildung, Bd.1*, Theoretische Grundlagen, Weinheim: Deutscher Studienverlag.

Greif, S. & Janikowski, A. (1987). Aktives Lernen durch systematische Fehlerexploration oder programmiertes Lernen durch Tutorials. *Zeitschrift für Arbeits- und Organisationspsychologie, 31*, 94-98.

Greiner, B. Leitner, K., Weber, W.-G., Hennes, K. & Volpert, W. (1987) RHIA – ein Verfahren zur Erfassung psychischer Belastung. In: Kh. Sonntag (Hrsg.). *Arbeitsanalyse und Technikentwicklung*, 145-161. Köln; Wirtschaftsverlag Bachem.

Gruber, H. (1994). *Expertise*. Wiesbaden: Westdeutscher Verlag.

Gruber, H. & Mandl, H. (1992). Begabung und Expertise. In: E.A. Hany & H. Nickel (Hrsg.), Begabung und Hochbegabung, Theoretische Konzepte, Empirische Befunde, Praktische Konsequenzen, 59-73. Bern: Huber.

Guidon, R. (1989). The process of knowledge discovery in system design. In: G. M. Salvendy & M. J. Smith (Ed.) *Design and using human computer interfaces and knowledge based systems.* Vol. 2, 727- 734. Amsterdam: Elsevier.

Guthke, J. (1986). Ein neuer Ansatz für die rehabilitationspsychologisch orientierte Psychodiagnostik – das Lerntestkonzept als Alternative zum herkömmlichen Intelligenztest. In: K.H. Wiedl (Hrsg.), *Rehablitationspsychologie*, 177-193. Stuttgart: Kohlhammer.

Hacker, W. (1973). *Allgemeine Arbeits- und Ingenieurpsychologie.* Berlin: Verlag der Wissenschaften.

Hacker, W. (1980). *Psychologische Bewertung von Arbeitsgestaltungsmaßnahmen.* Spezielle Arbeits- und Ingenieurpsychologie, Bd. 1. Berlin: Deutscher Verlag der Wissenschaften.

Hacker, W. (1982). Zu Grundlagen der Tätigkeitsregulation in Lern- und Arbeitsprozessen. In: Schröder, H. (Hrsg.) *Psychologie der Persönlichkeit und Persönlichkeitsentwicklung.* Berlin.

Hacker, W. (1983). Eine vergessene psychologische Schlüsselvariable? Zur antriebsregulatorischen Potenz von Tätigkeitsinhalten. *Psychologie für die Praxis, 2*, 5-26.

Hacker, W. (1986). *Arbeitspsychologie*, Bern: Huber.

Hacker, W. (1991). Projektieren von Arbeitstätigkeiten. Möglichkeiten, Probleme, Grenzen. *Zeitschrift für Arbeitswissenschaft.* Jahrgang 1991, 4, S. 193-198.

Hacker, W. (1991). *Tätigkeitsprojektierung: Grundlagen, Anwendungen, Probleme.* 37. Arbeitswissenschaftlicher Kongreß der Gesellschaft für Arbeitswissenschaften, Dresden, 27.2.-1.3.1991.

Hacker, W. (1992). *Expertenkönnen.* Göttingen: Verlag Angewandte Psychologie.

Hacker, W. (1993). Projektieren von Arbeitstätigkeiten: Möglichkeiten-Probleme-Grenzen. In: A. Gebert & W. Hacker (Hrsg.), *Arbeits- und Organisationspsychologie 1991 in Dresden.* Deutscher Psychologen Verlag, S. 99-108.

Hacker, W. (1994). Was sind Human Factors und was leisten sie? In: Deutsches Atomforum (Hrsg.), *Kernenergie in der Verantwortung* (S. 137-157). Bonn: Inforum.

Hacker, W. & Böger, S. (1994). Arbeitspsychologische Hilfsmittel zur Gestaltung von Arbeitsaufgaben und Organisationsformen. In: J. Scheel, W. Hacker & K. Henning (Hrsg.), *Fabrikorganisation neu begreifen.* Köln: Verlag TÜV Rheinland.

Hacker, W. & Jilge, S. (1993). Vergleich verschiedener Methoden zur Ermittlung von Handlungswissen. *Zeitschrift für Arbeits- und Organisationspsychologie, 4 (37)*, 163-171.

Hacker, W. & Richter, P. (1985). Psychische Fehlbeanspruchung. In: Hacker, W. (Hrsg.). *Spezielle Arbeits- und Ingenieurpsychologie*, Bd. 2, Berlin: Deutscher Verlag der Wissenschaften.

Hacker, W. & Skell, W. (1993). *Lernen in der Arbeit.* Bundesinstitut für Berufsbildung, Berlin.

Hacker, W., Fritzsche, B., Richter, P. & Iwanowa, A. (1995). *Tätigkeitsbewertungssystem* (TBS), Zürich: Hochschulverlag AM an der ETH.

Hacker, W., Iwanova, A. & Richter, P. (1983). *Tätigkeitsbewertungssystem* TBS. Berlin: Psychodiagnostisches Zentrum der Humboldt-Universität.

Hacker, W., Rudolph, E. & Schönfelder, E. (1987). *Tätigkeitsbewertungssystem – geistige Arbeit* (TBS-GA). Berlin: Psychodiagnostisches Zentrum der Humboldt-Universität.

Hacker, W., Rühle, R. & Schneider, N. (1978). Effektivitätssteigerung durch neue Verfahren zum Erlernen leistungsbestimmender geistiger Tätigkeiten. *Sozialistische Arbeitswissenschaft, 22,* 3, S. 363-368.
Haußig, R. (1995). *Erarbeitung und Evaluierung eines Leitfadens zur betrieblichen Nutzung arbeitsplatzbezogener Lehr- und Lernunterlagen.* Diplomarbeit TU Dresden (unveröff.).
Havighurst, R.J. (1972, 3. Aufl.). *Developmental task and education.* New York: Mc Kay.
Heinecke, J. (1993). Transferalltag. *Trojaner, Forum für Lernen.* H2, 7, 22-27.
Hentrich, R. (1982). *Ermittlung von Trainingsinhalten für Arbeitstätigkeiten im Zyklus 1.* Dipl. Arbeit, TU Dresden (unveröff.).
Herrmann, G. (1986). *Systematischer kollektiver Erfahrungsaustausch zur Effektivitätssteigerung – untersucht bei berufserfahrenen Werkern.* Dissertation, TU Dresden (unveröff.).
Höpfner, H.-D. (1981). Ein selektives kognitives Training für die Ausbildung des Könnens zur anforderungsgerechten Bewältigung von Arbeitstätigkeiten in der Berufsausbildung. *Informationen der Technischen Universität 22-07-81,* Sektion Arbeitswissenschaften.
Höpfner, H.-D. (1982). *Eine Konzeption zur Sytematisierung der Verfahren des selektiven kognitiven Trainings für die Berufsausbildung Jugendlicher zu Facharbeitern – angewandt auf die Instandsetzungstätigkeit der Elektromonteure.* Dissertation (A), TU Dresden (unveröff.).
Höpfner, H.-D. & Skell, W. (1982). Zur Systematisierung von Formen des selektiven kognitiven Trainings – Klassifizierungsgesichtspunkte und Effektivitätsvergleich. *Informationen der Technischen Universität Dresden, 22-27-82,* Sektion Arbeitswissenschaften.
Höpfner, H.-D. & Skell, W. (1983). Zur Systematisierung von Formen der Übung kognitiver Prozesse – Klassifizierungsgesichtspunkte und Darstellung entscheidender Variablen. *Forschung der sozialistischen Berufsbildung.* Berlin, 17, 4, 161-166.
Hoyos, C. Graf (1990). *Psychologie der Arbeitssicherheit.* Heidelberg: Asanger.
Hoyos, C. Graf & Ruppert, F. (1993). *Der Fragebogen zur Sicherheitsdiagnose.* Bern: Huber.
Huisinga, R. (1992). Schlüsselqualifikationen und Exemplarik – Genese und Stellenwert. In: G. Pötzold (Hrsg.), *Handlungsorientierung in der beruflichen Bildung* (S. 79-95). Frankfurt a. M.
IAB: Prognos – Projektion 1988/89.
IAB: Arbeitslandschaft bis 2010, Betr. AB 131.1, Nürnberg.
ILO (1989). *From pyramid to pillar: Population change and social security in Europe.* Geneve: ILO.
Institut der deutschen Wirtschaft Köln (1995). Weiterbildung: Kosten und Effizienz. KURSDIREKT, 3. Jahrg. Nr. 6, S.1.
Judd, C.H. (1908). The relation of special training on generell intelligence. *Educational Review, 36,* 42-48.
Karasek, R. A. (1979). Job demands, job decision latitude, and mental strain: Implikations for jobredesign. *Administrative Science Quarterly, 24,* 285-308.
Karasek, R. A. & Theorell, T. (1990). *Healthy work: Stress, Productivity and the Reconstruction of working life.* New York: Basic Books.
Kern, H. & Schumann, M. (1984). *Das Ende der Arbeitsteilung?* Rationalisierung in der industriellen Produktion: Bestandsaufnahme, Trendbestimmung. München.
Kiesau, G. (1993). Neue überbetriebliche Transfermodelle und Organisationsformen – Netzwerk als Gestaltungsidee. In: H.-J. Bullinger, V. Volkholz, K. Betzl, A. Köchling, & W. Risch (Hrsg.), *Alter und Erwerbsarbeit der Zukunft* (S. 279-300). Berlin: Springer.
Kieselbach, T. (1991). Langzeitarbeitslosigkeit als Gesundheitsrisiko. Wie geht unsere Gesellschaft mit Arbeitslosigkeit um? In: T. Kieselbach & F. Klink (Hrsg.), *Arbeitslosigkeit und soziale Gerechtigkeit.* Bremen: Angestelltenkammer Bremen.
Kieselbach, T. & Klink, F. (1991). *Arbeitslosigkeit und soziale Gerechtigkeit – werden Langzeitarbeitslose vergessen?* Bremen: Angestelltenkammer Bremen.
Kieselbach, T. (1994). Arbeitslosigkeit als psychologisches Problem – auf individueller und gesellschaftlicher Ebene. In: L. Montada (Hrsg.), *Arbeitslosigkeit und soziale Gerechtigkeit.* Frankfurt/New York: Campus.

Kirchler, E. & Kirchler, E. (1989). Individuelle Erfahrungen mit Arbeitslosigkeit. Grundriß eines psychologischen Wirkungsmodells. *Zeitschrift für Arbeits- und Organisationspsychologie, 33* (4), 168-177.
Klauder, W. (1990). Arbeitsmarkt und Ausscheiden Älterer aus dem Erwerbsleben. *Sozialer Fortschritt*, 4, 85-95.
Klauder, W. (1993). Ausreichend Mitarbeiter für Tätigkeiten von morgen? Europäisches Arbeitskräftepotential und demographiebedingte Engpässe des Arbeitsmarktes. In: H.-J. Bullinger, V. Volkholz, K. Betzl, A. Köchling, & W. Risch (Hrsg.), *Arbeit und Erwerbsarbeit der Zukunft* (S. 22-31). Berlin: Springer.
Klauer, K. J. (1993). Trainingsforschung: Ansätze, Theorien, Ergebnisse. In: K. J. Klauer (Hrsg.), *Kognitives Training*. Göttingen: Hogrefe.
Kluwe, R.H. (1990). Problemlösen, Entscheiden und Denkfehler. In: *Enzyklopädie der Psychologie, Bd. Ingenieurpsychologie* (121-147). Göttingen: Hogrefe.
Kluwe, R.H. & Haider, H. (1994). Erwerb kognitiver Fertigkeiten durch Übung. In: D. Dörner & E. van der Meer (Hrsg.). *Das Gedächtnis. Probleme-Trends-Perspektiven.* (S.253-291). Göttingen: Hogrefe.
Koch, J. (1984). Leittextmethode in der betrieblichen Berufsausbildung. *Betriebliche Ausbildungspraxis, 30*, 25-27.
Koch, J. (1986). Neues aus der „Welt der Leittextmethode". Betriebliche Ausbildungspraxis, 32, 4-5.
Kohn, M.L. & Schooler, C. (1978). The reciprocal effekts of the substantive complexity of work and intellectual flexibility: A longitudinal assessment. *American Journal of Sociology, 84*, 24-52.
Kohn, M.L. & Schooler, C. (1981). Die wechselseitigen Einflüsse von inhaltlicher Komplexität der Arbeit und geistiger Beweglichkeit im Langzeitvergleich. In: Kohn, M.L. (Hrsg.). *Persönlichkeit, Beruf und soziale Schichtung.* Stuttgart: Teubner.
Konradt, U. (1992). *Analyse von Strategien bei der Störungsdiagnose in der flexibel automatisierten Fertigung.* Bochum: Universitätsverlag Brockmeyer.
Konradt, U. (1995). Zeitgemäße Instandhaltung – dezentral und integriert. *VDI-Z 137*, Nr. 718, 50-55.
Kornwachs, K., Reith, S., Schonhardt, M. & Wilke-Schnaufer, J. (1992): Dezentrale Ausbildungskonzeption für Klein- und Mittelbetriebe. In: Dehnbostel, P., Holz, H. & Novak, H. (Hrsg.), *Lernen für die Zukunft durch verstärktes Lernen am Arbeitsplatz – Dezentrale Aus- und Weiterbildungskonzepte in der Praxis.* Berlin: Bundesinstitut für Berufsbildung.
Krogoll, T. (1991). Aufgabenorientertes Lernen für die Arbeit. *Handbuch zur Entwicklung von Lehrgängen in der betrieblichen Weiterbildung.* Köln: TÜV Reinland.
Krogoll, T., Pohl, W. & Wanner, C. (1988). *CNC-Grundlagenausbildung mit dem Konzept CLAUS – Didaktik und Methoden.* Frankfurt/Main; New York: Campus (Schriftenreihe „Humanisierung des Arbeitslebens"; Bd. 94).
Krogoll, T. & Wilke-Schnaufer, J. (1991): Die Arbeitsaufgabe als Referenzpunkt für Konzepte der betrieblichen Qualifizierung und Beteiligung. In: Tagungsband 2, *Europäisches Symposium Qualifikation: Schlüssel für eine soziale Innovation*, Hrsg.: Institut Technik und Bildung, Universität Bremen.
Kurella, S. (1992). Arbeitslosigkeit und Gesundheit, Literaturstudie für die Jahre 1985-1991. *Veröffentlichungsreihe der Forschungsgruppe Gesundheitsrisiken und Präventionspolitik.* Berlin: Wissenschaftszentrum Berlin für Sozialforschung.
Lauritzen, G. (1994). *Hilfen für Industriemeister*, hrsg. vom Bundesministerium für Bildung und Wissenschaft Bonn.
Leontjew, A. N. (1964). *Probleme der Entwicklung des Psychischen.* Berlin: Verlag der Wissenschaften.
Leontjew, A.N. (1973). *Das Problem der Tätigkeit in der Psychologie.* Sowjetwissenschaften, Gesellschaftswissenschaften, Beiträge 4, 415-435.
Leontjew, A. N. (1977). *Tätigkeit, Bewußtsein, Persönlichkeit.* Stuttgart: Huber.

Lewicki, P. & Hill, T. (1989). On the Status of Nonconscious Processes in Human Cognition. Comment on Reber. *Journal of Experimental Psychology*. General, 118, 3, 239-241.
Leymann, H. (1987). Lernen und Aktivieren am Arbeitsplatz – Erfahrungen in Skandinavien. *Zeitschrift für Sozialisationsforschung und Erziehungssoziologie, 4*, 290-302.
Löwe, H. (1974). *Einführung in die Lernpsychologie des Erwachsenenalters.* Berlin: Deutscher Verlag der Wissenschaften.
Lohbeck, B. & Sonntag, Kh. (1994). Konstruktion und Evaluation eines computerunterstützten Diagnosetrainings zur Störungsbewältigung. *39. Kongreß der Deutschen Gesellschaft für Psychologie*, 25.-29.9.94 in Hamburg.
Lohbeck, B. & Sonntag, Kh. (1995). Computerunterstütztes Training zur Diagnose von Störungen in komplexen Fertigungsanlagen. Workshop: *Maschinenführer in der flexiblen Fertigung – Unterstützungserfordernisse und Unterstützungsmethoden*. Schwerte, 15.-17.3.
Lomow, B. F. (1979). The analysis of the operator´s Activities in the Man-Machine-System. *Ergonomics,* 613-619.
Lomow, B. F. (1980). Cognitive processes and communication. *Zeitschrift für Psychologie, 188,* 3-25.
Lompscher, J. (1978). Ausbildung der Lerntätigkeit durch Aufsteigen vom Abstrakten zum Konkreten. *Pädagogische Forschung, 19* (4), 103-111.
Lompscher, J. (1983). Das Aufsteigen vom Abstrakten zum Konkreten als Lehrstrategie der Ausbildung der Lernfähigkeit. *Pädagogische Forschung, 36* (3), 82-97.
Mandl, H., Prenzel, M. & Gräsel, C. (1991). *Das Problem des Lerntransfers in der betrieblichen Weiterbildung*. Forschungsbericht Nr. 1, Ludwig-Maximilians-Universität München, Institut für Pädagogische Psychologie und empirische Pädagogik.
Matern, B. (1982). Bildschirmarbeitsplätze und entstehende Konsequenzen für Qualifizierung und Training. In: *Arbeitsmedizinische Praxis, Übersichten – Methoden – Verfahren, Bildschirmarbeitsplätze – Arbeitsbeanspruchung, Training*. Berlin: Zentralinstitut für Arbeitsmedizin der DDR.
Matern, B. (1983). Psychologische Arbeitsanalyse. *Spezielle Arbeits- und Ingenieurpsychologie, 3.* Berlin: Deutscher Verlag der Wissenschaften.
Matern, B. & Hacker, W. (1986). Erlernen von Arbeitsverfahren. *Psychologie für die Praxis, 4, 1,* 25-38.
Mc Cormick, E.J., Jaenneret, P.R. & Mecham, R.C. (1969). *The Development and Backround of the Positon Analysis Questionnaire (PAQ)*. Occupational Research Center, Purdue University.
Meichenbaum, D. W. (1979). *Kognitive Verhaltensmodifikation*. München, Wien, Baltimore: Urban und Schwarzenberg.
Mertens, D. (1974). Schlüsselqualifikationen. Thesen zur Schulung für eine moderne Gesellschaft. In: *Mitteilungen aus der Arbeitsmarkt- und Berufsforschung*, (1), 36-43.
Meyer-Dohm, P. (1994). Perspektiven integrierter Personal- und Organisationsentwicklung. QUEM- Report, Heft 15, 12 -21.
Meyer-Dohm, P. & Schneider, P. (Hrsg.). (1991). *Berufliche Bildung in lernenden Unternehmen*. Stuttgart/Dresden.
Münch, J. (1977). Pluralität der Lernorte. Vorüberlegungen zu einer Theorie. In: J. Münch (Hrsg.), *Lernen – aber wo? Der Lernort als pädagogisches und lernorganisatorisches Problem*. Trier, S. 177-178.
Munzert, J. (1984). Theorien und Befunde der Sensumotorik aus Handlungstheoretischer Sicht. *Berliner Hefte zur Arbeits- und Sozialpsychologie*, Hrsg. von Abteilung Sozial- und Organisationspsychologie, Institut für Psychologie der FU Berlin und Institut für Humanwissenschaften in Arbeit und Ausbildung der TU Berlin.
Naegele, G. (1987). Frühverrentung in der Bundesrepublik Deutschland – Eine sozialpolitische Analyse. In: G. Backes & W. Clemens (Hrsg.), *Ausrangiert? Lebens- und Arbeitsperspektiven beruflicher Frühausgliederung*, (S. 18-50). Bielefeld: AJ 7.

Naegele, W. (1988). Frühverrentung in der BRD. Fluch oder Segen – eine falsche Alternative. In: L. Rosenmayr & K. Kolland (Hrsg.), *Arbeit-Freizeit-Lebenszeit. Neue Übergänge im Lebenszyklus,* (S. 207-232). Opladen: Westdeutscher Verlag.

Neubert, J. (1972). Intellektuelle Prozesse und deren Einfluß auf die Genese von Tätigkeitsstrukturen – dargestellt am Beispiel der Fertigung von Drehteilen. In W. Skell (Hrsg.), *Psychologische Analysen von Denkleistungen in der Produktion* (S. 101 – 172), Berlin: Deutscher Verlag der Wissenschaften.

Neubert, J. (1987). Arbeitsgestaltung in, mit und für Gruppen. *Zeitschrift für Sozialisationsforschung und Erziehungssoziologie, 4,* 269-289.

Neubert, J. & Tomczyk, R. (1986). *Gruppenverfahren der Arbeitsanalyse und Arbeitsgestaltung. Spezielle Arbeits- und Ingenieurpsychologie in Einzeldarstellungen* (Hrsg. W. Hacker). Ergänzungsband 1. Berlin: Deutscher Verlag der Wissenschaften.

Neumann, R. (1975). Steigerung der Effektivität des Anlernprozesses sensumotorischer Tätigkeiten durch Einsatz von mentalem Training. *Probleme und Ergebnisse der Psychologie, 51,* S. 5-17.

Norman, D. A. (1982). *Learning and Memory.* San Francisco: Freeman.

Norros, L. (1984). Entrancing the mastery of work in process control. *Technical Research Center of Finland.*

Norros, L. & Sammati, P. (1985). *Nuclear power plant operator errors during simulator training.* Espoo: Forschungsbericht.

Oerter, R. (1978). Zur Dynamik von Entwicklungsaufgaben im menschlichen Lebenslauf. In: R. Oerter (Hrsg.). *Entwicklung als lebenslanger Prozeß* (S. 66-110). Hamburg: Hoffmann & Campe.

Oerter, R. (1985). Die Anpassung von Jugendlichen an die Struktur von Arbeit und Beruf. In: R. Oerter (Hrsg.). *Lebensbewältigung im Jugendalter* (S.69-110). Weinheim: VCH.

Oerter, R. (1992). Menschliche Entwicklung und ihre Gestaltbarkeit – Beiträge der Entwicklungspsychologie. In: K. H. Sonntag (Hrsg.), *Personalentwicklung in Organisationen.* Göttingen/Bern/Toronto/Seattle: Hogrefe.

Oesterreich, R. & Volpert, W. (Hrsg.) (1991). VERA Version 2. Teil 1 Handbuch, Teil 2 Manual. Schriftenreihe: *Forschung zum Handeln in Arbeit und Alltag* (Hrsg. W. Volpert & R. Oesterreich), Band 3, Berlin: Institut für Humanwissenschaft in Arbeit und Ausbildung der Technischen Universität.

Papstein, P. von & Frese, M. (1988). Training und Transfer im Mensch – Computer Bereich – ein arbeitspsychologischer Ansatz. In: F. Ruppert & E. Frieling (Hrsg.), *Psychologisches Handeln in Betrieben und Organisationen. Aktuelle Aufgaben in Fallbeispielen* (S. 69-90). Bern: Huber.

Pelzmann, L. (1988). *Wirtschaftspsychologie, Arbeitslosenforschung, Schattenwirtschaft, Steuerpsychologie.* Wien, New York: Springer.

Perkins, D. N. & Salomon, G. (1989). Are cognitive skills context-bound? *Educational Researcher, 18,* 16-25.

Plath, H. E., Plicht, H. & Torke, D. (1989). Gestaltung von Einarbeitungsprozessen in flexiblen Maschinensystemen. *Soz. Arbeitswissenschaften,* (33), 34-44.

Pohlandt, A. (1993). REBA: Rechnergestütztes Dialogverfahren für die psychologische Bewertung von Arbeitsinhalten. In: A. Gebert und W. Hacker (Hrsg.) *Arbeits- und Organisationspsychologie 1991 in Dresden* (S. 148-155). Bonn: Deutscher Psychologen Verlag.

Prenzel, M., Mandl, H. & Reimann-Rothmeier, G. (1994). *Ziele und Aufgaben der Erwachsenenbildung.* Forschungsbericht Nr. 44, Ludwig-Maximilians-Universität München. Institut für Pädagogische Psychologie und Europäische Pädagogik.

Primoff, E.S. (1975). *How to prepare and conduct job-element examinations.* Washington D.C.: US Governement Printing Office (No. 006-00-00893-3).

Rasmussen, J. (1986). *Information processing and human-machine-interaction.* New York: North Holland.

Reber, A. S. (1989). Implicit Learning and Tacit knowledge. *Journal of Experimental Psychology,* General, 118, (3), 219-235.

Reetz, L. (1992). Lernen lernen. Selbständiges Lernen in Schule und Beruf. *Berufsbildung, 46* (16), 6-9.
REFA-Verband für Arbeitsstudien und Betriebsorganisation (1989). *Methodenlehre des Arbeitsstudiums*, Teil 6: Arbeitspädagogik, München.
Reimann-Rothmeier, G. & Mandl, H. (1994). Wissensvermittlung: Ansätze zur Förderung des Wissenserwerbs. In: *Enzyklopädie der Psychologie*. Themenbereich C: Theorie und Forschung. Serie II: Kognition; Band G: Wissenspsychologie, Hrsg. F. Klix & H. Spada. Göttingen: Hogrefe.
Resnick, J. R. (1989). Introduction. In I. R. Resnick (Ed.), *Knowing, learning and instruction* (pp 1-24) Hillsdale, N. J.: Erlbaum.
Richter, P., Heimke, K. & Malessa, A. (1988). Tätigkeitspsychologische Bewertung und Gestaltung von Arbeitsinhalten. *Psychologie für die Praxis*, 13-21.
Richter, P., Gersten, K., Pohlandt, A. & Schulze, U. (1990). *Predictive assessment of mental load in flexible machine systems*. Proceedings of 6th Symposium on Work Psychology, Mental Work and Automation. TU Dresden, Sektion Arbeitswissenschaften, Wissenschaftsbereich Psychologie.
Rieger, M. (1987). *Entwicklung und Erprobung von Trainingsverfahren von Näherinnen in der Konfektionsindustrie*. Dissertation (A), TU Dresden.
Riesenhuber, H. (1993). Demographische Entwicklung – Herausforderung für Wirtschaft, Wissenschaft und Politik. In: H.-J. Bullinger, V. Volkholz, K. Betzl, A. Köchling & W. Risch (Hrsg.), *Alter und Erwerbsarbeit der Zukunft*. Berlin: Springer.
Roether, D. (1988). *Lernfähigkeit im Erwachsenenalter*. Leipzig: Hertel.
Rose, H. (1993). Die Bedeutung des Erfahrungswissens bei automatischer Prozeßsteuerung. In: H.-J. Bullinger, V. Volkholz, K. Betzl, A. Köchling & W. Risch (Hrsg.), *Alter und Erwerbsarbeit der Zukunft* (S. 68-72). Heidelberg: Springer.
Rothe, J. (1991). *Erfassung und Modellierung von Fachwissen als Grundlage für den Aufbau von Expertensystemen*. Habilitationsschrift. Universität-Gesamthochschule Kassel, Mathematisch-Naturwissenschaftliche Fakultät.
Rubinstein, S. L. (1958). *Grundlagen der Allgemeinen Psychologie*. Berlin: Volk und Wissen.
Rubinstein, S. L. (1959). Theoretische Fragen der Psychologie und das Persönlichkeitsproblem. In: *Beiträge zur Psychologie der Persönlichkeit*. Informationsmaterial aus der pädagogischen Literatur der Sowjetunion und der Länder der Volksdemokratien, 25.
Rudolf, E., Schönfelder, E. & Hacker, W. (1987). Tätigkeitsbewertungssystem – geistige Arbeit TBS-GA. Psychodiagnostisches Zentrum Berlin.
Rühle, R. (1979). *Inhalte, Methoden und Effekte der Analyse und Vermittlung operativer Abbilder bei Bedientätigkeiten der Mehrstellenarbeit*. Dissertation (B), TU Dresden (unveröff.).
Rühle, R. (1988). Kognitives Training in der Industrie. *Spezielle Arbeits- und Ingenieurspsychologie in Einzeldarstellungen*. Ergänzungsband 2, Hrsg. von W. Hacker. Berlin: Deutscher Verlag der Wissenschaften.
Sawalowa, J. D., Lomow, B. F. & Ponomarenko, K. A. (1971). Das Prinzip des aktiven Operateurs und die Funktionsverteilung zwischen Mensch und Maschine. *Vopr. Psichol. 5. (russ.)*.
Scarpelis, C. (1995). Vorwort zur Fachtagung: Gruppenarbeit – "Ein Weg zu attraktiver Arbeit und zum Markterfolg". In: *Rationalisierung der Deutschen Wirtschaft (RKW) e.V.*: Gruppenarbeit, Chancen und Probleme. Eschborn.
Schade, V. & Heerdegen, R. (1985). *Vergleich Nestfertigung – Bandfertigung in der Konfektionsindustire*. Praktikumsbericht, TU Dresden (unveröff.).
Schaper, N. (1994). *Die Analyse komplexer Diagnoseaufgaben für Trainingszwecke am Beispiel der Fehlersuche in flexibel automatisierten Fertigungssystemen*. Diss., Universität Gesamthochschule Kassel.
Scheel, J., Hacker, W. & Henning, K. (1994). *Fabrikorganisation neu begreifen*. Köln: Verlag TÜV Rheinland GmbH.
Schelten, A. (1987). *Grundlagen der Arbeitspädagogik*. Stuttgart: Franz-Steiner-Verlag.
Schleicher, R. (1973). Die Intelligenzleistung Erwachsener in Abhängigkeit vom Niveau beruflicher Tätigkeit. *Probleme und Ergebnisse der Psychologie.*, 44, 25-56.

Schmidt, H.D. (1982). *Grundriß der Persönlichkeitspsychologie*. Berlin: Deutscher Verlag der Wissenschaften.

Schuler, H. (1989). Fragmente psychologischer Forschung zur Personalentwicklung. *Zeitschrift für Arbeits- und Organisationspsychologie, 33*, (N.F, 7) 1, 3-11.

Seidl, J. & Hacker, W. (1992). Verbalisieren in der Fahrschulausbildung. Psychologische Untersuchungen zum Einsatz der Kommentarmethode in der fahrpraktischen Ausbildung von Kraftfahrzeugführern. *Zeitschrift für Verkehrssicherheit*, 37, Heft 3, 109-115.

Seligman, M.E.P. (1975). *Helplessness*. San Francisco: Freeman.

Semmer, N. & Schardt, L. P. (1982). Qualifikation und berufliche Entfaltung bei der Arbeit. In: Zimmermann, L. (Hrsg.). *Humane Arbeit – Leitfaden für Arbeitnehmer* (S.73-150). Reinbek: Rowohlt.

Seymour, W. D. (1960). Verkürzung der Anlernzeit, hrsg. v. Kurt Hegner – Institut Arbeitswissenschaft des Verbandes für Arbeitsstudien REFA e.V. Berlin: *Sonderheft der Fortschrittlichen Betriebsführung*.

Seymour, W. D. (1968). *Skills Analysis Training: a Handbook for managers, supervisors and instructors*, London: Pitman Publishing.

Siebeck, F. (1993). Berufsbildung und Arbeitserfahrungen. In: H. Hortsch & F. Wehrmeister (Hrsg.), *Dresdner Beiträge zur Berufspädagogik*, 3, (S. 5-17). Dresden: Technische Universität.

Skell, W. (Hrsg) (1972). *Psychologische Analysen von Denkleistungen in der Produktion*. Berlin: Deutscher Verlag der Wissenschaften.

Skell, W. (1976a). Ausbildung zum rationellen Planen technologischer Prozesse. *Berufsbildung*, Jg. 4, 177-180.

Skell, W. (1976b). Vermittlung von Denkanregungen während der praktischen Realisierung eines Arbeitsauftrages. *Berufsbildung*, 4, 217-218.

Skell, W. (1980). Erfahrungen mit Selbstinstruktionstraining beim Erwerb kognitiver Regulationsgrundlagen. In: Volpert, W. (Hrsg.). Beiträge zur psychologischen Handlungstheorie. *Schriften zur Arbeitspsychologie, 28*, 50-70. Bern, Stuttgart, Wien: Huber.

Skell, W. (1980). Erlernen höherer kognitiver Operationen mit Hilfe des Selbstinstruktionstrainings. *Berufsbildung, 34*, S. 164 ff.

Skell, W. (1991). Kognitive Lernmethoden und ihr Bezug zum Erwerb von Erfahrungswissen. In: P. Dehnbostel & S. Peters (Hrsg.), *Dezentrales und erfahrungsorientiertes Lernen im Betrieb, S. 151-160*. Alsbach: Leuchtturm-Verlag.

Skell, W. & König. C. (1990). Lernen und Arbeiten. In: Neugebauer, J. (Leiter Autorenkollektiv), *Psychologische Aspekte des Lehrens und Lernens in der Berufsbildung*, S. 71-97. Berlin: Volk und Wissen.

Sohlisch, K.-U. (1989). *Erarbeiten eines Trainingsprogramms zur Einarbeitung in Standardsoftware*. Diplomarbeit, TU Dresden (unveröff.).

Sonntag, K.H. (1989). Trainingsforschung in der Arbeitspsychologie. *Schriften zur Arbeitspsychologie, 48*, hrsg. von E. Ulich, Bern: Huber.

Sonntag, K.H. (1990). Qualifikation und Qualifizierung bei komplexen Arbeitstätigkeiten. In: *Enzyklopädie der Psychologie*, Bd. Ingenieurpsychologie (S.536-571). Göttingen: Hogrefe.

Sonntag, K.H. (1992). Personalentwicklung – ein (noch) unterrepräsentiertes Feld psychologischer Forschung und Gestaltung. In: Sonntag, K.H. (Hrsg.). *Personalentwicklung in Organisationen* (S.3-16). Göttingen: Hogrefe.

Sonntag, K.H. & Schäfer – Rauser, U. (1993). Selbsteinschätzung beruflicher Kompetenzen bei der Evaluation von Bildungsmaßnahmen. *Zeitschrift für Arbeits- und Organisationspsychologie, 37*, (N.F. 11) 4, 163-171.

Spiro, R.J., Coulson, R.L. Feltovich, P.J. & Anderson, D.K. (1988). Cognitive flexibility theory. Advanced knowledge aquisition in ill-structured domains. In: *Proceedings of the 10th Autumnal Conference of Cognitive Science society* (375-383), Hillsdale, N.J.: Erlbaum.

Staehle, W.H. (1989). Management, München: Verlag Vahlen.

Staudt, E. (1996). Kompetenz als Standortfaktor einer innovativen Gesellschaft. *QUEM – Bulletin, 1*, 20-22.
Stiefel, R.Th. (1974). Grundfragen der Evaluierung in der Management-Schulung. *Lernen und Leistung*. Frankfurt am Main: RKW.
Tegtmeier, W. (1993). Demographie und Arbeitswelt – Aufgaben für die Sozialpolitik. In: H.-J. Bullinger, V. Volkholz, K. Betzl, A. Köchling & W. Risch (Hrsg.), *Alter und Erwerbsarbeit der Zukunft* (S. 32-39), Berlin: Springer.
Theologus, G.C., Romaschko, T. & Fleischmann, E.P. (1970). *Development of a taxonomy of human perfomance; a feasibility study of ability, ility dimensions for classifying human tasks. Technical Report No. 5*, Washington, D.C.: American Instituts for Research.
Timmich, C. (1985). *Erarbeiten einer Fallstudie „Industrielles Lernen"*. Diplomarbeit, TU Dresden (unveröff.).
Thomae, H. (1959). Entwicklungsbegriff und Entwicklungstheorie. In: ders. (Hrsg.), *Handbuch der Psychologie*. Bd.3, Entwicklungspsychologie (S. 3-20). Göttingen: Hogrefe.
Tomaszewski, T. (1968). Schema einer psychologischen Analyse der Berufe. In: W. Hacker, W. Skell & W. Straub (Hrsg.), *Arbeitspsychologie und wissenschaftlich technische Revolution*. Berlin: Verlag der Wissenschaften.
Tomaszewski, T. (1969). Der praktische Nutzen psychologischen Wissens. *Psychologie und Praxis, 13*, 96-106.
Thorndike, E.L. (1914). The psychology of learning . New York: Teachers College.
Thorndike, E.L. & Woodworth, R.S. (1901). The influence of improvement in one mental function upon the efficiency of other functions. *Psychological Review, 8*, 247-261.
Tough, A. (1971). *The adult´s learning projects: A fresh approach to theory and practice in adult learning*. Toronto: Ontario Institute for Studies in Education.
Tough, A. (1980). Die Förderung selbständigen individuellen Lernens. In: H. Thomas (Hrsg.). *Lernen im Erwachsenenalter* (S. 108-136). Frankfurt: Diesterweg.
Triebe, J. & Wunderli, R. (1976). Die Bedeutung verschiedener Trainingsmethoden für industrielle Arbeitsverfahren. *Zeitschrift für Arbeitswissenschaft, 30*,114-118.
Udris, I. (1987). Arbeitslosigkeit: Psychosoziale Kosten und individuelle Konsequenzen. In: W. Biertel, S. Hagemann, R. Levy, J. Udris & E. Walter-Busch (Hrsg.), *Zukunft der Arbeit – ein theoretischer Bezugsrahmen mit Materialien*. Lausanne: Université, Institut d'anthropologie et de sociologie.
Udris, I (1990). Organisationale und personale Ressourcen der Salutogenese. Gesundbleiben trotz oder wegen Belastung? Zeitschrift: *Gesunde Hygiene, 36*, (8), 453-455.
Ulich, E. (1967). Über verschiedene Methoden des Lernens sensomotorischer Fertigkeiten. *Arbeitswissenschaft, 6*, 48-56.
Ulich, E. (1974). Formen des Trainings für das Erlernen und Wiedererlernen psychomotorischer Fertigkeiten. *Rehabilitation, 13*, 105-110.
Ulich, E. (1981). *Subjektive Tätigkeitsanalyse als Voraussetzung autonomie-orientierter Arbeitsgestaltung*. In: Frei, F. Ulich, E. (Hrsg.), Beiträge zur psychologischen Arbeitsanalyse, 327 – 347, Bern: Huber.
Ulich, E. (1991). *Arbeitspsychologie*. Zürich: Verlag der Fachvereine. Stuttgart: Pöschel.
Ulich, E. (1992). Lern- und Entwicklungspotentiale in der Arbeit – Beiträge der Arbeits- und Organisationspsychologie. In: K. H. Sonntag (Hrsg.), *Personalentwicklung in Organisationen* (S. 107-132). Göttingen: Hogrefe.
Ulich, E. (1994). *Zukunft der Arbeit – Zukunft der Arbeitspsychologie*. Vortrag zum 7. Dresdner Symposium für Psychologie.
Ulich, E., Conrad-Betschart, H. & Baitsch, C. (1989). *Arbeitsform mit Zukunft: ganzheitlich-flexibel-arbeitsteilig*. Bern: Peter Lang.
Volkholz, V. (1992 a). Europa: Ein schrumpfender Markt. Erwerbsarbeit der Zukunft. (Sonderheft). *Technische Rundschau*, S. 7.
Volkholz, V. (1992 b). Umkehr der Qualifizierungspyramide. Erwerbsarbeit der Zukunft. (Sonderheft). *Technische Rundschau*, S. 20.

Volkholz, V. (1992 c). Erwerbsarbeit der Zukunft. *Zeitschrift für Arbeitsforschung, Arbeitsgestaltung und Arbeitspolitik*, (1), S. 5-24.
Volkholz, V. (1992, d). Mobilität nimmt drastisch ab. Erwerbsarbeit der Zukunft, (Sonderheft). *Technische Rundschau*, S. 9.
Volkholz, V. (1993). Netzwerkmodelle. In: H.-J. Bullinger, V. Volkholz, K. Betzl, A. Köchling & W. Risch (Hrsg.), *Alter und Erwerbsarbeit der Zukunft* (S. 300-305). Berlin: Springer.
Volpert, W. (1976). *Optimierung von Trainingsprogrammen*. Untersuchungen über den Einsatz des mentalen Trainings beim Erwerb einer sensomotorischern Fertigkeit. Lollar: Andernach.
Volpert, W. (1985): Pädagogische Aspekte der Handlungsregulationstheorie. In: Passe Tietjen, H. & Stiel, H. (Hrsg.): *Betriebliches Handlungslernen und die Rolle des Ausbilders*, 71-89. Wetzlar: Jungarbeiterinitiative an der Werner-von-Siemens-Schule.
Volpert, W. (1987). Lernen und Aufgabengestaltung am Arbeitsplatz. Einleitung zum Schwerpunktthema: Lernen am Arbeitsplatz. *Zeitschrift für Sozialisationsforschung und Erziehungssoziologie* (ZSE), 7. Jahrgang, H.4, 242-252.
Volpert, W. (1989). Entwicklungsfördernde Aspekte von Arbeits- und Lernbedingungen. *Zeitschrift für Berufs- und Wirtschaftspädagogik*, Beihefte, Heft 8 Lernen und Arbeiten. Stuttgart: Franz-Steiner Verlag.
Volpert, W. (1990). Verantwortbare Aufgabengestaltung für informatikgeprägte Arbeitsplätze, GI, 20. Jahrestag, *Informatik auf dem Weg zum Anwender*. Stuttgart: Proceedings.
Volpert, W. (1990). Welche Arbeit ist gut für den Menschen? Notizen zum Thema Menschenbild und Arbeitsgestaltung. In: Frei und Udris (Hrsg.), *Das Bild der Arbeit* (S. 23-40). Bern: Huber.
Volpert, W. (1992). Erhalten und Gestalten. Von der notwendigen Zähmung des Gestaltungsdrangs. In: W. Coy, F. Nake, J.-M. Pflüger, A. Rolf, J. Seetzen, D. Siefkes & R. Stransfeld (Hrsg.), *Sichtweisen der Informatik* (S. 171-180). Braunschweig: Vieweg.
Volpert, W. (1993 a). Von der Software-Ergonomie zur Arbeitsinformatik. In: K.-H. Rödiger (Hrsg.), *Software-Ergonomie '93. Von der Benutzungsoberfläche zur Arbeitsgestaltung* (S. 51-65). Stuttgart: Teubner.
Volpert, W. (1993 b). Die Spielräume der Menschen erhalten und ihre Fähigkeiten fördern. Gedanken zu einer arbeitsorientierten "KI-Forschung". In: G. Cyranek & W. Coy (Hrsg.), *Perspektiven und Grenzen der Artifical Intelligence*. Braunschweig: Vieweg.
Volpert, W., Oesterreich, R., Gablenz-Kolakovic, T. & Resch, M. (1983). *Verfahren zur Ermittlung von Regulationserfordernissen in der Arbeitstätigkeit (VERA)*. Köln: TÜV Rheinland.
Volpert, W. Oesterreich, R. Gablenz-Kolakovic, S., Krogoll, T & Resch, M. (1983). Verfahren zur Ermittlung von Regulationserfordernissen in der Arbeitstätigkeit (VERA). Köln: TÜV Rheinland.
Wehner, Th. (1984). Im Schatten des Fehlers – Einige methodisch bedeutsame Arbeiten zur Fehlerforschung. *Bremer Beiträge zur Psychologie*, 34. Bremen: Universität.
Wehner, Th. (1992), (Hrsg.). *Sicherheit als Fehlerfreundlichkeit*. Köln: Westdeutscher Verlag.
Weiner, B. (1975). *Die Wirkung von Erfolg und Mißerfolg auf die Leistung*. Bern, Stuttgart: Huber.
Weiß, R. (1990). *Die 26-Milliarden-Investition-Kosten und Strukturen betrieblicher Weiterbildung*. Köln: Deutscher-Instituts-Verlag.
Weißgerber, B. (1995). Psychologie zur Unfallverhütung und Gesundheitsprävention: Das Wissenschaftliche Werk von Prof. Dr. E. Gniza in der Anwendung. Referat zum *4. Dresdener Arbeitsschutzkolloquium der BAU* am 19.10.95.
Wiedemann, J. (1995). *Ermittlung von Qualifizierungsbedarf – am Beispiel der Störungsdiagnose in der flexiblen Fertigung –*. Münster: Waxmann.
Will, H., Winteler, H. & Knapp, A. (1987). Von der Erfolgskontrolle zur Evaluation. In: H. Will u.a. (Hrsg.): *Evaluation in der beruflichen Aus- und Weiterbildung*, S.11-42, Heidelberg: Sauer-Verlag.

Wilke-Schnaufer, J. & Schonhardt, M. (1993). *Dezentrales Lernen in Klein- und Mittelbetrieben.* Modellbereich des Bundesinstituts für Berufsbildung, Zwischenbericht, Fraunhofer Institut für Arbeitswirtschaft und Organisation.

Witzgall, E.(1992): Neue Konzepte der beruflichen Weiterbildung und Qualifizierung – Eine vergleichende Studie. In: *Beiträge aus der Arbeits-, Innovations-, Qualifikationsforschung, Heft 15,* Geschäftsführender Vorstand des AIQ Dortmund e.V. (Hrsg.), Dortmund.

Wolff, S. (1988). *Verbalisierung als Methode zum Gewinnen handlungswirksamen Expertenwissens.* Habilitationsschrift. Technische Universität Dresden, Mathematisch-naturwissenschaftliche Fakultät.

Wolff, S. (1989). Knowledge acquisition and possibilities for elicating expert knowledge. In: F. Klix, N.A. Streitz, Y. Waern & H. Wandtke. (Hrsg.), *Man-Computer-Interaction-research MACINTER II* (S. 413-421). Amsterdam: Elsevier.

Wöltje, J. (1995). *Weiterbildung für neue Technologien – eine arbeitswissenschaftliche Erhebung in Industriebetrieben.* In: P. Knauth (Hrsg.). Arbeitswissenschaft in der betrieblichen Praxis. Frankfurt a.M.: Peter Lang.

Womack, J.P., Jones, D.T. & Roos, D. (1992). *Die zweite Revolution der Autoindustrie.* Frankfurt/New York: Campus.

Wottawa, H. & Gluminski, J. (1995). *Psychologische Themen für Unternehmen.* Göttingen: Verlag für Angewandte Psychologie.

Wottawa, H. & Thierau, H. (1990). Lehrbuch *Evaluation.* Bern, Stuttgart: Huber.

Wunderer, R. & Fröhlich, W. (1991). Personalcontrolling. *Transfer-Evaluation bei Aus- und Weiterbildung.* Personalwirtschaft, 8, S.18-23.

Wünsche. R. (1985). *Kollektives Arbeitstätigkeitstraining.* Diplomarbeit, TU Dresden (unveröff.).

Wygotski, L. S. (1964). Denken und Sprechen. Berlin: Akademie-Verlag.

Erich Staudt, Andreas Joachim Meier

Reorganisation betrieblicher Weiterbildung

Einleitung

Die Weiterbildung etabliert sich neben der schulischen, akademischen und beruflichen Erstausbildung als vierte Säule des deutschen Bildungssystems. Privat initiierte Weiterbildung z.B. an Volkshochschulen dient der freien Entfaltung der Persönlichkeit. Für den Staat ist die Förderung der Weiterbildung über die Arbeitsämter ein wichtiges Instrument der Arbeitsmarktpolitik. Im Mittelpunkt dieser Studie steht die betriebliche Weiterbildung, durch die Unternehmen die Qualifikationen ihrer Mitarbeiter an veränderte Anforderungen anpassen bzw. ihre qualifikatorischen Potentiale für innovative Entwicklungen erhöhen.
Betriebliche Weiterbildung ist eine Teilaufgabe der unternehmerischen Personalarbeit, die in den letzten Jahren erheblich an Bedeutung gewonnen hat. Dieser Bedeutungswandel führt zu neuen Konzepten der Einbindung der Weiterbildung in die Unternehmensorganisation. Dabei wirken sich einerseits übergeordnete Entwicklungen (Trend zum lernenden und/oder schlanken Unternehmen) auf die Weiterbildung aus, andererseits ist sie unmittelbar Objekt von Reorganisationen zur Steigerung ihrer Effektivität und Effizienz.
Die Studie beschäftigt sich mit diesen Trends. Nach grundlegenden Überlegungen bzgl. des Bedeutungswandels der Weiterbildung und ihrer Organisation werden zunächst die Trends der allgemeinen Reorganisationen auf Unternehmensebene dargestellt. Diese erfordern eine Neubestimmung der Rolle betrieblicher Weiterbildung und führen zu einer Reihe bisher ungeklärter Fragen. Vor diesem Hintergrund werden in einem weiteren Kapitel die unmittelbaren Reorganisationen der Weiterbildung vorgestellt. Basis ist eine umfangreiche Analyse theoretischer und praxisorientierter Literatur sowie mehrere betriebliche Fallstudien.
Ziel ist zum einen die Darstellung der aktuellen Entwicklung und die perspektivische Beschreibung dessen, was in Zukunft die Merkmale der Organisation betrieblicher Weiterbildung sein werden bzw. könnten. Ein weiteres Anliegen dieser Studie ist es, offene Fragen und widersprüchliche Entwicklungen aufzuzeigen.

1. Der Bedeutungswandel der betrieblichen Weiterbildung in unternehmerischer und individueller Perspektive

Der sich beschleunigende technische, ökonomische und soziale Wandel erfordert aus individueller und unternehmerischer Sicht eine ständige Anpassung und Erweiterung der vorhandenen Qualifikationen. Es liegt auf der Hand, daß die Erstausbildung, deren Reichweite kontinuierlich abnimmt, dazu nicht mehr ausreicht.[1]

---

[1] Vgl. Staudt, E./Rehbein, M.: Innovation durch Qualifikation, Frankfurt 1988.

So sehen 34% der Unternehmen eine wachsende Bedeutung der Weiterbildung in der Zukunft.[2] Knapp die Hälfte geht von einem gleichbleibenden Stellenwert aus. Nur 5,9% rechnen mit einem Bedeutungsverlust. Insgesamt werden pro Jahr ca. 50 Mrd. DM von privaten Unternehmen für Weiterbildung aufgewendet. Anfang der achtziger Jahre waren es erst acht Mrd. DM, 1987 bereits 26,7 Mrd. DM. Dieser Trend setzt sich fort. Auch in wirtschaftlich schwierigen Zeiten messen die Unternehmen der Entwicklung ihres Humankapitals somit große Bedeutung zu.
Die Intensität der Weiterbildungsaktivitäten hängt nach aller Erfahrung von den betrieblichen Rahmenbedingungen ab. Unternehmensgröße, Produktionstechnik, Arbeitsorganisation, Innovationsverhalten, Personal- und Qualifikationsstrukturen sowie die wirtschaftliche Lage haben Einfluß auf vielseitige Weiterbildungsaktivitäten. Im allgemeinen wird zwischen Lernen in der Arbeitssituation, selbstgesteuertem Lernen, internen und externen Lehrveranstaltungen sowie Informationsveranstaltungen unterschieden. Prognosen gehen von einem Bedeutungsanstieg des Lernens in der Arbeitssituation, unterstützt durch neue Lern- und Lehrmedien, aus. Externe Weiterbildung in Form traditioneller Seminare wird an Bedeutung verlieren.[3]

Damit geht seitens der Politik und Wissenschaft die Forderung nach einem neuen Qualifizierungsverständnis einher:
• Weiterbildung im Sinne der reinen Wissensvermittlung weicht einer umfassenden Kompetenzentwicklung!

Die Erklärungsansätze für Kompetenz sind vielfältig.[4] Wesentliches und gemeinsames Element ist die Handlungsorientierung. Kompetenz ist die auf Wissen, Erfahrung, Bereitschaft und Zuständigkeit beruhende Fähigkeit zu handeln. Durch die Handlungsorientierung bekommt sie einen konkreten Bezug zur Arbeitsaufgabe. Die Entwicklung von Kompetenz beinhaltet somit mehr als die bloße Vermittlung frei verfügbaren Wissens in Weiterbildungsinstitutionen. Kompetenz lernt man nicht, sondern erwirbt sie durch Erfahrung. Ausgehend von institutionalisierter Weiterbildung wird das Lernen im Prozeß der Arbeit zum geeignetesten Instrument der Kompetenzentwicklung. Damit wird auch dem Umstand Rechnung getragen, daß ca. 80% des Lernens Erwachsener außerhalb von institutionalisierter Erwachsenenbildung stattfindet.[5]
Versteht man Kompetenz als in hohem Maße individuell durch Erfahrungen gebunden sowie über Handlungsbereitschaft und Zuständigkeit (Wollen und Dürfen) kanalisiert, gerät die individuelle Perspektive in den Blick. Die aktuelle Diskussion über betriebliche Weiterbildung hat hier ein Defizit: die unternehmerische Perspektive überlagert die individuelle. Die Notwendigkeit der lebenslangen Kompetenzentwick-

---

[2] Vgl. Weiß, R.: Betriebliche Weiterbildung. Ergebnisse der Weiterbildungserhebung der Wirtschaft, Institut der deutschen Wirtschaft (IW), Köln 1994, S.130.
[3] Ebenda, S.130 ff.
[4] Vgl. zu den verschiedenen Verständnissen von Kompetenz: QUEM-Bulletin Nr. 1/1996, hrsg. von der Arbeitsgemeinschaft QUEM, Berlin 1996.
[5] Vgl. Tough, A.M.: The adults learning projects; a fresh approach to theory and practice in adult learning, Toronto 1979.

lung wird aus Unternehmenssicht betont, dabei wird die Fähigkeit und Bereitschaft der Individuen dazu stillschweigend vorausgesetzt, ebenso die Zuständigkeit. Diese Annahme ist nicht realistisch. Sie folgt der Illusion, daß sich alle Mitarbeiter permanent weiterentwickeln wollen. Schon die Motivation zur Weiterbildung kann aber aus verschiedenen Gründen fehlen. Gegen den Willen der Betroffenen ist keine Kompetenzentwicklung möglich. Hier stellt sich im Vorfeld bereits ein wenig beachtetes Auswahlproblem. Über die Bereitstellung geeigneter Anreize läßt sich die Motivation zur Weiterbildung erhöhen. Diese können materiell oder auch immateriell in Form von Karriereoptionen sein. Im Rahmen herkömmlicher Unternehmenshierarchien stößt ein solches Anreizinstrument bald an seine Grenzen. Deshalb sind ganz neue Konzepte wie z.B. Parallel- bzw. Projekthierarchien gefragt, in denen nicht nur vertikale, sondern auch horizontale Karrierewege möglich sind. Hier liegt die sensible Schnittstelle zwischen Kompetenz- und Organisationsentwicklung, die über die Zuweisung von Zuständigkeit als einer Komponente der Kompetenz eine wesentliche Rahmenbedingung für Kompetenzentwicklung ist.

Ein solches Verständnis von Kompetenz fokussiert durch die Handlungsorientierung automatisch auf betriebliche Situationen. Dadurch ergibt sich eine deutliche Abgrenzung zum Bereich der AFG-geförderten Fortbildung und Umschulung Arbeitsloser. Die Handlungsorientierung ist hier durch das Fehlen einer konkreten Praxissituation nicht gegeben. Sie kann lediglich simuliert werden. Für dieses Segment der beruflichen Weiterbildung mangelt es bislang an Konzepten, mit denen auch für diesen an Zahl zunehmenden Personenkreis Möglichkeiten des Erhalts und der Entwicklung von Kompetenzen realisiert werden.

Bezüglich der Inhalte, Teilnehmerstrukturen und Kosten ist die betriebliche Weiterbildung schon seit einigen Jahren Gegenstand wissenschaftlicher Forschung. Ein bislang wenig beachteter Aspekt ist die organisatorische Einbindung der Weiterbildung in die Unternehmensstruktur. Traditionellerweise ist die Weiterbildung als Teil der Personalabteilung zentral organisiert und budgetiert. Im jährlichen Turnus werden Bildungsangebote unterbreitet, zu denen die Fachabteilungen Mitarbeiter entsenden können. Die Kosten werden als Gemeinkosten auf die Abteilungen verteilt.
Die Teilnahme an einer Weiterbildungsmaßnahme hat oftmals den Charakter einer Belohnung oder Auszeichnung. Auch bleibt die Weiterbildung häufig bestimmten Gruppen, i.d.R. Führungskräften vorbehalten. Zwischen der Höhe der Ausgangsqualifikation und der Teilnahme an Weiterbildung besteht im allgemeinen ein positiver Zusammenhang. Die andere Variante ist die engpaßorientierte Weiterbildung. Sie dient der kurzfristigen Anpassung der Qualifikationen an die Anforderungen des Arbeitssystems und übernimmt die Rolle einer 'Qualifizierungs-Feuerwehr'.

Die zentralen Strukturen verhindern die systematische Nutzung eigeninitiativ erworbener Fähigkeiten. Selbstorganisierte Weiterbildung der Mitarbeiter bleibt auf den privaten bzw. informellen Bereich beschränkt und ist der Nutzung im Betrieb i.d.R. nicht zugänglich.

Eine derartige betriebliche Weiterbildung erscheint sowohl in der personalwirtschaftlichen Literatur, als auch in Teilen der Praxis als überholt und den aktuellen Rahmenbedingungen nicht mehr angemessen. Die betriebliche Kompetenzentwicklung stellt neue Anforderungen an die betriebliche Weiterbildung, die sich wie folgt zusammenfassen lassen:[6]

Allgemeine Anforderungen
- Qualität der Weiterbildung sichern,
- Verbesserung der Information und Transparenz über das Angebot,
- Durchführung von Preis- und Kostenkontrollen im inner- und außerbetrieblichen Markt.

Organisatorische Anforderungen
- Klärung des Stellenwerts der Weiterbildung im Unternehmen,
- Emanzipation gegenüber verrechenbaren Tätigkeiten,
- Verankerung in der Unternehmensführung und der strategischen Planung,
- Kopplung mit der Planung von Investitionen sowie Organisations- und Personalentwicklungsprozessen,
- betriebliche Kompetenzentwicklung soll sich dem Wettbewerb aussetzen,
- Steigerung der Wettbewerbsfähigkeit der Weiterbildungsangebote im internationalen Markt,
- Öffnung der Bildungsangebote für außerbetriebliche Kunden (nicht für alle Unternehmen gültig),
Entwicklung von Ansätzen zur Kompensation des eigenen Fachkräftemangels durch Erweiterung des Horizontes über Betriebsgrenzen hinaus.

Konzeptionelle Forderungen
- Entwicklung und Durchsetzung von langfristigen, strategischen Maßnahmen,
- ganzheitliche Konzeption der Weiterbildung im Rahmen der Kompetenzentwicklung,
- dezentrale Durchführung systematischer Bedarfsanalysen unter Berücksichtigung zukünftiger wirtschaftlicher, technischer und organisatorischer Anforderungen und der Bedürfnisse der verschiedenen betrieblichen Gruppen,
- Evaluation der Weiterbildung zur Vorbereitung, Auswahl, Steuerung und kontinuierlichen Verbesserung,
- bedarfs- und nachfrageorientierte, zielgruppenspezifische Angebote für alle betrieblichen Gruppen (z.B. Qualifizierung des Betriebsrates in bildungspolitischen Fragen, Weiterbildung für Weiterbildner und Wiedereinsteigerinnen, etc.),
- stärkere Förderung extrafunktionaler Qualifikationen, die u.a. die Steuerung und Regelung von Innovationen unterstützen,
- Vorbereitung der ausführenden Ebene auf Aufgaben der Kontrolle, Koordination und Steuerung,

---

[6] hergeleitet aus: Baethge, M.: Forschungsstand und Forschungsperspektiven im Bereich betrieblicher Weiterbildung aus Sicht von Arbeitnehmern; Schlaffke, W.: Forschungsstand und Forschungsperspektiven im Bereich betrieblicher Weiterbildung aus Sicht von Arbeitgebern, beide in: Bundesminister für Bildung und Wissenschaft (Hrsg.): Betriebliche Weiterbildung. Forschungsstand und Forschungsperspektiven, Bad Honnef 1990; Staudt, E.: Defizitanalyse betrieblicher Weiterbildung, in: Schlaffke, W./Weiß, R.: Tendenzen betrieblicher Weiterbildung, Aufgaben für Forschung und Praxis, Köln 1990; Staudt, E.: Die Führungsrolle der Personalentwicklung im technischen Wandel, in: Staudt, E. (Hrsg.): Personalentwicklung für die neue Fabrik, Opladen 1993.

- Berücksichtigung personaler Aspekte wie Motivation, Vorwissen, berufliche Verhaltensweisen und Erfahrungen der Mitarbeiter,
- zeitliche Flexibilisierung der Weiterbildung.

Inhaltliche Anforderungen
- Anpassung an immer kürzer werdende Innovationszyklen,
- stärkere Ausrichtung auf Umweltschutzthemen, Sprach- und Kulturkenntnisse, Dienstleistungs-Know-how,
- verstärkte Up-to-date-Qualifizierung.

Vor diesem Hintergrund kommt es zu Reorganisationen der betrieblichen Weiterbildung, die Gegenstand der folgenden Kapitel sind:
- Kompetenzentwicklung in der lernenden Unternehmung erfordert eine völlig neue Integration der Weiterbildung in die Arbeitsprozesse. Personal-, Organisations- und Unternehmensentwicklung werden in dieser Vision miteinander verzahnt. Entscheidungs- und Handlungsspielräume erweitern sich bis auf die untersten Hierarchieebenen.
- Im Zuge der Einführung von Lean Management, Lean Production und Total Quality Management/Kontinuierlicher Verbesserungsprozeß erfährt die Weiterbildung eine Neubestimmung ihrer Funktionen.
- Die Weiterbildung wird betriebswirtschaftlichen Überlegungen unterworfen. Effektivitäts- und Effizienzüberlegungen spielen bei der Entscheidung über Weiterbildung eine zunehmende Rolle. Die Qualität soll steigen, die Kosten sollen vertretbar bleiben. Weiterbildung wird zu einer Dienstleistung, die von den Fachabteilungen gegen Entgelt in Anspruch genommen wird. Akzeptiert man die marktwirtschaftliche Steuerbarkeit von betrieblicher Bildung, so führt dies letztlich zu der Frage nach Eigenfertigung oder Fremdbezug. In letzterem Fall wird Weiterbildung ausgegliedert bzw. ausgelagert, sie wird outgesourct. Das Mutterunternehmen kauft von der ausgegliederten Einheit Weiterbildung zu und etabliert eine externe Marktbeziehung. Die interne Gestaltungsmöglichkeit besteht in der Schaffung eigenverantwortlicher Wertschöpfungs-Center, die den Fachabteilungen als Anbieter von entgeltlicher Weiterbildung gegenüber stehen. Somit kommt es zu einer internen Marktbeziehung.
- In den fünf neuen Bundesländern sind ähnliche Entwicklungen zu verzeichnen. Die Ausgliederung betrieblicher Weiterbildung fand und findet dort allerdings unter anderen Ausgangs- und Rahmenbedingungen statt.
- Kleine und mittlere Unternehmen haben diese differenzierten Gestaltungsoptionen nicht. Sie sind stärker auf traditionelle externe Weiterbildung angewiesen. Durch neue Formen von horizontalen, erfahrungsorientierten und dualen Weiterbildungskooperationen sind sie besser als bisher in der Lage, größenbedingte zeitliche, sachliche, finanzielle und personelle Restriktionen in der Weiterbildung zu überwinden.[7]

---

[7] Vgl. Jacob, U./Waldmann, R.: Personalentwicklung im Mittelstand, in: Schwuchow, K./Gutmann, J. (Hrsg.): Jahrbuch Weiterbildung, Managementweiterbildung, Weiterbildungsmanagement, Düsseldorf 1995, S.60 ff; Helbich, B.: Systematische Weiterbildung im Verbund mittelständischer Unternehmen, in: Personal 11/1994, S.519 ff.

Erich Staudt, Andreas Joachim Meier

2. Die Organisation betrieblicher Weiterbildung

Die Organisation betrieblicher Weiterbildung bedeutet im Sinne dieser Studie ihre Einbindung in den Kontext der Unternehmensorganisation. Folgende Abbildung verdeutlicht die wesentlichen Aspekte:

Grundfragen zur Organisation der Weiterbildung

Was und Warum
* Aufgaben der Weiterbildung
* Stellenwert der Weiterbildung

Wer
* Träger der Weiterbildung
* Aufgabenteilung zwischen den Trägern
* Verantwortungsteilung zwischen den Trägern

Leitlinien
* Kundenorientiert
* Ökonomisch
* professionell
* strategisch

Wie
* Koordinationsmechanismus zwischen Angebot und Nachfrage

Quelle: Nach Kolb, M./Fiechtner, C.: Organisation der betrieblichen Personalarbeit, in: Maess, K./Maess, T.: Das Personal-Jahrbuch 1995, Neuwied/Kriftel/Berlin 1995, S.5.

Die Aufgaben der Weiterbildung ergeben sich naturgemäß aus der Deckung verschiedenartiger Qualifikationsbedarfe. Diese können reaktiver oder projektiver Art und sowohl individuell als auch betrieblich sein. Je nach Branche, Technologie, Wettbewerbs- und Know-how-Intensität der erstellten Leistungen werden mehr oder weniger Ressourcen für die Übernahme von Weiterbildungsaufgaben bereitgestellt, woran sich der Stellenwert der Weiterbildung im Unternehmen ablesen läßt. Indikator sind zum Beispiel die Kosten je Jahr und Mitarbeiter, die für Weiterbildung aufgewendet werden:[8]

---

[8] Vgl. Weiß, a.a.O., S.119. Die Angaben beziehen sich auf das Jahr 1992.

Wirtschaftszweige	Kosten je Mitarbeiter (DM)
Bergbau-, Elektrizitäts- und Wasserwirtschaft	999
Grundstoff- und Produktionsgütergewerbe	1281
Investitionsgütergewerbe	1789
Verbrauchsgütergewerbe	2953
Baugewerbe	712
Einzelhandel	1955
Groß- und Außenhandel	1676
Verkehr- und Nachrichtenübermittlung	1564
Kreditinstitute und Versicherungen	5203
sonstige Dienstleistungen	1807

Auffällig sind die mit Abstand höchsten Ausgaben im Bereich der Kreditinstitute und Versicherungen. Der Grund hierfür liegt in der relativ hohen Kompetenzintensität dieser Branche, d.h. ein hoher Anteil der Mitarbeiter übt hochqualifizierte Tätigkeiten aus. Die Schnittstelle zu den Kunden ist sehr umfangreich, dazu kommt eine große Marktdynamik in diesen Branchen. Dementsprechend hoch sind die Teilnahmequoten an betrieblicher Weiterbildung.

Die Kosten setzen sich aus direkten und indirekten Bestandteilen zusammen. Die indirekten Kosten liegen um ca. 50% höher als die direkten Kosten und bestehen im wesentlichen aus den Aufwendungen für die Lohnfortzahlung während der Weiterbildung. Die erfaßten Kosten fallen für haupt- und nebenamtliches Weiterbildungspersonal, interne und externe Lehrveranstaltungen, Informationsveranstaltungen, Lernen in der Arbeitssituation sowie selbstgesteuertes Lernen an.

Die hierarchische Zuordnung der Weiterbildung ist ein weiterer Indikator für ihren Stellenwert in der Gesamtorganisation. In der Regel ist der Weiterbildungsbereich Teil der Personalabteilung. Je höher der Personalbereich angesiedelt ist, desto mehr Bedeutung kommt der Personalfunktion im Unternehmen zu. Im Extremfall ist der Personalleiter Mitglied der Geschäftsleitung.

Angesichts enger werdender Budgets werden Leitlinien für die Organisation der Weiterbildung formuliert, die als Beurteilungsmaßstab für die Effektivität und Effizienz herangezogen werden. Neben den Aufgaben und dem Stellenwert geben die Leitlinien den Rahmen vor, innerhalb dessen die Weiterbildung in der Unternehmensorganisation einzubinden ist. Eine stärkere Kundenorientierung wird vor allem unter Qualitätsgesichtspunkten gefordert. Der Trend geht von konfektionierten Standardangeboten hin zu individuell zugeschnittenen Maßangeboten. Gleichzeitig wird mehr Effizienz gefordert: die Relation von Aufwand und Ertrag ist zu verbessern, auch wenn der Ertrag nur an Sekundärkriterien wie z.B. Teilnahmequoten gemessen werden kann. Die Steigerung der Effizienz der betrieblichen Weiterbildung ist das Kern-

anliegen der Dienstleistungsorientierung, worauf in dieser Studie noch ausführlich eingegangen wird. Mit einer stärker professionell ausgerichteten Weiterbildung wird den komplexen und weiter ausdifferenzierten Arbeitsstrukturen Rechnung getragen, die eine größere Kompetenz der Weiterbildner verlangen.[9] Und last not least soll die Weiterbildung dazu beitragen, die Unternehmensstrategie umzusetzen. Dazu sind Abstimmungsmechanismen zu installieren, die Strategie und Weiterbildung in Einklang bringen.
In der Praxis sind solche Leitlinien der betrieblichen Weiterbildung allerdings noch relativ wenig verbreitet.[10] Insofern stellen sie Forderungen dar, die von seiten der personalwirtschaftlichen Wissenschaft erhoben werden.[11]

Die Trägerschaft bedeutet die Zuordnung von Zuständigkeit und Verantwortung für Teilaufgaben der Weiterbildung wie Bedarfsermittlung, Maßnahmenplanung und -durchführung sowie Transferunterstützung. Diese Verantwortung bezieht sich auf das Treffen von Entscheidungen und die Übernahme der anfallenden Kosten. Es bestehen grundsätzlich zwei Möglichkeiten, die Weiterbildungsverantwortung im Organigramm des Unternehmens zu verorten: zentral oder dezentral. Bei der zentralen Variante wird die Weiterbildung aus einer Hand geleistet, entweder als Teil der Personalabteilung oder als eigenständige Bildungsabteilung. Bei der dezentralen Variante werden einzelne Aufgaben in die Fachbereiche verlagert, wo sie von Linienvorgesetzten und -mitarbeitern wahrgenommen werden. Koordinierende Aufgaben sowie Beratung und Unterstützung werden von einer verbleibenden zentralen Stelle erfüllt, z.B. die Sicherstellung der strategischen Orientierung der Weiterbildung oder die Bedarfsanalyse. In der Literatur wird von einem Trend in Richtung der dezentralen Organisation berichtet.[12]
Inwieweit überhaupt systematisch Weiterbildung betrieben wird, ist abhängig von der Betriebsgröße.[13] In KMU findet beispielsweise die Erhebung von Weiterbildungsbedarfen tendenziell unsystematisch statt. Das bedeutet nicht, daß Weiterbildung in KMU generell zu kurz kommt. Der Schwerpunkt liegt mehr auf selbstorganisiertem und erfahrungsbezogenem Lernen im Prozeß der Arbeit. Diesbezüglich haben KMU somit möglicherweise sogar einen Vorsprung gegenüber Großunternehmen, bei denen die Aktivitäten der Bedarfsanalyse weitgehend durch systematische Routinen (turnusmäßige Mitarbeiterbefragungen, Umfragen, Vorgesetzten-Mitarbeiter-Gespräche) institutionalisiert sind.
Ebenfalls unter den Aspekt der Trägerschaft fallen die Beziehungen zu externen Weiterbildnern. Vor allem KMU nehmen eher externe Weiterbildung in Anspruch, da sie aufgrund ihrer Größe keine eigenen Bildungskapazitäten haben. Die klassische

---

[9] Vgl. Scholz, C.: Personalmanagement, 3. Aufl. München 1993, S.39.
[10] Vgl. auf S.14 f. die Ausführungen zur FORCE-Erhebung.
[11] Vgl. Staudt, E.: Die Führungsrolle der Personalplanung im technischen Wandel, in: Zeitschrift für Organisation, 53. Jg. 1984, Heft 7, S. 395-405.
[12] Vgl. Kolb, M./Fiechtner, C.: Organisation der betrieblichen Personalarbeit, in: Maess, K./Maess, T.: Das Personal-Jahrbuch 1995, Neuwied/Kriftel/Berlin 1995, S.9.
[13] Vgl. Kuwan, H./Waschbüsch, E.: Betriebliche Weiterbildung – Ergebnisse einer Befragung von Erwerbstätigen und betrieblichen Experten, in: Berufsbildung in Wissenschaft und Praxis (BWP) 5/1995, S.36.

externe Weiterbildung in Form standardisierter Seminarveranstaltungen verliert in allen Bereichen der Praxis an Bedeutung, denn sie ist einerseits kostenintensiv und hat andererseits keinen direkten Bezug zum betrieblichen Problem.[14] Untersuchungen von Tough zufolge findet das Lernen Erwachsener nur zu 20% in institutionalisierten Arrangements statt. 80% des Lernens vollzieht sich im Prozeß der jeweiligen Tätigkeit.[15] Für die externen Weiterbildungsanbieter bedeutet dies in Zukunft einen Rückgang des traditionellen Seminargeschäfts. Stattdessen werden maßgeschneiderte und arbeitsplatznähere Programme an Bedeutung gewinnen. Das impliziert eine intensivere Zusammenarbeit externer Bildungsträger mit den Unternehmen. So wird es in Zukunft vermehrt zu vertikalen Bildungskooperationen kommen, in denen ein eigenes Kooperationsmanagement für die Planung, Steuerung und Kontrolle notwendig wird. In diesem Bereich sind erste Ansätze zu beobachten, worauf unten eingegangen wird.

Ein wesentlicher Aspekt der Organisation der betrieblichen Weiterbildung besteht im Koordinationsmechanismus zwischen Angebot und Nachfrage. Prinzipiell stehen zwei unterschiedliche Verfahren zur Verfügung:
- Delegation und Hierarchie,
- Marktmechanismus und Preissteuerung.

Die Abstimmung der Weiterbildung im Delegationsmodell erfolgt durch eine zentrale Planung, deren Resultat ein i.d.R. jährliches Bildungsprogramm ist. Die Kosten in Form des festgelegten Bildungsbudgets werden als Gemeinkosten behandelt und nach bestimmten Schlüsseln verteilt. Die Koordination von Angebot und Nachfrage wird in diesem Modell administriert. Nachfrager und Betroffene sind nicht identisch. Weiterbildung findet quasi im Auftrag der Personalverantwortlichen bzw. der Unternehmensleitung statt.

Im Marktmodell überläßt man die Entscheidung über die Weiterbildungsaktivitäten den unmittelbar betroffenen Fachabteilungen. Es kommt damit zu einer größeren Übereinstimmung zwischen Nachfrager und Betroffenen der Weiterbildung. Die Fachabteilungen werden mit den Kosten der von ihnen in Anspruch genommenen Leistung belastet. Die Anbieter müssen zur Deckung der ihnen entstehenden Kosten Erlöse erwirtschaften. Durch die Etablierung solcher marktwirtschaftlicher Strukturen innerhalb des Unternehmens wird versucht, Kundennähe, Qualität und Kostenbewußtsein zu steigern. Dieser Koordinationsmechanismus ist unter dem Stichwort „Dienstleistungsorientierung der betrieblichen Weiterbildung" ein aktueller Trend in der betrieblichen Praxis und Gegenstand dieser Studie.

Ein repräsentativer Überblick über die Strukturen der betrieblichen Weiterbildung in der Praxis liegt derzeit nicht vor. Einige Untersuchungen decken mehr oder weniger rudimentär diesen Bereich ab:
Die im Rahmen des FORCE-Programms vom Bundesinstitut für Berufsbildung und dem Statistischen Bundesamt durchgeführte repräsentative Erhebung über Betriebli-

---

[14] Vgl. Weiß, R., a.a.O., S.132 f.
[15] Vgl. Tough, a.a.O.

che Weiterbildung in Deutschland kommt unter anderem zu dem Ergebnis, daß der Professionalisierungsgrad in der betrieblichen Weiterbildung in Deutschland noch nicht sehr hoch ist.[16] Der Grad der Professionalisierung wird durch folgende Aspekte gekennzeichnet:
- das Vorliegen von Plänen oder Programmen,
- organisatorische Eigenständigkeit der Weiterbildung als Arbeitsbereich,
- die Nutzung von Bedarfsanalysen,
- das Vorhandensein von speziell in der Weiterbildung tätigem Personal,
- das Vorhandensein eines speziellen Weiterbildungsbudgets.

Die Ausprägungen dieser Merkmale geben Hinweise auf die organisatorische Einbindung der Weiterbildung. Die Ergebnisse zeigen:[17]
- in 67% der Unternehmen gibt es keine Personal- oder Qualifikationsanalysen,
- 15% der Unternehmen erstellen ein Weiterbildungsprogramm,
- 10% der Unternehmen haben ein spezielles Weiterbildungsbudget,
- 5% der Unternehmen haben einen eigenständigen Arbeitsbereich 'Weiterbildung',
- 3% der Unternehmen haben Mitarbeiter und Mitarbeiterinnen, die sich ausschließlich mit der betrieblichen Weiterbildung beschäftigen.

Diese Ergebnisse sind bemerkenswert, zeigen sie doch, daß die Situation in der Praxis längst nicht so weit entwickelt ist, wie die theoretische Diskussion es erwarten läßt. Es besteht die Gefahr, daß Scheindiskussionen geführt werden, die an der Realität der allermeisten Unternehmen vorbei geht. Vor allem KMU, die die große Masse aller Unternehmen bilden, haben bezüglich der Institutionalisierung, Systematisierung und Organisation von betrieblicher Weiterbildung noch einen erheblichen Nachholbedarf.

Eine weitere empirische Untersuchung über Weiterbildung in deutschen Unternehmen und Behörden wurde 1993 mit 1991er und 1992er Daten von der Unternehmensberatung Maisberger & Partner im Auftrag eines bundesweit aktiven Bildungsanbieters durchgeführt.[18] Die Ergebnisse basieren auf der Befragung von 200 Bildungsexperten in Unternehmen. Die in der Stichprobe untersuchten Wirtschaftszweige entsprechen nicht der realen Verteilung, auch sind Großunternehmen (Umsatz größer als 100 Mio DM und mehr als 100 Mitarbeiter) mit einem Anteil von 73,8% überrepräsentiert. Diese Untersuchung vermittelt dennoch einen Überblick über reale Organisationsstrukturen der betrieblichen Weiterbildung in mittleren und größeren Unterneh-

---

[16] Einbezogene Branchen: Produzierendes Gewerbe, Handel, Gastgewerbe, Verkehr und Nachrichtenübermittlung, Kredit- und Versicherungsgewerbe sowie Grundstücks- und Wohnungswesen, Vermietung beweglicher Sachen, Erbringung von Dienstleistungen für Unternehmen. Vgl. Schmidt, B./Hogreve, H.: Erhebung zur beruflichen Weiterbildung in Unternehmen im Rahmen des EG-Aktionsprogramms FORCE, in: Wirtschaft und Statistik Nr.4/1994, S.248.

[17] Vgl. o.V.: Haupterhebung Betriebliche Weiterbildung in Deutschland, Broschüre des Bundesinstituts für Berufsbildung, Berlin 1995.

[18] Vgl. o.V.: Weiterbildung/Personalentwicklung in deutschen Unternehmen und Behörden, München 1993.

Organisation betrieblicher Weiterbildung

men, der im folgenden verkürzt dargestellt wird. Abweichungen zur FORCE-Erhebung liegen in den verschiedenen Stichprobenziehungen. Der FORCE-Erhebung kann dabei die größere Repräsentativität unterstellt werden.
- Großunternehmen verfügen häufiger über eigene Weiterbildungsbudgets in der Verantwortung der Weiterbildungsbereiche als KMU.
- Dafür haben KMU häufiger Weiterbildungsbudgets in der Verantwortung der Fachbereiche oder überhaupt kein ausgewiesenes Weiterbildungsbudget.
- Mehr als die Hälfte der Unternehmen organisiert die Weiterbildung zentral, nur 3,2% organisieren sie dezentral. Mischformen realisieren 31,4%. 10% organisiert sie überhaupt nicht. Für die unterschiedlichen Unternehmensgrößen ergibt sich folgendes Bild:

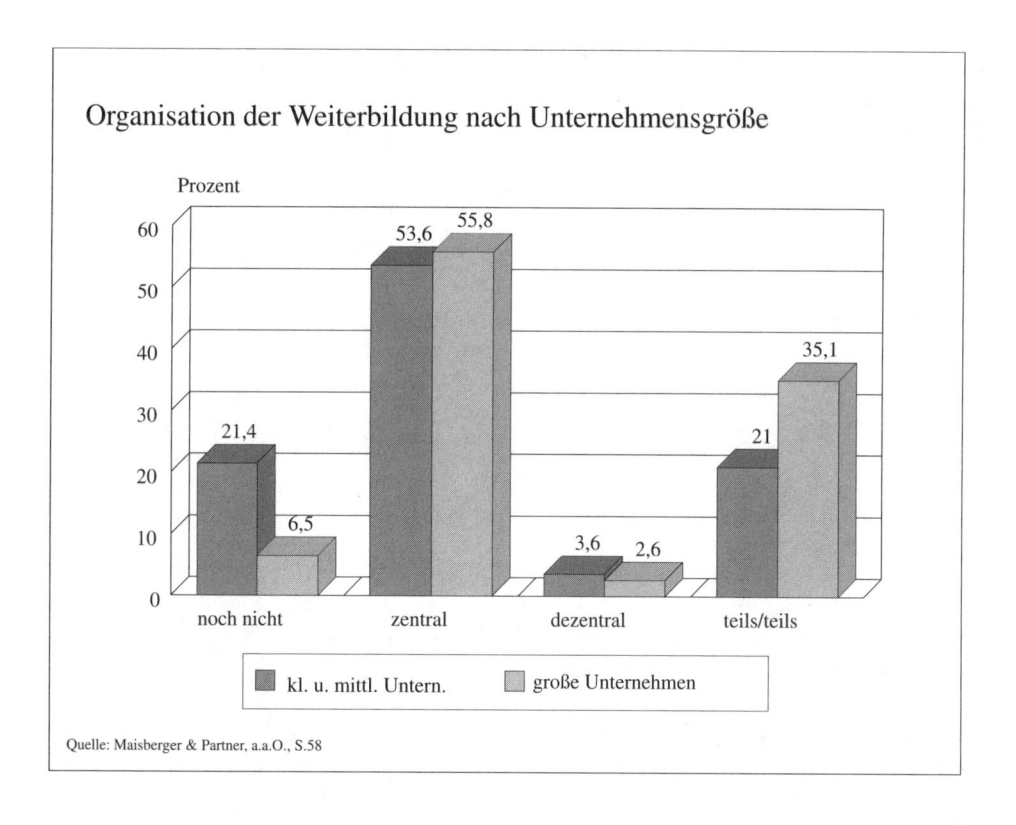

Organisation der Weiterbildung nach Unternehmensgröße

	noch nicht	zentral	dezentral	teils/teils
kl. u. mittl. Untern.	21,4	53,6	3,6	21
große Unternehmen	6,5	55,8	2,6	35,1

Quelle: Maisberger & Partner, a.a.O., S.58

- KMU zeigen bei der Zuweisung von Weiterbildungsverantwortlichkeit ein uneinheitliches Bild und tendieren zur Anbindung an die Geschäftsleitung. Großunternehmen haben i.d.R. eigenverantwortliche Abteilungen oder Bereiche.
- Die Aufgaben und Entscheidungsbefugnisse des Bereichs Weiterbildung stellen sich wie folgt dar (Mehrfachnennungen):

Entscheidungsbefugnis

Kategorie	kl. u. mittl. Untern.	große Unternehmen
Organ. auf Anforderung	59	63,9
Bedarf und Vorschlag	48,7	64,6
Bedarf und Priorität	28,2	48,6
Entscheid. mit Fachb.	61,5	76,4
Entscheidet allein	7,7	2,8

Quelle: Maisberger & Partner, S.67

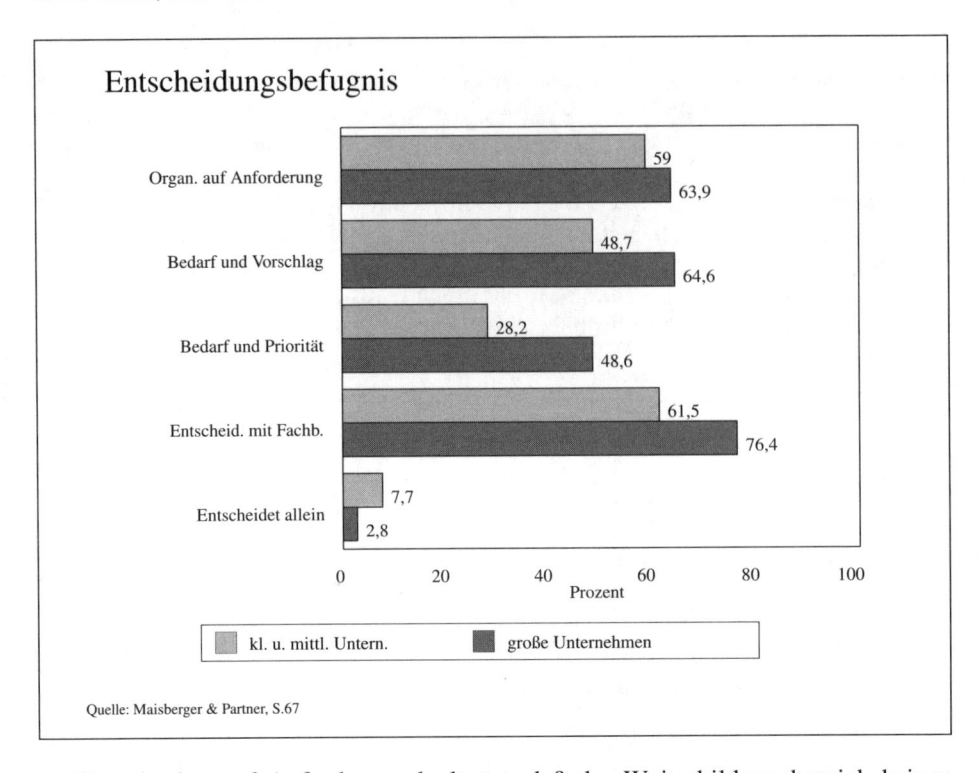

Organisation auf Anforderung bedeutet, daß der Weiterbildungsbereich keinen eigenen Entscheidungsspielraum hinsichtlich Prioritäten und Bedarfen der Weiterbildung hat. In der zweiten Kategorie hat der Weiterbildungsbereich die Aufgabe der Bedarfsermittlung und er kann Vorschläge für seine Deckung unterbreiten. In der dritten Kategorie legt er die Prioritäten selbst fest. In den meisten der untersuchten Fälle trifft der Weiterbildungsbereich seine Entscheidungen gemeinsam mit den Fachabteilungen. In ganz wenigen Fällen trifft er sie allein. In KMU hat der Weiterbildungsbereich insgesamt weniger Entscheidungsbefugnisse als in Großunternehmen. Die Vernetzung der Weiterbildungsbereiche mit den Fachabteilungen ist am stärksten bei Großunternehmen ausgeprägt.

Soweit zur aktuellen Situation. Bestimmte Entwicklungen beeinflussen gegenwärtig die Organisation der betrieblichen Weiterbildung. Umstrukturierungen der Unternehmensorganisation haben eine neue Verortung der Weiterbildung im Unternehmensgefüge zur Folge. Vor allem der Trend zur lernenden Unternehmung mit der Integration von Arbeiten und Lernen bedeutet ein neues Selbstverständnis der betrieblichen Weiterbildung. Auch die Entwicklung zum schlanken Unternehmen mit veränderten Arbeitsorganisationen wirkt sich auf die Strukturen der Weiterbildung aus. Die Implementierung des kontinuierlichen Verbesserungsprozesses ist hierfür ein Beispiel, denn er bedeutet im Grunde nichts anderes als eine kontinuierliche Kompetenzentwicklung.

Der Weiterbildungsbereich an sich ist auch unmittelbar Gegenstand von Restrukturierungen (Stichwort Dienstleistungsorientierung). Derartige Restrukturierungen beziehen sich auf den Aspekt der Koordination zwischen Angebot an und Nachfrage nach Weiterbildung, wie sie oben bereits geschildert wurde. Mit dem Ziel einer verbesserten Kundenorientierung und erhöhten Effizienz werden interne Marktbeziehungen etabliert, denen sich die Weiterbildung zu unterwerfen hat. Der Preis für die Leistung wird zum Steuerungsmechanismus.

3. Trends in der Unternehmensorganisation – die Rolle der betrieblichen Weiterbildung

Die aktuellen Trends in der Unternehmensorganisation erfordern eine Neuorientierung der betrieblichen Weiterbildung. Zunächst werden zwei aktuelle theoretische Konzeptionen der Unternehmensorganisation vorgestellt: das lernende Unternehmen und das schlanke Unternehmen. Drei Umsetzungsformen werden anschließend dargestellt: die Gruppenarbeit, das Konzept des Total Quality Management und der Kontinuierliche Verbesserungsprozeß (KVP). Die Rolle, Funktion und Organisation der Weiterbildung ist in diesen Konzepten noch weitgehend unklar.

3.1 Das lernende Unternehmen

Das Leitbild von der lernenden Unternehmung, in der Personal-, Organisations- und Unternehmensentwicklung verzahnt sind, beherrscht die aktuelle und interdisziplinär geführte theoretische Diskussion.[19] Dahinter steht der Gedanke, daß statische Systeme in dynamischen Kontexten nicht überlebensfähig sind. Die Dynamik besteht in der Veränderung der Rahmenbedingungen für Unternehmen wie stärkerem Wettbewerb, neuen Technologien, wachsender Internationalisierung, kürzeren Produktlebenszyklen und längeren Planungszyklen. Wenn die Unternehmen sich hier nicht rasch genug anpassen, geraten sie in Rückstand und ihre Existenz wird gefährdet. Die erforderliche Anpassung resultiert in veränderten internen Strukturen. Für diesen fortdauernden Prozeß wurde die Metapher der lernenden Unternehmung bzw. der lernenden Organisation kreiert. Voraussetzung und wesentlicher Bestandteil für ein organisatorisches 'Lernen' ist die Entwicklung individueller Kompetenz. Diese besteht nicht nur aus formalen Qualifikationen und Wissen, sondern auch aus Erfahrung sowie der Fähigkeit, Bereitschaft und Zuständigkeit, neues Wissen in der Organisation umzusetzen (Handlungsfähigkeit). Die Organisation muß die Entfaltung der individuellen Potentiale zulassen. Welche Rolle die Weiterbildung dabei spielt, ist bisher unklar.

---

[19] Vgl. z.B. Staudt, E.: „Die lernende Unternehmung": Innovation zwischen Wunschvorstellung und Wirklichkeit, Bericht aus der angewandten Innovationsforschung Nr.112, Bochum 1993; Frieling, E./Reuther, U. (Hrsg.): Das lernenden Unternehmen, Hochheim 1993; Pedler, M./Burgoyne, J./Boydell, T.: Das lernende Unternehmen, Frankfurt/M. 1994; Sattelberger, T. (Hrsg.): Die lernende Organisation, 2. Aufl. Wiesbaden 1994; Geißler, H. (Hrsg.): Organisationslernen und Weiterbildung, Neuwied/Kriftel/Berlin 1995; Cohen, M.D./Sproull, L.S. (Edt.): Organizational Learning, Thousand Oaks/London/New Delhi 1995.

Erich Staudt, Andreas Joachim Meier

Die Umsetzungsbemühungen des Konzepts in der Praxis sind bislang fragmentarischer Natur. Es besteht Einigkeit über das Ziel, die Lösungsansätze sind jedoch unterschiedlich. Reduziert man die Vielzahl von Modellen auf wesentliche Gemeinsamkeiten, so ergeben sich folgende Charakteristika:[20]

Dezentralisierung der Weiterbildungsorganisation

Die traditionelle Weiterbildung wird zentral gesteuert und verantwortet. Mit zunehmendem und sich immer mehr differenzierendem Weiterbildungsbedarf stößt dieser Ansatz an Grenzen. Vor allem die Weiterbildung für Fachkräfte wird deshalb zunehmend dezentralisiert. Die Dezentralisierung bietet durch kleine Regelkreise die Möglichkeit zu einer stärker mitarbeiter- und potentialorientierten Weiterbildung. Koordinierende organisatorische, personelle und finanzielle Aufgaben verbleiben auf zentraler Ebene. Ein erster Schritt in Richtung Dezentralisierung bedeutet die Einführung eines Referentensystems. Ein weitergehender Trend macht die Linienvorgesetzten zu primären Trägern der operativen Weiterbildung, die dazu die entsprechenden Kenntnisse benötigen. Die Referenten bzw. die zentralen Stellen übernehmen beratende Aufgaben.

Kunden- und Mitarbeiterbeteiligung

Kunden der Weiterbildung sind in diesem Zusammenhang die weitergebildeten Mitarbeiter. Deren spezifische Bedarfe erfordern ein individuell angepaßtes Angebot. Auch zeitlich gesehen findet Weiterbildung in der lernenden Unternehmung flexibler und schneller i.S. einer verkürzten Reaktionszeit statt.
Die individuelle Bedarfsermittlung wird zum Ausgangspunkt der Aktivitäten. Die betroffenen Mitarbeiter werden in die Konzeption der Weiterbildung miteinbezogen. So werden sie von passiven Konsumenten zu aktiven Gestaltern, was die Fähigkeit zur Selbstorganisation und -regulation erhöht. Dabei geht es auch um einen Ausgleich zwischen den individuellen und unternehmerischen Interessen. Letztendlich ist es die Etablierung von Lernprozessen, -strukturen und die Umsetzung einer Lernphilosophie, die den Kern des lernenden Unternehmens darstellt.

Ausbau von Beratungsleistungen

Die Dezentralisierung und verstärkte Kunden- bzw. Mitarbeiterorientierung wird notwendigerweise von einem Ausbau der Beratungsleistungen durch die Weiterbildungsträger begleitet. Deren Rolle wandelt sich vom reinen Dozenten zum Fachmann für die Organisation sozialer und kommunikativer Prozesse.[21] Für jede Phase des Weiterbildungsprozesses ist er Experte und Berater für Mitarbeiter und Unternehmensleitung.

---

[20] Vgl. zu den nachfolgenden Ausführungen Weiß, a.a.O., S.13 ff.
[21] Vgl. Haase, P.: Lean Learning – neue Formen der Lernorganisation, in: Schwuchow, K./ Gutmann, J. (Hrsg.): Jahrbuch Weiterbildung, Managementweiterbildung, Weiterbildungsmanagement, Düsseldorf 1994, S.72 ff.

Lernen im Prozeß der Arbeit

Das Lernen durch Ausüben einer bestimmten Tätigkeit ist die ursprünglichste Lernform. Je stärker Arbeitsorganisationen ganzheitlich gestaltet werden, desto größer ist das Potential für ein Lernen im Prozeß der Arbeit, das über die reine Anpassung an ein technisch-organisatorisches System hinausgeht. Das Lernen im Prozeß der Arbeit schließt die Gestaltung der Arbeitsorganisation ein, weshalb Lernmöglichkeiten im Arbeitsprozeß zum Gegenstand der Analyse gemacht werden müssen. Mit diesem Ansatz wird insbesondere der Transferproblematik zu Leibe gerückt, die aus einer zu großen Distanz zwischen Lern- und Arbeitsfeld resultiert. Und nicht zuletzt erscheint eine Aufwertung des Arbeitsplatzes als Lernort aus Kostengründen geboten.

Selbstlernen

Neue, computerbasierte Lernmedien werden durch den Preisverfall immer erschwinglicher. Gleichzeitig erhöht sich ständig ihr Anwendungsspektrum und ihre Leistungsfähigkeit. Ein weiterer Vorteil, der für eine großflächige Verbreitung in der Zukunft spricht, liegt in der Möglichkeit zur Individualisierung des Lernens. Lerngewohnheiten hinsichtlich Zeitpunkt und Dauer sowie betriebsbedingte Umstände, wie z.B. die Nutzung von Stillstandszeiten, können berücksichtigt werden.
Diese Charakteristika der lernenden Unternehmung sind gleichzeitig Gestaltungsvorschriften für die organisatorische Einbindung der betrieblichen Weiterbildung. Neben Dezentralisation, Kunden- und Mitarbeitereinbeziehung, Ausbau der Beratungsfunktion, Integration in die Arbeitsprozesse und Selbstlernen erlangt ein weiterer wesentlicher Aspekt Bedeutung: das lebenslange Lernen. Die permanente Erneuerung der Unternehmensorganisation kann nur bei gleichzeitiger permanenter Erneuerung der individuellen Wissenspotentiale funktionieren. Am Beispiel japanischer Unternehmen wird die Umsetzung des Konzepts deutlich:

Das Konzept vom lebenslangen Lernen[22]

Die Personalpolitik japanischer Unternehmen ist von der Leitidee langfristiger Beschäftigungsverhältnisse geprägt, weshalb qualitative Personalanpassung an wechselnde Umweltbedingungen hauptsächlich über interne Maßnahmen bewältigt wird. Die Voraussetzung dafür ist die Entkopplung des Entgelt- und Statussystems von der ausgeübten Tätigkeit. Um den Personaleinsatz auch bei Innovationen noch effizient zu gestalten, werden die Mitarbeiter den aktuellen Anforderungen entsprechend weitergebildet. Aus der innerbetrieblichen Mobilität über die Zeit erwächst die Notwendigkeit einer permanenten Weiterbildung mit dem Ziel der jeweils verfügbaren „Up-to-date-Qualifikation". Dies ist ein prozessuales Unterfangen, in dem einerseits die entsprechenden organisatorischen Vorkehrungen getroffen sein müssen und andererseits die Motivation der Mitarbeiter, an diesem Entwicklungsprozeß teilzunehmen, sicherzustellen ist.

---

[22] Vgl. Staudt, E.: Lebenslanges Lernen ist eine Selbstverständlichkeit, in: VDI-Nachrichten-Dialog 4/1992, S.5-7.

Erich Staudt, Andreas Joachim Meier

Die außer- und innerbetrieblichen Rahmenbedingungen in japanischen Unternehmen erleichtern eine Personalentwicklung, die diesen Anforderungen entsprechend ausgestaltet ist:
- Wegen der grundsätzlichen Ausrichtung an der Leitidee langfristiger Beschäftigungsverhältnisse und der sozialen und wirtschaftlichen Sanktionen, die die Mitarbeiter erfahren, wenn sie das Unternehmen verlassen, beinhalten Humankapitalinvestitionen nur geringe Verlustrisiken.
- Regelmäßige Versetzungen, die weder das bisher erreichte Gehaltsniveau noch das inner- oder außerbetriebliche Sozialprestige betonen, tragen dazu bei, daß die Bindung des einzelnen Mitarbeiters an einen bestimmten Arbeitsplatz oder an eine bestimmte Gruppe nicht zu groß wird und daß der Mitarbeiter seine jeweilige Tätigkeit immer als Beitrag zu den Zielen der Organisation als Ganzes betrachtet.
- Die Arbeitsorganisation ist durch flexible Aufgabenzuweisungen gekennzeichnet. Da die zugewiesenen Aufgaben den jeweils aktuellen Fähigkeiten der Mitarbeiter entsprechen, werden diese rasch arbeitsfähig. Mit zunehmender Kompetenz können die Anforderungen dann gesteigert werden, so daß die Grenze zwischen Weiterbildung und Arbeitsausübung verschwimmt und das Lernen am Arbeitsplatz zu einer tragenden Säule der Unternehmensentwicklung wird.
- Insgesamt verlangen die wechselnden Aufgaben und Versetzungen innerhalb und außerhalb der Arbeitsgruppe vom einzelnen Arbeitnehmer während seiner gesamten Beschäftigungsdauer eine aktive Auseinandersetzung mit stets neuen Anforderungen.

Es ist ein wesentliches Kennzeichen der Qualifizierung in japanischen Unternehmen, daß der Prozeß der Kompetenzentwicklung zwar von der Unternehmung unterstützt und begleitet wird, im Mittelpunkt aber stets die Eigeninitiative und -beteiligung des Mitarbeiters selbst steht. Der Kompetenzentwicklungsprozeß wird als ein Zusammenwirken von Unternehmen und Mitarbeitern verstanden, wobei das Unternehmen zum einen die Rahmenbedingungen so gestaltet, daß sie den Erwerb von berufsbezogenen Fähigkeiten und Fertigkeiten fördern, zum anderen auch direkt in den Lernprozeß eingreift, indem der Mitarbeiter z.B. zur Teilnahme an bestimmten Weiterbildungsveranstaltungen aufgefordert wird. Durch eine enge Kopplung von individuellen Kenntnissen und Fertigkeiten und deren konkretem Einsatz im Betrieb schafft die Unternehmung starke Anreize für Eigeninitiativen bei Bildungsanstrengungen. Insgesamt zeichnet sich die Kompetenzentwicklung und die Stellung der Weiterbildung in japanischen Unternehmen durch folgende grundlegende Elemente aus:
- Die Personal- und Qualifikationsentwicklung wird mit allen anderen Bereichen abgestimmt.
- der Schwerpunkt liegt auf dem Erfahrungserwerb am Arbeitsplatz. Der Mitarbeiter bekommt die Möglichkeit, neu erworbene Kenntnisse und Fähigkeiten an seinem Arbeitsplatz zu nutzen.
- Weiterbildung ist Ergebnis des Zusammenspiels von Unternehmung und einzelnem Mitarbeiter. Daher wird Mitarbeiterbeteiligung vorausgesetzt und mit Hilfe verschiedener personalwirtschaftlicher Instrumente werden Mittel gefunden, individuelle Wünsche und Fähigkeiten des Mitarbeiters und die Bedürfnisse der Unternehmung aufeinander abzustimmen.
- Die Unternehmung initiiert und fördert die Weiterbildung. Dabei nimmt der direkte Vorgesetzte eine Schlüsselrolle ein.

Dieser Prozeß ist eine Gemeinschaftsaufgabe verschiedener Instanzen des Unternehmens unter Beteiligung der Mitarbeiter. Obwohl dem einzelnen Mitarbeiter ein sehr großer Spielraum bei Entscheidungen über Weiterbildungsmaßnahmen eingeräumt wird, bleibt im Interesse einer einheitlichen Personalpolitik eine Abstimmung der beteiligten Instanzen erforderlich. Diese Abstimmung bezieht sich dabei auf die Grundbereiche jeder betrieblichen Aus- und Weiterbildung, nämlich auf die Bedarfsermittlung in Abstimmung mit der Unternehmensentwicklung sowie die Ableitung von Qualifizierungsmaßnahmen und ihre Koordination. Die Zuständigkeiten sind dabei zwischen zentralen Personalabteilungen, die für die Festlegung der Bildungsschwerpunkte in den Fragen, die für das Interesse des Gesamtunternehmens von Bedeutung sind, und den Ausbildungskomitees der Fachabteilungen verteilt. Letztere – eine japanische Spezialität – sind für die Analyse der Bildungsbedarfe und die Festlegung der Bildungsschwerpunkte in ihren jeweiligen Fachbereichen zuständig. Die Organisation der Ausbildungskomitees auf den verschiedenen hierarchischen Ebenen der Unternehmung nach dem Prinzip der überlappenden Gruppen stellt sicher, daß die Weiterbildungsbedarfe aller organisatorischen Ebenen berücksichtigt werden. In regelmäßigen Abständen organisiert die Personalabteilung einen Informationsaustausch zwischen den einzelnen Komitees eines Bereichs sowie den Spitzenkomitees.

Die konkrete Umsetzung des Konzepts vom lebenslangen Lernen ist zwar auf die Besonderheiten der japanischen Kultur abgestimmt, beinhaltet jedoch einige interessante organisatorische Aspekte, die kulturindifferent sind und durchaus auch in Deutschland zur Anwendung kommen können.

Um die Vorstellung des Leitbilds von der lernenden Unternehmung abzuschließen, sei noch auf einige prinzipielle Aspekte hingewiesen, die Konsequenzen der Umsetzung betreffen.[23] In konventionellen Modellen ist die Transformation von Organisationen und Personal klar geregelt und wird mit Hilfe der Personalabteilungen und Weiterbildungseinrichtungen praktiziert. Bei dezentral gesteuerten Änderungsprozessen ist dies nicht mehr möglich. Die Etablierung von lernenden Organisationseinheiten setzt Entwicklungen in Gang, deren Verlauf im Voraus kaum zu bestimmen ist und deren Ergebnisse nicht determiniert werden können. Die Verknüpfung einzelner Einheiten zu größeren organisatorischen Gebilden bleibt meist im Vagen und die Wirkungen auf die Außenbeziehungen letztlich im Dunkeln. Wenn Mitarbeiter in der Produktion nicht nur ihre anforderungsbedingten Aufgaben erfüllen, sondern sich selbst weiterentwickeln und darüber Organisationsentwicklung betreiben, beeinflussen sie letztlich auch Produktprogramm und Verfahrensentwicklung. Das ist dann nicht mehr nur Mitbestimmung, sondern Mitgestaltung im technisch-organisatorischen Bereich. In den Augen konventioneller Unternehmensführung bedeutet dies sozusagen eine Revolution.

Der Wandel von der beiderseitigen Kontrolle hin zu mehr Vertrauen fordert deshalb die Bereitschaft des ganzen Unternehmens, entsprechende Konsequenzen zu ziehen, wenn die lernenden Organisation verwirklicht werden soll. Das verlangt vor allem die

---

[23] Vgl. Staudt, E./Kröll, M./v. Hören, M.: „Die lernende Unternehmung": Innovation zwischen Wunschvorstellung und Wirklichkeit, in: Frieling, E./Reuther, U. (Hrsg.): Das lernende Unternehmen, Hochheim 1993, S.74 ff.

Bereitschaft zum Wandel auf den Führungsebenen. Nicht nur die beteiligten Mitarbeiter müssen dazulernen, sondern das Leitungspersonal muß liebgewonnene Philosophien und Führungsstile aufgeben, wenn derartige Konzepte Erfolg haben sollen. Darüberhinaus werden sich Leitungsebenen gänzlich erübrigen. Nur dann ergibt die Neuorganisation letztlich einen ökonomischen Sinn, indem deutlich wird, daß Vertrauen billiger ist als Kontrolle. Es ist deshalb zu einfach, nur die ausführende Ebene umzuorganisieren und dort die Vision der lernenden Unternehmung zu implantieren. Eine Stabilisierung innerhalb der Organisation setzt eine Neudefinition der Rolle des unteren und mittleren Managements voraus. Die Verzahnung von Unternehmens-, Organisations- und Personalentwicklung ist eine Option für Wissenschaft und Praxis, zu einer Entwicklung zu gelangen, die nicht mehr statische Verhältnisse optimiert, sondern dynamische Umbrüche bewältigt.

Diese Anmerkungen sprechen nicht generell gegen das Leitbild der lernenden Unternehmung, sie verdeutlichen lediglich die Tragweite und Tiefe der vollständigen Umsetzung. Es wird deutlich, daß gerade der Kompetenzentwicklung eine zentrale Rolle zukommt. Sie wird zum permanenten Prozeß der Integration von Lernen und Arbeiten. Die betriebliche Weiterbildung unterliegt dabei einer Neudefinition, die noch zu leisten ist. Im folgenden werden weitere gesamtorganisatorische Trends vorgestellt, die in der Praxis bereits teilweise realisiert sind und ebenfalls erheblichen Einfluß auf die Struktur der Weiterbildung haben.

3.2 Das schlanke Unternehmen

Das schlanke Unternehmen – die 'lean' company – zeichnet sich dadurch aus, daß sie weniger Ressourcen benötigt, um die gleiche Leistung zu erbringen. Das gilt besonders für den Produktionsbereich (Lean Production), aber auch für alle sonstigen Bereiche. Zur Vereinfachung der Terminologie werden beide Aspekte unter dem Begriff Lean Management zusammengefaßt. In der theoretischen Literatur ist Lean Management der Oberbegriff für eine Vielzahl von Maßnahmen, mit der Effizienz und Effektivität von Planung, Gestaltung und Kontrolle der gesamten Wertschöpfungskette gesteigert wird.[24] Das umschließt technische, organisatorische und personelle Aspekte. Das Lean-Prinzip steht im Gegensatz zu den auf hocharbeitsteiligen Prozessen beruhenden Konzepten und ist im Kern ganzheitlich und kundenauftragsorientiert. Alles, was nicht zum Kernbereich – zur 'Kernkompetenz' – des Unternehmens gehört, wird ausgelagert. Ihren Aufschwung erhielt die Lean-Philosophie durch die berühmte Studie des Massachusetts Institute of Technology, in der die japanische Automobilproduktion analysiert wurde.[25] Die Ergebnisse dieser Analyse gelten als so bahnbrechend, daß sie als Generalrezept für die Gestaltung des Unternehmens der Zukunft angesehen werden, das sich permanent den veränderten Umweltbedingungen anpassen muß.

---

[24] Vgl. stellv. Pfeiffer, W./Weiss, E.: Lean Management. Grundlagen der Führung und Organisation lernender Unternehmen, 2. Aufl. Berlin 1994.

[25] Vgl. Womack, J.P./Jones, D.T./Roos,D.: Die zweite Revolution in der Autoindustrie, Frankfurt/New York 1991.

Die Operationalisierung des Konzepts erfolgt anhand einiger Prinzipien, die als Handlungsanweisungen, Orientierungsgrößen und Richtungsgeber fungieren:[26]

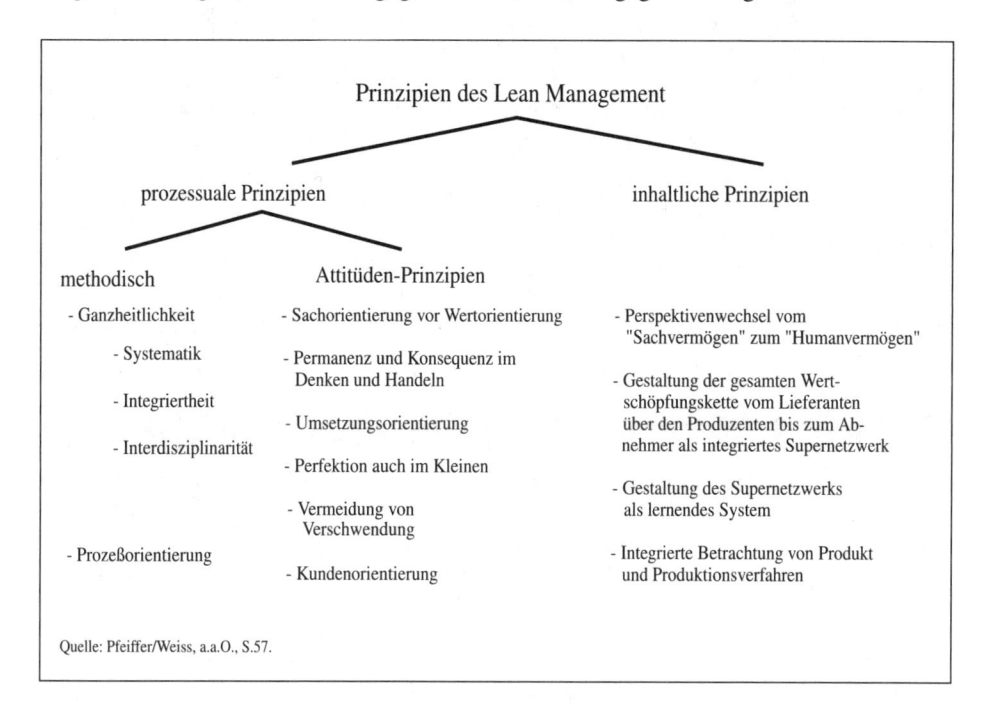

```
                    Prinzipien des Lean Management
                   /                              \
         prozessuale Prinzipien              inhaltliche Prinzipien
          /            \

methodisch         Attitüden-Prinzipien

- Ganzheitlichkeit    - Sachorientierung vor Wertorientierung    - Perspektivenwechsel vom
                                                                   "Sachvermögen" zum "Humanvermögen"
- Systematik          - Permanenz und Konsequenz im
                        Denken und Handeln                       - Gestaltung der gesamten Wert-
- Integriertheit                                                   schöpfungskette vom Lieferanten
                      - Umsetzungsorientierung                     über den Produzenten bis zum Ab-
- Interdisziplinarität                                             nehmer als integriertes Supernetzwerk
                      - Perfektion auch im Kleinen
                                                                 - Gestaltung des Supernetzwerks
                      - Vermeidung von                             als lernendes System
                        Verschwendung
- Prozeßorientierung                                             - Integrierte Betrachtung von Produkt
                      - Kundenorientierung                         und Produktionsverfahren

Quelle: Pfeiffer/Weiss, a.a.O., S.57.
```

Die prozessualen Prinzipien lassen sich in methodische und sog. Attitüden-Prinzipien unterscheiden. Das methodische Prinzip der Ganzheitlichkeit bedeutet die Orientierung an der Einsicht, daß im Unternehmen jede Veränderung gleichzeitig Veränderungen in anderen Bereichen nach sich zieht. Eine Veränderung im Produktbereich hat beispielsweise Auswirkungen auf die eingesetzte Technik, das Personal, die Organisation und die Inputfaktoren. Nur bei Berücksichtigung dieser ganzheitlichen Zusammenhänge unter Einnahme einer systematischen, integrierten und interdisziplinären Sichtweise können Veränderungsprozesse erfolgreich sein.

Das Prinzip der Prozeßorientierung besagt, daß zwischen Beschaffungs- und Absatzmarkt nach Möglichkeit durchgängige Prozesse ohne Schnittstellen gestaltet werden, für die ein sog. „Process Owner" bzw. ein Prozeßteam verantwortlich ist. Ergebnis ist eine straffe Prozeßstruktur, die konsequent auf Wertschöpfung ausgerichtet ist. „Hier liegt ein Hebel zur Erschließung beträchtlicher Rationalisierungsreserven (...)".[27]

Die Attitüden-Prinzipien verdeutlichen den Charakter des Lean-Managements als einer Philosophie, denn sie spiegeln bestimmte Einstellungen wider, die zur Umsetzung und zum Funktionieren des Konzepts notwendig sind.

Das Prinzip „Sachorientierung vor Wertorientierung" gibt Sachkriterien wie Qualität, Zeit, Flexibilität, Produktivität, etc. Vorrang gegenüber reinen Wertkriterien wie

---

[26] Vgl. Pfeiffer/Weiss, a.a.O., S.56 ff.
[27] ebenda, S.64.

Kosten, Erlösen und Rentabilität, weil letztere nicht direkt zurechenbar sind und letztlich nur Ergebnisse der Ausprägung der Wertkriterien darstellen. Permanenz und Konsequenz im Handeln bedeutet das unaufhörliche Streben nach Verbesserung in allen Bereichen. Dieses Streben nach Perfektion findet auch im Kleinen statt. Ein weiteres Prinzip betont die Umsetzungsorientierung jeder Planung. Das Prinzip des Vermeidens von Verschwendung richtet sich vor allem auf die nicht-wertschöpfenden Prozesse, in denen das größte Vermeidungspotential liegt. Das Prinzip der Kundenorientierung bezieht sich auf die internen Prozesse. Auch innerhalb des Unternehmens existieren Kunden-Lieferanten-Beziehungen. Jede Aktivität hat sich demzufolge an der Zufriedenheit der nächsten Produktionsstufe – der Kunden – zu orientieren.

Die inhaltlichen Prinzipien des Lean Managements beziehen sich sozusagen auf aufbauorganisatorische Aspekte. Dadurch erhalten sie besondere Relevanz für die organisatorische Einbindung der betrieblichen Weiterbildung, um die es ja schließlich geht.

Dem Prinzip des Perspektivenwechsels vom Sach- zum Humanvermögen liegt die Überzeugung zugrunde, daß hochentwickelte Technologien nur von motivierten und qualifizierten Mitarbeitern bedient bzw. ausgeschöpft werden können. Desweiteren liegen in den kreativen Potentialen der Mitarbeiter die Anstöße für Innovationen. Das Personal einer Unternehmung wird zum einzigen nicht-imitierbaren Erfolgsfaktor. Investitionen in das Humankapital haben demnach mindestens die gleiche Bedeutung wie Sachinvestitionen.

Das Prinzip der Gestaltung der gesamten Wertschöpfungskette vom Lieferanten über den Produzenten bis zum Abnehmer als integriertes Supernetzwerk ist das inhaltliche Pendant zum methodischen Prinzip der Prozeßorientierung. Durch die über die Grenzen des eigenen Unternehmens hinausgehende Prozeßorientierung steigt bei Veränderungen die Komplexität der betrachteten Beziehungen. Diese Komplexität wird durch eine Reihe von Maßnahmen reduziert. Auf der Inputseite geschieht dies durch
- Reduktion der Anzahl der Lieferanten,
- Entwicklung der Lieferbeziehung von Komponentenlieferanten zu Systemlieferanten und eine
- vertrauensvolle und partnerschaftliche Zusammenarbeit von Lieferant und Abnehmer.

Auf der innerorganisatorischen Ebene wird die Komplexität durch Segmentierung der Organisation nach dem Kriterium des einheitlichen Leistungsspektrums und durch die Zuordnung einheitlicher Prozeßverantwortungen reduziert. Darunter fällt auch die Dezentralisierung von Gemeinkostenbereichen in die Fachabteilungen. Ebenso ist die Verringerung der Hierarchieebenen diesem Prinzip zuzuordnen.

Auf der Outputseite geschieht die Reduktion der Komplexität durch ähnliche Maßnahmen wie auf der Inputseite: den Abnehmern wird eine Leistung aus einer Hand angeboten. Dies läßt sich durch Etablierung einer einstufigen, segmentierten Vertriebsstruktur realisieren.

Das nächste Lean-Prinzip betrifft die Gestaltung des Netzwerks Lieferant-Produzent-Abnehmer als lernendes System. Hieraus ergeben sich Konsequenzen für die Organisation der betrieblichen Weiterbildung. Folgende Prinzipien der Lern-System-Gestaltung werden genannt:[28]
- Umkehrung der hoch-arbeitsteiligen Produktionsstruktur. An deren Stelle tritt ein konsequent betriebenes Job-enrichment und ausgeprägte Teamarbeit.
- Weitgehende Übertragung von Aufgaben und Verantwortlichkeiten der Planung, Durchführung und Kontrolle auf diejenigen, die zur direkten Wertschöpfung beitragen. Das beinhaltet die Übertragung von Aufgaben auf Teams.
- Aktivierung der Mitarbeiter zur intensiven Mitgestaltung an Verbesserungsprozessen.
- Strikte Umsetzungsorientierung
- Optimale aufgabenorientierte Information und Kommunikation.
- Einrichtung eines effektiven und effizienten Systems zur sofortigen Erkennung von Fehlern, zur Identifizierung der Ursache und zur Fehlerbeseitigung.

Das vierte inhaltliche Prinzip des Lean-Konzepts bedeutet die Integration von Produkt- und Produktionsverfahren. Dabei werden drei Dimensionen der Integration unterschieden: die sachliche, zeitliche und soziale Dimension. In der sachlichen Dimension geht es um die komplementäre und gleichgewichtige Betrachtung von Produkt- und Prozeßverfahren. In der zeitlichen Dimension werden beide Verfahrensarten parallelisiert und in eine frühe Phase des Produktlebenszyklus gelegt. Die soziale bzw. organisatorische Dimension schließlich betrifft die Integration der verschiedenen an den Verfahren beteiligten Menschen. Dies geschieht durch die Schaffung von Projektorganisationen.

Soweit die Ausführungen über das Konzept der schlanken Unternehmung, wie sie sich aus theoretischer Sicht darstellt. Die Umsetzung hat weite Teile der Praxis erfaßt. Es läßt sich kaum ein aktueller Geschäftsbericht eines Großunternehmens finden, in dem nicht über umfangreiche Restrukturierungsmaßnahmen berichtet wird, die den Gestaltungsprinzipien des Lean-Konzepts folgen. Die Belegschaften stehen diesen Bemühungen weniger positiv gegenüber als die Unternehmensleitungen, denn die Umsetzung des Konzepts ist meistens mit dem Abbau von Personal verbunden. Darin besteht zunächst die augenfälligste Konsequenz der Umsetzung des Lean-Konzepts für den Personalbereich. Es ergeben sich jedoch auch für den Bereich der Kompetenzentwicklung und betrieblichen Weiterbildung Konsequenzen.

Vor allem die inhaltlichen Prinzipien des Lean Management betreffen die Kompetenzentwicklung. Das Prinzip des Perspektivenwechsels vom Sach- zum Humanvermögen weist auf einen generellen Bedeutungszuwachs des Personals hin. Maßnahmen der Kompetenzentwicklung inklusive Weiterbildung werden zunehmen. Das Prinzip der Gestaltung der gesamten Wertschöpfungskette vom Lieferanten über den Produzenten bis zum Abnehmer als Supernetzwerk und vor allem das Prinzip der Gestaltung dieses Netzwerks als lernendes System beinhalten Konsequenzen für den betrieblichen Weiterbildungsbereich in dreierlei Hinsicht:

---

[28] Vgl. Pfeiffer/Weiss, a.a.O., S.130.

- organisatorisch: die Ansteuerung der Weiterbildung wird dezentralisiert und in den Verantwortungsbereich der Fachabteilungen verlagert.
- inhaltlich: das Lernen im Prozeß der Arbeit durch job enrichment, -enlargement und -rotation vergrößert den Weiterbildungsbedarf jedes einzelnen Mitarbeiters.
- methodisch: die Vermittlung neuen Wissens wird zunehmend im Prozeß der Arbeit stattfinden.

Den Kompetenzen der Mitarbeiter kommt bei der Umsetzung von Lean Management eine Schlüsselfunktion zu. Die Analyse der Anforderungen der Kompetenzentwicklung an die Weiterbildung führt zu einer Reihe von offenen Fragen. Es ist bislang unklar, wie die Kompetenzen effektiv und effizient entwickelt werden können und welche Rolle die Weiterbildung und ihre organisatorische Verortung dabei spielt.
Drei aktuelle, praxisorientierte Ausprägungen und Konkretisierungen von Lean Management auf der Ebene der Arbeitsorganisation veranschaulichen die Anforderungen an und Auswirkungen auf die Weiterbildung: das Konzept der Gruppenarbeit, das Konzept des Total Quality Management und der Kontinuierliche Verbesserungsprozeß (KVP).

3.2.1 Gruppenarbeit und betriebliche Weiterbildung

Ein Kernelement aller Lean-Strategien bzgl. der Arbeitsorganisation ist die Gruppenarbeit.[29] Sie „ist die Erfüllung einer inhaltlich oder mengenmäßig aggregierten Arbeitsaufgabe durch eine Gruppe von Mitarbeitern, deren Ausführung ihnen insgesamt unter Berücksichtigung von zu vereinbarenden Freiheitsgraden übertragen (...) wird."[30]
Folgende Grundprinzipien bei der Einführung von Gruppenarbeit werden genannt:[31]
- Gruppengröße 12-15 Mitarbeiter unter Berücksichtigung bestehender sozialer Strukturen.
- Jede Gruppe hat eine gemeinsame Arbeitsaufgabe. In ihrem abgegrenzten Bereich ist ein Arbeitsplatzwechsel möglich.
- Die Gruppenarbeit bietet Qualifizierungsmöglichkeiten auf verschiedenen Ebenen.
- Jede Gruppe hat einen Gruppensprecher, der die Gruppe nach außen vertritt und nach innen koordiniert.
- Die Gruppe entscheidet innerhalb von Zielvereinbarungen mit dem Meister eigenständig.
- Die Koordination mit vor- und nachgelagerten Gruppen ist Sache der Gruppe.

Der Mensch steht bei der Gruppenarbeit im Mittelpunkt, denn schlanke und flexible Produktionsstrukturen mit komplexen Arbeitstätigkeiten erfordern ein Mitdenken am

---

[29] Vgl. Reiß, M.: Erfolgreiche Gruppenarbeit nur via professionelle Einführung, in: Personalführung 9/1993, S.772.
[30] Köppen, M./Schröter, K.: Die Einführung von Gruppenarbeit, in: Fortschrittliche Betriebsführung und Industrial Engineering (FB/IE) 2/1995, S.72.
[31] Vgl. Grün, J.: Qualifizierung und verbesserte betriebliche Kommunikation durch Gruppenarbeit, in: io Management Zeitschrift 6/1993, S.50 ff.

Trends in der Unternehmensorganisation

Arbeitsplatz und ein Hineindenken in die Arbeitsprozesse.[32] Die Intention liegt weniger im humanitären, als vielmehr im ökonomischen Bereich. Durch die Aktivierung der menschlichen Kreativitäts- und Produktivitätsreserven erhoffen sich die Unternehmen Produktivitäts- und Rentabilitätsvorteile.

Die Einführung von Gruppenarbeit geht mit einem immensen Bedarf an fachlichen, sozialen, kommunikativen und organisatorischen Kompetenzen einher. Die exakte Formulierung der Anforderungen an die Gruppenmitglieder ist auf fachlicher Ebene noch möglich, die Gruppenformierung auf kommunikativer, sozialer und organisatorischer Ebene vollzieht sich jedoch als eine Art Black-Box-Prozeß. Die Etablierung von funktionierenden Gruppenstrukturen benötigt erfahrungsgemäß mindestens ein Jahr, in dem eine intensive Betreuung erforderlich ist. Der Kompetenzentwicklungsprozeß findet dabei i.d.R. außerhalb der institutionalisierten Weiterbildung statt. Deren effektive und effiziente Positionierung ist unklar. So werden im Rahmen der Kompetenzentwicklung für die Gruppenarbeit lediglich allgemeine Anforderungen formuliert:[33]

- Stärkere Dezentralisierung der Bildungsverantwortung. Die Ermittlung des Bildungsbedarfs findet auf Gruppenebene statt. Integration vormals von internen oder externen Trainern durchgeführten Bildungsmaßnahmen in die Arbeitsaufgaben der Gruppe.
- Standardprogramme werden durch on-the-job-Maßnahmen ersetzt, die auf Bedarfsanalysen der Meister und Gruppen basieren.
- Einbezug der unteren Qualifikationsstufen in die Weiterbildung, denn dort besteht der größte Qualifizierungsbedarf.
- Betreuung und Unterstützung des Gruppen-Entwicklungsprozesses.
- Spezielle Maßnahmen für Meister, um sie mit ihrer neuen Rolle als Gruppensprecher vertraut zu machen.
- Ausbildung betrieblicher Multiplikatoren.

3.2.2 Total Quality Management und betriebliche Weiterbildung

Die Qualität der produzierten Leistung ist neben den Faktoren Personal, Kosten und Zeit ein wesentlicher strategischer Erfolgsfaktor der Unternehmen. Umfassende Qualitätssicherungsstrategien gewinnen auf der Suche nach Möglichkeiten der Produktivitätssteigerung bei gleichzeitiger Kostensenkung eine herausragende Bedeutung. Die Qualität einer Leistung ist deren Eignung, bestimmte Anforderungen zu erfüllen. Diese Anforderungen werden i.d.R. durch den bzw. die Kunden bestimmt. Das Qualitätsverständnis als Kunden-Lieferanten-Beziehung wird auf interne Leistungserstellungsprozesse ausgedehnt. Die nachgelagerte Produktionsstufe ist Kunde der vorgelagerten. In diesem Sinn ist der Kerngedanke des TQM die Verlagerung der

---

[32] Vgl. Riess, B.: Lean Production – Neue Anforderungen an die Qualifikation der Beschäftigten, in: Strutynski, P. (Hrsg.): Schlanke Produktion, Regionalentwicklung und Industriepolitik. Auswirkungen neuer Produktionskonzepte auf Arbeit, Umwelt und Verkehr, Düsseldorf 1993, S.104.

[33] Vgl. Grün, J.: Qualifizierung und verbesserte betriebliche Kommunikation durch Gruppenarbeit, in: io Management Zeitschrift 6/1993, S.53.

Qualitätssicherung in jeden einzelnen Produktionsschritt. Es gibt keine Endkontrolle mehr, statt dessen ist jeder Mitarbeiter für die Qualität der von ihm produzierten Leistung verantwortlich. Qualität wird nicht mehr 'erprüft', sondern 'produziert'. Über eine Zertifizierung durch unabhängige Institutionen lassen sich immer mehr Unternehmen die Qualität ihrer Leistungserstellungsprozesse auf der Grundlage der Normreihe DIN ISO 9000 ff. bescheinigen.

Die Formulierung der Qualitätspolitik fällt in der Praxis weitgehend identisch aus, bei den Umsetzungsbemühungen zeigen sich jedoch unterschiedliche Schwerpunkte und Realisierungsgrade. Im Rahmen eines von der Europäischen Union geförderten Forschungsprogramms mit dem Titel „Qualität durch Qualifikation" wurde folgendes festgestellt:[34] Bei aller Unterschiedlichkeit in der Umsetzung lassen sich zwei Gemeinsamkeiten erkennen:

1. Bei der Umsetzung von TQM geht es immer um den Zusammenhang von Qualität, Arbeitsstruktur und Qualifikation. Das bedeutet konkret die Verlagerung für die Qualitätsverantwortung in den Produktionsprozeß, vergleichbar einem Job enrichment. Das hat wiederum einen gesteigerten Weiterbildungsbedarf zur Folge, der sich nicht nur auf neue Kenntnisse und Fertigkeiten, sondern auch auf veränderte Einstellungen und Verhaltensweisen bezieht. „Qualität ist Einstellungssache", so die Meinung vieler Praktiker.
2. Die betriebliche Bildung wird arbeitsplatznäher und stärker prozeßorientiert gestaltet. Qualität kann nicht erlernt werden, sondern muß vor Ort eingeübt werden. Daraus ergeben sich erhebliche Anforderungen an die Weiterbildungsabteilungen und ihre organisatorische Einbindung. Zielgruppe für TQM-Weiterbildung ist die gesamte Belegschaft. Alle müssen die qualifikatorischen Voraussetzungen erhalten, denn Qualität wird von jedem einzelnen hergestellt. „Die Stärkung von Eigenverantwortlichkeit der Mitarbeiter setzt auch neue Formen des Lehrens voraus, die selbstorganisiertes Lernen der Einzelnen im Arbeitsprozeß fördern. Neben klassischen Seminarformen gewinnen prozeßbegleitende und arbeitsplatznahe Formen der Qualifizierung ein stärkeres Gewicht. Als Konsequenz folgt daraus, die betriebliche Bildung enger in den betrieblichen Planungs-, Produktions- und Verwaltungsprozeß zu beankern. Weiterbildung rückt also stärker als bisher ins Zentrum der betrieblichen Arbeitsorganisation."[35] Sie wird zur permanenten Aufgabe, die nur dezentral zu bewältigen ist.

Im Zuge des TQM werden nicht nur – wie beschrieben – interne, sondern auch externe Kunden-Lieferanten-Beziehungen betroffen. In zuliefermäßig sehr stark vernetzten Branchen wie z.B. der Automobilindustrie wird die Qualitätssicherung im Sinne des TQM zunehmend auf die Zulieferer ausgedehnt. Unter der Zielsetzung Qualität gibt es für Automobilhersteller und Zulieferer einen gemeinsamen Qualifizierungsbedarf.[36]

---

[34] Vgl. Alten, W.: Auf die Haltung kommt es an. Europäische Automobilhersteller und Zulieferbetriebe entwickeln eine Weiterbildungskonzeption für Qualitätsverbesserung, in: berufsbildung Heft 26/1994, S.23 f.
[35] Ebenda, S.24.
[36] Vgl. ebenda.

Durch die Reduzierung der Fertigungstiefe wird zukünftig ein immer größerer Anteil der Wertschöpfung auf die Zulieferer übertragen. Daraus ergibt sich die Notwendigkeit, diese verstärkt in Entwicklungsaktivitäten, Logistikfunktionen, Qualitätsshifts und Weiterbildung einzubeziehen. Angestrebt wird von Herstellerseite, von immer weniger Zulieferern immer komplexere Komponenten und Systeme zu beziehen. Das führt zu neuen vertikalen Kooperationsmustern zwischen Hersteller und Zulieferer. Die Zahl der Kooperationen unter Zulieferern steigt ebenfalls. Bis 1997 wollen 90% der Unternehmen mindestens eine Kooperation mit Wettbewerbern, Teilelieferanten oder Kunden eingehen.[37]

An der Schnittstelle zwischen Hersteller und Zulieferer entstehen somit verstärkte Qualifizierungsbemühungen. So hat z.B. Opel die Durchführung sog. PICOS-Workshops (Purchased Input Concept Optimization with Suppliers) mit Zulieferern initiiert, um Technik, Qualität und Herstellungsprozeß der Zulieferteile zu verbessern. In einem nächsten Schritt wird den Zulieferern das Opel-Know-how im Beschaffungswesen vermittelt, um einen kostenorientierten Einkauf zu ermöglichen.[38] Seit 1994 umfassen die PICOS-Workshops auch die Optimierung produktionsfremder Bereiche bei den Zulieferern. Opel unterstützt seine Lieferanten bei der Restrukturierung der innerbetrieblichen Prozesse. Das Ziel der Zusammenarbeit besteht in einer generellen Strukturverbesserung in den jeweiligen Unternehmen.

3.2.3 Kontinuierlicher Verbesserungsprozeß und betriebliche Weiterbildung

Mit der Sicherstellung der Qualität auf einem bestimmten Niveau ist es nicht getan. Die Dynamik der Rahmenbedingungen erfordert eine permanente Qualitätsverbesserung in allen Bereichen, was als Kontinuierlicher Verbesserungsprozeß (KVP) bezeichnet wird. Diese Philosophie und ihre konsequente Umsetzung stammt wiederum aus Japan und ist unter der Bezeichnung 'Kaizen' bekannt. „Kaizen bedeutet permanente Verbesserung von Abläufen, Produkten, Dienstleistungen, Produktionsverfahren in kleinen Schritten. In dieses Bestreben werden vor allem die ausführenden Mitarbeiter und deren Vorgesetzte intensiv einbezogen. Kaizen geht davon aus, daß eingeführte Abläufe, Vorschriften und Prozesse einer ständigen Verbesserung und Pflege durch alle am Arbeitsprozeß beteiligten Menschen bedürfen (...)."[39] Maßstab und Erfolgskriterium für die Verbesserungen ist die Kundenzufriedenheit, wiederum in interner und externer Ausprägung. Die Probleme werden dort gelöst, wo sie auftreten. Die Einführung eines KVP setzt organisatorische Anpassungsfähigkeit voraus. Die Mitarbeiter sind mit einem genügend großen Handlungs- und Enscheidungsspielraum auszustatten, der es ihnen gestattet, selbständig Verbesserungsvorschläge auszuarbeiten und vor allem auch ihre Umsetzung zu realisieren.

---

[37] Vgl. o.V.: Gemeinsam statt einsam, in: TopBusiness 2/1995, S.18.
[38] Vgl. Opel-Geschäftsbericht 1994, S.38.
[39] Raich, S.: Kein Quality-Circle-Projekt ohne Erfolgsrechnung! in: io Management Zeitschrift 7/8/1993, S.31.

In den KVP gehen bekannte Konzepte wie Qualitätszirkel und Betriebliches Vorschlagswesen ein. Das Verständnis von Qualitätsverbesserung ist heute allerdings umfangreicher und umsetzungsorientierter, ebenso sind die Ziele stärker ökonomisch geprägt:[40]

Veränderung der Ziele von Quality Circles

wichtigste Ziele 1983	wichtigste Ziele 1993
Arbeitsbedingungen verbessern	Qualität verbessern
gegenseitiges Verständnis	Produktivität steigern
Teamfähigkeit entwickeln	Logistik verbessern
das eigene Engagement verstärken	Kosten reduzieren
Probleme erkennen, nennen und lösen	Reklamationen vermindern
Arbeits- und Führungsstil verbessern	Mitarbeiter fördern
Produktqualität verbessern	Kundendenken entwickeln
Arbeitsabläufe rationeller gestalten	

Bei näherem Hinsehen ist der kontinuierliche Verbesserungsprozeß letztlich nichts anderes als permanente. Kompetenzentwicklung auf der Ebene der ausführenden Arbeit. Angesichts des zunehmenden Stellenwerts, der KVP in der Praxis beigemessen wird, ist eine Betrachtung dieser Art der Kompetenzentwicklung durchaus von Interesse. Die organisatorischen Konsequenzen des KVP haben unmittelbare Auswirkungen auf die betriebliche Weiterbildung. Wie in den zuvor vorgestellten Konzepten verlangt die Einführung des KVP die dezentrale Integration von Weiterbildungsaktivitäten in die tägliche Arbeit. Die Eigeninitiative der Mitarbeiter ist die treibende Kraft des KVP.

Am Beipiel des Konzepts „KVP²" von Volkswagen wird im folgenden die Umsetzung des Konzepts vorgestellt.[41] Der Kontinuierliche Verbesserungsprozeß zum Quadrat von Volkswagen hat als oberstes Ziel die Beseitigung von Verschwendung in allen Unternehmensbereichen durch die Optimierung von Arbeitsabläufen und Prozessen. Die Nutzung des Ideenpotentials der Mitarbeiter steht dabei im Vordergrund. Angestrebt wird eine Erhöhung der Kundenzufriedenheit, Wettbewerbsfähigkeit und Mitarbeiterzufriedenheit. Instrument des KVP² ist ein fünftägiger Workshop. Die Teilnehmer beschäftigen sich mit einem kleinen und überschaubaren Gebiet, das umfassend und intensiv analysiert und verbessert wird. Wertschöpfende Arbeit wird dabei von Verschwendung unterschieden, welche durch einfache Lösungen beseitigt wird. Mit diesem Instrument wird in Bereiche vorgedrungen, die durch herkömmliche betriebswirtschaftliche Planungs- und Kontrollsysteme nicht erreichbar sind.

---

[40] Ebenda.
[41] Vgl. VW-Coaching-Gesellschaft mbH (Hrsg.): Info-Broschüre „Was ist KVP²?", auf Anfrage erhältlich.

Der KVP²-Workshop hat einen standardisierten, elfstufigen Ablauf:

Die 11 Schritte eines KVP²-Workshops

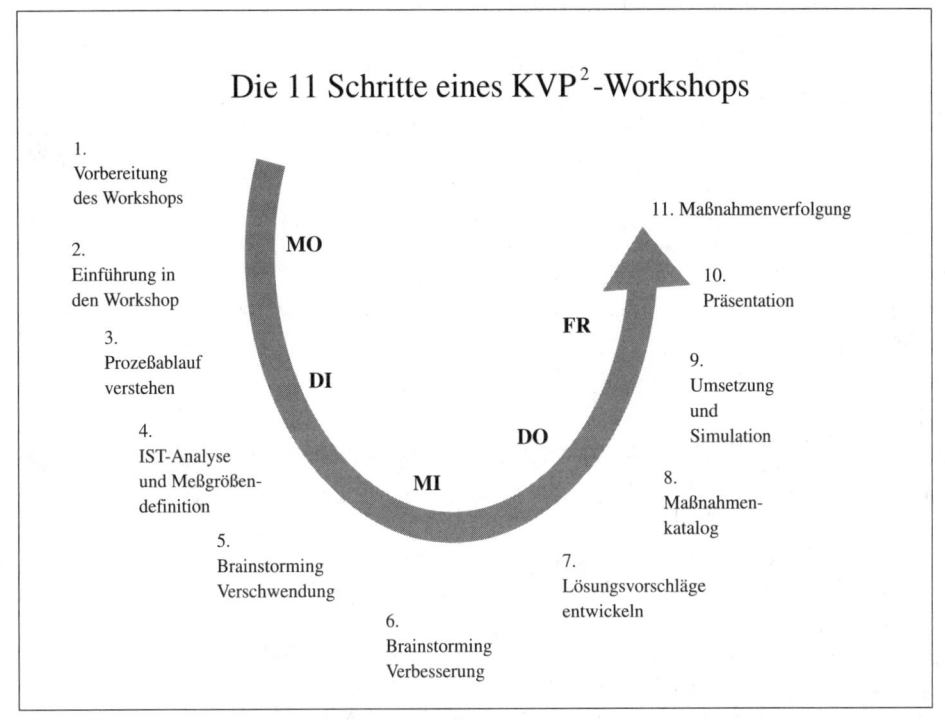

1. Vorbereitung des Workshops
2. Einführung in den Workshop
3. Prozeßablauf verstehen
4. IST-Analyse und Meßgrößendefinition
5. Brainstorming Verschwendung
6. Brainstorming Verbesserung
7. Lösungsvorschläge entwickeln
8. Maßnahmenkatalog
9. Umsetzung und Simulation
10. Präsentation
11. Maßnahmenverfolgung

MO – DI – MI – DO – FR

An den Workshops nehmen acht bis zehn Mitarbeiter, die im untersuchten Prozeß tätig sind, unter der Leitung zweier Moderatoren teil. Die Mitarbeiter können aus verschiedenen Abteilungen, Arbeitsbereichen oder -gruppen kommen. Oftmals sitzen sie im Workshop zum ersten Mal an einem Tisch. Der Workshop findet während der Arbeitszeit statt. Die Themenvorgaben stammen aus Befragungen der Führungsebene der Bereiche und der Mitarbeiter und Mitarbeiterinnen im Rahmen abteilungsinterner Strukturworkshops. Über die Prioritäten und die Reihenfolge der Abarbeitung entscheidet ein KVP²-Förderkreis, der aus den Vorstandsmitgliedern und Bereichsleitern besteht. Besonderen Stellenwert hat die Funktion des Moderators. Für Führungsnachwuchskräfte ist eine halbjährige KVP²-Moderation Pflichtbestandteil der Ausbildung. Diese Zeit ist notwendig, um auch Führungskräfte mit dem KVP-Gedanken vertraut zu machen. Wesentlich für den Erfolg des Workshops ist die sofortige Umsetzung der erarbeiteten Ergebnisse, die von allen Teilnehmern verantwortet werden. Über die vorherige Definition von Meßgrößen wird der Erfolg quantifizierbar und der Beitrag zum Unternehmenserfolg kann nachvollzogen werden.

Ein KVP²-Workshop beschäftigte sich mit dem Fertigungslayout in der VW-Sitzefertigung. Das Team stellte zunächst das bestehende Layout komplett in Frage: der Standort der Kommissionierung, die Art des Transportes und die Transportwege. Anschließend wurde eine neue Organisation der Arbeitssysteme erarbeitet und der logistische Ablauf optimiert. Daraus ergaben sich Produktivitätsverbesserungen, weniger Beschädigungen an den Bezügen durch bessere Transportmethoden, weniger

Umlaufbestand und schnellere Durchlaufzeiten.[42] Ein anderes Beispiel beschreibt die Lösung eines Problems, das in der Lackiererei auftrat: durch abtropfende Flüssigkeit entstanden im Sichtbereich der Karosserie sogenannte 'Läufer', die durch aufwendige und teure Schleifarbeit entfernt werden mußten. Nach einer genauen Analyse der Arbeitsschritte im Workshop wurden diese Probleme beseitigt. Die erfolgreiche Lösung konnte überdies auf andere Fertigungsbereiche übertragen werden. Diese kleinen Beispiele zeigen, daß permanente Kompetenzentwicklung in den Arbeitsprozessen große Produktivitätspotentiale freisetzen kann. Möglicherweise wird die herkömmliche, institutionalisierte Weiterbildung sogar überflüssig. Die Kreativität und das Engagement der Mitarbeiter, sich mit Problemen jenseits des Arbeitsalltags zu beschäftigen, stehen im Mittelpunkt. Belohnt werden die Aktivitäten einerseits durch die unmittelbare Umsetzung, andererseits durch Belohnungen für die erfolgreichsten Workshops.

Die Volkswagen Coaching GmbH bietet das Optimierungsprogramm KVP^2 unter geschütztem Markenzeichen auch auf dem externen Markt an.

3.3 Zusammenfassung der Trends in der Unternehmensorganisation

- Das Leitbild von der *lernenden Unternehmung* bedeutet die Integration von Personal-, Organisations- und Unternehmensentwicklung. Das ist die Vision, der vor allem in der theoretischen Literatur im Moment gefolgt wird. Für die betriebliche Weiterbildung ergeben sich folgende Gestaltungsprobleme:
    - Klärung ihrer Funktion für die Kompetenzentwicklung,
    - Dezentralisierung der Weiterbildungsaktivitäten,
    - Kunden- und Mitarbeiterbeteiligung,
    - Ausbau von Beratungsleistungen,
    - Lernen im Prozeß der Arbeit,
    - Selbstlernen[43] sowie
    - lebenslanges Lernen.

- In der Praxis ist der Trend zum *schlanken Unternehmen* ungebrochen. Von den Gestaltungsprinzipien des Lean Management stellen vor allem die Prozeßorientierung, der Perspektivenwechsel vom Sach- zum Humanvermögen und die Gestaltung der gesamten Wertschöpfungskette als integriertes, lernendes Netzwerk Anforderungen an die Gestaltung der betrieblichen Weiterbildung:
    - organisatorisch: Dezentralisierung der Weiterbildung und Verlagerung in den Verantwortungsbereich der Fachabteilungen.
    - inhaltlich: durch job enrichment, -enlargement und -rotation vergrößert sich der fachliche Weiterbildungsbedarf jedes einzelnen Mitarbeiters.
    - methodisch: die Vermittlung neuen Wissens wird zunehmend im Prozeß der Arbeit stattfinden.

---

[42] Vgl. o.V.: „Das geht nicht" gab's nicht – Beispiele für erfolgreiche KVP^2-Workshops, in: Autogramm, VW-Werkszeitschrift vom 7.10.1994.

[43] An dieser Stelle sei nochmals darauf verwiesen, daß Erwachsene zu ca. 80% außerhalb der institutionalisierten Erwachsenenbildung lernen. Hier ist der traditionelle Lernbegriff neu zu überdenken. Vgl. Fußnoten 5 und 15.

Die Umsetzung des Lean-Gedankens in der Praxis geschieht durch die Einführung bestimmter Organisationskonzepte bzw. Instrumente:
- *Gruppenarbeit* zeichnet sich durch dezentrale Strukturen, on-the-job-Qualifizierungen, Bedarfsermittlung durch die Mitarbeiter sowie den Einbezug aller Qualifikationsstufen in die Weiterbildung aus. Während der Einführung besteht ein enormer Kompetenzbedarf, der weit über die Vermittlung fachlicher Kenntnisse hinausgeht. Nach der Einführung ist die Kompetenzentwicklung Teil der selbstorganisierten Gruppenarbeit. Die Rolle der institutionalisierten Weiterbildung ist dabei nicht präzise bestimmt.
- *Total Quality Management* bedeutet Job-enrichment. Kompetenzentwicklung wird zur permanenten Aufgabe, die dezentral und am Arbeitsplatz durchgeführt wird. Durch die Etablierung neuer Zulieferbeziehungen werden die Lieferanten verstärkt in Weiterbildungsaktivitäten des Herstellers einbezogen, um von vorneherein bestimmte Qualitätsstandards zu erfüllen.
- Der *Kontinuierliche Verbesserungsprozeß* ist die Dynamisierung des Total Quality Managements. Der KVP verlangt die dezentrale Integration der Weiterbildung in den täglichen Arbeitsprozeß.

In der Literatur wird aufgrund der genannten Trends in der Arbeitsorganisation die Notwendigkeit von dezentralen und arbeitsintegrierten Strukturen der betrieblichen Weiterbildung betont, ohne daß konkrete Konzepte zur Umsetzung existieren. Die organisatorische Verortung der Weiterbildung wird i.d.R. nicht thematisiert (Forschungsdefizit). Sämtliche Trends erfordern die Entwicklung fachlicher, kommunikativer, sozialer und organisatorischer Kompetenzen. Was die betriebliche Weiterbildung dazu beitragen kann, ist noch nicht geklärt.

4. Weiterbildung als Dienstleistung

Gleichzeitig zu den geschilderten Trends bzw. durch sie ausgelöst findet in Teilen der Praxis eine Neubestimmung der aufbauorganisatorischen Positionierung der betrieblichen Weiterbildung statt. Diese Reorganisationen sind Gegenstand der nachfolgenden Abschnitte. Die Entwicklung ist dynamisch und ohne erkennbaren Endpunkt. Im Moment liegen keine repräsentativen Daten über Qualität und Quantität der Reorganisationen vor. Somit kann zwar nicht über das Ausmaß, aber über die Richtung der Entwicklung berichtet werden. Anzumerken ist an dieser Stelle, daß derartige Reorganisationen nur in größeren Unternehmen anzutreffen sind, in denen Weiterbildung bereits institutionalisiert bzw. professionalisiert ist. Da in den meisten Unternehmen die Weiterbildung noch nicht sehr professionalisiert stattfindet (siehe die Ergebnisse der FORCE-Erhebung auf S.14 f.), sind die Möglichkeiten einer Reorganisation entsprechend gering.

Dessen ungeachtet wird das Personal zunehmend als wichtigster Erfolgsfaktor angesehen. Obwohl die Weiterbildung für die Unternehmen das am intensivsten genutzte Instrument im Rahmen der Personalentwicklung darstellt[44], ist der Kostenblock

---

[44] Vgl. Kailer, N./Scheff, J.: Über die Ernsthaftigkeit der Personalentwicklung in Krisenzeiten, in: Kraus, H./Scheff, J./ Gutschelhofer, A. (Hrsg.): Personalmanagement in der Krise – Krise des Personalmanagements, Wien 1994, S.315 ff.

Weiterbildung in den Unternehmen umstritten. Planung, Durchführung und Kontrolle von Weiterbildung erfahren in der Programmatik eine exponierte Stellung, in der betrieblichen Praxis bestehen jedoch zahlreiche Akzeptanz- und Umsetzungsprobleme. Es existiert bislang kein betriebswirtschaftliches Instrumentarium, mit dem die Erträge von Weiterbildung eindeutig meßbar und zurechenbar gemacht werden können. Qualifizierungsmaßnahmen wirken sich nicht unmittelbar aus und sind nicht eindeutig auf den Unternehmenserfolg zurechenbar. Deswegen unterliegt die Weiterbildung einem ständigen Rechtfertigungsdruck, dem sie kaum mit quantitativen Kennzahlen entgegenwirken kann. Der Bereich der betrieblichen Weiterbildung ist aus diesem Grund als klassischer Gemeinkostenbereich permanent von Budgetkürzungen bedroht. Das gilt gerade in wirtschaftlichen Krisenzeiten, in denen permanent nach Einsparpotentialen gesucht wird. So ist ein Hauptgrund für alle Reorganisationen im Personalbereich der Versuch der Kostenreduzierung.

Auf dieses Dilemma reagieren seit den 80er Jahren einige Unternehmen, indem sie die Personalarbeit, und hierbei speziell die Weiterbildung eigen-, kosten- oder gewinnverantwortlich organisieren. Auf diese Weise wird versucht, eine effiziente, flexible, bedarfsorientierte und qualitativ hochwertige Weiterbildung bei gleichzeitig transparentem und vertretbarem ökonomischen Aufwand zu realisieren.

Vor diesem Hintergrund wird Weiterbildung immer mehr zu einer Dienstleistung. Die interne Gestaltungsmöglichkeit dafür ist das Wertschöpfungs-Center. Dieses wird entweder als Leistungs- bzw. Cost-Center oder als Profit-Center mit voller Ergebnis-Verantwortung geführt. Die Weiterbildung wird auf die Bedarfe des eigenen Unternehmens zugeschnitten. Die externe Lösung besteht in einer Ausgliederung bzw. Auslagerung der Weiterbildung – dem Outsourcing. Hierbei kann das ausgliedernde Unternehmen eine Mehrheits- oder Minderheitsbeteiligung behalten. Die Bildungsangebote werden auf dem freien Markt angeboten. Andere Unternehmen lagern ihre Weiterbildung im Rahmen der Umsetzung von Lean-Strategien (vgl. Abschnitt 2) als nicht zum Kernprozeß gehörend aus und entscheiden sich für Outsourcing.

Die bezüglich der Dienstleistungsorientierung geführte Diskussion ist kontrovers und spaltet sich in zwei Lager:
Auf der einen Seite wird die Stärkung der Nachfrageorientierung und der Wettbewerbsaspekt in der Weiterbildung als so zentral angesehen, daß die dienstleistungsorientierte Reorganisation als ein geeignetes Instrument zur Effizienzsteigerung der Kompetenzentwicklung angesehen wird.
Auf der anderen Seite wird eine Weiterbildung als interne oder externe Dienstleistung für grundsätzlich nicht sinnvoll erachtet, da die Umsetzung von Unternehmensstrategie und -philosophie in Frage gestellt wird.
So oder so – die Dienstleistungsorientierung im Bereich des Personalwesens und speziell in der betrieblichen Weiterbildung ist in Mode. Neben der umfangreichen Fachliteratur, die dazu existiert und in dieser Studie verarbeitet wird, weisen auch zahlreiche kommerzielle und nicht-kommerzielle Seminare, Kongresse und Tagungen zu den Themen 'Profit-Center-Steuerung im Personalbereich', 'Service-Center Personalwesen', 'Outsourcing im Personalwesen' auf den Aktualitätsgrad hin.
Bevor näher auf die Reorganisationen eingegangen wird, werden zunächst kurz die allgemeinen Entwicklungstendenzen im Personalwesen dargestellt.

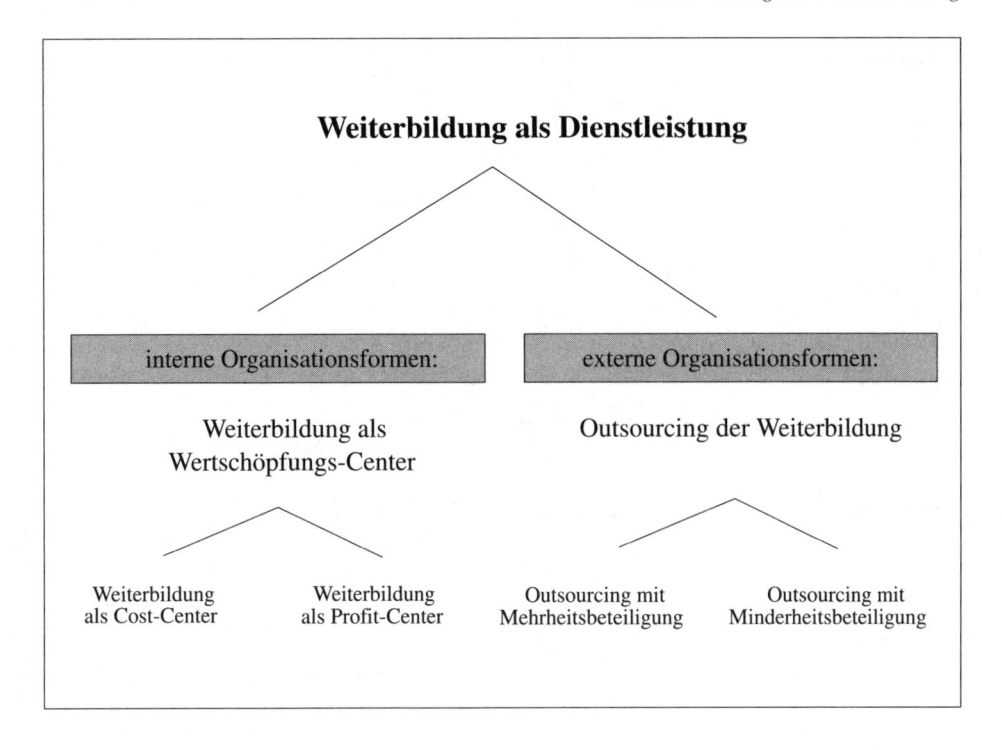

```
┌─────────────────────────────────────────────────────────────┐
│                 Weiterbildung als Dienstleistung            │
│                          ╱     ╲                            │
│              ┌──────────────────┐    ┌──────────────────┐   │
│              │ interne Organisationsformen: │  │ externe Organisationsformen: │
│              └──────────────────┘    └──────────────────┘   │
│                 Weiterbildung als         Outsourcing der Weiterbildung │
│                 Wertschöpfungs-Center                       │
│                    ╱      ╲                  ╱        ╲     │
│           Weiterbildung  Weiterbildung  Outsourcing mit  Outsourcing mit │
│           als Cost-Center als Profit-Center Mehrheitsbeteiligung Minderheitsbeteiligung │
└─────────────────────────────────────────────────────────────┘
```

4.1 Wandel im Personalwesen

4.1.1 Unternehmerische Orientierung des Personalwesens in der Mitte der 90er Jahre

In den vergangenen 45 Jahren hat das Personalwesen mehrere idealtypische Entwicklungsphasen durchlaufen. Nach der Phase der Bürokratisierung, die die tradierte Ausgangssituation darstellte, 'durchlebte' das Personalwesen die Phasen der Institutionalisierung, Humanisierung und Ökonomisierung. Im Moment befindet sich das Personalwesen in einer Phase der unternehmerischen Orientierung. (siehe folgende Übersicht)

Die unternehmerische Orientierung des Personalwesens zeichnet sich durch ein Mitdenken, Mitfühlen, Mitentscheiden, Mithandeln und Mitverantworten der Mitarbeiter auch auf den unteren Hierarchieebenen aus. Um bei den Mitarbeitern die unternehmerische Motivation zu fördern, müssen aus Sicht der Wissenschaft folgende Voraussetzungen erfüllt sein:[45]
- Die Unternehmen müssen erkennen, daß ihre Mitarbeiter die wichtigsten Ressourcen sind, über die sie verfügen. Die Aufwendungen für das Personal sind demnach nicht als Kosten, sondern als Investition zur Erzielung von 'added value' zu verstehen.

---

[45] Vgl. ebenda, S.14.

Idealtypische Phasen der Entwicklung des Personalwesens

I. Bürokratisierung	bis ca. 1960:
- Philosophie:	Kaufmännische Bestandspflege der >Personalkonten<
- Strategie:	Aufbau vorwiegend administrativer Personalfunktionen
- Hauptfunktionen	Verwaltung der Personalakten. Durchführung personalpolitischer Entscheidungen – z. T. in Nebenfunktionen
- Verantwortlich	Kaufmännische Leitung
II. Institutionalisierung	**ab ca. 1960:**
– Philosophie:	Anpassung des Personals an organisatorische Anforderungen (Sozialisierungskonzepte)
- Strategie:	Professionalisierung der Personalleiter. Zentralisierung des Personalwesens, Spezialisierung der Personalfunktion
- Hauptfunktionen:	Neben Kernfunktionen: Verwaltung, Einstellung, Einsatz, Entgeltfindung, juristische Konfliktregelung, zusätzlich Ausbau der qualitativen Sozialpolitik (Bildung, Freizeit, Arbeitsplätze)
- Verantwortlich:	Personalleiter im Groß- und z. T. Mittelbetrieb
III. Humanisierung	**ab ca. 1970**
- Philosophie:	Anpassung der Organisation an die Mitarbeiter (Akkomodationskonzepte)
- Strategie:	Spezialisierung, Ausbau sowie Mitarbeiterorientierung der Personalfunktionen
- Hauptfunktionen:	Humanisierung, Partizipation, Ausbau der qualitativen Funktionen, wie Aus- und Weiterbildung (off-the-job), kooperative Mitarbeiterführung, Human Relations, Personalbetreuung, Humanisierung von Arbeitsplätzen, -umgebung, Arbeitszeit, Organisations- und Personalentwicklung
- Verantwortlich:	Personalressort in der Geschäftsleitung, Personalstäbe, Arbeitnehmervertretung
IV. Ökonomisierung:	**ab ca. 1980:**
- Philosophie:	Anpassung von Organisation und Personal an veränderte Rahmenbedingungen nach Wirtschaftlichkeitsaspekten
- Strategie:	Dezentralisierung, Generalisierung, Entbürokratisierung, Rationalisierung von Personalfunktionen
- Hauptfunktionen:	Flexibilisierung der Arbeit und der Arbeitskräfte, Rationalisierung des Entwicklungspotentials, Aufbau quantitativer und freiwilliger Personalleistungen, Orientierung auf Freisetzungspolitik
- Verantwortlich:	Geschäftsleitung, Personalwesen, Linienmanagement
V. Unternehmerische Orientierung	**ab ca. 1990**
- Philosophie:	Mitarbeiter als wichtigste, wertvollste und sensitivste Unternehmensressource. Das Personalmanagement soll sie als Mitunternehmer gewinnen, entwickeln und erhalten. Wertschöpfung (added value) als Oberziel
- Strategie:	Zentralisierung strategischen und konzeptionellen Personalmanagements
- Hauptfunktionen:	Unternehmerisches Mitwissen, Mitdenken, Mithandeln und Mitverantworten in allen wesentlichen Unternehmensentscheidungen. Damit integrierte und gleichberechtigte Mitwirkung bei der Unternehmensphilosophie, -politik und -strategie mit besonderer Berücksichtigung von >Mensch und Arbeit<. Evaluation der ökonomischen und sozialen Folgen von Unternehmensentscheidungen (Personal-Controlling)
- Verantwortlich:	Die Geschäftsleitung, insbesondere ein für Personal (Human-Ressourcen und Humankapital) verantwortliches Mitglied, das zentrale Personalmanagement als >Wertschöpfungs-Center< sowie die Linie (als dezentrales Personalmanagement.)

Quelle: Wunderer, R./Kuhn T.: Unternehmerisches Personalmanagement – zentraler Ansatzpunkt zur Förderung unternehmerischen Verhaltens, in: Wunderer, R./Kuhn T.: Innovatives Personalmanagement, Neuwied/Kriftel/Berlin 1995, S.16.

- Die Personalfunktion ist wegen ihrer strategischen Bedeutung auf der Ebene der Unternehmensführung zu verankern.
- Neben der Personalverwaltung gewinnen Aufgaben wie Personalplanung, -gewinnung, -auswahl, -entwicklung, -marketing sowie -beratung an Bedeutung.

Diese Voraussetzungen sind in der Praxis noch lange nicht erfüllt. Die praktische Arbeit vieler Unternehmen befindet sich noch in der Phase der 'Bürokratisierung'.[46] Hier besteht demnach erheblicher Entwicklungsbedarf für die Praxis, wenn die Forderungen der Theorie umgesetzt werden.

4.1.2 Ziele eines modernen Personalmanagements

Entsprechend zu der Phase der unternehmerischen Orientierung werden die Ziele eines zeitgemäßen und modernen Personalmanagements von der Wissenschaft durch fünf zentrale Postulate formuliert:[47]

1. Kundenorientierung
   Kunden der Personalabteilung sind potentielle und aktuelle Mitarbeiter, die jeweiligen Fachvorgesetzten, unternehmerische Planungsinstanzen und die Unternehmensleitung. Die personalwirtschaftlichen Aktivitäten haben sich an den Bedürfnissen dieser Kunden zu orientieren, um unternehmerische und individuelle Interessen auszugleichen. Die Erarbeitung der Kundenerwartungen und -bedürfnisse kann beispielsweise über die Durchführung von Workshops stattfinden.[48]

2. Individualisierung
   Die Individualisierung setzt an den unterschiedlichen Mitarbeiterinteressen an. Für die Personalarbeit bedeutet das die Orientierung am speziellen Bedarf des Einzelnen.

3. Flexibilisierung
   In dynamischen Umwelten muß eine schnelle Anpassungsfähigkeit gewährleistet werden. Daraus ergibt sich für die betriebliche Weiterbildung die Notwendigkeit, flexibel einsetzbare Mitarbeiter zu qualifizieren. Auf der anderen Seite muß auch die Weiterbildung selbst auf veränderte Umfeldbedingungen schnell reagieren können. Die Flexibilität ist ein Angebot, das die Unternehmung dem Mitarbeiter als Entfaltungsmöglichkeit bietet.

---

[46] Vgl. Wunderer, R./Schlagenhaufer, P.: Die Personalabteilung als Wertschöpfungs-Center. Ergebnisse einer Umfrage, in: Zeitschrift für Personalforschung 2/1992, S.182.

[47] Vgl. Scholz, C.: Personalmanagement, 4. Aufl. München 1994, S.35 ff; zu den Postulaten Individualisierung und Flexibilisierung vgl. auch: Kolb, M.: Flexibilisierung und Individualisierung als neue personalwirtschaftliche Gestaltungsprinzipien, in: Zeitschrift für Personalforschung 1/1992, S.37 ff und die dort angegebene Literatur.

[48] Vgl. Batsching, T.: Kundenorientierung im Personalwesen. Eine Prozeßbeschreibung, in: Personalführung 4/1995, S.314 ff.

Erich Staudt, Andreas Joachim Meier

4. Professionalisierung
Die Entwicklungsdynamik führt zu einer immer komplexeren und spezialisierteren Arbeitswelt. Dementsprechend steigt das Anforderungsniveau der Weiterbildung. Dem kann nur durch professionalisierte Weiterbildung begegnet werden.

5. Akzeptanzsicherung
Personalarbeit im allgemeinen und Weiterbildung im besonderen kann nur erfolgreich sein, wenn sie im Unternehmen akzeptiert ist. Neben der Vermittlung fachlicher Inhalte geht es um den Ausgleich der beteiligten Interessen.

Diese Postulate bzw. Ziele lassen einen grundlegenden Wandel im wissenschaftlichen Verständnis von der Personalverwaltung hin zu einem modernen Personalmanagement erkennen. Für die Weiterbildung als personalwirtschaftliche Funktion ergeben sich daraus organisatorische Konsequenzen.

4.1.3 Organisatorische Konsequenzen für die Weiterbildung

Die Veränderung der organisatorischen Gestaltungsprinzipien betrieblicher Weiterbildung wird anhand nebenstehender Übersicht deutlich:[49]

Die rechte Spalte repräsentiert die Gestaltungsforderungen der Wissenschaft an die Praxis. „Vor dem Hintergrund der (...) mehrfachen Zielsetzung in der betrieblichen Weiterbildung scheinen weder die rein zentrale, noch die rein dezentrale Organisation geeignet, die zukünftigen Herausforderungen in der Weiterbildung zu bewältigen."[50] Es wird in Zukunft zu organisatorischen Mischformen und Kombinationen von dezentraler und zentraler Weiterbildung kommen.
Die Notwendigkeit dezentraler Weiterbildungsstrukturen ergibt sich nicht nur aus den Veränderungstendenzen innerhalb des Personalwesens, sondern auch aus den in Abschnitt 2 dargestellten Trends in der Unternehmensorganisation.

Dezentrale Organisation der Weiterbildung

Dezentrale Strukturen erlauben ein schnelles und flexibles Handeln. Probleme werden dort gelöst, wo sie auftreten. Für die Weiterbildung der einzelnen MitarbeiterInnen bedeutet das die Übernahme von Aufgaben durch den oder die jeweiligen Fachvorgesetzten. „Nur der direkte Fachvorgesetzte, der über einen längeren Zeitraum in ständigem Kontakt mit den unterstellten Mitarbeitern steht, ist in der Lage, deren Fähigkeiten und Bildungspotentiale und deren Bereitschaft und Motivation zur Weiterbildung zu ermitteln und zu beurteilen. Auch die Beurteilung der Möglichkeiten, das Gelernte am Arbeitsplatz einzusetzen und die Erfolgskontrolle im Sinne einer Transferkontrolle,

---

[49] Scholz, a.a.O., S.43.
[50] Wagner, H.: Organisation der Weiterbildung, in: Schwuchow, K./Gutmann, J. (Hrsg.): Jahrbuch Weiterbildung, Managementweiterbildung, Weiterbildungsmanagement, Düsseldorf 1994, S.161.

Personalverwaltung (früher)	**Personalmanagement** (heute)
Vertikalmanagement von unterstellten Personen	Horizontalmanagement und Pflege aller Ressourcen
Die Entwicklung des Managements wird als separate Funktion behandelt.	Die Entwicklung des Manager-Teams wird besonders betont.
Zentrale Personalfunktion in Stabsabteilungen.	Dezentrale Personalfunktion im Linienmanagement.
Spezialisten nehmen operative Funktionen wie Personalplanung, -evaluation oder -entschädigung wahr.	Das Linienmanagement ist verantwortlich für Einsatz und Koordination aller Ressourcen einer Unternehmenseinheit zur Erreichung der strategischen Ziele.
Linienmanager führen Personen nach bestimmten Regeln und Abläufen.	Personalspezialisten unterstützen das Linienmanagement bei der Erfüllung der strategischen Funktionen.
Personalplanung wird reaktiv aus der Unternehmensplanung abgeleitet.	Personalmanagement ist vollständig in die Unternehmensplanung integriert.
Der Zweck ist der Einsatz der richtigen Personen am richtigen Ort zur richtigen Zeit und die kostengünstige Entlassung ungeeigneter Personen.	Der Zweck ist die Abstimmung der verfügbaren menschlichen Ressourcen, Fähigkeiten und Möglichkeiten auf Aufgaben und Ziele des Unternehmens.
Die Angestellten werden zu Objekten der Unternehmensstrategie.	Die Mitarbeiter sind Subjekt der Unternehmensstrategie und Träger des Personalmanagements.
Die Arbeiter sind Produktions- und Kostenfaktoren.	Die „human-resources" bilden die Organisation und einen Teil der Investitionen.
Die Personalpolitik bezweckt einen Austausch zwischen ökonomischen und sozialen Zielen und Interessen.	Personalmanagement bezweckt die Entwicklung einer kohärenten „starken" Kultur und sucht den Ausgleich zwischen den Bedürfnissen der integrierten Organisation und den Bedürfnissen des künftigen Umfeldes.

kann letztendlich nur durch den Fachvorgesetzten erfolgen.[51] Er hat gleichzeitig die Aufgabe, die Weiterbildung an den strategischen Kompetenzbedarfen der Unternehmung auszurichten. Er wird zur entscheidenden Schnittstelle zwischen den individuellen Weiterbildungsbedarfen der Mitarbeiter und den strategischen Zielen des Unternehmens.

---

[51] Ebenda, S.162.

Erich Staudt, Andreas Joachim Meier

Zentrale Organisation der Weiterbildung

Eine zentrale Weiterbildungseinheit wird trotz der Verlagerung von Aufgaben in die Linie als zwingend notwendig angesehen.[52] Eine zentrale Einheit muß vor allem eine Integrationsfunktion übernehmen. Die dezentralen Weiterbildungsaktivitäten müssen mit den Anforderungen des strategischen und unternehmensbezogenen Weiterbildungskonzepts abgestimmt werden. Dazu bedarf es eines intensiven Informationsaustausches zwischen Unternehmensleitung und Weiterbildungseinheit einerseits und Linienvorgesetztem und -mitarbeitern andererseits. Neben dieser Koordinationsfunktion ist die wichtigste Aufgabe der Zentraleinheit die Information und Beratung der Fachvorgesetzten in allen Fragen der betrieblichen Weiterbildung. „Den Vorgesetzten sind einerseits Informationen über die strategischen Weiterbildungsziele des Unternehmens zu liefern, andererseits müssen sie über Instrumente und Methoden eines Bildungscontrollings informiert werden, um eine systematische Grundlage für Weiterbildungsentscheidungen an der Hand zu haben. Diese Entscheidungen dürfen nicht vom Vorgesetzten an die Zentrale zurückdelegiert werden."[53] Das Weiterbildungsbudget, für das die Zentraleinheit verantwortlich ist, wird in Abstimmung mit den Fachvorgesetzten dezentralisiert. In vielen Unternehmen wird die Weiterbildung der Führungskräfte durch die zentrale Weiterbildungseinheit geleistet. Schließlich ist die Zentrale auch für die Koordination mit externen Weiterbildnern zuständig.

Die weiteren Ausführungen beziehen sich auf die genannten zentralen Weiterbildungsabteilungen, die entsprechend der Dienstleistungsorientierung reorganisiert werden. Für jede Variante dient ein Praxisbeispiel zur Veranschaulichung.

4.2 Weiterbildung als interne Dienstleistung im Wertschöpfungs-Center

4.2.1 Aspekte und Varianten

Der hinter der Dienstleistungsorientierung stehende Kerngedanke begreift Weiterbildung als einen wertschöpfenden Prozeß. Die Weiterbildungsabteilung wird zu einem Wertschöpfungs-Center, das zu seinen internen und möglicherweise auch externen Kunden Marktbeziehungen unterhält. Der Koordinationsmechanismus zwischen Weiterbildungsangebot und -nachfrage erfolgt über den Preis. Die nachfragenden Fachabteilungen 'bezahlen', indem sie mit den entstandenen Kosten bzw. dem Verrechnungspreis direkt belastet werden. Sie entscheiden auf dieser Grundlage, ob sie die Leistungen in Anspruch nehmen oder nicht.

Der Wertschöpfungsbeitrag der Weiterbildungsabteilung manifestiert sich nach Wunderer in zwei Dimensionen:[54]
- die Management- und Service-Dimension
- die Business-Dimension.

---

[52] Vgl. ebenda.
[53] Wagner, a.a.O., S.162.
[54] Vgl. Wunderer, R.: Von der Personaladministration zum Wertschöpfungs-Center, in: Die Betriebswirtschaft, 52. Jg. 1992, S.201 ff.

Die Management- und Service-Dimension betrifft die Nachfrageorientierung der Weiterbildung. Wegen der geschilderten Bewertungsprobleme ist die Beurteilung eines Wertschöpfungs-Centers Weiterbildung vor allem auf nicht-monetäre Kriterien angewiesen, wie sie in der Management- und Service-Dimension zum Ausdruck kommen. „Dabei geht es einerseits um die Qualität der Bereitstellung von Dienstleistungen für die internen/externen Bezugsgruppen (Mitarbeiter, Arbeitnehmervertretungen, Geschäftsleitung, Linienvorgesetzte, Partnerunternehmen, Tochtergesellschaften usw.) sowie andererseits um die strategische Gestaltung (...) als unternehmerische Funktion."[55] Die Qualität der Dienstleistung kann über Umfragen ermittelt werden. Als Gütekriterien kommen folgende Daten in Frage:[56]

- *Kundenzufriedenheit*: Ranking-Verfahren mittels Umfragen, Anzahl der Reklamationen von Mitarbeitern
- *Anzahl Aufträge bzw. Anfragen an Weiterbildungsabteilung*: direkt zählbar, Benchmarking mit Unternehmen vergleichbarer Größe
- *Angebot an individuellen Problemlösungen*: Ranking-Verfahren mittels Umfragen
- *Ansprechbarkeit der Weiterbildungsabteilung*: Durchschnittliche Wartezeiten, Anzahl der Betreuer pro Sparte, Anzahl Hierarchiestufen in Weiterbildungsabteilung
- *Qualität der angebotenen Dienstleistung*: Ranking-Verfahren mittels Befragung, Benchmarking
- *Kooperationsfähigkeit der Weiterbildungsabteilung*: Anzahl Teilnahmen in Projektgruppen, Ranking-Verfahren mittels Befragungen, Anzahl der Beratungsgespräche
- *Informationsbereitschaft*: Anzahl interner Informationsveranstaltungen, Anzahl der internen Kommunikationsinstrumente, Ranking-Verfahren.

Die Business-Dimension betrifft die ökonomische Steuerung der Weiterbildungsabteilung. Indem die Weiterbildung den Gesetzen von Angebot und Nachfrage unterworfen wird, werden die Leistungen der Bildungsabteilung einer monetären Nutzenbeurteilung unterzogen. Voraussetzung ist die Existenz interner Verrechnungs- oder Marktpreise sowie einer eigenen Kostenrechnung. Das Ziel ist die kostenoptimale Steuerung des Weiterbildungsbereiches. Das bedeutet z.B. die bessere Auslastung von Seminarveranstaltungen. Die Business-Dimension manifestiert sich in der Einrichtung von Cost- oder Profit-Centern.

Trägt er die Verantwortung für die entstehenden Kosten, so wird der Weiterbildungsbereich als Cost-Center geführt. Bei der Deutschen Unilever GmbH wird Weiterbildung als kostendeckende Einheit geführt, wie folgendes Praxisbeispiel veranschaulicht:

---

[55] v.Arx, S.: Das Wertschöpfungs-Center-Konzept als Strukturansatz zur unternehmerischen Gestaltung der Personalarbeit – Darstellung aus Sicht der Wissenschaft, in: Wunderer, R./ Kuhn T.: Innovatives Personalmanagement, Neuwied/Kriftel/Berlin 1995, S. 426 f.
[56] Vgl. ebenda, S.428.

Erich Staudt, Andreas Joachim Meier

Die Deutsche Unilever GmbH mit Sitz in Hamburg koordiniert als Holding die Aktivitäten von über 30 Tochterunternehmen (selbständige GmbH's) in ganz Deutschland. Mit 25700 Mitarbeitern erzielte der Konzern 1993 einen Umsatz von 9,2 Mrd DM. Zum Angebot gehören bekannte Nahrungs-, Wasch- und Körperpflegemittel sowie chemische Spezialprodukte.
Unilever hat bereits Anfang der achtziger Jahre die Weiterbildung umorganisiert. Man suchte nach betriebswirtschaftlich ausgerichteten Methoden einer genaueren Steuerung dieses Bereichs und entschied sich für die Organisationsform 'Weiterbildung als Business Unit'. Zwei Varianten standen bei dieser internen Lösung zur Auswahl: Gewinnorientierung oder Kostendeckung. Die Entscheidung fiel klar zugunsten einer kostendeckenden Einheit. Drei Ziele standen im Vordergrund: die Erhöhung der Wettbewerbsfähigkeit und der persönlichen Effizienz, die Flexibilisierung des Trainingsbereiches und die Steigerung der Kostentransparenz und -verantwortung. Seit 1983 existiert eine zentrale Weiterbildungsabteilung, die im Stab der Holding angesiedelt und für den gesamten Konzern zuständig ist. Sie hat den Status eines „freien Weiterbildungsinstituts", d.h. es gibt weder eine Abnahmegarantie, noch eine Verpflichtung, woraus ein starker Zwang zu Nachfrageorientierung und Kostenoptimierung entsteht. Konsequenterweise erfolgte daraus eine Öffnung zum Dritt-Markt, d.h. die Weiterbildungs-Angebote richten sich auch an externe Kunden, soweit nicht vertrauliche Interna berührt sind. Vor dem Start wurde analysiert, welche Leistungen der Bildungsabteilung überhaupt erlösfähig sind: Seminare, Workshops, Beratungen, Konzeptions- und Entwicklungsarbeit sowie sonstige Serviceleistungen wie computerunterstützter Unterricht und programmierte Unterweisungen.
Die Weiterbildungseinheit ist in fünf Funktionsbereiche gegliedert, die von jeweils einem Trainingsmanager geleitet werden. Das Spektrum deckt Themen aus allen relevanten Bereichen ab: Technik, Datenverarbeitung, Personal, Sprachen, Team und Führung, Managementwissen, Kommunikation, Betriebswirtschaftslehre, Logistik, strategisches Management, Marketing, Werbung, Marktforschung, Verkauf, Einkauf, Rhetorik, Präsentationstechniken und Persönlichkeitsbildung. Jährlich werden durchschnittlich 150 Seminare mit 2500 Teilnehmern durchgeführt. Auf externe Kunden entfallen ca. 15% der Maßnahmen.
Die Seminare werden zu 80% von externen Trainern abgehalten. 20% der Trainer kommen aus dem eigenen Konzern und sind Spezialisten aus dem jeweiligen Funktionsbereich. Die Planung der Bildungsangebote erfolgt im Team und wird mit den Personaldirektoren der verschiedenen Unileverfirmen abgestimmt. Der Vorlauf der Maßnahmen beträgt jeweils anderthalb Jahre, zum Jahresende erfolgen die Anmeldungen für das kommende Jahr. Die Kurse finden in Hotels oder direkt beim Kunden statt, da Unilever Deutschland schon vor vielen Jahren aus Kostengründen und aus Gründen der Flexibilität auf ein eigenes Trainingscenter verzichtet hat. Die Zielgruppe der Trainings ist vorwiegend der Managementbereich und der Managementnachwuchs.
Die Einrichtung des Business Unit brachte Vor- und Nachteile. Die Vorgabe war, kostendeckend zu arbeiten. Gleichzeitig sollten keine Überschüsse erwirtschaftet werden. Damit entfällt die Möglichkeit, Rücklagen zu bilden. Positive Deckungsbeiträge in einzelnen Weiterbildungsprojekten dienen der Subventionierung anderer Projekte. Die Gefahr der Kostenunterdeckung bedeutet in allen Belangen unternehmerisch zu handeln. Der Rückgang interner Nachfrage, der durch Konjunkturschwankungen bei relativ kleinen Unternehmenseinheiten rasch durchschlägt, kann nur durch zusätzli-

che Akquisition in- und externer Kunden aufgefangen werden. Darüberhinaus muß die Abteilung zusätzliche PR-Arbeit leisten.
Die unternehmerische Selbständigkeit erfordert abteilungsintern einen erhöhten Aufwand im administrativen Bereich durch Planungsrechnung, Kosten- und Erlöskontrolle, Rechnungsstellung und Ergebnisermittlung. Im Vordergrund steht die betriebswirtschaftliche Steuerung, um die Effizienz der Abteilung zu messen. Der qualitative Aspekt der Weiterbildung als Investition ist von sekundärer Bedeutung.
Diesen Schwierigkeiten stehen jedoch viele Vorteile gegenüber. Die Effizienz der Bildungsarbeit bei Unilever Deutschland ist ohne Zweifel gestiegen. Die vergrößerte Kosten-, Preis- und Leistungstransparenz ermöglicht eine verbesserte Steuerung und Kontrolle der Weiterbildungsprozesse. Die strenge Marktorientierung gewährleistet innovative und zielgruppenorientierte Maßnahmen. Die Motivation der Mitarbeiter ist durch die ökonomische Verantwortung und den größeren Handlungsspielraum gestiegen. Durch die Organisation als Business Unit lassen sich die Leistungen mit dem externen Markt vergleichen. Insgesamt ist man sich über den Erfolg der Umorganisation einig. An eine weitergehende Ausgliederung wird nicht gedacht.

Die organisatorische Weiterentwicklung des Cost-Center ist das Profit-Center. Ein Profit-Center muß nicht nur die entstehenden Kosten decken, sondern darüber hinaus Gewinn erwirtschaften. Dieses organisatorische Konzept geht mit der aktuellen unternehmerischen Orientierung im Personalwesen einher. So werden als Vorteile einer Profit-Center-Organisation angesehen:[57]

- stärkere Motivation und unternehmerische Orientierung der Personalmanager durch größere Selbständigkeit,
- erhöhte Leistungsbereitschaft der Mitarbeiter in der Weiterbildungsabteilung durch Aufwertung ihres Status als Quasi-Unternehmer,
- höhere Attraktivität der Weiterbildungsarbeit für qualifizierte Mitarbeiter,
- Flexibilität, die eine auf die spezifischen Bedarfe der einzelnen Fachbereiche ausgerichtete Weiterbildung ermöglicht,
- stärkere Prüfung der Notwendigkeit und der Kostenfolgen von Leistungen der Weiterbildungsabteilung,
- Koordination der dezentralen Weiterbildungsarbeit über das angestrebte Gewinnziel.

Profit-Center werden in der Praxis i.d.R. nicht von heute auf morgen eingeführt. In einem ersten Schritt wird zumeist ein sogenanntes Service- oder Competence-Center eingerichtet. Auf dieser Stufe steht die Nachfrageorientierung im Vordergrund, bei der die Aktivitäten konsequent an den Bedürfnissen der internen Kunden ausgerichtet werden. Der daraus resultierende Abstimmungsbedarf wird durch Workshops und Gesprächskreise gedeckt, an denen Vertreter der Unternehmensleitung, der Fachabteilungen und des Bildungsbereichs beteiligt sind. Die Evaluation der Bildungsmaßnahmen erfolgt durch permanente Rückkopplung.

---

[57] Vgl. Bühner, R.: Effiziente Organisationsstrukturen in der Personalarbeit, in: Ackermann, K.F./Scholz, H. (Hrsg.): Personalmanagement für die 90er Jahre, Stuttgart 1991, S.110; Wunderer, R.: Von der Personaladministration zum Wertschöpfungs-Center, a.a.O., S.210 ff.

Auf der zweiten Stufe werden die Bildungsabteilungen mit Kostenverantwortung ausgestattet, auf der dritten Stufe dann mit Gewinnverantwortung. In der ersten Phase ihrer Existenz werden die Profit-Center teilweise subventioniert, um eine langsame Gewöhnung an die Marktbedingungen zu ermöglichen.

Die in der Praxis anzutreffenden Modelle unterscheiden sich hinsichtlich folgender Aspekte:
- Grad der Autonomie: die Bildungseinrichtungen werden bei der Entwicklung der Bildungsangebote und deren organisatorischer Umsetzung mehr oder weniger durch übergeordnete Stellen wie Unternehmensleitung bzw. zentrale Personalstellen weisungsgebunden.
- Struktur der Weisungsbefugnisse: die Profit-Center werden in ihrer Tätigkeit mehr oder weniger stark von Vertretern der Fachabteilungen oder übergeordneten Stellen beeinflußt.
- Öffnung der Bildungsangebote für externe Kunden: In einigen Fällen bieten die Profit-Center ihre Leistungen nicht nur auf dem internen, sondern auch auf dem externen Markt an. Ohne die Realisierung von Erlösen mit externen Kunden ist das Profit-Center u.U. nicht lebensfähig. Oft richten sich die Bildungsangebote auch an Zulieferer[58], die jedoch Vorbehalte wegen zu starker Abhängigkeit haben. Umgekehrt besteht für die internen Kunden nicht immer ein Abnahmezwang bei der eigenen Bildungseinrichtung. Wenn externe Bildungsangebote bei gleicher Qualität zu einem günstigeren Preis angeboten werden, haben die Fachabteilungen die Möglichkeit, diese Angebote wahrzunehmen.

Die Continental AG führt Weiterbildung in Form eines Profit-Centers durch:

Die Continental AG, Hersteller von Reifen und Automobil-Zubehör, wurde in den letzten Jahren wie alle Zulieferer von der Rezession heftig getroffen. Wieder in eine ausreichend gute Gewinnzone zu kommen war das übergeordnete Ziel. Dabei ging es vor allem auch um die Reduzierung von Kosten. So wurde u.a. eine konzernweite Reorganisation beschlossen und umgesetzt. Leitidee für die Umgestaltung war die Schaffung unternehmerischer Einheiten und eine Verbesserung der „unternehmensinternen Marktwirtschaft" mit Produkten, Kunden und Preisen. Bezüglich des letzteren wurden undurchsichtige Kostenumlagen und ineffiziente Fixkostenstrukturen beseitigt. Interne Leistungen erfolgen vielfach schon gegen Rechnung. Regel bei der internen Preisfindung ist, bei gleicher Qualität unter dem Marktpreis zu bleiben.
Vor diesem Hintergrund wurde auch der Bildungsbereich zu Beginn des Jahres 1993 in ein Performance-Center umgewandelt. Die Weiterbildung richtet sich sowohl an interne, als auch an externe Kunden, hier insbesondere eigene und andere Zulieferer für die Automobilindustrie. Motive waren Schaffung dezentraler Verantwortung für Art und Umfang der Weiterbildung, Erhöhung des Kundennutzens, Verbesserung der Effizienz und Wettbewerbsfähigkeit sowie Abbau von Fixkosten durch die Auflage, 80% der Fixkosten aus Überschüssen im Trainings- und Beratungsgeschäft zu refinanzieren.

---

[58] Vgl. die Ausführungen in Kapitel 2.2.2.

Maßstab war und ist für Continental die Verfügbarkeit eines eigenen internen Dienstleisters für Bildungsmaßnahmen mit dem Ziel einer strategieunterstützenden Bildungsarbeit, sowohl i.S. der Qualifizierung von Mitarbeitern und Führungskräften, als auch der Beratung und Begleitung des Managements in wichtigen Organisationsentwicklungs- und Veränderungsprozessen. Eine völlige Fremdvergabe scheidet aus diesen Gründen aus. Weiterbildung wird bei der Continental AG vor allem in extrafunktionalen und strategisch wichtigen Bereichen betrieben und als Investition in das Humankapital betrachtet. Die Sicherstellung der strategischen Weiterbildung steht jedoch in Konflikt mit kurzfristigen Gewinnzielen. Eine reine Marktorientierung könnte u.U. zu einem Schwergewicht bei Kursen führen, die nicht von strategischem Interesse sind. Deshalb wird von der Continental-Unternehmensleitung 'gegengesteuert'. Die regelmäßige Durchführung interner Kundenkonferenzen, die Konzeption und Organisation von Training im direkten Dialog mit dem Management als Auftraggeber sowie die Abstimmung der Jahresschwerpunkte mit Personalleitern und Betriebsräten stellen ausreichend sicher, daß strategische Inhalte weiter im Zentrum des Bildungsprogrammes stehen. Solche Trainings werden dafür weiterhin in Höhe von 20% der Fixkosten subventioniert.

Ein positiver Effekt der Umstrukturierung ist die Verringerung der Weiterbildungskosten. Gleichzeitig hat die Effizienz zugenommen. Allerdings können die Gesamteffekte nicht näher quantifiziert werden. Der Vision eines Unternehmens, das seine Aktivitäten und Strukturen konsequent an der Wertschöpfungskette ausrichtet, konnte man sich doch ein gutes Stück nähern. Nach den Erfahrungen von Continental ist bei einer derartigen Umstrukturierung mit einer Übergangszeit von ca. drei Jahren zu rechnen. Durch die Verfügbarkeit von Preisen und Kostentransparenz hat sich die Verhandlungsposition des Bildungsbereiches gegenüber internen Kunden verbessert. Der Vernachlässigung von strategisch wichtigen Inhalten wird durch die Unternehmensleitung entgegengesteuert, was durch die fachliche Zuordnung zur Konzernfunktion „Human Resources Development and Training" gewährleistet ist.

Die marktorientierte Arbeitsweise bereitet einem Teil der Mitarbeiter, die ein hohes Sicherheitsbedürfnis haben und bisher eher Seminarorganisatoren waren, erhebliche Schwierigkeiten. Die Mehrheit nutzt dies jedoch als Chance für eigenverantwortliche, selbständige Arbeit im direkten Kundenkontakt.

Die Gründung einer selbständigen Weiterbildungsgesellschaft duch Outsourcing bleibt eine Option, die jedoch aus unternehmenspolitischen Gründen im Moment nicht aktuell ist.

Einer Umfrage von 1991/92 zufolge[59] halten 55% der befragten Personalleiter das Profit-Center-Konzept in der Personalarbeit grundsätzlich für praktikabel. Als entscheidende Voraussetzungen für die Einrichtung eines Profit-Centers wird die Unterstützung durch die Geschäftsleitung sowie qualifizierte Führungskräfte genannt. Es sprechen jedoch auch gewichtige Argumente gegen die Praktikabilität des Konzepts, was die Ablehnung durch 45% der Personalleiter bestätigt. Diese Probleme sind Gegenstand des folgenden Kapitels.

---

[59] Vgl. Wunderer, R./Schlagenhaufer, P.: Die Personalabteilung als Wertschöpfungs-Center. Ergebnisse einer Umfrage, in: Zeitschrift für Personalforschung 2/1992, S.182.

4.2.2 Probleme und Grenzen des Wertschöpfungs-Center-Konzepts

Die im folgenden dargestellten Probleme betreffen die Dienstleistungsorientierung der Weiterbildung insgesamt. Sie sind deshalb auf die Variante eines Outsourcing der Weiterbildung übertragbar. Sowohl bei der Einführung, als auch in der Folge der Einführung – bei 'Normalbetrieb' – treten grundsätzliche Probleme auf.[60]

Probleme bei der Einführung eines Wertschöpfungs-Centers

Ein Wertschöpfungs-Center agiert als Quasi-Unternehmen auf dem unternehmensinternen Markt. Grundvoraussetzung für die Teilnahme an einem Marktaustausch ist die Bewertbarkeit der Leistung bzw. der Wertschöpfung. Der Beitrag der Weiterbildung zur unternehmerischen Wertschöpfung ist jedoch sowohl in personalwirtschaftlicher Theorie, als auch in der Praxis unklar. Zumeist wird er als selbstverständlich angenommen, ohne ihn näher zu bestimmen. Im Zuge der Dienstleistungsorientierung und hier vor allem der Ausweitung der Business-Dimension unterliegt die Weiterbildung nun einer verstärkten qualitativen und quantitativen bzw. monetären Notwendigkeit der Nutzenbeurteilung. Betriebliche Nutzenbeurteilungen bedienen sich i.d.R. bestimmter Kennzahlen und Indikatoren. Das Kernproblem von Personalarbeit im allgemeinen und Weiterbildung im besonderen ist, daß nur die wenigsten Indikatoren für eine Beurteilung geeignet sind, da „ihre Beeinflußbarkeit durch Weiterbildungsmaßnahmen gering, Indikatorveränderungen nicht zurechenbar oder einzelne Ausprägungen weitgehend durch Kontextbedingungen determiniert sind."[61]

Für die korrekte Ermittlung von Kosten fehlen den Weiterbildungs-Profit-Centern i.d.R. die geeigneten kostenrechnerischen Voraussetzungen. Die Abgrenzbarkeit einzelner Maßnahmen in den Fachbereichen ist problematisch. Der Kostenerfassungsaufwand ist hoch und die verursachungsgerechte Zurechnung ist vor allem dann ein Problem, wenn große Fixkostenblöcke zu verrechnen sind. Willkürliche Schlüsselungen und Schätzungen führen dazu, daß die tatsächlichen Kosten nicht korrekt ermittelt werden und somit die Basis der Preisermittlung für die Weiterbildung sehr angreifbar ist. Die so ermittelten Verrechnungspreise, zu denen ein Profit-Center seine Leistungen 'verkauft', weisen einen hohen Grad an Willkür auf. Als Ausweg können die Verrechnungspreise auf Basis vergleichbarer Marktpreise ermittelt werden, wenn solche existieren. Das setzt eine Vergleichbarkeit der Leistungen voraus, die nicht immer gegeben ist.

Für die Orientierung an vergleichbaren Marktpreisen spricht, daß der ständige Vergleich und Wettbewerb mit Marktstandards zu einer dauernden Überwachung der Effizienz der Weiterbildung zwingt. Zudem hat ein – wie auch immer ermittelter – Marktpreis den Charakter einer objektiven und somit 'fairen' Größe.

---

[60] Vgl. Scherm, E.: Personalabteilung als Profit-Center: Ein realistisches Leitbild?, in: Personalführung Nr. 12/1992, S. 1034 ff.
[61] Ebenda, S.1036.

Probleme nach der Einführung eines Wertschöpfungs-Centers

Die Probleme nach der Einführung eines Wertschöpfungs-Centers in der betrieblichen Weiterbildung bestehen in grundsätzlichen Funktionsdefiziten:
- Die Verrechnungspreise sind aufgrund der z.T. willkürlichen Ermittlung 'unecht'. Sie sind somit nicht in der Lage, die echten Preisen innewohnende Koordinationsfunktion zu übernehmen. Als Folge ergibt sich die Gefahr von Fehlsteuerungen.
- Beim Profit-Center-Konzept handelt es sich im Prinzip um ein Anreizsystem, das über Verantwortungsübertragung und Gewinnerzielungserwartung effiziente und effektive Weiterbildung bewirken soll. Werden die Weiterbildungsmaßnahmen auf der Basis von kostenmäßigen Verrechnungspreisen abgerechnet, sind keine effizienzsteigernden Wirkungen zu erwarten, da die entstandenen Kosten lediglich überwälzt werden.[62] Für Koordinationsentscheidungen sind dennoch primär die Kosten ausschlaggebend. Positive Anreizwirkungen werden demgegenüber vor allem über Marktpreise erzielt. In diesem potentiellen Zielkonflikt zwischen Motivations- und Koordinationszielen liegt das Dilemma jedes Verrechnungspreis-Systems.[63]
- Die Fachabteilungen als Nachfrager des Wertschöpfungs-Centers Weiterbildung stehen unter Kostendruck. Sie werden mit den Kosten der Weiterbildung über die Abrechnung zu Verrechnungspreisen voll belastet. Das führt zu einem Rückgang der Nachfrage nach notwendigen, aber teuren und erst langfristig wirksamen Bildungsmaßnahmen. „Langfristiges Engagement wird kaum honoriert. Darunter leidet zwangsläufig die programmatische Ausrichtung der Personalabteilung, das Integrationspotential im Unternehmen wird geschwächt. Die Fachabteilungen können hier keine Abhilfe schaffen. Sie tun sich in aller Regel schwer, ihren langfristigen Bedarf zu artikulieren."[64]
- Die Fachabteilungen orientieren sich am aktuellen Tagesgeschäft, das die abteilungsinternen Ressourcen voll bindet. Deswegen richtet sich die Nachfrage nach Weiterbildung auf die Deckung kurzfristiger Bedarfe, die aus dem Tagesgeschäft heraus entstehen. Der Aufbau von Qualifikationsreserven im Sinne von Potentialen wird nicht gefördert und findet nicht statt. Da Qualifikationspotentiale Optionen für innovative Entwicklungen enthalten, beschneiden die Unternehmen durch die Wertschöpfungs-Center-Organisation ihre eigene innovatorische Basis.
- Die Weiterbildungs-Wertschöpfungs-Center haben ihrerseits kein Interesse, strategische Maßnahmen anzubieten, für die keine Nachfrage besteht. Da sie selber unter Kosten- bzw. Gewinndruck steht, hat sie im Gegenteil ein Interesse an standardisierten und billigen Maßnahmen. Die Maxime „wir machen Bildung" wird immer mehr durch die Maxime „wir machen Geld" verdrängt.[65] Darunter leidet auch die permanent geforderte Kundenorientierung der betrieblichen Weiterbildung.

---

[62] Vgl. Frese, E.: Profit-Center und Verrechnungspreis, in: Zeitschrift für betriebswirtschaftliche Forschung Nr.10/1995, S.942 ff.
[63] Vgl. ebenda, S. 950.
[64] Reiß, M.: Die Kooperation zwischen Personalabteilung und Fachabteilungen aus organisatorischer Sicht, in: Ackermann, K.F. (Hrsg.): Reorganisation der Personalabteilung, Stuttgart 1994, S.51.
[65] Vgl. Reiß, a.a.O., S.51.

Wie auch aus den Praxisbeispielen hervorgeht, sind die genannten Probleme den Praktikern bewußt. Um auch weniger marktgängige Weiterbildung sicherzustellen, erfolgt entweder eine Subventionierung, oder die strategische Weiterbildung wird aus dem Wertschöpfungs-Center herausgelöst.

Das Wertschöpfungs-Center-Konzept erscheint aus theoretischer Sicht nur dann geeignet, strategische und kundenorientierter Weiterbildung sicherzustellen, wenn es sich um unspezifische Standardleistungen handelt. Weiterbildung wird dabei nicht als Investition in das Humankapital, sondern als Verbrauchsfaktor betrachtet.

4.3 Weiterbildung als externe Dienstleistung – Outsourcing von Weiterbildung

Zur Realisierung einer konsequenteren Verwirklichung der Dienstleistungsorientierung gliedern Unternehmen den Bereich Weiterbildung aus – sie betreiben Outsourcing.

Outsourcing ist die Kurzform von outside resourcing. Dabei wird zwischen zwei grundlegenden Varianten unterschieden:
- Das Unternehmen löst seine Weiterbildungsabteilung auf und entscheidet sich für eine Fremdvergabe. In diesem Fall handelt es sich um eine Auslagerung bzw. Outsourcing i.e.S. Diese Form umschreibt die seit langem bekannte Thematik der Eigenfertigung vs. Fremdbezug bzw. Make or Buy.
- Das Unternehmen verleiht seiner Weiterbildungsabteilung rechtliche Selbständigkeit. Das Tochterunternehmen nimmt die Weiterbildung für die Mutter und für weitere externe Kunden wahr. Die Mutter ist mit einer Mehrheits- oder Minderheitsbeteiligung an der Tochter beteiligt. In diesem Fall handelt es sich um eine Ausgliederung bzw. Outsourcing i.w.S.

Eine komplette Auslagerung der Weiterbildung, d.h. die Eliminierung des gesamten internen Bereichs zugunsten externer Weiterbildung ist nicht zu beobachten.

Über den Umfang des Outsourcing in der Praxis liegen keine repräsentativen Informationen vor. Der Trend ist relativ jung. Die folgenden Ausführungen beruhen auf einer ersten qualitativen Untersuchung, die das Forschungszentrum für Personalentwicklung an der Ruhr-Universität Bochum gemeinsam mit dem Innovations-Beratungs-Institut, Düsseldorf, im Auftrag des Bundesministeriums für Bildung, Wissenschaft, Forschung und Technologie (BMBF) durchgeführt hat.[66] Im Rahmen von Fallstudien und Expertengesprächen wurde der Outsourcingprozeß von der ersten Konfrontation mit dem Thema über die Planung und Realisierung bis zur Erfolgskontrolle nachverfolgt. Analysiert wurden betriebliche Motive, mögliche Outsourcingvarianten sowie inhaltliche und zielgruppenspezifische Wirkungen.

---

[66] Vgl. Staudt, E./Siebecke, D./Stute, C.: Outsourcing von Weiterbildung, in: Arbeitsgemeinschaft QUEM (Hrsg.): QUEM-report Nr.34, Berlin 1995.

4.3.1 Motive für ein Outsourcing der Weiterbildung

Drei zentrale Überlegungen können zu Outsourcing den Bereich der Weiterbildung führen:

A: *Outsourcing als Teilprozeß des Business-reengineering.* Leistungen, die nicht zum Kerngeschäft gehören, sind zur Ausgliederung oder Auslagerung geeignet. Verschiedene Planungsmodelle[67] geben auf der Basis unterschiedlicher Variablen eine Entscheidungshilfe, ob eine Leistung selbst erbracht oder zugekauft werden soll. Solche Variablen sind z.B.:
- Beitrag der Leistung zum Markterfolg
- Beitrag der Leistung zur Kernkompetenz
- Potentielle Abhängigkeiten
- Potentielle Kostenvorteile
- Existenz von externen Anbietern
- Vorhandensein interner Überkapazitäten
- Vorhandensein von Know-how zur Leistungserstellung im Betrieb
- Individualität der erforderlichen Leistungserstellung
- Flexibilität bei Unsicherheiten/Änderungen bezüglich einzelner Aufgabeninhalte
- strategische Bedeutung der Leistung

Die meisten dieser Variablen spielen auch bei Outsourcingüberlegungen für den Bereich der betrieblichen Weiterbildung eine zentrale Rolle. Erfahrungen und Probleme, die in den Fallstudien deutlich wurden, sprechen jedoch für eine Ergänzung dieser Liste. So spricht für viele Unternehmen die Verwobenheit der Weiterbildung mit anderen Abteilungen und Leistungen, insbesondere mit der Personal- und Organisationsentwicklung, gegen ein Outsourcing, da Synergieeffekte verloren gehen und informelle Informationen, von denen der Erfolg der Weiterbildung u.a. abhängt, bei einer institutionellen Trennung nur noch eingeschränkt fließen können. Viele Unternehmen befürchten, daß eine Öffnung nach außen die betriebliche Intimsphäre berührt. Know-how-Abfluß oder gar Mitarbeiterabwerbung werden als Gefahr gesehen.

B: *Outsourcing als Diversifikationsstrategie.* In diesem Fall ist die Weiterbildung profitorientiert und für externe Nachfrager offen. Wenn die Dienstleistung Weiterbildung in das Produktspektrum paßt, sind Potential- und Marktanalysen notwendig. Es ist zu klären, wie die Erlöspotentiale und Marktattraktivität einzuschätzen sind.

C: *Outsourcing als Mittel der Effizienz- und Effektivitätssteigerung für die Weiterbildung.* Basis für die Beurteilung der Zweckmäßigkeit eines Outsourcing sind die spezifischen Anforderungen an die betriebliche Kompetenzentwicklung (siehe Abschnitt 1). Im Planungsprozeß ist zu klären,
- welche Anforderungen konkret eine Zielgröße darstellen,
- ob ein Outsourcing geeignet sein kann, diese Zielgrößen positiv zu beeinflussen,

---

[67] Vgl. z.B. Jarmai, H.: Leistungsfähige Sourcing-Strategien, in: Gablers Magazin 8/1994; Klaus, M./Baum, A.: Auslagerung von Prozessen, in: Fortschrittliche Betriebsführung und Industrial Engineering 6/1993.

- welche flankierenden Maßnahmen notwendig sind, um die Zielerreichung sicherzustellen und
- welche negativen Effekte ein Outsourcing haben könnte.

4.3.2 Outsourcing-Varianten

Der Wunsch nach größerer Selbständigkeit, weniger Bürokratie, höherer Flexibilität in Personal- und Gehaltsfragen, Unabhängigkeit von den Tarifen der Mutter oder aber auch ein wachsender externer Kundenstamm, der sich unter Umständen nicht mehr mit dem Unternehmensziel bzw. dem Kerngeschäft der Mutter deckt, führen dazu, daß einige Unternehmen ihre Weiterbildungsabteilung ausgliedern. Entweder als Tochter (51-100%-Anteil) oder als Beteiligung (<51%-Anteil) wird i.d.R. eine GmbH gegründet, die nun als externer Anbieter der Mutter ihre Dienstleistung anbietet.
Erfolgt dies rein aus Überlegungen der Effizienz- und Effektivitätsverbesserung, so ist die Weiterbildungsabteilung i.d.R. die einzige Abteilung, die ausgegliedert wird. Erfolgt die Reorganisation im Zuge eines Business-Reengineering-Prozeß, so werden oftmals mehrere Abteilungen ausgegliedert. Noch weitergehender ist die Restrukturierung des gesamten Unternehmens zu einem Holding-Modell, bei dem der gesamte Konzern in einzelne Tochterunternehmen zergliedert wird, die von einer Holding gesteuert werden.
Die zwei Varianten der Ausgliederung mit einer Mehrheits- bzw. Minderheitsbeteiligung (Tochterunternehmen/Beteiligung) werden im folgenden anhand zweier Praxisbeispiele veranschaulicht.

Beispiel 1: Weiterbildung durch eine 100%-Tochter bei der Deutschen Lufthansa AG.

*In den Jahren 1990 bis 1992 kam es für die Deutsche Lufthansa zu einer katastrophalen Ergebnisentwicklung. Die Zeiten, in denen die Lufthansa die Preise nach den Kosten festlegen konnte, waren vorbei. Die Deregulierung im nordamerikanischen und europäischen Luftverkehr sowie der durch den Golfkrieg bedingte, drastische Nachfrageeinbruch führte in der Lufthansa-Führung zu einem radikalen Umdenken weg von einem hierarchischen Ganzen hin zu überschaubaren Teilunternehmen. Nach einer Phase kurzfristiger Ergebnisverbesserung durch Kosteneinsparung und Personalabbau wurden mit der Verringerung der Fertigungstiefe mit Besinnung auf das Kerngeschäft sowie einer geschäftsfeldorientierten Umstrukturierung des Konzerns nach dem Holdingprinzip Maßnahmen ausgeführt, die die Lufthansa langfristig konkurrenzfähig erhalten sollen. Ergebnis ist ein Konzernvorstand als Holding (DLH = Deutsche Lufthansa) mit den Ressorts Personal, Finanzen, Marketing und Operations sowie eigenständige Konzerngesellschaften wie Lufthansa Systems GmbH, Lufthansa Cargo AG, Lufthansa Technik AG und diverse andere Gesellschaften.
Ein Rationalisierungsausschuß identifizierte insgesamt 27 Outsourcing-Felder, unter anderem den Bereich der Technischen Schule. Seit dem 1. Januar 1995 existiert die Lufthansa Technical Training GmbH (LTT), eine 100%-Tochter der Lufthansa Technik AG. Mit 106 Mitarbeitern werden 19,4 Mio DM Umsatz erwirtschaftet. Die LTT hat sich das Ziel gesetzt, weltweiter Marktführer als Systemanbieter für luftfahrttechnische Schulungen zu werden. Zu diesem Zweck werden bereits internationale Kooperationen unterhalten.*

Es stand auch ein Outsourcing der kaufmännischen und verwaltungstechnischen Weiterbildung zur Diskussion. Die Lufthansa gliederte jedoch wohlweislich nicht die komplette Weiterbildung aus. Die kaufmännische Qualifizierung konzentriert sich auf Bereiche mit sensiblem, wettbewerbsrelevantem Know-How, wie z.B. die internen Buchungssysteme, die für die Lufthansa ein wichtiger Wettbewerbsfaktor sind. Somit war es eine strategische Entscheidung, nur den Bereich der technischen Schule auszugliedern, der ein eigenes Kerngeschäft mit einem großem Marktpotential darstellt.

Technische Weiterbildung ist in der Luftfahrt gesetzlich vorgeschrieben. Hohe Sicherheitsanforderungen und komplexe Technik sorgen für einen ständigen Grundbedarf an Qualifizierung, außerdem führt die weltweite Harmonisierung des Luftverkehrs zu neuen Qualifikationsanforderungen. Bisher war der Bereich Technische Schule der 'Haus- und Hoflieferant', bei dem sich die Lufthansa mit 'Selbstbedienungsmentalität' versorgte. Die Schule war erheblichen Nachfrageschwankungen ausgeliefert, die aus den Technik-Zyklen der Lufthansa resultierten. Gleichzeitig ist die Technische Schule für den überwiegenden Teil des Lehrgangsangebotes Monopolanbieter. Das Outsourcing macht jetzt die Erschließung des externen Marktes möglich, womit die starken Nachfrageschwankungen des Großkunden Lufthansa Technik ausgeglichen werden und die Abhängigkeit verringert werden kann.

Aus mehreren möglichen Outsourcing-Modellen (Verkauf der Einheit, Beteiligung eines Dritten, Management Buy Out, Einstellung der Leistung und Zukauf von Dritten) entschied man sich für die Variante einer 100%-Tochter. Der zwingende Zugang zur Lufthansa Technik und die Umsetzung eines neuen, stärker bedarfs- und lernzielorientierten Qualifizierungs- und Schulungskonzeptes (NQSK) sind zwei Beispiele, die für das gewählte Outsourcing-Modell sprechen. Die strategischen Vorteile liegen für die Lufthansa in der Verringerung der Fertigungstiefe und einer größeren Flexibilität am Markt und waren letztlich ausschlaggebend. Das Modell der Beteiligung Dritter war noch in der engeren Wahl, verschiedene Argumente sprachen jedoch dagegen. So verbietet sich die Beteiligung Dritter bereits aus steuerlichen Gesichtspunkten. Solange nämlich die Lufthansa 75% oder mehr der Anteile an der LTT hält, kann sie einen Vorsteuerabzug geltend machen, was ihr jährlich ca. 1 Mio DM erspart. Für niedrigere Mehrheitsverhältnisse wäre für alle Lehrgänge Mehrwertsteuer fällig, was die Lufthansa vermeiden will. Beteiligungen von weniger als 25% sind allerdings für potentielle Partner nicht interessant, da sie lediglich am finanziellen Risiko beteiligt wären und keinen Einfluß auf das gemeinsame Unternehmen hätten.

Die Umsetzung der Ausgliederung vollzog sich nach einem Businessplan. Danach strebt die LTT von Beginn ein positives Betriebsergebnis an. Die Preise für die Lufthansa werden nach der Cost-Plus-Methode bestimmt, wonach auf die Kosten ein Gewinnaufschlag berechnet wird. Die Preise der LTT orientieren sich am Marktniveau. Auf Drittkunden entfällt ein Umsatzanteil von 25%, der kontinuierlich gesteigert werden soll. Die Mitarbeiter des alten Bereichs Technische Schule sind komplett nach §613a BGB übernommen worden. Die Einrichtung ging in das Betriebsvermögen der LTT über. Die Organisation ist produktorientiert und auf eine Zertifizierung nach ISO 9000 ff. ausgerichtet. Mit der Lufthansa Technik AG wurde ein Liefer- und Leistungsvertrag abgeschlossen, der eine dreijährige Abnahmegarantie, den freien Zugang zu Fluggerät und Dokumentationsmaterial sowie die Definition von Preisunter- und -obergrenzen beinhaltet.

Erich Staudt, Andreas Joachim Meier

Bisher läßt sich folgendes Fazit ziehen: Durch die eigene Verwaltung ist ein zusätzlicher Aufwand entstanden, der durch die hohe Mitarbeitermotivation überkompensiert wird. Das aktuelle Betriebsergebnis liegt deutlich über dem Plan. Die Marktmechanismen innerhalb des Konzerns stellen sich langsam aber sicher ein. Das Outsourcing nur der technischen Weiterbildung erscheint vor dem beschriebenen Hintergrund nachvollziehbar und verspricht angesichts der Marktchancen Erfolg.

Beispiel 2: Die Audi AG entschied sich für das Modell der Minderheitsbeteiligung:

Die Audi Akademie wurde am 1. April 1993 als Gesellschaft für Personal- und Organisationsentwicklung mbH gegründet. Die heute zur Verfügung stehenden Erfahrungen sind demzufolge relativ jung. Trotzdem lassen sich über das Konzept und seine Realisierung sowie über die sich abzeichnende weitere Entwicklung klare Aussagen treffen. Der Gründung der Audi Akademie 1993 ging eine ca. anderthalbjährige Projektphase voraus, in der Spezialisten aus dem Bildungs- und Finanzbereich der AUDI AG Effizienz und Machbarkeit des Konzeptes analysierten. Leitfragen dieser Untersuchung waren:
- *wie können Bildungskosten langfristig gesenkt werden?*
- *wie kann die Qualität der Bildungsleistung unter Kostenreduzierungsgesichtspunkten erhalten bzw. gesteigert werden?*
- *wie kann die zu gründende Gesellschaft den ständig wachsenden und komplexer werdenden Anforderungen gerecht werden?*
- *wie kann die Flexibilität der Leistungen gesteigert werden?*
- *welche Chancen liegen im Know-how-Transfer zu den Geschäftspartnern der AUDI AG durch das Öffnen des Bildungsangebotes?*
- *welche Möglichkeiten gibt es auf dem freien Markt, zusätzliche Deckungsbeiträge zu erwirtschaften?*
- *und welche gesellschaftsrechtliche Form erfüllt am besten die gestellten Anforderungen?*

Ergebnis dieser Arbeit war die Gründung der Audi Akademie als GmbH mit einer Beteiligung der AUDI AG in Höhe von 26% der Gesellschaftsanteile.

Damit die Audi Akademie auf einer soliden finanziellen Grundlage stehen kann, wurde zwischen der AUDI AG und der Audi Akademie ein Rahmenvertrag abgeschlossen, der ein bestimmtes Leistungsvolumen für die ersten drei Jahre festlegt. Nach Ablauf dieser drei Jahre wird über weitere vertragliche Bindungen verhandelt. Es wurden nur die Bildungsfelder der AUDI AG in die Akademie übernommen, die auch für marktfähig gehalten wurden: Managementtrainings, CAD-Schulungen, EDV-Schulungen und die Sprachausbildung.

Die Planzahlen für das zweite Jahr nach der Gründung prognostizierten einen 25%-igen Anteil am Umsatz vom freien Markt gegenüber 75% Umsatzanteil aus dem Geschäft mit der AUDI AG. Tatsächlich wurden die Erwartungen etwas ernüchtert. Die Akademie erwirtschaftete nur 15% auf dem freien Markt, also rund 10% weniger als erwartet. Der geringer ausgefallene Marktanteil liegt einerseits an der insgesamt rezessiven Wirtschaftslage in den Jahren 1993/94 und andererseits darin begründet, daß die Audi Akademie einfach diese zwei Jahre benötigte, um bekannt zu werden und sich auf dem Markt zu etablieren. Für das Jahr 1995 wird die Akademie den zunächst angestrebten Anteil von 25% des Gesamtumsatzes auf dem freien Markt umsetzen. Die Kundenzusammensetzung auf dem freien Markt ist nicht wie erwartet von den Ge-

schäftspartnern der AUDI AG dominiert, diese Kundengruppe macht ca. 50% des Fremdkundenpotentials aus. Die anderen 50% kommen aus automobilfremden Branchen. Der Name AUDI war für die Entwicklung der Gesellschaft von Beginn an günstig. Der Erstkontakt mit neuen Kunden fällt durch den bekannten und mit Qualität und Kompetenz verbundenen Namen AUDI leichter, als wenn die Akademie ein „No Name"- Unternehmen wäre. Darüber hinaus hat die enge Anbindung an die AUDI AG noch einen Vorteil für potentielle Akademiekunden. Sie gewährleistet, daß die von der Akademie angebotenen Bildungsleistungen einem kontinuierlichen Praxistest unterliegen und daß industrielle Veränderungsprozesse bei Technik und Mensch von Beginn an begleitet und unterstützt werden können. So kann die Bildungsarbeit der Akademie immer am Geburtsort der Veränderung mitwirken und sich frühzeitig auf die Bedürfnisse der Veränderungsprozesse einstellen, es entstehen schnell nutzbare Erfahrungen. Das Verhältnis zwischen der AUDI AG und der Akademie hat sich in den ersten zwei Jahren sehr positiv entwickelt.

Natürlich gab es zur Zeit der Gründung der Akademie wie bei jedem Outsourcing-Projekt nicht nur Zustimmung, sondern auch Vorbehalte. Es war eine Menge Energie notwendig, diese Vorbehalte zu beseitigen und durch viele Abstimmungen, Gespräche und nicht zuletzt eine hohe Qualität der Dienstleistungen Vertrauen aufzubauen. Heute sind die Ressentiments weitgehend beseitigt und die Akademie ist ein Teil Normalität für die AUDI AG geworden. Das dokumentiert sich auch in der Ausweitung der Aufgabenfelder wie z.B. Produkttraining, Vertriebstraining und Kongreßdurchführungen.

Die Aufträge der AUDI AG werden durch das zentrale Bildungswesen AUDI an die Akademie vergeben. Das heißt, die Entscheidungskompetenz über die notwendigen Maßnahmen und deren Menge liegt weiterhin beim Bildungswesen der AUDI AG. Neben diesem Hauptauftraggeber können auch andere Bereiche, wie Marketing oder Vertrieb, Leistungen direkt anfordern.

Das Prinzip der 26%-igen Beteiligung an der Gesellschaft durch die AUDI AG erweist sich als praktikabel. Strategische Grundsatzentscheidungen und Punkte, die die Gesamtentwicklung der Akademie betreffen, werden auf den Gesellschafterversammlungen entschieden. Die 26%-ige Sperrminorität der AUDI AG sichert dem Unternehmen an dieser Stelle den notwendigen Einfluß. Die Mehrheitsbeteiligung durch die in der Akademie tätigen Gesellschafter gewährleistet einen reibungslosen Ablauf des Tagesgeschäfts. Die Akademie kann durch die selbständige Steuerung ihrer internen Prozesse und Abläufe in hohem Maße flexibel und kostengünstig hochwertige Bildung produzieren. Damit hat das Konzept einen großen Teil der gestellten Erwartungen erfüllt.

Die Wirkungen eines Outsourcing der Weiterbildung lassen sich aufgrund dieser Praxisbeispiele und anderer Erfahrungen, die in die Untersuchungen einfließen, folgendermaßen verallgemeinern:

4.3.3 Wirkungen eines Outsourcing von Weiterbildung

Ein Outsourcing der Weiterbildung bringt zunächst verschiedene Vorteile. Für das outsourcende Unternehmen erhöht sich durch das Entstehen von marktmäßigen Geschäftsbeziehungen die Kosten-, Preis- und Leistungstransparenz, was das Weiterbildungsmanagement vereinfacht.

Erich Staudt, Andreas Joachim Meier

Die Vorhaltung von Bildungskapazitäten mit den damit verbundenen fixen Kosten entfällt. Die Probleme bei der Umlage von Gemeinkosten mit geringer Verursachungsgerechtigkeit werden durch das Outsourcing ebenfalls gelöst. Damit verbunden ist der Abbau von Bürokratie, der sich in verminderten Overhead-Kosten niederschlägt. Diese Kosteneffekte lassen sich relativ leicht bestimmen und werden hauptsächlich zur Legitimation des Outsourcing herangezogen.

Ein weiterer positiver Effekt aus Sicht der outsourcenden Unternehmen liegt in der verstärkten Kunden- und Nachfrageorientierung der Weiterbildner, die dem Wettbewerbsdruck ausgesetzt sind und qualitativ hochwertige Leistungen erbringen müssen. Der Marktdruck erzwingt eine größere Flexibilität in zeitlicher und inhaltlicher Hinsicht. Durch den Einkauf der Bildung von außen eröffnet sich den nachfragenden Unternehmen darüberhinaus der 'Blick über den Zaun'.

Als weitere positive Effekte wird berichtet von:
- Effizienzsteigerungen durch größere Nachfrage und verbreiterte, verbesserte Angebote,
- positiver Zwang zu innovativen Leistungsangeboten,
- Konzentration auf den Markt der Bildung,
- sparsameren Umgang mit Ressourcen,
- schnellerer Realisierung von Aufgaben und Projekten auf dem Gebiet der Weiterbildung,
- projektbezogenem kurzfristigen Zukauf von hochspezialisiertem Know-how durch freie Mitarbeiter.

Auch die outgesourcten Bildungseinheiten können profitieren: Sie konzentrieren sich auf ihre 'Kernkompetenz' und haben durch die ökonomische Unabhängigkeit viel mehr unternehmerischen Spielraum. Sie sind von den Belastungen durch Kostenumlagen befreit und können ihre Interessen dem Nachfrager gegenüber stärker vertreten. Durch Betriebsräte vom Fach wird auch die interne Interessenvertretung verbessert.
Den Vorteilen stehen aus Sicht der Outsourcer jedoch auch zahlreiche Probleme gegenüber. Die Art, Konstellation und Intensität der auftretenden Problemsituation hängt bereits davon ab, von wem die Initiative zum Outsourcing ausgeht bzw. ausgegangen ist. In den befragten Unternehmen wurden zwei Ausgangspunkte angegeben:
- Top Down: Die Geschäftsleitung verordnet im Rahmen von allgemeinen Restrukturierungs-Prozessen oder zur Effektivitäts- und Effizienzsteigerung des Weiterbildungsbereichs eine Auslagerung. Die Geschäftsleitung behält die Weisungsbefugnis durch entsprechende Mehrheitsverhältnisse (bzw. durch die Schaffung von Cost- oder Profit-Center ohne rechtliche Eigenständigkeit).
- Bottom Up: Die Weiterbildungsabteilung schätzt ihre Leistungen als marktfähig ein und schlägt der Geschäftsleitung eine Ausgliederung vor. In diesen Fällen erhält die Mutter lediglich eine Beteiligung.

Nach der Ausgliederung entstehen nach den Erfahrungen der befragten Unternehmen Übergangszeiten von anderthalb bis fünf Jahren, bis die Mitarbeiter den herkömmlichen, oft bürokratischen Arbeitsstil überwunden und das notwendige Marktverhalten internalisiert haben, bis eine Vertrauensorganisation entstanden ist und bis auch die

Nachfrager „vernünftig" nachfragen, d.h. daß sie nicht nur nach Kosten-, sondern auch nach strategischen Gesichtspunkten Weiterbildungsangebote auswählen.

Auf der Basis der Erfahrungen der an der Untersuchung beteiligten Unternehmen ergeben sich Probleme bei einer Outsourcingrealisierung in folgenden Bereichen:

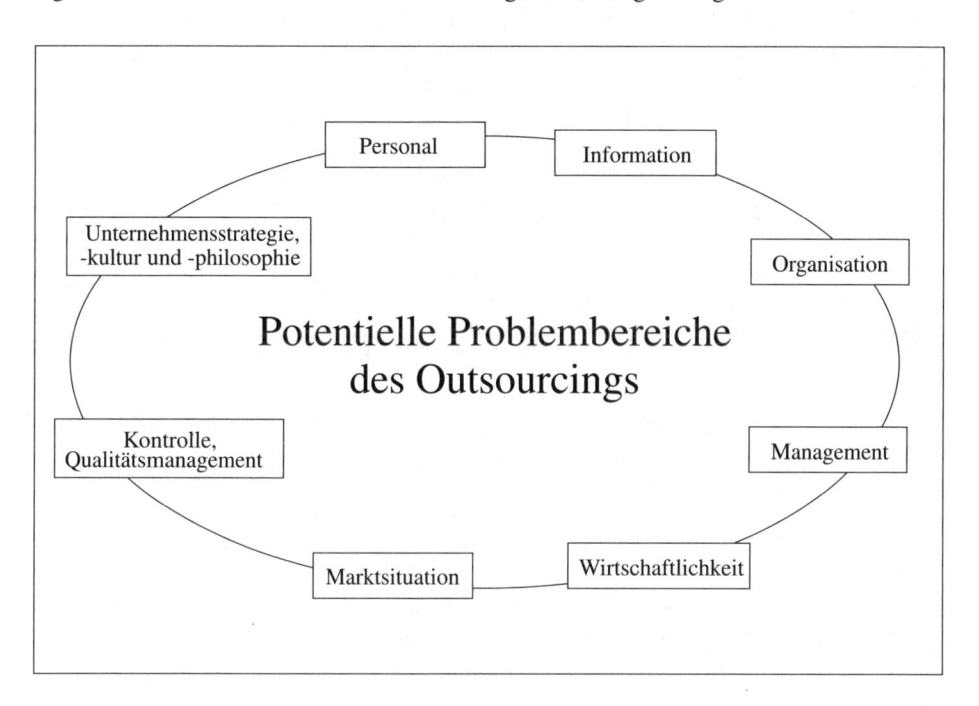

Potentielle Problembereiche des Outsourcings

- Personal
- Information
- Organisation
- Management
- Wirtschaftlichkeit
- Marktsituation
- Kontrolle, Qualitätsmanagement
- Unternehmensstrategie, -kultur und -philosophie

Unternehmensstrategie, -kultur und -philosophie

Ein Outsourcing der Weiterbildung hat weitreichende Konsequenzen für die Steuerung und Koordination der langfristigen Entwicklung der Unternehmen. Die Verzahnung der Unternehmensstrategie des Outsourcers mit der Weiterbildung des Anbieters erfordert eine genaue Abstimmung mit entsprechender Weisungsbefugnis. Je nach Outsourcing-Variante ist diese enge Verzahnung nicht mehr gewährleistet! Dieses Problem verschärft sich, wenn der Weiterbildner seine Strategie auf kurzfristig erfolgswirksame 'Cash-Cows' ausrichtet bzw. ausrichten muß, denn gerade in der Anfangsphase steht er unter großem Erfolgsdruck.

Eine Gegenmaßnahme wurde in den untersuchten Unternehmen z.B. dadurch realisiert, daß beim Outsourcer ein Personalverantwortlicher in hierarchisch hoher Position angesiedelt ist, der die Verknüpfung von Unternehmenszielen und strategischem Bildungsbedarf sicherstellt. Die Deckung dieses Bedarfs durch entsprechende Bildungsangebote wird durch Beiräte kontrolliert. In der ersten Zeit kann die Mutter außerdem eine Budgetgarantie geben, was den Existenzdruck des Weiterbildners vermindert.

Ob eine Verzahnung gelingt, ist nicht zuletzt abhängig von den Unternehmenskulturen und -philosophien. Outsourcer, die zugleich eine Marktorientierung der Weiterbildung anstreben, finden Wege, auch nach einem Outsourcing entsprechenden Einfluß zu nehmen. Dies gelingt jedoch nur, wenn die Kulturen zueinander passen, ansonsten entstehen unüberbrückbare Barrieren. Probleme hinsichtlich des Betriebsklimas können entstehen, wenn nicht alle Unternehmensbereiche reorganisiert werden. Wurden nur einige Abteilungen restrukturiert und müssen andere weiter bürokratisch arbeiten, so kam es in fast allen befragten Unternehmen dieses Typs zu Akzeptanzproblemen (siehe auch Problembereich Organisation).

Folgende Fragen bleiben in diesem Bereich offen:
- Wie ist die externe Weiterbildung in den Prozeß der Kompetenzentwicklung zu integrieren?
- Gibt es bestimmte Grundmuster bzw. Auslöser von Outsourcingprozessen?
- Sind Outsourcing und Unternehmensstrategie grundsätzlich miteinander vereinbar?
- Wie kann der Outsourcer die strategische Ausrichtung der Weiterbildungsbangebote überwachen?
- Wie kann eine externe Weiterbildung die Unternehmenskultur und -philosophie des Outsourcers tragen und unterstützen?
- Wie kann an der Schnittstelle zwischen Outsourcer und Weiterbildungsgesellschaft eine enge Kopplung hinsichtlich der strategischen Unternehmensplanung, Weiterbildungspolitik und der externalisierten Weiterbildung aufrechterhalten werden?
- Welche Abstimmungs- und Steuerungsmechanismen sind dazu notwendig?
- In welcher Form kann der Weiterbildner in den Willensbildungsprozeß der Bedarfsanalyse des Outsourcers einbezogen werden?

Personal

Schon im Vorfeld der Realisierung treten bei den betroffenen Mitarbeitern Ängste durch Unsicherheit bzgl. eines eventuellen Verlustes von Arbeitsplatz, sozialer Absicherung und Status auf. Umfassende Information trägt zur Klärung des Sachverhaltes bei und wirkt dem Entstehen von Gerüchten frühzeitig entgegen.
Wenn mit der Ausgliederung zugleich eine Dezentralisierung der Bedarfsanalyse und Bildungsnachfrage erfolgt, verändern sich die Anforderungen an die Führungskräfte des Outsourcers. Vorgesetzte werden zu Personalentwicklern ihrer Mitarbeiter, gleichzeitig werden sie zum Einkäufer von Bildungsmaßnahmen. Für diese neuen Aufgaben benötigen sie neue Kenntnisse und Erfahrungen, die sich erst im Lauf der Zeit einstellen.
Auch die Anforderungen an die Weiterbildner ändern sich gravierend, da sie nun kundenorientiert und unternehmerisch agieren müssen. Das Denken und Handeln weg vom Arbeiten in bürokratischen Strukturen hin zu Unternehmertum erweist sich nach den Erfahrungen der befragten Unternehmen vor allem in der Anfangsphase als Problem. Ein Ausweg über Personalsubstitution ist nach geltender Rechtslage nicht gegeben, da sowohl bei Ausgliederung, als auch bei Auslagerung die betroffenen Mitarbeiter übernommen werden müssen (EuGH-Urteil vom 14.4.94, wonach beim Outsourcing ein Betriebsübergang vorliegt, bei dem nach § 613a BGB alle Rechte und

Pflichten der zum Zeitpunkt des Übergangs bestehenden Arbeitsverhältnisse auf den neuen Betrieb übergehen.
Bei der Ausgliederung werden außerdem die Mitbestimmungsrechte bzgl. des Umwandlungsprozesses (§ 111 ff. BetrVG) tangiert. Nach dem Outsourcing ist die Möglichkeit der Einflußnahme des Betriebsrates des Outsourcers auf die Weiterbildungsinhalte eingeschränkt (§ 96 ff BetrVG). Auch hier besteht Problempotential.

Offene Fragen:
- Welche mitbestimmungsrechtlichen Probleme können sich bei einem Outsourcing der Weiterbildung ergeben?
- Welche datenschutzrechtlichen Probleme können sich bei einem Outsourcing der Weiterbildung ergeben?
- Welchen neuen Anforderungen ergeben sich bei einer Ausgliederung an die Mitarbeiter des Weiterbildners? Was muß sich in den „Köpfen" ändern?
- Wie können die Weiterbildungsführungskräfte und -mitarbeiter auf die neuen Anforderungen vorbereitet werden?
- Wie können die Linienvorgesetzten auf ihre neuen Aufgaben als Bildungsbedarfsermittler und Bildungseinkäufer vorbereitet werden?
- Wie kann die Weiterbildung der Weiterbildner sichergestellt werden?
- Welchen Maßnahmen eignen sich dazu, Angstreaktionen auf Seiten der Betroffenen vorzubeugen

Information

Zwischen Weiterbildungsnachfrager und seinem 'Lieferanten' entstehen Probleme nicht nur bei der Sicherstellung eines ausreichenden formalen Informationsflusses. Durch die enge Verzahnung von Weiterbildung und Unternehmenskultur reicht der rein formale Informationsaustausch nicht aus. Der Bildungsanbieter muß zudem am informellen Informationsfluß teilhaben können.[68] Es stellt sich als schwierig heraus, ein gesundes Mittelmaß zwischen zuviel und zuwenig Information zu finden. Es entsteht überdies ein Datenschutzproblem, wenn mitarbeiterbezogene Daten über die Unternehmensgrenzen hinaus gegeben werden. Hier müssen vertragliche Regelungen getroffen werden, worin die Mitarbeitervertretung einzubeziehen ist.
Unternehmen, für die Outsourcing nicht in Frage kommt, äußern die Befürchtung des Abflusses von sensiblem Know-how. Keines der befragten Unternehmen, die Externe an der eigenen Weiterbildung partizipieren lassen, hat jedoch einen negativen Know-how-Abfluß beobachtet. Gerade bei Unternehmen des produzierenden und verarbeitenden Gewerbes liegen Know-how-Vorteile in technischen Innovationen. Hier verhindert der Marktmechanismus einen Know-how-Abfluß, da Schulungen auf diesen Gebieten so speziell sind, daß keine Externen daran teilnehmen.

---

[68] Vgl. o.V.: Lernendes Unternehmen, in: Personal Potential 3/1995, S.13 ff.

Offene Fragen:
- Wie kann ein Outsourcing der Weiterbildung kommuniziert werden, um Akzeptanz zu finden?
- Welche Kommunikation ist zwischen Outsourcer und Weiterbildner notwendig, um die Weiterbildungseffektivität sicherzustellen? Wie kann der Informationsfluß sichergestellt werden?
- Welche Rolle spielen informelle Informationen? Wie können sie ausgetauscht werden?
- Wie kann ein Abfluß sensiblen Know-hows verhindert werden?

Organisation

Die Erfahrungen bei der Outsourcing-Realisierung zeigen organisatorische Probleme in folgenden Bereichen:
- Verzahnung von Organisations-, Personal- und Kompetenzentwicklung, (siehe auch Kap. 4.3.3.1)
- vertragliche Regelungen zwischen Outsourcer und Weiterbildungsanbieter (z.B. hinsichtlich Datenschutz, Exklusivrechte, Weisungsbefugnisse, zeitliche Bindung der Zusammenarbeit, Anmelde-, Rücktritts- und Zahlungsbedingungen, Anschubfinanzierungen, Abnahmegarantien etc.),
- Erfüllung neuer Anforderungen beim outgesourcten Unternehmen durch die neuen Funktionen Marketing, PR und Rechnungswesen,
- Auswahl der eingesetzten Trainer.

Werden beim outsourcenden Unternehmen nur Teilbereiche reorganisiert, ist außerdem die Akzeptanz der neuen Bildungseinheit gefährdet.

Offene Fragen:
- Welche (rechtlichen) Organisationsformen empfehlen sich unter welchen Bedingungen?
- Welche organisatorischen Konstellationen sind besonders konfliktträchtig?
- Welche zusätzlichen Probleme entstehen bei einer Verzahnung von Organisation- und Personalentwicklung durch Outsourcing?
- Wie können versteckte regelungsbedürftige Problemsituationen aufgedeckt werden?

Management

Die Konstituierung der Zusammenarbeit mit dem Weiterbildner erfordert ein eigenes Management. Angesprochen ist hier insbesondere das Schnittstellenmanagement zwischen Anbieter und Nachfrager sowie das Konfliktmanagement bei Interessendiskrepanzen.
Ist die Ausgliederung erfolgt, so wird das Management der Zusammenarbeit als umfassende Planungs-, Organisations-, Führungs-, Informations- und Kontrollaufgabe relevant. Es gleicht somit grundsätzlich dem Management von Unternehmenskoopera-

tionen.[69] Aus den Erfahrungen in diesem Bereich sind folgende Faktoren zu nennen, die das Schnittstellenmanagement erleichtern:
- Der entsprechende Verantwortliche für die Schnittstelle zum Weiterbildner sollte ein Management- und Führungstraining durchlaufen.
- Eine Entlastung sowie eine erweiterte Perspektive ergibt sich durch die Delegation von Teilaufgaben an Mitarbeiter.
- Ein Durchspielen von Konfliktsituationen gibt aufschlußreiche Informationen und ermöglicht Simulationen.
- Regelmäßige Treffen tragen zur Reduzierung von Konfliktpotentialen bei.

Weiterbildungskooperationen sind explizit Gegenstand des Kapitels 4. Die dortigen Ausführungen, insbesondere über vertikale Kooperationen zwischen Weiterbildner und Unternehmen gelten auch für die Zusammenarbeit zwischen Outsourcer und outgesourcter Bildungsabteilung.

Offene Fragen:
- Wie können Weiterbildner zu Weiterbildungsunternehmern werden?
- Welche Managementaufgaben ergeben sich in der Konstituierungsphase für Outsourcer und Weiterbildner und wie sind sie zu lösen?
- Sind die Aufgaben des Schnittstellenmanagements deckungsgleich mit den Managementaufgaben einer Kooperation? Wie sind mögliche zusätzliche Aufgaben zu lösen?

Wirtschaftlichkeit

Wirtschaftlichkeitseffekte eines Outsourcings liegen in der Variabilisierung von Fixkosten, einer erhöhten Kostentransparenz und einer Personalkostenreduktion im Bereich der Weiterbildung. Die Erfassung weiterer Effekte bereitet große Schwierigkeiten. Ein grundsätzliches Problem der Weiterbildung ist die Effizienzbewertung. Bei einer Outsourcingrealisierung müssen Bewertungskriterien definiert werden, die für die Weiterbildungsqualität nicht kontraproduktiv sein dürfen. Durch die verstärkte Kostenorientierung besteht nämlich die Gefahr, daß für den Weiterbildner wenig lukrative Bildungsinhalte vernachlässigt werden und daß bei individuellen Lösungen zuwenig in die Curriculumentwicklung investiert wird. Entsprechende Gegenmaßnahmen können vertraglich vereinbart werden.

Grundsätzlich spielen bei der Entscheidung zum Outsourcing wirtschaftliche Gründe eine wesentliche Rolle. Dabei werden quantitative Aspekte bevorzugt. Die Erfassung sämtlicher wirtschaftlicher Effekte (quantitativ und qualitativ) konnte demgegenüber bei keinem der untersuchten Unternehmen geleistet werden.
Die outgesourcten Weiterbildner haben ihre Kostendeckungsziele erreicht. Umsatzrückgänge durch verringerte interne Nachfrage konnten durch verstärkte Akquisition externer Kunden kompensiert werden, teilweise sogar überkompensiert, so daß der Mitarbeiterstamm vergrößert werden mußte.

---

[69] Vgl. Staudt, E. et al.: Kooperationshandbuch. Ein Leitfaden für die Unternehmenspraxis, Düsseldorf 1992.

Grundsätzlich besteht bei der die Wirtschaftlichkeit beeinflussenden Angebotsgestaltung die Gefahr, daß aufgrund eines 'falschen' Kostenbewußtsein der Kunden heraus vermehrt preiswerte, i.d.R. am operativen Geschäft orientierte Bildungsinhalte nachgefragt werden. Für den Weiterbildner sind solche Nachfragen angenehm, da Mengendegressionseffekte eintreten, der Vorbereitungsaufwand gering ist, die Kundenwerbung leicht fällt und weniger Überzeugungsarbeit zu leisten ist. In diesen Themengebieten können entsprechend hervorragende Qualitäten angeboten werden, oft deutlich über dem Standard vor der Ausgliederung.

Weiterbildungsangebote, die eher langfristig orientiert, mit höheren Preisen verbunden sind und einen hohen Erklärungsbedarf haben, sind schwerer zu vermarkten. Wie in Kap. 4.3.3 erläutert wurde, bedarf es flankierender Maßnahmen auf Seiten des nachfragenden Unternehmens, um strategisch wichtige Themen dennoch schulen zu lassen. Weiterbildner sehen sich hier einerseits vor neue Vertriebsaufgaben gestellt. Andererseits erwächst aus dieser Problematik der Bedarf an besonderer Kundenbetreuung in Form von Beratung und Unterstützung bei der Bedarfsermittlung. Unter Umständen müssen Trainingskonzepte zergliedert und in Modulen angeboten werden, um eine Vermarktung zu ermöglichen.
Bei Marktorientierung kann der Dienstleister erst mit Angeboten reagieren, wenn er die Bedarfe des Marktes abschätzen kann, wenn sie also vom Kunden artikuliert werden. Deshalb erreicht ihn der Bedarf verzögert. Es besteht die Gefahr, Leistungen zu spät anzubieten.
Auf der anderen Seite muß ein marktorientierter Anbieter schnell reagieren, um konkurrenzfähig zu sein. Dieser Zwang besteht bei traditionellen Weiterbildungsabteilungen nicht. Durch den Einbezug mehrerer Kunden, verbunden mit entsprechenden Mengendegressionseffekten, hat ein eigenständiger Anbieter bessere Optionen, neue Angebote zu entwickeln.

Die befragten Unternehmen, die ihre Weiterbildung ausgegliedert haben, gewährleisten die Aktualität ihrer Weiterbildung, indem
- Trainer direkt über Investitionsplanungen und -entscheidungen informiert werden,
- Weiterbildner bei der Bedarfsanalyse involviert werden,
- Weiterbildungsplanung und Personalentwicklung auf hoher Ebene beim Nachfrager verankert sind und die dort abgeleiteten Bedarfe direkt an den Weiterbildner weitergegeben werden,
- eine feste, dauerhafte Kunden-Lieferanten-Beziehung für den Bereich der Weiterbildung mit entsprechenden Vertrauens-, aber auch Abhängigkeitsverhältnissen realisiert wird,
- bei einer Ausgliederung keine räumliche Trennung erfolgt und somit informelle Kanäle weitergenutzt werden,
- Trainer aus dem Bereich Labor, Vertrieb oder Produktion kommen, nach bestimmten Intervallen dorthin zurückkehren, Bedarfe und aktuelle Entwicklungen miterleben und wieder zurück in den Trainingsbereich gehen.

Offene Fragen:
- welche Gesamteffekte hat ein Outsourcing der Weiterbildung?
- welche Kriterien sind zur Bewertung eines Outsourcings einzusetzen?

- wie kann die Wirtschaftlichkeit der Weiterbildungsangebote bei Schulungen in Nischenfeldern gesichert werden?
- benötigt der Outsourcer angesichts unterschiedlicher Leistungen verschiedene Kalkulationsmodelle?
- welche Steuervor- und -nachteile hat ein Outsourcing der Weiterbildung?

Marktsituation

Bei einer Ausgliederung der Weiterbildung machen sowohl Outsourcer als auch Weiterbildungsanbieter erste Erfahrungen mit dem Weiterbildungsmarkt. Soll die Weiterbildung Marktmechanismen unterliegen, so werden Outsourcer zu Weiterbildungseinkäufern. Sie müssen sich einen Marktüberblick verschaffen und Auswahlkriterien festlegen.

Die Weiterbildungsanbieter müssen die Marktfähigkeit ihrer Produkte abschätzen. Hinsichtlich der Schnittstelle werden Aspekte der Kundenbindung bzw. der Zeitperspektive einer Kooperation zwischen Weiterbildungsanbieter und -nachfrager sowie der gegenseitigen Abhängigkeit relevant.

Bei einer Ausgliederung der Weiterbildungsabteilung sind in den meisten Fällen die neuen Unternehmen erstmalig damit konfrontiert, sich auf dem Markt zu behaupten. Viele lassen sich dabei Zeit und konzentrieren sich vorerst auf die Deckung der Bedarfe der Mutter. Eher defensiv erschließen sie externe Märkte. Wie bereits ausgeführt, liegen in vielen Unternehmen noch keine ausgefeilten Marketing- und Vertriebskonzepte vor. So werden eher exploratorisch erste Gehversuche auf dem externen Markt unternommen. Erfahrungen, die diese Unternehmen machen konnten, sind:

- preiswerte Themen verkaufen sich relativ leicht,
- Modethemen sind relativ leicht zu vermarkten,
- Themen mit hohem Erklärungsaufwand haben einen geringen Markt,
- Kunden sind oftmals sowohl Unternehmen, als auch Privatnachfrager,
- bei hoher Qualität der Schulung lassen sich auch hohe Preise erzielen,
- Themenfelder, die mit dem Mutterunternehmen assoziiert werden, sind leichter zu vermarkten, da hier auf ein bestehendes Image aufgebaut werden kann,
- in Branchen mit hoher Wettbewerbsintensität und 'gespannten' Verhältnissen zwischen Kunden und Zulieferer (z.B. Automobilindustrie) fällt es schwer, Zulieferer als Kunden zu gewinnen, da diese eine zu große Abhängigkeit befürchten.

Die Mutterunternehmen binden sich bislang deutlich an ihre Weiterbildungstöchter, auch wenn offiziell Wettbewerb erlaubt und erwünscht ist. Outgesourcte Weiterbildner, die die Ausgliederung mit einer offensiven Markterschließung flankieren, haben nach eigenen Angaben guten Erfolg. Ausschlaggebend scheint hier neben der Realisierung einer effizienten Marketing- und Vertriebsstrategie das Vorleben erfolgreicher Personalentwicklung im Mutterunternehmen sowie deren Image zu sein.

Da sowohl von den Mitarbeitern des Outsourcers, als auch von der Unternehmensleitung ein Vertrauensverhältnis zum Weiterbildner erforderlich ist, sind nach den Erfahrungen der Unternehmen Partnerwechsel kontraproduktiv. Ist einmal ein vertauensvoller Partner gefunden, sind Marktmechanismen nur noch eingeschränkt wirksam. Es kommt zu einem beiderseitigen Abhängigkeitsverhältnis.

Offene Fragen:
- Reichen die vorhandenen Vertriebs- und Marketinginstrumente zur Unternehmensplanung im Rahmen einer Outsourcingrealisierung aus?
- Wie kann sich ein Outsourcinginteressierter einen Marktüberblick in qualitativer Hinsicht schaffen?
- Welche Chancen und Risiken bietet die Marktentwicklung für ein Outsourcing?
- Welche Kundenstruktur ist für den Weiterbildner empfehlenswert?
- Erfordert ein Outsourcing die Entwicklung neuer Angebote?

Kontrolle, Qualitätsmanagement

Eine systematische Bewertung des Outsourcingprozesses wurde in keinem Unternehmen durchgeführt. Trotzdem schätzen diese Unternehmen die Qualität als gestiegen ein. Eine verstärkte Nachfrage- und Kundenorientierung legt eine Qualitätssteigerung nahe. Jedoch sind die Erfahrungen noch relativ jung. Es ist weitgehend offen, welche Auswirkungen längerfristig zu erwarten sind. Auf Seiten der Weiterbildungsanbieter wird durch ein explizites Qualitätsmanagement versucht, die Wettbewerbsposition zu stärken. Die Erfolgskontrolle muß über die Unternehmensgrenzen hinweg erfolgen. Von der Zielvereinbarung bis zur Unterstützung des Lerntransfers beeinflussen viele Faktoren die Qualität der Weiterbildung. Outsourcer und Weiterbildner müssen auch hier eng zusammenarbeiten, wenn die Qualität stimmen soll.

Ein gutes Beispiel hierfür liefert die IBM-Bildungsgesellschaft:[70]

Der IBM-Konzern – weltweiter Hersteller von EDV- und Informationstechnologie – ist in Deutschland durch die IBM Deutschland GmbH vertreten, die seit Beginn des Jahres 1993 in mehrere selbständige Einzelgesellschaften unter dem Dach einer Holding segmentiert ist. Die Weiterbildung wird von der IBM Deutschland Bildungsgesellschaft mbH, einer 100%-Tochter der Holding, durchgeführt. 1993 beschäftigte die Bildungsgesellschaft durchschnittlich 514 Mitarbeiter und erzielte einen Umsatz von 202 Mio DM. Ca. 160000 Teilnehmer wurden in über 1800 Maßnahmen zu mehr als 800 Themen von internen und externen Trainern weitergebildet. Das Spektrum der angebotenen Leistungen ist sehr vielfältig. Es umfaßt die Beratung, Entwicklung, Vermarktung und Durchführung von Weiterbildung in den Sektoren Informationsverarbeitung, Unternehmensführung und Unternehmenssteuerung. Zwei Drittel der Maßnahmen entfallen auf Informationstechnologie, ein Drittel auf Managementkurse, Projektmanagement u.ä. Weitere kundenspezifische Dienstleistungen runden das Angebot ab.

---

[70] Vgl.: Ischebeck, W.; Arx, S. v.: Aus- und Weiterbildung als eigenständige Bildungsgesellschaft bei IBM Deutschland, in: Wunderer, R.; Kuhn, T. (Hrsg.): Innovatives Personalmanagement: Theorie und Praxis unternehmerischer Personalarbeit, Berlin 1995, S. 498-524.

Weiterbildung als Dienstleistung

Intern ist die Bildungsgesellschaft in sechs Geschäftsfelder gegliedert. Die marktorientierten Bereiche operieren als Profit-Center, diejenigen, die mehrheitlich interne Managementleistungen erbringen, werden als Cost-Center mit klarer Budgetvorgabe geführt.
Weiterbildung spielt für IBM eine herausragende Rolle, denn in kaum einer anderen Branche veraltet aktuelles Wissen so schnell wie in der Informationstechnologie. Die Halbwertzeit des Wissens liegt bei IBM in einigen Bereichen unter zwölf Monaten. Die IBM-Bildungsgesellschaft begegnet diesen herausfordernden Bedingungen mit einer umfassenden Qualitätssicherung. Die IBM Deutschland ist nach ISO 9000 zertifiziert, was einer externen Überprüfung von momentan 37 unternehmensweit definierten Geschäftsprozessen entspricht. Im Verantwortungsbereich der IBM Bildungsgesellschaft liegt der zertifizierte „Customer Education Process", der in sieben Schritten die Abläufe eines Kunden-Bildungsauftrages sowie die entsprechende Umsetzung der Qualitätsnormen festlegt:

CEP Customer Education Process
(Die Stufen enthalten jeweils mehrere Unterstufen)
1. Marktchancen ermitteln
2. Schulungsangebote entwerfen
3. Schulungsdurchführung planen
4. Marketing durchführen
5. Schulungen entwerfen
6. Schulungen entwickeln
7. Leistung erbringen

Seit 1984 wurde in der IBM das Business-Process-Management sehr ernst genommen und bereits vor der ISO-Zertifizierung implementiert, was sich im Rückblick als eine wertvolle Vorarbeit erwies.
Ein zweites Standbein der Qualitätssicherung beruht auf dem wichtigsten der acht weltweit gültigen IBM-Grundsätze: dem Bekenntnis zu einer 'Market Driven Quality', also zu einer absoluten Priorisierung der Kundenbedürfnisse. Mittels interner und externer Kundenbefragungen wird die Qualität der Bildungsleistungen regelmäßig evaluiert. Das Bildungscontrolling der IBM-Bildungsgesellschaft basiert auf quantitativen und qualitativen Qualitätsindikatoren. Schon seit Jahren führt die IBM Deutschland im Sinne eines qualitativen Controllings jedes Quartal eine Befragung bei mehreren tausend Kunden durch, womit die Entwicklungen des Bildungsmarktes sowie die Servicequalität der Bildungsgesellschaft sorgfältig verfolgt werden können. Die Bildungsgesellschaft verfügt außerdem über einen ausgereiften Beurteilungsbogen zur Kursleiterqualifikation. Die Evaluation liegt primär beim Geschäftsbereichsverantwortlichen, die komprimierten Daten werden im Sinne einer Frühwarnung an die Geschäftsleitung weitergegeben.

Neben betriebswirtschaftlichen Kennzahlen wie „Weiterbildungskosten zu Umsatz und Personalkosten" oder „jährliche Weiterbildungszeit je Mitarbeiter" sind der Markt, die Kundenbedürfnisse und der Profit langfristige Erfolgsindikatoren der Weiterbildung. Auf den vier Ebenen Teilnehmerreaktion, Lernziel-Erreichung, Transfer an den Arbeitsplatz und geschäftlicher Erfolg findet eine Erfolgskontrolle der Weiterbildungsprogramme durch Befragungen, Beurteilungen und Analysen statt. Ein weiteres Instrument des strategischen Bildungs-Controlling bei IBM ist das umfangreiche Skill-Management, das die Bildungsmaßnahmen langfristig auf die strategischen Ziele ausrichtet. Das sogenannte Skill-Board legt personenunabhängig die Anforderungsprofile für die Mitarbeiter auf eine Sicht von fünf Jahren fest. Diese Soll-Werte dienen als Grundlage für den Vergleich mit den heute in der IBM Deutschland tatsächlich vorhandenen Skills, die durch den Skill-Planungs-Prozeß evaluiert werden. Aufgrund der Differenzen werden konkrete Maßnahmen geplant und kontrolliert. Jährlich wird festgestellt, inwiefern sich die Bildungslücken geschlossen haben. Die Serviceleistungen eines unternehmensspezifischen Skill-Boards und eines Skill-Planungs-Prozesses werden auch externen Kunden angeboten.

Qualität in der Weiterbildung wird bei der IBM-Bildungsgesellschaft großgeschrieben. Bildungs-Controlling ist nach ihrem Verständnis kein ausschließlich betriebswirtschaftlicher Algorithmus, sondern setzt sich aus mehreren strategischen und operativen Komponenten zusammen:

- **Bildungs-Controlling** *als Instrument zur systematischen Erfassung des Bildungsnutzens in Relation zu den definierten Zielen und den dafür eingesetzten Ressourcen*
- **Bildungs-Controlling** *ist ein Steuerungsinstrument für alle beteiligten Funktionen*
- **Bildungs-Controlling** *ist Bestandteil des Managementsystems*
- **Bildungs-Controlling** *stellt sicher, daß Bildung bedarfs- und unternehmensorientiert ist*
- **Bildungs-Controlling** *als strategisches Steuerungsinstrument anstelle eines Reparaturbetriebes*
- **Bildungs-Controlling** *ermittelt den Bildungsstand und die Bildungspotentiale*
- **Bildungs-Controlling** *als Instrument zur Realisierung der Unternehmens- und Personalstrategie*

Der Restrukturierungsprozeß und die Implementierung des umfassenden Qualitätsmanagements stellt hohe Anforderungen an das Management der Organisationsentwicklung, aber auch an Veränderungsbereitschaft, Initiative und unternehmerischer Motivation der Mitarbeiter. Intensive Kommunikation und Information sind unerläßlich.

Offene Fragen:
- Welche Qualifikation (Zertifizierung) benötigt der Weiterbildner, um 'schadensarme' Weiterbildung zu gewährleisten?
- Wie muß ein Evaluationskonzept für die Bewertung und Steuerung von Outsourcingprozessen aussehen?
- Welche Qualitätswirkungen hat ein Outsourcing auf lange Sicht?
- Wie kann eine Evaluation einzelner Bildungsangebote aussehen?
- Können Organisationsentwicklungspotentiale, wie sie sich im Produktionsbereich aus einem Qualitätsmanagement ergeben, auch für Weiterbildungsanbieter im Outsourcingprozeß genutzt werden?

4.3.4 Besonderheiten in den fünf neuen Bundesländern

In den neuen Ländern fand und findet Outsourcing von Weiterbildung unter den besonderen Rahmenbedingungen des Transformationsprozesses statt.[71] Vor der Wende galt in der DDR das Prinzip der 'Störfreimachung', d.h. alle betrieblichen Aufgaben waren selbst zu erledigen. Die beruflich-betriebliche Weiterbildung war damit Sache der volkseigenen Betriebe. Nach der Wende stand im Zuge der unausweichlichen Restrukturierungen der unproduktive Ballast, über den die Kombinate reichlich verfügten, als erstes zur Disposition. Das betraf auch die Bildungseinrichtungen der Kombinate.
Outsourcingentscheidungen waren vor diesem Hintergrund fremdbestimmt und nicht Ergebnis strategischer unternehmerischer Entscheidungen. Im Vordergrund stand der Erhalt unternehmerischer Kernpotentiale. Das beinhaltete unter anderem die Auflösung der betrieblichen Bildungseinrichtungen. Nur wenigen Betriebsakademien und -schulen gelang eine Ausgliederung als ganzes. Einige Weiterbildungsleiter erkannten, daß die einzige Überlebenschance als selbständige Einheit in der Neuorientierung auf den entstehenden Weiterbildungsmarkt bestand. Sie konzentrierten sich auf die Akquisition von AFG-geförderten Bildungsaufträgen der Arbeitsverwaltungen. Der Normalfall war jedoch der schrittweise oder abrupte Zerfall mit der völligen Auflösung der alten Strukturen.[72]
Dieser Prozeß war im wesentlichen bis Ende 1991 abgeschlossen. Die Weiterbildung löste sich von ihrer betriebsspezifischen Umgebung und entwickelte sich in Richtung AFG-finanzierter Weiterbildung auf einem freien Weiterbildungsmarkt, auf dem auch Anbieter aus den alten Bundesländern tätig wurden. Die Anbieterlandschaft ist von starker Konkurrenz geprägt, was durch die Schrumpfung der öffentlichen Fördermittel seit 1993 noch verstärkt wird. Seitdem besteht eine Konzentrationstendenz.
Die verbleibenden Kernunternehmen stehen nach wie vor unter massivem Spardruck, was sich insgesamt negativ auf ihre Weiterbildungsaktivitäten auswirkt. Die Zusammenarbeit mit den ehemals betriebszugehörigen Bildungseinrichtungen gestaltet sich zwar stabil, aber eher im Sinne von 'Kooperationen auf Zuruf' auf der Basis von Traditionen und persönlichen Kontakten. Das Eingehen von längerfristigen vertraglichen Bindungen ist eher die Ausnahme.[73] (Weiterbildungskooperationen sind Gegenstand des folgenden Abschnitts)

Die outgesourcten Weiterbildner betätigen sich hauptsächlich auf dem Gebiet öffentlich geförderter Weiterbildung, da hier die größten Erlöse zu erzielen sind. Damit entfernen sie sich einerseits von ihren angestammten Kompetenzen und andererseits von den unternehmensindividuellen Weiterbildungsbedarfen. Die Unternehmen klagen dementsprechend über wachsende Schwierigkeiten, eine Weiterbildungskooperation mit einem externen Träger aufrechtzuerhalten.[74] Drexel et al. sprechen von einer

---

[71] Vgl. Voß, P./Chalupsky, J.: Outsourcing von betrieblicher Weiterbildung und Personalentwicklung in den neuen Bundesländern, in: Arbeitsgemeinschaft QUEM (Hrsg.): QUEM-report, Heft 34, Berlin 1995, S. 63 ff.
[72] Vgl. ebenda, S.81.
[73] Vgl. Voß/Chalupsky, a.a.O., S.116.
[74] Vgl. Drexel, I. et al.: Neue Arbeitsteilung und Kooperation zwischen betrieblicher und betriebsexterner Weiterbildung?, in: QUEM-Bulletin Nr. 10/1995, S.9.

„sich wechselseitig verstärkenden Entfremdung von Betrieben und externen Einrichtungen."[75] Dieses prinzipielle Problem von Weiterbildungskooperationen gilt in abgeschwächter Form auch für die alten Bundesländer, wird dort jedoch dadurch gemildert, daß Weiterbildung stärker als in den neuen Ländern intern stattfindet.

Die verbliebenen Reste der Kombinate sind in den neuen Bundesländern nicht strukturbestimmend. Die entstehende Wirtschaftsstruktur ist von kleinen und mittleren Unternehmen geprägt. Für KMU gilt die generelle Problematik, daß sie aufgrund größenbedingter Restriktionen weniger in der Lage sind, Weiterbildung systematisch durchzuführen (vgl. dazu Abschnitt 4). Sie sind deshalb im wesentlichen auf externe Weiterbildung angewiesen. Dazu kommen die Startprobleme in den neuen Ländern. Betriebliche Weiterbildung findet hier tatsächlich im wesentlichen über externe Träger statt.[76] Der größte Teil der Maßnahmen liegt außerhalb der Arbeitszeit. Durch die knappen Mittel, die für Weiterbildung zur Verfügung stehen, kommt jedoch auch dem Lernen in der Arbeitssituation und dem selbstgesteuerten Lernen eine höhere Bedeutung zu als in den alten Ländern.

Der Untersuchung von Weiß zufolge beteiligen sich ostdeutsche Betriebe im Vergleich zu westdeutschen seltener an Weiterbildung, sie praktizieren ein eingeschränkteres Spektrum von Maßnahmen, es nehmen weniger Mitarbeiter daran teil und die Aufwendungen für Weiterbildung sind geringer.[77] Gemessen am Gefälle des Sozialprodukts ist der Abstand zu den alten Ländern jedoch relativ gering, was zeigt, daß Weiterbildung in den neuen Ländern immer noch offensiv zur Bewältigung des Strukturwandels eingesetzt wird und werden muß.

Der Trend geht in den Unternehmen der neuen Ländern im Moment zum Bildungsmanager in der Personalabteilung, der die Abstimmung bzw. Kooperation interner Bildungsbedarfe und externer Angebote organisiert.[78] Neben Weiterbildungskooperationen im engeren Sinn greifen ostdeutsche Unternehmen zunehmend auf Personalberatungsleistungen zu, was Ausdruck des Bemühens ist, betriebliche Weiterbildung wieder verstärkt intern zu etablieren.[79] Durch das radikale Outsourcing haben sich die Betriebe offenbar wichtiger Potentiale beraubt, was sich jetzt bemerkbar macht.

4.4 Fazit zur Dienstleistungsorientierung der Weiterbildung

Die Erfahrungen sind noch jung. Es ist offen, welche Auswirkungen längerfristig zu erwarten sind. Je nach Branche, eingesetzter Technologie, Know-how-Intensität, Unternehmensgröße und Strategie hat Weiterbildung einen ganz spezifischen Stellenwert im Unternehmen. Dieser Stellenwert ist im Einzelfall zu bestimmen, woraus sich ein Anforderungsprofil an die Weiterbildung ergibt. Eine solche Analyse führt zu einem

---

[75] Drexel et al., a.a.O., S.10.
[76] Vgl. Mayrhofer, W./Dunkel, M.: Betriebliche Weiterbildung in den neuen Ländern, in: Schwuchow, K./Gutmann, J. (Hrsg.): Jahrbuch Weiterbildung, Managementweiterbildung, Weiterbildungsmanagement, Düsseldorf 1995, S.204 f.
[77] Vgl. Weiß, a.a.O., S.170 f.
[78] Vgl. Voß/Chalupsky, a.a.O., S.134.
[79] Vgl. Drexel et al., a.a.O., S.10.

differenzierten Bild von Weiterbildung. Je nach dem Grad der Spezifität bzw. Individualität der Weiterbildung erscheint die Einrichtung eines Wertschöpfungs-Centers oder Outsourcing nicht sinnvoll. Ein mögliches Differenzierungskriterium ist der Standardisierungsgrad der Weiterbildungsmaßnahme. Ergebnis einer differenzierten Betrachtung kann eine Aufteilung in dienstleistungsfähige und nicht-dienstleistungsfähige Weiterbildung sein. Die Weiterbildungsforschung hat bislang kein gültiges Rezept für diese Fragestellungen.

Bei einem Outsourcing der Weiterbildung kommt es prinzipiell zu denselben Problemen, die in Kapitel *4.2.2: Probleme und Grenzen des Wertschöpfungs-Center-Konzepts* genannt wurden. Diese Probleme sind grundsätzlicher Natur und resultieren aus dem Organisationsprinzip der Koordination von Angebot und Nachfrage über einen Preis. Die Entscheidung für ein Make or Buy von betrieblicher Weiterbildung kann nicht pauschal getroffen werden. Standardisierte Bildungsmodule, die Basiswissen vermitteln, sind von individualisierten Maßnahmen mit spezifischen Inhalten zu trennen. Für erstere ist eine marktliche Steuerung denkbar. Letztere entziehen sich dem Marktmechanismus, denn Arbeiten und Lernen ist nicht separierbar. Weiterbildung als interne oder externe Dienstleistung behindert den Aufbau von Qualifikationspotentialen, weil sie zu sehr am Tagesgeschäft orientiert ist. Den Fachabteilungen mangelt es an Anreizen, über die operativen Bedarfe hinaus Weiterbildung nachzufragen. Insofern steht die Dienstleistungsorientierung der betrieblichen Weiterbildung im Widerspruch zum Leitbild von der lernenden Unternehmung.

Die Outsourcingerfahrungen zeigen allerdings auch, daß eine entsprechende Planung und Realisierung, die die genannten Problembereiche frühzeitig aufgreift und strategisch orientierte Lösungsmuster implementiert, die Effizienz und Effektivität der Weiterbildung verbessern kann.

Die Gefahren des Outsourcings liegen im Bereich der strategischen Orientierung der Unternehmen. Außerdem bestehen Widersprüche hinsichtlich der Realisierung eines Lernens im Prozeß der Arbeit mit der Notwendigkeit ständig aktualisierter Bildungsinhalte. Offen ist die Integration der externen Weiterbildung in die betriebliche Kompetenzentwicklung, Organisations- und Unternehmensentwicklung. Im Zuge der allgemein zu beobachtenden Outsourcing-Euphorie sollte demnach eine Ausgliederung der Weiterbildung nicht ohne eine genaue Analyse der aufgezeigten Problempotentiale erfolgen.

5. Weiterbildungskooperationen von Klein- und Mittelunternehmen

Ein weiterer Trend in der betrieblichen Weiterbildung, der mit der Dienstleistungsorientierung korrespondiert, ist der Trend zu Weiterbildungskooperationen. Ein erweitertes Spektrum an nachgefragten Leistungen und gestiegene Qualitätsanforderungen führen dazu, daß die Unternehmen, die extern weiterbilden, zunehmend Leistungen aus einer Hand nachfragen. Vor allem für Klein- und Mittelbetriebe stellen Weiterbildungskooperationen eine Möglichkeit dar, systematisch Weiterbildung zu betreiben. Auf dem Weiterbildungssektor sind drei Arten von Kooperationen zu beobachten:

- horizontale Kooperation: mehrere Unternehmen der gleichen Produktionsstufe bilden einen Weiterbildungsverbund. Dabei kann es sich um nachfrageseitige oder um angebotsseitige Verbunde handeln.
- vertikale Kooperation: Unternehmen und Weiterbildungsanbieter gehen eine Weiterbildungskooperation ein. Die Beziehungen zwischen beiden Partnern gehen über die Abwicklung seminarmäßiger Weiterbildung hinaus und umfassen prinzipiell alle Aufgaben der Personalentwicklung. Der Weiterbildner etabliert sich als Weiterbildungsberater, der eine Komplettdienstleistung anbietet.
- Mischformen: Mehrere Unternehmen, Weiterbildungsanbieter und weitere Beteiligte wie z.B. Vertreter der Wissenschaft oder von Kammern und Verbänden bilden ein Weiterbildungsnetzwerk.

Es folgt eine kurze Darstellung der besonderen Situation von KMU, bevor auf die drei Kooperationsformen eingegangen wird.

5.1 Weiterbildung in KMU

Die Klein- und Mittelbetriebe bilden die größte Gruppe aller Unternehmen. Aufgrund zunehmender Rekrutierungsprobleme bei Fachkräften, durch die wachsende Bedeutung der Einführung neuer Technologien und damit verbundener organisatorischer Veränderungen wird Weiterbildung für KMU zu einem zentralen Wettbewerbsfaktor.[80] Die Weiterbildung von KMU ist trotz tendenziell steigender Aktivitäten sehr uneinheitlich. Weiterbildungsaktiven KMU stehen weitgehend weiterbildungsabstinente gegenüber. Birkle/Beck haben in einer Untersuchung aus dem Jahre 1993 zwei Weiterbildungsstrategien von KMU identifiziert:[81]
- Strategisch orientierte Weiterbildung – Weiterbildung als „Chefsache": Weiterbildung hat einen herausragenden Stellenwert und fällt in die Verantwortung der Unternehmensleitung. Die einzelnen Maßnahmen sind aufeinander abgestimmt und dienen einer Gesamtstrategie. Weiterbildung wird vorausschauend unter Berücksichtigung der Interessen und Bedürfnisse der Mitarbeiter durchgeführt.
- Reaktiv orientierte Weiterbildung: der Weiterbildung wird von diesen Unternehmen ein geringer Stellenwert eingeräumt. Sie dient vor allem der Anpassung der fachlichen Qualifikationen und weniger der Unternehmensentwicklung. Komplexer werdende Rahmenbedingungen werden als belastend empfunden. In den Reaktionen variieren die Unternehmen nochmals beträchtlich:
  - Der Druck des operativen Geschäfts veranlaßt einige Unternehmen zu einem kompletten Rückzug aus der Weiterbildung. („Vogel-Strauß-Verhalten").
  - Andere Unternehmen werden durch den stärkeren Druck zu systematischer und planvoller Weiterbildung veranlaßt. Die Maßnahmen erscheinen jedoch überstürzt („Schnellschuß-Verhalten").

---

[80] Vgl. Kailer, N.: Neue Dienstleistungen erfordern neue Strategien des Bildungsmanagements, in: Gesellschaft der Weiterbildungs-Zeitschrift (GdWZ) 6/1995, S.322.
[81] Vgl. Birkle, W./Beck, R.: Personalentwicklung und Weiterbildung in kleinen und mittelständischen Unternehmen, in: GdWZ 6/1994, S.311 ff.

Die Bedingungen für Personalentwicklung im allgemeinen und Weiterbildung im besonderen werden wegen zeitlicher, personeller, sachlicher und finanzieller Restriktionen für KMU als ungleich schwieriger erachtet als für Großunternehmen. Die Probleme der Weiterbildung in KMU lassen sich wie folgt zusammenfassen:[82]
- kaum eigenes Weiterbildungspersonal,
- hoher Anteil von ad-hoc-Weiterbildung,
- vorwiegend externe Weiterbildung,
- hoher Stellenwert informellen Lernens, oft nicht als Lernakt bewußt,
- technische Entwicklungen und Produktinnovationen sind Auslöser,
- stark fachspezifische Themenschwerpunkte,
- unterschiedliche Beteiligung sowohl der Betriebe als auch der Mitarbeitergruppen,
- große Freistellungsschwierigkeiten.

Weiterbildungskooperationen stellen für KMU eine Möglichkeit dar, diese Probleme zu überwinden und systematisch Weiterbildung zu betreiben. Es wurde an anderer Stelle bereits darauf hingewiesen (vgl. S.12), daß durch den hohen Anteil des informellen und arbeitsplatznahen Lernens KMU möglicherweise einen Vorsprung in der Kompetenzentwicklung gegenüber Großunternehmen haben. Es erscheint deshalb nicht gerechtfertigt, KMU ein generelles Kompetenzentwicklungsdefizit zu bescheinigen.

5.2 Weiterbildungsverbunde von KMU

Die Idee vom Weiterbildungsverbund geht von der Überlegung aus, „daß angesichts der für die Organisation von Weiterbildung und Personalentwicklung in mittelständischen Unternehmen knappen personellen und finanziellen Ressourcen gemeinsam – unterstützt von einem Weiterbildungsberater – Synergieeffekte zu erzielen sind.[83] Von Wissenschaftlern, Industrie- und Handelskammern oder Weiterbildungsberatern initiiert und koordiniert bieten diese Weiterbildungskooperationen die Möglichkeit des Erfahrungsaustausches und der gemeinsamen Konzeption von Weiterbildungsmaßnahmen. Voraussetzung für das Funktionieren ist die Schaffung einer stabilen Organisation durch Personalentwicklungs-Koordinatoren im jeweiligen Unternehmen. Sie halten den Kontakt zum Verbund und setzen die Maßnahmen intern um. Die Verbünde enthalten i.d.R. Unternehmen unterschiedlicher Branchen[84], jedoch auch für konkurrierende Unternehmen bieten Weiterbildungskooperationen Vorteile.[85] Ein Beispiel veranschaulicht das Konzept:

---

[82] Vgl. Kailer, a.a.O., S.322 und die dort angegebene Literatur.
[83] Helbich, B.: Systematische Weiterbildung im Verbund mittelständischer Unternehmen, in: Personal 11/1994, S.519.
[84] Vgl. Ebeling, K.: Aus Fehlern lernen, in: Personalwirtschaft 11/1993, S.29 ff.
[85] Vgl. Jacob, U./Waldmann, R.: Personalentwicklung im Mittelstand, in: Schwuchow, K./Gutmann, J. (Hrsg.): Jahrbuch Weiterbildung, Managementweiterbildung, Weiterbildungsmanagement, Düsseldorf 1995, S.63.

Erich Staudt, Andreas Joachim Meier

Der Weiterbildungsverbund MACH 2:[86]

Zehn Unternehmen unterschiedlicher Branchen bilden den Verbund „MACH 2 Weiterbildungsberatung". Jedes Unternehmen stellt einen Koordinator, der die Schnittstelle zwischen Unternehmen und Verbund darstellt. Sie sind Ansprechpartner für den Weiterbildungsberater, der Angestellter des Verbundes ist. Die Koordinatoren treffen sich in vierteljährlichem Turnus. Bei diesen Treffen wird eine Grobstrategie vereinbart und es werden Erfahrungen ausgetauscht. In den Unternehmen erarbeitet der Koordinator zusammen mit dem Weiterbildungsberater konkrete innerbetriebliche Weiterbildungskonzepte von der Bedarfsermittlung über die Umsetzung bis zur Auswertung. Die Instrumente unterliegen einer ständigen Rückkopplung und Verbesserung durch den Austausch im Verbund. Der Zugriff auf professionelle Beratungskompetenz, die das Know-how des Beraters und das Wissen der Verbundpartner vereinigt, rechtfertigt die anteiligen Kosten.

Der Weiterbildungsverbund ist selbstfinanziert. Dieser Umstand wird im Vergleich zu öffentlich geförderten Verbundprojekten als ideale Konstitutionsbedingung bezeichnet, da Engagement der Partner mit einer gesunden Erfolgserwartung kombiniert wird. Der Gründungsschritt fiel dennoch nicht leicht, da er Kosten bzw. Beiträge zur Finanzierung verursachte. Der Einstieg erfolgte zweckmäßigerweise über eine top-down-Strategie. Geschäftsführer, Personalleiter, Betriebsleiter und Betriebsräte wurden von Anfang an mit einbezogen. Ziel war und ist, durch systematische Weiterbildung die Potentiale der Mitarbeiter gezielt zu fördern.

Die Entwicklung von Weiterbildungsverbünden steht noch am Anfang. Anders als im Bereich der Erstausbildung kooperieren Betriebe in der Weiterbildung noch sehr selten. Ein repräsentativer Überblick liegt derzeit nicht vor. Aus den Erfahrungen existierender Studien läßt sich folgendes zusammenfassen:[87]
- Die Angst vor Abwerbung und Know-how-Abfluß ist bei Weiterbildungskooperationen um einiges größer als bei Ausbildungs-Kooperationen.
- durch fehlende rechtliche Vorgaben und individuelle Bedarfe ist die Konsensfindung im Verbund nicht einfach. Kooperationen beginnen eher auf informeller Ebene in kleinen Schritten.
- Weiterbildungsverbünde nur von KMU ändern nichts an deren grundsätzlichen Mängeln bei der Weiterbildungsinfrastruktur. Ein Lösungsmodell besteht in der Kooperation von KMU mit Großunternehmen.
- Die Einbeziehung von Verbänden, Kommunen und Weiterbildungsträgern erscheint zur Ausdehnung der Weiterbildungsmöglichkeiten sinnvoll. Horizontale und vertikale Weiterbildungskooperationen schließen sich somit keineswegs aus.
- Weiterbildungsverbünde bedürfen i.d.R. eines Anstosses von außen. Ebenso ist eine zentrale Koordinationsstelle notwendig. In Frage kommen hier Weiterbildungsträger, oder – wie im Beispiel MACH 2 – eine eigene Institution.

---

[86] Das Beispiel ist dem Beitrag von Helbich, a.a.O., entnommen.
[87] Vgl. Schönfeld, M./Stöbe, S.: Weiterbildung als Dienstleistung – Die Zusammenarbeit zwischen Weiterbildungsträgern und Betrieben bei der Qualifizierung von Beschäftigten, Neuwied/Kriftel/Berlin 1995, S.27 ff. und die dort angegebene Literatur.

- Auch die meisten Weiterbildungsträger kooperieren auf mindestens einem Feld miteinander, die Kooperationen sind aber i.d.R. unverbindlich. Die kooperierenden Anbieter erscheinen leistungsfähiger als die 'Einzelkämpfer'.

Horizontale Weiterbildungskooperationen stellen für KMU vor allem dann ein tragfähiges Konzept der Kompetenzentwicklung dar, wenn die Betriebe keine ihren Bedürfnissen entsprechende Weiterbildungsmöglichkeiten haben. Die Schwachstelle liegt in der Phase der Entstehung des Verbundes. Über bestehende Netzwerke ist es möglich, Kooperationen zu initiieren. Darüberhinaus wäre die Einrichtung von Weiterbildungskooperations-Börsen denkbar. Weiterbildungsträger können hier eine Maklerrolle übernehmen.

5.3 Kooperationen von Weiterbildnern und KMU

Die verstärkte Zusammenarbeit zwischen Weiterbildungsträgern und Unternehmen wird in Zukunft vor allem für KMU von Interesse sein. Auslöser sind die generell gestiegenen Anforderungen an die Qualifikationen und die spezifischen Bedarfe, die nicht über Standardangebote gedeckt werden können. Im Grunde ist jede Betriebssituation einzigartig und bedarf individualisierter Weiterbildungskonzepte. Die Intensität der Zusammenarbeit wird demnach weiter zunehmen. Auf diese Weise entstehen quasi automatisch Weiterbildungskooperationen.

Um die daraus entstehenden Marktpotentiale nutzen zu können, verändern die Weiterbildungsträger ihr Leistungsangebot zunehmend in Richtung Weiterbildungs-Beratung im Sinne einer Komplett-Dienstleistung. (siehe die Tabelle auf der nächsten Seite) Weiterbildungsträger sehen sich dabei gestiegenen Qualitätsanforderungen der Unternehmen gegenüber, die auf der Basis eines Bildungscontrolling ihre Auswahlkriterien verschärfen.[88] Viele Weiterbildungsträger sehen sich mit der Notwendigkeit einer tiefgreifenden Restrukturierung konfrontiert, um die Anforderungen der Unternehmen erfüllen zu können.[89] Die Weiterbildungsträger werden die gestiegenen Anforderungen annehmen müssen, wenn sie im Markt bestehen wollen. Insbesondere wird es darauf ankommen, die Weiterbildung in die Kompetenzentwicklung der KMU zu integrieren und mit ihrer Organisations- und Unternehmensentwicklung zu verzahnen.

Schönfeld/Stöbe kommen in ihrer Untersuchung über die Kooperation von Weiterbildungsanbietern und Unternehmen zu folgenden allgemeinen Ergebnissen:[90]
- Angesichts der massiven Kürzungen der AFG-geförderten Weiterbildung sehen die Weiterbildungsträger ihre einzige Chance in einem Ausbau von Kooperationsbeziehungen mit Unternehmen.

---

[88] Bildungscontrolling und Qualität von Weiterbildung erfreut sich zunehmender Beliebtheit. Vgl dazu stellv.: v. Landsberg, G./Weiß, R. (Hrsg.): Bildungscontrolling, Stuttgart 1992.
[89] Vgl. Schönfeld/Stöbe, a.a.O., S.45 ff.
[90] Die Untersuchung umfaßt eine schriftliche Befragung von 801 Weiterbildungsträgern in Nordrhein-Westfalen und zehn Fallstudien über Weiterbildungs-Kooperationen. Vgl. Schönfeld/Stöbe, a.a.O.

- Die meisten Bildungsträger verfügen über Betriebskontakte, die für die Entwicklung weiterer individueller Angebote nutzbar sind. (77,8% der Bildungsträger arbeiten in irgendeiner Form mit Unternehmen zusammen.) Längerfristige Kooperationen sind bislang jedoch selten.
- Persönliche Kontakte sind für die Entstehung von Kooperationen entscheidend. Für die Weiterbildungsträger ergibt sich dadurch die Notwendigkeit eines Key-account-managements. Unternehmen, die ihre Weiterbildung outsourcen, haben hier einen Vorteil: durch die vorhandenen persönlichen Kontakte fällt es ihnen leichter, mit ihren Weiterbildungs-Töchtern Kooperationen zu unterhalten.
- Der Wandel zum Anbieter von Weiterbildungsdienstleistungen verlangt von den Weiterbildnern eine konsequente Kunden-, Mitarbeiter- und Kooperationsorientierung. Die hier liegenden Potentiale werden noch nicht ausreichend genutzt.
- Durch die Schwierigkeiten der Qualitätsbestimmung von Weiterbildung wird den Weiterbildungsträgern die Installation eines Qualitätsmanagementsystems und die Zertifizierung durch unabhängige Institutionen nicht erspart bleiben. Letztlich erfordert das eine tiefgreifende strategische Umorientierung und die Einleitung langfristiger Organisationsentwicklungsprozesse.

Bei der Ausweitung der Kooperationsfelder kommt es zu folgenden Problemen:[91]
- Spezialisierung und Individualisierung führt die Weiterbildungsträger in die Abhängigkeit von wenigen, im Extremfall einem Unternehmen. In Zeiten schwacher Weiterbildungsnachfrage kann das zu existentieller Bedrohung führen. Dieser Umstand steht der Entwicklung von innovativen und spezialisierten Programmen entgegen.
- Gute Weiterbildung hat ihren Preis. Vor allem weiterbildungsunerfahrene KMU sind nicht in der Lage, die Vorteile einer individuellen und problemorientierten Weiterbildung richtig einzuschätzen und deshalb nicht bereit, sie finanziell zu honorieren. Sie greifen lieber auf billige Standardangebote zurück.

Trotz der genannten Probleme kann man davon ausgehen, daß vertikale Weiterbildungskooperationen in Zukunft an Bedeutung gewinnen werden.

5.4 Mischformen der Kooperation

Wie in den beiden vorangegangenen Kapiteln bereits deutlich wurde, schließen sich horizontale und vertikale Weiterbildungskooperationen nicht aus, sondern ergänzen sich. Vereinzelt entstehen Weiterbildungs-Netzwerke, in denen verschiedene Institutionen kooperativ zusammenarbeiten. Auch in diesem Bereich fehlt ein repräsentativer Überblick, so daß zur Veranschaulichung ein Beispiel dient: das Berufsförderungswerk Saarland GmbH (BFW). Dabei ist anzumerken, daß es sich bei dieser Art der Kooperation um einen Sonderfall handelt: die kooperierenden Institutionen schaffen ein Angebot an Weiterbildung, daß sich vornehmlich an externe Personen/Betriebe richtet. Es handelt sich somit um eine neue Form des Angebotsverbundes.

---

[91] Vgl. Kailer, a.a.O., S.323 ff.

Die Dienstleistungspalette von Weiterbildungsanbietern:

Kooperationsfeld	Beispiele
- Zusammenarbeit mit anderen Institutionen (regional/ länderübergreifend)	Qualifikationsanalysen, Weiterbildungs-Motivations-Kampagnen, Datenbanken/Vernetzung, Programmentwicklung im Anbieterverbund, Bedarfserhebungen
- Bildungsbedarfserhebung für das Programmangebot des Anbieters	Unternehmens-, Teilnehmer-, Expertenbefragungen; Programmevaluierung, Auswertung von Bedarfsanalysen, Kundenforen, Programmbeiräte
- Weiterbildungsberatung	Information über das Programmangebot, individuelle Beratung (Einzelinteressenten, Unternehmen)
- Fachinformationen: Informationssammlung, -aufbereitung, -weitergabe	Fachbibliothek, und -beratung, Branchen-Newsletter
- Recherchearbeiten	Datenbank- und Literaturrecherchen, Berichterstellung
- Lernmaterialien und -programme	Verkauf/Verleih, Adaptierung/Neuentwicklung, tutorielle Betreuung, Begleitveranstaltungen, Beratung beim Aufbau von Support-Strukturen im Unternehmen
- Förderung von Kooperationen und Erfahrungsaustausch	Themen- und branchenspezifische Kontaktplattformen, Gruppen von ehemaligen Teilnehmern, (internationale) Symposien, Fachkongresse
- überbetriebl. Durchführung von Standardveranstaltungen	Blockseminare, berufsbegleitende Lehrgänge
- Ermittlung des Weiterbildungsbedarfes von Teilnehmern an überbetrieblichen Veranstaltungen	Vortreffen, (tel.) Teilnehmerinterviews, schriftliche Erhebungen
- Lerntransferfördernde Gestaltung überbetrieblicher Seminare	Vor- und Nachbereitungstreffen, Stützkurse, Förder-ACs, Transfertreffen und -evaluierung, Hotline
- Lern- und Lehrmittelvermittlung (Bösenfunktion)	Datenbank über Interessenten/Material, Informations- und Kontaktveranstaltungen
- Weiterbildungsverbundprojekte	Bedarfserkärung, Partnersuche, Konzepterstellung, Durchführung, Evaluation
- Weiterbildungsbedarfserhebung in Unternehmen	schriftliche Erhebung, Interviewserie, moderierte Klausurtagung zur Bedarfserhebung, Programmkonzept bzw. -entwicklung auf Basis der Bedarfserhebung
- firmeninterne Durchführung von Veranstaltungen	Standardveranstaltungen (mit/ohne Begleitmaßnahmen), „maßgeschneiderte" bzw. adaptierte Programme auf Basis der Bedarfserhebung
- Begleitung selbstgesteuerten Lernens	Begleitung von Lerngruppen am Arbeitsplatz/on-the-job-Trainingsmaßnahmen, Abhaltung von Präsenzphasen bzw. Tutoreneinsatz bei der Arbeit mit Fernlehrgängen und Selbstlernpaketen
- Gruppenmoderationen	Moderation von Arbeitsbesprechungen, Moderation von Konferenzen, Moderation von Klausuren
- Coaching	Einzelcoaching, Projektsupervision, Gruppencoaching
- Organisationsentwicklungs-Beratung	Organisations-Diagnosen
- Aus- und Weiterbildung von PE- und WB-Personal	Auswahl, Förder-ACs, Training, Supervision, Kontaktplattform

Quelle: Kailer, a.a.O., S.324

Nach dem Vorbild der dualen Berufsausbildung wird durch das Berufsförderungswerk Saarland auch die betriebliche Fortbildung dual organisiert. Auch im Bereich der Weiterbildung beruht jede verwertbare Qualifikation auf einer Kombination von theoretischem Grundlagenwissen und anwendungsbezogenen Fertigkeiten und Erfahrungen. Die Vermittlung der theoretischen Grundlagen findet in außerbetrieblichen Einrichtungen statt. Darauf aufbauend werden die praxisorientierten Weiterbildungskapazitäten der Betriebe genutzt. Auf diese Weise entsteht im Weiterbildungsnetzwerk ein partnerschaftliches Zusammenwirken außerbetrieblicher und betrieblicher Einrichtungen, wobei jeder den Teil der Aufgabe übernimmt, für die er die besseren Voraussetzungen besitzt.

Anbieter der standardisierten Kurse ist das von der Arbeitskammer des Saarlandes, der Industrie- und Handelskammer des Saarlandes und weiteren Trägern gegründete Berufsförderungswerk Saarland GmbH. Es verfügt über betriebliche und schulische Bildungsstandorte. Der praktische Teil der Weiterbildung findet außerhalb der Betriebszeiten bei den angeschlossenen Unternehmen statt, die dadurch zusätzliche Einnahmen erzielen und am Erfahrungsaustausch teilhaben. Das Spektrum der beteiligten Unternehmen reicht von KMU bis zu Zweigwerken von Großkonzernen. Die theoretische Weiterbildung findet in zahlreichen assoziierten Berufsbildungszentren statt. Angeboten werden Seminare in den Bereichen kaufmännischer und gewerblich-technischer Weiterbildung, EDV-Seminare für Büro und Verwaltung sowie Maßnahmen zur Absolvierung des zweiten Bildungsweges. Die Maßnahmen stehen jedem offen, richten sich in erster Linie jedoch an Einzelpersonen (hier zielt das BFW auch auf AFG-geförderte Weiterbildung). Vor allem Kleinunternehmen bietet sich dennoch die Möglichkeit, Mitarbeiter praxisorientiert weiterzubilden.

Der Schwerpunkt bei diesem Weiterbildungs-Netzwerk liegt weniger in der Spezialisierung und Individualisierung (also der Dienstleistungsorientierung) als in der Effizienzsteigerung der Weiterbildung durch die Kombination von verschiedenen Lernformen und die Durchführung durch jeweils kompetente Weiterbildner. Der Nutzen der beteiligten Einrichtungen steht nur mittelbar im Vordergrund, in erster Linie geht es um die Schaffung einer neuen Form von praxisorientierten Weiterbildungsangeboten für jedermann.

Festzuhalten bleibt, daß Weiterbildungskooperationen in den verschiedensten Formen am Anfang ihrer Entwicklung stehen und in Zukunft an Bedeutung gewinnen werden. Auf Seiten der Weiterbildungsanbieter wird es zu einschneidenden organisatorischen Veränderungen kommen, wenn die gestiegenen Anforderungen der Unternehmen erfüllt werden sollen. Die Einführung einer umfassenden Dienstleistungsorientierung erfordert ein strategisches Konzept, über das heute erst die wenigsten Weiterbildner verfügen. Auch für Weiterbildner stellen Kooperationen ein Instrument zur Verbesserung des Angebots dar, das bislang erst wenig genutzt wird.

Ein Mangel läßt sich derzeit noch im Bereich der trägerunabhängigen Weiterbildungsberatung, die sich auf die Zusammenarbeit von Weiterbildungsträgern und Betrieben bezieht, feststellen.[92] Solche Beratungsstellen richten ihr Angebot sowohl an Bildungsträger, als auch an Unternehmen. Sie könnten so eine Maklerrolle übernehmen, die auf dem momentan noch sehr intransparentem Weiterbildungsmarkt eine entscheidende Infrastrukturverbesserung darstellen würde.

---

[92] Vgl. Schönfeld/Stöbe, a.a.O., S.11 f.

6. Ausblick

Die Diskussion um die betriebliche Weiterbildung leidet an einem konzeptionellen Defizit. Es ist unklar, wie der Beitrag der Weiterbildung zur Unternehmensentwicklung ermittelt werden kann und welche Anforderungen sie erfüllen muß. Ebenso ist die Funktion der Weiterbildung für die betriebliche Kompetenz-, Organisations- und Unternehmensentwicklung unklar. Dazu existieren noch keine operablen Konzepte. Kompetenzentwicklung durch Lernen im Prozeß der Arbeit ist bislang lediglich eine Vision, die von der Theorie gefordert, aber in der Praxis noch nicht umgesetzt wird. Fragen der organisatorischen Gestaltung der Weiterbildung werden in diesem Zusammenhang bislang nicht thematisiert. Die Entwicklung und Umsetzung eines klaren Konzeptes zur Kompetenzentwicklung steht noch aus. Insbesondere die individuelle Perspektive der Erfahrung, Bereitschaft und Zuständigkeit als Bestandteile von Kompetenz bedarf einer intensiveren Betrachtung.

Davon unabhängig ist die Praxis bestrebt, Effektivität und Effizienz der Weiterbildung zu steigern. Dabei wird den marktwirtschaftlichen Steuerungsmechanismen vertraut. Die Option der wirtschaftlichen und rechtlichen Selbständigkeit der Weiterbildungseinrichtung stellt sich jedoch nur für die wenigen Großunternehmen, die bereits eine professionalisierte Weiterbildungsinfrastruktur vorweisen können.

Generell kann in Zukunft davon ausgegangen werden, daß sich die Verantwortung für Weiterbildung zunehmend ausdifferenziert und dezentralisiert. Zentralisierte Abteilungen werden eher koordinierende und beratende Dienstleistungsfunktionen ausüben. Weiterbildungskooperationen werden insbesondere für KMU an Bedeutung gewinnen. Die Weiterbildungsanbieter werden sich an wachsende Anforderungen durch die Nachfrager anpassen müssen und ihr Leistungsangebot auf die spezifischen Bedarfe ausrichten und entsprechend ausdehnen. Hier sind bei vielen Weiterbildnern noch erhebliche Defizite zu verzeichnen.

Ein allgemeingültiges Rezept für die 'richtige' organisatorische Verortung der Weiterbildung existiert noch nicht. Zwischen dem ungebrochenen Trend zur Dienstleistungsorientierung und den ungelösten organisatorischen Problemen der Kompetenzentwicklung mit Schwerpunkt auf einem Lernen im Prozeß der Arbeit zeichnet sich momentan eine gegenläufige Entwicklung ab. Ob die Schere weiter auseinander geht oder sich wieder schließt, kann nicht abschließend beantwortet werden.

Erich Staudt, Andreas Joachim Meier

Literatur

Ackermann, K.F./Scholz, H. (Hrsg.): Personalmanagement für die 90er Jahre, Stuttgart 1991.
Ders. (Hrsg.): Reorganisation der Personalabteilung, Stuttgart 1994.
Alten, W.: Auf die Haltung kommt es an. Europäische Automobilhersteller und Zulieferbetriebe entwickeln eine Weiterbildungskonzeption für Qualitätsverbesserung, in: berufsbildung Heft 26/1994.
Arbeitsgemeinschaft QUEM (Hrsg.): QUEM-report, Heft 34, Berlin 1995.
Dies. (Hrsg.): QUEM-Bulletin Nr. 1/1996, Berlin 1996.
Arx, S. von: Das Wertschöpfungs-Center-Konzept als Strukturansatz zur unternehmerischen Gestaltung der Personalarbeit – Darstellung aus Sicht der Wissenschaft, in: Wunderer, R./Kuhn T.: Innovatives Personalmanagement, Neuwied/Kriftel/Berlin 1995.
Baethge, M.: Forschungsstand und Forschungsperspektiven im Bereich betrieblicher Weiterbildung aus Sicht von Arbeitnehmern, in: Bundesminister für Bildung und Wissenschaft (Hrsg.): Betriebliche Weiterbildung. Forschungsstand und Forschungsperspektiven, Bad Honnef 1990.
Batsching, T.: Kundenorientierung im Personalwesen. Eine Prozeßbeschreibung, in: Personalführung 4/1995.
Birkle, W./Beck, R.: Personalentwicklung und Weiterbildung in kleinen und mittelständischen Unternehmen, in: GdWZ 6/1994.
Bühner, R.: Effiziente Organisationsstrukturen in der Personalarbeit, in: Ackermann, K.F./Scholz, H. (Hrsg.): Personalmanagement für die 90er Jahre, Stuttgart 1991.
Bundesminister für Bildung und Wissenschaft (Hrsg.): Betriebliche Weiterbildung. Forschungsstand und Forschungsperspektiven, Bad Honnef 1990.
Cohen, M.D./Sproull, L.S. (Edt.): Organizational Learning, Thousand Oaks/London/New Delhi 1995.
Drexel, I. et al.: Neue Arbeitsteilung und Kooperation zwischen betrieblicher und betriebsexterner Weiterbildung?, in: QUEM-Bulletin Nr. 10/1995.
Ebeling, K.: Aus Fehlern lernen, in: Personalwirtschaft 11/1993.
Frese, E.: Profit-Center und Verrechnungspreis, in: Zeitschrift für betriebswirtschaftliche Forschung Nr.10/1995.
Frieling, E./Reuther, U. (Hrsg.): Das lernende Unternehmen, Hochheim 1993.
Geißler, H. (Hrsg.): Organisationslernen und Weiterbildung, Neuwied/Kriftel/Berlin 1995.
Grün, J.: Qualifizierung und verbesserte betriebliche Kommunikation durch Gruppenarbeit, in: io Management Zeitschrift 6/1993, S.50 ff.
Haase, P.: Lean Learning – neue Formen der Lernorganisation, in: Schwuchow, K./Gutmann, J. (Hrsg.): Jahrbuch Weiterbildung, Managementweiterbildung, Weiterbildungsmanagement, Düsseldorf 1994.
Helbich, B.: Systematische Weiterbildung im Verbund mittelständischer Unternehmen, in: Personal 11/1994.
Ischebeck, W.; Arx, S. v.: Aus- und Weiterbildung als eigenständige Bildungsgesellschaft bei IBM Deutschland, in: Wunderer, R.; Kuhn, T. (Hrsg.): Innovatives Personalmanagement: Theorie und Praxis unternehmerischer Personalarbeit, Berlin 1995.
Jacob, U./Waldmann, R.: Personalentwicklung im Mittelstand, in: Schwuchow, K./Gutmann, J. (Hrsg.): Jahrbuch Weiterbildung, Managementweiterbildung, Weiterbildungsmanagement, Düsseldorf 1995.
Jarmai, H.: Leistungsfähige Sourcing-Strategien, in: Gablers Magazin 8/1994.
Kailer, N.: Neue Dienstleistungen erfordern neue Strategien des Bildungsmanagements, in: Gesellschaft der Weiterbildungs-Zeitschrift (GdWZ) 6/1995.
Kailer, N./Scheff, J.: Über die Ernsthaftigkeit der Personalentwicklung in Krisenzeiten, in: Kraus, H./Scheff, J./ Gutschelhofer, A. (Hrsg.): Personalmanagement in der Krise – Krise des Personalmanagements, Wien 1994.
Klaus, M./Baum, A.: Auslagerung von Prozessen, in: Fortschrittliche Betriebsführung und Industrial Engineering 6/1993.

Literatur

Kolb, M.: Flexibilisierung und Individualisierung als neue personalwirtschaftliche Gestaltungsprinzipien, in: Zeitschrift für Personalforschung 1/1992.
Kolb, M./Fiechtner, C.: Organisation der betrieblichen Personalarbeit, in: Maess, K./Maess, T.: Das Personal-Jahrbuch 1995, Neuwied/Kriftel/Berlin 1995.
Köppen, M./Schröter, K.: Die Einführung von Gruppenarbeit, in: Fortschrittliche Betriebsführung und Industrial Engineering (FB/IE) 2/1995.
Kraus, H./Scheff, J./ Gutschelhofer, A. (Hrsg.): Personalmanagement in der Krise – Krise des Personalmanagements, Wien 1994.
Kuwan, H./Waschbüsch, E.: Betriebliche Weiterbildung – Ergebnisse einer Befragung von Erwerbstätigen und betrieblichen Experten, in: Berufsbildung in Wissenschaft und Praxis (BWP) 5/1995.
Landsberg, G. von/Weiß, R. (Hrsg.): Bildungscontrolling, Stuttgart 1992.
Maess, K./Maess, T.: Das Personal-Jahrbuch 1995, Neuwied/Kriftel/Berlin 1995.
Mayrhofer, W./Dunkel, M.: Betriebliche Weiterbildung in den neuen Ländern, in: Schwuchow, K./Gutmann, J. (Hrsg.): Jahrbuch Weiterbildung, Managementweiterbildung, Weiterbildungsmanagement, Düsseldorf 1995.
Opel-Geschäftsbericht 1994.
o.V.: Weiterbildung/Personalentwicklung in deutschen Unternehmen und Behörden, München 1993.
o.V.: „Das geht nicht" gab's nicht – Beispiele für erfolgreiche KVP^2-Workshops, in: Autogramm, VW-Werkszeitschrift vom 7.10.1994.
o.V.: Haupterhebung Betriebliche Weiterbildung in Deutschland, Broschüre des Bundesinstituts für Berufsbildung, Berlin 1995.
o.V.: Gemeinsam statt einsam, in: TopBusiness 2/1995, S.18.
o.V.: Lernendes Unternehmen, in: Personal Potential 3/1995.
Pedler, M./Burgoyne, J./Boydell, T.: Das lernende Unternehmen, Frankfurt/M. 1994.
Pfeiffer, W./Weiss, E.: Lean Management. Grundlagen der Führung und Organisation lernender Unternehmen, 2. Aufl. Berlin 1994.
Raich, S.: Kein Quality-Circle-Projekt ohne Erfolgsrechnung! in: io Management Zeitschrift 7/8/1993.
Reiß, M.: Erfolgreiche Gruppenarbeit nur via professionelle Einführung, in: Personalführung 9/1993.
Ders.: Die Kooperation zwischen Personalabteilung und Fachabteilungen aus organisatorischer Sicht, in: Ackermann, K.F. (Hrsg.): Reorganisation der Personalabteilung, Stuttgart 1994, S.51.
Riess, B.: Lean Production – Neue Anforderungen an die Qualifikation der Beschäftigten, in: Strutynski, P. (Hrsg.): Schlanke Produktion, Regionalentwicklung und Industriepolitik. Auswirkungen neuer Produktionskonzepte auf Arbeit, Umwelt und Verkehr, Düsseldorf 1993.
Sattelberger, T. (Hrsg.): Die lernende Organisation, 2. Aufl. Wiesbaden 1994.
Scherm, E.: Personalabteilung als Profit-Center: Ein realistisches Leitbild?, in: Personalführung Nr. 12/1992.
Schlaffke, W./Weiß, R. (Hrsg.): Tendenzen betrieblicher Weiterbildung, Aufgaben für Forschung und Praxis, Köln 1990;
Schlaffke, W.: Forschungsstand und Forschungsperspektiven im Bereich betrieblicher Weiterbildung aus Sicht von Arbeitgebern, in: Bundesminister für Bildung und Wissenschaft (Hrsg.): Betriebliche Weiterbildung. Forschungsstand und Forschungsperspektiven, Bad Honnef 1990.
Schmidt, B./Hogreve, H.: Erhebung zur beruflichen Weiterbildung in Unternehmen im Rahmen des EG-Aktionsprogramms FORCE, in: Wirtschaft und Statistik Nr.4/1994.
Schönfeld, M./Stöbe, S.: Weiterbildung als Dienstleistung – Die Zusammenarbeit zwischen Weiterbildungsträgern und Betrieben bei der Qualifizierung von Beschäftigten, Neuwied/Kriftel/Berlin 1995.
Scholz, C.: Personalmanagement, 4. Aufl. München 1994.

Schwuchow, K./Gutmann, J. (Hrsg.): Jahrbuch Weiterbildung, Managementweiterbildung, Weiterbildungsmanagement, Düsseldorf 1994.
Dies.: Jahrbuch Weiterbildung, Managementweiterbildung, Weiterbildungsmanagement, Düsseldorf 1995.
Staudt, E.: Die Führungsrolle der Personalplanung im technischen Wandel, in: Zeitschrift für Organisation, 53. Jg. 1984, Heft 7.
Ders.: Defizitanalyse betrieblicher Weiterbildung, in: Schlaffke, W./Weiß, R. (Hrsg.): Tendenzen betrieblicher Weiterbildung, Aufgaben für Forschung und Praxis, Köln 1990;
Ders.: Lebenslanges Lernen ist eine Selbstverständlichkeit, in: VDI-Nachrichten-Dialog 4/1992.
Ders.: Die Führungsrolle der Personalentwicklung im technischen Wandel, in: Staudt, E. (Hrsg.): Personalentwicklung für die neue Fabrik, Opladen 1993.
Ders. (Hrsg.): Personalentwicklung für die neue Fabrik, Opladen 1993.
Ders.: „Die lernende Unternehmung": Innovation zwischen Wunschvorstellung und Wirklichkeit, Bericht aus der angewandten Innovationsforschung Nr.112, Bochum 1993.
Staudt, E. et al.: Kooperationshandbuch. Ein Leitfaden für die Unternehmenspraxis, Düsseldorf 1992.
Staudt, E./Kröll, M./v. Hören, M.: „Die lernende Unternehmung": Innovation zwischen Wunschvorstellung und Wirklichkeit, in: Frieling, E./Reuther, U. (Hrsg.): Das lernende Unternehmen, Hochheim 1993.
Staudt, E./Rehbein, M.: Innovation durch Qualifikation, Frankfurt 1988.
Staudt, E./Siebecke, D./Stute, C.: Outsourcing von Weiterbildung, in: Arbeitsgemeinschaft QUEM (Hrsg.): QUEM-report Nr.34, Berlin 1995.
Strutynski, P. (Hrsg.): Schlanke Produktion, Regionalentwicklung und Indrustriepolitik. Auswirkungen neuer Produktionskonzepte auf Arbeit, Umwelt und Verkehr, Düsseldorf 1993.
Tough, A.M.: The adults learning projects; a fresh approach to theory and practice in adult learning, Toronto 1979.
Voß, P./Chalupsky, J.: Outsourcing von betrieblicher Weiterbildung und Personalentwicklung in den neuen Bundesländern, in: Arbeitsgemeinschaft QUEM (Hrsg.): QUEM-report, Heft 34, Berlin 1995.
VW-Coaching-Gesellschaft mbH (Hrsg.): Info-Broschüre „Was ist KVP^2?", auf Anfrage erhältlich.
Wagner, H.: Organisation der Weiterbildung, in: Schwuchow, K./Gutmann, J. (Hrsg.): Jahrbuch Weiterbildung, Managementweiterbildung, Weiterbildungsmanagement, Düsseldorf 1994.
Weiß, R.: Betriebliche Weiterbildung. Ergebnisse der Weiterbildungserhebung der Wirtschaft, Institut der deutschen Wirtschaft (IW), Köln 1994.
Womack, J.P./Jones, D.T./Roos,D.: Die zweite Revolution in der Autoindustrie, Frankfurt/New York 1991.
Wunderer, R./Kuhn T.: Unternehmerisches Personalmanagement – zentraler Ansatzpunkt zur Förderung unternehmerischen Verhaltens, in: Wunderer, R./Kuhn T. (Hrsg.): Innovatives Personalmanagement, Neuwied/Kriftel/Berlin 1995.
Wunderer, R./Kuhn T.: Innovatives Personalmanagement, Neuwied/Kriftel/Berlin 1995.
Wunderer, R./Schlagenhaufer, P.: Die Personalabteilung als Wertschöpfungs-Center. Ergebnisse einer Umfrage, in: Zeitschrift für Personalforschung 2/1992.
Wunderer, R.: Von der Personaladministration zum Wertschöpfungs-Center, in: Die Betriebswirtschaft, 52. Jg. 1992.

Gernold P. Frank

Funktionen und Aufgaben des Weiterbildungspersonals

1. Problemstellung

Die Anforderungen, die an deutsche Unternehmen und deren Mitarbeiter gestellt werden, sind äußerst vielfältig. Dabei wird deutlich, daß die Zukunft für das Hochlohnland Deutschland ganz entscheidend davon abhängen wird, ob es gelingt, mit Prozeß- und Produktinnovationen neue Märkte zu entwickeln und zu erschließen sowie Wettbewerbsvorteile zu erhalten und auszubauen. Gleichermaßen ist bekannt, daß Innovationskraft ganz wesentlich von der Qualifikation der zur Verfügung stehenden Menschen abhängt. Diese hängt wiederum neben dem Wissen und Können in hohem Maße von der Bereitschaft und der Fähigkeit ab, Anpassungen schnell zu vollziehen und sich flexibel auf neue Aufgaben und Anforderungen einstellen zu können – Faktoren für die Kompetenz des Einzelnen, der Unternehmen und auch für den gesamten Wirtschaftsstandort Deutschland.

Die kontinuierliche Aktualisierung und Weiterentwicklung beruflicher Qualifikationen wird angesichts schneller Veränderungen in Wirtschaft und Gesellschaft immer wichtiger. Deswegen hat sich die Europäische Kommission in den Jahren 1991 bis 1994 erstmals in einem Aktionsprogramm zur beruflichen Weiterbildung auch an die Unternehmen gewandt und mit der FORCE-Erhebung die bisher größte empirische Erhebung zur betrieblichen Weiterbildung initiiert.

Bedeutendste Träger der betrieblichen Weiterbildung sind die privaten und öffentlichen Unternehmen. Daneben gibt es die externen Weiterbildungsträger, die eine äußerst heterogene Gruppe darstellen, mit einem Spektrum, das vom Einpersonenunternehmen über das Kleinstunternehmen, die Kammern und andere öffentliche Einrichtungen bis hin zu wenigen Großunternehmen reicht. Ein Teil davon ist im Kuratorium der deutschen Wirtschaft für Berufsbildung zusammengeschlossen, das seine letzte Statistik für 1994 veröffentlicht hat: Danach hat sich die Zahl der Weiterbildungsveranstaltungen der Wirtschaft um 9% auf knapp 109 000 erhöht. Die Teilnehmerzahlen stiegen insgesamt um 4% auf fast zwei Millionen. Im Mittelpunkt steht die Anpassungsweiterbildung mit einem Anteil von 70% innerhalb der über- und außerbetrieblichen Weiterbildung der Wirtschaft. Hier stieg die Zahl der Veranstaltungen 1994 um 12%, wobei insbesondere fachübergreifende Inhalte überdurchschnittliche Zuwachsraten bei Veranstaltungen (41%) und bei Teilnehmern (31%) aufweisen (Kuratorium der deutschen Wirtschaft für Berufsbildung, 1996, S. 1).

Die vorliegende Untersuchung beschäftigt sich mit dem Funktionswandel der Weiterbildung und den veränderten Aufgaben und Funktionen der in der Weiterbildung Tätigen. Zum besseren Verständnis und zur Abgrenzung (vgl. Kapitel 2) wird die Aufteilung in berufliche Weiterbildung bei externen Trägern einerseits und in betriebliche Weiterbildung der Unternehmen andererseits gewählt[1].

Da eine Reihe von Untersuchungen zum Stellenwert und der Bedeutung von Weiterbildung (z. B. Kuwan/Waschbüsch 1994) zum Ergebnis kommen, daß ein hoher Stellenwert und die fundamentale Bedeutung von Weiterbildung sehr eng an die Betriebsgröße gebunden sind, wäre es interessant, die Weiterbildung unter der von Staehle (1992) vorgenommenen Untersuchungsperspektive für das Management in 'Weiterbildung als Institution' und in 'Weiterbildung als Funktion' näher zu untersuchen. Wir wollen uns hier jedoch auf die engere Fragestellung des Funktionswandels konzentrieren.

Die methodische Konzeption basiert auf einer eigenständigen deskriptiv-explorativen Befragung von Unternehmen und Weiterbildungsträgern, einer Literaturanalyse sowie auf ausführlichen Gesprächen mit betrieblichen Experten. Die Expertengespräche wurden in zwei Phasen geführt, um nach der ersten Phase ein auf diesen Ergebnissen basierendes Fragebogendesign zu entwickeln. Die zweite Phase der Expertengespräche wurde weitgehend nach Rücklauf der Fragebogen geführt, um darin genannte Aspekte zu diskutieren.

Die zuvor kurz skizzierten Einflüsse machen deutlich, daß für die vorliegende Fragestellung zwei Dimensionen relevant sind: (1) von außen auf die Weiterbildung einwirkend und (2) die innerbetriebliche Umsetzung der Weiterbildungsaufgabe, bei der sowohl formale – aufbauorganisatorische – Aspekte[2] wie auch die tatsächliche Leistungserstellung mit ihren ablauforganisatorischen Fragestellungen im Vordergrund stehen. Es ist deshalb notwendig, die vielfältigen Einzelergebnisse zu strukturieren. Methodisch wird hierzu auf die Szenariotechnik zurückgegriffen, deren Vorteile nicht nur in der systematischen Stringenz liegen, sondern auch, weil sich diese Methode bei den hier untersuchten Themenkreisen bereits bewährt hat (z. B. Heidegger 1988). Wenngleich die Komplexität dieser Fragestellung im Rahmen der vorliegenden Untersuchung keine vollständige Szenarioausarbeitung zuläßt, so werden mit dem Herausarbeiten von Umfeldern einerseits (vgl. Kapitel 4) und wesentlichen Trends andererseits die Veränderungen für die Weiterbildung beschrieben (vgl. Kapitel 5). Explizit berücksichtigt werden dabei auch die externen Weiterbildungsträger wegen ihrer wichtigen Rolle im Zusammenhang mit der beruflichen Weiterbildung.

---

[1] Die im wesentlichen dafür formal zuständige unternehmerische Einheit ist die Personalabteilung mit den Funktionen Personalentwicklung und betrieblicher Weiterbildung.

[2] Hierunter fällt beispielsweise die Einrichtung und hierarchische Ausrichtung einer eigenständigen organisatorischen Einheit für die betriebliche Weiterbildung.

Vorbemerkungen

Die Wahrnehmung und Durchführung der Funktionen und Aufgaben der beruflichen Weiterbildung sind an die fachliche Kompetenz als konstitutives Merkmal unabdingbar gebunden. Dazu ist eine gründliche und spezielle Ausbildung und eine ständige Aktualisierung erforderlich. Das hat in der Vergangenheit die Frage der Professionalisierung aufgeworfen. Da diese Professionalisierungsdebatte nunmehr annähernd zehn Jahre währt (ausgelöst durch Wächter 1987), wird dieser Frage in einem eigenständigen Abschnitt nachgegangen. Insbesondere wird dabei auch untersucht, ob die These der De-Professionalisierung zutrifft und in welchem Zusammenhang der Funktionswandel und Professionalisierungsfragestellungen stehen (in Kapitel 5).

Im Schlußkapitel werden neben entsprechenden Zusammenfassungen auch Überlegungen zu künftigen Forschungsfragestellungen formuliert.

2. Vorbemerkungen

2.1 Berufliche Weiterbildung vs. betriebliche Weiterbildung

Die meisten Unternehmen haben erkannt, daß das einmalige Rekrutieren von Qualifikation nicht ausreicht, um im Wettbewerb bestehen zu können. Neben den sich ständig verändernden Anforderungen durch die Veränderung von Angebot und Nachfrage auf nationalen und internationalen Märkten wird von vielen auch die Notwendigkeit von Innovationen zum Bestehen im immer härter werdenden Wettbewerb gesehen. Innovationen sind im ständigen Wettbewerb eine entscheidende Größe für die wirtschaftliche Entwicklung und die Zukunft jeder Industriegesellschaft. In ganz besonderem Maße gilt dies für Deutschland, da hier – wie sonst in keinem anderen Industrieland der Welt – mehr als die Hälfte der Ausfuhrerlöse in technologieintensiven Branchen erwirtschaftet werden. Nach entsprechenden Untersuchungen ist in Deutschland etwa jeder dritte Arbeitsplatz unmittelbar vom Export abhängig – in den USA ist es rund jeder zehnte.

Schon früh in den 40er und 50er Jahren wurde beispielsweise durch die Arbeiten zum Human Relations Ansatz oder auch des Tavistock-Instituts, die das Unternehmen als soziotechnisches System beschrieben, deutlich, daß der Schlüssel zum wirtschaftlichen Erfolg im Zusammenspiel zwischen Mensch, Technik und der jeweiligen Organisation liegt (s. Abb. 1). Diese Arbeiten sind Grundlage aller heutzutage diskutierten Organisationsveränderungs- bzw. Organisationsentwicklungsansätze (vgl. z. B. Comelli od. Rosenstiel).

Den notwendigen Bedarf für zusätzliche Qualifikation zur erfolgreichen Lösung dieses in Abbildung 1 skizzierten Spannungsverhältnisses zu erkennen und abzudecken, ist Aufgabe der beruflichen Weiterbildung, die sich als Ergänzung und Weiterführung der beruflichen Erstausbildung versteht. Die überaus rasante Entwicklung der beruflichen Weiterbildung hat jedoch in den letzten 25 Jahren zu einer „chaotischen Begriffsvielfalt" (Münch 1995, S. 10) geführt, so daß es zunächst einmal notwendig ist, die Aufgabenbereiche zu beschreiben.

Abb. 1: Faktoren der Produktivität

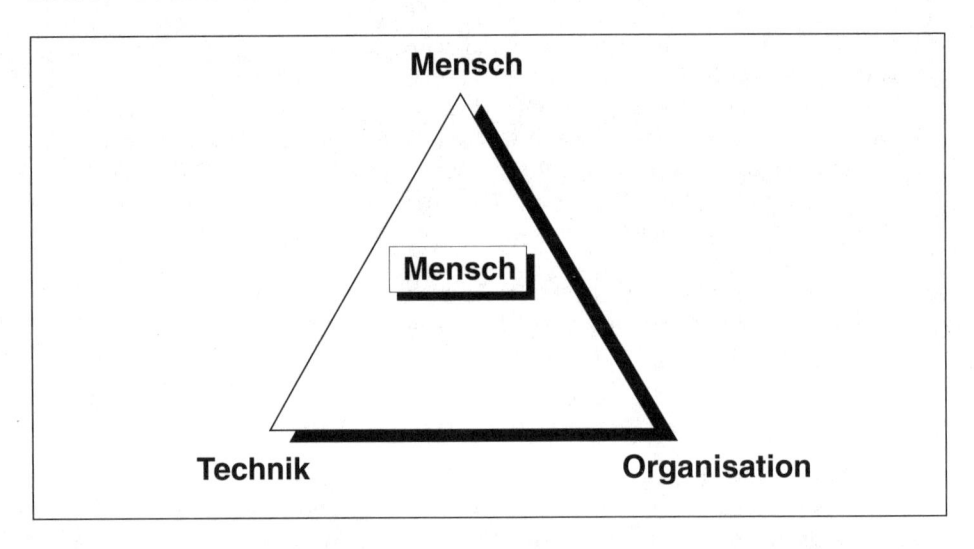

```
                    Mensch

                       △
                      ╱ ╲
                     ╱   ╲
                    ╱ Mensch╲
                   ╱         ╲
                  ╱_____╲
            Technik          Organisation
```

Im wesentlichen faßt man unter der beruflichen Weiterbildung alle Maßnahmen zusammen, die der Fortbildung und Umschulung dienen. Man kann folgende vier Bausteine unterscheiden:
a) Vermittlung der grundlegenden Fachkenntnisse
   (Basis- oder Handlungswissen);
b) Vermittlung des notwendigen Fachwissens bei Änderungen der Techniken und/oder Arbeitsabläufe
   (Anpassungsfortbildung);
c) Vermittlung von Kenntnissen zu den potentiellen Möglichkeiten einzelner Techniken, Technikverbünde oder auch organisatorischer Konzepte
   (Gestaltungswissen);
d) Vermittlung von fachübergreifendem Wissen
   (Aufstiegsfortbildung).

Gebräuchlich ist auch folgende Unterscheidung:

Vermittlung von...
   a) Fachkompetenz
   b) Methodenkompetenz
   c) Sozialkompetenz
   d) Persönliche Kompetenz.

Hinsichtlich der Definition des Weiterbildungsbegriffs wird die des Deutschen Bildungsrates verwendet, der 1970 die Weiterbildung definiert hat als „Fortsetzung oder Wiederaufnahme organisierten Lernens nach Abschluß einer unterschiedlich ausgedehnten ersten Bildungsphase ... der Beginn möglicher Weiterbildung ist durch den Eintritt in die volle Erwerbstätigkeit gekennzeichnet." (Deutscher Bildungsrat 1970, Seite 197). Bei dieser Abgrenzung müssen zwei Ergänzungen vorgenommen werden:

Vorbemerkungen

(1) die berufliche Weiterbildung kann (inner-)betrieblich und/oder außerbetrieblich umgesetzt werden, und wir müssen (2) gegenüber der Definition des Bildungsrates die Beschränkung auf organisierte Lernprozesse erweitern um nicht geplantes/planbares Lernen im Arbeitsprozeß (vergleiche hierzu explizit den Beitrag von Bergmann in diesem Band)[3].

Unter betrieblicher Weiterbildung sollen alle vom Betrieb veranlaßten oder finanzierten Maßnahmen verstanden werden, die dazu dienen, beruflich relevante Fach- und Verhaltenskompetenzen der Mitarbeiterinnen und Mitarbeiter – und/oder des Unternehmens – zu erhalten, anzupassen, zu erweitern und/oder zu verbessern. Weder die berufliche Erstausbildung noch Formen der Umschulung sind damit Gegenstand dieser Untersuchung.

Die Umsetzung dieser Aufgaben erfolgt durch vielfältige Instrumente im Lern- und Funktionsfeld. Die wichtigsten Instrumente sind in Übersicht 1 dargestellt; dabei wird zugleich verdeutlicht, bei welcher Zielgruppe in einem Unternehmen diese verstärkt eingesetzt werden.

In der folgenden Übersicht 1 bedeutet ein 'X' im Tabellenfeld, daß dieses Instrument sehr gut für diese Zielgruppe paßt, ein 'O', daß es durchaus verwendet werden kann und ein leeres Tabellenfeld, daß dieses Instrument in der Regel bei dieser Zielgruppe nicht einge-setzt wird. Es muß aber ganz deutlich darauf hingewiesen werden, daß manche Instrumente erst durch die Art ihrer Ausgestaltung für die eine oder andere zielgruppenspezifische Fragestellung verwendet werden können. Als Beispiel für eine solche zielgruppenspezifische Anwendung in Abhängigkeit von der Ausgestaltung sei auf das AC – Assessment Center – verwiesen, das sowohl zur Unterstützung bei Einstellungsverfahren wie auch bei – zumeist internen – Entwicklungsfragestellungen für Bewerber bis hin zum Top-Management eingesetzt werden kann. Neben der Zielgruppenorientierung setzt sich zunehmend eine Lerntypenorientierung durch, die ein weiteres Auffächern – bis letztlich hin zur Individualisierung – nach sich zieht.

2.2 Statistische Grundlagen

Wesentliche Stützen empirisch-statistischer Analysen sind u. a.:

- das Berichtssystem Weiterbildung (BSW), durchgeführt von Infratest Sozialforschung, München, im Auftrag des BMBF;
- Zusatzbefragungen und Nacherhebungen auf Basis des BSW;
- die Umfragen des Instituts der deutschen Wirtschaft (IW);

---

[3] Gerade dieser unmittelbare Zusammenhang zum Lernprozeß beim Arbeiten im Zusammenhang mit der persönlichen Kompetenzentwicklung oder auch des Kompetenzerhaltes stellt die Frage nach der gesellschaftlichen Implikation: Während im Rahmen des Erwerbspersonenpotentials sich das Augenmerk zunehmend auf die Arbeitslosen richtet, so wird nach wie vor die Gruppe der in der sogenannten stillen Reserve subsummierten Personen dabei gänzlich „vergessen".

Übersicht 1: PE-Instrumente nach Zielgruppen

Zielgruppe PE-Instrumente	a	b	c	d	e
... on the job					
job enlargement		O	O	X	
job enrichment			X	O	
job rotation				X	X
Projektarbeit		O	X	X	
Task Forces			O	X	O
Teilautonome Arbeitsgruppen	O	X	X		
Coaching/Mentorship			O	X	X
Mitarbeitergespräch		X	X	X	
Aufwärtsbeurteilung		O	X	X	X
Führungsstile			O	O	X
... near the job					
Qualitätszirkel	X	X	X	O	
Lernstatt	X	X	O		
Assessment Center			X	X	O
... off the job					
Fortbildung	X	X	X		
Seminare		X	X	X	X
Workshops	O	X	X	O	
Förderkreise	O	X			
Erfahrungsaustauschgruppen			X	O	X

(entnommen: Frank/Reuther 1991; S. 67)
Hierin bedeuten für die in der Regel in einem Unternehmen anzutreffenden Zielgruppen:
    a) ungelernte Mitarbeiter/ Hilfsarbeiter
    b) Sachbearbeiter/Vorarbeiter
    c) Facharbeiter/ Meister
    d) Führungsnachwuchs
    e) Führungskräfte.

- Erhebung im Rahmen des FORCE – Projekts zum Thema „Betriebliche Weiterbildung in Deutschland 1994" (Continuing Vocational Trainings Survey – CVTS); entwickelt in enger Abstimmung mit den nationalen Mitgliedern des FORCE – Beirats und des BMBF unter Einbezug des BIBB; Durchführung beim Statistischen Bundesamt, Wiesbaden.

Im Hinblick auf unsere Fragestellung und aufgrund ihrer Fallzahl am ehesten noch von Bedeutung ist die 1991/1992 von der Zeitschrift „Management und Seminar" bei rund 900 Firmen durchgeführte Sondererhebung mit dem Thema „Einblicke in das Berufsfeld des Bildungsmanagers" (München 1992).

Vorbemerkungen

Aussagen und Analysen zur beruflichen Weiterbildung werden im wesentlichen aus den vorgenannten Datenquellen gespeist, die jedoch unterschiedliche Untersuchungseinheiten als Basis haben. Die einzelnen Datenquellen haben zudem durchaus unterschiedliche Zielsetzungen und beinhalten damit in der Regel auch verschiedenartige Abgrenzungen und Definitionen[4].

2.3 Kohortenspezifische Aspekte

Neben den Analysen zu einem bestimmten Zeitpunkt ist es auch von Interesse, den Verlauf von Teilnahme an Weiterbildung im Erwerbsprozeß, d. h. im Längsschnitt zu beobachten. Solche kohortenspezifischen Verlaufsdaten zeigen essentielle Zusammenhänge, die für die Interpretation der beruflichen Weiterbildung von erheblichem Interesse sind (vergleiche hierzu z. B. Blossfeld; Sackmann/Weymann; Schömann/Becker).

Hier finden sich u. a. folgende Befunde:
- *Jüngere Geburtskohorten* weisen im Vergleich zu älteren Geburtskohorten
    - durchschnittlich höhere formale Bildungsabschlüsse auf;
    - nicht nur höhere Weiterbildungsteilnahmen in früheren Phasen ihres Erwerbstätigenverlaufs auf, sondern sie nehmen auch in späteren Phasen mehr Weiterbildungsmaßnahmen wahr;
    - zunehmend Anteile außerbetrieblicher Weiterbildung auf, d. h. neben die zunächst beim Eintritt in das Erwerbsleben vorherrschende (inner-) betriebliche Weiterbildung tritt die außerbetriebliche Umsetzung als eigenständige und zugleich bedeutende Einrichtung zur Vermittlung von Weiterbildung.

Allgemein kann für *alle untersuchten Geburtskohorten* festgestellt werden:
- Mit höherer formaler Qualifikation steigt die Wahrscheinlichkeit für eine Weiterbildungsteilnahme deutlich an.

---

[4] Dies führt zu Problemen bei der Interpretation, was anhand nachfolgender Aspekte kurz skizziert werden soll:
- die Erfassung von zuordenbaren Maßnahmen erfolgt auf der Betriebsebene – es werden jedoch nur Maßnahmen erfaßt und zugeordnet, die klar abgrenzbar sind (z. B. eine Seminarveranstaltung);
- die „weicheren" Maßnahmen, wie z. B. Lernen im Prozeß der Arbeit oder Anlernen, werden normalerweise nicht erfaßt, auch wenn diese für die Kompetenz einer Person essentiell sind bzw. sein können;
- problematisch ist zudem die Grauzone zwischen diesen beiden Maßnahmegruppen, wie z. B. betriebliche Informationsveranstaltungen. Diese werden teilweise als Weiterbildungsmaßnahme mitgerechnet, fallen teilweise aber auch unter den Tisch – die Entscheidung liegt beim Befragten und entzieht sich damit einer objektiven Nachvollziehbarkeit;
- die Erfassung zuordenbarer Maßnahmen erfolgt systematisch selbst auf der Betriebsebene lediglich bei Großunternehmen;
- weit verbreitet ist eine Erfassung nach der Maßnahme an sich, anstatt nach Maßnahmen und Tagen, so daß die Teilnahmequoten – und deren Veränderungen – kaum qualitativen Informationsgehalt besitzen.

- Während die allgemeine Berufserfahrung die Wahrscheinlichkeit für eine Teilnahme reduziert, erhöht die Betriebszugehörigkeitsdauer wiederum deutlich diese Wahrscheinlichkeit, d. h. beispielsweise, daß Berufswechsler bei ansonsten gleichen Bedingungen niedrigere Teilnahmen an Weiterbildung aufweisen.
- Vielfach wird die Technik als Triebfelder für die Weiterbildung gesehen (vergleiche z. B. Dobischat/Lipsmeier). Auch unter kohortenspezifischen Gesichtspunkten wird dies bestätigt, zugleich aber deutlich, daß für die Weiterbildungsverantwortlichen nicht so sehr die Motivation zur Weiterbildung bei älteren Generationen im Vordergrund stehen sollte, sondern vielmehr die Vermittlung der Sinnhaftigkeit einer Weiterbildungsmaßnahme.

2.4 Segmentation am Arbeitsmarkt

Seit den frühen Arbeiten von Kerr sind insbesondere durch die grundlegenden Arbeiten von Doeringer/Piore und der Übertragung auf deutsche Verhältnisse durch Lutz/Sengenberger die Erklärung der Funktionsweisen und der Ungleichgewichte des Arbeitsmarktes deutlicher herausgearbeitet worden. Im Gegensatz zur neoklassischen Sichtweise ist zunächst eine Aufteilung in prinzipiell zwei Teilmärkte vorgenommen worden, für die sich die Bezeichnungen primäres und sekundäres Segment oder auch offener und geschlossener Arbeitsmarkt finden (vgl. Frank/Schneider sowie Abb. 2).

Abb. 2: Arbeitsmarktsegmentation im Modell von Lutz und Sengenberger

primäres Arbeitsmarkt-segment	fachlicher Teilarbeits-markt	Stamm-belegschaften
sekundäres Arbeitsmarkt-segment	Jedermann-Teilarbeits-markt	Rand-belegschaften

(entnommen: Frank/Schneider 1992, S. 27)

Wesentlicher Ursachenkomplex von Segmentation ist die Qualifikation. Erst mit der Entstehung von spezifischen Qualifikationsanforderungen bilden sich differenziertere Strukturen heraus, die einerseits zur Bildung von Teilsegmenten innerhalb des primären Segmentes führen, andererseits aber auch das primäre vom sekundären Segment trennen. Das Interesse von Lutz/Sengenberger ist stärker auf die horizontale statt – wie bei Doeringer/Piore – auf die vertikale Untergliederung des primären Segmentes gerichtet. Das ist dann von Bedeutung, wenn wir uns die Funktion der betrieblichen Weiterbildung verdeutlichen. Während insbesondere die formale Qualifikation deutliche Unterscheidungen zwischen dem primären und dem sekundären Arbeitsmarktsegment in vertikaler Hinsicht bietet, so führt die betriebliche Weiterbildung zu einer

Vorbemerkungen

zusätzlichen Segmentierung innerhalb des primären Segmentes. Lutz/Sengenberger grenzen hier schon den fachlichen Teilarbeitsmarkt vom betrieblichen Teilarbeitsmarkt ab und stellen dabei die Bedeutung unternehmensspezifischer Qualifikation heraus. Im Gegensatz zum fachlichen Teilarbeitsmarkt mit zwar hohen formalen Qualifikationsanforderungen, jedoch mit Verwertungsmöglichkeiten, die nicht an ein bestimmtes Unternehmen gebunden sind, beinhaltet der betriebliche Teilarbeitsmarkt zusätzliche betriebsspezifische Qualifikationen.

Wenn man diese Überlegungen berücksichtigt, kann man die Frage nach der Segmentationswirkung betrieblicher Weiterbildung spezifischer beantworten:
Werden im Rahmen der betrieblichen Weiterbildung unternehmensspezifische Inhalte vermittelt, so führt dies zweifelsohne zur verstärkten Segmentation. Bedeutsam ist dieser Gedanke im Zusammenhang mit der Kompetenzentwicklung, die sehr stark mit dem Aspekt des Lernens im Prozeß der Arbeit verbunden ist. So hat bereits Becker den Gedanken des on-the-job-trainings unter humankapitaltheoretischen Aspekten zu differenzieren versucht, indem er den Inhalt auf die Teilbereiche general training und specific training aufsplittete (Becker 1970, S. 20 f). Die zunehmende Ökonomisierung von Weiterbildung wird deshalb dazu führen, daß Unternehmen ihren Anteil an – nach Becker – specific training im Vergleich zum general training für die Mitarbeitergruppen im Unternehmen erhöhen werden, die als sogenannte Leistungsträger anzusehen sind. Davon geht dann eine Verschärfung der Segmentationsproblematik aus. Gleichzeitig werden für die immer kleinere Gruppe der Management-Generalisten im Rahmen der betrieblichen Weiterbildung allgemeine Inhalte vermittelt (also das sogenannte general training), was zwar die horizontale Mobilität dieser Gruppe deutlich ausweitet, jedoch für den Arbeitsmarkt ebenfalls eine Verschärfung der Segmentationsproblematik darstellt.

Für die breite Gruppe der Mitarbeiter in einem Unternehmen, die im unteren betrieblichen Teilarbeitsmarkt tätig sind, d. h. in einem Teilarbeitsmarkt, der durch geringere formale Qualifikationsanforderungen bei gleichzeitiger fachlicher Qualifikation gekennzeichnet ist, muß zur Beantwortung der Frage, ob es dabei zu einer Verschärfung der Segmentationsproblematik kommt, genau auf die fachliche Qualifikation gesehen werden. Handelt es sich bei der fachlichen Qualifikation um solche Qualifikationen, die zwischen den Unternehmen austauschbar sind, wie beispielsweise der Umgang mit moderner PC-Software, dann wird die Grenze zum allgemeinen sekundären Arbeitsmarktsegment durchlässiger. Da gleichzeitig aber ein Großteil dieser fachlicher Qualifikationen, auch wenn sie nicht unternehmensspezifisch sind, nur dann eine Person auszeichnen, wenn sie mit diesen Qualifikationen auch umgehen kann, d. h. wenn der Transfer vom Lernen in den Arbeitsprozeß erfolgreich abgeschlossen ist, so wird die betriebliche Weiterbildung zu einem neuen, dritten Segment führen und damit die Gesamtsegmentationsproblematik erheblich verschärfen. Dieses dritte Segment ist dann dadurch gekennzeichnet, daß hier unabhängig von formalen Qualifikationen kein zusätzlicher Qualifikationserwerb über den Arbeitsprozeß stattfinden kann und infolgedessen diese Gruppe kaum noch Möglichkeiten hat, in das sekundäre Arbeitsmarktsegment zu gelangen.

Gernold P. Frank

3. Inhalt und Organisation der betrieblichen Weiterbildung

In der Vergangenheit hat die betriebliche Weiterbildung eine ungebrochen zunehmende Bedeutung in der Wirtschaft erlangt, und man kann davon ausgehen, daß dies auch in Zukunft gelten wird. Es ist deshalb von Interesse, folgende Fragen näher zu betrachten:

1: Wie wird betriebliche Weiterbildung umgesetzt?
   Dimensionen sind hierbei:
   - organisatorische Eingliederung
   - Aufbau- und Ablauforganisation
   - Personelle Ausstattung (quantitativ)
   - Sachausstattung
   - Räumlichkeiten

2: Welche Aufgaben und Funktionen werden angeboten?
   Dimensionen hierbei:
   - Allgemeine Aufgaben einer Organisationseinheit
   - Spezifische Inhalte im Zusammenhang mit betrieblicher Weiterbildung

3: Mit welcher qualitativen Personalausstattung werden die Aufgaben realisiert?
   Dimensionen hierbei:
   - Struktur
   - Qualifikationen
   - Aufgaben und Anforderungen

3.1 Umsetzung der betrieblichen Weiterbildung

Im Wesentlichen sollen bei (1) Antworten darauf gegeben werden, wie z.B. der organisatorische Ablauf der betrieblichen Weiterbildung erfolgt, d.h. beispielsweise, ob es eine organisatorisch eigenständige Einheit (z.B. Abteilung) gibt oder ob und wie diese Abteilung hierarchisch eingebunden ist (vgl. hierzu Hölterhoff/Becker 1986 oder auch Kailer 1991).

Es wird deutlich, daß die Fragen 2 und 3 unmittelbar von der ersten Frage, der Umsetzung der betrieblichen Weiterbildung, abhängen. So muß zunächst geklärt werden, welche Aufgaben überhaupt in einem Unternehmen anfallen und wie diese erledigt werden sollen. In einer Aufgabenanalyse müssen dazu zunächst prinzipiell alle Aufgaben erfaßt und in möglichst kleine Teilaufgaben zerlegt werden. Parallell dazu muß dann eine Organisationsdiagnose durchgeführt werden, um nachfolgend auf der Basis der Aufgabenanalyse und der Organisationsdiagnose zu entscheiden, welche Aufgaben zu bestimmten Funktionen zusammengefaßt werden. Ist das geschehen, so kommt es zu einer betriebswirtschaftlichen Entscheidung, die mit den Attributen Eigenerstellung oder Fremdbezug zu beschreiben ist, d. h. man muß sich entscheiden, welche Funktionen man selber durchführen möchte und welche durch Fremdbezug erfolgen sollen.

Dieser Entscheidungsprozeß ist nun allerdings ein fast permanenter Prozeß: Geschäftsfelder, Kunden, Märkte, Produkte und/oder Dienstleistungen sind beständigen Wandlungen unterworfen, und damit muß auch die Entscheidung, welche Funktionen im Unternehmen selbst wahrgenommen und welche von außen „zugekauft" werden sollen, beständig neu beantwortet werden. Formales Ergebnis dieses Prozesses sind Stellen, die als eigentliche Basis für die unternehmerische Personalarbeit anzusehen sind. Eine der wichtigsten Aufgaben dabei ist die Personalentwicklungsplanung, die unmittelbar auf Verfügbarkeit und Wirksamkeit des Personals ausgerichtet ist; eine Teilaufgabe davon stellt die betriebliche Weiterbildung dar.

Dieser Zusammenhang ist insofern für unsere Analyse bedeutsam, als jede Entscheidung zur Aufteilung zwischen Eigenerstellung und Fremdbezug (also auch die heute sehr intensiv betriebene Form der Auslagerung; vgl. hierzu das Teilgutachten von Meier) unmittelbar Konsequenzen für die betriebliche Weiterbildung hat. Wie sehr die betriebliche Weiterbildung aktiv (im Sinne der eigenen Personalstruktur) als auch passiv (im Sinne der bereitzustellenden Weiterbildungsmaßnahmen) davon betroffen ist, soll beispielhaft verdeutlicht werden: Im Rahmen der aufgabenträgerorientierten Stellenbildung hat sich ein Unternehmen aufgrund vorhandener Sachausstattung (z.B. wenn es eine Schulungsstätte unterhält und diese auch künftig in Eigenregie führen möchte), dazu entschlossen, die Stelle eines „Schulungsleiters" einzurichten. Für die betriebliche Weiterbildungsabteilung bedeutet das, sofern die Schulungsstätte dieser organisatorischen Einheit zugeordnet ist, ein Personalzuwachs mit entsprechender Qualifikation und Funktion sowie gleichzeitig einen Weiterbildungsbedarf für einen – eigenen oder in einer anderen Abteilung befindlichen – Mitarbeiter, der diese Stelle übernehmen soll (sofern die Stelle nicht direkt aus dem Arbeitsmarkt besetzt werden soll).

Oder aber – ein zweites Beispiel –, wenn ein besonders qualifizierter Mitarbeiter, der in der Vergangenheit hausinterne Führungstrainings durchgeführt hat, im Unternehmen gehalten werden soll, so steht in diesem Fall bei der Stellenbildung der bereits vorhandene Mitarbeiter im Vordergrund und es wird eine Stelle gebildet, die sich mit Führungskräftetraining befaßt, obwohl möglicherweise generell ein Fremdbezug dieser Trainingsmaßnahme vorgesehen war. In diesem Fall bleiben Funktion und Qualifikation in der Abteilung Weiterbildung erhalten. Würde man das Führungstraining auslagern und die entsprechende Person in die ausgelagerte Einheit versetzen, so wären Funktion und Qualifikation für die Abteilung Weiterbildung verloren und es ergäbe sich u.U. auch kein entsprechender Weiterbildungsbedarf.

Wir müssen deshalb erkennen, daß Aufgaben, Funktionen und daraus abzuleitende Personalausstattung der betrieblichen Weiterbildung von anderen, übergeordneten Entscheidungen abhängen und daß es somit eine analytisch präzise Veränderungsdiagnose nicht geben kann.[5]

---

[5] Zudem kommt problemverschärfend hinzu, daß die gesamte Organisationskonzeption für ein Unternehmen nur bedingt etwas mit Rationalität zu tun hat, sondern in ungleich stärkerem Umfang mit Vorstellungen einzelner Personen – und letztlich mit deren Macht (vgl. z. B. Arndt 1974 und – siehe dort – Weber).

Gernold P. Frank

Was uns bleibt, ist das Erkennen von ähnlichen Abläufen, die sich in gewissen Trends zusammenfassen lassen. Trends werden verstanden als auffallend ähnliche Veränderungen bei vielen Unternehmen oder aber auch als sich abzeichnende Veränderungen bei einzelnen Unternehmen, sofern sich ähnliche Ansätze zu dieser Entwicklung bereits bei vereinzelten anderen Unternehmen abzeichen. Bevor wir versuchen, solche Trends und Veränderungsprozesse herauszufinden (vgl. Kapitel 4), sollen zunächst Antworten zu den Fragen (2) und (3) gegeben werden, um eine Art Grundgerüst aller Aufgaben und prinzipieller Mitarbeiterstrukturen zu entwickeln.

3.2 Aufgaben der betrieblichen Weiterbildung

Die Auflistung der Aufgaben versteht sich als prinzipielles Ordnungsschema und soll hier lediglich übersichtsartig dargestellt werden. (Ausführliche inhaltliche Beschreibungen finden sich z. B. bei Hölterhoff/Becker 1986 oder Kailer 1991).

1. Allgemeine Aufgaben einer Organisationseinheit
    1. Planen und budgetieren inkl. eigener Weiterbildung
    2. Organisieren, d. h. Regeln und Anreize festlegen
    3. Koordinieren und verwalten
    4. Kontrollieren und anpassen

2. Aufgaben im Zusammenhang mit der speziellen Ausrichtung „Weiterbildung"
    2.1.: Ziel(e) formulieren
    - Abgleich Unternehmensziel und Unternehmensstrategie
    - (Kontinuierliche) Umfeldanalyse
    - Unterstützung der unternehmerischen Personalpolitik im Segment Weiterbildung
    - Errichtung einer eigenständigen Weiterbildungspolitik

    2.2.: Weiterbildungsbedarf feststellen
    - Abgrenzung der Zielgruppen
    - Unterstützung der Potentialeinschätzung für Zielgruppen
    - Ableitung des Weiterbildungsbedarfs
    - Lernproblemanalyse, Lerntypenbestimmungen

    2.3.: Weiterbildungskonzeption erarbeiten
    - Lernfeld(er) bestimmen
    - Lerntechniken und Lernmethoden
    - Konzepte entwickeln und abstimmen
    - Kosten-Nutzen-Analysen erstellen inkl. Bewertung Eigen-/Fremderstellung und Verfügbarkeitsanalyse

    2.4.: Weiterbildungsmaßnahme durchführen
    - Verwaltung
    - Kostenplanung und -erfassung
    - Einsatzplanung
    - Personal (Betreuung; Dozenten/Trainer)

Inhalt und Organisation

- Kooperationspartner
- Sachmittel

2.5.: Erfolgs- und Transfersicherung
- Methodenauswahl für Erfolgs- und Transfermessung im Lern- und Funktionsfeld
- Erhebung – Aufbereitung – Auswertung
- Zusammenarbeit mit Vorgesetzten
- Abstimmung mit Personalentwicklung

2.6.: Weiterbildungscontrolling
- Anpassung durch Feedback- und Feedforwardunterstützung
- Aufbau eines Kennziffern- oder/und Benchmarking-Systems
- Kontinuierlicher Abgleich der Kennziffern und Benchmarks
- Organisationsentwicklungs-Integration
- Berichterstattung und Marketing

Inwieweit aus den prinzipiellen Aufgaben auch tatsächliche werden, für die dann entsprechende Stellen geschaffen werden müssen, hängt von der Unternehmensstrategie ab und auch davon, in welcher Aufbauphase sich die organisatorische Einheit 'betriebliche Weiterbildung' befindet. Hölterhoff/Becker (1986; S. 31 f) unterscheiden hier „drei Generationen der betrieblichen Weiterbildung" (S. 31 f):
- Institutionalisierungsphase (1. Generation)
- Differenzierungsphase (2. Generation)
- Integrationsphase (3. Generation).

Sowohl Aufgaben wie auch Verständnis der betrieblichen Weiterbildung ändern sich in den einzelnen Phasen. Die *Institutionalisierungsphase* ist dadurch gekennzeichnet, daß innerhalb der Personalabteilung das Aufgabenfeld betriebliche Weiterbildung erstmals eigenständig angegangen wird: Ein Mitarbeiter des Unternehmens wird entweder additiv zu seiner bisherigen Tätigkeit nunmehr mit betrieblicher Weiterbildung beauftragt, oder aber ein hauptamtlicher Mitarbeiter baut eine entsprechende organisatorische Einheit auf. Für die zuvor genannten Aufgaben bedeutet dies, daß zunächst grundlegende Vorarbeiten im Sinne von Organisation und Verwaltung sowie von innerbetrieblicher Kommunikation und Transparenz geleistet werden. Weder die Ableitung von eigenständigen Zielen und Konzeptionen noch der Einsatz entsprechender Methoden im Bereich der Erfolgs- und Transfersicherung sowie im Weiterbildungscontrolling sind Gegenstand dieser Phase.

Die *Differenzierungsphase* (2. Generation) ist dadurch gekennzeichnet, daß nunmehr konkrete Ziele für die betriebliche Weiterbildung aus den unternehmenspolitischen Überlegungen und Zielsetzungen heraus entwickelt und abgeleitet werden. Das setzt somit eine gewisse Organisiertheit im Rahmen der betrieblichen Weiterbildung voraus, die sich darin äußert, daß in aller Regel eine hauptamtliche Leitung eingerichtet und somit die Grundlage für eine systematische Weiterbildungsarbeit geschaffen wurde. Es können entsprechende Methoden integriert und auf der Basis der methodischen Möglichkeiten eine systematische Durchführung betrieblicher Bildungsarbeit bereitgestellt werden.

Gernold P. Frank

Die *Integrationsphase* setzt die Funktionsfähigkeit einer betrieblichen Weiterbildung voraus. Sie geht dann allerdings davon aus, daß die Problemlösung als Ziel der betrieblichen Weiterbildung verstanden wird. Dies bedeutet, daß sich die Mitarbeiter in der betrieblichen Weiterbildung als sachkundige Berater und nicht als Vermittler von Wissens- und/oder Verhaltenskomponenten verstehen (vgl. z. B. auch Gabriel-Ritter 1992). Es setzt zudem voraus, daß die unmittelbaren Vorgesetzten, die nunmehr im Mittelpunkt eines prozeß- und transferorientierten Entwicklungsverständnisses stehen, nicht mehr nur den Bedarf artikulieren, sondern einen übergeordneten Problem -und Prozeßzusammenhang erkennen. In dieser dritten Phase kommt somit der Aufgabe des Weiterbildungscontrollings und hierbei speziell den Organisationsentwicklungsmaßnahmen wesentliche Bedeutung zu.

Für die am Wirtschaftsprozeß beteiligten Unternehmen gilt, daß sie sich in Abhängigkeit von Unternehmensgröße, Branche, Selbstverständnis etc. in unterschiedlichen Phasen der Umsetzung befinden; wir werden darauf im Abschnitt 4.3 eingehen.

3.3 Das Personal in der betrieblichen Weiterbildung

Zur Durchführung der im vorausgegangenen Abschnitt genannten Aufgaben könnte prinzipiell folgende Personalausstattung denkbar sein:

Hierachieebene	wesentliche Aufgabe(n)
Leiter	Management; Führung
Sachbearbeiter	Verwaltung; Organisation; Seminarassistenz
Bildungsmanager/ Bildungsreferent	Seminarleitung/Projektleitung; Akquisition; Berichtswesen
Spezialist	Experten z.B. für neue Medien/ Medienintegration
Dozent/Trainer	Referententätigkeit

Die zuvor skizzierten Aufgaben zeigen die breite Aufgabenfülle und -intensität der betrieblichen Weiterbildung. Demzufolge sind die dafür notwendigen Qualifikationen selten eindimensional zugeschnitten (was im übrigen auch die Professionalisierungsdebatte erschwert; vgl. Kapitel 5). In der Praxis findet sich ein enormes Spektrum an formalen Qualifikationen und Praxiskomponenten. Während beispielsweise in vielen Unternehmen – insbesondere den großen – der Zugang in den Bereich der betrieblichen Weiterbildung häufig direkt von der Hochschule bzw. innerhalb des Bereichs Personal erfolgt, so rekrutieren andere Unternehmen Mitarbeiter im Bereich der betrieblichen Weiterbildung seltener via Direkteinstieg, sondern möglichst über den Weg einer fachlichen Qualifizierung bzw. Tätigkeit in einem vorzugsweise operativen Teil des Unternehmens.

Inhalt und Organisation

Dennoch lassen sich idealtypische Qualifikationen aufzeigen, mit denen die einzelnen Aufgabenstellungen bearbeitet werden sollen[6]. Solche Strukturen sind insbesondere in großen Unternehmen anzutreffen bzw. werden im Rahmen der Stellenbeschreibungen gefordert. Zu dieser unmittelbaren Personalausstattung kommen in unterschiedlichem Umfang Fach- und Führungskräfte anderer – insbesondere auch operativer – Einheiten als nebenamtliche Dozenten und Trainer hinzu. Wir werden später zeigen, daß diese Aufgabenzuordnung durchaus als eigenständiger Trend zu bezeichnen ist (vgl. Kapitel 5).

Hierachieebene	formale Qualifikation
Leiter	Hochschulabschluß vorwiegend in Wirtschafts- und Sozialwissenschaften
Sachbearbeiter	Realschulabschluß, evtl. Abitur mit entsprechender Lehre
Bildungsmanager/ Bildungsreferent	Abitur mit entsprechender Lehre, möglichst aber (Fach-) Hochschulabschluß durchaus auch in Pädagogik oder Psychologie, jedoch deutlich seltener in Soziologie
Spezialist	(Fach-)Hochschulabschluß oder spezifische Kenntnisse bzw. Abschlüsse z.B. als Lerninformatiker
Dozent/Trainer	möglichst (Fach-)Hochschulabschluß zumeist in Wirtschafts- oder Sozialwissenschaften, jedoch ebenfalls in Pädagogik und Psychologie.

Die tatsächliche Umsetzung der idealtypischen Personalausstattung hängt von vielen Faktoren ab. So gibt es in nur 5% aller Unternehmen überhaupt einen eigenständigen Bereich Weiterbildung. Und nur in rund 3% der Fälle sind dort Mitarbeiter beschäftigt, die sich hauptsächlich um Belange der betrieblichen Weiterbildung kümmern (BIBB/Statistisches Bundesamt 1995). Wesentlicher Bestimmungsfaktor ist die Unternehmensgröße: Großunternehmen rechnen fast ausnahmslos zu dieser oben genannten Gruppe, während insbesondere die kleinen und mittleren Unternehmen die Weiterbildungsaufgaben bei Mitarbeitern zusammenführen, die „hauptamtlich" mit anderen Aufgaben betraut sind. Deren Organisationsstruktur und Aufgabenverteilung wird nachfolgend kurz dargestellt:

Bei den Kleinst- und Kleinunternehmen (bis ca. 50 Mitarbeiter) führt das dazu, daß außer der Anpassungsqualifizierung, die in aller Regel als Lieferantenschulung erfolgt, keine eigenständigen Aufgaben im Bereich der betrieblichen Weiterbildung wahrgenommen werden. Bedarfsorientierte Weiterbildung, also die Ausrichtung der betrieblichen Weiterbildung am tatsächlichen Bedarf, ist für diese Unternehmen

---

[6] Das Thema Qualifikation und Aufgabendetaillierung ist beispielsweise für den Bereich der Dozenten/Trainer und Bildungsmanager/Bildungsreferenten aufgezeigt worden von Schrader/ Gottschal/Runge (1984) sowie in Übersicht für das gesamte Feld der betrieblichen Weiterbildung von Hölterhoff/Becker (1986).

Gernold P. Frank

Fremdwort und Maxime zugleich. Während die Großunternehmen noch bis Ende der 80er Jahre – und teilweise auch heute noch – ihre betriebliche Weiterbildung eher angebotsorientiert ausrichteten und erst dann die Notwendigkeit gesehen haben, die lange Zeit so beliebten Weiterbildungs-Handbücher – in der Regel ein guter Indikator für eine angebotsorientierte betriebliche Weiterbildung – aufzugeben, ist dies in den Kleinst- und Kleinunternehmen ganz anders. Neben der Anpassungsqualifizierung, die sich schon vom betrieblichen Ablauf her als rein bedarfsorientierte Maßnahme versteht, ergeben sich die anderen Formen der betrieblichen Weiterbildung aus zwei Gründen: Zum einen gibt es solche Maßnahmen, die ganz eng mit der hierarchischen Spitze verbunden sind: wenn beispielsweise der Geschäftsführer meint, ein Seminar zur strategischen Unternehmensplanung besuchen zu müssen – in gewisser Weise könnte man dies als bedarfsorientiertes Vorgehen bezeichnen; zum anderen ist betriebliche Weiterbildung nach wie vor eine Maßnahme der Belohnung für tüchtige Mitarbeiter.

Die Maßnahmen selbst werden von und bei externen Weiterbildungsträgern durchgeführt. Die Auswahl der Maßnahme an sich stellt dann ein nächstes Problem für diese Unternehmen dar. Da auf der einen Seite externe Angebote zuhauf eintreffen, auf der anderen Seite jedoch keine Kompetenz für Maßnahmen der betrieblichen Weiterbildung vorhanden ist, kommt es zu einer eher willkürlichen Auswahl. Ergebnis ist überdurchschnittlich oft eine Unzufriedenheit bei den Unternehmen, die bei genauerer Analyse (vgl. Frank 1988 oder auch Kuwan/Waschbüch 1994) sowohl auf die Intransparenz hinsichtlich der Angebotsinhalte und -qualitäten als auch darauf zurückzuführen ist, daß man den eigenen Bedarf weder hinsichtlich seiner tatsächlichen Notwendigkeit noch hinsichtlich seiner detaillierten inhaltlichen Ausrichtung zuvor analysiert hat. Man hat auf Reizworte in den Angebotsbeschreibungen reagiert und ist letztlich mit dem Ergebnis unzufrieden.

Man sollte allerdings diese Defizite und Probleme nicht überbewerten. Gerade die Unzulänglichkeiten hinsichtlich einer formalisierten bzw. organisierten betrieblichen Weiterbildung führen bei den Unternehmen in dieser Größenklasse ungeplant zu einer Verstärkung der Lernprozesse in der Arbeit. In Verbindung mit den normalerweise zudem breiteren Aufgabenfeldern für die Mitarbeiter wird dadurch eine mit den Großunternehmen durchaus zu vergleichende Handlungskompetenz aufgebaut. Die Teilkomponenten (vgl. hierzu das Teilgutachten von Erpenbeck/Heyse) sind jedoch unterschiedlich ausgeprägt: In den Großunternehmen gibt es breitere kognitive Anteile, während die Anwendungs- und Gestaltungsanteile mangels konkreter Umsetzungs- und damit Lernmöglichkeiten geringer sind; bei den kleineren Unternehmen gilt dies vice versa.

Eine Sonderrolle spielen die mittleren Unternehmen mit ca. 500 bis etwa 3000 Mitarbeitern. Hier sind oftmals bereits eigene Zuständigkeiten für die betriebliche Weiterbildung aufgebaut, wenngleich i.d.R. als Teil der Personalentwicklung. Aufgrund der noch überschaubaren Unternehmensgröße bestehen jedoch kurze Wege zur übergeordneten Personalleitung und den dort zusammengefaßten Aufgaben der Personalplanung. Eine solche Personalentwicklungs-Abteilung mit entsprechenden Aufgaben der betrieblichen Weiterbildung besteht normalerweise aus einem Leiter (Regelfall: (Fach-)Hochschulabschluß in Wirtschaftswissenschaften) und einer Sektretariatskraft/Sachbearbeiter. Diese notgedrungen „schlanken" Strukturen haben schon in der Vergangenheit dazu geführt, daß die betriebliche Weiterbildung durch den engen Kontakt zur Fachabteilung in Verbindung mit ökonomischen Zwängen tatsächlich bedarfsorientiert durchgeführt wurde und daß ein Teil der Auswahlfunktion (Entscheidung für externen Trainer bzw. Weiterbildungsinstitut) gemeinsam mit der Fachabteilung stattfindet. Originäre Funktionen dieser organisatorischen Einheit 'betriebliche Weiterbildung' (vgl. Abschnitt 3.2) reduzieren sich damit auf die Formulierung von Zielen und die Durchführung bzw. Betreuung der Weiterbildungsmaßnahmen. Gemeinsam mit der Fachabteilung erfolgt die Feststellung des konkreten Weiterbildungsbedarfs – ggf. bereits unterstützt durch den Externen – sowie die Unterstützung bei der Abgrenzung und Potentialeinschätzung der Zielgruppen. Die Erarbeitung der Weiterbildungskonzeption sowie die formale Erfolgskontrolle wird auf den Externen übertragen.

Diese bereits in der Vergangenheit praktizierte intensive Form der Zusammenarbeit zwischen Fachabteilung einerseits und betrieblicher Weiterbildung andererseits hat dazu geführt, daß für mittlere Unternehmen kein essentieller Funktions- oder Aufgabenwandel festzustellen ist. Hier ergeben sich allenfalls geringe Probleme hinsichtlich der Umsetzung der einzelnen Maßnahmen und der Akzeptanz sowohl bei den Mitarbeitern als auch im Unternehmen. Diese enge Zusammenarbeit im Verbund von Fachabteilung und Externen führt dazu, daß ein bedarfsorientiertes Vorgehen auch ohne analytisches Instrumentarium gewährleistet ist. Es besteht hier auch nicht die Gefahr einer Isolation der betrieblichen Weiterbildung von anderen Abteilungen, die Kailer (1991) deutlich für die Großunternehmen ausmacht und die zugleich extrem kontraproduktiv wirken (vgl. hierzu Gruber/Lenz 1991).

4. Trends im Funktions- und Aufgabenwandel

Das Nebeneinander der unterschiedlichen Generationen betrieblicher Weiterbildung einerseits und der organisatorischen Ausgestaltungen andererseits führen zu einer chaotischen Vielfalt in der Ausprägung der betrieblichen Weiterbildung bei den einzelnen Unternehmen. Um Wandlungsprozesse zu erkennen und zu beschreiben, ist es deshalb notwendig, vielfältige Informationen und Daten zu gewinnen (Abschnitt 4.1), zu komprimieren (Abschnitt 4.2) und in geeigneter Form zu strukturieren (Abschnitt 4.3). Im folgenden Abschnitt 4.1 werden zunächst wesentliche Einflußfaktoren herausgearbeitet, die für die gegenwärtige und künftige Ausrichtung der betrieblichen Weiterbildung von besonderer Bedeutung sind.

4.1 Informations- und Datengewinnung

Die Frage nach den Aufgaben und Funktionen der betrieblichen Weiterbildung enthält eigentlich drei Dimensionen: was war bisher, wie wird es heute gehandhabt und welche Veränderungen sind zu erwarten? Um sich diesem Fragenkomplex zu nähern, wurde eine Informationsgewinnungsstrategie verfolgt, die auf drei wesentlichen Quellen beruht:

a) Literaturanalyse
b) Einzelgespräche
c) Durchführung einer explorativen Studie mit Hilfe eines Fragebogens.

Zu a: Die Literaturanalyse hat sich erwartungsgemäß als nur bedingt fruchtbar erwiesen. Während sich eine Vielzahl von Quellen – exemplarisch sei auf Hölterhoff/ Becker (1986) verwiesen – mit den Soll-Vorstellungen befaßt, gibt es nur wenige, die die tatsächlichen Aufgaben und Funktionen analysieren. Eine interessante Annäherung an die Fragestellung nach Aufgaben und Funktionen ist von Kailer/Mayrhofer (1995) vorgenommen worden, die in einer – nicht repräsentativen – Analyse von Stellenausschreibungen in Österreich und der Bundesrepublik Deutschland die Anforderungen bzgl. Qualifikation und Aufgabenstellung an das gesuchte Fachpersonal in der Weiterbildung analysiert haben.

Insgesamt aber verwundert es schon, wenn 1995 ein Buch zur DV-Schulung und Weiterbildung (Herausgeber: Computerwoche, München 1995) erschienen ist, in dem im ersten Drittel über Trends und Qualitätsanforderungen nachgedacht wird, ohne daß explizit auf die Qualifikation und die unterschiedlichen Funktionen der in der Weiterbildung Tätigen Bezug genommen wird. Die restlichen zwei Drittel dieses Buches sind externen Weiterbildungsträgern gewidmet, die sich jeweils im Rahmen eines Firmenporträts vorstellen. Wenngleich in dieser Aufstellung auf den ersten Blick keiner der renommierten Weiterbildungsträger fehlt und eine Vielzahl regionaler Anbieter aufgelistet ist, so fällt auch hier auf, daß weder zur Qualifikation des dort tätigen Personals und der eingesetzten Referenten/Dozenten/Trainer Bezug genommen wird, noch daß andere Aufgaben bzw. Funktionen neben der Seminardurchführung aufgelistet werden.

Zu b: Um inhaltliche Aussagen zu gewinnen, mußten demzufolge ergänzende Maßnahmen erfolgen. Als erste Maßnahme zur Informationsgewinnung wurden eine Reihe von strukturierten Interviews mit für die Weiterbildung Zuständigen in verschiedenen Unternehmen geführt. Die Fallzahl der Interviews insgesamt betrug 2, wobei sich diese in etwa auf zwei gleich große Teile aufteilten. Dem forschungslogischen Ablauf der empirischen Sozialforschung folgend (vgl. z.B. Friedrichs 1973), wurden zunächst mit der ersten Gruppe Inhalte und Schwerpunkte für einen einzusetzenden Fragebogen geklärt.

Nach Abschluß der Fragebogenaktion (Versand von ca. 150 Fragebogen; vgl. c) wurden dann in einer zweiten Interviewrunde die aus dem Fragebogenrücklauf abgeleiteten Hypothesen und erkennbaren Trends mit dem Ziel einer Validierung und Hintergrundanalyse detailliert besprochen.

Zu c: Ergebnis der ersten Interviewrunde (vgl. b) war die Notwendigkeit, mehr und breitere Informationen zum gewünschten Sachverhalt zu erlangen. Hierzu wurde ein Fragebogenkonzept entwickelt, das im wesentlichen fünf Teilbereiche umfaßte:

1. Angaben zum eigenen Unternehmen;
2. Angaben zum heutigen Aufbau und Organisation der betrieblichen Weiterbildung;

3. Information über die Veränderungen in der letzten Zeit im Bereich der betrieblichen Weiterbildung;
4. kommende Herausforderungen;
5. abschließende Gesamteinschätzung mit einer gezielten Nachfrage zur Einschätzung hinsichtlich der eigenen Professionalität.

Da sich bei den Interviews gezeigt hatte, daß die Bandbreite möglicher Antworten in signifikantem Zusammenhang nicht nur mit der Unternehmensgröße, sondern auch mit der Branche steht, wurde die Notwendigkeit einer explorativen Studie deutlich. Restriktionen dabei waren einerseits die zur Verfügung stehende Zeit, die ein breiteres Fragebogenkonzept ebensowenig zuließ wie eine an sich unabdingbare Pre-Testphase auf die hier mit Hinweis auf die erste Interviewerrunde verzichtet wurde. Aufgrund der Vielfalt möglicher Antworten wurde zudem der Fragebogen zielgruppenspezifisch ausgerichtet. Es wurden folgende Zielgruppen definiert:
  A: Unternehmen
  B: externe Weiterbildungsträger
  C: Verbände bzw. verbandsnahe Einrichtungen
  D: Personalberatungsunternehmen
  E: Experten

Die Notwendigkeit einer solchen Zielgruppendifferenzierung ist sicherlich für A und B selbsterklärend. Für die Verbände bzw. verbandsnahen Einrichtungen (C) ergaben sich Hinweise aus den Expertenantworten, die darauf schließen ließen, daß die Verbände durchaus häufig in Zwitterrollen auftreten. Auf der einen Seite verstehen sie sich als Dachorganisationen mit beratender Unterstützung, auf der anderen Seite sind sie jedoch häufig Träger eigener Weiterbildungseinrichtungen, die in unmittelbarem Wettbewerb zu externen Trägern, aber auch zu betrieblichen Bildungseinrichtungen stehen. Für die Differenzierung im Hinblick auf die Personalberatungsunternehmen (D) ergaben sich Anhaltspunkte daraus, daß deren Dienstleistungsangebot sich mittlerweile durchaus auch auf die Durchführung von Weiterbildungsveranstaltungen und insbesondere auf die Beratung im Zusammenhang mit zielgruppenspezifischer Weiterbildung ausrichtet. Die Gruppe der Experten (E) wurde mit einem kurzen, eigenständigen Fragebogen angesprochen, da aufgrund der zeitlichen Lage des Projektes ein normalerweise im Kontext dieses empirischen Vorgehens vorgesehener Experten-Workshop terminlich nicht zustande kam. Insgesamt wurden auf diese Art und Weise 150 Fragebogen verschickt; der Rücklauf war sehr unterschiedlich, wie in der nachfolgenden Übersicht 2 dargestellt, jedoch damit durchaus im üblichen Rahmen vergleichbarer Vorhaben der empirischen Wirtschafts- und Sozialforschung liegt.

Übersicht 2: Ergebnis der deskriptiv-explorativen Studie

Gruppe	Verschickte Fragebogen	Rücklauf	Antwortquote in %
Unternehmen	115	35	30,4 %
Externe Weiterbildungsträger	15	4	26,7 %
Verbände bzw. verbandsnahe Einrichtungen	5	2	40,0 %
Personalberatungsunternehmen	8	3	37,5 %
Experten	7	4	42,9 %

4.2 Einzelergebnisse

Möglichst detaillierte Analysen waren für alle Unternehmensgrößenklassen vorgesehen. Demzufolge wurde eine Reihe von Fragebogen auch an Klein- und Kleinstunternehmen verschickt, es ergab sich jedoch fast kein Rücklauf (2 Fragebogen). Neben einem ausführlichen Interview muß insofern auf frühere Analysen (z.B. Frank 1988) oder Einzelfälle zurückgegriffen werden. Obwohl das Aufgabenfeld der betrieblichen Weiterbildung oftmals einer Person zugeordnet ist, so gibt es bei den Klein- und Kleinstunternehmen in der Regel keine eigenständige Einrichtung zur betrieblichen Weiterbildung und die damit verbundenen Aufgaben stellen für diese Person in der Regel eher 'überflüssige', zusätzliche Aufgaben dar, und zwar aus zwei Gründen: zum einen ergibt sich der Bedarf einer betrieblichen Weiterbildung unmittelbar im Zusammenhang mit dem Einsatz einer neuen Technik – dann wird dieses 'Problem' auch direkt durch eine entsprechende Lieferantenschulung 'gelöst'. Dahinter verbirgt sich ein grundlegend anderes Verständnis von Weiterbildung, das im wesentlichen darauf ausgerichtet ist, die unmittelbare (Dienst-)Leistungserstellung zu unterstützen. Zum anderen stellt sich betriebliche Weiterbildung im wesentlichen als ein ökonomisches Problem dar, das sich in Freistellungs- und Abkömmlichkeitsüberlegungen spiegelt – im Vordergrund steht das Geschäft, das bei den Kleinstunternehmen nahezu ohne personelle Puffer realisiert wird (vgl. auch Kuwan/ Waschbüsch 1994). Symptomatisch ist die Antwort des Dienstleistungs-Unternehmens #143 zur Aufgabenverteilung: „Erledigen dieser Aufgaben (gemeint sind alle im Zusammenhang mit der betrieblichen Weiterbildung stehenden Aufgaben; d. Verf.) neben dem Tagesgeschäft".

Eine differenziertere Betrachtung ist jedoch bei den größeren Unternehmen möglich. Zu diesem Zweck sind zunächst die Unternehmen nach 3 Klassen im Hinblick auf die Mitarbeiteranzahl klassifiziert worden:

Trends

Nr.	Mitarbeiteranzahl
1	< 1000
2	1000 – 9999
3	≥ 10000

Betrachten wir zunächst für *Unternehmen mit bis zu 1000 Mitarbeitern* den Aufbau und die Organisation der betrieblichen Weiterbildung sowie die quantitative Veränderung in den letzten rund fünf Jahren. Gewissermaßen typisch für Aufbau und Organisation ist hier das Unternehmen #108 mit knapp 400 Mitarbeitern im Bereich der Chemie mit allerdings nur sehr geringem eigenen Produktionsanteil (Anteil gewerblicher Arbeitnehmer: 2 %). Hier wurde die betriebliche Weiterbildung in letzter Zeit um 50% der quantitativen Kapazität auf eine Personalausstattung von nunmehr 0,5 Mitarbeitern reduziert.

Die beobachtete Reduktion wurde für das Unternehmen #108 möglich durch die Verlagerung verschiedener Aufgaben von der Zentrale in die dezentralen Fachabteilungen (vgl. hierzu auch den ausführlichen Abschnitt 4.3). Es ergibt sich folgende Aufgabenverteilung, die aber auch für die nächstgrößere Unternehmensklasse typisch ist:

Personalabteilung	**Fachabteilung**
gibt Rahmenbedingungen vor	meldet konkreten Bedarf an
berät	trägt die Kosten
fragt Bedarf ab	erledigt Formalitäten der Anmeldung
bietet intern an	

Beim Vergleich mit ähnlich großen Unternehmen anderer Branchen fällt auf, daß der Dienstleistungssektor mit bis zu 3,0 Mitarbeitern (#128) eine durchschnittlich größere quantitative Personalausstattung und bisweilen auch eine stärkere zentralistische Ausrichtung aufweist. Die Qualifikation der verbliebenen 0,5-Stelle bei Unternehmen #108 entspricht als Leiterstelle der im Kap. 3 skizzierten Vorstellungen: promovierter Wirtschaftswissenschaftler. Hinsichtlich der Qualifikationen im allgemeinen finden sich bei den Leitern dieser Weiterbildungseinheiten fast generell Studienabschlüsse, zumeist in Wirtschaftswissenschaften, die von Mitarbeitern mit Abitur und entsprechender Lehre ergänzt werden. Als wesentliche Veränderungen in den letzten Jahren im Hinblick auf die betriebliche Weiterbildung wird vom Unternehmen #108 angesehen: „Weg vom 'Gießkannenprinzip' und Standardangebot und hin zur individuellen Bedarfsorientierung".

Eine weitere, essentielle Aufgabe ist die Bedarfsermittlung für betriebliche Weiterbildungsmaßnahmen. Während dies in der Vergangenheit nahezu ausnahmslos federführend von den Weiterbildungsabteilungen – natürlich mit Unterstützung der Fachbereiche – vorgenommen wurde, so zeichnet sich auch hier eine konsequente Verlagerung auf die Fachbereiche ab. Im Zusammenhang mit dem Umfang und der Ausgestaltung der Fachtrainings ist dies nur konsequent, wenn gleichzeitig die Trainings als solche in die Fachbereiche verlagert werden. Die Bedarfsermittlung geht jedoch ein Stück weiter und beinhaltet mittlerweile auch Komponenten des Management-Trainings, das bei vielen Unternehmen nach wie vor verantwortlich in der zentralen Weiterbildungsabteilung erfolgt.

Schon fast als Gegebenheit anzusehen und nahezu in allen Unternehmen anzutreffen, ist die entsprechende Budget-Verantwortung und Budget-Verlagerung auf die Fachbereiche. Für die Weiterbildungsabteilungen bedeutet dies aber nicht nur einen entsprechenden Legitimationsdruck, sondern auch einen permanenten ökonomischen Druck insofern, als sie die Wirtschaftlichkeit ihrer Maßnahmen durchaus auch gegenüber Wettbewerbern zeigen und realisieren müssen. Als verbleibende und eher aufzubauende Funktionen und Aufgaben ergeben sich für die betriebliche Weiterbildung die Bildungsökonomie und das (Bildungs-)Marketing.

Unternehmen von 1000 bis unter 10000 Mitarbeitern, die auf die Umfrage geantwortet haben, zeichnen sich zunächst überwiegend dadurch aus, daß es nur eine zentrale Personalabteilung gibt, in der Weiterbildung betrieben und geregelt wird (64%). Betriebliche Weiterbildung wird dabei überwiegend als eigenständige organisatorische Einheit geführt mit durchschnittlich ein bis fünf Mitarbeitern. Auffallend ist, daß bei rund einem Drittel der Unternehmen diese Einheiten erst in den letzten Jahren aufgebaut oder in weiteren 43% ein Ausbau stattgefunden hat. Hinsichtlich der Qualifikationen der in der Weiterbildung Tätigen ergeben sich im Vergleich zur vorangegangenen Unternehmensgrößenklasse deutliche Unterschiede: es gibt einen Verantwortlichen, der oftmals einen (Fach-)Hochschulabschluß aufweist; vereinzelt gibt es Bildungsreferenten mit Abschlüssen als Dipl. Pädagoge oder auch Dipl. Psychologe. Jedes fünfte Unternehmen nennt Qualifikationen in Pädagogik und Psychologie als in den letzten Jahren neu hinzugekommene. Bezeichnend im Hinblick auf die Funktion und Qualifikation der Weiterbildner ist die Äußerung des Unternehmens #71, das „Kenntnis des betrieblichen Leistungserstellungsprozesses" fordert. Hierdurch wird einerseits deutlich, daß man höher qualifizierte Mitarbeiter haben möchte, andererseits aber auch solche, die den betrieblichen Prozeß sehr genau kennen, d.h. ein Direkteinstieg von außen ist in der Regel ausgeschlossen. Die Weiterbildungsabteilungen sind weitgehend auf- und ausgebaut, es hat in letzter Zeit kaum Veränderungen gegeben. Diese Form der Konsolidierung zeigt sich dann auch in der Frage nach dem zukünftigen organisatorischen Änderungsbedarf, der zunächst als abgeschlossen angesehen wird.

Für die Aufgaben ist folgendes festzustellen: die Bedarfsorientierung ist fast selbstverständlich; sie führt dazu, daß in fast allen Abteilungen die Funktion Weiterbildungsberatung angeboten wird (darunter verstehen die Unternehmen in aller Regel die Unterstützung der Vorgesetzten bei der Zuordnung von Weiterbildungsmaßnahmen zu konkreten Bedarfen). Bei der Stellenbesetzung von Weiterbildnern wird darauf geachtet, daß die Mitarbeiter entweder das Geschäftsfeld verstehen oder aber aus dem eigenen Unternehmen kommen (so z. B. #11: „Personalmann muß den Markt des Unternehmens kennen"). Neue Aufgaben haben sich in den Feldern Organisationsentwicklung und Prozeßbegleitung ergeben. Dem stehen jedoch auch abgegebene Aufgaben gegenüber: so ist deutlich zu erkennen, daß Verwaltung und Organisation für die Durchführung der Veranstaltungen in die Fachabteilungen verlagert werden. Erkennbar sind auch deutliche Tendenzen, mit Externen hinsichtlich der Seminare und ihrer Durchführung zusammenzuarbeiten.

An die Fachabteilungen wurden offensichtlich schon früher Betreuung und Verwaltung von Seminaren abgegeben, in den letzten Jahren sind zudem Qualitätssicherungsmaßnahmen und Bedarfsermittlung ebenfalls dorthin verlagert worden. Während früher Weiterbildungsreferenten oftmals als Trainer eingesetzt wurden, so werden Trainer nun verstärkt von externen Weiterbildungsträgern fallweise hereingeholt; die verbliebenen Weiterbildungsreferenten werden heute aufgrund ihrer betrieblichen Kenntnisse verstärkt zur Weiterbildungsberatung eingesetzt, die nunmehr aber auch Prozeßberatung beinhaltet. Als wesentliche Veränderung in den letzten Jahren wird neben der weiter verfeinerten Zielgruppenidentifizierung die Steigerung des Weiterbildungsimages und insbesondere der zunehmende ökonomische Druck genannt; letzteres hat dazu geführt, daß eine entsprechende Kostenverrechnung (innerbetriebliche Verrechnungspreise) und die Ausrichtung der betrieblichen Weiterbildung oftmals als Cost Center stattgefunden hat.

Bei der Frage, was die Unternehmen selbst als wesentliche Veränderungen in den letzten ca. fünf Jahren ansehen, so wird hier überwiegend die Umstellung von der Angebots- auf die Bedarfsorientierung genannt. Darüberhinaus finden sich aber auch Aussagen darüber, daß die Weiterbildung nunmehr strategieorientierter und systematischer erfolgt – dies dürfte nicht zuletzt auf die Einrichtung einer eigenständigen Einheit betriebliche Weiterbildung zurückzuführen sein.

Beim Blick in die Zukunft ist es zunächst folgerichtig, daß die meisten Unternehmen die organisatorische Ausrichtung der betrieblichen Weiterbildung als zunächst abgeschlossen ansehen, wenngleich ein Drittel der Unternehmen darauf hinweist, daß weitere Umstrukturierungen bevorstehen. Für die weitere Zukunft wird von diesen Unternehmen eine Personalreduktion im Bereich der betrieblichen Weiterbildung erwartet, weil man verstärkt mit Externen kooperieren und die Selbstverantwortung in Richtung auf die Mitarbeiter verschieben möchte. Möglich wird diese Reduktion auch, weil man das Fachtraining insgesamt mengenmäßig reduzieren wird, was allerdings auf zwei gleichgewichtige Gründe zurückzuführen ist: es gibt weniger Bedarf an eigenem Fachtraining durch die Verlagerung auf Externe, und es gibt einen quantitativen Rückgang wegen geplanten Personalabbaus. Neue Aufgaben und Funktionen ergeben sich dadurch, daß immerhin ein Drittel der Unternehmen beabsichtigt, Weiterbildungsmaßnahmen für Kunden des Unternehmens zu öffnen bzw. anzubieten.

Die Schlußfrage bezog sich auf die zentralen Herausforderungen, die für die betriebliche Weiterbildung in den nächsten Jahren anstehen. Hier zeigen sich eindeutige Schwerpunkte (I) in der verstärkten Marktorientierung, (II) den Möglichkeiten und

Gernold P. Frank

Methoden arbeitsplatzbezogener Weiterbildung, (III) der Integration neuer Medien und neuer Lernformen, (IV) der Transfersicherung und schließlich (V) in der Unterstützung von Organisationsentwicklungsprozessen. Als weitere zentrale Herausforderung wird Kompetenzaufbau für die Unterstützung von Teamentwicklungsprozessen angesehen.

Bei den *Unternehmen von 10000 und mehr Mitarbeitern* findet sich die Ausrichtung auf eine zentrale Personalabteilung nur noch vereinzelt; die Mischung aus zentraler oder dezentraler überwiegt deutlich. Die Qualifikationen der in der Weiterbildung Tätigen sind unter formalen Aspekten gestiegen: Leitung wie auch Referenten weisen mit in der Vergangenheit steigender quantitativer Tendenz i.d.R. Universitäts- bzw. Fachhochschulabschlüsse auf, d.h. es kommt zur Verdrängung anderer Qualifikationen, weil sich an der Gesamtzahl wenig ändert. Bemerkenswert ist, daß bei den Qualifikationen verstärkt Zusatzausbildungen eine Rolle spielen: therapeutische Zusatzausbildung, EDV-technische Zusatzausbildung sowie NLP-Qualifikation. Die Akademisierung hat auch die Ebene der Bildungsreferenten erfaßt und gilt selbst für die verbliebenen Trainer. Bei jedem zweiten Unternehmen fand dieser Umschichtungsprozeß vor dem Hintergrund sinkender Personalzahlen in der betrieblichen Weiterbildung statt. Dies wurde möglich durch die konsequente Verlagerung der Funktionen Training, Seminarleitung, Verwaltung und Organisation sowie Durchführung auf Fachbereiche und auf Externe. Deutlich wird aber auch vom Unternehmen #91 in der metallverarbeitenden Industrie gesagt, daß trotz Verlagerung ein ständig steigender Produktivitätsdruck auf die Weiterbildungsabteilung ausgeübt wurde mit dem Ziel, „mehr Weiterbildungsmaßnahmen mit weniger Mitarbeitern" durchzuführen. Der Spielraum für produktivitätssteigernde Maßnahmen ist allerdings in dieser Unternehmensgrößenklasse enger, weil die Verlagerung der Funktionen Durchführung und Betreuung von seminaristischen Maßnahmen auf die Fachabteilungen bereits in der Vergangenheit abgeschlossen war. Die Verantwortung für das Fachtraining obliegt komplett der Fachabteilung, die verstärkt mit Externen zusammenarbeitet; das CAD-und PC-Training ist zum Teil vollständig auf Externe übertragen worden.

Als wesentliche Vorgänge in den letzten Jahren werden neben dem schon skizzierten Produktivitäts- und Kostendruck der Einstieg in Maßnahmen des selbstgesteuerten Lernens aufgezeigt sowie detailliertere Bedarfsentwicklungsmethoden genannt.

Als wesentlich für die vergangene Entwicklung werden Integration von computerunterstütztem Lernen sowie die „Verringerung der Fertigungstiefe" (#97; Automobilindustrie) d.h. Kooperation mit Externen genannt. Herausgestellt wird auch von einigen Unternehmen die mittlerweile deutlich bessere Akzeptanz der betrieblichen Weiterbildung im Unternehmen, was durchaus mit dem parallelen Aufbau der Weiterbildung als Cost Center im Zusammenhang steht. Für die Zukunft gibt es bei den Unternehmen in der Erhebung keine eindeutige Aussage. Ein Teil bezeichnet den Prozeß als zunächst einmal abgeschlossen und stellt als wichtige neue Aufgaben für die betriebliche Weiterbildung ein ganzheitliches Bildungscontrolling heraus sowie die Integration der Potentialanalyse im Zusammenhang mit Bedarfsermittlungsverfahren, die nunmehr auch gezielt für Teams und Gruppen installiert werden. Als weitere Herausforderungen werden Lernen am Arbeitsplatz und berufsfeldübergreifende

Weiterbildung genannt. Bei den Unternehmen, die vor einer Umstrukturierung oder auch Auslagerung stehen, werden drei wesentliche künftige Funktionen beschrieben: (1) ganzheitliche Beratung und Betreuung entlang der Prozeßkette, (2) Internationalität und Interdisziplinarität beim Aufbau von Beratungskompetenz und (3) die Einbindung und Einbeziehung sowohl von Lieferanten als auch von externen Weiterbildungsträgern bei der künftigen Ausgestaltung und formalen Steuerung der betrieblichen Weiterbildung. Hier wird von etwa einem Drittel der Unternehmen auf neue Kooperationsmöglichkeiten intern und extern verwiesen. Intern werden künftig zu den ohnehin schon vorhandenen temporären Weiterbildnern, die sich im wesentlichen aus Fachspezialisten und Führungskräften operativer Einheiten rekrutieren, Mitarbeiter mit befristeten Arbeitsverträgen Zugang finden. Die mit einem unbefristeten Vertrag ausgestatteten Weiterbildner sind für die formale Steuerung und Konzeption zuständig. Sehr deutlich beschreibt dies das Unternehmen #138 der Automobilindustrie, bei dem bereits in der Vergangenheit ein Personalabbau stattgefunden hat und man als Konsequenz bereits weitere Funktionen wie beispielsweise die Weiterbildungsplanung an die Fachabteilungen verlagert hat; hier wird mit dem Informatiker ein Beispiel für eine befristet einzubeziehende Qualifikation gegeben.

Beim Blick in die Zukunft überrascht zunächst nicht mehr, daß alle Unternehmen vor Umstrukturierungen oder Auslagerungen stehen; bezeichnend aber ist, daß etwa jedes zweite Unternehmen noch nicht weiß, wer und was davon betroffen sein wird. Bei 10% der Unternehmen hat bereits eine Auslagerung von Teilen der betrieblichen Weiterbildung stattgefunden. Der fortwährende Produktivitäts- und Kostendruck findet sein Ventil dahingehend, daß künftig verstärkt Kompetenz im Zusammenhang mit bildungsökonomischen Fragestellungen einbezogen werden soll, z.B. auch, um dem steigenden Rechtfertigungsdruck zu begegnen. Die bisher noch verbliebenen Trainer werden sukzessive weitergebildet zum Prozeßgestalter und Lernorganisator. Die durch die verstärkte breite Akademisierung aufgebaute Kompetenz soll zu einer neuen Funktion auf- und ausgebaut werden: Beratungskompetenz für betriebliche Veränderungsprozesse inkl. der dazu notwendigen Initiierung und vor allem Begleitung und Betreuung während des Veränderungsprozesses.

In der nachfolgenden Übersicht 3 wird versucht, eine Art von Komprimierung herauszuarbeiten. In den drei Spalten 'Vergangenheit, Ist-Situation und Zukunft' sind die jeweils wesentlichen und für diese Klasse typischen Veränderungen eingetragen.

4.3 Versuch einer Reduktion der Komplexität

4.3.1 Szenariomethode

Wir haben eine Fülle von Einzelbefunden herausgearbeitet und aufgezeigt, wie die Ausgestaltung der betrieblichen Weiterbildung und ihre Ausprägungen davon abhängen. Die gegenwärtigen Strukturen werden sich in der Zukunft verändern, weil mit der stetigen Internationalisierung und Globalisierung der Märkte, mit technologischen Innovationen und mit Veränderungen der Nachfrage neue Einflußfaktoren hinzukommen und Einflußfaktoren, die in der Vergangenheit eine große Bedeutung hatten,

Übersicht 3: Komprimierung der typischen Veränderungen

Unternehmens-größenklasse	Vergangenheit	Ist-Situation	Zukunft
1 < 1000 Mitarb.	• Aufbau der betrieblichen Weiterbildungseinheiten • Kompetenzaufbau innerhalb dieser Einheiten • Weg vom Gießkannenprinzip, dennoch eher Angebotsorientierung	• Ausbau eigenständiger Weiterbildungseinheiten • Auslagerung der Durchführung, Verwaltung und Organisation von Seminarmaßnahmen an die Fachabteilung	• Veränderung der Rolle des Vorgesetzten • Flexibilitätssteigerung durch Kompetenzausbau der betrieblichen Weiterbildung • Weiterbildungsberatung
2 1000-9999 Mitarbeiter	• Bedarfsorientierung • erstmaliger Einbezug der Fachabteilungen bei der Durchführung und Organisation seminaristischer Veranstaltungen • Integration von PE und Weiterbildung • partielle Unterstützung durch externe Weiterbildungsträger	• eher zentralisierte Weiterbildung • Verstärkte Akademisierungsschritte • PE/OE-Prozeßunterstützung • Transfersicherung • Ausgestaltung der Weiterbildungseinheiten als Cost Center • zunehmender ökonomischer Druck	• Marktorientierung • Transfersicherung via Vorgesetzte • Verlagerung der PE-Verantwortung auf Vorgesetzte • arbeitsplatzbezogene Weiterbildung • Steigerung des Weiterbildungsimages • vom Trainer zum Berater • geplanter Personalabbau verstärkt den ökonomischen Druck
3 ≥10.000 Mitarbeiter	• Einstieg in die Prozeßbegleitung • detailliertere Bedarfermittlungsverfahren • Produktivitätssteigerung (mehr Weiterbildungsmaßnahmen mit weniger Mitarbeitern) • Weiterbildner mit Geschäfts- und Führungserfahrung – Funktionsauslagerung auf Fachabteilung (Bedarf bis Transfer) • Einsatz computerunterstützter Lernprozesse	• Akademisierungsschub bei gleichzeitigem Auf- und Ausbau von Zusatzqualifikationen (therapeutische, psychologische und pädagogische Qualifikationen; NLP) • tendentieller Rückgang des Weiterbildungs-Personals • erste Auslagerungen • Akzeptanzgewinn der betrieblichen Weiterbildung im Unternehmen	• Kompetenz in Bildungsökonomie verstärken • Trainer zu Prozeßgestaltern umqualifizieren • Lernen am Arbeitsplatz und Prozeßbegleitung integrieren • neue Lernformen und Medien integrieren • „es muß sich für die Fachabteilung lohnen, die betriebliche Weiterbildung einzuschalten"(#79) • Einbeziehung von Lieferanten und Externen zu neuen Kooperationsformen • „Verringerung der Fertigungstiefe betrieblicher Weiterbildung" (#97) • „Berufsfeldübergreifende Weiterbildung" (#121) • Beratung entlang der kompletten Prozeßkette

künftig zurücktreten werden und vice versa. Verschärfend zu dieser Problematik kommt hinzu, daß plötzliche Strukturbrüche häufiger auftreten[7].

Neben diesen technischen, den gesellschaftlich-sozialen Gegebenheiten und den wirtschaftlichen Voraussetzungen und Perspektiven kommt es durch sogenannte Rückkopplungsprozesse zu einer weiteren Steigerung der Komplexität. Hierunter versteht man die in der Wirtschaft und in der Gesellschaft beständig ablaufenden Bewertungsprozesse von neuen Techniken oder Innovationen, die ihrerseits die weitere Entwicklung und damit auch die Anwendung dieser Techniken massiv beeinflussen. (Ein solches Beispiel ist derzeit das Internet oder WWW). Es läßt sich leicht nachvollziehen, daß davon enorme Auswirkungen auf die betriebliche Weiterbildung ausgehen können; die entscheidende Frage dabei ist das „wie" und „wie schnell'. Um aber hierauf Antwort zu geben, müssen zunächst die komplexen Zusammenhänge – sofern überhaupt möglich – konkretisiert werden. Der damit verbundene Aufwand für Einzelfallentwicklungen und daraus abzuleitenden Konsequenzen aber wäre enorm und würde oftmals lediglich in einem Prognose- und Planungsdilemma enden (vgl. z.B. Drucker).

Wie aber können wir diesen Konflikt lösen? Es bieten sich neuere Techniken zur Beobachtung und Analyse der Gesamtzusammenhänge an – man spricht in diesem Zusammenhang von den Umfeldern und damit von einer Umfeldanalyse und entsprechend von Umfeldbeobachtung –, die systematische, quantitative und qualitative Faktoren sowie spekulative und subjektive Elemente einbeziehen. Solche Methoden werden vielfach unter den Begriff der Zukunftsforschung subsummiert und damit ein wenig in die Nähe von 'Hellsehen' und 'göttliche Eingebung' gerückt. Tatsache ist vielmehr, daß diese Verfahren handwerkliche Arbeit voraussetzen und in ihren theoretischen Grundlagen verifiziert sind: bekannteste Methoden sind beispielsweise die Delphi-Methode (Bundesministerium für Bildung: Delphi-Bericht 1995), deren Validität explizit von Häder u.a. (1995) gezeigt wurde oder auch die seit ihrer 'Entdeckung' durch den Kybernetiker Wiener (1948) bekannte Szenariotechnik, die in ihren Grundstrukturen auf die Gesetzmäßigkeiten der Kybernetik zurückgreift. Gerade die Szenariotechnik ist in ihrem grundlegenden Anspruch spätestens seit Ende der 70er Jahre anerkannt und seit den 80er Jahren als Instrument der strategischen Planung eingesetzt worden (Kreikebaum 1987). Während diese Technik in der Vergangenheit ihre Leistungsfähigkeit für Fragestellungen im Rahmen der strategischen Unternehmensplanung ebenso unter Beweis stellen konnte, wie im breiten Feld des Marketing, sind Anwendungen im Bereich der Personalarbeit erst in letzter Zeit herausgearbeitet worden. So hat beispielsweise Scholz (1984) den Einsatz im Bereich der Personalplanung, Meyer-Dohm (1988) die Bedeutung der Szenariotechnik für die Bildungsbedarfsanalyse und Hentze (1991) weitere Verwendungsmöglichkeiten gezeigt[8].

---

[7] Erinnert sei hier an den gesamten Ost-West-Annäherungskomplex, der die Struktur von Chancen und Risiken beständig neu zusammenfügt.

[8] Die Erstellung von Szenarien am Beispiel personalwirtschaftlicher Fragestellungen würde den Rahmen dieser Arbeit sprengen; es wird verwiesen auf Frank (1996). Generell vergleichende Analysen zur Leistungsfähigkeit und exemplarische Anwendungen im Bereich der strategischen Unternehmensplanung finden sich bei Meyer-Schönherr (1991).

Gernold P. Frank

4.3.2 Umfelder und Einflußbereiche der betrieblichen Weiterbildung

Ziel dieser Untersuchung ist es nicht, ein oder mehrere Szenarien auszuformulieren, wie man sie beispielsweise bei Heidegger (1988) oder auch Kau/Ehmann (1986) für die Berufsbildung bzw. die Weiterbildung findet. Unser Ziel ist es vielmehr, aus der Fülle von Einzelergebnissen und Einzelentwicklungen Strukturen herauszuarbeiten und gleichzeitig Interdependenzen und Entwicklungen aufzuzeigen. Ziel dieses trunkierten Vorgehens ist es somit, Umfelder oder Einflußbereiche zu identifizieren, die gedanklich als Überschriften über vielen Einzelereignissen stehen können. In dem sich anschließenden Abschnitt 4.3.3 werden danach für ausgewählte Umfelder wesentliche Einflußfaktoren identifiziert, die in sich so komplex sein können, daß sie einige der zuvor festgestellten Einzelereignisse repräsentieren; dabei werden auch Entwicklungsperspektiven aufgezeigt.

In der nachfolgenden Abbildung 3 sind diese Umfelder zunächst skizziert bevor sie anschließend inhaltlich vorgestellt werden.

1. Unternehmerische Entwicklung
Darunter werden die wirtschaftliche Perspektive des Unternehmens, Unternehmensstrategien und Zielsetzungen zusammengefaßt. Dieses Umfeld beinhaltet somit auch die Konsequenzen, die von einem Personalanpassungsprozeß ausgehen. Es repräsentiert letztlich die gesamte wirtschaftliche Sichtweise innerhalb des Unternehmens.

2. Gesellschaftliche Entwicklung
Veränderte Einstellungen und Verhaltensweisen zum Lernen an sich und zur beruflichen Weiterbildung haben Auswirkungen auf die Akzeptanz dieser organisatorischen Einheiten in den Betrieben. Zu diesem Umfeld zählen auch Rechtsvorschriften und

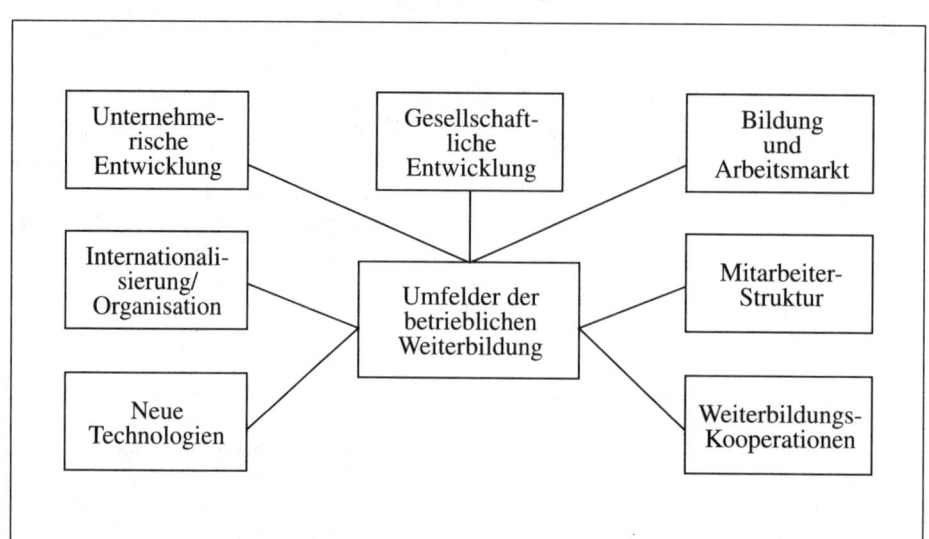

Abb. 3: Umfelder der betrieblichen Weiterbildung

Regelungen, die für die betriebliche Weiterbildung relevant sein können. Während alle Regelungen in unmittelbarem Zusammenhang mit der beruflichen Bildung (z. B. Ausbildungsordnungen, Bildungsurlaub, Schulzeiten etc.) dem nächsten Umfeld 'Bildung und Arbeitsmarkt' zugeordnet werden, so sollen hierunter die Regelungen verstanden werden, die im wesentlichen mittelbar auf die betriebliche Weiterbildung einwirken. Darunter fallen beispielsweise auch steuer- und arbeitsrechtliche Regelungen, da diese über die Flexibilisierung der Arbeit wiederum Einfluß nehmen auf die entsprechenden Qualifikationsanforderungen. Ein weiterer Aspekt dieses Umfeldes ist die Bevölkerungsentwicklung mit quantitativen und strukturellen Dimensionen.

3. Bildung und Arbeitsmarkt
Während es im Umfeld 2 um die Bevölkerung überhaupt geht, so steht jetzt die Erwerbsbevölkerung im Vordergrund. Es wird also einerseits das Erwerbspersonenpotential aus Arbeitsangebotssicht zu beachten sein, wie andererseits das Arbeitsplatzangebot seitens der Unternehmen im Sinne einer Nachfrageorientierung. Hinzukommen zusätzliche strukturelle Aspekte, wie beispielsweise Qualifikationsverschiebung, die Erwerbsneigung oder auch die Altersstruktur der Erwerbspersonen. Eine weitere Dimension dieses Umfeldes stellen die Regelungen dar, die unmittelbar den Zu- und Abgang vom Arbeitsmarkt betreffen. Auf der Zugangsseite sind dies im wesentlichen schulische und berufliche Ausbildungen sowie weiterführende Ausbildungsgänge, auf der Abgangsseite Regelungen die derzeit im Zusammenhang mit der Frühverrentung stehen oder Altersteilzeitvarianten betreffen.

4. Internationalisierung/Organisation
Dieses Umfeld steht in unmittelbarem Bezug zum Umfeld (1) unternehmerische Entwicklung. So wurde beispielsweise in Kapitel 3 gezeigt, wie eine Neuausrichtung der Unternehmensstrategie zu Änderungen der Organisation führen kann, die unmittelbar Auswirkungen auf die betriebliche Weiterbildung hat. Darunter fallen auch die Regelungen hinsichtlich Umstrukturierung oder Auslagerung von Einheiten der betrieblichen Weiterbildung. Ein weiterer Aspekt ist der zunehmend internationaleren Ausrichtung der Unternehmen gewidmet, die wiederum Einfluß nimmt auf die betriebliche Weiterbildung.

5. Mitarbeiterstruktur
Unter diesem Umfeld sind alle Mitarbeiter im Unternehmen, auch die in der betrieblichen Weiterbildung, zusammengefaßt. Neben der Altersstruktur spielt die Qualifikationsstruktur und auch die Potentialsicht eine besondere Rolle für die betriebliche Weiterbildung. Ebenfalls zu diesem Umfeld rechnen die Dimensionen Führung und Rolle der Vorgesetzten. Eine wichtige Dimension stellt zudem das vorhandene – monetäre und nichtmonetäre – Anreizsystem dar.

6. Neue Technologien
Informations- und Kommunikations-Technologien ermöglichen vielfältige Einflußnahme auf die vorhandenen Organisationsstrukturen (z. B. Abbau hierarchischer Strukturen mit einer Verlagerung von Entscheidungskompetenzen). Daneben ist Technologie ein entscheidender Faktor für unternehmerische Entwicklung, Innovationen und Stellung in den entsprechenden Märkten. Gleichzeitig gehen aber auch von der Technik vielfältige Einflußnahmen über das Lernen, die Lernorte und die Lerntechni-

ken auf die betriebliche Weiterbildung aus. Neue Medien wie beispielsweise Multimedia oder die Nutzung von Internet werden ihrerseits die Konzepte betrieblicher Weiterbildung beeinflussen.

7. Weiterbildungs-Kooperationen
Dimensionen dieses Umfelds sind alle Kooperationsmöglichkeiten der betrieblichen Weiterbildung, d.h. sowohl unternehmensinterne Kooperationsformen mit Führungskräften und Vorgesetzten sowie mit entsprechenden Fachabteilungen wie andererseits auch alle unternehmensexternen Beziehungen. Hierunter fallen auch alle Mischformen wie beispielsweise bei einer partiellen Ausgliederung die Aufgaben und Funktionen der betrieblichen Weiterbildung.

4.4 Ausgewählte Einflußfaktoren

Die Idee, Einflußfaktoren zu identifizieren, geht gedanklich darauf zurück, daß es vielfältige Einzelereignisse gibt, die man je gesondert einzelnen Umfeldern zuordnen kann. Für die Ausarbeitung eines Szenarios ist es aber wichtig, nunmehr die Verbindung zwischen den komplexen Umfeldern im Hinblick auf die zu untersuchende Fragestellung herzustellen. Zu diesem Zweck werden sogenannte Einflußfaktoren oder Deskriptoren formuliert, die in sich durchaus mehrere Einzelereignisse repräsentieren und zudem mehrere Umfelder betreffen können. Der Bezug zu mehreren Einzelereignissen einerseits und möglicherweise zu mehreren Umfeldern andererseits führt dazu, daß die Auswirkung auf das Untersuchungsfeld – hier die betriebliche Weiterbildung – erst bei genauer und detaillierter Analyse deutlich wird[9].

Je nach Komplexität der Ausgangsfragestellung findet sich eine Menge von Einflußfaktoren, die im einzelnen analysiert werden müßten, um ein vollständiges Szenario zu erstellen. Da dies nicht Gegenstand dieser Untersuchung ist, werden im folgenden nur einige wesentliche Einflußfaktoren beschrieben und partiell Vermutungen über deren weitere Entwicklung angestellt. Im Abschnitt 4.3 werden einige Ergebnisse dieses trunkierten Szenarioprozesses als konkrete Trends vorgestellt.

Einflußfaktor: Qualifikation der Weiterbildner
Die Einzelergebnisse haben verdeutlicht, daß selbst bei kleineren Unternehmen ein Akademisierungsschub zumindest bei den Verantwortlichen für die betriebliche Weiterbildung eingetreten ist. Dieser Schub basiert einerseits auf den formalen Qualifikationsabschlüssen, die im Vergleich zu früher häufiger geworden sind. Hinzu kommen allerdings auch Qualifizierungstendenzen, die sich nicht formal niederschlagen. So wird beispielsweise die Kenntnis des Marktes und die Kenntnis des unternehmerischen Geschäftsfeldes auch für die betrieblichen Weiterbildner zunehmend obligatorisch. Bei den größeren Unternehmen werden hierfür eigenständige Job-Rotations-Modelle erarbeitet, bei den kleineren Unternehmen ist dies aus den vorgenannten Gründen heraus nahezu eine Selbstverständlichkeit.

---

[9] Man spricht hierbei von einer Cross-Impact-Analyse, die das Kernstück jeder Szenarioanalyse darstellt; vgl. Frank (1994) oder von Reibnitz (1987).

Zusätzlich werden aber auch pädagogische und psychologische Qualifikationen – zunehmend bei größeren Unternehmen – (wieder!) aufgebaut. Gerade bei den Pädagogen hat hier ein schmerzhafter Wandel stattgefunden: Während früher viele Dozenten und Trainer eine pädagogische Ausbildung hatten, wurden deren Standardtrainings entweder in die Fachabteilungen oder aber an Externe abgegeben. Die Konsequenz war, daß in vielen Unternehmen der 'traditionelle Trainer' wegfiel. Wenn nun ein neuer Aufbau pädagogischer Kompetenz in der betrieblichen Weiterbildung vorgenommen wird, so ist die damit zusammenhängende Funktion nicht mehr die des Dozenten oder Trainers, sondern die eines Beraters für pädagogische Elemente innerhalb der betrieblichen Weiterbildungsmaßnahmen.

Einflußfaktor: Kompetenz der betrieblichen Weiterbildung
Die Ergebnisse nahezu aller Unternehmensgrößen zeigen überdeutlich den Wandel im Grundverständnis der betrieblichen Weiterbildung vom Anbieter seminaristischer Maßnahmen hin zum Betreuer, Begleiter und Berater innerbetrieblicher Veränderungsprozesse. Damit einher geht oftmals eine Verschmelzung der bisher eigenständigen organisatorischen Einheiten Personalentwicklung sowie betriebliche Aus- und Weiterbildung. Als Konsequenz haben sich Aufgaben und Funktionen drastisch verschoben: der für Organisation, Vorbereitung, Betreuung und Durchführung zuständige Schulungsleiter und der referierende Dozent mit fundierter pädagogischer Ausbildung werden umgeschult oder abgelöst. Auf- und ausgebaut werden nun stattdessen Qualifikationen, die sich mit der Erfassung, Begleitung und in gewissem Maße auch Steuerung von innerbetrieblichen Veränderungsprozessen beschäftigen. Möglich wird dies auch durch den Ausbau formaler Qualifikation, vorrangig mit wirtschaftswissenschaftlicher Ausbildung und der immer stärker werdenden Forderung, daß die Mitarbeiter der betrieblichen Weiterbildung den Prozeß der (Dienst-) Leistungserstellung detailliert kennen müssen.

Einflußfaktor: Organisation der betrieblichen Weiterbildung und Dezentralisierung der Personalarbeit
Auch andere Untersuchungen (vgl. z. B. Kailer, 1994) zeigen, daß es ähnlich wie bei der Begriffsvielfalt auch eine entsprechende Organisationsvielfalt gibt. Die Bandbreite der Möglichkeiten hat sich zudem in den letzten Jahren nochmals mit den Möglichkeiten der Auslagerung oder Ausgliederung (vgl. hierzu das Teilgutachten von Meier) erweitert. Zunehmend von Bedeutung für diesen Einflußfaktor ist auch die Dezentralisierungstendenz der Großunternehmen. Durch immer neue Ausgründungen bisheriger Geschäftsbereiche zu nunmehr eigenständigen Einheiten werden in aller Regel Teile der Personalfunktion mitausgegliedert. Betroffen davon ist in jedem Fall die fachliche Weiterbildung, da diese zunehmend bei den Fachabteilungen angesiedelt ist.

Hölterhoff/Becker (1986) hatten eindeutig die Funktion des Seminarleiters der Weiterbildung zugeordnet und die entsprechenden Aufgaben und Qualifikationen beschrieben. Damit verbunden waren sachbearbeitende Funktionen wie beispielsweise Organisation und Betreuung der Teilnehmer. Diese Aufgaben finden sich selbst bei mittelgroßen Unternehmen nicht mehr in der zentralen Weiterbildungsabteilung. Sie wurden entweder auf dem Wege der Einrichtung dezentraler Personalabteilungen in die einzelnen Regionen verlagert oder aber – und dies zeigte die Erhebung sehr eindrucksvoll – komplett an die Fachbereiche bzw. Fachabteilungen übertragen. Im Zuge dieser

Gernold P. Frank

Aufgabenverlagerung wurden zudem die entsprechenden Fachtrainer an die einzelnen Fach-Abteilungen abgegeben. Dieser Entwicklungsprozeß wurde sogar von den Großunternehmen nachvollzogen, die bereits über entsprechende dezentrale Personalabteilungen verfügten: auch dort wurden und werden diese Funktionen zunehmend an die Fachbereiche ausgelagert.

Die im Kapitel 4.2 skizzierte Verlagerung verschiedener Aufgaben ist einer der essentiellen Befunde für die Entwicklung der betrieblichen Weiterbildung in den letzten Jahren. Dabei wurden die Fachabteilungen nicht nur auf der Kostenseite (interne Verrechnungspreise) eingebunden, sondern es wurden ganz konkrete Aufgaben der betrieblichen Weiterbildung verlagert:
1. Verwaltung, Betreuung und Organisation von seminaristischen Weiterbildungsmaßnahmen;
2. Ermittlung des konkreten Weiterbildungsbedarfs.

Während die Verlagerung der Durchführungsaktivitäten dazu führt, daß in der betrieblichen Weiterbildung diese Sachbearbeitungsfunktion mehr oder minder verschwindet und im wesentlichen ökonomisch begründet ist, so stellt die Verlagerung der Funktion Bedarfsermittlung gewissermaßen eine Kapitulation der betrieblichen Weiterbildung dar. Insbesondere in den größeren Unternehmen (in der Befragung wird dies sehr deutlich, weil auch die Funktion des Controllings zunehmend an die Fachabteilungen ausgelagert wird) mit eigenständigen Weiterbildungsabteilungen ist es nicht gelungen, die vielbeschworene Bedarfsorientierung umzusetzen. Der nicht nur räumliche Abstand zu den operativen Einheiten hat dazu geführt, daß die Abteilung betriebliche Weiterbildung ihre Maßnahmen häufig immer noch auf Zuruf der Fachabteilungen konzipiert und durchgeführt hat. Es ist nicht gelungen, antizipativ eine realistische Bedarfsentwicklung vorzustellen. Da man sich aber gleichzeitig einerseits von der früher praktizierten Angebotsorientierung lösen wollte (und aufgrund des Zeitgeistes auch lösen mußte) und sich andererseits dadurch ein permanenter Rechtfertigungsdruck der Weiterbildungsabteilung ebenso ergeben hat wie eine Verschlechterung des eigenen Images („die betriebliche Weiterbildung weiß doch gar nicht richtig, was wir tun" – eine nicht nur vereinzelte Aussage in einem Interview), ist diese Funktionsweitergabe konsequent.
Insofern hat die betriebliche Weiterbildung mit der Abgabe dieser Funktionen gleichsam zwei Fliegen mit einer Klappe geschlagen: Man hat sich nicht nur von diesem permanenten Vorwurf befreit, sondern zugleich für mehr eigenes Ansehen und Akzeptanz gesorgt, weil den operativen Einheiten nunmehr die Schwierigkeit der antizipativen Bedarfsermittlung bewußt wird. Es ist deshalb auch nicht verwunderlich, daß einige insbesondere größere Unternehmen als wesentliche Ereignisse in den letzten Jahren den Akzeptanzgewinn der betrieblichen Weiterbildung innerhalb des Unternehmens herausstellen.

Neben der skizzierten zweistufigen Aufteilung der Arbeiten gibt es bei den größeren Unternehmen ab etwa 5000 Mitarbeitern – insbesondere wenn diese Arbeiten nicht an nur einem Standort ausgeführt werden – noch eine Zwischenebene: die dezentrale Personalabteilung. Größere Unternehmen mit verschiedenen Betriebsstätten, Niederlassungen oder Filialen haben zumeist neben der zentralen Personalabteilung am Firmensitz dezentrale Personaleinheiten. Die organisatorischen Konstrukte reichen

Trends

dabei von eigenständigen Personalabteilungen mit großem Verantwortungsbereich bis hin zu einem Personalreferentensystem, bei dem die Referenten nach wie vor der zentralen Personalabteilung regional recht autonom angegliedert sind.

Bisher haben wir bei dieser Aufgabenverteilung als wesentliches Kriterium neben der Unternehmensgröße die entsprechende Regionalisierung gesehen. Aus den Fragebögen ergibt sich jedoch auch noch, daß die Branche einen nicht unerheblichen Ein-fluß darauf hat. Leider sind die Fallzahlen zu gering, um hierfür trennscharfe und signifikante Aussagen zu treffen. Dennoch wird deutlich, daß beispielsweise der Handel diese Aufgabenverteilung nicht nachvollzieht. Betrachtet man sich die Strukturen der Handelshäuser, wird allerdings offensichtlich, daß dies unmittelbar mit den Organisationsstrukturen gekoppelt ist. Es gibt im Handel kaum eigenständige Fachabteilungen, sondern eine Vielzahl von kleinen selbständigen Einheiten, die allenfalls logistisch und unter dem Aspekt der Sortimentsgestaltung räumlich zusammengefaßt werden. Der Handel hat damit ein eher zweistufiges System, bei dem die Aufgaben der zuvor skizzierten Fachabteilung einer dezentralisierten Personalfunktion übertragen werden.

Die organisatorische Ausgestaltung des Unternehmens als Holding oder holdingähnlicher Konzern/Gruppe zeigt für die betriebliche Weiterbildung weitere Konsequenzen: Oftmals werden zentrale Center of Competences (CoC) gebildet, die für strategische und übergreifende Fragen zuständig sind (z.B. Technologie der Lernsysteme). Diese CoC-Konstruktionen stehen hierarchisch neben der zentralen Abteilung betriebliche Weiterbildung, stellen aber dennoch – zumindest gedanklich – eine Art vierstufiges System dar, das sich zunehmend bei den international ausgerichteten Großunternehmen findet. Die Qualifikationsanforderungen an die Mitarbeiter dieser kleinen Einheiten sind recht hoch und schließen oftmals neben dem Hochschulabschluß eine Promotion ein.

Einflußfaktor: Lern-Mix
Unter diesem Einflußfaktor werden mehrere separate Aspekte subsummiert:
    a) Lernphasen
    b) Lernorte
    c) Lernmedien
    d) Zielgruppen
    e) Lerntypen.

Bei der Auswertung hat sich gezeigt, daß insbesondere bei großen Unternehmen ein verstärkter Einsatz von computerunterstützten Verfahren erfolgt. Dadurch werden sehr häufig die Lernorte näher an das Arbeitsgeschehen verlagert und zugleich von den Lernenden erwartet bzw. verlangt, daß sie sich diese computerunterstützte Weiterbildung nach und nach erarbeiten. Für die Aufgaben und Funktionen in der betrieblichen Weiterbildung bietet dieser Einflußfaktor eine Fülle von Veränderungen:

- bisherige Seminarkonzeptionen werden teilweise obsolet und müssen durch neue Lernkonzepte ersetzt werden; hier sind somit didaktische und pädagogische Fähigkeiten gefordert;
- mit den neuen Lernmedien stehen wir am Beginn einer gewaltigen Aufgabenverschiebung in der betrieblichen Weiterbildung: weder die entsprechende Funkti-

on noch die erforderlichen Qualifikationen sind in der Vergangenheit in der betrieblichen Weiterbildung dafür eingerichtet und ausgebaut worden. Eine solche Funktion beinhaltet beispielsweise Aufgaben wie die Entscheidung, welche Inhalte überhaupt mit den neuen Medien und mit welchen derselben sie konkret darstellbar sind, welche Zielgruppen sich prinzipiell dafür eignen und wie die Unterschiede innerhalb der Zielgruppen im Hinblick auf Akzeptanz, Nutzung und Lerntypologie dieser Medien liegen. Weitere Aufgaben dabei sind beispielsweise Fragen nach der Einheitenlänge, nach dem Umfang und Ausmaß der Animation, nach der Integration von Individual- und Gruppenlernen (vgl. z. B. Heidack 1993). Während viele Antworten mit dem Hinweis auf pädagogisch-didaktische Kompetenz zu beantworten sind, so ist eine Reihe von Antworten nur über einen detaillierten Kenntnisstand der Technik zu geben[10].

Eng mit den vorgenannten Aspekten verbunden sind Fragen nach dem Lernort. Münch (1995) spricht sinngemäß von einer Pluralität der Lernorte und bringt damit zum Ausdruck, daß die künftige Herausforderung in dem Nebeneinander vieler unterschiedlicher Lernorte liegen wird. Es muß Aufgabe der betrieblichen Weiterbildung sein, in Abhängigkeit von Thematik, Zielgruppe und Medien einen Lernort-Mix zu konzipieren, der sowohl unter ökonomischen Kriterien wie unter Effizienzkriterien im Hinblick auf Lernerfolg und Transfersicherung optimal ist. Bisher sind solche Funktionen nur in sehr geringem Umfang bei den Großunternehmen aufgebaut worden, was unmittelbar auch damit zusammenhängt, daß die dafür notwendigen Qualifikationen nicht im normalen Ausbildungsbereich erworben werden können.

Die äußerst komplexen Anforderungen hinsichtlich der notwendigen Qualifikation haben bislang offensichtlich dazu geführt, daß im Bereich der mittelgroßen Unternehmen unter verstärktem Hinweis auf die mit der Einführung neuer Techniken verbundenen enormen Kosten diese Funktionen in der betrieblichen Weiterbildung nicht aufgebaut wurden. Die Großunternehmen haben demgegenüber einen economies-of-scale-Effekt in der betrieblichen Weiterbildung[11] und konnten diesen auch in unterschiedlichem Umfang frühzeitig nutzen. Beim Aufbau entsprechender Qualifikationen in der betrieblichen Weiterbildung wurde den Großunternehmen jedoch ebenso frühzeitig klar, daß sich der Aufbau eigener, unternehmensinterner Qualifikationen dieser Art nicht lohnt. Ergebnis waren und sind vielfältige Kooperationen mit entsprechenden Spezialanbietern, die diese Kompetenz einbringen. Seitens der Großunternehmen gibt es dann in der Regel eine kleine Einheit, die oftmals nur aus ein bis zwei Personen besteht und der betrieblichen Weiterbildung zugeordnet ist, die prinzipiell die Entwicklung der neuen Techniken verfolgt und als Schnittstelle zwischen der betriebli-

---

[10] Einen ausführlichen Überblick über Methoden und Techniken gibt Zimmer (1990) und die vom BIBB jeweils dokumentierten diesbezüglichen Modellversuche. Eine kurze Einführung, die die Aufgaben in der Weiterbildung detaillierter beschreibt, findet sich bei Frank (1990); die Anforderungen und Sichtweisen des Lernenden mit ihren Fragestellungen an die betriebliche Weiterbildung sind übersichtlich skizziert bei Cube (1990).

[11] Dieser Begriff wird bewußt in Analogie zu anderen betriebswirtschaftlichen Fragestellungen wie beispielsweise Produktion und Einkauf verwendet, um zu verdeutlichen, daß Weiterbildung auch unter solchen ökonomischen Aspekten gesehen werden müßte, wenngleich hierüber bislang kaum Erkenntnisse vorliegen.

chen Weiterbildung und ihren entsprechenden Anforderungen zu den Kooperationspartnern anzusehen ist. Die Aufgabe dieser neugeschaffenen Funktion liegt dann allerdings nicht mehr in der eigenständigen Produktion, sondern in der Beratung der den Weiterbildungsbedarf anmeldenden Fachabteilungen bzw. Fachbereiche.

5. Entwicklungsrichtungen: Trends der betrieblichen Weiterbildung

5.1 Ausgewählte Einzeltrends

In diesem Kapitel wird der Versuch unternommen, bisherige Entwicklungen und zuvor aufgezeigte Einflußfaktoren zu zukünftigen Entwicklungsrichtungen zusammenzufügen. Man kann diese Entwicklungsrichtungen auch als Trends der betrieblichen Weiterbildung interpretieren, die für die Ausgestaltung der betrieblichen Weiterbildung in der Zukunft von besonderer Bedeutung sind[12].

Berater statt Lehrer

„Das traditionelle Seminar ist out" schreibt das Unternehmen #94 und beschreibt damit plakativ einen gravierenden Veränderungsprozeß: wir haben gesehen, daß die betriebliche Weiterbildung das traditionelle Fachtraining – samt den 'dazugehörenden' Dozenten und Trainern – an die entsprechenden Fachbereiche abgibt bzw. bereits abgegeben hat; dort übernehmen diese Trainer oftmals auch zusätzlich operative Aufgaben. In der Organisationseinheit 'betriebliche Weiterbildung' verbleiben die sogenannten Management-Trainings, die allerdings neu gestaltet werden. Gab es beispielsweise in der Vergangenheit Seminarsequenzen, die je gesondert in mehrtägigen Veranstaltungen Führungswissen und Führung aufeinander aufbauend vermittelten, so werden solche Konzepte derzeit radikal umgebrochen, weil man erkannt hat, daß der entscheidende Kreisschluß – die Sicherstellung des Transfers in die Arbeitswelt – bei diesen Konzepten nicht zu realisieren war. Ergebnis sind methodische Konzeptionen, die mit PE-Instrumenten wie beispielsweise der Projektarbeit oder auch Formen des Projekt-Managements arbeiten und die explizit die beständige Selbstqualifizierung einbeziehen. Der 'Lehrer alter Art' wandelt seine Funktion vom Pädagogen hin zum Berater und Betreuer. Wie so oft in der betrieblichen Weiterbildung ist hier dieser Trend bei den Großunternehmen bereits stark in der Umsetzung, während mittelgroße Unternehmen sich der Neugestaltung derzeit zuwenden.

Es ist dementsprechend interessant zu sehen, wie weit die Großunternehmen gekommen und welche Probleme dabei zutage getreten sind. So haben sich die Großunterneh-

---

[12] Die hier skizzierten Trends sind Ergebnis des trunkierten Szenarioprozesses auf Basis der vorn beschriebenen Analyse. Unter dem – entscheidend weiter gefaßten – Aspekt der 'Kompetenz' sind im Teilgutachten von Erpenbeck/Heyse ebenfalls Entwicklungsperspektiven aufgezeigt. Wünschenswert, jedoch im Rahmen der beiden Teilanalysen nicht darstellbar, wären nicht nur ein gegenseitiger Abgleich, sondern vielmehr ein gemeinsames Szenario.

men zunächst konsequent von der Qualifikation 'Pädagoge' getrennt, mußten dann aber feststellen, daß ihnen für die Ausgestaltung der verbliebenen Maßnahmen ebenso wie bei der Begutachtung extern bezogener Konzeptionen die notwendige Qualifikation fehlt. Dementsprechend wird dort derzeit diese Qualifikation wieder "eingekauft", nunmehr jedoch für eine gänzlich andere Form der Umsetzung: es geht nicht mehr darum, daß der Pädagoge die Schulung selbst durchführt und somit für Konzeption und Durchführung gleichermaßen geeignet ist, sondern darum, daß er mit seiner pädagogischen Sicht an Konzeptionen mitarbeitet und vorhandene begutachtet sowie als Berater an pädagogischen Schnittstellen fungiert.

Eine ähnliche Wandlung vollzieht sich bei den Psychologen, die in der Vergangenheit durchaus häufig als Trainer von Verhaltenstrainings eingesetzt wurden. Hier lag vorrangiges Augenmerk auf der Umsetzung und Durchführung entsprechender Trainingsmaßnahmen, während die heute benötigte psychologische Kompetenz sich beispielsweise auf die Steuerung und Begleitung von Gruppen- und Teamprozessen bezieht.

Ergebnis für die betriebliche Weiterbildung ist damit aber auch ein Wandel im Selbstverständnis: anstelle eines kompetenten und akzeptierten Anbieters von Weiterbildungsmaßnahmen erfolgt ein Wandel hin zum kompetenten Ansprechpartner für die Initiierung und Begleitung von Veränderungsprozessen im Unternehmen[13].

Verbunden mit dieser Umorientierung sind somit unter formalen Aspekten keine Qualifikationsverschiebungen – es waren Pädagogen beschäftigt, von denen man sich trennte, um sie nunmehr wieder einzustellen -, wohl aber ein deutlicher Funktionswandel in der Kompetenznutzung, aufbauend auf die jeweilige formale Qualifikation. Insofern könnte man diesen Trend auch umschreiben als 'Beraten statt Lehren".

Ökonomisierung

Bei diesem Trend soll zunächst an die Diskussionen im Zusammenhang mit 'Humankapital' und 'Humanvermögen' erinnert werden, wenngleich diese für den hier zu beschreibenden Trend nicht maßgebend sind[14]. Im Vordergrund dieses Trends steht vielmehr die drastische Verdeutlichung der ökonomischen Perspektive im Bezug auf die Personalentwicklung und die betriebliche Weiterbildung (vgl. z.B. Neuberger

---

[13] Das Managen solcher Veränderungsprozesse wird oftmals auch mit dem Begriff 'das lernende Unternehmen' versehen; hier wird wohl am ehesten der Wandel im Selbstverständnis der betrieblichen Weiterbildung deutlich (vgl. z.B. auch Meyer-Dohm 1990). Wie sich die Aufgaben und auch ganz konkret die Trainingskonzepte für die betriebliche Weiterbildung bei dieser neuen Aufgabenstellung verändern, wird sehr deutlich gezeigt von Heyse/Metzler (1995).

[14] Das Spektrum der Humankapital-Diskussionen reicht von der Individualsicht bis hin zur finanzökonomischen Sicht (vgl. z. B. Becker 1970 oder auch Bowman 1970). Die bereits 1970 geforderte Cost-Benefit-Analyse des Bildungswesens (Wiseman) ist bis heute ebensowenig umgesetzt und exemplifiziert, wie die Forderung nach einer 'Bildungsökonomie' insgesamt (vgl. beispielsweise Hüfner 1970 oder Clement 1981); auch der sehr spezifische Beitrag von Scheuer (1992) zeigt die methodischen und empirisch-statistischen Defizite.

1991). Personal ist ein Produktionsfaktor und konkurriert somit mit den anderen Produktionsfaktoren insgesamt und mit der Art des Einsatzes dieses Produktionsfaktors in Bezug zu den anderen Produktionsfaktoren (also beispielsweise der Ausgestaltung des in Abb. 1 skizzierten Zusammenarbeitsprozesses). Die betriebliche Weiterbildung als Teil dieses Ausgestaltungsprozesses muß sich demzufolge der ökonomischen Fragestellung permanent stellen. Das Kernproblem der betrieblichen Weiterbildung ist freilich, daß oftmals noch nicht einmal die Einsatzseite vollständig quantifizierbar ist, der mit dem Einsatz verbundene Output und erst recht eine durch den Input der betrieblichen Weiterbildung verbesserte oder gestiegene Outputleistung jedoch in aller Regel kausal nicht darstellbar ist (Nutzenzumessung).

Der hier beschriebene Trend hat demzufolge eine Reihe von Teilaspekten, die für die Ausgestaltung und Umsetzung der betrieblichen Weiterbildung von Bedeutung sind:

- Der Kostendruck hat die betriebliche Weiterbildung insgesamt erreicht und in gewissem Maße auch erschüttert. Waren oftmals in der Vergangenheit – nicht zuletzt aus dem Aspekt der Angebotsorientierung heraus – Einrichtungen im Zusammenhang mit der betrieblichen Weiterbildung mehr oder minder tabu, was unter anderem auch zum Auf- und Ausbau der entsprechenden Weiterbildungsstätten führte, so stehen die Maßnahmen der betrieblichen Weiterbildung seit Ende der 80er Jahre permanent unter einem Legitimationsdruck. Man muß auf der einen Seite darstellen, weshalb eine bestimmte Maßnahme sinnvoll ist (im Sinne der betriebswirtschaftlichen Effizienz und Produktivität, verbunden mit dem zuvor skizzierten Problem der Quantifizierbarkeit) und welche konkreten durch eine Maßnahme verursachten Kosten entstehen. Letzterer Aspekt hat verstärkt zur Einrichtung von CostCentern geführt, um zunächst einmal Transparenz bei den Kostenstrukturen zu schaffen. Im gleichen Zug wurden und werden dabei allerdings auch verstärkt Möglichkeiten der Auslagerung diskutiert, um bestimmte Kostenfaktoren – wie z.B. die Schulungsstätte – zu verlagern und nach Möglichkeiten zu suchen, externe Deckungsbeiträge für die vorhandenen Kostenstrukturen zu schaffen bzw. die Kostenstrukturen durch das Herauslösen aus der bisherigen organisatorischen Struktur zu senken (vgl. hierzu das Teilgutachten von Meier).

- In den Produktionsbereichen ist die Faktorsubstitution und die Steigerung der Produktivität durch Einbeziehung veränderter organisatorischer Strukturen und/oder neuer Technologien schon lange eine Selbstverständlichkeit. In der Vergangenheit war die betriebliche Weiterbildung als hausinterne Dienstleistung von dieser Form der Anpassung weitgehend verschont und hat zugleich durch die steigenden Anforderungen in quantitativer und qualitativer Hinsicht ihre Aktivitäten ausgeweitet. Ergebnis sind – insbesondere im Bereich der größeren Unternehmen – sehr gut ausgestattete Organisationseinheiten „betriebliche Weiterbildung", die ihre Existenz im Zuge der Gesamtbedeutungszunahme des Personalwesens bis etwa Mitte der 80er Jahre überhaupt nicht zu rechtfertigen brauchten.

Wir werden später im Zusammenhang mit der Darstellung des Trends 'Professionalisierung' sehen, daß durch die gestiegene Bedeutungszunahme eine parallele Machtzunahme des Personalwesens erfolgte, die dann – gleichsam als Konsequenz – eine neue Form der Legitimierung nach sich zog. Solange die wirtschaftlichen

Rahmenbedingungen dies zuließen (was bis Ende der 80er Jahre der Fall war), konnte sich die betriebliche Weiterbildung mit dem Hinweis auf die gestiegene Nachfrage nach betrieblicher Weiterbildung diesem Legitimationsdruck weitgehend entziehen. Die Deutsch-deutsche Vereinigung führte dann dazu, daß die betriebliche Weiterbildung zunächst ihre Budgets mit allgemeiner Zustimmung deutlich ausweiten konnte, weil die Notwendigkeit von Weiterbildungsmaßnahmen in diesem Zusammenhang offensichtlich war. Nun aber steht die betriebliche Weiterbildung unter einem gewaltigen Legitimationsdruck: einerseits sind die mit der Vereinigung kurzfristig angestiegenen Bedarfe auf eine Art 'Normalmaß' zurückgegangen, andererseits stellt für nahezu alle Branchen die schlechtere wirtschaftliche Entwicklung beständig die Frage nach Notwendigkeit und Kosten.

Diesem Dilemma kann die betriebliche Weiterbildung nur durch Kapazitätsabbau einerseits und Maßnahmen zur Effizienzsteigerung der betrieblichen Weiterbildung andererseits begegnen. Der Druck des Effizienznachweises führt zur beständigen organisatorischen Restrukturierung mit drei wesentlichen Dimensionen:
1. verstärkter Einbezug der Vorgesetzten und der Führungskräfte (siehe separater Trend);
2. Auslagerungstendenzen:
    im Sinne von regionaler Dezentralisierung auf die Fachbereiche und Fachabteilungen (siehe separater Trend);
    im Sinne einer Ausgründung (siehe Teilgutachten Meier);
    Aufbau überbetrieblicher Weiterbildungspartnerschaften (siehe eigenständiger Trend).

- Faktoraustausch
  Die früher üblichen „Bauchladen-Angebote" weichen zunehmend systematischen Weiterbildungskonzepten. Dabei wird nicht nur der Versuch unternommen, bedarfs*gerechte* Angebote zu erstellen, sondern möglichst bedarfs*gesteuerte* Maßnahmen umzusetzen. Bei diesen konzeptionellen Bemühungen steht auch die Ausgestaltung jeder einzelnen Maßnahme auf dem Prüfstand. Es wird je gesondert betrachtet, welche Teile einer Maßnahme von einem Trainer, welche von einem Dozenten, welche durch vorbereitendes Textstudium oder welche durch computerunterstützte Verfahren – um nur einige Systematisierungs-Tatbestände zu nennen – dargestellt werden können: das Einsatzverhältnis der Produktionsfaktoren für betriebliche Weiterbildungsmaßnahmen wird überprüft. Dieser Vorgang erfordert neue, eigenständige Qualifikationen, die bisher in dieser Breite nicht vorhanden sind. Auch in Großunternehmen wurden erst in den letzten drei bis fünf Jahren ernsthafte Funktionen dieser Art aufgebaut.

- Innovationen in der betrieblichen Weiterbildung
  Die Produkte der betrieblichen Weiterbildung haben sich lange Zeit nicht geändert; es sind nach wie vor im wesentlichen seminaristische Angebote mit entsprechenden Trainingsbestandteilen. Die überwiegende Anzahl der Maßnahmen im Transformationsprozeß der Deutsch-deutschen Vereinigung stellt dies eindrucksvoll unter Beweis, und die Lehren aus dem Transformationsprozeß machen gleichzeitig deutlich, daß dieses eindimensionale Produktangebot überholt ist (vgl. hierzu insbesondere das QUEM-Memorandum 1995).

Das Produktspektrum der betrieblichen Weiterbildung muß stärker am Bedarf ausgerichtet und es muß zielgruppen- und lerntypengerechter ausgestaltet sein. Dies verlangt einerseits aber nicht nur den Einbezug von Qualifikationen, die sich beispielsweise damit beschäftigen, wie ältere Arbeitnehmer lernen oder mit welchen Medien welche Behaltenserfolge erreicht werden können, sondern andererseits auch das konkrete Beschäftigen mit dem originären Geschäftsfeld der jeweiligen Unternehmung. Ergebnisse für neue Produkte können dann beispielsweise Maßnahmen sein, die sich im Arbeitsprozeß abspielen oder selbstlernende Prozesse auf Kleingruppenebene (z.B. Projektarbeitsmethode) darstellen. Die dafür notwendigen Qualifikationen sind jedoch selten vorhanden, weil entweder die Kenntnis der betrieblichen Abläufe oder aber pädagogisch-psychologisches Wissen selbst in den großen Unternehmen fehlt.

Der Fachbereich als integratives Element der betrieblichen Weiterbildung – Vorgesetzte und Führungskräfte als Partner der betrieblichen Weiterbildung

Auslöser für diesen Funktionswandel, der dazu führt, daß beispielsweise bestimmte seminaristische Maßnahmen nicht mehr eigenständig von der betrieblichen Weiterbildung durchgeführt werden, waren und sind (1) Kostendruck, (2) die Unkenntnis betrieblicher Abläufe und (3) Akzeptanzprobleme. Ergebnis sind bereits neue Lehr- und Lernformen der betrieblichen Weiterbildung, bei denen die Vorbereitung und unmittelbare Nachbereitung der Maßnahme im Arbeitsfeld erfolgt, die Maßnahme gemeinsam von Fachbereich und betrieblicher Weiterbildungsabteilung durchgeführt wird, und schließlich der Vorgesetzte wiederum verantwortlich für den Transfer des Erlernten ist. Gerade das Problem der Transfersicherung ist eng mit dem bereits angesprochenen Aspekt der Effizienz verbunden und kann letztlich nur mit den Vorgesetzten und nicht gegen sie erreicht werden.

Eine Trendverschärfung liegt vor, wenn die Fachbereiche nicht mehr nur einbezogen, sondern selbständige Träger von Weiterbildungsmaßnahmen sind. Die Gründe für diese Form von Auslagerung unterscheiden sich allerdings nur graduell von dem vorgenannten Aspekt der Einbeziehung von Vorgesetzten und Führungskräften. Allerdings werden nunmehr bei der Auslagerung auf die Fachbereiche zugleich die Funktionen übertragen und damit in der Organisationseinheit betriebliche Weiterbildung aufgelöst. Im wesentlichen sind dies die Organisations- und Durchführungsfunktion, häufig aber auch bereits die Bedarfsermittlungsfunktion und vereinzelt bereits die Controlling-Funktion.

Der sich daraus für die betriebliche Weiterbildung ergebende Funktionswandel läuft formal auf einen Verlust von Eigenständigkeit hinaus. Die verbleibenden Aufgaben bestehen in der kompetenten Beratung, die Teamfähigkeit auf Basis einer pädagogisch-didaktischen Beratungskompetenz unter Einbezug betriebswirtschaftlicher Basiskenntnisse erfordert. Der von den Weiterbildungs-Abteilungen geplante Einstieg in das Feld der Beratungsdienstleistungen im Zusammenhang mit Veränderungsprozessen setzt diese Qualifikation unabdingbar voraus; hinzu kommt noch die verkäuferische Funktion.

Gernold P. Frank

Festzustellen ist noch, daß die Tendenz, Vorgesetzte und Führungskräfte unmittelbar in die Weiterbildung der Mitarbeiter einzubeziehen, bei Großunternehmen über mehr oder minder formalisierte Prozesse gesteuert wird und damit auch neue organisatorische Aufgaben schafft. Anders stellt sich dies für die kleinen und mittelgroßen Unternehmen dar, weil dort der Lernprozeß bereits in der Vergangenheit den unmittelbaren Arbeitsplatz – und damit die Vorgesetzten – einbezogen hatte.

Einsatz von internen Fach- und Führungskräften als nebenberufliche Trainer

Dieser Trend ist seit Mitte/Ende der 80er Jahre in nennenswertem Umfang und systematisch zu beobachten: Unternehmen haben sich vom ausschließlichen Trainer insbesondere in der eher fachorientierten Weiterbildung zugunsten einer Fachkraft mit Traineraufgaben umorientiert.
Während noch zu Beginn der 80er Jahre vielfältige Anstrengungen aufgewendet wurden, um zunächst geeignete Vollzeittrainer zu finden (Auswahlverfahren) und danach auf ihren Einsatz vorzubereiten (Art: Trainer-Trainee-Programme), so übernehmen nun in den größeren Unternehmen zunehmend interne Fach- und Führungskräfte die Rolle der Trainer. Bei mittleren Unternehmensgrößen ist diese Trendumkehr nur bedingt nachvollziehbar, weil dort bereits früher – eher der Notwendigkeit des sparsamen Einsatzes unterliegend – nur wenige Trainer als solche – wenn überhaupt – eingestellt wurden und man deshalb notgedrungen auf „gute" Führungskräfte setzte.

Die gegenwärtige Umsetzung des Trends bei Großunternehmen führt dazu, daß neue Trainer in geringerem Umfang eingestellt werden. Die vorhandenen Trainer werden jedoch selten freigesetzt, sondern vielmehr für Schulungsaufgaben in den Bereichen Sozial- und Führungskompetenz eingesetzt. Sollte die Qualifikation dieser Fachtrainer eine diesbezügliche Trainertätigkeit nicht zulassen, so wird in der Regel eine Umsetzung in die Fachabteilung vorgenommen, weil sehr häufig diese Fachtrainings vollständig in diese Fachabteilungen ausgelagert werden. Der Einsatz dort kann dann neben der Trainertätigkeit auch als Sachbearbeiter erfolgen.

Konsequenzen

- Freiwerdende „reine" Trainerstellen werden nur dann noch mit Trainern besetzt, wenn Kapazitätsbedarf für Trainings in den Bereichen Sozial- und Führungskompetenz besteht ;
- Ansonsten erfolgt die Einstellung in der Fachabteilung (weitgehend unter den dort vorherrschenden Einstellungskriterien, die eher fachlich orientiert sind) evtl. mit dem Zusatz, daß Dozenten- und Trainertätigkeiten Bestandteil der Arbeitsaufgabe sind bzw. sein könnten (vgl. Kailer/Mayrrhofer 1995).

Wesentliches Problem dieser Vorgehensweise ist freilich die didaktisch-pädagogische Eignung: Während solche Kriterien früher bei der Trainerauswahl explizit berücksichtigt wurden, werden heute bei manchen Auswahlverfahren diese Fähigkeiten überhaupt nicht hinterfragt (Stichwort: Das bißchen Pädagogik kommt von ganz alleine).

Entwicklungsrichtungen

Diese Handlungsmaxime ist im Mittelstand wohl am verbreitetsten, während Großunternehmen eher zu Formen des systematischen Einsatzes neigen und oftmals eigene Vorbereitungsschulungen entwickelt haben.

Kunden-Lieferanten-Beziehung als strategische Weiterbildungs-Allianz (postindustrielle Zuliefer-Partnerschaften)

Für die betriebliche Weiterbildung bedeutet die zuvor skizzierte Auslagerung die Gefahr, daß der Abstand zum eigentlichen Geschäftsfeld des Unternehmens weiter zunimmt; für die Fachabteilung ergibt sich die Gefahr, daß lediglich die betriebswirtschaftliche Seite einbezogen wird und pädagogisch-didaktische Überlegungen unberücksichtigt bleiben; der letztgenannten Gefahr kann die betriebliche Weiterbildung durch den Aufbau entsprechender Beratungsfunktionen begegnen.

Wesentliche Basis für diesen Trend ist neben der Auslagerung aus Kosten- und Effizienzgesichtspunkten die Notwendigkeit, neue Lernformen und auch Lernformenmix einzusetzen. Auslöser ist wie oftmals ein sich bei den Großunternehmen bereits deutlich abzeichnendes Dilemma, wonach eigentlich immer mehr und auch immer häufiger Mitarbeiter weitergebildet werden müssen, um den sich wandelnden Anforderungen und organisatorischen Änderungen gerecht zu werden. Andererseits aber werden zunehmend Budgets „eingefroren" oder gar „zurückgefahren", so daß Fragen nach der „Weiterbildungsproduktivität" oder der „Weiterbildungseffizienz" ganz neue Dimension erreichen dürften.

Die bisherigen Strukturen der betrieblichen Weiterbildung sind hier aber am Ende ihrer Leistungsfähigkeit angelangt und die dafür notwendigen Qualifikationen sind teilweise bewußt abgebaut worden (z.B. Pädagogen) oder überhaupt nicht vorhanden: es fehlt ein pädagogisch-didaktisches Grundverständnis auf sozial- und betriebswissenschaftlicher Basis, verbunden mit Kenntnis und Verständnis, wie verschiedene Lerntechniken (z.B. multimedia, cbt etc.) einzubringen und anzuwenden sind; außerdem ist ein Grundverständnis für das Kerngeschäft unumgänglich.

Dieser Trend könnte somit den zunehmenden Qualifikationsschub zu formal höherer Qualifikation einerseits und die (Wieder-)Einstellung von Pädagogen erklären, die bei Großunternehmen in den letzten Jahren bereits überdeutlich erkennbar sind.

Nach den ersten großen Unternehmen geben nun bereits auch mittelgroße Betriebe in ihren Weiterbildungsabteilungen – wie bereits dargestellt – bestimmte Funktionen samt Personal nach außen oder/und an die Fachbereiche ab. Es sind dies vorrangig – neben den vorn bereits genannten – alle anderen Aufgaben, auch die Erfolgskontrolle dieser Maßnahmen. Dabei handelt es sich in der Regel z.B. um Verkaufs- und Verkäuferschulung, um Produktschulung oder auch um spezifische DV-Schulungen (CAD, CAM etc.).

Verstärkt wird dies vom Polyvalenz-Aspekt. Dahinter verbirgt sich die immer deutlicher werdende Dualität der Weiterbildungsinhalte: einerseits die Vermittlung spezieller, organisationsbezogener Inhalte und andererseits Inhalte in allgemeinen Fähigkeiten zur Umsetzung flexibler Strategien mit anspruchsvollen Mitarbeitern (z.B. Teamfähigkeit, Konfliktbeherrschung, Behandlung komplexer Zusammenhänge etc.).

Diese Verlagerungen sind offensichtlich zumindest bei den Großbetrieben der Einstieg in eine *neue Form von Selbstverständnis der Personalarbeit* auf dem Gebiet der Weiterbildung: man behält nur noch strategische und ordnende Funktionen in der Zentrale und gibt das „laufende Geschäft" an die Fachabteilungen und Fachbereiche sowie nach außen an externe Weiterbildungsträger bzw. „outgesourcte Einheiten" ab, die selbständig planen, organisieren, kontrollieren und anpassen. Die zentrale Weiterbildungsabteilung erhält lediglich eine Art Übersichtsdarstellung, beispielsweise für den zentralen Personal- und Sozialbericht.

Äußerst interessante Entwicklungen zeigt dabei das Zusammenarbeiten mit externen Weiterbildungsträgern und die sich abzeichnenden neuen Weiterbildungspartnerschaften: Hier handelt es sich aber nicht nur um die Weiterentwicklung der insbesondere für KMU bereits in der Vergangenheit wichtigen sogenannte Lieferantenschulung, d.h. also Anpassungsqualifizierung. Erkennbar neu ist eine Entwicklung, die sich in manchen Großunternehmen nachvollziehen läßt und bei der man fast schon von Weiterbildungspartnerschaften sprechen kann: wird zunächst der Weiterbildungsbedarf erkannt, so setzt sich frühzeitig ein Team zusammen, das möglichst effiziente Weiterbildungskonzepte erarbeitet. Diesem Team gehören nicht nur ein Mitarbeiter der Weiterbildungs-Abteilung und der Fachabteilung an, sondern es wird bereits nach kurzer Zeit oder bereits von Beginn an externe Kompetenz hinzugezogen, der dann oftmals auch die gesamte Weiterbildungskonzeption samt Umsetzung übertragen wird.
Insbesondere die Großunternehmen scheinen zu merken, daß den vielfältigen Herausforderungen beispielsweise von veränderten Lernaufgaben durch neue Lernformen, neue Lernmethoden (z.B. Gruppenlernen) und neuen Lernorten in Verbindung mit sich abzeichnenden neuen Lerntechnologien (Stichworte: Simulation; Videokonferenzen; cbt; Multimedia; Virtual Reality; Interaktives TV etc.) und den beständig ansteigenden quantitativen WB-Anforderungen nur durch ein – nicht mehr durchsetzbares – Aufbauen von qualifiziertem Personal oder aber durch aus der industriellen Produktion bekannte strategische Zulieferkonzeptionen erfolgreich begegnet werden kann.

Professionalisierung der betrieblichen Weiterbildung

Nachdem im eher deskriptiv orientierten Analyseteil die Zunahme der formalen Qualifikationen (Fach-)Hochschulabschluß in der Organisationseinheit betriebliche Weiterbildung festgestellt werden konnte, stellt sich nunmehr die Frage, ob damit auch eine entsprechende Professionalisierung einhergeht. Hierzu ist es notwendig, zunächst einen kurzen Rückblick in das Verständnis und in die bisherigen Professionalisierungsdiskussionen zu werfen.

Der sogenannte verhaltensorientierte Ansatz stellt die Frage, ob Weiterbildner eine eigenständige Profession darstellen. Beyer/Metz (1995) gehen dieser Frage zunächst nach und zeigen dabei die lange anglo-amerikanische Tradition auf. Ergebnis ihrer Überlegungen ist, daß eine solche an der Profession ausgerichtete Diskussion wichtig

Entwicklungsrichtungen

ist, weil sie Identität stiftet und eine noch relativ junge Disziplin absichert. „Dies gilt umso mehr, als der Begriff der Profession (und auch Professionalisierung) überwiegend positiv belegt ist; er weist auf eine gesellschaftlich legitimierte und erwünschte Aufgabenerfüllung hin und bleibt bei alldem inhaltlich weitgehend unbestimmt" (Beyer/Metz 1995, S. 195). Damit weisen sie zugleich auf die Schwachstelle, nämlich die inhaltliche Ausgestaltung, hin. Ein solcher – auch als elitär bezeichneter – Professionalisierungsbegriff setzt nach Ringlstätter/Kniehl (1995) die Existenz einer eigenständigen organisatorischen Einheit voraus, die sich mit dem Thema der betrieblichen Weiterbildung auseinandersetzt. Würde man dieser Abgrenzung folgen, so würden von vornherein die kleinen Unternehmen und auch ein Teil der mittelgroßen Unternehmen ohne eigenständige organisatorische Einheit ausscheiden: Ihnen müßte jegliche Form der Professionalität – ex def. – abgesprochen werden.

Will man auch Inhalte hinterfragen, dann scheint es sinnvoll, den merkmalsorientierten Professionalisierungsbegriff zu verwenden, der sich in der Soziologie durchgesetzt hat (vgl. Putz/Nöbauer 1995). Hierbei stehen die Dimensionen Wissen und soziale bzw. gesellschaftliche Orientierung im Vordergrund der jeweiligen Betrachtungsweise. Merkmale einer solchen Professionalität sind dann (vgl. Ringlstätter/Kniehl 1995, S. 144/142):
- theoretisch fundierte Fähigkeiten und Fertigkeiten;
- eine auf die konkrete Anwendung ausgerichtete Ausbildung und Schulung, die zudem Zulassungsbeschränkungen vorsieht;
- eine Prüfung zum Nachweis der Kenntnisse;.
- eine berufsständige Organisation.

Die deutsche Professionalisierungsdebatte basiert auf diesen merkmalsorientierten Überlegungen und geht auf Wächter (1987) zurück. Ausgangspunkt für die Fragestellung war das zunehmende Selbstbewußtsein der Personalverantwortlichen, was sich nicht zuletzt im ersten Personalleiterkongreß 1985 artikulierte. Für die Personalverantwortlichen markierte dieses Datum auch einen gewissen Übergang von dem bisher tragenden juristischen Grundverständnis zu einem zunehmend ökonomisch geprägten. Bevor wir uns speziell mit der betrieblichen Weiterbildung beschäftigen, erscheint ein Blick auf das Personalwesen insgesamt recht lohnend, da sicherlich viele der dort gewonnenen Ergebnisse und Ansätze auf die betriebliche Weiterbildung übertragbar sind.

In einer empirischen Studie haben Putz/Nöbauer 234 Personalverantwortliche in österreichischen Unternehmen unter dem Aspekt der Professionalität näher interviewt, und viele der dort gewonnenen Erkenntnisse dürften wohl auf deutsche Unternehmen übertragbar sein:
- Rund ein Viertel aller Personalverantwortlichen war von Anfang an im Personalbereich tätig und ist nach der Ausbildung in diese Funktion unmittelbar hineingegangen – dementsprechend waren drei Viertel aller Personalverantwortlichen zuvor mit anderen Unternehmensaufgaben befaßt.
- Das Ausbildungsniveau – gemessen am formalen Abschluß – steigt signifikant mit der Unternehmensgröße an.
- Während in den mittleren und kleineren Unternehmen Kaufleute und Wirtschaftswissenschaftler eindeutig dominieren, so sind es in den großen Unter-

nehmen über tausend Mitarbeiter noch die Juristen mit 45% vor den Wirtschaftswissenschaftlern mit 40%.
- Bei der Differenzierung nach der Ausgestaltung der Personalverantwortung wird deutlich, daß die Funktion eines Personalleiters, der sich ausschließlich mit Personalfragen beschäftigt, unmittelbar mit der Unternehmensgröße im Zusammenhang steht; kleine Unternehmen kennen nur den Geschäftsführer mit Personalfunktion.
- Die Personalleiter – also diejenigen mit ausschließlichen Personalaufgaben – wenden deutlich mehr Zeit für die fachbezogene also personalfragestellungsorientierte Weiterbildung auf als Personalverantwortliche mit zugleich anderen Aufgaben. Der über alle Befragten mit ca. vier bis sechs Tagen pro Jahr genannte durchschnittliche Weiterbildungsaufwand relativiert sich allerdings, wenn man feststellt, daß rund 50% davon auf den Besuch von Tagungen personalwirtschaftlicher Vereinigungen entfallen.
- Im Zusammenhang mit der Frage nach der Weiterbildung der Personalverantwortlichen ist es interessant, daß rund ein Drittel der Personalleiter keine personalwirtschaftlichen Zeitschriften und Artikel kontinuierlich liest; bei den restlichen Personalverantwortlichen steigt dieser Anteil sogar auf fast 70%.

In einer offenen Frage konnten Kriterien aufgelistet werden, die als Erfolgsindikatoren für die eigene Personalarbeit anzusehen sind; Häufungen finden sich bei 'Mitarbeiter finden und binden', 'vorgegebene Unternehmensziele erreichen und unterstützen' sowie 'Interessensausgleich herstellen'; *keiner* nennt die Ausrichtung der eigenen Personalarbeit am Stand der wissenschaftlichen Forschung als Erfolgskriterium!

Die Organisationseinheit betrieblicher Weiterbildung ist in der Regel Untermenge des Personalwesens, so daß eine Reihe der vorgenannten Befunde wie beispielsweise die positive Korrelation von Ausbildungsniveau und Unternehmensgröße unmittelbar auf die betriebliche Weiterbildung übertragen werden kann. Gleiches gilt für die an die Unternehmensgröße gebundene Ausrichtung: in den Kleinst- und Kleinunternehmen wird oftmals die Personalfunktion an eine kaufmännische Funktion angehängt; die betriebliche Weiterbildung erhält dann einen noch dahinter folgenden Rangplatz. Erst wenn es eine eigenständige Personalabteilung gibt, wird auch über die Einrichtung eines eigenständigen Arbeitsbereichs 'betriebliche Weiterbildung' nachgedacht. So ist es dementsprechend auch nicht verwunderlich, daß lediglich in 5% aller Unternehmen ein eigenständiger Arbeitsbereich eingerichtet wird – „nur 3% der Unternehmen leisten sich Mitarbeiterinnen und Mitarbeiter (zumindestens als Teilzeitkraft), deren Aufgabenbereich ausschließlich die berufliche Weiterbildung umfaßt" (vgl. FORCE-Haupterhebung betriebliche Weiterbildung in Deutschland, 1994).

Neben diese weitgehend objektivierbaren Kriterien für die Frage der Professionalität treten aber auch noch subjektive Faktoren, die Freimut (1995) anspricht, wenn er von Verhaltensmustern und Normen spricht, denen sich die Mitarbeiter verpflichtet fühlen. Er macht auch deutlich, daß Professionalität in jedem Fall mit Macht zusammenhängt – womit wir wieder an der Stelle angelangt sind, wo wir uns im Kapitel 3 Gedanken um die organisatorische Ausgestaltung gemacht haben. Wie komplex diese Fragestellung ist, wurde auch in einem Werkstattgespräch (1995) deutlich, das sich auf Anregung des Bundesministeriums für Bildung, Wissenschaft, Forschung und Technologie mit der Frage „Professionalisierung der Weiterbildung..." (BMBF 1995)

Entwicklungsrichtungen

beschäftigte. Da es nicht Aufgabe dieser Untersuchung ist, die Komplexität des Professionalisierungsbegriffs aufzugliedern, wurde eine Selbsteinschätzung ohne nähere Erläuterung vorgenommen.

Die Frage nach der Professionalität wurde deshalb an die Verantwortlichen der befragten Weiterbildungsabteilungen gestellt; sie mußten sich auf einer fünfstufigen Skala selbst einstufen. Zur großen Überraschung bescheinigte man sich selbst fast ausschließlich (90 %) ein 'gut' (2). Nur wenige Betriebe sahen sich etwas schlechter und vergaben Werte von 2,5 bis 4,0. Die Überraschung war deswegen besonders groß, weil im Fragebogen zuvor beispielsweise nach den bevorstehenden Herausforderungen gefragt wurde oder auch danach, ob und inwieweit eine Umorganisation für die Weiterbildungsabteilung ansteht.

So wurden bei den Herausforderungen viele der zuvor genannten Aspekte aufgelistet, wie z.B. der Aufbau eines Bildungscontrollings, was eigentlich auf einen nicht sehr weit gediehenen Einsatz schließen läßt, und dennoch stufte man sich selbst in diesem Fall sogar als 'sehr gut' ein. Am ehesten könnte man diese Diskrepanz vielleicht mit einer Art 'Selbstschutzfunktion' erklären, in der sich der zunehmende ökonomische und der Legitimationsdruck generell wiederspiegeln.

Zur Objektivierung wurde diese Frage auch einigen Experten gestellt, die aus ihrer Sicht die Professionalität einschätzen sollten: deren Ergebnis reichte von gerade noch befriedigend als beste Ausprägung bis hin zu unzureichend, insbesondere bei industriellen KMU; im Durchschnitt ergab sich ein 'ausreichend'. Erfreulich bei deren Einschätzung ist allerdings, daß sie einen durchaus erkennbaren Trend zur verstärkten Professionalität ausmacht. Besonders hingewiesen wurde auf zwei Gesichtspunkte, die diesen Trend untermauern: (a) die auch von den Weiterbildungsabteilungen angegebene Einstellungspolitik zu Mitarbeitern mit Hochschulabschluß (sowohl Betriebswirte als auch Psychologen und Pädagogen – letztere aber nicht mehr zum Einsatz als Dozent/Trainer, sondern bei der Konzeptionalisierung von Weiterbildung) und (b) die von allen Großunternehmen genannte Dezentralisierung, allerdings nur, sofern diese anhand nachvollziehbarer Parameter (Effizienz; Qualität; Transfer) ausgestaltet wird.

Interessant ist in diesem Zusammengang, daß sich die Weiterbildungsträger signifikant schlechter selbsteinschätzen im Hinblick auf ihren Grad der Professionalität (zumeist: 3 bis 4) und, daß sie auch selbstkritisch Probleme sehen, wenn z.B. Unternehmen #46 als zentrale Herausforderung die „Überbrückung der Betriebsferne" anführt.

5.2 Externe Weiterbildungsträger

Ausgangssituation

Der Markt der externen Weiterbildungsträger ist in seiner Breite hinsichtlich Ausrichtung, Ausgestaltung, Umfang, organisatorischer Einbindung und auch hinsichtlich des Angebots noch deutlich breiter als die innerbetrieblichen Einrichtungen der betrieblichen Weiterbildung. Hinzu kommen Verbundkonstruktionen zwischen außerbetrieblichen Weiterbildungsträgern und Unternehmen, deren Spektrum ebenfalls recht breit ist. So gibt es beispielsweise sowohl recht formale Konstruktionen wie z.B. duale FH-Studiengänge mit festgelegten und staatlich geregelten Abschlüssen als auch Verbundkonstruktionen, bei denen betrieblich festgestellter Weiterbildungsbedarf in vielfältigen Facetten von den beteiligten Einrichtungen vermittelt wurde (z.B. sog. Sommerschulen etc.), normalerweise allerdings ohne formalen Abschluß.

Die nachfolgende Übersicht 4 zeigt die Verteilung der Teilnahmefälle und des Weiterbildungsvolumens auf die einzelnen Einrichtungen. Dabei wird die herausragende Rolle der Unternehmen deutlich. Die unterschiedlichen Anteile zeigen allerdings auch, daß mehrtägige bis hin zu mehrwöchigen Maßnahmen verstärkt bei externen Weiterbildungsträgern durchgeführt werden; hierbei spielen die Fachschulen und (Fach-)Hochschulen mit einem Volumensanteil von 16% eine besondere Rolle.

Im Hinblick auf Teilnahmefälle und Volumen treten die privaten Einrichtungen hervor. Zwar gibt es einige wenige Untersuchungen, die für bestimmte Regionen diesen Markt analysiert haben, eine gesamtrepräsentative Untersuchung der freien Bildungsträger ist aber nicht bekannt. Jedoch ist aus vielfältigen Analysen, Gesprächen und eigenen Erfahrungen festzustellen, daß es sich hierbei um einen hochkompetitiven Markt mit einer Fülle von Anbietern handelt, bei dem es wenige große Anbieter und eine Fülle kleiner bis kleinster Weiterbildungseinrichtungen gibt. Es ist deshalb bedauerlich, daß selbst differenzierende Untersuchungen in kleineren regionalen Abgrenzungen keine weiteren statistischen Kennzahlen beispielsweise zur Anzahl eingesetzter Dozenten oder zu den Teilnehmern etc. liefern; allein aus der statistischen Varianz ließen sich eine Reihe von Schlußfolgerungen über die Bandbreite der untersuchten Weiterbildungsträger ziehen[15].

Intransparenz des externen Angebots

Es wird insbesondere von kleinen und mittleren Unternehmen bemängelt, daß zu viele Träger ohne ausreichende Kompetenzen und Ressourcen auf dem Markt vertreten sind (z.B. Kailer 1994). Trotz des reichhaltigen Angebotes der freien Träger, deren Angebote den Unternehmen täglich zugesandt werden, mangelt es an qualitativ geeigneten Seminaren zu betrieblich relevanten Themen, vor allem aber an Veranstaltungen in

---

[15] So wird beispielsweise in einer detaillierten Untersuchung von Klarhöfer u. a. (1994) herausgestellt, daß „von den 1992 eingesetzten Lehrern (als Lehrkräfte der untersuchten Bildungsunternehmen; d. Verf.) 76% über einen Hochschulabschluß auf dem zu lehrenden Gebiet und davon 64% auch über längere (mehr als zwei Jahre) Praxiserfahrungen verfügten. ... von den o. g. 76% hatten wiederum 67% eine höhere didaktisch-methodische Zusatzqualifikation" (S. 30). Würde man hier statistische Kenngrößen zur Beschreibung einer Verteilung – wie die zuvor genannte Varianz, die daraus abzuleitende Standardabweichung oder auch die Variabilität – aufzeigen, so würden damit nicht nur die vorgefundenen Sachverhalte besser beschrieben, sondern man hätte auch mehr Sicherheit bei der Verwendung der arithmetischen Mittelwerte.

Übersicht 4: Teilnahmefälle und Weiterbildungsvolumen nach Trägergruppen der beruflichen Weiterbildung 1991 im Bundesgebiet

	Anteilswerte in %	
	Teilnahmefälle	Weiterbildungsvolumen
Arbeitgeber/Betriebe	44	32
Private Institute	12	13
Berufsverband	7	4
Akademie*)	5	5
(Fach-)Hochschule*)	5	8
Kammer*)	4	7
Volkshochschule	3	2
Gewerkschaft*)	3	4
Fachschule*)	2	8
Arbeitgeberverband*)	2	3
sonstige vorgegebene Träger**) Verband (nicht Berufsverband), Wohlfahrtsverband, Arbeitgeberverband, Partei, Fernlehrinstitut, Urania, Kammer der Technik)	4	3
Sonstige nicht vorgegebene Träger	6	7
Keine Angaben	1	2
Summe	99	99

*) Basis: 40 – 99 Fälle **) Weniger als 40 Fälle pro Einzelträger
Entnommen: Balli u. a. 1993, S. 8; Originalquelle: BSW 1991.

berufsbegleitender Form. Die Auswahl geeigneter Angebote wird derzeit noch erschwert durch das Fehlen einer wirksamen betrieblichen Erfolgskontrolle[16].

Zu wenig wurde von den kleinen und mittelgroßen Unternehmen bisher darauf geachtet, wie die Seminare bei den Teilnehmern ankamen und welchen Erfolg – und insbesondere tatsächlichen Nutzen – diese Seminare gebracht haben. Wichtig ist daher

---

[16] Hier schließt sich ein Stück des Kreises : weil die KMU keine eigenständigen Einrichtungen der betrieblichen Weiterbildung haben, finden entsprechende Methoden noch um vieles schwerer Eingang in diese Unternehmen. Damit könnte sich sogar der bereits 1988 von Frank aufgezeigte Sachverhalt noch verstärkt anstatt – wie zu erwarten – abgebaut haben.

die Verbesserung der Erfolgskontrollen, die als ein wichtiges Instrument zur Auswahl seriöser Anbieter gesehen werden kann (vgl. Weiß 1992).[17]

Spezielle Weiterbildungseinrichtungen im Bereich der wissenschaftlichen Träger (z.B. Hochschulen oder Forschungseinrichtungen) könnten hier möglicherweise qualitative Zugewinne bringen. Die quantitativen Anteile sind jedoch bislang eher gering und Einrichtungen dieser Art stehen zudem vor einer ganzen Reihe interner organisatorischer Probleme (vgl. z.B. George/Peitsch 1994).

Strukturveränderungen der Vergangenheit

Die Vergangenheit zeigt eine deutlich auseinanderlaufende Entwicklung: während bei den freien Trägern eine nahezu dramatische Umschichtung von festangestellten Kräften hin zu freien Mitarbeitern stattfand, so waren bei den öffentlichen Trägern eher Konsolidierungsmaßnahmen auf hohem Niveau zu beobachten. Bei den freien Trägern konnte diese Veränderung im Dozenten-Split nur durch deutlich höhere Leistungen des Weiterbildungsmanagements dank seiner „konzeptionelle(n) Arbeit, Kontrolle der adaequaten Umsetzung konzeptioneller Inhalte und des Erkennens sowie Einleitens notwendiger Prozeßkorrekturen" (Klarhöfer 1994, S. 62) erreicht werden. Damit sind die größeren Träger dem Entwicklungspfad in der Funktionsverlagerung den großen Unternehmen analog gefolgt. Dies belegen auch einzelne Rückläufe. So spricht das Unternehmen #147 von einem Rückgang der Festangestellten um 25% bei gleichzeitigem Abbau des standardisierten Seminarangebots und des Frontalunterrichts. Eine ähnliche Entwicklung beschreibt das Unternehmen #144 mit einem Rückgang um 10% und wird zugleich bei der Funktionsverschiebung sehr präzise: „früher 90% frontale Lehrtätigkeit, heute 30% sowie 30% Moderation und 30% Beratung" (Unternehmen #144).

Besonders stark von der Umschichtung hin zu freien Mitarbeitern betroffen ist der gesamte Bereich der Informationstechnologie (IT-Markt). Veränderte Arbeitsgestaltung und immer spezifischer werdende Anforderungen haben zunächst dazu geführt, daß die entsprechenden Trainings in den größeren Unternehmen – mitsamt den Trainern – ausgelagert wurden und sich zunächst bei freien Weiterbildungsträgern ansiedelten oder eigene Einrichtungen gründeten. Dort aber ist nunmehr der gleiche Wandel zu beobachten: nur wenige, sich auf die Spezialvermittlung konzentrierende Nischenanbieter haben ihr Personal in etwa gehalten. Die größeren und breiter orientierten Weiterbildungsträger führen diese Weiterbildungsinhalte nicht mehr selbständig durch, sondern sie holen sich bei entsprechendem Bedarf diese Kompetenz kurzfristig und exakt zugeschnitten von den Nischenanbietern.

---

[17] Die damit einhergehende Forderung nach staatlicher Reglementierung, Zulassungskontrolle oder Qualitätsaufsicht/-kontrolle ist nicht neu und dürfte sich mit steigendem ökonomischen Druck noch verstärken; im Gegensatz etwa zu unserem Nachbarn Holland ist es in Deutschland bisher weder durch privatwirtschaftliche Initiativen – siehe das Scheitern von CEDEO – noch beispielsweise durch Kammer-Initiativen – z.B. Weiterbildungsdatenbank – gelungen, hier entscheidende Wege einzuschlagen. Letztlich ist u.a. auch dies mitverantwortlich für die beständige Frage nach der Professionalität der Weiterbildung.

Entwicklungsrichtungen

Der IT-Markt zeigt, daß neue Technologien nicht nur treibende Kräfte beim permanenten und künftigen Funktionswandel der betrieblichen Weiterbildung im Hinblick auf die Umsetzung der entsprechenden Inhalte sind, sondern daß die Technik an sich in extremen Maße die beständige Weiterbildung der Trainer erfordert, was unter dem Blickwinkel der ökonomischen Effizienz neue Strukturen erfordert[18].

Konkrete zusätzlich aufgenommene Funktionen sind – ebenfalls spiegelbildlich zu der Entwicklung der größeren Unternehmen – die Übernahme von Bildungsplanung und Bildungsbedarfsermittlung. Im Hinblick auf die Frage, was an der vergangenen Entwicklung besonders hervorzuheben ist, schreibt Unternehmen #144: „die Professionalisierung und damit die Möglichkeit, auf einem Bildungsmarkt zu bestehen".

Wie sehr die großen Weiterbildungsträger in die Rolle des Beraters anstelle des Durchführers hineindrängen, zeigen zwei Aktivitäten der Bad Harzburger Akademie, die sich unter dem Dach eines der größten Bildungsträger Deutschlands befindet. Nach einer zu Anfang 1995 durchgeführten Erhebung über Profile und Anforderungen an den 'Manager 2000' wurde im zweiten Halbjahr 1995 eine Befragung von 265 Führungskräften verschiedener Branchen und Unternehmensgrößen durchgeführt. Zielstellung war es, Friktionen in den Kunden-Beziehungen aufzudecken. Mit der jetzt erschienenen Untersuchung 'Kundenorientierung – was verhindert optimale Kundenorientierung?' (Freilinger/Hofer 1996) werden Unternehmensstrukturmängel aufgezeigt, die – möglichst zusammen mit einem Berater aus dem eigenen Haus – durch Prozeß-Reengeneering bzw. Prozeß-Redesign ausgeschaltet werden sollen.

Zukünftige Entwicklung

In der Untersuchung von Kailer (1994) sind einige der vorgenannten Strukturdefizite insbesondere der öffentlichen Weiterbildungsträger beschrieben und anschließend Empfehlungen zum Funktionswandel gegeben: „im Rahmen der regionalen Wirtschaftsförderung sehen sich die Kammern zunehmens veranlaßt, neben ihren Seminaren und Lehrgängen für Fach- und Führungskräfte vor allem mittlere und kleinere Unternehmen intensiver über die Erfassung des Weiterbildungsbedarfs und innerbetrieblicher Weiterbilungskonzeptionen zu beraten sowie Anregungen für eine Integration in eine systematische Personalentwicklung und – Planung zu geben ... Sie soll als IHK-Weiterbildungsberatung auch die Elemente der Personal- und Organisationsentwicklung einbeziehen, ohne die professionelle Unternehmensberatung ersetzen zu können" (S. 233/234). Somit wird den Kammern einerseits die Beratungsfunktion als

---

[18] Treffend wird dieser Prozeß wie folgt beschrieben: „ die *reaktive* Orientierung der Aus- und Weiterbildung von IT-Fachkräften am aktuellen Qualifikationsbedarf hat zu einer Partikularisierung ihrer Bildungsinhalte geführt. Der Versuch, durch Partikularisierung eine optimale Passung zwischen Qualifizierung und Qualifikationsbedarf zu erreichen, scheitert an ganzheitlichen und diffusen Qualifikationsanforderungen des Arbeitsprozesses. Trotz der Bemühungen der Aus- und Weiterbildungsinstitutionen, „dicht am Markt" zu qualifizieren, wird ihr Qualifizierungsergebnis zunehmend als nicht marktgerecht kritisiert." (Beck 1995, S. 249/250).

künftiges Geschäftsfeld aufgezeigt, zugleich andererseits aber auch verdeutlicht, daß die Grenze zur Unternehmensberatung nach wie vor existiert[19].

In den Aufgabenfeldern der großen, freien Weiterbildungsträger findet sich diese Grenze zunehmend weniger. Man denkt dort im Hinblick auf die Zukunft über das 'Outsourcing eigener Teilbereiche' (so Unternehmen #46) ebenso nach wie über strategische Kooperationen und Allianzen mit bestehenden Personalberatungsgesellschaften. Damit zeigen die Weiterbildungsträger in die gleiche Trendrichtung, die auch bei den größeren Unternehmen festgestellt wurde: man formuliert neue Kunden-Lieferanten-Beziehungen und orientiert sich dabei am eigenen Kerngeschäft bzw. an der entsprechenden Wertschöpfung.

Die Form der für den Trend der strategischen Weiterbildungspartnerschaften skizzierten Arbeitsteilung findet sich in ersten konkreten Ansätzen bei externen Weiterbildungsträgern. Aufgrund dieser Neuaufteilung kommt es zudem zu neuen Wettbewerbssituationen: neben die externen Weiterbildungsträger treten Personalberatungsgesellschaften, die dann die Weiterbildungsmaßnahmen im Unterauftrag – mit Qualitätskontrolle – vergeben.

6. Resumee und Schlußbemerkungen

6.1 Datenanalyse

Bei der Interpretation der statistischen Befunde muß auf einige Probleme bei der Erfassung hingewiesen werden:

- inhaltlich fallen in der Regel unter die *Abgrenzung* nur Maßnahmen, die klar erfaßt und zugeordndet werden können, wie z. B. ein Seminar;
- die „weicheren" Maßnahmen, wie z. B. Learning by-doing und dgl. werden in der Regel nicht erfaßt, auch wenn diese gerade für die Kompetenz einer Person essentiell sind bzw. sein können;
- einschränkend muß auch auf Betriebsebene darauf verwiesen werden, daß eine *Erfassung von zuordenbaren Maßnahmen* zumeist lediglich in Großunternehmen und *oftmals* auch dort *nicht systematisch* erfolgt;
- letztgenannter Aspekt spielt beispielsweise insbesondere im Zusammenhang mit der *Kumulation* von Teilnahmen bei einzelnen Mitarbeitergruppen ein besondere Rolle;
- weit verbreitet ist eine Erfassung nach der Maßnahme an sich anstatt nach Maßnahmen und Tagen, so daß die *Teilnahmequoten* – und deren Veränderungen – *kaum qualitativen Informationsgehalt* besitzen;
- Bezugsbasis sind zudem in Abhängigkeit der jeweiligen Statistiken (BSW-Berichtssystem Weiterbildung; IW-Studien; FORCE-Studie) entweder die Er-

---

[19] Im Zuge der Konkretisierung der zukünftigen Ausrichtung werden beispielsweise Aufgabenkataloge für die IHK-Weiterbildungsberatung und auch Anforderungsprofile des neuen IHK-Weiterbildunsberaters entwickelt und vorgestellt (Kailer 1994, S. 234 ff.).

werbspersonen oder die Erwerbstätigen. Da sich die Erwerbspersonen aus Erwerbstätigen und Erwerbslosen zusammensetzen, ist auf Stringenz bei der Interpretation zu achten. Um so mehr, als gerade die berufliche Weiterbildung auch bei vielen externen Weiterbildungsträgern stattfindet und auf diesem Weg in die Daten einfließt. Statistisch gesehen ist aber eine Person in einer festen Schulungsmaßnahme weder erwerbstätig noch erwerbslos, sondern wird für die Dauer der Maßnahme der sogenannten Stillen Reserve zugerechnet, die sich jedoch in keiner Weiterbildungsstatistik als Bezugsgröße findet.

Forderung an die Forschung

Wünschenswert wäre unbedingt eine Verknüpfung der bestehenden Statistiken (sog. Merging oder Matching) oder die Ausweitung einer Referenzstatistik – beispielsweise des BSW – insbesondere in Anbetracht der zunehmenden Bedeutung der „weicheren" Formen für die Kompetenz einer Person.

6.2 Segmentation durch betriebliche Weiterbildung

Die betriebliche Weiterbildung verschärft die ohnehin vorhandene Segmentation des Arbeitsmarktes, indem beispielsweise (1) von den Unternehmen eigenständige sogenannte „stategic factor markets" aufgebaut und mit großem (Weiterbildungs-)Aufwand weiter entwickelt werden, zu denen es von „außen" fast überhaupt keine Zugangschancen gibt oder (2) durch gezielte Personalabbauprozesse sogenannte Randbelegschaften – häufig in der Rechtsform freie Mitarbeiter aufgebaut werden. Für diese „Belegschaftsgruppe" wird eine Art von qualitätserhaltender betrieblicher Weiterbildung durchgeführt, da beim temporären Einsatz unmittelbare Effizienz verlangt wird. Die Mitglieder dieser Gruppe sind aber deutlich anders ausgeprägt als ihre 'Mitbewerber' im eigentlichen zweiten Sektor: Die betriebliche Weiterbildung führt in Verbindung mit den Lernprozessen am Arbeitsplatz zu einem zwischen dem ersten und bisherigem zweiten Sektor angesiedelten neuen Teilarbeitsmarkt.

Insbesondere die Problematik des Lernprozesses beim Arbeiten führt zu vollkommen neuen Facetten: So steht für die Mitglieder im bisherigen zweiten Sektor die Austauschbarkeit im Vordergrund, während es künftig für diese Personengruppen nicht mehr um qualitativ schlechtere Bedingungen, sondern um die entscheidende Frage des Zugangs zu geregelter Arbeit überhaupt gehen dürfte: wird damit aus dem dualen ein tertiärer Arbeitsmarkt? Diese Entwicklung verschärft sich durch die Sichtweise der Kompetenz, die nur über konkretes Arbeiten im Arbeitsproß auf- und ausbaubar ist – eine Voraussetzung, die den Mitgliedern im neuen, dritten Segment möglicherweise nie geboten wird.

Forderung an die Forschung

Die konkreten Auswirkungen der betrieblichen Weiterbildung auf die Segmentation am Arbeitsmarkt sind näher und tiefergehend zu analysieren; dabei sollten auch kohortenspezifische Aspekte einbezogen werden. Desweiteren ist es auch nötig, sich der Frage zuzuwenden, wie bei den Mitgliedern im neuen dritten Segment ein Kompetenzaufbau erreicht werden kann, obwohl für diese Gruppe weder geregelte noch temporäre Arbeitsengagements zu erwarten sind.

6.3 Funktionswandel in der Weiterbildung

Der Betrieb professioneller Weiterbildung ist an die unabdingbare Voraussetzung qualifizierten Personaleinsatzes gebunden. Die idealtypische Aufteilung der Funktionen in Weiterbildungsmanager, Seminarleiter, Weiterbildungsbeauftragte und Dozenten/Trainer findet sich in der Realität freilich nur noch bei einigen großen Unternehmen. Dennoch wird dort intensiv Qualitätssicherung betrieben und auch bei Kooperationsbeziehungen gewährleistet. Bereits im Mittelstand aber herrscht oftmals ein „didaktisch-methodischer Schlendrian„ (Döring 1991); bei den kleinen Unternehmen übernimmt fast immer ein Fachmann aus dem operativen Geschäft, „der weiß worauf es ankommt" alle Aufgaben; beim Trainer „kommt das bißchen Didaktik durch Erfahrung dazu". In einigen dieser Unternehmen werden die vorgenannten Aufgaben in Kenntnis dieser unbefriedigenden Situation zwar an externe Weiterbildungsträger oder einzelne Dozenten/Trainer abgegeben, die sich jedoch ihrerseits wegen des geringen Umfangs nur bedingt mit den tatsächlichen Erfordernissen beschäftigen. Nicht zuletzt erklärt dies auch teilweise die Unzufriedenheit vieler KMU im Hinblick auf ihre Weiterbildung.
Betriebliche Weiterbildung wird überwiegend – zu 60 bis 80% – von Fachspezialisten mit hoher fachlicher Kompetenz durchgeführt, die im Betrieb eine andere hauptberufliche Tätigkeit ausüben und nebenbei bei Bedarf für einige Stunden/Tage in ihrem Spezialgebiet als Kursleiter eingesetzt werden. Der Einsatz dieser Fachspezialisten ist sicher sinnvoll aufgrund ihrer betriebsbezogenen Fachkompetenz und effizient durch Praxisnähe und Flexibilität – die pädagogisch-didaktischen Anforderungen werden aber oftmals nicht beachtet.

Insgesamt wenden sich rund 70 % aller Betriebe an externe Weiterbildungsträger; darunter fällt jedoch alles: vom Besuch eines Seminars bis hin zum Auftrag für eine zielgruppenorientierte Weiterbildungs-/Personalentwicklungs-Konzeption. Aufgrund fehlender einheitlicher und kontrollierter Qualitätsstandards herrscht auf dem Markt externer Weiterbildungsträger eine sehr große Kompetitivität bei gleich großer Intransparenz und damit für nachfragende Betriebe entsprechende Unsicherheit in der Auswahl.

6.3.1 Ausgewählte Änderungen in Funktionen und Aufgaben

Funktions- und Aufgabenveränderungen wurden im wesentlichen durch eine deskriptiv-explorative Erhebung bei Unternehmen und Weiterbildungsträgern erfaßt. Ergänzt wurden die Informationen durch Interviews mit ausgewählten Unternehmen und entsprechende Literaturanalysen. Nachfolgend werden die wesentlichen Einzelveränderungen kurz skizziert:

- *Qualifikationserhöhung*: angelernte Kräfte aus der ofmals „eigenen" Erstausbildung werden zunehmend durch formal höhere Qualifikationen ersetzt; in aller Regel nicht personalreduzierend;
- der verstärkte ökonomische Druck führt in vielen Unternehmen zur *Qualifikationsumschichtung*: statt Pädagogen und Psychologen kommen Dipl.-Kaufleute, die zugleich „das Geschäft" verstehen und durch geplante job-rotations-Maßnahmen auch „am Geschäft" bleiben;
- weitgehender *Wandel von der Angebots- zur Bedarfsorientierung*, jedoch nutzen nur rund ein Drittel aller Unternehmen analytische Verfahren, nicht zuletzt aufgrund fehlender Qualifikationen (kaum Analytiker mit Methodenwissen);
- *Verlagerung* möglichst vieler Weiterbildungs-Maßnahmen *nach außen* und/oder *in die Fachabteilungen* mit der Konsequenz, daß vorhandene Dozenten/Trainer, die eher pädagogisch ausgebildet waren, zunehmend durch „Fachpersonal" (z. B. Dipl.-Kaufleute etc.) ersetzt werden; formal: Abbau von Weiterbildungs-Personal (Verlagerung; bei Ausgliederung auch Abbau insgesamt);
- Funktion Dozenten/Trainer-Auswahl wird abgegeben oder verstärkt formalisiert; dafür Aufbau einer *Qualitätssicherung* und *Transfersicherung*;
- das vorherrschende Thema schlechthin ist die *Ökonomisierung der Weiterbildung;* kaum eine Weiterbildungsabteilung wird künftig ohne entsprechenden „Nachweis der Effizienz" neue Weiterbildungsmaßnahmen durchsetzen bzw. ihr Budget halten oder gar ausweiten können; die derzeit bei Großunternehmen erkennbare Tendenz zur Einrichtung von Cost oder Profit Centern wird sich bei mittelgroßen Betrieben fortsetzen; wesentliche Aufgabenbereiche werden dabei in der Evaluation und in Assessment/Feasibility-Überlegungen liegen; gerade diese Qualifikationen aber sind kaum bis gar nicht in den Weiterbildungsabteilungen vorhanden; selbst bei Großunternehmen, die in letzter Zeit verstärkt „Bildungscontrolling" betrieben haben, beschränkt sich der Inhalt oftmals auf das Addieren von Seminartagen; es müssen Evaluationskonzepte entwickelt und implementiert werden; Aufgaben, die vielfach heute nicht einmal an den (Fach-)Hochschulen gelehrt werden;
- Aufbau eines *„vordergründigen" Personal(entwicklungs)controllings*; vordergründig deshalb, weil die Grundidee des Controllings – Feedback- und Feed-Forward-Regelkreise zu etablieren – aufgrund fehlender Qualifikationen nicht aufgebaut werden kann und man sich mit den schon lange bekannten Kennzahlensystemen begnügt; nur vereinzelt wird dieser Trend von Großunternehmen durch den „Einkauf" entsprechender Qualifikationen aus dem Hochschulbereich „durchbrochen";
- *Aufbau* von Kompetenz im Zusammenhang mit *Organisationsentwicklung* und *Prozeßbegleitung*: neue Funktion mit dem Aufbau entsprechender Qualifikationen; personalsteigernd;
- *Umdenkprozeß*: vom „Lehrer" zum „Unterstützer und Berater" (Funktionswandel mit gravierender Qualifikationsverschiebungverlagerung);
- *Integration neuer Lernmethoden und Lerntechniken*: neue Funktion mit neuer Qualifikation (z. B. Lerninformatiker); in der Regel nur bei Großunternehmen und auch hier nur in der Form einer „Zuliefer-Partnerschaft", d. h. eine fachkompetente Person ist Mittler zu Spezialisten;

Gernold P. Frank

- besondere Rolle des Vorgesetzten in der betrieblichen Weiterbildung: das Problem der Transfersicherung; ist erkannt und kann letztlich nur mit und nicht gegen die Vorgesetzten umgesetzt werden; hierfür notwendig sind auch bei den Mitarbeitern in der betrieblichen Weiterbildung neben der weitgehend vorhandenen Moderationsfähigkeit und Überzeugungskraft insbesondere Detailkenntnis des Geschäfts, um organisatorische Änderungen zu initiieren; Aufgaben, für die die Mehrzahl heutiger Mitarbeiter in den Weiterbildungsabteilungen nicht nur aufgrund mangelnder Geschäftskenntnis nicht geeignet ist.

6.3.2 Wirkungszusammenhänge

Nachteil von herausgearbeiteten Einzelentwicklungen sind isolierte Betrachtungsweisen, bei denen häufig der gesamte Wirkungszusammenhang verlorengeht. Die Szenariotechnik hilft, solche gegenseitigen Abhängigkeiten und Beeinflussungen systematisch zu erfassen und daraus komplexe, jedoch konsistente Bilder möglicher Zukünfte zu entwickeln. Ein solches umfassendes Szenario hätte den Rahmen dieser Arbeit gesprengt, so daß ein trunkiertes Vorgehen gewählt wurde, um einerseits die Wirkungszusammenhänge weitgehend zu integrieren, jedoch andererseits anstelle vollständiger Bilder einige wesentliche Trends für die Zukunft herauszuarbeiten; diese sind nachfolgend kurz skizziert.

Berater statt Lehrer

Hierunter wird der Wandel vom traditionellen Seminaranbieter mit entsprechender pädagogischer Kompetenz zum Berater und Begleiter betrieblicher Veränderungsprozesse verstanden. Nach dem zwischenzeitlichen Abbau der pädagogisch-didaktischen Lehr- und Vermittlungsfunktion, werden die Qualifikationen Pädagogik und Psychologie inzwischen als formale Qualifikationen wieder aufgebaut. Die neue Aufgabenstellung liegt einerseits in der Umsetzung der aufzubauenden Beratungskompetenz und andererseits im Aufbau einer Schnittstellenfunktion zwischen Unternehmen als Auftraggeber von Weiterbildungsmaßnahmen und Weiterbildungskonzepten sowie entsprechenden Auftragnehmern aus den Fachbereichen oder von Externen.

Ökonomisierung

Der Kostendruck hat die Einrichtungen der betrieblichen Weiterbildung auch bei den großen Unternehmen ganz und gar erreicht und diese gewissermaßen aus ihrem Dornröschenschlaf gerissen. Einrichtungen der betrieblichen Weiterbildung werden ebenso wie die eingesetzten Instrumente auf breiter unternehmerischer Front in Frage gestellt und unter dem Aspekt der Konzentration auf das Kerngeschäft oftmals ausgelagert. Der verstärkte Legitimationsdruck führt dazu, daß zunehmend kaufmännische und betriebswirtschaftliche Kompetenzen aufgebaut werden und Fragen der Effizienz- und Produktivitätssteigerung maßgebliche Rahmenbedingungen bei der Erarbeitung neuer und der Überprüfung alter Weiterbildungskonzeptionen sind.

Resumee

Der Ökonomisierungsdruck wird zu einem beschleunigtem Eindringen technischer Innovationen in betriebliche Maßnahmen (Stichworte: Multimedia; computerbased training; Internet) führen und den Faktoraustausch zwischen Fachabteilungen und Einrichtungen der betrieblichen Weiterbildung verstärken.

Einsatz von internen Fach- und Führungskräften als nebenberufliche Trainer

Unternehmen trennen sich von ausschließlichen Trainern insbesondere im Bereich der eher fachorientierten Weiterbildung zugunsten von Fach- und Führungskräften, die zusätzlich oder zeitlich befristet Traineraufgaben übernehmen. Es gibt zwei wesentliche Gründe, weshalb dieser Trend, der bei kleinen und mittleren Unternehmen längst Realität ist, sich auch bei den Großunternehmen durchsetzen wird: (1) die aus Kostengründen erfolgte Verlagerung der Funktionen Organisation und Durchführung von Veranstaltungen auf die Fachabteilungen führt in den Fachabteilungen dazu, daß der Personaleinsatz als Trainer sich ebenfalls an betriebswirtschaftlichen Größen orientiert und (2) der Ansehensgewinn, den die betriebliche Weiterbildung dadurch erreicht. Dieser Imagegewinn oder auch Akzeptanzzuwachs kommt dadurch zustande, daß in der Vergangenheit die betriebliche Weiterbildung von vielen Fachabteilungen eher als Verschwender angesehen wurde, viele Maßnahmen von den Fachabteilungen sehr kritsch gesehen wurden und daraus auch der Vorwurf erfolgte, nicht bedarfsgerecht weiterzubilden. Da nunmehr die Fachabteilungen gleichsam den 'schwarzen Peter' selbst haben, liegt dort nicht nur ein besseres Problemverständnis vor, sondern die betriebliche Weiterbildung kann durch ihre neu geschaffene Beratungsfunktion wieder (Akzeptanz-)Boden gutmachen.

Professionalisierung der betrieblichen Weiterbildung

Der verhaltensorientierte Professionalisierungsansatz stellt im wesentlichen die Frage nach einer eigenständigen Profession. Auf- und Ausbau entsprechender Ausbildungsgänge an (Fach-)Hochschulen und auch als Aufbaustudiengänge zeigen die Bedeutungszunahme und eine zunehmende Professionalisierung.
Die deutsche Professionalisierungsdebatte basiert dagegen auf dem merkmalsorientierten Ansatz, der nicht so sehr die Profession an sich, sondern die Merkmale zur Umsetzung der eigenen Aufgabenstellung im Vordergrund sieht. Da sich dieser Ansatz beispielsweise am Vorhandensein theoretisch fundierter Fähigkeiten und Fertigkeiten orientiert und nicht an einem formalen Weiterbildungsabschluß, entspricht er sicherlich nicht nur weit mehr dem tatsächlichen Anspruch, sondern er zeigt auch die zunehmende Professionalisierung der betrieblichen Weiterbildung auf. Trotzdem dürfte Wächters Hypothese einer De-Professionalisierung (1987) nicht zu widersprechen sein, wenn die Kriterien auf die traditionellen Aufgaben und Funktionen der betrieblichen Weiterbildung gerichtet sind. Bezieht man die neuen Aufgaben und Funktionen der betrieblichen Weiterbildung ein, so ist zunächst formal von einer Um-Professionalisierung zu sprechen, die durch den starken Kompetenzaufbau im Zusammenhang mit Prozeßbegleitung und Prozeßberatung zu einer – zumindest unter merkmalsorientierten Gesichtspunkten – Professionalisierungszunahme führen wird.

Gernold P. Frank

Unter mittel- bis langfristiger Perspektive zeichnet sich hier jedoch ein dramatischer Funktionswandel ab: Kostendruck und Legitimationsdruck werden die Auslagerungstendenz sowohl als auch die skizzierten Kunden-Lieferanten-Beziehungen verstärken. Damit stellt sich für die betriebliche Weiterbildung die gleiche Frage wie die Automobilindustrie: Welches ist die optimale Fertigungstiefe? Wie wird die Schnittstelle definiert?

Entscheidende neue Funktion wird damit ein Schnittstellenmanagement sein, das die Frage nach der Professionalität in einer neuen Dimension aufwerfen dürfte, da die bisherigen Aufgabenstellungen abgebaut werden und somit formal eine De-Professionalisierung vorliegt. Andererseits erfordert das Schnittstellenmanagement, wie man es in der Automobilindustrie hervorragend nachvollziehen kann, eine hohe eigenständige Professionalität – unter verhaltens- wie merkmalsorientierter Ausrichtung. Gleichzeitig würde der Aufbau solcher strategischen Lieferantenbeziehungen mit Hierarchieaspekten die bei den externen Weiterbildungsträgern aufgeworfene Problematik der fehlenden Betriebsnähe analog zu den Partnerschaften im Bereich zu F & E zum Zwecke gemeinsamer Innovationen oder auch bei Ablauf organisatorischen Gegebenheiten lösen[20].

Kunden-Lieferanten-Beziehung als strategische Weiterbildungs-Allianz (Postindustrielle Zuliefer-Partnerschaften)

Basis für diesen Trend ist die zunehmende Auslagerung und Verselbständigung aus Kosten- und Effizienzgesichtspunkten heraus. Nur die Konstruktion solcher Partnerschaften wird dazu führen, daß die Verlagerungen von Teilfunktionen wie beispielsweise der Bedarfsermittlung nicht in ein Dilemma führt, da man ansonsten 'draußen´ nicht wissen kann, wie man 'drinnen' die Unternehmenszukunft gestalten möchte. Die konkrete rechtliche und organisatorische Ausgestaltung spielt dabei nur eine sekundäre Rolle. Neue Lernformen und neue Lerntechniken führen zu Neugestaltungen des Lernformenmix, der den bereits im Automobilbau vollständig umgesetzten Gedanke der Zuliefer-Partnerschaften aufgreifen muß. Partner und Zulieferer für die betriebliche Weiterbildung sind die ausgelagerten Einheiten, externe Bildungsträger und – ebenfalls neu eintretend – Personalberatungsgesellschaften; erste Konstruktionen sind derzeit in Vorbereitung.

Wie durchaus auch bei anderen Trends, gilt der Zusammenhang mit der Unternehmensgröße für große und Großunternehmen. Die mittleren Unternehmen haben bereits in der Vergangenheit bestimmte Kooperationsformen aufgebaut, die nunmehr

---

[20] Im Klartext bedeutet dies den Abbau des derzeit gerade erfolgenden Aufbaus an Beratungskompetenz als neue Funktion der betrieblichen Weiterbildung. Für die bisherigen Funktionen der betrieblichen Weiterbildung würde dann gelten: lean – leaner – tot; zumindest aus Sicht der Unternehmen. Dies wohl auch unter dem Gesichtspunkt, daß die Personalabteilungen in den Unternehmen nicht zu den innovativsten Bereichen zählen und sich die Mitarbeiter dieser Abteilungen weniger als Teammitglieder einer interdisziplinären und interunternehmerischen (eigenes Unternehmen und Weiterbildungspartner) Arbeitsgruppe verstehen, sondern eher als Auftraggeber.

umgestaltet werden; lediglich für die Gruppe der KMU wird diese Entwicklung erneut Zugangsprobleme schaffen.

Daneben ist aber auch ein ungleiches Entwicklungstempo zwischen den Branchen erkennbar: Vorreiter sind Automobil- und Chemie-Industrie; eher als Nachzügler ist der Handel erkennbar. Die Finanzdienstleister liegen im Mittelfeld, was mit dem für diese Branchen verspätet einsetzenden ökonomischen Druck zu erklären sein dürfte.

6.4 Externe Weiterbildungsträger

Im Markt der externen Weiterbildungsträger haben sich bereits dramatische Verteilungskämpfe abgespielt, die in ihrer Schärfe aber wohl eher noch zunehmen werden. Dafür sind einerseits die zuvor skizzierten Weiterbildungs-Partnerschaften verantwortlich, andererseits aber auch die in diesen Markt zusätzlich eintretenden Personalberatungsgesellschaften. Wurden dort vereinzelt bereits Standardtrainings – nicht zuletzt aus Auslastungsgesichtspunkten – durchgeführt, so werden diese Gesellschaften den vorhandenen komparativen Vorteil der existierenden Nähe zur Personaladministrationen gegenüber den Weiterbildungsträgern auszunutzen versuchen.

Generell werden die Verlagerungen von Funktionen der betrieblichen Weiterbildung auf die externen Weiterbildungsträger bei den größeren Einrichtungen zu einem Qualifikationsschub und zunehmender Professionalisierung führen. Verlierer dieses Verteilungskampfes werden die vielen kleinen und kleinsten Weiterbildungsträger sein (einschließlich der ungezählten Anzahl freiberuflich tätigen Trainer), deren eher triste Zukunft sich am ehesten mit den Zulieferern in der Automobilindustrie vergleichen läßt, die am Ende der Hierarchieleiter stehen und ihre Existenz nur über die Kostenseite sicherstellen können.

Forderung an die Forschung

Eine Reihe der beschriebenen Trends werden dazu führen, daß die gegenwärtige Weiterbildungs-Landschaft in Frage gestellt wird und neue Formen und Strukturen annehmen wird. Auch wenn in dieser Arbeit die berufliche Erstausbildung und Formen der Umschulung ausgeklammert waren, so zeigen die Ergebnisse insbesondere der Interviews, daß das gesamte System der beruflichen und betrieblichen Weiterbildung vor einem gravierenden Umbruch steht.

Die vorgenannten Trends zeigen isolierte Ansätze für die betriebliche Weiterbildung, die aus dem Prozeß einer Szenarioerstellung herausgearbeitet wurden. Es wäre deshalb wünschenswert, wenn ein vollständiges 'Szenario der betrieblichen Weiterbildung' auf der Basis der hier vorliegenden vier Teilgutachten ausgearbeitet werden würde. Besondere Beachtung sollte dabei dem Aspekt zukommen, daß die Dienstleistung 'Betriebliche Weiterbildung' unter vierlerlei Aspekten Ähnlichkeiten zum Produktionsbereich – insbesondere in der Automobilindustrie – zeigt, so daß zugleich Fragen der Übertragbarkeit dort gewonnener Lösungen einbezogen werden könnten.

Gernold P. Frank

> **Kernthesen zur Übersicht:**
>
> - Umfassender Funktions- und Aufgabenwandel bei steigender formaler Qualifikation des Weiterbildungs-Personals
> - Deutlichster Funktionswandel: vom Lehrer zum Berater
> - Tendenzen zur Übertragung der industriellen Zuliefererkonzeptionen (Kunden-Lieferanten-Beziehungen) auf den Bereich der betrieblichen Weiterbildung
> - Verschärfung der Segmentation durch die betriebliche Weiterbildung durch den Aufbau eines neuen, eigenständigen Sektors: die Randbelegschaften mit temporärem Zugang zum Lernprozeß in der Arbeit
> - Deutliche Diskrepanz in der Professionalität zwischen – fast utopischer – Selbsteinschätzung der Unternehmen und – nachvollziehbarer – Fremdeinschätzung durch Außenstehende und Experten.

Literatur

Alt, Chr. und E. Sauter u.a.: Berufliche Weiterbildung in Deutschland – Strukturen und Entwicklungen, Berlin/Bonn 1993.
Arbeitsgem.Betr.Weiterbildungsforschung ABWF (Hrsg.): Perspektiven beruflich-betrieblicher Weiterbildungs-Forschung, Nr. 2 der Studien der betrieblichen Weiterbildungs-Forschung, Bochum 1992.
Arndt, H.: Wirtschaftliche Macht, München 1974.
Baethge, M. und I. Drexel: Berufliche/Betriebliche Weiterbildung und Segmentationstendenzen im Betrieb und auf dem Arbeitsmarkt, in: ABWF: Perspektiven ..., S. 37-50, 1992.
Balli, Chr. u. a.: Weiterbildung des Weiterbildungspersonals, BIBB, Berlin 1993.
Balli, Chr. und U. Storm: Weiterbildungs- und Qualifizierungsberatung, in: Kailer, N. (Hrsg.): Beratung bei Weiterbildung und Personalentwicklung, S. 15-30, Wien 1994
Beck, U.: Ganzheitliche Arbeitsgestaltungskompetenz für IT-Fachkräfte, Mitt AB, H.2, S. 241-251, 1995.
Becker, G.S.: Investitionen in Humankapital – Eine theoretische Analyse, in: Hüfner: Bildungsinvestitionen ..., S. 131-196, 1970.
Becker, G.S.: Human Capital – A Theoretical and Empirical Analysis, with special Reference to Education, 2. Auflg., New York/London 1975.
Becker, R.: Berufliche Weiterbildung und Berufsverlauf, in: Mitt AB H. 2, S. 351-364, 1991.
Beyer, J. und T. Metz: Professionalisierungspfade des Personalwesens, in: Wächter/Metz, S. 185-206, 1995.
BIBB/Stat. Bundesamt, : FORCE Haupterhebung – Erste Ergebnisse, Kurzfassung, Berlin/Wiesbaden 1995.
Blossfeld, H.P.: Kohortendifferenzierung und Karriereprozeß, Frankfurt/New York 1989.
BM Bildung/Forschung, (Hrsg.): Betriebliche Weiterbildung – Forschungsstand und Forschungsperspektiven, Schriftenreihe Studien zu Bildung und Wissenschaft, Nr. 88, Bonn 1990.
BM Bildung/Forschung, (Hrsg.): Professionalisierung der Weiterbildung – Weiterbildung der Weiterbildnerinnen u. Weiterbildner, Bonn 1995.

Literatur

BM Bildung/Forschung, (Hrsg.): Berichtssystem Weiterbildung 1988, Schriftenreihe Studien zu Bildung und Wissenschaft, Nr. 89, Bonn 1990.
BM Bildung/Forschung, (Hrsg.): Berichtssystem Weiterbildung 1991, Schriftenreihe Studien zu Bildung und Wissenschaft, Nr. 110, Bonn 1993.
Bowman, M. J.: Humankapital – Begriff und Messung, in: Hüfner: Bildungsinvestitionen ..., S. 101-130, 1970.
Briam, K.-H. und P. Meyer-Dohm (Hrsg.): Der Mensch im Unternehmen, Bern/Stuttgart 1988.
Brückers, W. (Hrsg.): Zukunftsinvestition Berufliche Bildung, Köln 1988.
Bundesminister für Bildung, (Hrsg.): Deutscher Delphi – Bericht zur Entwicklung von Wissenschaft und Technik, 2. Auflg., Bonn 1995.
Clement, W. (Hrsg.): Konzept und Kritik des Humankapitalansatzes, Berlin 1981.
Comelli, G.: Training als Beitrag zur Organisationsentwicklung, Handbuch für die Praxis in Wirtschaft und Verwaltung, Bd. 4, S. 45-85, München 1985.
Computerwoche, (Hrsg.): DV-Schulung und Weiterbildung, München 1995.
Daniel, M. und M Zaidi (Ed.): The Economics of Human Resource Management, Cambridge (MA) 1990.
DGFP, (Hrsg): Der Leiter des betrieblichen Bildungswesens, Köln 1977.
Dobischat, R. und A. Lipsmeier: Betriebliche Weiterbildung im Spannungsfeld von Technikanwendung, Qualifikationsentwicklung und Personaleinsatz, in: MittAB H. 2, S. 344-350, 1991.
Döring, K.W.: System Weiterbildung, Weinheim/Basel 1987.
Döring, W. K.: Lehren in der Weiterbildung, Weinheim 1990.
Drucker, P.: The Age of Discontinuity. Guidelines to our Changing Society, New York u.a. 1968.
Faulstich, P.: Qualitätskriterien für die Erwachsenenbildung als Fokus der Berufsbildungsforschung, in: Meifort/Sauter (Hrsg.): Qualität in der beruflichen Weiterbildung, S. 177-190, Berlin 1991.
Frank, G.: Interaktives Lernen, in: Innerbetriebliche Weiterbildung, S. 277-302, Darmstadt 1990.
Frank, G.: Die Cross- Impact – Methode als Beispiel zur Bearbeitung einer Problemlöse- und Entscheidungssituation, in: Heeg/Meyer-Dohm Organisationsgestaltung..., S. 584-589, München 1994.
Frank, G.: Entwicklungsszenarien versus Punktprognosen, in: Hub: Komplexe ..., S. 8.1-8.34, 1994.
Frank, G. und H. Schneider: Innerbetriebliche Arbeitsmarktsegmentation, in : ABWF, S. 21-36, 1992.
Freilinger, Chr. und P. Hofer: Kundenorientierung – was verhindert optimale Kundenorientierung?, Bad – Harzburg 1996.
Freimuth, J.: Rollen und Rollenkonflikte des Personalmanagements in flexiblen Organisationen. Eine neue Dimension professionellen Handelns., in: Wächter/Metz, S. 163-184, 1995.
Friedrichs, J.: Methoden empirischer Sozialforschung, Reinbek 1973.
Gabriel-Ritter, A.: PersonalENTWICKLUNG als Grundhaltung, in: Laske/Gorbach: Personalentwicklung ..., S. 111-129, 1992.
Geißler, H. (Hrsg.): Neue Aspekte der Betriebspädagogik, Frankfurt a.M. u.a. 1990.
George, K. und K.-D. Peitsch: Die wissenschaftliche Weiterbildung von arbeitslosen Akademikern an der Universität zur Aufnahme einer neuen Berufstätigkeit, Kornbichler/Hartwig: Kommunikationskultur ..., S. 206-215, 1994.
Gruber, E. und W. Lenz Hrsg.: Berufsfeld Erwachsenenbildung – eine Orientierung, München 1991.
Häder, M. u.a.: Punkt- und Verhältnisschätzungen: Ergebnisse eines Tests zur Validierung der Delphi-Methode, ZUMA-Arbeitsbericht 95/05, Mannheim 1995.
Hamel, W.: Stellungnahme zu dem Beitrag von H. Wächter: „Professionalisierung ...", in: Die Betriebswirtschaft, H. 3; 47. Jg., S. 355-358, 1987.
Harke, D. und E. Sauter: Qualitätsförderung der AFG-geförderten Weiterbildung – Konzept und Umsetzung, in: Meifort/Sauter (Hrsg.): Qualität in der beruflichen Weiterbildung, S. 18-37, Berlin 1991.

Harke, D.: Lernberatung – ein Fortbildungsmodell für Lehrpersonal in der beruflichen Weiterbildung, in: Kailer, N. (Hrsg.): Beratung bei Weiterbildung und Personalentwicklung, S. 31-50, Wien 1994.

Heeg, F.-J. und P. Meyer-Dohm (Hrsg.): Methoden der Organisationsgestaltung und Personalentwicklung, München 1994.

Heese, A.: Diskussionsbeitrag zum Aufsatz von Prof. H. Wächter: „Professionalisierung ...", in: Die Betriebswirtschaft, H. 3; 47. Jg., S. 358-360, 1987.

Heidack, Cl. (Hrsg.): Lernen der Zukunft, 2. Auflg., München 1993.

Heidegger, G.: Szenarios für die Berufsbildung 2000, in: Brückers: Zukunftsinvestition ..., S. 134-159, 1988.

Hentze, J.: Personalwirtschaftslehre I, 5. Auflg., Bern/Stuttgart 1991.

Heyse, V. und H. Metzler (Hrsg.): Die Veränderung managen, das Management verändern, edition QUEM Bd. 4, Münster/New York 1995.

Hofer, F. J.: Von der Organisationsentwicklung zur Organisationsdynamik, H. Geißler: ... Betriebspädagogik, S. 103 – 132, 1990.

Hölterhoff, H. und M. Becker: Aufgaben und Organisation der betrieblichen Weiterbildung, Handbuch der Weiterbildung ; Band 3, München/Wien 1986.

Hoppenstedt Verlag, (Hrsg.): Innerbetriebliche Weiterbildung, Darmstadt 1990.

Hub, H. (Hrsg.): Komplexe Aufgabenstellungen ganzheitlich bearbeiten – Fallstudien und Beispiele aus der Praxis, ISA-Schriftenreihe Bd. 5, Nürtingen 1994.

Hüfner, K. (Hrsg.): Bildungsinvestitionen und Wirtschaftswachstum, Stuttgart 1970.

Kailer, N.: Betriebliches Weiterbildungspersonal: Aufgaben, Anforderungen der Unternehmen, Aus- und Weiterbildung, in: Gruber/Lenz: ... Erwachsenenbildung, S. 103-113, 1991.

Kailer, N. (Hrsg.): Beratung bei Weiterbildung und Personalentwicklung, Konzepte und Praxisbeispiele von Bildungsträgern und Unternehmen, Wien 1994.

Kailer, N. und J. Mayrhofer: Anforderung an Fachpersonal in Personalentwicklung und Weiterbildung, Arbeitsbezirk 03 Institut für Arbeitswissenschaft Bochum Ruhr – Universität, Bochum 1995.

Kau, W. und Chr. Ehmann: Szenario des Berufsbildungssystems bis 1995, BIBB-Sonderveröffentlichung, Berlin 1986.

Kirchhöfer, D.: Neue Formen des Lehrens und Lernens in der außerbetrieblichen Weiterbildung, QUEM – report, Nr. 37, Berlin 1995.

Klarhöfer, S. u. a.: Interne Qualitätssicherung in der beruflichen Weiterbildung, QUEM-report Nr. 19, Berlin 1994.

Kliche, W.: Beratung bei Selbstlernformen im Betrieb, in: Kailer, N. (Hrsg.): Beratung bei Weiterbildung und Personalentwicklung, S. 183-196, Wien 1994.

Knebel, H.: Professionalisierung im Personalbereich – Beurteilung aus der betrieblichen Praxis, in: Die Betriebswirtschaft, H. 3, 47. Jg., S. 360-363, 1987.

Kornbichler, Th. und C.-J. Hartwig Hrsg.: Kommunikationskultur und Arbeitswelt, Berlin 1994.

Kreikebaum, H.: Strategische Unternehmensplanung, 2. Auflg., Stuttgart u.a. 1987.

Kuratorium der Dt. Wirtschaft, (Hrsg.): Über- und außerbetriebliche Weiterbildung der Wirtschaft – Gesamtstatistik 1994, Bonn 1996.

Kuwan, H. und E. Waschbüsch: Betriebliche Weiterbildung, Reihe Bildung-Wissenschaft-Aktuell, Nr. 5/94, Bonn 1994.

Laske, St. und P. Gorbach (Hrsg.): Personalentwicklung einmal anders, Stuttgart 1992.

Lenske, W.: Strukturwandel Ost. Personalentwicklung – Qualifizierung – Rahmenbedingungen wirtschaftl. Entwicklung., Köln 1992.

Lucy, H.: Stellungnahme zum Beitrag von Prof. H. Wächter: „Professionalisierung ...", in: Die Betriebswirtschaft, H. 3, 47. Jg., S. 363-366, 1987.

Management & Seminar, Hrsg.: Einblicke in das Berufsfeld der Bildungsmanager, Sonderheft, München 1992.

Meifort, B. und E. Sauter (Hrsg.): Qualität in der beruflichen Weiterbildung, Ergebnisse eines Workshops des Bundesinstituts für Berufsbildung, Berlin 1991.

Literatur

Merk, R. u. a.: Weiterbildungsmanagement, Neuwied 1992.
Merkens, M.: Vorüberlegungen zu einem neuen Konzept der Arbeit, in: Geißler, Harald (Hrsg.): Neue Aspekte der Betriebspädagogik, S. 33-52, Frankfurt u.a. 1990.
Meyer-Dohm, P.: Bildungsarbeit im lernenden Unternehmen, in: Briam/Meyer-Dohm: ... Mensch ..., S. 249-272, 1988.
Meyer-Dohm, P.: Die Unternehmung auf dem Weg zum lernenden System, in: Heidack: Lernen ..., S. 260-266, 1993.
Meyer-Schönherr, M.: Die Szenario-Technik als Instrument der strategischen Planung, München 1995.
Mincer, J.: On-The-Job Training : Costs, Returns, and some Implications, Investment in Human Beings, in : NBER Special Conference 15; suppl. to Journal of Political Economy, S. 50-59, 1962.
Mincer, J.: Schooling, Experience and Earnings, New York 1974.
Münch, J.: Personalentwicklung als Mittel und Aufgabe moderner Unternehmensführung, Bertelsmann, Bielefeld 1995.
Petermandl, M.: Lernerberatung als integrierte Funktion von cbt-Programmen, in: Kailer, N. (Hrsg.): Beratung bei Weiterbildung und Personalentwicklung, S. 163-182, Wien 1994.
Pullig, K.-H. und U. Schäkel (Hrsg.): Weiterbildung im Wandel, Hamburg 1987.
Putz, P. und B. Nöbauer: Personalleiter in Oberösterreich. Eine empirische Untersuchung zur Professionalisierung der Personalverantwortlichen, in: Wächter/Metz, S. 55-84, 1995.
QUEM (Hrsg.): Von der beruflichen Weiterbildung zur Kompetenzentwicklung – QUEM Memorandum, QUEM – report, Nr. 40, Berlin 1995.
Reibnitz, U. von: Szenarien – Optionen für die Zukunft, Hamburg 1987.
Ringlstetter, M. und A. Kniehl: Professionalisierung als Leitidee eines Human-ressourcen – Managements, in: Wächter/Metz, S. 139-162, 1995.
Rosenstiel, L. von: Innovation und Veränderung in Organisationen, in: Roth: Organisationspsychologie, S. 652-684, 1989.
Roth, E.: Organisationspsychologie, Göttingen 1989.
Sackmann, R. und A. Weymann: Die Technisierung des Alltags, Generationen und technische Innovationen, Frankfurt/New York 1994.
Sadowski, D.: Zur Theorie unternehmensfinanzierter Investitionen in der Berufsbildung, in Clement, S. 41 – 66, 1981.
Scheuer, M. u.a.: Ein Beitrag zur Bewertung der in der DDR erworbenen beruflichen Qualifizierung in den Bereichen Metall und Elektro Ergebnisse einer Studie des RWI i. A. des IAB, mimeo, Essen 1992.
Schlaffke, W. und R. Weiß (Hrsg.): Tendenzen betrieblicher Weiterbildung – Aufgaben für Forschung und Praxis, Köln 1990.
Scholz, Chr.: Strategische Personalplanung, in: Personalwirtschaft Bd. 11, H. 2, S. 261-266, 1984.
Scholz, Chr.: Strategisches Management – Ein integrativer Ansatz, Berlin/New York 1987.
Schömann, K. und R. Becker: Participation in Further Education over Life Course, WZB-paper FS I 93-205, Berlin 1993.
Sengenberger, W. (Hrsg.): Der gespaltene Arbeitsmarkt, Frankfurt 1978.
Severing, E.: Funktionen externer Bildungsberatung für die Bildungsplanung in kleinen und mittleren Unternehmen, in: Kailer, N. (Hrsg.): Beratung bei Weiterbildung und Personalentwicklung, S. 89-96, Wien 1994.
SFB3, (Hrsg.): Mikroanalytische Grundlagen der Gesellschaftspolitik, Bd. 1, Bonn 1991.
Staehle, W. H.: Funktionen des Managements, 3. Auflg., Bern/Stuttgart 1992.
Staudt, E.: Defizitanalyse betrieblicher Weiterbildung, in: Schlaffke/Weiß (Hrsg.): Tendenzen betrieblicher Weiterbildung, S. 36-78, Köln 1990.
Stockmann, R.: Qualitätsaspekte beruflicher Weiterbildung, Berlin/Bonn 1993.
Strober, M.H.: Human Capital Theory: Implications for HR Managers, in: Daniel/Zaidi, S. 60 – 85, Cambridge (MA) 1990.

Thurow, L.C.: Die Arbeitskräfteschlange und das Modell des Arbeitsplatzwettbewerbs, in : Sengenberger, S. 117-137, 1978
Wächter, H. und T. Metz (Hrsg.): Professionalisierte Personalarbeit? Perspektiven der Professionalisierung des Personalwesens, München/Mering 1995
Wächter, H.: Professionalisierung im Personalbereich, in: Die Betriebswirtschaft, H.1, 47. Jg., S. 141-150, Stuttgart 1987
Wagner, K.: Qualifikationsniveau in ostdeutschen Betrieben, Zfb 63, 1993, S. 129 – 145, 1993
Weinzierl, G.: Qualitätssicherung und -kontrolle der beruflichen Weiterbildung, in: Meifort/Sauter (Hrsg.): Qualität in der beruflichen Weiterbildung, S. 41-44, Berlin 1991.
Zimmer, G. Hrsg.: Interaktive Medien für die Aus- und Weiterbildung, Nürnberg 1990.
Zimmer, G.: Durchführungsqualität von Weiterbildungsmaßnahmen, in: Meifort/Sauter (Hrsg.): Qualität in der beruflichen Weiterbildung, S. 55-68, Berlin 1991.

MATERIALIEN

*Kuratorium der Arbeitsgemeinschaft
Qualifikations-Entwicklungs-Management (QUEM)*

Von der beruflichen Weiterbildung zur Kompetenzentwicklung

Lehren aus dem Transformationsprozeß

Das Memorandum „Von der beruflichen Weiterbildung zur Kompetenzentwicklung" wurde am 22. November 1995 vom Kuratorium der Arbeitsgemeinschaft QUEM verabschiedet und dem Bundesminister für Bildung, Wissenschaft, Forschung und Technologie übergeben.

Vorwort

Mit dem Memorandum „Von der beruflichen Weiterbildung zur Kompetenzentwicklung" stellt die Arbeitsgemeinschaft QUEM Ergebnisse aus einer vierjährigen Tätigkeit vor, die unter dem Auftrag stand, einen Beitrag zur effizienten Ausgestaltung der Anpassungsqualifizierung vom Plan zum Markt zu leisten. Wichtige Elemente waren dabei:

- Ergebnisse aus Analysen und Evaluation des vorhandenen Qualifikationsniveaus in die Weiterbildungspraxis und -beratung einzubringen,
- den Betrieb als entscheidenden Lernort für die Umorientierung der Qualifikationen ins Blickfeld zu rücken,
- Modelle für strukturelle und organisatorische Verbesserungen der beruflichen Weiterbildung zu erproben und die Ergebnisse in die gesamtdeutsche Diskussion einzubringen,
- eine Infrastruktur für wissenschaftliche Dienstleistungen zur Weiterbildungsforschung auch in den neuen Ländern aufzubauen,
- den Erfahrungsaustausch mit Osteuropa zur Anpassung von Qualifikationsstrukturen zu fördern,
- Modelle zur Personal- und Organisationsentwicklung im Transformationsprozeß zu erarbeiten.

Im Verlauf ihrer Arbeit hat QUEM mit einer Fülle von Einzeluntersuchungen, Projektergebnissen und Analysedaten die Neuorientierung der beruflichen Bildung in den neuen Ländern unterstützt und daraus die Notwendigkeit eines Übergangs zur Kompetenzentwicklung abgeleitet.

Das Memorandum faßt die Summe von Erfahrungen zusammen und benennt den Handlungsbedarf für die weitere Entwicklung. Es wendet sich an die Akteure in den neuen wie in den alten Ländern in der Gewißheit, daß die Lehren aus dem Transformationsprozeß für die Qualifizierungsstrategien im gesamten Deutschland von großer Bedeutung sind.

Prof. Dr. Meyer-Dohm
Vorsitzender des Kuratoriums der Arbeitsgemeinschaft QUEM

I Die große Herausforderung

Mit dem Übergang von der Plan- zur Marktwirtschaft sind nach den Erfahrungen der letzten vier Jahre die komplexesten aller denkbaren Lernnotwendigkeiten verbunden. Die Komplexität dieser Lernprozesse liegt zum einen darin, daß alle Bürger der ehemaligen DDR gezwungen sind, sich mit den neuen Systembedingungen vertraut zu machen. Zum anderen beziehen sich diese Lernnotwendigkeiten auf fast alle systemgeprägten Bereiche des beruflichen und gesellschaftlichen Lebens. Zum dritten steht dieses Lernen unter einem enormen Zeitdruck, da der Lernerfolg sowohl Voraussetzung für die Funktionsfähigkeit des Wirtschafts- und Gesellschaftssystems wie auch für die erfolgreiche individuelle Lebensgestaltung ist.

Dieser Umstellungsprozeß stellt eine ganze Bevölkerung vor die historisch einmalige Situation, durch Lernen einen gesellschaftlichen Anpassungsprozeß zu vollziehen und aktiv zu gestalten.
Die von QUEM initiierten Untersuchungen haben ebenso wie andere Forschungsergebnisse in vielfältiger Weise deutlich gemacht, daß der Transformationsprozeß nicht vorrangig oder gar allein durch die Vermittlung von zusätzlichem Wissen und den Erwerb von Bildungs- und Berufsabschlüssen zu bewältigen ist. So hat sich gezeigt, daß aufgrund der vorhandenen Lerngewohnheiten der Bevölkerung in den neuen Ländern die Aneignung neuen Wissens recht problemlos verlaufen ist. Auch muß aus heutiger Sicht die Anerkennung der Gleichwertigkeit von Bildungsabschlüssen, die unter anderen gesellschaftlichen Bedingungen erworben wurden, als sekundäres Problem angesehen werden.
Es gehört zu den wichtigen Erfahrungen des Transformationsprozesses der letzten Jahre, daß individuelle Handlungsfähigkeit in einem neuen gesellschaftlichen und wirtschaftlichen System nur zu erlangen ist mit Hilfe veränderter Wertstrukturen, neuer Sozial- und Methodenkompetenz, neuer Erfahrungen und systemspezifischen Wissens.
In besonderer Weise geht es auf der individuellen Ebene um die Interiorisierung neuer Wertstrukturen. Die Vermittlung neuer Werte und das Training von Werthaltungen sind zu dominierenden und herausfordernden Aufgaben geworden. Gleichzeitig bedarf es neuer systemgeprägter Erfahrungen, ohne die der einzelne heute nicht in der Lage ist, sicher, selbstbewußt und selbständig zu handeln.
Mit diesen komplexen Lernnotwendigkeiten stellt sich gleichfalls die Frage nach einer Veränderung der Identität. Im Rahmen der Integration in das neue gesellschaftliche System wandeln sich in einem langdauernden Prozeß Mentalität, Werte- und Normvorstellungen, Lebensstil und Arbeitskultur. Somit ändern sich auch Identitäten, wenn Identität als Arbeits- und Lebenskonzept, als Lebensentwurf betrachtet wird.

Memorandum

Für die Änderung von Arbeits- und Lebenskonzepten müssen Orientierungen, Lebenssinn, Bindungen und Beziehungen, Werte und Identifikationen hinterfragt und neustrukturiert werden. Für diese individuellen Entwicklungsprozesse sind Gelegenheiten zum Dialog äußerst wichtig, da es sich nicht nur um individuelle Lebenskrisen handelt, sondern alle Beteiligten der Systemtransformation in derartige Suchprozesse eingeschlossen sind. Dafür sind Lernsituationen und -prozesse zu gestalten, die weit über die gegenwärtig organisierte Weiterbildung hinausgehen.
Ein traditionelles Verständnis von beruflicher Weiterbildung kann dem Anspruch des komplexen Lerngegenstandes Transformation nicht gerecht werden.
In der Praxis der vergangenen fünf Jahre war Weiterbildung zu sehr von Wissensvermittlung dominiert, die erforderlichen sozialen Fähigkeiten und die notwendige Veränderungsbereitschaft des einzelnen wurden dagegen nicht ausreichend gefördert. Dies ist teilweise eine Folge der politischen Antwort, die 1990 mangels besseren Wissens auf die Qualifikationsprobleme der neuen Länder gegeben wurde. Die Hoffnung, daß insbesondere das Instrumentarium des AFG hinreichende Gestaltungsräume eröffnen würde, erfüllte sich nur teilweise, da mit diesem Instrumentarium gleichzeitig sozialpolitische Ziele verfolgt wurden.
Es ist eine erweiterte und auch neue Sichtweise bei der Entwicklung von Humanressourcen notwendig, die weitaus stärker eine ganzheitliche Kompetenzentwicklung ins Zentrum der Bemühungen stellt. Dies orientiert auf ein neues inhaltliches Anspruchsniveau mit Konsequenzen für veränderte Strukturen, Strategien und Konzepte, was einem Paradigmenwechsel von der traditionellen beruflichen Weiterbildung zur Kompetenzentwicklung gleichkommt. Diesen Prozeß zu gestalten, hat für die Zukunft eine entscheidende Bedeutung und zwingt dazu, Neuland zu betreten.
Im Mittelpunkt steht die Forderung nach komplexen dynamischen Lernstrukturen. Dabei müssen sowohl die betriebliche Weiterbildung, die außerbetriebliche Weiterbildung, das Lernen im Prozeß der Arbeit als auch das autodidaktische Lernen in den Blick genommen werden. Gleichfalls wird ohne bewußt gestaltete soziale Lernfelder eine gesellschaftliche Integration Erwerbsloser immer schwieriger. Diese Felder sind im Zusammenhang zu sehen, in den Möglichkeiten und Grenzen ihrer Leistungsfähigkeit zu verstehen und je für sich als politische Gestaltungsaufgabe zu begreifen. Dies bedeutet in der Konsequenz, daß zu der bisherigen Politik beruflicher Weiterbildung neue qualitative Dimensionen hinzutreten müssen, um dem Ziel der Kompetenzentwicklung gerecht werden zu können.

Die Gestaltung komplexer Lernstrukturen und die Unterstützung geeigneter Netzwerke ist auch aus einem anderen Grunde geboten. Der Transformationsprozeß war und ist mit einem massiven Umbruch der Wirtschaftsstruktur verbunden, ohne daß im einzelnen antizipierbar ist, welche Richtung die wirtschaftliche Entwicklung nimmt. Damit wird eine Qualifizierungspolitik, die auf einen konkreten Qualifikationsbedarf ausgerichtet ist, erschwert und teilweise unmöglich.
Vielmehr können die Fragen der Qualifikationsentwicklung nur in gegenseitiger kontinuierlicher Abstimmung von Wirtschaftsstrukturpolitik, Arbeitsmarktpolitik, kommunaler Wirtschaftsförderung und konkreten betrieblichen Entwicklungen gelöst werden. Ein Denken in isolierten Politikfeldern muß gerade in Zeiten raschen Strukturwandels zu Fehlsteuerungen und Engpässen führen. Die Erfahrungen der letzten fünf Jahre in den neuen Ländern haben gezeigt, daß das institutionelle Geflecht, in dessen Zusammenhang Kompetenzentwicklung gestaltet werden muß, mit Blick auf

Die große Herausforderung

die Zukunft der Bundesrepublik neu strukturiert werden sollte. Hierbei kommt regionalen Strukturen eine besondere Bedeutung zu.
Die Notwendigkeit der bewußten Gestaltung komplexer Lernstrukturen zeigt sich auch für die Betriebe. Die Betriebe stehen nach wie vor unter dem Druck massiver Umwandlungsprozesse. Alte betriebliche Bildungstraditionen konnten unter den neuen betriebswirtschaftlichen Bedingungen nicht erhalten werden, gleichzeitig war Personalentwicklung auf der Grundlage langfristiger Konzepte und Strategien wegen des drastischen Personalabbaus kaum möglich. Darüber hinaus fehlen für eine betriebliche Kompetenzentwicklung bis heute vielfach die finanziellen Voraussetzungen. Diese Defizite in einer Phase betrieblicher Umstrukturierung wirken besonders gravierend und viele beobachtbare Unternehmenskrisen sind, so ist zu vermuten, auf diese Defizite zurückzuführen.
Die in der gegenwärtigen Phase nicht effektiv arbeitenden Unternehmen und Organisationen sowie die nach wie vor nur bedingte Funktionsfähigkeit von Verwaltungen machen darüber hinaus deutlich, daß die im Unternehmen vorhandenen Kompetenzen der Individuen nicht summarisch gleichgesetzt können mit einer notwendigen Kompetenz auf Organisationsebene. In einem erfolgreichen Unternehmen kann jedoch die Gesamtheit organisationaler Kompetenz größer sein als die Summe von Individualkompetenzen. Somit steht das Problem, organisationales Lernen wirksamer zu gestalten. Wie dies geschehen kann und wie entsprechend Hilfen entwickelt werden können, ist noch wenig bekannt. Hier ist ein Suchprozeß im Gange, um neue Strukturen aufzubauen, die der Komplexität gerecht werden. Diese können nur in der Kombination von organisierter Weiterbildung, Lernen im Prozeß der Arbeit und anderer gezielter Instrumente der Personal- und Organisationsentwicklung gefunden werden. Der vielfach postulierte notwendige Zusammenhang zwischen Sachkapitalinvestition und Humankapitalinvestition kann anders nicht sinnvoll realisiert werden.

Mit zunehmender Bedeutung des Lernortes Betrieb und des Lernens im Prozeß der Arbeit im Transformationsprozeß verschärft sich das Problem für diejenigen, die längerfristig von Erwerbsarbeit ausgeschlossen sind. Gerade für ostdeutsche Bürger war Arbeitslosigkeit ein bislang kaum bekanntes Phänomen, so daß Bewältigungsstrategien erst entwickelt werden müssen. Eine zusätzliche politische Brisanz erhält das Arbeitslosenproblem dadurch, daß für viele die Hoffnung auf einen Wiedereinstieg in das Erwerbsleben schwindet, trotz hoher vorhandener Qualifikationspotentiale. Auch für diese Gruppe müssen Möglichkeiten für Kompetenzentwicklung geschaffen werden, die hier eine zusätzliche Funktion im Sinne eine Befähigung zur selbstverantworteten Gestaltung neuer individueller Berufs- und Lebenskonzepte erhält. Das schließt auch eine soziale Integration außerhalb von Feldern der traditionellen Erwerbsarbeit ein. Für diese Aufgaben sind komplexere Strukturen gefordert als sie die bisher praktizierte kursale Weiterbildung zu leisten vermag. Ein Zusammenwirken von organisierter Weiterbildung mit bereits vielfältig praktizierter Projektarbeit bieten hier Lösungsansätze. Isolierte Einzelmaßnahmen, die sich auf traditionelle Arbeitsweisen begrenzen, können hier nur begrenzt die notwendige Entwicklung von Qualifikationspotential bewirken. Das Zusammenwirken von Sozialarbeit, Erwachsenenbildung und anderen kommunalen kulturellen Aktivitäten bedarf deshalb neuer Organisationsformen.
Angesichts der Komplexität dieser Aufgaben sind insgesamt neue Lösungen gefragt. Mit der Forderung, berufliche Weiterbildung weitaus stärker als ganzheitliche Kom-

Memorandum

petenzentwicklung zu begreifen und in der Praxis umzusetzen, soll der künftige Entwicklungsweg aufgezeigt werden. Die Zukunftserfordernisse in Wirtschaft und Gesellschaft der Bundesrepublik machen dies zwingend erforderlich, da Kompetenz einen entscheidenden Standortfaktor darstellt. Die Aufgabe der Anpassung von Qualifikationsstrukturen bot die Chance, die aus den alten Bundesländern übernommenen Weiterbildungsstrukturen unter Effizienzgesichtspunkten zu überprüfen. Eine Modernisierung ist überfällig. Neue Wege zu erproben und Veränderungsprozesse zu gestalten, bleibt Zukunftsaufgabe.

II Analysen, Entwicklungen, Perspektiven

Zusammenfassende Thesen

1 Der neue Stellenwert betrieblicher Personal- und Organisationsentwicklung

1.1 Die Beziehungen der Unternehmen zu ihrem wirtschaftlichen, sozialen und politischen Umfeld unterliegen einem deutlichen Wandel. Sie werden geprägt von einem veränderten Arbeitsmarkt und Rationalisierungspotential, von einem Wertewandel sowie einer Änderung der Arbeitskultur. Dies gilt in besonderem Maße für die neuen Länder. Die daraus resultierenden neuen Anforderungen an die Unternehmen stellen erhöhte Ansprüche an ganzheitliche Handlungskompetenz ihrer Mitarbeiter. Damit stehen die Betriebe vor der Aufgabe, innerbetriebliche Lernstrukturen zu entwickeln, die diesen Lernanforderungen gerecht werden.

1.2 Aufgrund der komplexen Lernanforderungen im Transformationsprozeß stellt die Vision der lernenden Organisation eine Zielsetzung dar, die auf die Herausforderungen der Zukunft eine Antwort geben kann. Hier bedarf es entsprechender Modelle. Dafür sind erhebliche Forschungs- und Entwicklungsarbeiten nötig.

1.3 Der wirtschaftliche Umstrukturierungsprozeß ist ohne gezielte Personal- und Organisationsentwicklung in den Unternehmen der neuen Länder nicht zu bewältigen. Gerade die im Auf- und Umbruch befindlichen ostdeutschen Unternehmen eröffnen Chancen für die Entwicklung und Erprobung neuer Konzepte betrieblicher Personalentwicklung. Diese Chancen sind zu nutzen und wissenschaftlich zu begleiten. Der dafür erforderliche finanzielle Aufwand der Unternehmen bedarf öffentlicher Subventionen. Der Transformationsprozeß hat unverkennbar deutlich gemacht, daß in Umbruchsituationen Hilfen für Investitionen in das Humankapital den gleichen Rang haben wie Investitionshilfen für das Sachkapital. Diese Hilfen sind für einen begrenzten Zeitraum erforderlich und betriebsspezifisch zu differenzieren. Die in den alten Ländern bislang weitgehende Tabuisierung von direkten staatlichen Investitionshilfen in das betriebliche Humankapital entspricht nicht den Zeiterfordernissen.

1.4 Für die Kompetenzentwicklung in kleinen und mittleren Betrieben der neuen Bundesländer sind spezifische Netzwerke zu entwickeln, die Beratung, Lernen im Prozeß der Arbeit und externe Weiterbildungsformen miteinander verbinden.

1.5 Die Bewältigung des Transformationsprozesses in Ostdeutschland hängt unmittelbar mit der Gründung neuer Unternehmen zusammen. Dafür sind Existenzgründer

Memorandum

nötig, die neben geeignetem Fachwissen vor allem über spezielle Fähigkeiten und Persönlichkeitseigenschaften verfügen. Um Gründungswillige auf ihrem Weg in die Selbständigkeit und in der Aufbauphase ihres Unternehmens zu unterstützen, müssen neue Wege gefunden werden. So sind traditionelle Weiterbildungsformen erfahrungsgemäß vorrangig nur für den Einstieg in die Gründerpraxis geeignet. Eine ganzheitliche und kontinuierliche Kompetenzentwicklung von Gründern ist eher durch Formen der qualifikatorischen Begleitung und Beratung gegeben. Hier sind vorhandene Erfahrungen aufzuarbeiten und weitere Entwicklungsarbeiten zu fördern.

1.6 Zur Bewältigung von Gestaltungs- und Veränderungsprozessen in Unternehmen sind für Führungskräfte moderne Trainingsverfahren sowie neue Formen der Kompetenzentwicklung erforderlich. Sie müssen eine stärkere Verknüpfung betrieblicher Lernprozesse mit außerbetrieblichen Formen einschließen. Hier besteht weiterhin ein erheblicher Forschungs- und Entwicklungsbedarf.

1.7 Aus der besonderen Anforderung an Personalentwicklung in den neuen Bundesländern resultiert ein erheblicher Qualifizierungsbedarf für personalverantwortliche Führungskräfte. Dafür sind entsprechende Qualifizierungsmodelle und Strategien zu entwickeln. Gleiches gilt für Betriebsräte, damit sie ihre Mitwirkungs- und Mitbestimmungsrechte konstruktiv in den Transformationsprozeß einbringen können.

2 Funktionsveränderungen im Markt beruflicher Weiterbildung

2.1 Das Ordnungsprinzip Markt hat sich beim Aufbau neuer Strukturen für die berufliche Weiterbildung – auch unter den Belastungen des Transformationsprozesses – prinzipiell als hinreichend flexibel und leistungsfähig erwiesen. Kritik an den Weiterbildungsangeboten ist auf fehlende beziehungsweise wenig effiziente Rahmenbedingungen sowie die besonderen aktuellen Umstände zurückzuführen. Ordnungspolitisch besteht Handlungsbedarf, um Wettbewerbsverzerrungen zwischen staatlichen und nicht staatlichen Anbietern zu beseitigen. Die notwendige Infrastruktur ist auszugestalten, die Finanzierung beruflicher Weiterbildung unter Effizienzgesichtspunkten zu überprüfen.

2.2 Wirtschaftliche Strukturbrüche gehen einher mit weitgehenden Veränderungen der beruflichen Kompetenz. Deshalb müssen bildungspolitische Maßnahmen speziell im Weiterbildungsbereich stärker in regionale wirtschafts-, sozial- und arbeitsmarktpolitische Entwicklungsprozesse eingebunden werden. Dem Aufbau regionaler Netzwerke, die verschiedenartige Politikbereiche miteinander verknüpfen, kommt damit ein zunehmend höherer Stellenwert zu. Die Lösung der damit verbundenen Probleme, für die der Staat Verantwortung trägt, bedarf der öffentlichen Förderung sowie weiterführender Forschungsarbeiten.

2.3 Im Rahmen einer sich ausdifferenzierenden Weiterbildungslandschaft gewinnen Transparenz und Weiterbildungsberatung gerade im Transformationsprozeß immer mehr an Bedeutung. Dies gilt für individuelle Weiterbildungsberatung, die insbesondere für Arbeitslose immer stärker zur umfassenden Lebensberatung wird. Ebenso trifft dies für die institutionelle und betriebliche Beratung zu, die auf vielfältige Informationen über das regionale Umfeld angewiesen sind. Diesen Anforderungen an Beratungsinstitutionen und Berater, sollte durch veränderte Finanzierungsmodelle Rechnung getragen werden.

2.4 Qualitätssicherung in der Weiterbildung ist eine komplexe Aufgabenstellung, die sowohl der öffentlich-rechtlichen Einflußnahme (Gesetze, Regelungen) bedarf, als auch der eigenverantworteten Aktivitäten von Anbietern und Weiterbildungsnehmern. Für eine weitere Qualitätserhöhung sollten u. a. Qualitätsstandards weiterentwickelt werden, die stärker den fachbezogenen Charakter von Maßnahmen berücksichtigen. Ebenso kann die Implementierung von Qualitätsmanagementsystemen, die auch auf Erfahrungen des produktiven Bereiches zurückgreifen, zur Verbesserung der Qualitätsfähigkeit von Weiterbildungsträgern beitragen. Hier besteht ein intensiver Forschungs- und Entwicklungsbedarf.

3 Veränderte Lehr- und Lernformen

3.1 Gravierende Änderungsprozesse in Wirtschaft und Gesellschaft erfordern eine Neuorientierung in der Weiterbildung, die sich weitaus stärker auf die Ausprägung einer allseitigen Handlungskompetenz in der Einheit von Fach-, Methoden- und Sozialkompetenz orientieren muß. Dies schließt die Suche nach neuen bzw. veränderten Lehr- und Lernformen, nach neuen Mitteln und Modellen ein. Mit Hilfe solcher Modelle sind künftig nicht nur Qualifikationen für definierte Bedürfnisse der Produktion bereitzustellen, sondern auch Qualifikationspotentiale zur Erschließung neuer Tätigkeitsfelder zu entwickeln.

3.2 Sowohl im betrieblichen als auch außerbetrieblichen Bereich kann Handlungskompetenz im besonderen Maße durch die Verknüpfung von Arbeiten und Lernen ausgeprägt werden. Diese Verbindung verwirklicht sich in der Sozialisation durch Lernen, Leiten, Arbeiten und integriert Werte, Verhaltensweisen, Erfahrungen und Wissen in einer Arbeitskultur. Projekte, die als spezifische Lernstrukturen das produktive Lernen, den Gruppentransfer und das Erfahrungslernen unterstützen, müssen traditionelle Weiterbildung ergänzen. Ebenso sind Weiterbildungsmodelle erforderlich, die Reflexions- und Selbstreflexionslernen ermöglichen. Die hier vorhandenen Ansätze sind unter Berücksichtigung der neuen Bedingungen und Erfordernisse weiterzuentwickeln.

3.3 Das soziale Umfeld als Lernfeld bietet dem Individuum einen wesentlichen Gestaltungs- und Optionsraum für neue Handlungsmöglichkeiten und Identifikationen im Alltag und in der Umwelt. Das Lehren und Lernen im sozialen Umfeld hat vielfältige neue Strukturen hervorgebracht, zu denen in besonderem Maße auch Vereine mit Mehrfachfunktionen gehören. Ebenso sind kommunale Projekte, Gemeinschaften, Beratungszentren stärker als Lernstätten zu begreifen und ihre Möglichkeiten für Kompetenz-entwicklungsprozesse zielgerichteter zu nutzen. Hier sind u. a. die Kommunen gefordert, eine geeignete Infrastruktur weiter auszubauen und ihrer sozialen Funktion für Kompetenzentwicklung als eine originäre kommunale Aufgabe stärker

Memorandum

nachzukommen, die sich in der Bereitstellung materieller und finanzieller Mittel ebenso niederschlagen sollte wie in konzeptionellen Arbeiten.

3.4 Die Veränderungen in den didaktischen Lehr- und Lernformen sind vor allem durch erweiterte Selbst- und Mitbestimmungsmöglichkeiten der Teilnehmer, Modifizierung der pädagogischen Führung, Selbstorganisation des Lernens, individuelle Differenzierung der Aneignungsprozesse und die Reflexivität der Akteure charakterisiert. Insofern wird sich ein „Entschulungsprozeß" der Weiterbildung langfristig als dominierende Tendenz erweisen. Dabei wird diese Veränderung keinesfalls durch ein Ablösen von traditionellen durch moderne didaktische Formen charakterisiert, sondern durch Übergangsprozesse zwischen beiden. Eine solche Entwicklung fordert mehr pädagogische Führungskompetenz der Lehrenden. Sie gründet sich stärker auf Konzipierung und Vorplanung, auf Beratung und soziale Unterstützung sowie auf die Steuerung von Selbstlernprozessen. Dieser Anspruch stellt neue Anforderungen an die Qualifikation der Weiterbildner.

4 Die neue Aufgabe
Potentialsicherung Arbeitsloser

4.1 Erfahrungen des Transformationsprozesses haben gezeigt, daß Arbeitslosigkeit nicht allein mit individuellen Defiziten begründet und auf bisher bekannte Problemgruppen des Arbeitsmarktes reduziert werden kann. So hat sich eine neue soziale Gruppe Arbeitsloser herausgebildet mit einer noch vorhandenen, mitunter recht ausgeprägten Lern- und Arbeitsmotivation sowie einem recht hohen Qualifikationspotential. Dieses Potential nicht verfallen zu lassen und in die Veränderungsprozesse einzubeziehen, liegt sowohl im individuellen als auch gesellschaftlichen Interesse und trägt letztlich zur Stabilität einer sozialen Marktwirtschaft bei. Dafür sind sehr differenzierte und zielgruppenspezifische Konzepte, Modelle und Strategien für Kompetenzentwicklung gefragt. Es sind veränderte Rahmenbedingungen und Förderinstrumentarien notwendig, die u. a. stärker zielgruppenbezogen sind und vorrangig realistische Chancen für einen Wiedereinstieg in Erwerbsarbeit fördern. Auch aus dieser Sicht sollte eine Entkopplung von Sozial- und Arbeitsmarktpolitik erfolgen.

4.2 Entwicklung von Sozial- und Methodenkompetenz Arbeitsloser ist ebenso wie bei Erwerbstätigen am ehesten durch die Verbindung von Arbeiten und Lernen zu realisieren. Deshalb sind Modelle weiterzuentwickeln, die eine solche Verknüpfung auch außerhalb traditioneller Felder für Erwerbsarbeit ermöglichen. Entsprechende Modellansätze und Instrumentarien wie z. B. Praktikumsformen, Projekte, ABS-Gesellschaften oder „Soziale Betriebe" sollten aufgrund vorliegender Erfahrungen weiter ausgestaltet werden. Dabei ist es unumgänglich, den Weg vom „zweiten Arbeitsmarkt" zum „ersten Arbeitsmarkt" weiter zu öffnen.

4.3 Die traditionellen Formen der Anpassungsfortbildung und Umschulung sowie Modelle zur Verknüpfung von Arbeiten und Lernen bedürfen der Erweiterung. Dabei sind vielfältige Kombinationen zwischen organisierten, nichtinstitutionalisierten und selbstorganisierten Lernformen im Rahmen von Vereinen, Selbsthilfegruppen, kultu-

rellen Orten u. a. denkbar. Auch traditionelle kommunale Erwachsenenbildungsträger sollten hierbei ihr Selbstverständnis prüfen. Dabei ist der Frage nachzugehen, wie die in derartigen Organisationen entwickelten Fähigkeiten einen Wiedereinstieg in Erwerbsarbeit unterstützen können. Es ist zu berücksichtigen, daß eine gesellschaftliche Integration Arbeitsloser nur im Kontext regionaler Strukturentwicklung erfolgen kann. Hierzu sollten regionale Netzwerke auf- und ausgebaut werden, die eine Integration von Wirtschafts-, Arbeitsmarkt- und Bildungspolitik fördern.

5 Transformation international

5.1 Der Transformationsprozeß in den neuen Bundesländern nimmt im internationalen Vergleich eine Sonderrolle ein: Er wurde vorrangig extern durch die Übernahme westdeutscher Rahmenbedingungen gesteuert, durch enormen Kapitaltransfer gefördert und verlief im Zeitraffertempo. Auf Grund der in den mittel- und osteuropäischen Staaten sehr unterschiedlich verlaufenden Transformationsprozesse können ostdeutsche Erfahrungen nur bedingt und sehr differenziert genutzt werden.

5.2 Gemeinsamkeiten des Wandlungsprozesses sind im Übergang von der zentralen wirtschaftlichen Steuerung zur dezentralen Selbstorganisation begründet. Von diesem Übergang sind alle Bereiche des wirtschaftlichen und gesellschaftlichen Lebens betroffen. Hier ergeben sich weitreichende Konsequenzen für die Veränderung der Bildungsstrukturen in Ost- und Westeuropa.

5.3 Angesichts der Unterschiedlichkeiten und strukturellen Gemeinsamkeiten ist der internationale Erfahrungsaustausch zu intensivieren und kontinuierlich auszugestalten. Für deutsche Hilfe in den Ländern Mittel- und Osteuropas ist der Schwerpunkt vor allem darauf zu richten, vielfältige Formen der Kommunikation und Moderation von Erfahrungsaustausch vor Ort zu initiieren und im Sinne einer Hilfe zur Selbsthilfe die Partner in Vorbereitungs- und Entwicklungsphasen von Projekten verstärkt einzubinden.

Memorandum

1 Der neue Stellenwert betrieblicher Personal- und Organisationsentwicklung

1.1 Veränderte Anforderungen an Unternehmen und Einrichtungen

Gegenwärtig verändern neue Rahmenbedingungen das wirtschaftliche, soziale und politische Umfeld von Unternehmen und Einrichtungen. Sie sind gekennzeichnet u. a. von erhöhten Anforderungen an Qualität, Terminsicherheit, Kundenspezifikation und Umweltverträglichkeit von Erzeugnissen und/oder Leistungen, von einem Rationalisierungspotential der auf Mikroelektronik beruhenden Informationstechnologien und einem veränderten Arbeitsmarkt ebenso wie von einem Wertewandel, in dem Berufstätigkeit nach wie vor einen wichtigen Stellenwert einnimmt.

Diese Forderungen treffen auf Unternehmen, deren Aufbau- und Ablauforganisationen auf die Massenfertigung und auf relativ unkritische Erzeugermärkte ausgerichtet sind. Sie haben in den vergangenen Jahrzehnten die Arbeitsgestaltung der technischen Ausstattung angepaßt und die Arbeitsaufgaben so spezialisiert, daß getrennt geplant, realisiert und kontrolliert wird. Zugleich wurden qualifikations- und kompetenzerweiternde und lernförderliche Arbeitsanforderungen an Stabsstellen delegiert, die Produktdistanz der Mitarbeiter wurde immer weiter vergrößert. Im Ergebnis dieser tayloristischen Arbeitsgestaltung, die für die Mehrzahl der Unternehmen und Einrichtungen in der alten Bundesrepublik und in der DDR gleichermaßen kennzeichnend war, wurden der Entwicklung von Methoden-, Sozial- und Mitwirkungskompetenz der Belegschaft relativ enge Grenzen gesetzt.

Zur erfolgreichen Bewältigung der neuen Anforderungen haben nicht wenige Unternehmen bereits teilautonome Arbeitsbereiche geschaffen, die sich kontinuierlich und qualifizierend weiterentwickeln, die technologisch sinnvoll abgegrenzte und produktnahe „Kernaufgaben" unter Integration von zumindest einfacheren Instandhaltungen planen, realisieren, kontrollieren und die zu anderen betriebsinternen und -externen Bereichen Kunden-Lieferanten-Beziehungen herstellen.

So konnten Hierarchieebenen abgebaut, Vorgesetzte von Steuerungs- und Kontrollaufgaben entlastet und freiwerdende Managementkapazitäten genutzt werden. Im Ergebnis entstanden Organisationen mit lernenden Belegschaften und wesentlich mehr Kontakten zur Organisationsumwelt.

Die damit verbundenen neuen oder höheren Anforderungen an die Qualifikation und Kompetenz der Mitarbeiter in erfolgreichen Unternehmen können wie folgt beschrieben werden:[1]

Fachkompetenz

Die Lösung mehrerer Einzelaufgaben im Bereich erfordert vom Mitarbeiter Kenntnisse, Fertigkeiten und Fähigkeiten, die zum Bedienen oder Überwachen von mehreren Arbeitsmitteln (einschließlich Computersteuerungen) und zum Be- oder Verarbeiten der Arbeitsgegenstände erforderlich sind.

---

[1] Vgl.: Bunk: Kompetenzvermittlung in der beruflichen Aus- und Weiterbildung in Deutschland. Europäische Zeitschrift Berufsbildung, 1/94

Aus der Integration von arbeitsvorbereitenden Teilaufgaben in die teilautonome Gruppe erwachsen in der Regel neue Anforderungen an die erforderlichen Kenntnisse, Fertigkeiten und Fähigkeiten der Fertigungs- und Arbeitsplanung sowie der Fertigungssteuerung und -abrechnung, der Gestaltung von Arbeitszeitmodellen und Entgeltsystemen sowie der Logistik.
Aus der Delegation bestimmter personalwirtschaftlicher Aufgaben in die teilautonome Gruppe werden arbeits- und tarifrechtliche Kenntnisse erforderlich.
Im Rahmen von betriebsinternen und -externen Kunden- und Lieferantenbeziehungen werden ein Überblickswissen im Vertragsrecht und Kenntnisse der jeweiligen Organisationsumwelt notwendig.
Es müssen einzelne betriebswirtschaftliche Qualifikationen (z. B. Kenntnisse über Budgetierung, Planung, Controlling) neu erworben oder erweitert werden.

Im Rahmen der Selbstorganisation des Lernens in den Gruppen sind Grundkenntnisse über Inhalt und Methodik von Lernprozessen unentbehrlich.

Methodenkompetenz

Die Vervollständigung der Arbeitsaufgaben mit Planungs- und Kontrollaufgaben sowie die selbständige Störungsdiagnose und Störungsbehebung in technischen und organisatorischen Störsituationen bewirken spezielle kognitive Anforderungen (Planen, Abstrahieren, Auflösung von Komplexität, variable Arbeitsverfahren etc.), d. h. sie erfordern erweiterte Fähigkeiten, Probleme zu strukturieren und die entsprechenden Lösungswege mit den dafür geeigneten Hilfsmitteln zu finden.

Sozialkompetenz

Höhere Anforderungen werden an Fähigkeiten zum sozialen Handeln gestellt sowie an Verantwortung z. B. für das gemeinsame Arbeitsergebnis, für den Gesundheits- und Arbeitsschutz und für die Arbeitszufriedenheit im Betrieb. Dies setzt eine hohe Leistungsbereitschaft voraus. Darüber hinaus sind Qualifikationen und Kompetenzen im Konfliktmanagement gefragt sowie Fairneß, Aufrichtigkeit und Hilfsbereitschaft.

Veränderungskompetenz

Die Gestaltung bzw. Optimierung von Personaleinsatz, Arbeitsplatz, Arbeitsbereich und Arbeitsumwelt erfordert Kenntnisse z. B. über Grundlagen und Methoden der Arbeitsanalyse, über Arbeits- und Betriebsstättengestaltung sowie über Projektmanagement. Da Veränderungen im allgemeinen langwierig und konfliktreich sind, werden u. a. auch Ausdauer, Überzeugungs- und Führungsfähigkeit benötigen.
Diese dargestellten Veränderungsprozesse mit den daraus abgeleiteten Anforderungen stellen sich in gleicher Weise für Unternehmen in den westlichen Industriestaaten wie in den osteuropäischen Reformstaaten. Die Veränderungen wirken sich unter den Transformationsbedingungen besonders gravierend aus. Dies gilt für Ostdeutschland z. B. bei den Bemühungen, auf den begrenzten und aufgeteilten westdeutschen und westeuropäischen Märkten Fuß zu fassen.
Während Unternehmen der alten Bundesländer sich auf langjährig stabile Lieferanten- und Kundenbeziehungen stützen können, existieren für die jungen ostdeutschen Betriebe turbulente Unternehmens-Umwelt-Beziehungen.

Memorandum

1.2 Die lernende Organisation als Antwort auf die Herausforderungen der Zukunft

Die lernende Organisation ist gegenwärtig noch eine vage Zielsetzung eines soziotechnischen Gestaltungskonzeptes in Unternehmen oder Einrichtungen. Im Gegensatz zu anderen Gestaltungskonzepten wie „Taylorismus", „Fordismus", „Job Enrichment" etc. sollen in diesem Gestaltungskonzept nicht einzelne Systemteile einer Unternehmung (technisches System, soziales System) getrennt, sondern verknüpft (komplementär) optimiert werden. Es wird erwartet, daß mit Hilfe dieses Gestaltungsprinzips den Anforderungen aus veränderten Märkten, Technikentwicklung und Werteveränderungen erfolgreich entsprochen werden kann.[2]

Unternehmen und Einrichtungen als lernende Organisationen sollten nach heutigen Erkenntnissen folgende Bedingungen erfüllen:[3]

Die Gestaltung von Unternehmenskultur, -philosophie und -strategie sowie deren Realisierung, Bewertung und Verbesserung sind bewußt als Lernprozesse strukturiert;

- die Mitarbeiter der Organisation nehmen auf breiter Basis an der Diskussion über Organisationskultur, -philosophie und -strategie teil und identifizieren sich damit;
- Einzelpersonen, Gruppen, Abteilungen und Firmenbereiche tauschen neben Waren und Dienstleistungen auch Informationen hinsichtlich ihrer Erwartungen aus und ermöglichen die Rückkopplung von Informationen, um damit den Lernprozeß zu fördern;
- Mitglieder der Organisation transferieren ihr Know-how und lernen gemeinsam mit Kunden und Lieferanten;
- die Unternehmenskultur und der Führungsstil innerhalb der Organisation begünstigen Experimente sowie ein Lernen und Entwickeln aus Erfolgen und Fehlschlägen.

Als ein inhaltlich und methodisch erfolgversprechender Interventionsansatz mit dem Ziel der Entwicklung von Arbeitsgruppen und Unternehmensbereichen zu lernenden Organisationen ist vor allem die „qualifizierende Arbeitsgestaltung" zu nennen.

Ergebnis bzw. Ziel dieses Analyse- und Gestaltungskonzepts ist die Selbstregulierung in Arbeitsgruppen, d. h. Gruppen haben die Mittel und entwickeln die Kompetenzen zur Problemlösung am Entstehungsort. Vorgesetzte fördern durch Beratung die Selbststeuerung. Eine umfassende Strategie der Qualifikationsentwicklung der Beschäftigten wird demzufolge eine grundlegende Veränderung bestehender Arbeitsgestaltungsprinzipien beinhalten.[4]

---

[2] Frei; Hugentobler; Alioth; Duell; Ruch: Die kompetente Organisation: Qualifizierende Arbeitsgestaltung – die europäische Alternative. Stuttgart 1993

[3] Pedler; Boydell; Burgoyne: Auf dem Weg zum Lernenden Unternehmen. In: Sattelberger: (Hrsg.): Die Lernende Organisation. Gabler 1991

[4] Duell; Frei; Alioth; Baitsch; Ulich: Leitfaden für qualifizierende Arbeitsgestaltung. TÜV-Rheinland, Köln 1986
Duell; Frei: Arbeit gestalten – Mitarbeiter beteiligen: Eine Heuristik qualifizierender Arbeitsgestaltung. Frankfurt/M. 1986.
Frei; Hugentobler; Alioth; Duell; Ruch: Die kompetente Organisation: Qualifizierende Arbeitsgestaltung – die europäische Alternative. Stuttgart, Zürich 1993

Im Kontext von lernenden Organisationen, Lernen im Prozeß der Arbeit, organisationalem Lernen existiert gegenwärtig ein erheblicher Forschungsbedarf.[5]

1.3 Personalentwicklung als Defizitbereich in den Unternehmen

Die Herausbildung von lernenden Organisationen reicht mit Sicherheit über die traditionelle betriebliche Qualifizierung hinaus, die vorrangig auf Produkt- und Prozeßinnovationen reagiert.

Bisheriges Aufgabenverständnis war die durch das Management initiierte, möglichst schnelle, in einzelnen Fällen auch vorausschauende Anpassung von Qualifikationen an technische, organisatorische, wirtschaftliche und soziale Veränderungen unter den Leitgedanken „der richtige Mann am richtigen Platz" und „one best way" der Arbeitssystemgestaltung und -organisation. Hier zeichnet sich ein Paradigmenwechsel dahingehend ab, daß in der Zukunft erforderlich werdende lernende Organisationen Personal- und Organisationsentwicklung als Lernen im Prozeß der Arbeit im Rahmen der Verbesserung der Arbeitsgestaltung sehen. Organisationale Veränderungen können so nicht mehr losgelöst von Fragen der Arbeits- und Lebensqualität sowie der kontinuierlichen Förderung des individuellen und kollektiven Entwicklungs- und Qualifikationspotentials betrachtet werden.

Dieses Potential ist nicht nur für die unmittelbare Ausführung von Arbeitstätigkeiten von Bedeutung, sondern kann auch für die Problemlösung in anderen Lebensbereichen kreativ eingesetzt werden. „Überschußkompetenz", d. h. Qualifikationen, die über die für die Arbeitsausführung unmittelbar notwendigen Kompetenzen hinausgehen oder auch in anderen Lebensbereichen anwendbar sind, stellt nicht nur eine wichtige Quelle der Kreativität und Entwicklung für die Unternehmen oder Einrichtungen dar, sondern beeinflußt auch andere Bereiche sozialer Interaktionen. Sie bildet einen wichtigen Beitrag zum besseren wirtschaftlichen, politischen und sozialen Funktionieren des Gemeinwesens und der Gesellschaft.[6]

Aus diesen Gründen gewinnt Personal- und Organisationsentwicklung im Kontext der Entwicklung lernender Unternehmen gerade im Transformationsprozeß ihr außergewöhnliches Gewicht und ihre Doppelfunktion: Einerseits kann das Überleben der Unternehmen und Einrichtungen unter veränderten und komplizierteren Rahmenbedingungen gesichert werden und andererseits entwickeln die Unternehmensbelegschaften neben Kompetenzen zur Erhöhung ihrer beruflichen Eignung auch Handlungskompetenz zur Durchsetzung ihrer Interessen und Ziele in persönlichen oder beruflichen Konfliktsituationen wie z. B. Arbeitsplatzverlust etc.

Personalentwicklung versteht sich oftmals noch zu sehr als eine Summe von Einzelaktivitäten zur Anpassung vorhandener Qualifikationen an Qualifikationsanforderungen aus technisch oder wirtschaftlich optimierten Arbeitsorganisationen, einschließlich der kontinuierlichen Verbesserung von Produkt oder Produktivität im Rahmen von KAIZEN oder anderer, dem japanischen Management entlehnten Verbesserungsaktivitäten.

---

[5] Vgl. Frieling; Reuther: Lernen im Prozeß der Arbeit – Ein Konzept zu Forschungen im Bereich der betrieblichen Weiterbildung (unveröffentlicht), München 1993

[6] Frei; Hugentobler u.a.: a.a.O.

Memorandum

Eine auf diese Zielsetzung gerichtete Personalentwicklung ist im wesentlichen unter Nutzung unternehmensinterner Erfahrungen und Potentiale, des Fortbildungsangebotes von Kammern, Arbeitgeber- und Arbeitnehmereinrichtungen, privatwirtschaftlichen Anbietern und anderer Einrichtungen realisierbar und wird teilweise finanziell gefördert. Bestehen die Bedingungen eines Produzentenmarktes für das Unternehmen, sieht das Management allenfalls die Notwendigkeit, kosmetische Veränderungen zu initiieren (z.B. Job Enrichment).

Gänzlich andere Voraussetzungen bestehen für eine Personal- und Organisationsentwicklung mit der Zielsetzung von lernenden Organisationen. Hier existieren bisher nur wenige und zudem sehr betriebspezifische Lösungen wie z. B. bei Mettler Toledo in Albstadt.[7] Forschungsprojekte, mit deren Unterstützung sich Unternehmen in Kooperation mit Universitäten oder im Rahmen lokaler Verbundnetze in Richtung einer lernenden Organisation bewegen wollen (und aufgrund ihrer Marktanforderungen und inneren Situation wohl auch bewegen müssen) wurden bisher nur vereinzelt initiiert[8] und dürften nach ersten Analysen keinesfalls die Bedürfnisse der Wirtschaft und den erheblichen Forschungsbedarf decken.

Eine analytische Betrachtung von Lerninhalten, Lernorganisation und Lernebenen,[9] auf deren Grundlage die neuen Kompetenzen von Mitarbeitern im Kontext der lernenden Organisation erreicht werden können, weist auf bisher von der betrieblichen Personalentwicklung wenig favorisierte methodische und inhaltliche Formen hin. Dazu gehören u. a. Lernen im Prozeß der Arbeit durch eine der Qualifizierung angepaßte Aufgabengestaltung, Projektarbeit zur sozio-technischen Optimierung des Arbeitssystems und eine Rekrutierung und Qualifizierung von Trainern aus der Belegschaft oder Lernen von bzw. mit Kunden und Lieferanten, Beratungseinrichtungen in Unternehmensverbänden u. a. m. Da in den Unternehmen Ostdeutschlands Potentiale der Personal- und Organisationsentwicklung abgebaut wurden, um kurzfristig kostenseitig konkurrenzfähig zu werden, sind vor allem dort wirksame Unterstützungen bei der Entwicklung von Kompetenz für eine integrierte Personal- und Organisationsentwicklung und für die wissenschaftliche Begleitforschung durch Bund und Länder erforderlich (dringend auch vor dem Hintergrund auslaufender Kreditvergünstigungen).

Dies ist um so dringender, da die im Auf- und Umbruch befindlichen ostdeutschen Unternehmen und Organisationen und ihre Bereitschaft zur Veränderung die größten Chancen zur Planung moderner soziotechnischer Arbeits- und Organisationskonzepte sowie neuer Lehr- und Lernformen bieten.

1.4 Spezifika kleiner und mittlerer Unternehmen

In den neuen Ländern entstanden und entstehen durch die Privatisierung, Dezentralisierung und Entflechtung der Wirtschaft eine Vielzahl von kleineren und mittleren

---

[7] Tikart: Wettbewerbsvorteile durch Produktivität und Qualität. In: Arbeit und Technik in den neuen Bundesländern (Beiträge zu den Bad Schandauer Innovationsgesprächen 1995) Berlin 1995

[8] Vgl. QUEM: Programm betriebliche Personal- und Organisationsentwicklung im Transformationsprozeß. Berlin 1994

[9] s. Anhang, S. 460

Unternehmen. Ein ähnlicher Trend zu schrumpfenden Betriebsgrößen ist aufgrund der Konzentration großer Unternehmen auf ihr eigentliches Kerngeschäft in den alten Bundesländern zu verzeichnen.

Für kleine und mittlere Unternehmen gelten eine Reihe von Charakteristika, die eine Integration von Personal- und Organisationsentwicklung hemmen:[10]

- Wenig ausgeprägte mittel- und langfristige Unternehmensplanung;
- fehlende Potentiale der Erzeugnis-, Verfahrens- und Personalentwicklung,
- geringe finanzielle Spielräume und Finanzreserven,
- Probleme bei der Freistellung von Mitarbeitern für Bildungsmaßnahmen.

Andererseits sind kleine und mittlere Unternehmen auch aufgrund übersichtlicher Organisationsstrukturen und der geringen Produktdistanz der Beschäftigten oft weitaus flexibler als komplexere Organisationen. Die Arbeitsaufgaben sind weniger spezialisiert als in den auf Massenfertigung orientierten größeren Betrieben. Unterstützung benötigen kleinere und mittlere Unternehmen bei der Entwicklung von Unternehmensstrategien, konkurrenzfähigen Produkten oder Leistungen, dem Aufbau von überbetrieblichen Netzwerken oder Verbunden von Unternehmen, Forschungseinrichtungen, Universitäten und/oder regionalen arbeitswissenschaftlichen Instituten oder Qualifizierungszentren.

Auch hier wird eine Entwicklung hin zu lernenden Organisationen dringlich. Können sich größere Unternehmen in diesem Kontext noch mit teilweise erheblichen finanziellen Aufwendungen qualifizierte Berater der Organisationsentwicklung einkaufen, fehlen den Kleinbetrieben in der Regel dazu die Mittel.

Die Initiierung von Veränderungen durch Kompetenzentwicklung in Klein- und Mittelbetrieben wird weniger durch die qualifizierende Arbeitsgestaltung in Arbeitsbereichen mit teilautonomen Gruppen, sondern mehr themenbezogen erfolgen müssen, z. B. Projektarbeit im Rahmen des Qualitätsmanagements, der Vorbereitung und Einführung rechnergestützter Produktionsplanungs- und -steuersystemen, der Erzeugnisentwicklung u. a. m.

Hat die soziotechnische Arbeitsgestaltung in größeren Unternehmen auch die Reduzierung von Hierarchieebenen zur Folge, stehen nach ersten Erfahrungen Klein- und Mittelbetriebe vor der Aufgabe, dauerhaftere und teilweise überbetriebliche Projektstrukturen in ihrer Organisation zu verankern.

1.5 Kompetenzentwicklung für eine neue Selbständigkeit

Ein neuer qualitativer Anspruch an Kompetenzentwicklung im Transformationsprozeß resultiert aus den geöffneten Handlungsräumen für das Individuum. Wurden im planwirtschaftlichen und zentral geleiteten System der DDR Kompetenzen eher für eine zweckerfüllende Funktion entwickelt bei von außen vorgegebenen bzw. gesetzten Handlungsräumen und -zielen, steht jetzt der Anspruch, solche Zwecke selbst zu setzen und Handlungsräume nicht nur auszugestalten, sondern selbst zu bestimmen.

---

[10] Weiß u.a.: Innerbetriebliche Notwendigkeiten und Möglichkeiten zur Qualifizierung aus Unternehmenssicht. QUEM-report, Heft 7/Teil 1, Berlin 1993

Memorandum

Hieraus entsteht eine neue Aufgabe für Kompetenzentwicklung. Sie schließt die Befähigung zur Risikobewältigung ebenso ein wie die Entwicklung von Problemlösefähigkeite und die erhöhte Wahrnehmung von Eigenverantwortung für Lebens- und Berufsverläufe. Eine neue Selbständigkeit ist gefordert.
In spezieller Weise steht die Forderung an Selbständigkeit vor den Existenzgründern. Gerade Unternehmensgründungen nehmen – auch unter beschäftigungspolitischen Gesichtspunkten – eine Schlüsselrolle im Strukturwandel ein: Von ihnen gehen innovative Impulse für die Neuorientierung von Regionen und ganzer Branchen aus. Die Bewältigung des Transformationsprozesses in Ostdeutschland hängt also unmittelbar mit der Gründung neuer Unternehmen zusammen. Fördermaßnahmen zur Existenzgründung orientieren sich dabei vorrangig an theoretischen Ansätzen und empirischen Erfahrungen westlicher Volkswirtschaften. Es werden vor allem traditionelle Instrumente der Wirtschaftsförderung eingesetzt, flankierend auch das Instrumentarium des AFG, um Existenzgründungen aus der Arbeitslosigkeit heraus zu unterstützen.[11]
Für den Umstrukturierungsprozeß in Ostdeutschland erhebt sich jedoch die Frage, welche Unterstützungen neben der Gewährung von Fördermitteln und dem Niedrighalten von Eintrittsbarrieren in die Selbständigkeit notwendig sind – vor allem welcher Inhalte und Formen der Weiterbildung ein Existenzgründer in den neuen Bundesländern bedarf, um unter marktwirtschaftlichen Bedingungen im direkten Wortsinn „selbständig zu sein". Voraussetzung für Unternehmensgründungen ist, daß Menschen bereit und fähig sind, ein Unternehmen aufzubauen und die damit verbundenen Risiken zu übernehmen. Die Ausgangssituation in Ostdeutschland scheint günstig für eine weitere Gründungswelle. Das Gründungspotential ist quantitativ und qualitativ hoch:

- Die hohe Arbeitslosigkeit verstärkt den Druck zur Suche nach Alternativen zur abhängigen Beschäftigung,
- die aus Unternehmen freigesetzten Mitarbeiter suchen nach Möglichkeiten, ihre erworbenen Kompetenzen zu verwerten,
- gut ausgebildete junge Menschen drängen auf den Arbeitsmarkt, ohne adäquate Beschäftigungsmöglichkeiten zu finden.

Leidensdruck allein ist jedoch kein hinreichendes Kriterium für den Entschluß zur Existenzgründung. Der Schritt in die Selbständigkeit und der Aufbau eines Unternehmens setzen Motivation, Risikobereitschaft und Kompetenz voraus.

Untersuchungen zum Weiterbildungsbedarf bzw. zu Möglichkeiten der Qualifikation von Existenzgründern machten u. a. deutlich, daß traditionelle Weiterbildungsformen nur für den Einstieg in die Gründerpraxis geeignet sind, während den ständig neuen Anforderungen an die Gründer eher mit Hilfe einer qualifikatorischen Begleitung begegnet werden kann[12]. Empirische Ergebnisse zeigen ferner, daß es keine bestimmten Fachqualifikationen gibt, die den Erfolg einer Gründung garantieren. Ein

---

[11] Vgl.: Büchel; Pannenberg: Neue Selbständigkeit in Ostdeutschland. In: Mitteilungen der Arbeitsmarkt- und Berufsforschung, 4/92, S. 544 – 552

[12] Staudt; Kriegesmann; Leuschner: Verbesserung der Weiterbildung von Führungs- und Fachkräften in den neuen Bundesländern. edition QUEM, Bd. 7 (im Druck)

wirtschaftswissenschaftliches oder Ingenieurstudium prädestinieren keineswegs den Weg in die erfolgreiche Selbständigkeit.[13]
Neben kaufmännischem Wissen, welches in Weiterbildungsseminaren erworben werden kann, ist es vor allem ein spezifisches Anpassungs- und Veränderungslernen in allen Bereichen des Strategie-, Finanz-, Organisations-, Personal-, Beschaffungs-, Produktions-, Vertriebs- und Selbstmanagements, welches erfolgreiche Jungunternehmer auszeichnet.[14] Um unternehmerisches Handeln zu fördern, bedarf es daher in erster Linie einer Unterstützung der Kompetenzentwicklung von Gründungswilligen, von Gründern und jungen Unternehmern. Formen wie Trainings, Coaching, begleitende Beratung und Erfahrungsaustausch ist dabei der Vorzug zu geben.

Damit derartige Bildungsmaßnahmen effektiv sind, müssen sie in das gründungsspezifische Umfeld eingebunden werden und förderliche Rahmenbedingungen erhalten bleiben.

Diesen Schlußfolgerungen für Qualifikationsbedarfe und Voraussetzungen für Existenzgründer stehen eine Vielzahl von Gründerseminaren gegenüber, die zunächst dazu beitragen, zugängliches Wissen zu vermitteln, einen Überblick über Anforderungen, Aufgaben etc. bei Unternehmensgründungen zu geben und somit einige Irrläufer frühzeitig zu stoppen. Es gelingt jedoch nicht, Erfahrungen aufzubauen und so den Prozeß der Unternehmensgründung wirksam zu unterstützen: Empirische Ergebnisse zeigen, daß für die Bewältigung der Probleme, die schon bei der Durchsetzung der ersten Gründungsschritte auftreten, Gründerseminare nicht ausreichen.[15]
Dazu kommt, daß in Ostdeutschland Erfahrungsfelder für den Aufbau von (Gründer-)Kompetenzen fehlen. Entsprechende Erfahrungen konnten in der Planwirtschaft kaum gesammelt werden. Zudem sind jetzt große Teile der Gründerpotentiale in Arbeitslosigkeit und haben keine Möglichkeit, am Arbeitsplatz gründungsfördernde Erfahrungen aufzubauen.
Das heißt, es müssen Wege gefunden werden, wie gründungswillige Menschen auch ohne entsprechende Erfahrungsfelder befähigt werden können, ein Unternehmen zu gründen und zu erhalten. Dabei reicht nicht der Rückgriff auf konfektionierte Muster aus, sondern es sind prozeßbegleitende Instrumente zu erarbeiten, die eine Kompetenzergänzung in den unterschiedlichen Gründungsphasen ermöglichen.
Kompetenzentwicklung reduziert sich jedoch nicht auf die Vermittlung von Wissen oder Erfahrung, sondern sie muß viel früher einsetzen. Reflektiert man die Vielschichtigkeit gründungsbestimmender Persönlichkeitsfaktoren, lassen sich zwei grundlegende Feststellungen ableiten:

- Nicht jede Person ist von ihrer persönlichen Disposition zum Unternehmensgründer geeignet;
- je nach Ausprägung der gründungsbestimmenden Persönlichkeitsfaktoren lassen sich sehr unterschiedliche Gründertypen ausmachen.

---

[13] Vgl.: Voß: Den Hund zum Jagen tragen. QUEM-Bulletin 11/95
[14] Vgl.: Voß: a.a.O
[15] Hartwig; Staudt; Bestel; Rahe: Unternehmensgründungen im Transformationsprozeß. In: Berichte aus der angewandten Innovationsforschung, No. 138, Bochum 1995

Memorandum

Das bedeutet, daß Kompetenzentwicklung für Unternehmensgründer
- sehr selektiv vorgehen muß, um Streuverluste zu vermeiden und die Potentiale zu aktivieren, bei denen mit einer erhöhten Wahrscheinlichkeit Gründungserfolg unterstellt werden kann und
- nach Gründertypen differenziert, d. h. nicht wie dies die gängige Praxis ist, objekt-, sondern subjektbezogen ausgerichtet sein muß, um den unterschiedlichen Kompetenzlücken zu entsprechen.

Ein umfassender Ansatz der Kompetenzentwicklung für Unternehmensgründer muß daher Selektions- und Segmentierungsmechanismen berücksichtigen. Deshalb ist es nützlich, sowohl aus Gründen des Verbraucherschutzes als auch aus Effizienzgründen für Existenzgründerlehrgänge Kriterien zu entwickeln, die u. a. die oben beschriebenen Erkenntnisse und Erfahrungen berücksichtigen.[16]

1.6 Kompetenzentwicklung der Führungskräfte

Qualifizierende Arbeitsgestaltungsprojekte zur Entwicklung soziotechnischer Arbeitssysteme verändern traditionelle Entscheidungsprozesse und Organisationsstrukturen auf allen Ebenen der Organisation. Davon betroffen sind vor allem die Führungskräfte, deren Aufgaben und Kompetenzen drastischen Veränderungen unterliegen:

- Die nach tayloristischen Prinzipien – insbesondere der Trennung von Planung und Ausführung – aufgebaute Fertigung betont die Kontrollfunktion der Vorgesetzten, insbesondere der Meister. Nicht mehr das Produkt (wie im Bereich des traditionellen Handwerks) steht im Vordergrund, sondern der störungsfreie Ablauf der Produktion, unabhängig vom Produktionsprogramm. Da teilautonome Gruppen einen großen Teil der früheren Vorgesetztenentscheidungen übernehmen, werden neue und ungewohnte Führungsrollen und -aufgaben die Arbeitsinhalte bestimmen.[17]

- In einer lernenden Organisation unterscheiden sich die Rollen der Führungskräfte dramatisch von jenen des charismatischen Entscheidungsträgers. In ihr sind die Führungskräfte die Designer, die Lehrer und die Sachverwalter. Diese Rollen verlangen nach neuen Kompetenzen: nach der Fähigkeit, gemeinsame Visionen zu bilden, vorherrschende mentale Modelle an die Oberfläche zu bringen und zu hinterfragen sowie systemische Denkmuster zu fördern. Kurz: Führungskräfte in lernenden Organisationen sind dafür verantwortlich, Organisationen aufzubauen, in denen die Beschäftigten ihre Fähigkeit verbessern, die Zukunft zu gestalten. Führungskräfte sind für das Lernen verantwortlich.[18]

---

[16] In diesem Zusammenhang hat die AG QUEM ein Projekt initiert, das die Erarbeitung eines aktuellen und handhabbaren Kriterienkatalogs für die Bewertung von Existenzgründerlehrgängen zum Ziel hat. Die Ergebnisse sind Anfang 1996 zu erwarten.
[17] Frei; Hugentobler u.a.: a.a.O
[18] Senge: Die fünfte Disziplin – die lernfähige Organisation. In: Fatzer (Hrsg.): Organisationsentwicklung für die Zukunft. Ein Handbuch. Köln 1993

Personal- und Organisationsentwicklung

Ein zentraler Aufgabenbestandteil wird es sein, die Gestaltung der Schnittstellen zwischen den Gruppen einerseits und zwischen Gruppen und Fachabteilungen andererseits (je nach Problemlage) in einen gemeinsamen, bereichsübergreifenden Bearbeitungsprozeß zu bringen.

Dafür benötigen Führungskräfte Handlungskompetenz (Fach-, Methoden-, Veränderungs- und soziale Kompetenz).
Nicht zuletzt wird es die Aufgabe der Führungskräfte, den Prozeß der qualifizierenden Arbeitsgestaltung oder des Lernens im Prozeß der Arbeit in den Unternehmen und Einrichtungen zu initiieren, zu unterstützen und zu evaluieren. Neben der partizipativen Erarbeitung und Diskussion von neuen Unternehmenszielen, Visionen und Grundwerten werden dafür eine Reihe arbeitswissenschaftlicher, -pädagogischer, -wirtschaftlicher, -soziologischer und betriebswirtschaftlicher Fachkompetenzen, aber auch in besonderer Weise Sozialkompetenz benötigt.
Das verlangt neue Konzepte sowie geeignete Methoden, gerade wenn es um Verfahren der Entwicklung von Sozialkompetenz geht. Dabei kann bereits an erste Erfahrungen und Modellansätze angeknüpft werden, die im Prozeß der Umstrukturierung und Neuetablierung in Unternehmen der neuen Bundesländer gesammelt bzw. erarbeitet wurden.[19]

Zukunftsträchtige Kompetenzentwicklungsverfahren sollten, auf der Grundlage des Selbstkonzeptmanagementtrainings aufbauend, modulhaft gestaltet sein und vor allem Komponenten enthalten wie Konflikt- und Motivationsmanagement, Kommunikationstraining, Training zur Verbesserung von Teamführung und Teamverhalten, Training zur Erhöhung der rationalen und sozialen Kreativität, Supervision und Coachingangebote. Das Training des Selbstkonzept-Managements steht dabei im direkten Zusammenhang mit anderen Trainingskomponenten, wie ein Trainingsentwicklungsprojekt für Führungskräfte, welches vom BMBW initiiert wurde, gezeigt hat.[20]

1.7 Qualifizierung im Kontext der Personal- und Organisationsentwicklung

Für marktwirtschaftliches Personalmanagement und für die Personal- und Organisationsentwicklung fehlt in den neuen Bundesländern entsprechend qualifiziertes Personal. Zur Sicherung der Tagesaufgaben waren in den Unternehmen und Einrichtungen seit der Wende vor allem personalverwaltende Qualifikationen und Fortbildungen gefragt. Personalverantwortliche wurden überwiegend aus den alten Bundesländern „importiert" und damit in der Regel Arbeitsgestaltungskonzepte des Taylorismus, der Human Relation oder des Job Enrichments sanktioniert.

Für die Qualifizierung im Rahmen der Lern- und Arbeitsgestaltungskonzepte der verknüpften Optimierung der technischen und sozialen Teilsysteme in den Unter-

---

[19] Vgl.: Prösel: Entwicklung von Sozialkompetenz. QUEM-report, Heft 38, Berlin 1995
[20] Erpenbeck; Heyse; Schulze; Pieper: Training zur Verbesserung des Selbstkonzeptmanagements. In: Heyse; Metzler: Die Veränderung managen, das Management verändern. edition QUEM, Band 4, Waxmann Münster/New York 1995

Memorandum

nehmen, wie sie im Rahmen von lernenden Organisationen angestrebt werden, existieren weder in den alten noch in den neuen Bundesländern erprobte Konzepte. Dieser Sachstand spiegelt auch den Forschungsstand im Kontext lernender Organisationen wider.[21]

Ein von QUEM auf der Grundlage umfangreicher Branchen- und Forschungsanalysen[22] zur betrieblichen Personal- und Organisationsentwicklung angeregtes und konkretisiertes Verbundprojekt zielt auf die Reduzierung dieser Wissens- und Erfahrungslücken und damit gleichzeitig auf die Unterstützung von ostdeutschen Unternehmen bei der Bewältigung des Transformationsprozesses.

Im „Programm betriebliche Personal- und Organisationsentwicklung in den neuen Bundesländern"[23] lernen unter Zugrundelegung bisheriger Erfahrungen Führungskräfte, Initiatoren der Personal- und Organisationsentwicklung, betriebliche Mitarbeiter und wissenschaftliche Begleitforscher gemeinsam an betrieblichen Vorhaben.

Grundlagen für ein in diesem Programm integriertes Qualifizierungskonzept (hierzu gehört ein postgraduales Zusatzstudium „Personalentwicklung" an der TU Chemnitz-Zwickau) sind u. a. bisherige Erfahrungen aus der Beratung von Unternehmen zur Organisationsentwicklung, die den Rollen- und damit auch den Anforderungswandel von Führungskräften (Initiatoren), aber auch der in diesen Prozeß integrierten Mitarbeiter beschreiben.[24]
Weiterhin fließen in dieses umfangreiche bzw. komplexe Vorhaben zusätzliche Erkenntnisse ein, die im Rahmen von Projekten wie z. B. „Training für Führungskräfte"[25],„Entwicklung von Sozialkompetenz"[26], „Multiplikatorenprojekt"[27] gewonnen werden konnten.

---

[21] Vgl. Frieling; Reuther: Lernen im Prozeß der Arbeit – Ein Konzept zu Forschungen im Bereich der betrieblichen Weiterbildung (unveröffentlicht), München 1993

[22] Unter anderem:
Berteit: Analyse der beruflichen Weiterbildung in der Branche Feinmechanik/Optik in den neuen Ländern. QUEM-report, Heft 5, Berlin 1993
Marschall u.a.: Analyse zur beruflichen Weiterbildung in der Elektronikbranche in den neuen Ländern. QUEM-report, Heft 3, Berlin 1993
Stieler u.a.: Analysen zur beruflichen Weiterbildung in der Branche Nahrungs- und Genußmittelindustrie in den neuen Ländern. QUEM-report, Heft 2, Berlin 1993
Werkstätter; Hübner: Analyse der beruflichen Weiterbildung in der Textilindustrie der neuen Länder. QUEM-report, Heft 10, Berlin 1993
Sziburies: Analyse der beruflichen Weiterbildung in der Chemiebranche der neuen Länder. QUEM-report, Heft 9, Berlin 1993

[23] Forschungszentrum für Innovationsmanagement und Personalentwicklung an der TU Chemnitz-Zwickau: Studieninformationen zum postgradualen Zusatzstudium „Personalentwicklung". Chemnitz 1994

[24] Vgl. Heeg u.a.: Weiterbildung von Multiplikatoren der betrieblichen Personal- und Organisationsentwicklung. Studien aus der betrieblichen Weiterbildungsforschung Nr. 8, Bochum, Aachen 1994

[25] Heyse; Metzler: Die Veränderung managen, das Management verändern. edition QUEM, Band 4, Münster/New York 1995

[26] Prösel: a. a. O

[27] Vgl. Heeg u.a.: a. a. O.

2 Funktionsveränderungen im Markt beruflicher Weiterbildung

2.1 Der Markt als bewährtes Ordnungsprinzip – notwendige Rahmenbedingungen als Gestaltungsaufgabe

Nach der Wirtschafts- und Währungsunion bestand die Aufgabe, systemgeprägte Qualifikationsstrukturen den Bedingungen einer Marktwirtschaft anzupassen. Mit Hilfe einer dezentralisierten und pluralen Organisationsform (wie sie in den alten Bundesländern vorherrscht) und den enormen Finanzmitteln der Bundesanstalt für Arbeit ist es gelungen, in kurzer Frist eine Weiterbildungsstruktur aufzubauen, die Weiterbildungsmaßnahmen in einer vorher nicht gekannten Vielfalt und Dichte anbietet.
An die Stelle ehemals staatlich gesteuerter und geförderter Weiterbildungsinstitutionen wie Betriebsakademien und Betriebsschulen sowie der Weiterbildungsbereiche an Fach- und Hochschulen traten eine Vielzahl privater Weiterbildungträger der verschiedenen Rechtsformen. Unterstützt wurde dieser Prozeß durch die anfängliche großzügige institutionelle Förderung, zu dem das „Starthilfeprogramm" der DDR sowie ein Sonderprogramm des Ministeriums für Arbeit und Soziales gehörten.
Die Anpassung der Qualifikationen an veränderte gesellschaftliche und wirtschaftliche Bedingungen stellte die neuen Träger gleichfalls vor die Aufgabe, transformationsspezifische Konzepte mit neuen Qualifikationsinhalten zu entwickeln. Im Prozeß der Realisierung hat sich das Ordnungsprinzip des Marktes, als Ausdruck gesellschaftlicher Selbststeuerung,[28] grundsätzlich als leistungsfähig und dynamisch erwiesen. Es ermöglichte, kurzfristig auf Veränderungen zu reagieren und notwendige Differenzierungen vorzunehmen.
Notwendige inhaltliche Suchprozesse, der durch die Währungsunion vorgegebene Zeitdruck und das hohe bereitgestellte Finanzvolumen (das auch unseriösen Anbietern die „schnelle Mark" erleichterte), führten unvermeidlich zu Defiziten, die in erster Linie mit fehlenden bzw. wenig geeigneten Rahmenbedingungen zu erklären sind. So war bereits frühzeitig erkennbar, daß
- die für einen funktionsfähigen Markt notwendige Infrastruktur (wie Analyse, Transparenz, Beratung, Qualitätssicherung) fehlte,
- die fehlende Finanzierung von Entwicklungsaufgaben notwendige Innovationen behinderte,
- im Weiterbildungsmarkt zwischen staatlichen Stellen, öffentlich-rechtlichen Stellen und privaten Weiterbildungsträgern Wettbewerbsverzerrungen auftraten, die teilweise gesetzlichen Hintergrund hatten.

Diese Mängel haben sich im Transformationsprozeß der neuen Bundesländer als besonders gravierend erwiesen.
Als unter Wettbewerbsgesichtspunkten problematisch hat sich auch die Rolle der Kammern gerade im Transformationsprozeß dargestellt. Sie sind einerseits gutachterlich für die arbeitsmarktpolitische Zweckmäßigkeit von AFG-finanzierten Maßnahmen mit Kammerabschluß tätig, gleichzeitig tragen sie für die Abnahme von Prüfungen Verantwortung. Zusätzlich werden diese Aufgaben mit eigenen Interessen als

---

[28] Vgl. Erpenbeck: Wende einer Arbeitskultur. In: QUEM-report, Heft 12, Berlin 1993

Memorandum

Weiterbildungsanbieter verbunden. Daraus entstehen Wettbewerbsverzerrungen auf dem Bildungsmarkt.[29]
Auch eine staatliche Subventionierung überbetrieblicher Bildungsstätten und anderer öffentlicher Einrichtungen, die sicher in der ersten Aufbauphase unabdingbar notwendig war, kann künftig zu Wettbewerbsproblemen führen.

Hier besteht vielfältiger Handlungsbedarf. So ist der Staat u. a. gefordert, entsprechende wettbewerbsneutrale Finanzierungsregelungen zu schaffen. Die Formierung von Rahmenbedingungen muß als politische Gestaltungsaufgabe angesehen werden.

2.2 Weiterbildung und regionale Entwicklung

Im Verlauf des ostdeutschen Transformationsprozesses zeigte sich sehr deutlich, daß die wirtschaftliche Umstrukturierung auch eine Umstrukturierung der Weiterbildungslandschaft erfordert. Dabei kommt der Regionalisierung beruflicher Weiterbildung eine besondere Rolle zu. Gleichzeitig erweist sich jedoch, daß regionale Weiterbildungsinfrastrukturen zunächst aufzubauen sind und Gewähr bieten müssen, Qualifikationsentwicklung in Übereinstimmung mit regionalen wirtschaftlichen Entwicklungsprozessen wirkungsvoll zu gestalten.
Deshalb entstanden in den neuen Ländern regional differenzierte Modelle zur Qualifikationsentwicklung, die solche Handlungsfelder wie Information, Beratung, Moderation, Analyse und Qualitätssicherung auf den verschiedenen Handlungsebenen (betriebliche, AFG-gestützte und individuelle berufliche Weiterbildung) mit unterschiedlicher Akzentsetzung und Intensität koordinieren bzw. vernetzen.
In diesem Zusammenhang ist auf die von Region zu Region verschiedenen Förderbedingungen hinzuweisen, die u. a. sowohl Weiterbildung von Existenzgründern und Beschäftigten in Klein- und Mittelbetrieben als auch von Arbeitslosen und von Arbeitslosigkeit Bedrohten sowie verschiedenartig ausgerichtete Weiterbildungsberatungsstellen betreffen.
Geringe Erfahrungen, unzureichender wissenschaftlicher Vorlauf, ungenügende Akzeptanz von Qualifikation für regionale Entwicklungsprozesse, aber auch fehlende finanzielle Ressourcen führten zu ersten Lösungsansätzen von unterschiedlicher Effizienz; die Ergebnisse machten deutlich, daß dies nicht in kurzfristigen Modellphasen zu realisieren ist.

Erkenntnisse aus den von QUEM initiierten Regionalen Qualifikationsentwicklungszentren (RQZ)[30] verdeutlichen die Vorteile regionaler Weiterbildungsstrukturen. Der trägerübergreifende, neutrale Charakter der RQZ ermöglichte es, vielfältige Handlungsfelder der regionalen Handlungsebene in enger Zusammenarbeit mit den unterschiedlichsten regionalen Akteuren effektiver zu belegen und Lösungen im Interesse

---

[29] Vgl. auch: Schwarzbuch zur Wettbewerbsverzerrung durch staatliche, scheinprivate und statistische Institutionen. Vorgelegt vom PROFIL-Verband der privaten Träger beruflicher Bildung, Bonn 1994

[30] Vgl.: Hübner; Bentrup: Regionalisierung von Weiterbildungsprozessen. QUEM-report, Heft 35, Berlin 1995

der jeweiligen Region zu befördern. Handlungsfelder wie Information, Beratung, Analyse und Moderation bildeten die Eckpfeiler der Projekte. Ihnen nachgeordnet waren Qualitätssicherung, Curricularentwicklung und Evaluierung von Weiterbildungsmaßnahmen.

Die Projektdurchführung der RQZ hat bestätigt, daß Fragen der beruflichen Weiterbildung nicht isoliert betrachtet und behandelt werden dürfen. Notwendig sind komplexe Lösungen, die breite Potenzen der Region umfassen und eine bessere Kooperation der Akteure ermöglichen.

Handlungsdruck und Problemnähe begünstigen den Aufbau regionaler Weiterbildungsstrukturen und befördern zugleich auch die regionale Identität der Handelnden sowie die Herausbildung regionaler Weiterbildungsressourcen. Probleme einer solchen Entwicklung zeigen sich vor allem in der Verwertbarkeit der regional erworbenen Kompetenzen in anderen Regionen, in der Vielschichtigkeit einzelner Lösungen, im Mangel an überregionaler Transparenz und Offenheit in der praktischen Fixierung eines Regionalverbundes, in fehlender Solidarität zu anderen Regionen und in der Möglichkeit, Verantwortlichkeiten der überregionalen Ebene auf die nachgeordnete Ebene zu delegieren.

Unverkennbar ist allerdings, daß mit der Durchsetzung des Regionalprinzips neue Koordinations- und Integrationsformen in der Weiterbildung und eine Veränderung des Aufgabenspektrums der beruflichen Weiterbildung verbunden sind. Solche kompetenten Weiterbildungsinfrastrukturen, die ein breites Spektrum von Handlungsfeldern und Akteuren aller Handlungsebenen (z.B. Kommunen, Kammern, Arbeitsämter, Bildungsträger) ständig zusammenführen, müssen weiter ausgebaut werden.

Regionalisierung beruflicher Weiterbildung erweist sich als ein Weg zur schnellen und effizienten Umsetzung pragmatischer Lösungen. Regional ablaufende Weiterbildungsprozesse bedürfen aber überregionaler Rahmenbedingungen und Hilfen. Ihr Erfolg hängt ganz wesentlich davon ab, in welchem Umfang es gelingt, öffentliche Förderung zu mobilisieren. Information, Beratung Analyse, Qualitätssicherung, Moderation und andere Aufgaben sind in erster Linie übergreifende Handlungsfelder, die allgemeinnützigen Charakter tragen. Regionale Lösungen bedürfen der öffentlichen Unterstützung und Förderung.

2.3 Analyse, Transparenz, Beratung

In Ostdeutschland hat sich ein facettenreicher und vielfältiger Weiterbildungsmarkt herausgebildet, dessen Funktionstüchtigkeit wesentlich von einer intakten Infrastruktur bestimmt wird. Sie mußte in wenigen Jahren neu aufgebaut werden. So waren Mängel und Defizite gerade in den Bereichen Transparenz, Analyse und Beratung einerseits unumgänglich, andererseits unter den Bedingungen des Transformationsprozesses mit seinen speziellen Ansprüchen an effiziente Weiterbildungsinhalte und geeignete Weiterbildungsstrukturen besonders auffällig und prozeßhemmend.

Eine seit 1990 zu beobachtende rasante Ausdehnung insbesondere des AFG-Weiterbildungsbereiches erreichte 1992 den Höhepunkt mit rund 900.000 Eintritten in Weiterbildung (Fortbildung, Umschulung und Einarbeitung) und einem Fördervolumen von 11,3 Milliarden DM. Dies mußte eine ohnehin bereits vorhandene mangelnde Transparenz der Angebote nur verstärken.

Memorandum

Zwischenzeitlich ist die hohe Anzahl der Weiterbildungsanbieter zurückgegangen, die Qualifizierungsbedarfe werden überschaubarer, Förderungsmodalitäten und Finanzierungslinien haben sich gewandelt.[31]

Die Angebotslandschaft ist transparenter geworden.[32] Ein Grund dafür kann darin gesehen werden, daß Bildungsmaßnahmen durch Informationssysteme umfassender und übersichtlicher angeboten werden. So hat z. B. das „Informationssystem Aus- und Weiterbildung" der Bundesanstalt für Arbeit (mit Verzeichnissen, Broschüren, Datenbanken u. a.) offensichtlich für die neuen Bundesländer eine ähnliche Erhebungstiefe erreicht wie in den alten Bundesländern. Zunehmend bauen auch Länder und Kommunen in Ostdeutschland eigene regionalspezifische Informationssysteme auf (z. B. Mecklenburg-Vorpommern).

Ein sich abzeichnender Prozeß der Vereinheitlichung der Informationsysteme (z. B. Einführung der Version KURS PC), eine Optimierung der Inhalte des „Informationssystems Aus- und Weiterbildung" sowie eine weitgehende Automatisierung des Datenaustausches sollte weiter forciert und gefördert werden. Damit kann die Transparenz in der Weiterbildung weiter erhöht werden. Gleichzeitig sind diese Informationssysteme einschließlich der Datenbanken eine gute Basis für individuelle und institutionelle Weiterbildungsberatung. Sie hat jedoch gerade im Transformationsprozeß der neuen Länder eine weitaus komplexere Funktion als lediglich eine Vermittlung von Informationen und Daten.

Individuelle Weiterbildungsberatung steht in den neuen Ländern besonders für die Zielgruppe der Arbeitslosen und von Arbeitslosigkeit Bedrohten immer mehr in der Verantwortung einer umfassenden Lebensberatung.

Eine solche Beratung sollte, wie von QUEM initiierte Studien bestätigen,
- anonym, interessenneutral sowie trägerneutral und kostenlos sein;
- Wege zur Entscheidungsfindung eröffnen und mit der Entscheidung verbundene Konsequenzen aufzeigen sowie Illusionen abbauen;
- die berufliche Biographie aufarbeiten und die persönliche Situation analysieren;
- vorhandenes Wissen und Können sowie Erfahrungen bewußt machen, motivieren und Unterstützung bei der Suche nach eigenen neuen Lebens- und Berufskonzepten geben.[33]

Hier ergibt sich die Frage nach der Qualifikation solcher „Berater", die außer speziellen pädagogisch-psychologischen Fähigkeiten über ein recht komplexes Wissen und Können verfügen müssen.

---

[31] Die 10. Novelle zum Arbeitsförderungsgesetz beeinflußte Strukturprozesse in der ostdeutschen Weiterbildungslandschaft nicht unerheblich. Vgl. u. a.: Sauter: Das Ende der Fahnenstange – Fortbildung und Umschulung und die 10. Novelle zum Arbeits- und Förderungsgesetz. In: QUEM-Bulletin 11/94

[32] Vgl. Müller: Weiterbildung in Ostdeutschland: Ein Markt wird transparenter. IAB Werkstattbericht, Nr. 4/28.04.1995

[33] Vgl. Klarhöfer u. a.: Interne Qualitätssicherung in der beruflichen Weiterbildung. QUEM-report, Heft 19, Berlin 1994; Knauf; Weiterbildungsberatung in der Hansestadt Rostock. In: ITF Schriften zur beruflich-betrieblichen Weiterbildung in den neuen Ländern, Band 15, Schwerin 1994

Eine qualifizierte und wirksame Beratung setzt ebenso in hohem Maße aktuelle Kenntnisse über Entwicklungsprozesse in der Wirtschaft, auf dem Arbeitsmarkt und Bildungsmarkt voraus und damit eine vielfältige und ausgeprägte Analysetätigkeit. Die in diesem Rahmen von der Arbeitsgemeinschaft QUEM initiierten Analysen bezogen auf betriebliche Entwicklungsprozesse (z. B. in Branchen[34]) sowie auf Veränderungs- und Strukturentwicklungsprozesse in Regionen[35] führten einerseits zu wichtigen übergreifenden Schlußfolgerungen über Weiterbildungserfordernisse, andererseits machten sie sehr deutlich, daß gerade in Entwicklungsprozessen mit gravierenden Strukturveränderungen und -brüchen kontinuierliche Analysen vor Ort unumgänglich sind.

Ohne sie kann eine Weiterbildungsberatung nur diffus und wenig erfolgversprechend sein. Auch deshalb sollten „Beratungsstellen" immer mehr den Charakter von regionalen „Moderationsstellen" mit sehr komplexen Funktionen übernehmen (wie Analyse, Information, Prognose, Kooperation, Moderation), in denen Weiterbildungsberatung ein integrativer Bestandteil ist (vgl. auch 2.2).

Der Auf- und Ausbau solcher neutraler Stellen (bzw. Zentren), die eine Kooperation zwischen unterschiedlichen Akteuren der Weiterbildung, eine Integration der verschiedenen Politikbereiche und damit eine Entwicklung kommunikativer Netzwerke unterstützen, sollten stärker durch die Kommunen gefördert werden. Dabei sollten Finanzierungsmöglichkeiten aus europäischen Fonds vermehrt in Anspruch genommen werden.

Moderationszentren sind nicht nur für eine individuelle, sondern auch für die institutionelle und vor allem unternehmensbezogene Weiterbildungsberatung bedeutsam. Sie können Weiterbildungsträgern bei der Entwicklung und Durchführung bedarfsgerechter Angebote wichtige Hilfen geben und tragen damit direkt zur Qualitätsverbesserung bei. Außerdem können sie notwendige Kooperationsformen zwischen Weiterbildungsträgern und Unternehmen der Wirtschaft unterstützen und schließlich auch einen Beitrag zu einer umfassenden Unternehmensberatung leisten.

Es zeichnet sich ein Prozeß ab, daß Weiterbildungsträger zunehmend Beratungsleistungen (individuelle und unternehmensbezogene) übernehmen. Hier sind Überlegungen nötig, wie Finanzierungsmodelle für Maßnahmen auch Entwicklungsarbeiten, Beratungen, Innovationen und besondere Leistungen berücksichtigen können.

2.4 Qualitätssicherung

In den ersten Jahren des Transformationsprozesses führten der hohe Zeitdruck, die enormen für AFG-geförderte Maßnahmen zur Verfügung gestellten Finanzmittel, aber auch neue inhaltliche Anforderungen teilweise zu Qualitätsproblemen im Weiterbildungsbereich.

---

[34] Vgl. Branchenstudien: QUEM-report Hefte 2, 3, 5, 9, 10
[35] Vgl. Pfüller u. a.: Regionalisierung von Strukturen berufsbezogener Weiterbildung. QUEM-report, Heft 29, Berlin 1995

Memorandum

Prüfgruppen der Bundesanstalt und verschiedenartige Qualitätskontrollen (u. a. Stiftung Warentest[36]) konnten einen gewissen Erfolg verbuchen[37] und auf eine Qualitätserhöhung von Angeboten Einfluß nehmen.
Qualität kann jedoch weder „erprüft", noch allein durch Kontrollen gesichert werden.

Die Verantwortung für Qualitätssicherung liegt in erster Linie bei den Anbietern von Weiterbildung selbst und wird auch dort zunehmend wahrgenommen. Bemühungen der Arbeitsgemeinschaft QUEM konzentrierten sich zunächst darauf, den sich neu etablierenden Weiterbildungsträgern in diesem Prozeß Unterstützung zu geben. In diesem Zusammenhang wurde auf notwendige Weiterbildungsinhalte und -bedarfe (z. B. mit Hilfe von Branchenstudien) aufmerksam gemacht. Diese Untersuchungen machten in besonderer Weise deutlich, daß es gerade in Phasen von Strukturbrüchen neben einer fachlichen Qualifizierung in hohem Maße um die Entwicklung extrafunktionaler Qualifikationspotentiale gehen muß, d. h. um Kompetenzausprägung. Die Qualität einer Weiterbildungsmaßnahme bzw. die Qualitätsfähigkeit einer Einrichtung wird deshalb weitaus stärker daran zu messen sein, wie es gelingt, Fähigkeiten bzw. ganzheitliche Handlungskompetenz auszuprägen.

Untersuchungen, die sich in erster Linie auf Qualitätsstandards („Meßlatten" für die Qualität einer Maßnahme) bezogen, führten u. a. zu der Feststellung, daß die von der Bundesanstalt für Arbeit festgelegten Qualitätsstandards weiterentwickelt werden müssen.[38]
Hier zeigt sich ein Handlungsbedarf bezüglich der Entwicklung von Bewertungskriterien, die stärker auf eine ganz bestimmte Maßnahmeklasse zugeschnitten sind. Dazu werden von der Bundesanstalt für Arbeit und dem Bundesinstitut für Berufsbildung neue Qualitätsanforderungen und Qualitätssicherungskonzepte erarbeitet.
Damit können Mitarbeitern in den Arbeitsämtern Entscheidungshilfen in die Hand gegeben werden, zumal wenn es um die Bewertung und Förderung für den Transformationsprozeß neu entwickelter Weiterbildungsangebote geht.
Ein Beispiel gibt hier auch die Handreichung zur Bewertung von Maßnahmen beruflicher EDV-Weiterbildung, die im Rahmen eines von QUEM betreuten Projektes für die Arbeitsämter entwickelt wurde.[39] In diesem Zusammenhang wurde gleichfalls ein Fragebogen erarbeitet, der den Weiterbildungsträger für Qualitätsansprüche in diesem Bereich sensibilisiert, so daß insgesamt ein nicht unerheblicher Beitrag zur Qualitätssicherung geleistet werden kann. Hier besteht Handlungsbedarf, um für weitere inhaltliche Felder analoge Materialien zu entwickeln (z. B. für Maßnahmen im betriebswirtschaftlichen und kaufmännischen Bereich).

---

[36] Abschlußbericht zum BMBW-Projekt EDV-Kurse der Stiftung Warentest (unveröffentlichtes Manuskript) Berlin 1992

[37] Vgl. Sauter: Qualitätssicherung der Weiterbildung – Selbstkontrolle der Bildungsträger. In: QUEM-Bulletin, 5/93

[38] Vgl. Klarhöfer u. a.: Das Qualitätsproblem der beruflichen Weiterbildung im Verantwortungsbereich der freien Bildungsträger. In: QUEM-report, Heft 8; Klarhöfer u.a. : Interne Qualitätssicherung in der beruflichen Weiterbildung. QUEM-report, Heft 19

[39] Mirschel: Handreichung zur Bewertung von Maßnahmen beruflicher EDV-Weiterbildung, Ergebnisse eines vom BMBF geförderten Projekts (unveröffentlichtes Manuskript), Berlin 1995

Neben Fragen der „Produktqualität" gewinnen Fragen der „Prozeßqualität" bzw. das Problem der Qualitätsfähigkeit eines Weiterbildungsunternehmens immer mehr an Bedeutung. Eine in diesem Zusammenhang geführte theoretische Diskussion um die Übertragbarkeit von Erkenntnissen und Erfahrungen zum Qualitätsmanagement (QM) aus dem produktiven Bereich (DIN ISO 9000 ff.) auf den Weiterbildungsbereich ist teilweise auch bei ostdeutschen Trägern bereits in praktisches Handeln übergegangen.[40]

Zu diesem Problemkreis vorliegende Untersuchungsergebnisse[41] unterstützen folgende Positionen:

- Grundsätzlich kann ein gut durchdachtes und funktionierendes QM auch für Weiterbildungsunternehmen ein wichtiges Führungsinstrument sein, um die erforderliche Qualität und damit Marktfähigkeit zu erhalten bzw. weiter auszubauen. Dabei können Erfahrungen aus dem produktiven Bereich, die in den DIN ISO 9000 ff. ihren Niederschlag finden, genutzt werden.
- Die Analyse-, Strategie- und schließlich Managementarbeiten zur Verbesserung der Qualitätsfähigkeit muß jede Einrichtung für sich allein bewältigen. Die für den Weiterbildungsbereich erarbeiteten Empfehlungen für den Aufbau eines QM-Systems[42] können deshalb nur Anregung zum Selbsthandeln sein.
- Bemühungen um den Aufbau eines QM-Systems sollten nicht einseitig auf eine Zertifizierung ausgerichtet sein. Jeglicher Formalismus kann dem grundsätzlich positiven Anliegen nur schaden.
- Sowohl in der Praxis als auch auf theoretischer Ebene müssen weitere Erkenntnisse und Erfahrungen gewonnen werden, um Einrichtungen beim Aufbau eines QM-Systems zu unterstützen. Hier besteht nach wie vor Forschungsbedarf.

Insgesamt stellt Qualitätssicherung bzw. Qualitätsverbesserung in der beruflichen Weiterbildung eine sehr komplexe Aufgabenstellung dar, die nur durch das Zusammenwirken der verschiedenen Instrumentarien und Akteure gelöst werden kann. Dazu gehörten ein kritisches Konsumentenverhalten und die Bemühungen der Produzenten ebenso wie unterschiedliche Kontrollformen. Das bedeutet auch, daß Formen der staatlichen Einflußnahme bei der Qualitätssicherung, die auf den Verbraucherschutz gerichtet sind, wie z. B. Vorgaben der Bundesanstalt für Arbeit (Begutachtungskatalog, FuU-Standards, Qualitätserlaß) oder Gesetzgebungen zu Regelungen des Bundes (Berufsbildungsgesetz, Fernunterrichtsschutzgesetz) grundsätzlich beibehalten und entsprechend sich verändernder Bedingungen weiterentwickelt werden sollten.

In gleicher Weise sind auch alle auf Qualitätserhöhung ausgerichteten Aktivitäten einschließlich verbandsinterner Eigenkontrollen zu unterstützen, die z. B. in unterschiedlichen Weiterbildungsverbänden (u. a. Verband Sächsischer Bildungsinstitute, Verband Berlin-Brandenburg, Wuppertaler Kreis) mit Erfolg praktiziert werden.

---

[40] Aktivitäten des Verbandes sächsischer Bildungsinstitute seien dafür beispielhaft genannt. Vgl. auch Thombansen; Laske; Possler; Rasmussen: Vertrauen durch Qualität – Qualitätsmanagement in Weiterbildungsunternehmen, München 1994
[41] Stephan u. a.: Qualitätsmanagement in Weiterbildungseinrichtungen. QUEM-report, Heft 28, Berlin 1994
[42] Stephan u. a.: a. a. O., S. 137 ff.

3. Veränderte Lehr- und Lernformen

3.1 Neue Sichtweisen der Weiterbildung

Die Erfahrungen des Transformationsprozesses vom Plan zum Markt haben deutlich gemacht, daß auf gesellschaftliche und wirtschaftliche Wandlungsprozesse mit strukturellen Änderungen und Brüchen, die Änderungen des gesamten Normen- und Wertesystems der Menschen einschließen, mit ausschließlich traditionellen Weiterbildungsstrukturen keine ausreichende Antwort gegeben werden kann. Ähnlich gravierende Änderungsprozesse werden sich unter verschiedenen gesellschaftlichen Vorzeichen und als Folge des technischen Wandels künftig verstärkt in den Industriestaaten vollziehen. Bei der Bewältigung dieser Prozesse stößt eine berufliche Weiterbildung, die sich allein auf Wissensvermittlung im Rahmen institutionellen und organisierten Lernens konzentriert, an ihre Grenzen. Eine notwendige stärkere Ausprägung allseitiger Handlungskompetenz orientiert gleichfalls auf eine hohe Komplexität von Lernzielen und -inhalten und schließt die Suche nach erweiterten und neuen Lehr- und Lernformen sowie neuen und veränderten Modellen (Strukturen) ein.

Die Ursachen für diese neuen Ansprüche an Weiterbildung können aus einem Geflecht von wirtschaftlichen und politischen Interessenlagen erklärt werden, zwischen denen eine gewisse Balance entstanden ist und weiter gesucht wird. Zunehmend wird erkennbar, daß Weiterbildungserfordernisse sich nicht nur aus den Interessen eines einzelnen Betriebes, Wirtschaftszweiges oder aus einem Produktionsbereich ergeben, sondern aus der Gesamtheit des Reproduktionsprozesses in der Einheit von materieller und geistiger Produktion.

Für eine Neuorientierung in der Weiterbildung sollten u. a. folgende Entwicklungen berücksichtigt werden:[43]

1. Voraussetzung für eine Produktivitätssteigerung der deutschen Wirtschaft sind vor allem erhebliche Veränderungen der Unternehmens- und Produktionsorganisation.

2. Sie führt mit großer Wahrscheinlichkeit zu einer weiter anhaltenden Freisetzung von Arbeitskräften und könnte zu einem burn-out-Effekt der tätigen Arbeitskräfte führen. Der Widerspruch zwischen integrierten und z. T. hochintelligenten Produktionsbereichen und nach wie vor tayloristisch-organisierten Arbeitstätigkeiten könnte sich verschärfen.

3. Unter den Bedingungen eines sich ständig verändernden Arbeitsmarktes werden auch Qualifikationen einem ständigen Erneuerungsprozeß unterliegen und Chancen der Arbeitsplatzsuchenden ständig neu verteilt. Berufliche und regionale Mobilität werden verstärkt gefordert.

4. Weitere Freisetzungen werden zunehmend Bereiche der Dienstleistungen und auch öffentliche Dienste erfassen. Damit werden dem Arbeitsmarkt und den Weiterbil-

---

[43] Vgl.: Kirchhöfer: Neue Formen des Lehrens und Lernens in der außerbetrieblichen Weiterbildung, QUEM-report, Heft 37, Berlin 1995

dungsträgern neue Zielgruppen zugeführt, die zum Teil sehr enge und spezielle Qualifikationen aufweisen.

5. Bisherige Übergangsmoratorien für Jugendliche beim Übergang in Ausbildung und Beruf werden sich erweitern und vergrößern und als selbständige Bildungsphasen wirken. Für arbeitslose Jugendliche (darunter ein hoher Anteil weiblicher Jugendlicher) und arbeitslose Hochschulabsolventen sind neue Konzepte für Kompetenzerhalt und -entwicklung nötig.

6. Wachsende Vielfalt und Möglichkeiten beruflicher Karrieren führen zu einer verstärkten Individualisierung der Weiterbildung. Für Ostdeutsche wird dieser Individualisierungsprozeß auch über noch längere Zeit hinaus eine eigene Spezifik aufgrund ihrer besonderen psychischen, kulturellen und sozialen Ressourcen aufweisen.

Diese sich abzeichnenden Tendenzen lassen erkennen, daß sich vor dem Hintergrund neuer technischer und technologischer Entwicklungen sowohl die berufliche, abschluß- und zielgruppenorientierte Bildung intensivieren wird wie sich auch das lebensorientierte und emanzipatorische Lernen in der Gesellschaft verstärken wird. Deshalb wird der Modernisierungsprozeß widersprüchlich sein mit Übergängen, Brücken, Neubildungen, Weiterführungen und Überlagerungen und wird differenziert und zielgruppenbezogen verlaufen.

Ebenso wird von den unterschiedlichen Unternehmen (Größe, Struktur, Produktpalette) und Weiterbildungsbereichen ein auch sehr unterschiedlicher Modernisierungsdruck ausgehen.
Sich herausbildende neue Strukturen (Modelle) im Weiterbildungsbereich sind dadurch gekennzeichnet, daß
- mit ihnen nicht nur Bildungsangebote für erkannte und definierte Bedürfnisse der Produktion bereitgestellt, sondern auch Qualifikationspotentiale geschaffen werden, die neue Tätigkeitsfelder erschließen sollen;
- sie in allen Phasen des Reproduktionsprozesses der Gesellschaft – materielle und geistige Produktion, Distribution, Zirkulation, Konsumtion – integriert sind und vor allem in sich verselbständigenden Übergangsbereichen wie Marketing, Ökologie, Recycling definiert sind. Dafür sind die Tätigkeitsfelder sowie ihre Bildungsprofile noch nicht bestimmt.
- sie in alle Lebensphasen reichen und damit entsprechend alters- und interessenspezifisch sein müssen;
- sie für das Individuum zeitweilig in die Sphäre außerhalb der beruflichen Arbeit verlagert werden;
- Kompetenzentwicklung zugleich auch mit den einzelnen Teilarbeiten verbunden wird und das Lernen in den praktischen Aneignungsprozeß verlagert wird.

Zum Beispiel lassen Untersuchungen[44] erkennen, daß sich Modelle herausbilden, um freigesetzte Qualifikationspotentiale als Outplacement Strukturen betriebsnah zu erfassen, als Arbeitsreserven zu binden und über fortlaufende Antizipationsqualifikatio-

---

[44] Kirchhöfer: a. a. O.

Memorandum

nen auf dem erforderlichen künftigen Einsatzniveau zu halten, wie z. B. in den verschiedenen Formen des relativen Group-Outplacements oder speziellen Beschäftigungsmodellen zur Teilzeitarbeit.

Veränderte Modelle des Lehrens und Lernens werden sich im Zusammenhang mit der Förderung wertschaffender produktiver Strukturen in den klein- und mittelständischen Unternehmen, wie in verschiedenen Projektmodellen der mittelständischen Wirtschaft, herausbilden. Neue Strukturen entstehen als Innovationsstrukturen für Produkte und Technologien, die Recherche, Informationsverdichtung, Forschung und Entwicklung verbinden (u. a. in Innovationswerkstätten, Datenbanksystemen oder Verbundprojekten). Zirkulation und Verteilung bringen Strukturen hervor, die mit Hilfe von Weiterbildung Arbeit verteilen (z. B. Assessment) und Warenströme lenken sollen.

Im kommunikativen Austausch bilden sich Moderationsstrukturen heraus, mit integrativer und animierender Wirkungen für produktive Lösungen, die sich als spezielle Weiterbildungsformen entwickeln können.

3.2 Kombination von Lernen und Arbeiten

In den sich neu herausbildenden Modellen zur Kompetenzentwicklung bilden sich veränderte Aneignungsweisen heraus, wie das reflexive (Erfahrungs-), produktive, ganzheitliche, diskursive, selbstorganisatorische und identitätsstützende Lernen, die im einzelnen zwar nicht neuartig sind, aber in ihrer veränderten Proportionalität und Integration zu neuen Modellen und Formen des Lehrens und Lernens führen. Eine der veränderten Aneignungsweisen stellt die Verbindung von Lernen und Arbeiten dar:

- In der Verknüpfung von Arbeiten und Lernen verwirklicht sich die Komplexität von Sozialisation durch Lernen, Leiten und Arbeiten. In ihr integrieren sich Werte, soziale Verhaltensweisen, Berufs- und Alltagserfahrungen, Kompetenzen und Wissen, und es bildet sich eine eigene Arbeitskultur heraus;
- diese Verbindung ermöglicht eine sofortige Umsetzung erworbenen Wissens in praktisches Handeln, die Tätigkeit wird zum Erfolgskriterium der geistigen Aneignung;
- die Verbindung von Arbeiten und Lernen baut Blockierungen gegenüber schulischem Lernen ab, ermöglicht durch den Wechsel von kognitiven und manuellen Tätigkeiten letztlich eine ganzheitliche Aneignung;
- der gemeinsame Arbeitsprozeß entfaltet das Erfahrungslernen und die Kommunikation über Erfahrungen, Defizite, Wertungen;
- das Lernen am Arbeitsplatz ist billiger als z. B. Weiterbildungsseminare.

Damit bei der Verbindung von Arbeiten und Lernen das Lernen nicht als Nebenprozeß mit zufälliger Kompetenzaneignung abläuft, sollte
- der Kompetenzerwerb erklärte Zielsetzung sein und das Feld des Kompetenzerwerbs relativ klar abgegrenzt bzw. die Richtung der Kompetenzerweiterung vorgegeben sein,
- der Kompetenzerwerb Gegenstand systematischen individuellen Bemühens sein (des Vergegenwärtigens, Zusammenfassens, des Systematisierens) und der Reflexion unterliegen,

- der Aneignungsprozeß der personellen Begleitung unterliegen (Instruktion, Coaching, Mentoring).

Im Gegensatz zu betrieblichen Weiterbildungsprozessen bewirken die aktuellen Veränderungen im zunehmenden Maße, daß die Teilnahme am Arbeitsprozeß mit dem geistigen Aneignungsprozeß neuer Kompetenz zusammenfällt, der Arbeitsplatz zugleich auch gemeinschaftliche Lernstätte ist und der individuelle Aneignungsprozeß mit dem Entwicklungsprozeß sozialer Kompetenz verbunden wird. Eine solche Entwicklung fordert neue Strukturen für den systematischen geistigen Aneignungsprozeß in der Arbeit, der seinen eigenständigen Charakter nicht verliert.
Veränderungen (wie z. B. neue Arbeitsfelder konstituieren, Firmen neu gründen, soziale Netze neu schaffen) fordern neben der zweckausführenden auch eine zwecksetzende Kompetenz beim Individuum.
Neue Strukturen der Verbindung von Arbeiten und Lernen werden im Wechsel innerhalb der verschiedenen Positionen der Arbeitsorganisation wirksam, um einen flexiblen Einsatz, aber auch ein höheres Organisationswissen zu erzeugen.
Neben Strukturen des „Lernens im Prozeß der Arbeit" im betrieblichen Arbeitsprozeß bilden sich veränderte und neue Strukturen ebenso im außerbetrieblichen Bereich heraus, in denen durch die Verknüpfung von Arbeiten und Lernen Kompetenzen erhalten und entwickelt werden können. Eine bedeutsame Stellung nimmt hier die Projektarbeit ein (vgl. auch Punkt 4.3).
Ergänzend seien weitere Formen aufgeführt, in denen sich Kompetenzentwicklung durch die Verknüpfung von Arbeit und Lernen realisieren läßt. Hierzu gehören z. B. Übungsfirmen[45] oder die Kopplung von Weiterbildungsträgern mit Übungsfirmen, weiterhin Formen vereinbarter Unterbrechungen des Arbeitsprozesses mit dem Ziel, die Freiräume für Kompetenzerweiterung zu nutzen (z. B. Coswiger Beschäftigungsmodell Sonntagsjahr)[46] oder Weiterbildung durch die Teilnahme am Arbeitsprozeß einer anderen Einrichtung (z. B. LOWTEC-Berlin).[47]
Eine spezifische kognitive Kombination von Arbeiten und Lernen stellen Reflexions- und Selbstreflexionsstrukturen dar, die Kompetenzen auf der Grundlage vorhandener Erfahrungen erweitern und entwickeln helfen sollen.
Im besonderen Maße könnte die produktive und soziale Erfahrung als Inhalt der Kompetenzerweiterung und der Erfahrungstransfer als Weg der Kompetenzentwicklung wirksam werden. Mit den Phasen des Erwerbs der Erfahrung, der Reflexion als Bewußtwerden und Verdichten der Erfahrung und dem Transfer der Erfahrung als Systematisieren und erneutem Anwenden könnte ein ganzheitlichen Aneignungsprozeß verwirklicht werden.

---

[45] Mühlbach u. a.: Analyse und Bewertung von Angeboten und Projekten mit Bildungskomponente zur aktiven Bewältigung von Langzeitarbeitslosigkeit. QUEM-Materialien 1, Berlin 1995, S. 59
[46] Kirchhöfer: a. a. O.
[47] Kirchhöfer u. a.: a. a. O.

Memorandum

3.3 Lernen im sozialen Umfeld

Das Lehren und Lernen im sozialen Umfeld bringt eine Vielzahl neuer Strukturen hervor bzw. modifiziert vorhandene:

1. Prozesse der Institutionalisierung und Professionalisierung vorhandener sozialer, wissenschaftlicher und kultureller Teilarbeiten vor allem über kommunale Projekte, Projekte von Fördervereinen oder Landesarbeitsgemeinschaften;

2. Integration von Weiterbildung in vorhandene Strukturen, insbesondere in Vereinen, Selbsthilfegemeinschaften, Bürgerinitiativen, Moderations-, Beratungs- und Konsultationszentren;

3. die Ausweitung vorhandener administrativer Zentren um Weiterbildung, insbesondere im Rahmen der kommunalen und regionalen Ausschüsse und die damit verbundene Entwicklung von Qualifikationspotentialen auf den verschiedenen Ebenen der Kommunen.

Insbesondere haben sich im Transformationsprozeß Institutionen bzw. Einrichtungen entwickelt, die aus ihrem Status als Überbrückungsfunktion oder Nothilfegemeinschaft heraus Weiterbildung organisieren und steuern wie z. B. ABS-Gesellschaften, Servicegesellschaften.
So wäre es durchaus denkbar, daß Vereine als Träger eigener Bildungspotentiale auftreten. Sie könnten sich als geeignete Strukturen erweisen, indem sie über relativ funktionierende Organisationsnetze verfügen, weitgehend gemeinsame Interessenlagen der Mitglieder voraussetzen und über definierte Tätigkeitsfelder verfügen, die ihrerseits Bildungsbedürfnisse erzeugen. Die Tatsache, daß sie Individuen unabhängig vom Alter, der ethischen Zugehörigkeit, des sozialen Status erfassen, macht sie auch für Weiterbildungsangebote in Problemgruppen geeignet.
Auch in Beratungszentren und -diensten könnte sich eine der möglichen Grundstrukturen künftiger Weiterbildung herausbilden.
Weiterhin vollziehen sich gegenwärtig in Bereichen der Selbsthilfe für Weiterbildung interessante Prozesse, die gerade für Kompetenzerhalt und Kompetenzentwicklung, für Menschen, die zeitweilig oder dauerhaft nicht im Arbeitsprozeß integriert sind, an Bedeutung gewinnen werden.

3.4 Veränderte didaktisch-methodische Formen des Lehrens und Lernens

Die Veränderungen in den didaktischen Lehr- und Lernformen[48] sind in der Weiterbildung vor allem durch die veränderten Selbst- und Mitbestimmungsmöglichkeiten der Teilnehmer gegenüber Lerninhalten und Lernzielen, die Modifizierung der pädagogischen Führung, die Selbstorganisation des Lernens durch Leiter und Teilnehmer, die

---

[48] Als „didaktisch-methodische Form des Lehrens und Lernens" werden die pädagogischen Strukturen bezeichnet, in denen sich die zielgerichtete individuelle und/oder kollektive Aneignung eines bestimmten Gegenstandsbereiches (Inhalt) vollzieht.

individuelle Differenzierung der Aneignungsprozesse und die Reflexivität der Akteure charakterisiert.

Dieser „Entschulungsproceß" der Weiterbildung zeichnet sich als dominierende Tendenz ab. Neben die frontale Vermittlung tritt in zunehmendem Maße die Erarbeitung in der Gruppe, die pädagogische Führung nimmt Züge einer Moderation an, der Lehrervortrag wird durch den Dialog von gleichberechtigten Teilnehmern erweitert, das zentral vorgeplante Curriculum wird durch ein offenes gemeinsames Lernangebot ergänzt. Diese Veränderungen bringen neue didaktische Formen hervor (z. B. Formen des medialen Selbstlernens), sie modifizieren traditionelle Formen (Übungen nehmen den Charakter des Trainings, das Unterrichtsgespräch die Form einer Repräsentation selbsterarbeiteter Positionen an) und sie führen zu vielfältigen Kombinationen von traditionellen und neuen Formen (wie z. B. dem Lehrervortrag und der Videodemonstration, der Diskussion und der ISDN-Konferenzschaltung). Insofern ist die gegenwärtige Modernisierung auch nicht durch eine Entgegensetzung von traditionellen und modernen didaktischen Formen bestimmbar, sondern durch Übergangsprozesse zwischen beiden, Mischformen und wechselnden Funktionszusammenhängen ein und derselben Form.

Dem widerspricht die mitunter euphorische Aufwertung einzelner Lehr- und Lernformen wie z. B. die Gruppenarbeit, welche in der Gegenüberstellung zum Frontalunterricht schlechthin als die neue, dem emanzipatorischen Lerninhalten adäquate Form apostrophiert wurde. Die Gruppenarbeit (eine auch in der DDR vielfältig praktizierte Form) ist eine Form neben anderen und kann auch nur situationsadäquat ihre Vorzüge entfalten (wie z. B. wachsende Effizienz des Lernens durch Synergieeffekte, soziale Lernprozesse mit erhöhter Mitbestimmung, Identitätsstützung und Selbstvergewisserung).

Aus einer solchen Sicht heraus ist diese Organisationsform durchgängig in den Weiterbildungseinrichtungen akzeptiert, wenn auch die Nutzung in der Weiterbildungspraxis mit einer gewissen Zurückhaltung erfolgt,[49] Befragte, Kursleiter bzw. Dozenten begründen beispielsweise diese mit dem hohen Zeitaufwand, dem Vorbereitungsaufwand und den dabei auftretenden Koordinierungsschwierigkeiten, der fehlenden Kontinuität in der Zusammenarbeit und der mangelhaften Kenntnis individueller Voraussetzungen der Teilnehmer sowie mit einer „Störung der eigenen pädagogischen Strategie". Eine Modernisierung in den didaktischen Lehr- und Lernprozessen führt demnach nicht zur Degenerierung pädagogischer Kompetenz, sondern bedeutet vielmehr

- wachsende pädagogische Führungskompetenz in der Konzipierung und Vorplanung, wobei die Vorbereitungsphase häufig selbst schon soziale Arbeitsformen voraussetzt und Resultat solcher Arbeiten ist;
- intensive soziale Beziehungen zwischen den Leitern und den Teilnehmern im Sinne der Beratung, des Coaching, der sozialen Unterstützung;
- die Steuerung der Selbstlernprozesse durch eine flexible Organisation und intensive Reflexion und Selbstreflexion beider Akteure, die wiederum höhere Ansprüche an die pädagogische Durchdringung stellt.

---

[49] Von untersuchten 120 Kursen arbeiten nur 6 ständig mit Arbeitsgruppen, 14 häufig, 56 ein- oder zweimal während des Lehrgangs und 44 gar nicht mit dieser Form.

Memorandum

Dieser pädagogische Anspruch setzt den langfristigen Einsatz von Dozenten, deren eigene Kompetenzentwicklung, das Zusammenwirken von Leitungen und Dozenten sowie die gemeinsame Evaluation der Veranstaltungen voraus.

4. Die neue Aufgabe Potentialsicherung Arbeitsloser

4.1 Die Notwendigkeit neuer Lösungsansätze

Der ostdeutsche Transformationsprozeß ist u. a. davon gekennzeichnet, daß in einem äußerst kurzen Zeitraum die ehemaligen Großbetriebe der DDR im Industrie-, Dienstleistungs- und Landwirtschaftsbereich umstrukturiert und gleichfalls dezentralisiert wurden. Untersuchungen in ausgewählten Branchen[50] sowie Treuhand- und Extreuhandunternehmen[51] vermitteln einen Eindruck von einem bis dahin nicht gekannten Prozeß von Strukturbrüchen über alle Branchen und Regionen hinweg, begleitet von einem rasanten Personalabbau in den Unternehmen, der kaum Grundsätzen westlicher Personalentwicklungsstrategien entsprach. Entlassungen erfolgten eher nach sozialen als nach qualifikatorischen Gesichtspunkten. Dies führte zu einer neuen sowohl quantitativen als auch qualitativen Dimension von Arbeitslosigkeit, einschließlich Langzeitarbeitslosigkeit. Sie stellt sich nicht als ein vorübergehendes Problem dar, sondern als ein offenbar langandauernder Prozeß.

So prognostizieren makroökonomische Untersuchungsergebnisse bezüglich des Umfangs von Langzeitarbeitslosigkeit und möglicher Entwicklungstrends bei einem Erwerbspersonenpotential von 8,3 Millionen und einem möglichen Arbeitsplatzangebot von etwa 6 Millionen für das Jahr 2000 einen Umfang der Unterbeschäftigung von etwa 2 Millionen Personen. Das bedeutet, es ist lediglich mit einem Rückgang der Unterbeschäftigten von gegenwärtig 2,5 Millionen um etwa 500.000 Personen zu rechnen.[52]

Damit zeichnen sich Selektionsprozesse am Arbeitsmarkt ab, die nur im Trend mit den Erfahrungen der alten Bundesländer vergleichbar sind. Untersuchungen belegen, daß eine erweiterte Differenzierung der sehr inhomogenen Arbeitslosengruppe vorgenommen werden muß.[53] Trotz der Angleichungsprozesse an die bekannten Problemgruppen des Arbeitsmarktes gibt es zur Zeit noch eine neue, zusätzliche soziale Gruppe Arbeitsloser in den neuen Bundesländern, die

---

[50] Vgl. Branchenstudien: QUEM-report Hefte 2, 3, 5, 9, 10

[51] Vgl.: Wahse u.a.: Stand und Erfordernisse betrieblicher Weiterbildung in den neuen Ländern – Ergebnisse aus Befragungen von Treuhand- und Ex-Treuhandunternehmen, QUEM-report, Heft 6, Berlin 1993

[52] Vgl. u. a. Dahms; Schiemann: Neue Dimensionen transformationsbedingter Arbeitslosigkeit. QUEM-report, Heft 30, Berlin 1995

[53] Mühlbach u. a.: a. a. O.; Stieler-Lorenz; Grimm: Qualifikation und Langzeitarbeitslosigkeit in den neuen Bundesländern, QUEM-report, Heft 32, Berlin 1995; Dahms; Schiemann: Neue Dimensionen transformationsbedingter Arbeitslosigkeit, QUEM-report, Heft 30, Berlin 1995

- relativ jung ist – oft unter der Altersgruppe 45 bis 55 Jahren,
- qualifiziert ist – mit einem hohen Facharbeiteranteil, da sich die in der DDR herausgebildete Qualifikationsstruktur, mit ihrem geringen Anteil von An- und Ungelernten (1989 etwa 10 v.H.) auch in den Qualifikationsstrukturen der Arbeitslosen widerspiegeln,
- motiviert ist – mit einer nachgewiesenen hohen Lernbereitschaft und einer nach wie vor ausgeprägten Berufseinstellung sowie Erwerbsneigung, geprägt durch den hohen Stellenwert beruflicher Tätigkeit in der DDR.

Es gehört ferner zur Charakteristik dieser Gruppe, daß oftmals bereits verschiedene Maßnahmen der Arbeitsmarktpolitik (FuU, ABM u. a.) durchlaufen wurden (Herausbildung sogenannter Maßnahme- bzw. Arbeitslosen"karrieren") und demzufolge Qualifikationspotentiale bereits marktwirtschaftlichen Anforderungen angepaßt sind. Arbeitslosigkeit und Langzeitarbeitslosigkeit ist somit zu einem Phänomen geworden, das nicht primär auf individuelle Defizite (im sozialen, qualifikatorischen und motivationalen Bereich) sowie auf die üblichen Problem- und Randgruppen reduziert werden kann. Weiterbildung kann vielfach an gute Voraussetzungen im kognitiven, mentalen als auch motivationalen Bereich anknüpfen.

Deshalb sind auf den unterschiedlichen Ebenen bzw. in den einander bedingenden Bereichen neue Lösungsansätze gefragt, die in besonderer Weise den Gedanken des Erhalts und der Entwicklung vorhandener Qualifikationspotentiale Arbeitsloser einschließen. Es sind Konzepte und Modelle nötig, um auch für diesen Personenkreis Handlungskompetenz in all ihren Aspekten zu erhalten und auszuprägen, wobei individuell recht unterschiedlich ausgeprägte Komponenten gerade im Bereich der Sozial- und Methodenkompetenz zu berücksichtigen sind.[54]

Diesen Ansprüchen kann ein „klassisches Bild" von Weiterbildung, das vorrangig auf institutionalisiertes, organisiertes Lernen sowie auf fachlichen Wissenserwerb gerichtet ist, offenbar nicht genügen.[55] Es bedarf einer Weiterbildung, die sich stärker auf Antizipation künftiger Lebensprozesse orientiert und nicht vorrangig auf Anpassung an sich verändernde berufliche Anforderungen, d. h., dahinter verbirgt sich letztlich ein verändertes Verständnis von Bildungsarbeit insgesamt.

Die aus der besonderen Situation des Transformationsprozesses erwachsende Notwendigkeit, menschliches Potential für die Gesellschaft dadurch zu erhalten, daß neue individuelle Lebenskonzepte auch außerhalb beruflicher Tätigkeit entwickelt werden, unterstützt das Interesse an der Diskussion dieses Ansatzes. Unter dem Druck ansteigender und sich verfestigender Massenarbeitslosigkeit wird Bildung und Weiterbildung immer mehr die Funktion übernehmen, neue Lebenskonzepte zu erschließen.

Eine Auffassung der beruflichen Weiterbildung als ganzheitliche Kompetenzentwicklung schließt diesen Gedanken ein. Hier kann an erste Erfahrungen angeknüpft

---

[54] Vgl. Dietrich; Golz: Langzeitarbeitslosigkeit und Bewältigungsstrategien, QUEM-report, Heft 31, Berlin 1995
[55] Vgl. Knöchel;Trier: Arbeitslosigkeit und Qualifikationsentwicklung. edition QUEM, Band 5, Münster/New York 1995

Memorandum

werden, die im Rahmen der Konzipierung und Durchführung „projektgebundener" und „prozeßbegleitender" Qualifizierungsmaßnahmen gesammelt wurden.[56]
Es geht verstärkt um die Entwicklung solcher Modelle, die qualifizierte, motivierte und veränderungsbereite Arbeitslose (bzw. von Arbeitslosigkeit Bedrohte) darin unterstützen, nicht nur neu entstehende Arbeitsplätze durch angepaßte Qualifikationen auszufüllen, sondern eigene neue Arbeitsplätze und Tätigkeitsfelder zu erschließen. Für den ostdeutschen Transformationsprozeß bedeutet das, ein nach wie vor verfügbares qualifikatorisches Potential Arbeitsloser in einen langandauernden gesellschaftlich-wirtschaftlichen Umstrukturierungsprozeß bzw. Veränderungsprozeß einzubeziehen, der die Gesamtheit von Kenntnissen, Lebens- und Arbeitserfahrungen sowie Normen- und Wertsystemen erfaßt.
Dabei sollte auf das Wissen, Können und Erfahrungspotential auch älterer Arbeitsloser nicht verzichtet werden. Studien zur Bewältigung von Arbeitslosigkeit bei älteren Akademikern (auch über 50 Jahre) haben in diesem Zusammenhang gezeigt, welches Veränderungs- und Innovationspotential auch dieser Gruppe innewohnt.[57]

4.2 Kompetenzentwicklung in Verbindung von Lernen und Arbeiten

Potentialsicherung bzw. Potentialentwicklung stellt sich gerade auch für Arbeitslose im Transformationsprozeß als ein sehr komplexer Lehr- und Lernprozeß dar, der gleichzeitig unterstützen sollte

- die Anpassung an neue beruflich-fachliche und technologische Ansprüche sowie die Ausprägung von Fähigkeiten, die sich aus Anforderungen moderner Prozesse der Arbeitsorganisation und einer veränderten Unternehmens- und Arbeitskultur ergeben;
- die transformationsbedingte Veränderung des gesamten Normen- und Wertesystems unter nicht nur veränderten wirtschaftlichen, sondern gleichfalls gesellschaftlichen und sozialen Strukturen;
- die Entwicklung individueller Strategien zur Bewältigung von Arbeitslosigkeit, einschließlich einer Veränderung von Lebenskonzepten.

Dieses komplexe Zielprofil stellt an die Weiterbildung Arbeitsloser die Forderung, Handlungskompetenz mit all ihren Komponenten auszuprägen und eine Erweiterung von Fachkompetenz stärker mit der Entwicklung von Selbst-, Sozial- und Methodenkompetenz zu verknüpfen. Dieser Mehrbedarf an methodischer und sozialer Kompetenz für arbeitslose Ostdeutsche erwächst aus vielschichtigen Bedingungen, zu denen u. a. gehören:

---

[56] Vgl. Hartmann; Wölfing: Entwicklungsbegleitende und projektgebundene Qualifizierung – ein Beitrag zur Entwicklung neuer Methoden der Erwachsenenbildung im Transformationsprozeß. QUEM-Materialien 4, Berlin 1995
[57] Vgl. Herbert u. a.: Trotzdem kreativ – Lebensabschnitte ohne Berufsarbeit sinnvoll nutzen. Berlin 1995; Mirschel: Ein Modellkurs zur beruflichen Anpassung älterer Wirtschaftsfachleute. (unveröffentlichtes Manuskript 1995)

- verstärkte Interaktion durch die Entwicklung zur Dienstleistungsgesellschaft,
- erhöhte Anforderungen an die persönliche Entscheidungskompetenz durch eine zunehmende Individualisierung,
- erhöhte Methoden- und Sozialkompetenzverluste.[58]

Ein besonderes Problem erwächst daraus, daß gerade Sozial- und Methodenkompetenz (Fähigkeiten, Verhaltensdispositionen) am ehesten im Arbeitsprozeß entwickelt werden können, d. h., am Fachgegenstand in der Kombination verschiedener Tätigkeiten mit unterschiedlichen qualifikatorischen Anforderungen.[59]
Bei nach wie vor fehlenden Arbeitsplätzen müssen deshalb neue Tätigkeitskonzepte entwickelt werden, die in besonderer Weise Arbeiten und Lernen (auch außerhalb traditioneller Erwerbsarbeit) verbinden. Dabei sind erweiterte Handlungsfelder denkbar, wenn Arbeit nicht auf ihre gewinnbringende und wertschöpfende Funktion reduziert wird, sondern verstärkt als individuell sinngebende, werterhaltende sowie die soziale Marktwirtschaft stabilisierende Tätigkeit verstanden wird.[60] Das erfordert auch, über eine Neuverteilung sowie über den gesellschaftlichen Wert von Arbeit neu nachzudenken. Sicherlich wird eine Bewältigung des Arbeitslosenproblems – als ein gesamtgesellschaftliches Problem – nur in Einheit von Wirtschaftswachstum und gleichzeitigem Überdenken bestehender Gesellschafts- und Wirtschaftsmodelle möglich sein, die z. B. die Erschließung zusätzlicher Felder für Erwerbsarbeit berücksichtigen.

Die von der Arbeitsgemeinschaft QUEM initiierten Untersuchungen zum Problem der Arbeitslosigkeit und möglicher Bewältigungsstrategien in Ostdeutschland gehen auf o. g. Denkweisen ein und versuchen, auf Lösungsansätze aufmerksam zu machen. Vorliegende Ergebnisse machen auf notwendige Differenzierungen hinsichtlich vorhandener Fach-, Methoden- und Sozialkompetenz bei den Arbeitslosen aufmerksam und begründen differenzierte und zielgruppenspezifische Maßnahmen zur Potentialentwicklung.[61]
In der Praxis haben sich in den letzten Jahren unterschiedliche Formen der Potentialentwicklung bzw. Kompetenzentwicklung durch die Verknüpfung von Arbeiten und Lernen herausgebildet, die vom Ansatz her gute Chancen für einen Wiedereinstieg in Erwerbsarbeit versprechen (und bereits gezeigt haben). Sie sollten deshalb weiter verfolgt werden.

Erstens: Kompetenzentwicklung unmittelbar in betrieblichen Zusammenhängen
Die Bemühungen externer Weiterbildungsträger, bei der Qualifizierung von Arbeitslosen Arbeiten und Lernen miteinander zu verbinden, werden im wesentlichen davon bestimmt, in Weiterbildungsmaßnahmen längerfristige Betriebspraktika einzubinden.

---

[58] Dietrich; Golz: Langzeitarbeitslosigkeit und Bewältigungsstrategien. QUEM-report, Heft 31, Berlin 1995
[59] Knöchel; Trier: a. a. O.
[60] Trier: Lernen und neue Felder für Erwerbsarbeit. In: QUEM-Bulletin, 12/93
[61] Dietrich; Golz: a. a. O. Mühlbach u. a.: a. a. O.

Memorandum

In diesem Sinne sind hier gute Möglichkeiten gegeben, am Fachgegenstand über praktische Tätigkeiten in Unternehmen nicht nur Fachkompetenz, sondern in gleicher Weise Sozial- und Methodenkompetenz auszuprägen. Praktika in Unternehmen erweisen sich als wichtige Schnittstelle von Interessenlagen der unterschiedlichen regionalen Akteure. Vielfach werden wirtschaftliche Anpassungskurse für Ökonomen, Ingenieure, Wirtschaftswissenschaftler u. ä. mit Praxisteilen gekoppelt.[62] So ergeben sich

a) für die Betroffenen im Rahmen des Praktikums Möglichkeiten, im Unternehmen den eigenen künftigen Arbeitsplatz zu erschließen;
b) für die Unternehmen Chancen, über Experten (Innovationsassistenten, Assistent des Geschäftsführers u. ä.) ihre Position am Markt zu stärken;
c) für den Weiterbildungsträger die nötigen Kontakte zu Unternehmen als potentielle Kunden für betriebliche Weiterbildung;
d) für die Arbeitsämter und alle Beteiligten eine erhöhte Vermittlungsquote in den ersten Arbeitsmarkt.

Ein weiterer Modellansatz ist die Kombination von bezahlter Arbeit in Tätigkeitsfelder (z. B. im Rahmen von Beschäftigungsprojekten) mit einer arbeitsbegleitenden Qualifizierung in betrieblichen Weiterbildungseinrichtungen. So könnten speziell auch junge und qualifizierte Erwerbslose an veränderten betrieblichen Arbeitsprozessen partizipieren und gleichfalls ihr berufliches Wissen und Können aktualisieren. Daneben erweisen sich betriebsnahe Übungsmöglichkeiten wie Übungsarbeitsplätze, Übungswerkstätten und Übungsfirmen als geeignet, vor allem für Berufe, die mit konjunktureller Belegung wieder erhöhte Arbeitsmarktchancen besitzen.

Zweitens: Kompetenzentwicklung in „Sozialen Betrieben"
Unter den Bedingungen verfestigter massenhafter Langzeitarbeitslosigkeit kommt der Einrichtung „Sozialer Betriebe", die über kurzfristige Beschäftigungsmaßnahmen hinausgehen, eine besondere Bedeutung zu, soweit es gelingt, Wettbewerbsverzerrungen zu vermeiden. Sie erfüllen die Doppelaufgabe der beruflichen Reintegration und Qualifizierung von Langzeitarbeitslosen und der Produktion von Gütern und Dienstleistungen unter Marktbedingungen. Sie verstetigen die Beschäftigungsverhältnisse und haben gleichzeitig die Chance, in einem mehrjährigen Prozeß unter den neuen wirtschaftsstrukturellen Bedingungen Güter oder Dienstleistungen herzustellen. Neben den engeren fachberuflichen Qualifikationen werden vor allem die auf den Markt gerichteten Kompetenzen der Mitarbeiter dieser Betriebe gefördert.[63]

Drittens: Kompetenzentwicklung als integrativer Bestandteil in ABS-Gesellschaften
Gesellschaften zur Arbeitsförderung, Beschäftigung und Strukturentwicklung bieten gute Möglichkeiten, auch durch unmittelbares „Lernen im Prozeß der Arbeit" Methoden- und Sozialkompetenzen zu entwickeln.

---

[62] Mirschel: Ein Modellkurs zur beruflichen Anpassung älterer Wirtschaftsfachleute. Eine Studie im Auftrag des BMBF (unveröffentlichtes Manuskript 1995)
[63] Knöchel; Trier: a. a. O.

Wurde ursprünglich Weiterbildung als nach außen verlagerte oft von den Arbeitsaufgaben isolierte Maßnahme verstanden, zeichnet sich nunmehr ein (wenn auch differenzierter) Prozeß ab, Qualifizierungserfordernisse aus den konkreten Projektaufgaben abzuleiten und Lernen in den Arbeitsprozeß zu integrieren.
Andererseits ist es fraglich, ob ein vom Markt weitgehend ausgegrenzter Träger tatsächlich praxisnahe marktorientierte Qualifizierung (wie Management, betriebswirtschaftliches Denken, Qualitätsansprüche usw.) realisieren kann. Auch in diesem Zusammenhang ist die Forderung überlegenswert, ABS-Gesellschaften verstärkt in erwerbswirtschaftliche Aktivitäten einzubinden. Letztlich könnten Übergänge in den ersten Arbeitsmarkt auch dadurch unterstützt werden.[64]
Trotz ernst zu nehmender Bedenken, die sich teils auf Marktverzerrungen beziehen, teils auf individuelle Mängel (Passivität, ungenügende Flexibilität und Mobilität, Beharrungsvermögen), die einen Übergang in den ersten Arbeitsmarkt erschweren,[65] hat sich in ländlichen, strukturschwachen Regionen gezeigt, daß ABS-Gesellschaften als Trägerformen für Beschäftigungsmaßnahmen auch weiterhin potentialerhaltende Funktionen wahrnehmen können.[66] Künftige Förderstrategien sollen sich stärker am objektiven Bedarf sowie an den noch auszuschöpfenden Potenzen orientieren, auch im Sinne regionaler Innovationsparks zur Wirtschaftsförderung in der Region.

Viertens: Qualifizierung im Rahmen von Projektarbeit
Beschäftigungsprojekte, die in der Regel als Arbeitsbeschaffungsmaßnahme ausgestattet sind, stellen eine reale Beschäftigungssituation dar. Sie leisten je nach ihrer Zielstellung und personellen Besetzung unterschiedliche Beiträge zum Potentialerhalt bzw. zur Kompetenzentwicklung. In den vergangenen Jahren ist eine vielfältige Landschaft solcher Beschäftigungsprojekte entstanden, vor allem in den Bereichen soziale Betreuung, Ökologie, Unterstützung wirtschaftlicher Restrukturierung, Kultur, Entwicklung innovativer Technik und Technologien.
Derartige Projekte enthalten Anteile berufsspezifischer Facharbeit, andere im Arbeitsprozeß anzueignende Teilqualifikationen und hohe Anteile berufsunspezifischer überfachlicher Qualifikationen auf ganz unterschiedlichen Niveaustufen je nach Projekt – von Hilfsarbeit bis zu spezialisierter Forschungsarbeit. Vor allem, wenn sie längerfristig angelegt sind, haben sie immanente Qualifizierungseffekte und bieten relativ günstige Möglichkeiten für Einmündung in Beschäftigungsverhältnisse auf dem ersten Arbeitsmarkt oder zur Überführung derartiger Projekte in selbständige, am Markt agierende Unternehmen.[67]

---

[64] Dehnert: Weiterbildung in ABS-Gesellschaften – Situation, Probleme, Tendenzen. Pilotstudie im Auftrag des BMBF (unveröffentlichtes Manuskript), Berlin 1995
[65] Staudt; Voß: Der Zweite Arbeitsmarkt – Sprungbrett oder Sackgasse? QUEM-report, Heft 18, Berlin 1994
[66] Ernst; Feist: Potentiale von Gesellschaften für Arbeitsförderung, Beschäftigung und Strukturentwicklung (ABS) und Beschäftigungs- und Qualifizierungsgesellschaften (BQG) im ländlichen Raum. Studie im Rahmen der Regionalprojekte Neubrandenburg und der ITF Schwerin (Hrsg.), Neubrandenburg/Schwerin 1994
[67] Vgl. Knöchel; Trier: a. a. O.; Mühlbach u. a.: a. a. O.

Memorandum

4.3 Neue Strukturen für Kompetenzentwicklung

Die Entwicklung der letzten Jahre lassen einen Prozeß der Neustrukturierung im Weiterbildungsbereich erkennen, der insbesondere auch unter der Aufgabenstellung einer ganzheitlichen Kompetenzentwicklung bzw. des Potentialerhalts Erwerbsloser gesehen werden muß. Dieser Prozeß ist nicht abgeschlossen und Positionen sowie Strukturierungsansätze sind nicht unumstritten.
Insgesamt zeichnet sich folgende Struktur potentialerhaltender Maßnahmen und Modelle ab:

Erstens: Nach wie vor bleibt die an den sich ändernden Anforderungen von Industrie, Verwaltung und übrigen Dienstleistungen orientierte organisierte berufliche Weiterbildung in Gestalt von Anpassungsfortbildung oder Umschulung auch für Langzeitarbeitslose bedeutsam. Sie leistet einen wichtigen Beitrag zum Potentialerhalt, wenn sie mit realen beruflichen Verwertungschancen verbunden ist und keine sozialpolitische Alibifunktion erfüllt.

Zweitens: Ferner sind Modelle zur Verknüpfung von Arbeiten und Lernen auf zur Erwerbsarbeit adäquaten Tätigkeitsfeldern unverzichtbar (vgl. 4.2). Bei öffentlich subventionierter Arbeit muß das Ziel der Integration in den „ersten Arbeitsmarkt" an oberster Stelle stehen.

Drittens: Ausgehend von der These, daß gerade Sozial- und Methodenkompetenz auch außerhalb des beruflich-fachlichen Arbeitshandelns erhalten und entwickelt werden können, da ihr Erwerb zwar an konkrete, jedoch nicht ganz bestimmte Tätigkeiten gebunden ist, ergeben sich weitere Möglichkeiten der Kompetenzentwicklung Erwerbsloser. Dazu gehören Tätigkeiten außerhalb heute üblicher Erwerbsarbeit wie Nachbarschaftshilfe, gemeinnützige, vor allem soziale Tätigkeiten in der Region, in Vereinen, Verbänden und Selbsthilfegruppen.[68]
Sie alle stellen Ansprüche an Qualifikation. Dafür sind mitunter neue inhaltliche, didaktische und organisatorische Konzepte zu entwickeln. In besonderer Weise bedürfen diese Modelle funktionierender sozialer Infrastrukturen. Hier ergibt sich ein dringender Handlungsbedarf für die Kommunalpolitik und Akteure aus vielen regionalen Bereichen. Der übergeordnete Gesichtspunkt ist, Leistungsvermögen und Leistungsbereitschaft zu bewahren und durch Entwicklung und Einsatz vielfältiger, sinnhafter, den einzelnen fordernder sowie von der Gesellschaft anerkannter Tätigkeiten auszubauen, von denen prinzipiell alle Bürger profitieren können – in der Ökologie, der Bildung, der Kultur, im sozialen Bereich.[69]

Diese weite Auffassung von den Möglichkeiten und Formen, menschliches Leistungsvermögen zu erhalten, beruht auf der Erwartung, daß aus den immer komplexer werdenden sozialen Beziehungen neue Felder für berufliche Tätigkeit mit wachsenden qualifikatorischen Ansprüchen erschlossen werden.

---

[68] Knöchel; Trier: a. a. O.
[69] Trier: Lernen und neue Felder von Erwerbsarbeit. In: QUEM-Bulletin, 12/93

Viertens: Zusätzliche Möglichkeiten bei der Entwicklung extrafunktionaler Qualifikationspotentiale bietet ebenso die kulturelle Arbeit, die über die bereits erwähnte Projektarbeit im Kulturbereich hinausgeht.

Der mit ihrer Hilfe geförderte Neuorientierungs- und Sinnfindungsprozeß kann die dringend notwendigen Gestaltungskräfte aktivieren, die dann nicht nur als kulturelle Ressourcen wirksam werden. Öffentliche Kommunikationsräume, wie sie „Kulturelle Orte" in Form von kommunalen Kultureinrichtungen, freien Kulturinitiativen usw. in ihren je spezifischen Formen und mit ganz besonderen Wirkungsmöglichkeiten bieten, sind dafür eine gute Voraussetzung.

Untersuchungen[70] stellen heraus, daß „Kulturelle Orte" sowohl einen Raum für spezifische Aneignungsprozesse (freie Entscheidung, Freizeitbindung, emotionale Wirkung u. a.) als auch vielfältige Möglichkeiten zur Ausprägung solcher Fähigkeiten bieten, die auch für den Arbeitsprozeß entscheidend sind (Kommunikationsfähigkeit, Kreativität, Organisationsfähigkeiten, Managementfähigkeiten u. a.).

„Kulturellen Orten" kommen zwei Funktionen zu:
- Sie können Maßnahmen von Weiterbildungsträgern inhaltlich ergänzen (z. B. Angebote für kulturell-künstlerische Veranstaltungen und soziale Kontaktmöglichkeiten).
- Sie können direkt in Weiterbildungsmaßnahmen einbezogen werden, d. h. als Ort des Praktikumseinsatzes.

Fünftens: Eine besondere Bedeutung erlangt das selbstorganisierte autodidaktische Lernen. Es vollzieht sich teils in Verknüpfung mit bereits genannten Modellen, teils auch durch die Nutzung von Medien und durch Wahrnehmung von Angeboten der Bildungseinrichtungen zur Erweiterung und Vertiefung ganzheitlicher Kompetenzen. Für Personen, die im Arbeitsprozeß stehen, ergeben sich aus dem eigenen Arbeitsfeld entscheidende Impulse für individuelle Selbstlernprozesse mit dem Ziel, entweder Berufspositionen zu festigen oder die berufliche Tätigkeit zu ändern.[71]

Für Arbeitslose können diese Anstöße in erster Linie aus der Motivation (festen Vorsatz) resultieren, wieder in Arbeit zu kommen sowie aus relativ klaren Vorstellungen über eine künftigen Lebensgestaltung. Voraussetzung dafür sind nach wie vor erhaltene individuelle Lebenskonzepte, Motivationen, Aktivitäten und Fähigkeiten zum Selbstlernen. Vorwiegend trifft dies auf die Arbeitslosengruppe der Höherqualifizierten zu. Ein Beispiel dafür sind die nachgewiesenen Aktivitäten arbeitsloser älterer Akademiker.[72]

Die Befähigung zum autodidaktischen Lernen sowie zur effektiven Nutzung unterstützender Medien werden künftig einen weitaus größeren Stellenwert im Prozeß der Kompetenzentwicklung einnehmen. Eine sozialpädagogische Begleitung bei potentialsichernden Maßnahmen im Sinne von Lernhilfen bzw. Selbstlernbefähigung sind

---

[70] Brückner u. a.: Der Beitrag kultureller Orte zum Potentialerhalt Arbeitsloser im Komplex beruflicher Weiterbildung. QUEM-report, Heft 36, Berlin 1995
[71] Ihbe; Wehrmeister: Autodidaktisches Lernen in der beruflichen Weiterbildung. Eine vom BMBF geförderte Studie (unveröffentlichtes Manuskript 1995)
[72] Herbert u. a.: a. a. O.

Memorandum

hierbei ein wichtiger Ansatz.[73] Dies wiederum setzt eine entsprechende Qualifikation sowohl der Sozialpädagogen als auch der Lehrkräfte insgesamt voraus.

Sechstens: Ein „übergeordnetes Strukturprinzip" ist die Regionalisierung potentialerhaltender Maßnahmen und Aktivitäten.

Potentialsicherung und Potentialentwicklung Arbeitsloser erweist sich als eine Daueraufgabe, die nur im Kontext von Bildung und Beschäftigung im Rahmen regionaler Strukturentwicklungen gelöst werden kann.

Potentialerhaltende Maßnahmen für Arbeitslose müssen endogene Potentiale einer Region nutzen und sich in die konkrete wirtschaftliche und sozio-kulturelle Entwicklungsprozesse einbringen. Deshalb sollten der Auf- und Ausbau kommunikativer Netzwerke unterstützt werden, die eine notwendige Integration von regionaler Wirtschafts-, Arbeitsmarkt- und Bildungspolitik befördern.

5 Transformation international

Die Frage nach den Lehren aus dem ostdeutschen Transformationsprozeß für Mittel- und Osteuropa bedarf einer behutsamen und differenzierten Betrachtung. Transformation wird als doppelter Übergang aufgefaßt – einerseits aus ökonomischer Sicht von der Plan- zur Marktwirtschaft, andererseits aus politischer Sicht vom Totalitarismus zur Demokratie.

Hier ist zu berücksichtigen, daß es unterschiedliche Transformationsprozesse in den einzelnen Ländern gibt, da weder die Planwirtschaft im politischen Osteuropa noch die Marktwirtschaft in den westlichen Industriestaaten einheitliche Organisationskonzepte darstellen.

Die Unterschiedlichkeit der Transformationsprozesse in Ostdeutschland und in den Reformstaaten ist neben den differenzierten wirtschaftlichen und politischen Voraussetzungen insbesondere durch die jeweiligen kulturhistorischen Traditionen bedingt, die zur Ausprägung spezifischer Normen und Werte geführt haben. Eine grundsätzliche Lehre aus dem ostdeutschen Transformationsprozeß besteht darin, daß gerade der Veränderung dieser Normen und Werte sowie Identitäten eine große Bedeutung zukommt. Die Frage, wie dieser längerfristige Wandlungsprozeß zu gestalten ist und welche Rolle dabei der Weiterbildung zukommt, muß jedes Land für sich selbst beantworten. Hier kann es keine einheitlichen Normen oder Handlungsanweisungen geben.

Zu den ostdeutschen Erfahrungen gehört, daß berufliche Weiterbildung vorrangig als ganzheitliche Kompetenzentwicklung verstanden und durch neue Modelle und Konzepte ausgestaltet werden muß. Aufgrund der kulturellen Unterschiede sowie sozialen und wirtschaftlichen Bedingungen der einzelnen Länder können jedoch solche Erfahrungen nur über einen Dialog zwischen gleichberechtigten Partnern ausgetauscht werden, der gegenseitiges Verständnis und Toleranz voraussetzt.

---

[73] Knöchel: Sozialpädagogische Begleitung in der Weiterbildung. In: ITF, Schriften zur beruflich-betrieblichen Weiterbildung in den neuen Ländern, Band 20, Schwerin 1994

5.1 Unterschiedlichkeit der Entwicklungen

Vergleicht man die bisher in Ostdeutschland und in den mittel- und osteuropäischen Staaten (MOES) abgelaufenen Transformationsprozesse, so ergeben sich weitere wesentliche Unterschiede sowohl in den Rahmenbedingungen als auch in den zeitlichen Dimensionen. Der ostdeutsche Transformationsprozeß ist durch den Beitritt zur Bundesrepublik und die vollzogene Wirtschafts- und Währungsunion weitgehend extern gesteuert (Übernahme des Rechts- und Institutionssystems, Einführung einer starken konvertierbaren Währung, enormer Kapitaltransfer – 1992 betrug z. B. die gesamte MOES-Hilfe nur ein Zehntel des deutsch-deutschen Transfers; in kurzer Zeit Aufbau einer marktwirtschaftlichen Infrastruktur).

In den mittel- und osteuropäischen Staaten verläuft dieser Prozeß dagegen eher evolutionär und stärker geprägt von den lokalen Bedingungen, den Traditionen der jeweiligen Gesellschaft. Es bahnt sich ein Prozeß der Anpassung und des kollektiven und institutionellen Lernens an, nicht der Nachahmung fertiger Muster.

Während in Ostdeutschland die Zielsetzung für den Übergang durch die Übernahme der Rahmenbedingungen vorgegeben war, ist selbst die Richtung in den MOES ein zentrales Feld für politische Kämpfe und soziale Konflikte. Sie vollziehen sich vor dem Hintergrund tiefgreifender sozialer Veränderungen und Enttäuschungen, hoher Inflation, sinkendem Lebensstandard breiter Schichten u.a. Somit hat jedes Land eine andere Ausgangsposition; der Übergang zu Marktwirtschaft und Demokratie wird wesentlich längere Zeiträume beanspruchen.

Grob skizziert lassen sich bezüglich des Entwicklungsstandes der Reformen drei Gruppen von Ländern angeben:[74]

1. Ungarn und Slowenien – hier scheint sich ein einigermaßen reifes System von marktwirtschaftlichen Institutionen herausgebildet zu haben;

2. Polen, Tschechien und Slowakische Republik – befinden sich in der Aufbauphase;

3. andere Länder sind bei den ersten Schritten zur Einführung marktwirtschaftlicher Mechanismen, bei der Suche nach Lösungen politischer Probleme, die die Einleitung wirklicher Reformen bedingen.

Die Unterschiedlichkeit der Ansätze wird auch auf der Unternehmensebene deutlich. Die Schwierigkeit, vor der die Unternehmen in Ostdeutschland wie in den Reformstaaten standen und stehen, ist eine doppelte. Sie müssen einerseits den Transformationsprozeß vom Plan zum Markt und andererseits möglichst gleichzeitig einen Paradigmenwechsel von tayloristisch strukturierten zu modernen Unternehmensstrukturen vollziehen, um auch mittelfristig im sich verschärfenden Wettbewerb zu bestehen. Die Strategien auf dem Weg zur Marktwirtschaft werden hauptsächlich durch die Umbruchbedingungen diktiert und unterscheiden sich substantiell. Das zeigt sich besonders an zwei Aspekten, an den „Privatisierungs- und Personalstrategien" sowie an der Marktorientierung der Unternehmen. In Ostdeutschland wurde auf

---

[74] Kozek: Anpassung der Qualifikationsstrukturen an die Bedingungen der Marktwirtschaft aus Sicht internationaler Erfahrungen. QUEM-report, Heft 23, Berlin 1994

Memorandum

eine schnelle Privatisierung und Erreichung der Wettbewerbsfähigkeit der Unternehmen am Markt gesetzt.

Mit dem Beitritt und der Währungsunion waren die ohnehin nur begrenzt marktfähigen ostdeutschen Betriebe dem freien Markt ausgesetzt und hatten zudem eine Aufwertung von 300 bis 400 Prozent zu verkraften. So erfolgte in kurzer Zeit ein enormer Personalabbau in den Unternehmen – vielfach auf 20 bis 10 Prozent der bisherigen Personalstärke –, um überhaupt eine Überlebenschance zu haben.[75] Staatlicherseits wurde dieser Prozeß des Personalabbaus wie der Umstrukturierung der gesamten Wirtschaft durch eine entsprechende Arbeitsmarktpolitik (Anpassungsqualifizierung, soziale Abfederung) mit enormen finanziellen Mitteln flankiert.

In den mittel- und osteuropäischen Reformstaaten dagegen vollziehen sich die Prozesse des Umbaus der Wirtschaft, der Restrukturierung und Privatisierung der Unternehmen in viel längeren Zeiträumen, da die notwendigen flankierenden Maßnahmen auf Grund der fehlenden Wirtschaftskraft der Länder nur bedingt erfolgen können und somit die politischen Handlungsspielräume wesentlich enger sind. Ebenso differiert die Produktorientierung der Unternehmen. Während sich ostdeutsche Unternehmen auf Grund des hohen Lohnniveaus mit anspruchsvollen, innovativen Produkten den Weg zum Weltmarkt suchen müssen, konzentrieren sich die Reformstaaten zunächst auf einfachere Produkte. (Eine Industriearbeiterstunde kostet gegenwärtig in Polen 3,45 DM und in Ostdeutschland 26,53 DM.)[76]

Auch diese verschiedenen Ansätze erfordern jeweils spezifische Konzepte, was sich wiederum in den Zielen und Konzepten der beruflichen Weiterbildung widerspiegelt.

5.2 Gemeinsame Ziele und Visionen

Bei allen dargestellten Unterschieden in den Transformationsprozessen Ostdeutschlands und der MOES gibt es sowohl vergleichbare Grundprobleme als auch gemeinsame Ziele und Visionen. So steht vor allen Ländern die Aufgabe, den Übergang zur Demokratie und Marktwirtschaft zu vollziehen, auch wenn die Wege zwangsläufig unterschiedlich sein werden.

Die Grundprobleme – Ablösung der Zentralsteuerung der Wirtschaft durch eine dezentrale Selbstorganisation, Umbau der Beschäftigtenstruktur, Forcierung des Wertewandels sowie der Kampf gegen die durch den Umbruch entstandene neue Dimension der Arbeitslosigkeit (Transformationsarbeitslosigkeit) – sind in allen postkommunistischen Staaten zu lösen.

Ein zweiter Gesichtspunkt ist in den gemeinsamen Wurzeln der europäischen Kultur sowie der gemeinsamen Zukunft zu sehen. Darauf gilt es aufzubauen, um die Arbeitswelt der Zukunft zu gestalten, die durch den schnellen Wandel von Technologie und damit verbunden von Märkten gekennzeichnet ist. Eingebettet ist diese Entwicklung in den Übergang vom nationalen zum globalen Wirtschaftsraum. Der sich ausbildende

---

[75] Föhr: Qualifizierung als Unternehmensaufgabe im Transformationsprozeß. QUEM-report, Heft 16, Teil 1, S. 135, Berlin 1994

[76] Informationsdienst des Instituts der deutschen Wirtschaft: MOE-Staaten. Beachtliche Exporterfolge. iwd Nr. 32 vom 10. 08. 1995

Transformation international

gemeinsame europäische Markt – unter Berücksichtigung des osteuropäischen Umbruchs – sowie die immer stärker werdende internationale Konkurrenz führen zu einem zunehmenden Wettbewerbs- und Modernisierungsdruck, dem nur in der gesamteuropäischen Dimension erfolgreich begegnet werden kann.

Im Rahmen der europäischen Integration ergeben sich daraus für den einzelnen wichtige qualifikatorische Anforderungen.

Dabei gewinnt die Befähigung zur Aneignung neuen Wissens immer größeres Gewicht. Daraus resultiert ein Nachdenken über neue Bildungsstrukturen. Die Notwendigkeit ist in Osteuropa durch den Systembruch zweifellos erkannt, während die Einsicht dazu in Westeuropa vorerst fehlt. Innovationen auf diesem Feld sind danach am ehesten aus den ostdeutschen und osteuropäischen Transformationsprozessen zu erwarten und können die gesamteuropäische Diskussion außerordentlich befruchten.

5.3 Gestaltung internationaler Zusammenarbeit

Gerade die bestehenden Gemeinsamkeiten hinsichtlich der Problemlagen und Zielsetzungen lassen es als sinnvoll erscheinen, die im ostdeutschen Transformationsprozeß gemachten positiven wie auch negativen Erfahrungen in einen gemeinsamen Diskussionsprozeß bzw. internationalen Erfahrungsaustausch einzubringen. Dabei könnten die in Ostdeutschland gesammelten Erkenntnisse sowie deutlich gewordene Ansätze und Positionen für weitere Entwicklungen den osteuropäischen Ländern bei der Bewältigung ihrer spezifischen Probleme hilfreich sein. Andererseits können auch die in den Reformstaaten zwischenzeitlich vorliegenden Erfahrungswerte für die gesamteuropäische Entwicklung von Interesse sein.

Das heißt, wirksame Unterstützung kann nur über ein Modell gleichberechtigter Partnerschaft inszeniert werden, in das Ostdeutschland aus heutiger Sicht u. a. folgende Erkenntnisse und Erfahrungen in die Diskussion einbringt:

- Der Transformationsprozeß stellt einen außerordentlich komplexen Lernvorgang dar und erfordert deshalb ebenso komplexe Lösungsansätze.
- Der ostdeutsche Transformationsprozeß hat deutlich gemacht, daß regionale Ansätze unter Nutzung vorhandener Potentiale besonders gefördert werden sollten.
- Betriebliche Personalstrategien verliefen in Ostdeutschland fast ausschließlich als Personalabbaustrategien. Personalentwicklung sollte jedoch als gestaltendes Element in Restrukturierungskonzepte eingebunden werden.
- Der ostdeutsche Transformationsprozeß hat gezeigt, daß es notwendig ist, parallel zu Investitionen in Sachanlagen die Entwicklung von Humanressourcen – insbesondere von kleinen und mittleren Unternehmen – durch staatliche Programme zu fördern.
- Als entscheidender Lernort erwies sich der Betrieb. Notwendige Anpassungsqualifikationen sollten möglichst betriebsnah vorgenommen werden, um erfolgreich zu sein. Berufsbegleitende Qualifizierung ist wirkungsvoller als längerfristige Seminare.
- Qualifikationspotentiale Arbeitsloser können ebenso durch eine Verknüpfung von Lernen und Arbeiten erhalten und weiter entwickelt werden. Modelle, wie Arbeitsfördergesellschaften, Arbeitsprojekte oder soziale Betriebe und damit staatlich subventionierte Arbeit können für eine Bewältigung des Umstrukturierungsprozes-

Memorandum

ses und der damit verbundenen „Transformationsarbeitslosigkeit" genutzt werden, wenn ihre Aktivitäten strikt auf die Integration der Arbeitnehmer in den „ersten Arbeitsmarkt" gerichtet sind.

Die Umsetzung eines Partnerschaftsmodells erfordert eine effiziente Einbindung von Qualifizierungshilfen, wobei den Vorbereitungsmaßnahmen von Projekten eine viel größere Aufmerksamkeit zu schenken ist. Notwendig sind eine viel stärkere Zusammenarbeit vor Ort und eine gemeinsame Entwicklung von Konzepten. Dies bedeutet eine gewisse Abkehr von fertigen „exportierten Westkonzepten".

Dem internationalen Erfahrungs- und Informationsaustausch ist auf Grund der neuartigen und vielfach komlexen Prozesse nach wie vor große Aufmerksamkeit zu schenken. Dabei erscheint der Erfahrungsaustausch zwischen den Reformstaaten besonders wichtig, da die Vergleichbarkeit von dort ablaufenden Prozessen oft wesentlich größer ist als mit Ostdeutschland.

Sinnvoll erscheint die Einrichtung einer osteuropäischen Moderatoren- und Initiatorenstelle, die aus Vertretern der Reformländer und Deutschen zusammengesetzt sein sollte.

Hier könnten die ostdeutschen Erfahrungen mit den Projekten „QUEM" und den „Regionalen Qualifikationsentwicklungszentren (RQZ)" als den Transformationsprozeß begleitende Moderatoren nützliche Dienste leisten.

III Vom Umbruch zur neuen Normalität

Eine Herausforderung, so wurde bereits im Kapitel I. angedeutet, ist der Transformationsprozeß in den neuen Bundesländern – und in den einstigen Ostblockländern – nicht nur, weil es sich dabei sich um den historisch einmaligen Prozeß eines grundlegenden politischen, ökonomischen und sozialen Systemwechsels unter Friedensbedingungen handelt. Eine Herausforderung ist er vielmehr auch, weil er synchron zum grundlegenden Wandel der modernen Volkswirtschaften und Unternehmen verläuft und zugleich darin eingebettet ist.

Dieser Wandel manifestiert sich in einer Globalisierung der Märkte, weltweitem Wettbewerbsdruck, höchsten Qualitätsansprüchen an Produkte und Dienstleistungen, raschen technologischen und gesellschaftspolitischen Veränderungen und der daraus resultierenden objektiven Notwendigkeit selbstorganisativ lernender, kundenorientierter Unternehmen mit flacheren Hierarchien und offener Organisation. Zugleich resultiert daraus die subjektive Notwendigkeit eines Wandel der Wertesysteme, der Kompetenzen und der Beziehungen der Menschen untereinander, und zusammengenommen: eine Veränderung von Führungswirklichkeit und Führungsanforderungen der Manager, eine zunehmende Orientierung an den Interessen aller sozialen Bezugsgruppen des Unternehmens. Das Humankapital, der Mensch, ist zum wichtigsten strategischen Erfolgsfaktor geworden.[77]

Die neue Zauberformel lautet nicht „Computer integrated manufactoring", wie in den achtziger Jahren vermutet, sondern „Computer and human integrated manufactoring."[78]

Ein notwendiger Übergang von der beruflichen Weiterbildung zur Kompetenzentwicklung (Fachkompetenz, Methodenkompetenz, Sozialkompetenz, Persönlichkeitskompetenz und resultierend Handlungs- und Veränderungskompetenz) bis hin zur integrierten Personal- und Organisationsentwicklung bei der Entwicklung der Humanressourcen,[79] wie er sich abzeichnet, ist damit nicht nur Teil des historisch singulären Umbruchs in den neuen Bundesländern, sondern Bestandteil der neuen, sich herausbildenden Normalität in der gesamten sich wandelnden Bundesrepublik Deutschland. Mehr noch: Weil sich dieser Übergangsprozeß in den neuen Bundesländern unter einem in den alten Bundesländern seit langem unbekannten Zeit- und und Innovationsdruck, unter massiver individueller und institutioneller Verunsicherung und deshalb

---

[77] Meyer-Dohm: Einleitung. Bildungsarbeit im lernenden Unternehmen. In: Meyer-Dohm; Schneider: Berufliche Bildung im lernenden Unternehmen. Neue Wege der beruflichen Qualifizierung. Stuttgart, Dresden 1991

[78] Probst: Selbstorganisation. Ordnungsprozesse in sozialen Systemen aus ganzheitlicher Sicht. Berlin, Hamburg 1987

[79] Staudt; Frieling: Standortsicherung durch berufliche Kompetenzentwicklung. Arbeitspapier der ABWF, Bochum, Kassel 1995

Memorandum

mit äußerster Radikalität vollzieht, liefert er Verfahrensweisen, Lösungen und Einsichten, die weit über den ostdeutschen Transformationsprozeß hinaus von Interesse sind. Es ist sicher nicht übertrieben, zu behaupten: Der Ostdeutsche Transformationsprozeß hat Beispielfunktion für viele der anstehenden wirtschaftspolitisch dringend notwendigen Transformationsprozesse in der gesamten Bundesrepublik – auch und gerade auf dem Gebiet der Aus- und Weiterbildung, der Personal- und Organisationsentwicklung. Betrachtet man berufliche Kompetenzentwicklung und integrierte Personal- und Organisationsentwicklung als zentrale Momente für die Sicherung des Standortes Deutschland auch in Zukunft[80], ist die Ausnutzung der in Ostdeutschland gewonnenen Lösungen und Einsichten damit ein zwingendes Gebot.
Anhand der in Kapitel II referierten Forschungsergebnisse zu entsprechenden Lösungen und Einsichten sollen hier die wichtigsten Schlußfolgerungen hervorgehoben werden. Abschließend werden diese in einem verallgemeinernden Bild zusammengefaßt.

Erstens: Im Wettbewerb marktwirtschaftlich-selbstorganisativer Systeme mit den administrativen Kommandosystemen der staatssozialistischen Länder haben sich erstere als deutlich überlegen erwiesen. Das bedeutet allerdings nicht, daß sich selbstorganisationstheoretische Betrachtungsweisen bereits durchgesetzt haben. Besonders im Bereich der betrieblichen Personal- und Organisationsentwicklung wird oft noch in Modellen hierarchischer Organisation, administrativer Führungsstile, einer Geringschätzung der Unternehmenskultur- Problematik und, daraus resultierend, eines eingeengten Verständnisses von betrieblicher Personalentwicklung gedacht. Berufliche Weiterbildung wird oft noch einseitig als Vermittlung von Wissen und linearer Funktionsfähigkeit (Rädchenmentalität) anstatt als Vermittlung von Kompetenz- und Handlungsfähigkeit begriffen, welche die eigentlichen Voraussetzungen des Organisierens in selbstorganisierenden Systemen[81] darstellen.
Die konsequente Berücksichtigung des Selbstorganisationsdenkens im Bildungsbereich setzt jedoch neue bildungstheoretische Grundlagen und bildungspraktische Ansätze voraus, die ihrerseits neue Lehr- und Lernformen (Schwergewicht des Selbstlernens im Prozeß der Arbeit und im sozialen Umfeld, trainingsnahe Bildungsformen, Wert- und Kompetenz lernen im Sinne von Interiorisationsprozessen[82] und ein neues Management der Veränderung unternehmerischer Handlungsfelder voraussetzen.
Die im Transfomationsprozeß erfolgreichen ostdeutschen Unternehmen waren notgedrungen im höchsten Maße lernende Unternehmen: ausgerichtet auf Organisationskonzepte im Sinne offener Entwicklungsprozesse auf der Basis eines evolutionären Entwicklungsverständnisses; die Leitidee des Lernens in diesen lernenden Unternehmen war und ist die der kontinuierlichen und kooperativen Selbstqualifizierung und Selbstorganisation[83]. Man kann, zugespitzt, sagen: Die anfangs etwas verschwommene Idee des lernenden Unternehmens hat in diesen ostdeutschen Unternehmen zunehmend Gestalt angenommen und kann sich als eine Schlüsselvorstellung künftiger Unternehmensinnovationen erweisen.

---

[80] Staudt; Frieling: a. a. O
[81] Probst: a. a. O.
[82] Erpenbeck; Weinberg: Menschenbild und Menschenbildung. edition QUEM, Band 1, Münster/New York 1993
[83] Meyer-Dohm: a. a. O.

Damit zusammenhängend wurde, wie Abschnitt 1 zeigt, eine weitere, ursprünglich aus der Betrachtung japanischer Erfolge abgeleitete Grundidee klar verifiziert: die Führungsrolle der Personalentwicklung im technischen Wandel.[84] Nur diejenigen ostdeutschen Unternehmen konnten sich am Markt halten, die eigene Wege schneller technischer Innovation realisierten. Bei all diesen spielte aber nachweislich eine innovative Personal- und Organisationsentwicklung die Hauptrolle, während umgekehrt, und ebenso nachweisbar, die Unternehmen auf der Strecke blieben, die mit dem notwendigen Wert- und Kompetenzwandel nach der Wiedervereinigung nicht zurechtkamen. Schon die ersten Einschätzungen ost- und westdeutscher Führungskräfte 1991 wiesen auf das Primat der Personalentwicklung beim Wandel zur Marktfähigkeit hin.[85] Bei einer ganzen Reihe von Unternehmen ist, wie bereits dargestellt, die Personalentwicklung noch heute ein Defizitbereich. Hier sind weitere theoretische und empirische Bemühungen dringend notwendig.

Da die Wertvorstellungen und Kompetenzen der Mitarbeiter und des Unternehmens als ganzem in seiner Unternehmenskultur gebündelt sind und kommuniziert werden, muß diese bei einem prinzipiellen Transformationsprozeß wie dem in den neuen Bundesländern eine wichtige Rolle spielen. Tatsächlich sind hier Fragen der Unternehmenskultur in den zurückliegenden Jahren überproportional zur übrigen Bundesrepublik thematisiert worden.[86] Das weist nicht nur auf das zunehmende Gewicht der Unternehmenskultur in selbstorganisativen Unternehmensveränderungen hin, sondern gestattet auch, den oft verschwommenen Begriff genauer zu analysieren, wie es in mehreren Arbeiten angestrebt wurde. Dies wird auch weitere Untersuchungen zur Unternehmenskultur befruchten.

Erwartungsgemäß haben sich kleine und mittlere Unternehmen beim Einsatz neuer Methoden der Personal- und Organisationsentwicklung als besonders flexibel erwiesen. Hier ist ein innovatives Potential entstanden, dessen Erfahrungen es bundesweit darzustellen und auszuwerten gilt. Andererseits sind auch die Fehlstellen und selbst die auf diesem Gebiet versagenden Unternehmen lehrreich, sind doch die Mängel aufgrund der gravierenden Folgen offensichtlicher und deshalb analytisch oftmals leichter zu erfassen.

In den erfolgreichen ostdeutschen Unternehmen hat sich ein neuer Führungsstil herausgebildet, der keinesfalls nur eine Kopie übergestülpter „westlicher" Stile ist. Vielmehr berücksichtigt er sowohl die effiziensversprechenden Momente moderner Unternehmensführung als auch spezifisch ostdeutsche Erfahrungen, die gerade auf dem Gebiet beruflicher Bildung beträchtlich sind. Interessant ist weiterhin, den Gedanken überraschender Ähnlichkeiten zwischen japanischen und ostdeutschen Führungsstilen und den sie prägenden Werten (Senioritätsprinzip, Paternalismus, überhöhte Wertschätzung der Arbeitssphäre, Solidarität, Gruppenarbeit, langzeitige Betriebsbindung, relativ geringere Einkommensunterschiede usw.) weiterzuverfolgen.

---

[84] Staudt; Rehbein: Innovation durch Qualifikation. Personalentwicklung und neue Technik. Frankfurt am Main, Frankfurter Allgemeine Zeitung/Wirtschaftsbücher, 1988
[85] Noelle-Neumann: Präsentation der Ergebnisse des CAPITAL – Führungskräfte-Panels. „Ziehen Ost- und West-Führungskräfte an einem Strang?" Manuskriptdruck, Berlin 1992
[86] Lang (Hrsg.): Wandel von Unternehmenskulturen in Ostdeutschland und Osteuropa. II. Chemnitzer Ostforum. Manuskriptdruck, Chemnitz 1995

Memorandum

Zweitens: Der durch den Übergang vom administrativen Kommandosystem zum selbstorganisativ-marktwirtschaftlichen System notwendig gewordene massive Bildungs- und Weiterbildungsbedarf wurde primär durch zahlreiche – und leider viel zu wenig untersuchte – Selbstlernprozesse in den Unternehmen, aber auch im sozialen Umfeld abgedeckt. Dabei ist ein bedauerliches Wegbrechen zahlreicher Bereiche des einstigen sozialen Umfelds (etwa: Kulturhäuser, Zirkel, Bekanntennetze) ohne die Entstehung ausreichender Äquivalente (z. B. Vereine) zu registrieren. Die Analyse der Selbstlernprozesse liefert Modelle der Wert- und Kompetenzentwicklung in Unternehmen, wie sie zunehmend auch für die alten Bundesländer interessant werden.

Andererseits ist, ausgehend von den in Abschnitt 2 zusammengetragenen Ergebnissen, festzustellen, daß die notwendigen Funktionsveränderungen im Markt der beruflichen Weiterbildung nur begrenzt stattgefunden haben. Zwar bewährte sich der Bildungsmarkt als Ordnungsprinzip und erzielte besonders dort Erfolge, wo eine sinnvolle Kombination von Lernen und Arbeiten, insbesondere ein Lernen im Prozeß der Arbeit und im sozialen Umfeld realisiert werden konnte, wie dies in Abschnitt 3 dargelegt ist. Andererseits sind durch fehlende Rahmenbedingungen, durch Probleme bei der Analyse, Beratung und der Transparenz von Weiterbildungsprozessen und durch Schwierigkeiten bei der Qualitätssicherung beruflicher Weiterbildung die angestrebten Funktionsveränderungen nur partiell wirksam geworden. Das ist nur zu einem Teil auf Mängel im Angebot der Weiterbildungsfirmen, auf eine unveränderte Übertragung westdeutscher Erfahrungen zurückzuführen. Wichtiger und perspektivisch interessanter ist es, jene Mängel zu analysieren, die durch ungenügende Berücksichtigung des selbstorganisativen Charakters der neuen Unternehmen und der damit verknüpften Bedeutung der Wert- und Kompetenzsphäre sowie der Selbstlernprozesse im Arbeits- und sozialen Umfeld zustandekamen. Besonders gravierend ist dabei die Tatsache, daß die Vermittlungs- und Herausbildungsprozesse von Werten und Kompetenzen nur wenig untersucht und oft vernachlässigt worden sind. Selbst die geeigneten Meßinstrumente fehlen, um Wert- und Kompetenzveränderungen transparent und damit sinnvoll in Analyse-, Beratungs- und Qualitätssicherungsvorhaben einbeziehen zu können. Hier sind wichtige Ergebnisse für die neue Normalität beruflicher Weiterbildung unter den großen Herausforderungen des Wandels der modernen Volkswirtschaften und Unternehmen zu erwarten.

Drittens: Während die ostdeutsche Transformation zu einem realen Übergang vom administrativen Kommandosystem zum selbstorganisativ-marktwirtschaftlichen System führte, müssen die vor der gesamten Bundesrepublik stehenden Herausforderungen dazu führen, daß man den selbstorganisativen Charakter der notwendigen wirtschaftlichen Transformationen genauer wahrnimmt und zunehmend auch die politisch notwendigen, demokratisch legitimierten Wandlungsprozesse als selbstorganisativ begreift. Daraus resultieren, wie in Abschnitt 3 umrissen, neue Lehr- und Lernformen, die von frontaler Wissensvermittlung zur partizipatorischen Wissensaneignung, von der Informationsweitergabe zur Wertinteriorisation, von der Stoffvermittlung zur Kompetenzerweiterung, von unidirektionalen Lehrformen zu bidirektionalen Trainingsformen, von hierarchischem Lehrer-Schüler-Verhältnis zu Lernstattmodellen mit Methoden von Supervision als Kontroll-"Mechanismen", vom Lernen für den Prozeß der Arbeit zum Lernen im Prozeß der Arbeit führen. Alle diese Lehr- und Lernformen besitzen starke Verallgemeinerungsfähigkeit über den ostdeutschen

Transformationsprozeß hinaus, sind Bestandteil der Weiterbildung unter den Bedingungen des gesamten volkswirtschaftlichen Wandels der Gegenwart.

Viertens: Ein gesondertes Problem, das sich infolge des zusammenbrechenden Marktes in Ostdeutschland besonders kraß und mit gravierenden politischen Folgen stellte, aber für die gesamte Bundesrepublik zunehmendes Gewicht besitzt, sind die Aufgaben der Potentialerhaltung und -entwicklung Arbeitsloser. Es ist notwendig, durch Kompetenzerhalt und Kompetenzentwicklung die Arbeits- und Lernfähigkeit von Arbeitnehmern zu erhalten und gemessen an den sich ändernden Anforderungen zu erweitern. Dabei können Standortentwicklung und Kompetenzentwicklung nicht voneinander losgelöst betrachtet werden: Vorhandene Kompetenzen werden in Zukunft Standorte ebenso attraktiv machen wie günstige Infrastrukturkomponenten. Zugleich hat die Entwicklung von Potentialen Arbeitsloser eine große humane, soziale und politische Bedeutung für den Arbeitsfrieden in Deutschland. Neue Lösungsansätze zum Verständnis von Arbeit, zur Neubewertung von Freizeit und von sozialen Aufgaben ohne Erwerbscharakter sind gefragt. Bewältigungsstrategien von Arbeitslosigkeit und Teilzeitarbeit müssen entwickelt werden. Viele der in Ostdeutschland zwangsläufig gefundenen Lösungen sind neuartig und beispielhaft und bedürfen einer weiteren Analyse, um sie in die neue Normalität zu integrieren. Weiterbildung bekommt in diesem Zusammenhang einen sozialpolitischen Stellenwert, wie sie ihn nie zuvor besessen hat.

Fünftens: Aus all diesen Überlegungen – gewonnen unter den Bedingungen der großen Herausforderung der ostdeutschen Transformation und verallgemeinernd zusammengefaßt unter dem Gesichtspunkt, sie in die neue Normalität der größeren Bundesrepublik zu überführen – lassen sich Schlußfolgerungen für das notwendige Management der Veränderung in den Handlungsfeldern Struktur, Politik, Forschung und Entwicklung und Sozialpartnerschaft ziehen. Das wird im folgenden Kapitel versucht.
Stattdessen soll, das Vorstehende zusammenfassend, ein verallgemeinerndes Bild am Schluß stehen, das von einem erweiterten Lernbegriff ausgeht.[87] Betrachten wir das Feld der Lernprozesse, so läßt sich die Normalität des neuen Lernens in folgenden Tendenzen zusammenfassen:

(1) Als Lerner sind gleichberechtigt und mit gleicher Forschungsintensität das lernende Individuum, Funktionaleinheiten/Teams und die lernenden Unternehmen als Ganzes zu untersuchen; gerade bei letzteren gibt es erhebliche Forschungsdefizite, die unter Rückgriff auf die im ostdeutschen Transformationsprozeß gewonnenen Erfahrungen erfolgversprechend bearbeitet werden können. Es geht folglich nicht nur um das Lernen im Unternehmen, sondern auch um das Lernen des Unternehmens selbst.

---

[87] Vgl. Frieling; Reuter: Lernen im Prozeß der Arbeit – Ein Konzept zu Forschungen im Bereich der betrieblichen Weiterbildung. Bochum: Arbeitspapier der ABWF, Bochum 1995, vgl. auch Staudt; Frieling: Standortsicherung durch berufliche Kompetenzentwicklung, Arbeitspapier der ABWF, Bochum, Kassel 1995

Memorandum

(2) Der Lernprozeß bewegt sich vom fremdorganisierten Lernprozeß der klassischen Weiterbildung mehr und mehr in Richtung selbstorganisiertes Lernen, in Richtung des Lernens im Prozeß der Arbeit, bis hin zu den in Ostdeutschland besonders eindrucksvoll zu studierenden Selbstlernprozessen während der Transformation. Das verlangt, die Lern-, Qualifikations- und Bildungsbegriffe qualitativ und funktional zu erweitern, das Verständnis von Bildungsinstitutionen breiter zu fassen und soziale Institutionennetze einzubeziehen. Methodisch bewegt sich entsprechend das Lehren von frontal-unidirektionalen zu trainigsartig-bidirektionalen Verfahren.

(3) Die Lerninhalte verlagern sich von reinen Erkenntnissen, Informationen und Fertigkeiten hin zu Werten und wertdeterminierten Informationen sowie zu Kompetenzen, welche die Werte einschließen und Erfahrungen, Fähigkeiten und Handlungsweisen mit umfassen. Das alles bezieht sich nicht nur auf fachliche Kompetenzen, sondern ebenso auf methodische, soziale und zunehmend auch auf Persönlichkeitskompetenzen, unter denen Kreativität, Durchsetzungsfähigkeit, Veränderungsbereitschaft, vor allem aber Werthaltungen, Selbstmotivationsfähigkeiten und Selbstlernkompetenzen die entscheidenden sind.[88]

Es gilt nun, die im Rahmen der ostdeutschen Transformationsprozesse gewonnenen Erkenntnisse und Erfahrungen in die Bearbeitung dieses erweiterten, für das Verständnis und die Gestaltung der sich schnell wandelnden gesamtdeutschen Normalität unumgänglichen Forschungsfeldes einzubringen.

---

[88] Heyse: Qualifikationstransformation als Prozeß kollektiven und institutionellen Lernens – Führungskonsequenzen aus bisherigen Erfahrungen. Arbeitspapier der DIC, Berlin 1995

IV Management der Veränderung

Für die effiziente Ausgestaltung des Handlungsfeldes beim Übergang von der beruflichen Weiterbildung zur Kompetenzentwicklung sind vielfältige Änderungen von Strukturen, Rahmenbedingungen und Fördergrundsätzen notwendig.[89] Auf den jeweiligen Handlungsfeldern stehen die jeweils unterschiedlichen Akteure in der Verantwortung.

Handlungsfelder

*K*ooperationsnetze schaffen

Untersuchungen haben gezeigt, daß die komplexe Aufgabe „Transformation von Qualifikation" komplexe Lösungsstrategien erfordert. Eine speziell auf eine Branche oder einen Politikbereich gerichtete Orientierung wird diesem Anspruch nicht gerecht. Deshalb ist es vordringlich, Kooperationsnetze aufzubauen, die die Akteure in verschiedenen Funktionen miteinander verbinden. Verstärkte Kooperationen sind gefordert auf der betrieblichen Ebene, ebenso wie innerhalb der Regionen; notwendig ist auch eine verstärkte Vernetzung von Arbeitsförderung und wirtschaftlicher Strukturpolitik.

*A*lte Positionen verlassen

Positionen, die sich im Zusammenhang mit der Ausgestaltung der Weiterbildung in den alten Ländern entwickelt haben, sind unter dem Druck der Erfahrungen des Transformationsprozesses in grundsätzlichen wie in Detailfragen zu überprüfen.
In den alten Bundesländern hat sich in den letzten 40 Jahren eine Arbeitsteilung zwischen Arbeitsförderung, Wirtschaftsförderung und Bildung ergeben, die den Anforderungen einer zukunftsorientierten Kompetenzentwicklung nicht mehr gerecht wird. Hier sind Veränderungen notwendig.
Dies gilt für eine Reihe von Gestaltungselementen in der beruflichen Bildung, so zum Beispiel für
- die Aufgaben des AFG bei der Anpassung der Qualifikationsstrukturen,
- eine Subventionierung betrieblicher Personalentwicklung,
- die Übernahme westdeutscher Weiterbildungsgesetze und die Einschätzung der Weiterbildung als eine auf organisiertem und institutionellem Lernen beruhende „Vierte Säule" des Bildungswesens,

---

[89] vgl. S. 415: KAIZEN

Memorandum

- die Rahmenbedingungen für den Markt beruflicher Weiterbildung wie beispielsweise die Sicherung der Wettbewerbsfähigkeit, Transparenz und Qualitätssicherung,
- die Finanzierung betrieblicher Weiterbildung.

Instrumentalisierung neuer Funktionen

Die sich in allen Bereichen beruflicher Kompetenzentwicklung abzeichnenden erweiterten bzw. veränderten Aufgabenstellungen sowie neuen Funktionen erfordern neue Instrumentalisierungen und Organisationsformen, die dafür die nötigen Handlungsräume schaffen.
Beispielsweise müssen, bezogen auf die Aufgabe der Potentialsicherung, Förderinstrumente die qualitativ neuen Gruppen Arbeitsloser und Langzeitarbeitsloser berücksichtigen sowie eine Verbindung von wirtschaftsnaher Qualifizierung mit Arbeit herstellen.
Die Regionalisierung von Weiterbildungsstrukturen bedarf neuer Organisationsformen, d. h. Instrumente, die diese Prozesse der regionalen Vernetzung verschiedener Politikbereiche befördern (z. B. regionale Moderationszentren).
Auf betrieblicher Ebene sind solche Finanzierungsmodelle zu entwickeln, die für eine stärkere Investition in das Humankapital die nötige Basis schaffen. Gleichfalls erfordert die Orientierung auf Kompetenzentwicklung z. B. durch Lernen im Prozeß der Arbeit einen neuen instrumentellen Rahmen, in dem sich diese zunächst abgehobene Forderung sowohl organisatorisch als auch finanztechnisch konkret realisieren läßt.

Zusammenwirken und Systematisierung der Forschung

Es ist selbstverständlich, daß moderne technische Entwicklungen ohne praxisorientierte Forschung und Entwicklung nicht möglich sind. Nicht selbstverständlich ist bisher, daß Kompetenzentwicklung für die Zukunft als komplexe Aufgabe einer ähnlichen Unterstützung bedarf. Hierfür eine leistungsfähige wissenschaftlich interdisziplinäre Infrastruktur aufzubauen und aufrechtzuhalten, ist zwingend erforderlich, wenn Themenfelder wie „Lernen im Prozeß der Arbeit" oder „Potentialentwicklung Arbeitsloser" nachhaltig als Gestaltungsaufgabe bearbeitet werden sollen. Die Kooperation von Arbeitswissenschaften, Arbeitspsychologie, Soziologie, Betriebswirtschaftslehre und Pädagogik ist hierfür gefordert.

Entscheidungsstrukturen ändern

Aktuelle Veränderungen in der betrieblichen Hierarchie signalisieren eine Abkehr von Entscheidungsstrukturen, die Weiterbildung und Personalentwicklung nur als Aufgabe von Personalabteilungen ansehen. Vielmehr sind hier Dezentralisierungstendenzen erkennbar, wenn beispielsweise Personal- und Organisationsentwicklung auf allen Hierarchieebenen des Betriebes umzusetzen sind. Ähnliche Tendenzen sind auch auf der politischen Ebene zu beobachten, so bei der Verlagerung von Verantwortlichkeiten auf die Regionen. Kompetenzentwicklung verlangt dezentrale Entscheidungsstrukturen.

Neuordnung der Finanzierungen

Strukturveränderungen müssen Änderungen in den Finanzierungen nach sich ziehen. So zum Beispiel sind Finanzierungsinstrumentarien des AFG oder Finanzierungsmodelle zur Personalentwicklung bei der Wirtschaftsförderung neu zu überdenken. Dies gilt auch für den betrieblichen Bereich, in dem Outsourcing, Cost-Center-Bildung und traditionelle Bildungsabteilungen unterschiedliches finanzwirtschaftliches Denken bewirken.

Akteure

Eine Lösung der komplexen Aufgaben verspricht nur Erfolg, wenn sich alle an diesem Prozeß beteiligten Akteure ihrer Rolle und Verantwortung bewußt sind.

Die Unternehmen

Für die Unternehmen ist Kompetenzentwicklung eine notwendige Investition, ohne die der Ertrag von Sachinvestitionen immer weniger gewährleistet ist. Erst beide komplementäre Investitionen zusammen sichern die fortbestehende Konkurrenzfähigkeit des Betriebs. Aus Sicht des modernen Unternehmens ist Kompetenzentwicklung eine kontinuierliche Aufgabe, die sowohl geplante Innovationen – eventuell vorbereitend – als auch ständig erforderliche Modernisierungen von Produktion und Dienstleistung begleiten muß. Im Rahmen der Investitionspolitik, aber auch der Fürsorgepflicht des Unternehmens für die Beschäftigten, ist Kompetenzentwicklung eine Bringschuld, für die das Unternehmen grundsätzlich auch die Kosten zu tragen hat.
Der in Sonntagsreden vielfach beschworene Zusammenhang zwischen Sach- und Humankapitalinvestitionen wird in der Realität nicht hinreichend berücksichtigt. Zudem ist die betriebliche Bildungspolitik vielfach durch traditionelles betriebliches Weiterbildungsdenken geprägt. Ein Denken in komplexen Lernstrukturen wird damit nicht befördert. Allerdings lassen die sich abzeichnenden Strukturwandlungsprozesse in der betrieblichen, insbesondere großbetrieblichen Bildungsarbeit einen Umdenkungsprozeß erkennen, den es zu verstärken gilt. Kurzfristiges Kostendenken allein löst die Probleme nicht.
Stärkere Nutzung des vorhandenen Qualifikationspotentials der Betriebe und eine darauf aufbauende Kompetenzentwicklung kann nur durch Lernstrukturen erreicht werden, die betriebliche Personalentwicklung und Flexibilisierung der Arbeitsorganisation mit unterschiedlichen Lernformen wie das Lernen im Prozeß der Arbeit und das autodidaktische Lernen miteinander verzahnen. So kann Kompetenz als Standortvorteil ausgebaut und insbesondere in den neuen Ländern die Änderung der Arbeitskultur effizient vorangetrieben werden. In den vorhandenen Qualifikationspotentialen liegen noch erhebliche Reserven, die es für Produktivitätssteigerungen zu nutzen gilt.

Die Gewerkschaften

Arbeitgeber wie Arbeitnehmer sollten ein gemeinsames Interesse an Kompetenzentwicklung haben. Angesichts der wachsenden Bedeutung beruflicher Kompetenz

Memorandum

sollte sie zunehmend auch Gegenstand tarifrechtlicher Vereinbarungen werden. Dabei wird es vor allem darauf ankommen, einen Ausgleich zwischen der Orientierung der Kompetenzentwicklung an den Bedürfnissen der Betriebe einerseits und den Interessen der Arbeitnehmer nach Mobilität andererseits zu finden. Diese bisherige Sichtweise bedarf der Erweiterung, da aus inhaltlichen Gründen etwa das Lernen im Prozeß der Arbeit und das autodidaktische Lernen immer mehr an Bedeutung gewinnen.

Im Interesse der Arbeitnehmer, deren Qualifikationsniveau in den neuen wie den alten Ländern sehr hoch ist und weiter steigen wird, muß auch gewerkschaftliche Bildungspolitik auf komplexe Lern- und Arbeitsstrukturen ausgerichtet sein und darf sich nicht ausschließlich auf kursale, nach Möglichkeit zertifizierte Weiterbildung beschränken. Lernintensive Arbeitsplätze liegen auch im Interesse der Arbeitnehmer. Auch an diesem Punkt wird deutlich, daß ein gewerkschaftliches Umdenken notwendig ist.

Der Staat

Staatliche Weiterbildungspolitik war in der Vergangenheit überwiegend bildungsinstitutionell geprägt. Weiterbildung als organisiertes Lernen nach einer ersten Bildungsphase macht diese Sichtweise ebenso deutlich wie die vielfach erhobene Forderung nach Ausbau der Weiterbildung zu einer vierten Säule des Bildungswesens. Hier ist eine Neuorientierung staatlicher Politik unter dem Paradigmenwechsel von der Weiterbildung zur Kompetenzentwicklung nötig. Dadurch entstehen vielfältige neue Handlungsfelder. Sie sollten nach dem Prinzip der dezentralen Selbststeuerung ausgestaltet werden, da Kompetenzentwicklung immer mit anderen Lebens- und Politikbereichen verzahnt sein muß und Adressat der mündige Bürger in seinen unterschiedlichen Lebensbezügen ist.

Der Staat hat die Aufgabe, im Interesse einer flexiblen Bedarfsdeckung den Marktcharakter beruflicher Weiterbildung zu erhalten und zu sichern. Die für jeden Markt notwendigen Rahmenbedingungen, insbesondere der Transparenz, Beratung, der Qualitätssicherung sowie der Bereitstellung einer regionalen Infrastruktur in wirtschaftlichen Krisenregionen sind auszubauen. Bei beruflichen Weiterbildungsangeboten staatlicher und öffentlicher Einrichtungen ist stärker als bisher darauf zu achten, daß diese den Regeln des Marktes unterliegen. In Teilbereichen wird der Erlaß von Weiterbildungsordnungen durch den Staat oder die Kammern ein zweckmäßiges Förderinstrument sein. Die Erfahrungen im Transformationsprozeß haben jedoch gezeigt, daß die Instrumente zu unflexibel eingesetzt werden.

Als Arbeitgeber hat der Staat die Aufgabe, im Interesse einer ständigen Effizienzerhöhung der Verwaltung zukunftsweisende Personalentwicklung im Sinne der Kompetenzentwicklung zu leisten. Im Transformationsprozeß haben wenig flexible Verwaltungen die Umstrukturierung erschwert.

Ähnlich wie im produzierenden Bereich sind die veränderten qualifikatorischen Anforderungen auch im Bereich der Verwaltungen nicht ohne intensive Forschung zu leisten. Insoweit sind die notwendigen Entwicklungsarbeiten deutlich zu verstärken. Gleichzeitig müssen praktisch umsetzbare Modelle gestaltet werden.

Dem notwendigen Zusammenhang von Wirtschaftsförderung und Kompetenzentwicklung wurde bisher kaum Rechnung getragen. Dies kommt in den neuen Ländern beispielsweise dadurch zum Ausdruck, daß Entwicklung von Humankapital entsprechend der Praxis in den alten Ländern kein förderfähiger Tatbestand ist, wodurch den ostdeutschen Betrieben erhebliche Nachteile entstanden sind. Deshalb sind hier die staatlichen Förderinstrumentarien zu erweitern.

Die Erwachsenenbildungsgesetze sind weiterzuentwickeln. Es ist dafür Sorge zu tragen, daß auf der kommunalen und regionalen Ebene durch die Verzahnung von Wirtschafts-, Arbeitsmarkt-, Sozial- und Kulturpolitik komplexe Lernstrukturen entstehen, die dem wirtschaftlich benötigten Qualifikationsbedarf möglichst flexibel entsprechen und Qualifikationspotentiale auch außerhalb von Erwerbstätigkeit sichern. Eine verstärkte Vernetzung der einzelnen Politikbereiche kann das wirkungsvoll unterstützen.

Anhang

Berufliche Kompetenzentwicklung als ganzheitlicher Lehr- und Lernprozeß[90]

Der Erhalt und die Entwicklung vorhandener Qualifikationspotentiale können nur erreicht werden, wenn berufliche Kompetenzentwicklung als ein ganzheitlicher Lehr- und Lernprozeß verstanden wird. Handlungskompetenz ist in all ihren Facetten zu entwickeln. Das bedeutet: Neben Fachwissen und -können sind vorrangig Sozial- und Methodenkompetenz auszuprägen.
Hieraus leiten sich Forderungen an neue Konzepte, Strategien sowie Inhalte, Methoden und Formen ab, die nur im Kontext einer Überprüfung und Erneuerung des gesamten Weiterbildungssystems zu erfüllen sind.
Diese globale Forderung, die gerade im Transformationsprozeß mit seinen gravierenden Strukturbrüchen wiederholt erhoben wurde, macht eine systematische Analyse des gegenwärtigen Weiterbildungssystems hinsichtlich seiner Potenzen und Schwachstellen erforderlich.
Für diese Aufgabe wurde ein dreidimensionales Modell entworfen, das von den drei Parametern Lernebene, Lerninhalt und Lernorganisationsform bestimmt wird.
So werden als wesentliche Lerninhalte/Kompetenzaspekte auf einer Achse Werte/Normen, Fähigkeiten/Fertigkeiten, Erfahrungen und Kenntnisse abgebildet. Die so differenzierten Elemente stehen insgesamt in einem Zusammenhang; isolierte Entwicklungen von Werten/Normen und Kenntnissen finden objektiv nicht statt.
Die zweite Achse bildet vier Lernebenen ab: Lernen individuell, Lernen in Gruppen (interindividuell), in Organisationen und zwischen diesen (interorganisational). Dabei blieb zunächst offen, ob zusätzlich die gesellschaftliche Ebene mit aufgenommen werden muß.
Auf der dritten Achse finden sich als Lernorganisationsformen die externe, marktmäßig organisierte Weiterbildung, die betriebliche Weiterbildung, das Lernen im Prozeß der Arbeit und autodidaktisches Lernen. In diesem Zusammenhang wurden folgende Arbeitsdefinitionen benutzt:

- externe marktmäßig organisierte Weiterbildung: Lernen in Kursen und Seminaren externer Weiterbildungsanbieter, häufig konventionelle Lernformen mit vorwiegend vorbestimmten Methoden und Materialien wie Lehrbüchern, audiovisuelle Medien u. ä.;
- betriebliche Weiterbildung: Weiterbildungsmaßnahmen in vorwiegend traditioneller Weise innerhalb des Unternehmens;
- Lernen im Prozeß der Arbeit: Lernen am Arbeitsplatz durch entsprechende Arbeitsorganisation ermöglicht (z.B. Gruppenfertigung, funktionsintegrierende Arbeitsplätze, Projektgruppenarbeit u. a.), dabei entsprechen Lerninhalte und -methoden vorwiegend den Arbeitsplatzanforderungen;
- autodidaktisches Lernen: Lernen aus eigenem Antrieb heraus ohne Aufforderung durch unmittelbar Vorgesetzte oder andere Führungskräfte, d. h. selbstorganisierend.

---

[90] aus: QUEM-Bulletin 2/95

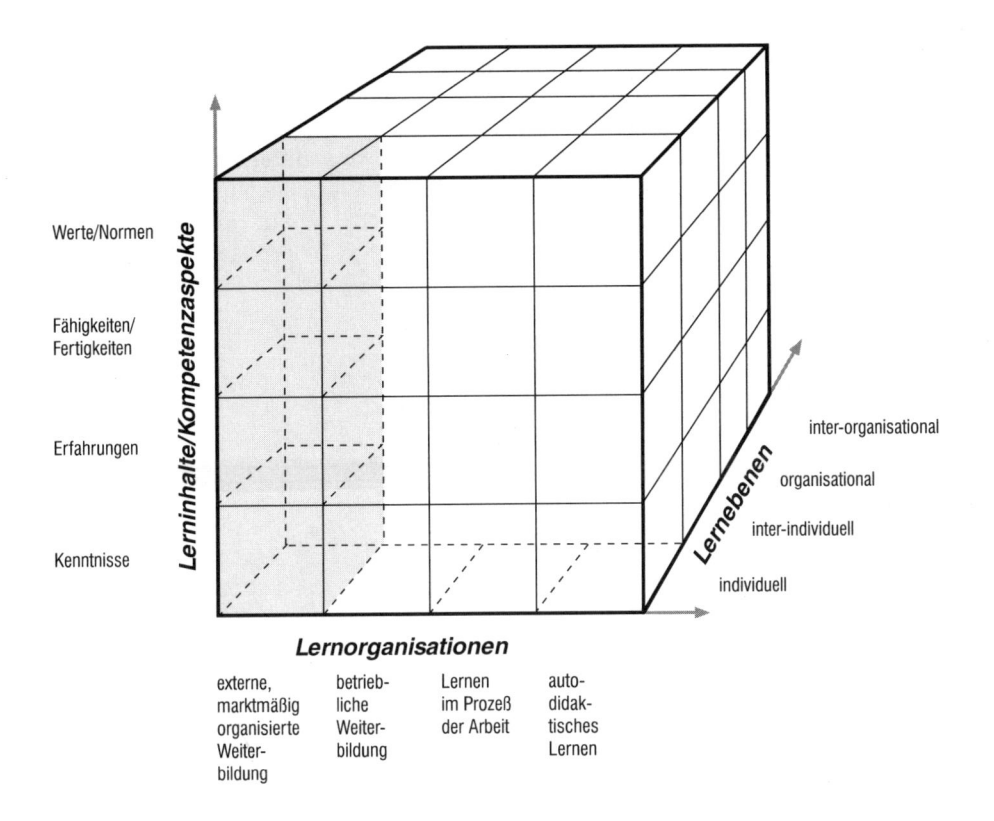

Die Dreidimensionalität des Modells ermöglicht eine überraschende Anwendungsbreite. So lassen erste analytische Betrachtungen am Beispiel des Bezugssystems „Vermittlung von Lerninhalten – auf individueller Ebene – durch externe, marktmäßig organisierte Weiterbildung" sehr konkret die vorwiegenden Schwächen bislang praktizierter Weiterbildungs- bzw. Lernorganisationsformen erkennen. In einem zweiten Schritt können daraus differenzierte Anforderungen an neue Konzepte und Strategien abgeleitet werden.

Ein Anforderungskatalog an externe, marktmäßig organisierte Weiterbildung, der weiter aufzufächern ist, sei hier in relativ globaler Form zur Diskussion gestellt:

- stärkere Orientierung auf die Vermittlung extrafunktionaler Qualifikationen durch gezielte Ausrichtung der Rahmenbedingungen und der Förderpolitik,
- bessere Orientierung auf individuelle und berufsgruppenspezifische, praxisnahe Bedarfe und Bedürfnisse entsprechend künftiger Arbeitsmarktentwicklungen,
- Entwicklung von Modellen zum Erhalt extrafunktionaler Qualifikationen auch bei zeitweilig nicht Erwerbstätigen unter Berücksichtigung der engen Verbindung von Arbeiten und Lernen,

Memorandum

- Auf- und Ausbau ausreichender Qualitätskontrollen und Formen des Verbraucherschutzes sowie verstärkte Förderung interner Qualitätssicherung,
- Ausbau komplexer Beratungsleistungen durch eine geeignete und kompetente Beratungsinfrastruktur sowohl für Individuen als auch für Unternehmen,
- Einschränkungen von Wettbewerbsverzerrungen auf dem Weiterbildungsmarkt durch strikte Trennung von ordnungspolitischen Aufgabenstellungen und Anbietung von Weiterbildungsleistungen, Erhöhung der Chancengleichheit von Weiterbildungsanbietern.